北欧文化事典

北欧文化協会
バルト=スカンディナヴィア研究会　［編］
北欧建築・デザイン協会

丸善出版

フィンランド・サーリセルカのオーロラ（提供：フィンツアー）

ノルウェー・ガイランゲルフィヨルドのトロルスティーゲン（提供：鈴木俊彦）

フィンランド・イナリでの Ijahis idja（白夜）フェスティバル
（提供：山川亜古）

フェーロー諸島の小さな村落（提供：村井誠人）

エストニア・タリン市の夜景（提供：村井誠人）

デンマークにおけるヴァイキング野外劇（提供：村井誠人）

スウェーデンの夏至祭の子供達（提供：古谷能子）

デンマークのレゴランド（提供：村井誠人）

ヴァイキング時代のルーン石碑（提供：村井誠人）

ヴァイキング船（提供：長谷川清之）

シベリウスのモニュメント（提供：村井誠人）

ハルダンゲル・フィドル（Hardingfele）（提供：酒井絵美，ノルカル Tokyo）

金属製口琴（Munnharpe）（提供：モーテン・ヴァテン，ノルカル Tokyo）

セリエフルート（Seljefløyte）（提供：モーテン・ヴァテン，ノルカル Tokyo）

山羊の角（Bukkehorn）（提供：カール・セグレム，ノルカル Tokyo）

デンマークの幼稚園（提供：村井誠人）

ノルウェー・オスロの憲法記念日の賑わい（提供：松村　一）

スウェーデン・ストックホルムのカムラスタン（提供：古谷能子）

ノルウェーのヘッダールスターヴ教会（提供：松村　一）

デンマークのフレズレクスボー城（提供：村井誠人）

フィンランド・ヘルシンキの大聖堂（提供：村井誠人）

アルヴァル（アルヴァー）・アールト自邸（提供：平山 達）

デンマーク・コペンハーゲンのカラフルなエッグチェア（提供：フィンツアー）

刊行にあたって

　『北欧文化事典』と銘打った本書のページをめくってみられた読者は，「北欧」という概念そのものを問う議論に関心を示される前に，そもそも本書で「文化」という言葉をどのような意味合いで用いているのか，という疑問を投げかけられるのではないか，と思われるので，まずこの点から説明しておこう．

　いったい，私たちが広い意味で「文化」という場合には，およそ人間がその活動を通じて生み出してきたものすべてを意味している．人間が発見した自然法則も，「文化」の所産であることは，いうまでもない．『北欧文化事典』という本書の名称は，まさしくこの用語法に基づいている．

　しかしながら，一方，そうした人間の営みを小分けにして認識しようとすれば，自然科学，社会科学，人文科学に分類することが，人間の知的活動の性格を適確に表現し，また理解するために必要であろう．もっとも，その場合，私たちの知的活動や学問の進歩発達につれて，そうした分類自体が問い直され，さらなる分化や統合が行われていくことは，いうまでもない．

　本書の章立てや，その背後にある事由については，経験を積んだ担当執筆者が本文中でそれぞれに記しているので，ここで屋上に屋を重ねて説く必要はないであろう．

　ただ，章立てと関連してどうしてもつけ加えておかなければならない事柄として，本書の記述が北欧5か国だけではなく，バルト三国に及んでいる点がある．「北欧」に関する記述といえば，デンマーク・ノルウェー・スウェーデン・アイスランド・フィンランドの5か国を対象とするのが一般に常識とされているといって差支えないであろうが，「北欧」について人が満足する充分な広がりをもって語るとすれば，エストニア・ラトヴィア・リトアニアを入れないと「坐りが悪い」こともまた，事実なのである．スカンディナヴィア諸国といってしまえば，問題は一応片付くのであるが，「北欧」という日本語の中にこの三国を含めるか否かは，実は大きな係争問題であった．第二次世界大戦後まもなくの頃には，「北欧」の中にバルト三国を含めると，ソ連に併合されていたバルト三国の人々は喜んだが，北欧5か国の人々は，嫌な顔をしたものである．バルト三国が独立を取り戻した今日その問題は解消したが，「北欧」を，特にその歴史を語るのにバルト三国を除外することが不適切な事情は変わらない．さりとて，8か国をまとめて「北欧」を語るのも，不自然なことに変わりはない．こういうディレンマを本

書が抱えていることも付言しておくべきであろう．

　むしろ，ここで読者の方々に是非お伝えし，本書をより良くご理解いただくよすがとして記しておくべき事柄があるとすれば，それは本書の成り立ちに関わる事柄であると思う．本書は，そもそも北欧文化協会，北欧建築・デザイン協会，バルト＝スカンディナヴィア研究会という，北欧文化の探求に携わってきた三つの文化団体の会員同士の密接な協力の下に創り上げられたものである．

　これら永年の活動実績をもつことで知られる三つの文化団体は，かねてから密接な協力関係を結んで活動してきたが，このたび，丸善出版株式会社が企画中の，『北欧文化事典』の編集に三団体が携わる案が浮上し，そこで三団体の有志者が密接に協力し合った結果，本書の完成，出版の運びとなったものである．

　専門，職業，関心をそれぞれ異にした有識者同士の相互協力の中で生み出した『北欧文化事典』を，今日読者のお手元にお届けできることを，編者一同は誇りに思う．

　　2017 年 9 月

　　　　　　　　　　　　　　　編集委員を代表して　　百　瀬　　宏

本書のカナ表記について

　『北欧文化事典』と銘打った本書における「カナ表記」の統一は，"一冊の事典"として求められるべきものであり，執筆者が総勢 130 名を超える本書の場合には，少なくも「同じ」音に関して同じ表記を試みることが必要であろう．

　しかし，母音を 5 音のみで表記する日本語に，母音数が極端に多いデンマーク語音などの北欧語の原語を音標しようとすることや，さらに加えて子音をも含めた発音自体が異なりうる状況で，北欧語を日本語のカナ表記で表そうとすること自体に所詮無理だということを認識した上でも，「カナ表記」基準を設ける必要がある．

　そこで本書の採るカナ表記の規準は，それぞれの言語において原則として同じ"音"のものが表記上は「同じ」であることを目指す．少なくも，同一言語内でのこの原則は最低でも求められるべきものである．

　実際，執筆者の多くの方々には，長年，北欧を舞台とした研究活動の経験に基づいた自らのカナ表記基準が出来上がっていて，それ自体で同分野における研究者間で完結する共通の固有名詞表記が存在している場合がままある．本書ではそのあたりをも勘案してそれなりの"無理"を承知の上で一定の基準を設けて，本書のためのカナ表記原則を作り出すことにした．

　特に，「索引」作成においては，この原則を抜きにしては作業は進まず，すでに慣れ親しんできた慣用的カナ表記をあえて基準に合わすことで新たな混乱を生み出すことも覚悟の上で，統一のため実際の現地音がどうなっているかということにこだわってみた．また，私たちの長年の慣用から，現地音を日本語のカナ表記をする際にわざわざ"独特に"変更させてきている場合がままあり，本書の「索引」作成の基準として，慣用表記から若干のカナの入れ替え（特に幼音など）とか長音記号の変更等をすることのみで正せるものは正してみた．「索引」では，読者のさらなる興味を誘発し，その興味を深化していただくためにも，索引項目の原綴を掲示した．参考にしていただけたら幸いである．

　本書のカナ表記上の原則としては，主に以下のような基準を作った．

1) すでに日本語の中に溶け込んでいる固有名詞のカナ表記はそのままにした．国名，有名な地名，有名な人物名など．ただし，紙幅の関係でスペース的に表現できたものは，本書の基準に沿ったものを［　］内で示した箇

所もある.
　　以下，これに該当するものを挙げる.
　　・アンデルセン［H.C. アナセン］
　　・カレワラ［カレヴァラ］
　　・キルケゴール［キアゲゴー］
　　・シベリウス［シベーリウス］
　　・チボリ［ティヴォリ］
　　・トーベ・ヤンソン［トーヴェ・ヤーンソン］
　　・ノーベル［ノベッル］
　　・ボルボ［ヴォルヴォ］
　　・リンネ［リネー］
　　など.

2)　慣用の表記の場合は（　）内に，本書カナ表記基準の場合には［　］内に
　　表記．特にデザイン・建築関係項目内では，慣用の表現が商標・会社名等
　　になっている場合が多くあり，単純に本書のカナ表記原則が，適応できな
　　い場合がある.
　　　　以下，これに該当する例を挙げる.
　　・アルヴァー・アールト［アルヴァル・アールト］
　　・イーッタラ（イッタラ）
　　・エリアス・レンリョット［エリーアス・ルンロート］
　　・ハンス・ウェグナー［ハンス・ヴィーイナ］
　　・ポウル・ヘニングセン（ポール・ヘニングセン）
　　など.

3)　歴史表記上に慣用となっている人名などの場合．アンデルセン等に通ずる
　　例でもある．例として，マルグレーテ女王・クリスチャン王・フレゼリク
　　王など．ただし，現代人名，建築物名は，それぞれ，マグレーテ・クレス
　　チャン・フレズレクであり，クレスチャンスボー城，フレズレクスボー城
　　と表記する.

4)　慣用カナ表記から本書のカナ表記基準に則る「マイナーな変化」の場合の
　　表現.
　　ア）　スウェーデン語（フィンランドのスウェーデン語の場合を含む）の
　　　　「ö音表記」は，「ウ（ー）」とする.
　　　　例：ユーテボリ（ヨーテボリ・イェーテボリ，Göteborg）・マルムー

　　　　（マルメ，Malmö）等．

イ）　-borg は，「ボー」（デンマーク語）・「ボリ」（スウェーデン語）・「ボ
　　　ルグ」（ノルウェー語）．
　　　-berg は，「ベア」（デンマーク語）・「バリ」（スウェーデン語）・「バ
　　　ルグ」（ノルウェー語）．
ウ）　スウェーデン語・ノルウェー語の「y 音表記」は，「イ（ー）」とし，
　　　デンマーク語「y 音表記」は，「ユ（ー）」とする．
エ）　慣用カナ表記の修正．
　　　例：ウップサーラ（←ウプサラ）・オーフース（←オーフス）・グン
　　　ナル（←グンナール）・ブリューノ（←ブルーノ）・ハマスホイ
　　　（←ハンマースホイ）・ヘレーン・シャルヴベック（←ヘレン・
　　　シャルフベック）等．

　上記の原則を，大阪大学名誉教授清水育男氏（スウェーデン語）のご協力を得
て，本書では採用し，完全ではないにせよ，今後の北欧語の日本語カナ表記の「改
良」に向けて，私たちは第一歩を踏み出した．デンマーク語カナ表記では，大阪
外国語大学名誉教授間瀬英夫氏および同大学教授新谷俊裕氏等の長年の研究に準
拠して村井誠人が対応，ノルウェー語では岡本健志氏・大溪太郎氏の基準を用い
て，アイスランド語では，松本涼氏（および，一部，大阪外国語大学名誉教授菅
原邦城氏に助言を仰いで）のカナ表記を採用した．フィンランドに関しては，上
述のように清水育男氏が人名綴りから「スウェーデン語系」であると判断してい
ただいた人物に関してはスウェーデン語カナ表記で，また，フィンランド語人名
に関しては百瀬宏に表記上の検討を依頼した．
　いずれにせよ，以上は本書における「カナ表記」の統一のために行った試行錯
誤の結果であり，いろいろ問題はあるものの，読者の方々のご海容を請うところ
である．また，当然，尽力してカナ表記にあれこれ工夫したものの，所詮，日本
語で表記された"音"の表現である限り，そのカナ表記を日本語話者が日本語で
音読して再現したところで，北欧の人々には残念ながら何を言っているのか通じ
ないことがままあり，その「蟷螂の斧」ぶりの実態を私ども編集者が知っている
ことを忸怩たる思いで吐露していることにも読者は気づいておられるのではなか
ろうか．

　　　　　　　　　　　　　　　　　　　　　　村　井　誠　人

編集委員一覧

百瀬　　宏　　北欧文化協会理事長．津田塾大学名誉教授，広島市立大学名誉教授
村井誠人　　バルト＝スカンディナヴィア研究会会員．早稲田大学文学学術院教授
長谷川清之　　北欧建築・デザイン協会理事．建築家．北欧民家研究家

執筆者一覧

(五十音順)

青木加奈子　　京都ノートルダム女子大学現代人間学部講師
上倉あゆ子　　東海大学文学部講師
雨宮陸男　　株式会社国際木質文化研究所代表
荒谷真司　　ルイスポールセンジャパン株式会社
池上佳助　　東海大学文学部准教授
石井　敏　　東北工業大学工学部教授
石野裕子　　常磐短期大学キャリア教養学科准教授
伊藤大介　　東海大学国際文化学部教授
井上光子　　関西学院大学非常勤講師
今村　労　　早稲田大学文学学術院非常勤講師
入江幸二　　富山大学人文学部准教授
岩崎達也　　帝京大学大学院
ヴァテン,モーテン･J　　東京ウエストインターナショナルスクール中高等部校長

梅田かおり	ライティングデザインスタジオ LUME
梅田弘樹	東北工業大学ライフデザイン学部教授
江口俊二郎	プロダクトデザイナー，マイクロソフト　デバイスデザイン
遠藤悦郎	グラフィックデザイナー
遠藤美奈	早稲田大学教育・総合科学学術院教授
大久保慈	Finnish Association of Architects, SAFA
大島美穂	津田塾大学総合政策学部教授
大溪太郎	早稲田大学大学院文学研究科博士後期課程
大辺理恵	大阪大学・関西外国語大学非常勤講師
岡部昌幸	帝京大学大学院文学研究科教授．群馬県立近代美術館館長
岡本健志	フェリス女学院大学非常勤講師
小川信子	日本女子大学名誉教授
小川有美	立教大学法学部教授
奥山裕介	大阪大学大学院
小澤実	立教大学文学部准教授
織田憲嗣	東海大学名誉教授
小野寺綾子	北欧建築・デザイン協会会員
オールセン八千代	バルト=スカンディナヴィア研究会会員
海保千暁	一般財団法人日本聖書協会
柏倉知秀	徳山工業高等専門学校一般科目教授
かどやひでのり	津山工業高等専門学校准教授
兼松麻紀子	スウェーデン国立機関職員
鎌倉和子	日本ニッケルハルパ協会会長
川上信二	有限会社フォルムエスケイアール取締役
川上玲子	有限会社フォルムエスケイアール取締役．北欧建築・デザイン協会会長
川島洋一	福井工業大学環境情報学部デザイン学科教授
岸本章	多摩美術大学環境デザイン学科教授．岸本章設計所
木下靖子	K. I. 企画設計代表
クリスチャンセン伊藤美奈子	ピアニスト，オルガニスト
児玉千晶	翻訳家．東京外国語大学オープンアカデミー講師
小松弘	早稲田大学文学学術院教授
小松誠	武蔵野美術大学名誉教授

小森宏美	早稲田大学教育・総合科学学術院教授
小山　徹	元埼玉大学教授．東京産業考古学会名誉顧問
是永かな子	高知大学教育学部准教授
近藤千穂	コペンハーゲン・ビジネススクール日本語非常勤講師
齊藤豪大	久留米大学経済学部専任講師
坂田　仁	常磐大学名誉教授．北欧文化協会会員
先山　実	東海大学付属仰星高等学校中等部
佐藤直樹	東京藝術大学美術学部准教授
佐藤睦朗	神奈川大学経済学部准教授
佐保吉一	東海大学文学部教授
島崎　信	武蔵野美術大学名誉教授
清水育男	大阪大学名誉教授
清水　謙	立教大学非常勤講師
下條芳明	朝日大学法学部教授
新藤哲雄	イノベーション・インスティテュート株式会社代表取締役
菅原洋明	株式会社フィンコーポレーション／フィンツアー
鈴木敏彦	工学院大学建築学部教授
鈴木雅子	昭和女子大学国際学部非常勤講師
鈴木悠史	慶應義塾大学大学院法学研究科博士課程
鈴木優美	デンマーク在住フリーランス通訳・コーディネーター
関本竜太	株式会社リオタデザイン代表
反町吉秀	国立精神・神経医療研究センター・自殺総合対策推進センター地域連携推進室長
大東万須美	デンマーク観光案内士・通訳
髙木道子	札幌大学女子短期大学部キャリアデザイン学科助教
高瀬　愛	関西外国語大学非常勤講師．フィンランド語翻訳・通訳
高橋美恵子	大阪大学大学院言語文化研究科教授
髙橋　翠	北欧文化協会会員，フィンランドカンテレ協会会員
高橋美野梨	北海道大学北極域研究センター／スラブ・ユーラシア研究センター助教
竹内　晧	建築家．フィンランド木造教会研究家
田邉英利子	日本グリーグ協会理事
谷澤　毅	長崎県立大学経営学部教授
田渕宗孝	名古屋大学大学院教育発達科学研究科特任助教

玉 生 謙 一	元外交官
塚 田 耕 一	杉野服飾大学服飾学部教授
机 宏 典	インテリア，家具デザイナー．フォトグラファー
筒 井 英 雄	幹設計顧問
出 町 未 央	津田塾大学大学院国際関係学研究科後期博士課程
寺 原 芳 彦	武蔵野美術大学名誉教授
中 里 巧	東洋大学文学部教授
中 嶋 瑞 枝	元在デンマーク日本国大使館一等書記官
長 島 要 一	コペンハーゲン大学 DNP 特任教授
中 田 一 志	芸術家．アールト大学芸術，デザイン，建築学部講師
中 谷 正 人	建築編集者
中 丸 禎 子	東京理科大学理学部第一部准教授
中 村 友 子	独立行政法人国際交流基金日本研究・知的交流部
成 川 岳 大	立教大学（ほか）兼任講師
新 田 ユ リ	指揮者．日本シベリウス協会会長
沼 尻 良	OJM スタジオ建築設計代表
根 本 聡	旭川工業高等専門学校一般人文科准教授
野 畑 竜 子	大学共同利用機関法人自然科学研究機構．翻訳者
橋 本 ライヤ	東海大学文学部非常勤講師，外務省研修所非常勤講師
長谷川清之	北欧建築・デザイン協会理事．建築家．北欧民家研究家
長谷川美子	洗足学園音楽大学講師
阪 西 紀 子	一橋大学大学院社会学研究科教授
ヒースマン姿子	学術博士（名古屋大学人間情報学研究科）
平 山 達	多摩美術大学名誉教授
平 山 敏 雄	北欧研究家
福 井 信 子	東海大学文学部教授
藤 原 瑠 美	ご近所暮らしオムソーリ研究所代表
舟 川 はるひ	ユーラシア研究所研究員
古 谷 大 輔	大阪大学大学院言語文化研究科准教授
古 谷 能 子	大阪大学特任事務職員
本 間 晴 樹	東京音楽大学教授
益 子 義 弘	東京藝術大学名誉教授
松 岡 啓 子	元帝京平成大学現代ライフ学部講師

執筆者一覧

松村　一	外務省国際協力局（元在ノルウェー，在アイスランド，在デンマーク日本大使館一等書記官）
松本　涼	福井県立大学学術教養センター講師
村井誠人	バルト゠スカンディナヴィア研究会会員，早稲田大学文学学術院教授
毛利まこ	女優，ブローシッパ・アカデミー（演劇研究所）主宰
本橋弥生	国立新美術館主任研究員，青山学院大学非常勤講師
百瀬淳子	日本鳥学会・日本野鳥の会会員，北欧文化協会理事
百瀬　宏	北欧文化協会理事長，津田塾大学名誉教授，広島市立大学名誉教授
森百合子	コピーライター，北欧 BOOK 主宰
山川亜古	大阪大学外国語学部非常勤講師，東海大学文学部非常勤講師
山田　良	札幌市立大学大学院デザイン研究科准教授
結城八千代	ピアニスト
吉田和央	独立行政法人労働政策研究・研修機構調査部主任調査員
吉武信彦	高崎経済大学地域政策学部教授
和田記代	ステーンハンマル友の会代表，ピアニスト
渡辺克義	山口県立大学国際文化学部教授

（2017 年 9 月現在）

目　　次

1. 北欧とは

北欧とは ─────────────────────────── 2
北欧の地理 ────────────────────────── 4
北欧の国際関係──総説 ───────────────────── 8
北欧会議──その活動と課題 ──────────────────── 10
環バルト海諸国評議会 ─────────────────────── 12
パーシキヴィのリアリズムとは ───────────────────── 14
フィンランド化論 ────────────────────────── 16
冷戦終結期のフィンランド外交──コイヴィスト大統領による戦略的抑制外交
　────────────────────────────────── 18
北欧への旅行 ──────────────────────────── 20
北欧の鉄道事情 ────────────────────────── 22
　　スウェーデン国鉄会社（SJ-AB）と上下分離政策および技術の先進性　22
　　ノルウェーの風土と鉄道　24
　　デンマークの国土の特殊性と鉄道路線　25
　　独自の道を歩んだフィンランドの鉄道　27
　　「動く博物館としての路面電車線」「美術館としての地下鉄空間」の利用　29
　　スウェーデンの産業考古学博物館　30
日本・デンマーク交流史 ────────────────────── 32
デンマークと北海道 ──────────────────────── 34
「日本のデンマーク」安城とは！ ─────────────────── 36
日本・スウェーデン間文化交流の端緒 ──────────────── 40
フィンランドと日本の学術交流とその相性 ───────────────── 42
日・北欧首脳会談 ────────────────────────── 44

2. 北欧とその周辺

デンマーク語──stød（声門せばめ音）について ─────────── 48
スウェーデン語の特徴──他の北欧語と比べて ───────────── 50
スウェーデン語を学ぶということ──英語再発見へ！ ─────────── 52

ノルウェーの特殊な言語事情——2つの書き言葉の共存 —————— 54
フィンランド語とはどんな言語？ ————————————————— 56
スウェーデン語系フィンランド人 ———————————————— 58
オーランド諸島帰属問題 ——————————————————— 60
現代アイスランドの社会 ——————————————————— 62
グローバル時代のフェーロー諸島 ———————————————— 64
スヴァールバルの歴史と現代 ————————————————— 66
北極をめぐる政治 ————————————————————— 68
グリーンランドの政治経済 —————————————————— 70
グリーンランドの対外関係 —————————————————— 72
先住民サーミ ——————————————————————— 74
　サーミの民族衣装　77
　サーミの伝統歌謡ヨイク　　80
サーミの各種構築物の合理的架構 ———————————————— 84
バルト諸国と北欧——スウェーデンとドルパト大学 ——————— 86
スウェーデンのエストニア人 ————————————————— 88
エストニアの歴史の証人，マナーハウス —————————————— 90
カレリア地峡に骨を埋めたロシア人画家 —————————————— 92
「大フィンランド」思想の誕生と変遷 —————————————— 94
デンマークの国境 ————————————————————— 96

3. 北欧の人と自然

北欧人の思想的原型 ———————————————————— 100
北欧の自然と健康意識——随想 ———————————————— 102
アイスランド人の自然との付き合い方 —————————————— 104
アイスランド人の精霊信仰 —————————————————— 106
ノルウェーの環境問題——人と自然 —————————————— 108
ノルウェーのセーター ——————————————————— 110
在日フィンランド人の思い —————————————————— 112
フィンランド人の心の風景 —————————————————— 114
極北に生きる人々と野鳥たち ————————————————— 116
北方の鳥アビ——魅惑の伝承 ————————————————— 118
漁業・海峡の歴史 ————————————————————— 120
スウェーデンに住む ———————————————————— 122
「スウェーデン人」であること ———————————————— 124
スウェーデンの料理事情 —————————————————— 126
デンマークの食事情 ———————————————————— 128

北欧の食文化と道具	130
デンマークのアルコール事情	132
デンマーク人のサマーハウス事情	134
デンマークのファミリー事情	136
ティヴォリ（チボリ）	138
デンマークの自由の試金石"クリスチェーニャ（クリスチャニア）地区"	140
レゴ（LEGO）の 10 のルール	142
デンマークの人気スポーツ	144
スウェーデンのスポーツ事情	146
ノルウェーのスキー史	148
北欧の人々の名字の特徴	150
デンマーク文化と色	152
デンマークの年中行事——その1：春と夏	154
デンマークの年中行事——その2：秋と冬	156

4. 北欧の歴史から

水圏の中の北欧	160
考古学的視点で見るヴァイキング時代	162
ヴァイキング時代	164
ヴァイキング時代の経済と社会	166
北欧アイデンティティとしてのルーン文字	168
アイスランドの歴史	170
中世北欧社会	172
カルマル連合——国民国家の胚胎	174
ハンザと中世のバルト海交易	176
経済史に見るハンザと北欧	178
鉄の国スウェーデン	180
水上都市ストックホルム	182
北欧における製塩と塩輸入の歴史	184
近世スウェーデンの宮廷とカール 11 世	186
グスタヴ・ヴァーサとスキー大会	188
「礫岩のような国家」としてのデンマーク，スウェーデン	190
ゴート主義	192
湖が消え「死せる滝」が出現した日——事業家「野生児フス」の夢の跡	194
42 年の時を経てよみがえった不滅の愛——ドイツロマン派の詩人達を感動させた「巨漢マッツ」の物語	197
北欧の博物学	200

デンマーク絶対王制時代（1）	202
デンマーク絶対王制時代（2）	204
デンマーク海外領土の歴史	206
オレンボー朝の王妃達	208
18〜19世紀のスウェーデンの農業革命	210
自由記念碑	212
ノルウェーの独立とアイッツヴォル憲法	214
スウェーデン＝ノルウェー同君連合	216
ノルウェーのスカンディナヴィア主義	218
19〜20世紀初めにかけての北欧からの海外移民	220
グロントヴィ	222
キルケゴール	224
アンデルセンとキルケゴールの終のコペンハーゲン	226
デンマークの1864年の意味	228
フィンランドと1900年パリ万博	232
ジャン・シベリウス	234
『フィンランディア』	236
フィンランドの独立と内戦	238
戦争の子供達——フィンランドの児童疎開	240
第二次世界大戦下のデンマークのレジスタンス	242
第二次世界大戦とノルウェー——レジスタンス神話の終焉	244
スウェーデンの歴史家達	246
デンマーク王室	248
スウェーデン王室	250
ノルウェー王室	252

5. 北欧の文化

アイスランド中世文学	256
『カレワラ』	258
フィンランドの民族楽器「カンテレ」	260
フィンランドの文学	262
スウェーデンの詩の歴史と特徴	264
デンマークの詩	266
アンデルセン［H.C. アナセン］	268
セルマ・ラーゲルルーヴ	270
19世紀の北欧文学・演劇事情	272
「アウグスト・ストリンドベリィ作品」を演じるとは	274

20 世紀の物語作家カーアン・ブリクセン ———————— 276
デンマークの児童文学 ———————————————— 278
トーベ・ヤンソン［トーヴェ・ヤーンソン］——————— 280
スウェーデンにおける児童文化事情 ———————————— 282
絵本作家ピーア・リンデンバウム —————————————— 284
スウェーデンの民族音楽とニッケルハルパ ————————— 286
ノルウェーの民族音楽と楽器 ——————————————— 288
グリーグとノルウェーの音楽 ——————————————— 290
ゲーゼをめぐるデンマークの音楽 ————————————— 292
デンマークの音楽事情 ——————————————————— 294
スウェーデンの芸術音楽 —————————————————— 296
デンマーク王立バレエ団 —————————————————— 298
北欧の絵画・彫刻 ————————————————————— 300
フィンランドの美術 ———————————————————— 304
トーヴァルセンと新古典主義 ——————————————— 306
カスパー・ダーヴィト・フリードリヒと北欧——18 世紀末のコペンハーゲン留
　学と，その後 ——————————————————————— 310
国境地帯の画家達 ————————————————————— 312
ヴィルヘルム・ハマスホイ（ハンマースホイ）——————— 316
ヘレーン・シャルヴベック（ヘレン・シャルフベック）——— 318
20 世紀，パリに集まった北欧の画家達 ——————————— 320
北欧映画の歴史と状況 ——————————————————— 322
アキ・カウリスマキ ———————————————————— 324
北欧の写真家達 —————————————————————— 326
北欧のヘヴィ・メタル ——————————————————— 330

6. 北欧の社会

スウェーデンの司法制度 —————————————————— 334
スウェーデン憲法 ————————————————————— 336
フィンランドの憲法 ———————————————————— 338
北欧福祉国家の根っこ ——————————————————— 340
デンマークの国民投票 ——————————————————— 342
現代ノルウェーの政治 ——————————————————— 344
フィンランドの地方行政 —————————————————— 346
スウェーデンの政党政治 —————————————————— 348
スウェーデンはどこまで「中立」であり得たか ——————— 350
スウェーデンの冷戦期の「積極的外交政策」をめぐる政治外交史 ———— 352

スウェーデンの原子力政策	354
スウェーデンの環境党・緑とは	356
ノーベル賞――その誕生と文学賞	358
北欧の経済学	360
北欧の IT 産業	362
北欧諸国の雇用政策	364
ノルウェーの社会構成――若者の政治参加	366
ノルウェー経済事情	368
デンマーク社会の光と影――EU の取決めと高福祉社会のバランス	370
難民問題で人権意識と福祉給付のはざまに立たされるデンマーク	372
デンマークの医療制度――初期医療から，終末医療まで	374
子供の福祉と子育ち環境	376
スウェーデンの社会福祉	378
交通事故死を倫理的に許容しない交通政策――スウェーデンの Vision Zero 政策	380
スウェーデン発の安全・安心なまちづくり――セーフコミュニティ	382
スウェーデンと移民	384
フィンランドの女性と政治	386
デンマークの女性の社会進出と出生行動	388
スウェーデンの特別教育――北欧各国との共通性と違い	390
デンマークの大学	392
デンマークのフォルケホイスコーレ	394
スウェーデンの大学事情	396

7. 北欧の生活デザインと建築

北欧デザイン史	400
北欧のクラフト	406
生活用品	410
北欧のテーブルウェアデザイン	414
ロイヤル・コペンハーゲンと北欧工芸	418
カイ・フランク	422
北欧のテキスタイル	426
北欧の家具	430
ブルーノ［ブリューノ］・マットソン	438
フィン・ユール	442
ハンス・ウェグナー［ヴィーイナ］	446
北欧の照明デザイン・照明器具	450

目　次　　xix

ポウル・ヘニングセン ——————————————— 454
福祉施設のインテリアデザイン ———————————— 458
フィンランドのグラフィックデザイン ———————— 462
インダストリアルデザイン ——————————————— 466
スウェーデンデザインの流れ —————————————— 472
北欧のデザイン教育 ————————————————————— 476
北欧建築史 ——————————————————————————— 480
北欧の民家 ——————————————————————————— 488
北欧の民家園——歴史と思想 —————————————— 492
ノルウェーのスターヴ教会 ——————————————— 496
フィンランドの箱柱式教会 ——————————————— 500
現代に生きる教会とチャペル空間 ——————————— 504
北欧の市庁舎建築 —————————————————————— 508
フィンランドの都市計画 ————————————————— 510
フィンランドの入浴文化「サウナ」—————————— 514
住環境と住まい ——————————————————————— 516
スウェーデンの高齢者住宅 ——————————————— 520
スウェーデンにおける高齢者の生活と環境 ————— 522
スウェーデンの子どもの施設 —————————————— 524
フィンランドの環境教育と学校づくり ———————— 526
北欧の建築教育 ——————————————————————— 532
北欧の現代木造建築構法 ————————————————— 534
ノルウェーのナショナル・ツーリスト・ルート —— 536
エーリック・グンナル・アスプルンド ———————— 540
アルヴァー［アルヴァル］・アールト ———————— 542
アーネ・ヤコプセンのトータルデザイン —————— 544
ノルウェーの名匠スヴェレ［スヴァッレ］・フェーン——自然と対話する建築
——————————————————————————————————— 546
アルヴァー［アルヴァル］・アールト以後のフィンランド建築界 ——— 548
デンマーク建築の現在 ——————————————————— 550
ノルウェーの現代建築界 ————————————————— 552

付　録

【付録1】北欧5か国とバルト三国の基本データ・略史 ————— 556
【付録2】北欧5か国とバルト三国の世界遺産 ————————— 573
【付録3】北欧・世界および日本年表 —————————————— 575
【付録4】北欧3か国の王家系図 ————————————————— 595

【付録 5】北欧神話の登場人物 ———————————— 605
【付録 6】北欧神話を知るための読書案内 ———————— 611
【付録 7】『カレワラ』登場人物一覧 ————————— 614
【付録 8】北欧，バルト三国の主な美術館・博物館 ———— 615
【付録 9】北欧，バルト三国の主な劇場 ———————— 628

見出し語五十音索引 ——————————————— xxi
事項索引 ————————————————————— 631
人名索引 ————————————————————— 641

見出し語五十音順索引

■数字

18～19世紀の農業革命　210

19～20世紀初めにかけての北欧からの海外移民　220

19世紀の北欧文学・演劇事情　272

20世紀の物語作家カーアン・ブリクセン　276

20世紀，パリに集まった北欧の画家達　320

42年の時を経てよみがえった不滅の愛——ドイツロマン派の詩人達を感動させた「巨漢マッツ」の物語　197

■あ

アーネ・ヤコプセンのトータルデザイン　544

アイスランド人の自然との付き合い方　104

アイスランド人の精霊信仰　106

アイスランド中世文学　256

アイスランドの歴史　170

「アウグスト・ストリンドベリィ作品」を演じるとは　274

アキ・カウリスマキ　324

アルヴァー［アルヴァル］・アールト　542

アルヴァー［アルヴァル］・アールト以後のフィンランド建築界　548

アンデルセン［H.C.アナセン］　268

アンデルセンとキルケゴールの終のコペンハーゲン　226

インダストリアルデザイン　466

ヴァイキング時代　164

ヴァイキング時代の経済と社会　166

ヴィルヘルム・ハマスホイ（ハンマースホイ）　316

エーリック・グンナル・アスプルンド　540

エストニアの歴史の証人，マナーハウス　90

絵本作家ピーア・リンデンバウム　284

オーランド諸島帰属問題　260

オレンボー朝の王妃達　208

■か

カイ・フランク　422

カスパー・ダーヴィト・フリードリヒと北欧——18世紀末のコペンハーゲン留学と，その後　310

カルマル連合——国民国家の胚胎　174

カレリア地峡に骨を埋めたロシア人画家　92

『カレワラ』　258

環バルト海諸国評議会　12

漁業・海峡の歴史　120

極北に生きる人々と野鳥たち　116

キルケゴール　224

近世スウェーデンの宮廷とカール11世　186

グスタヴ・ヴァーサとスキー大会　188

グリーグとノルウェーの音楽　290

グリーンランドの政治経済　70

グリーンランドの対外関係　72

グローバル時代のフェーロー諸島　64

グロントヴィ 222

経済史に見るハンザと北欧 178
ゲーゼをめぐるデンマークの音楽 292
現代アイスランドの社会 62
現代に生きる教会とチャペル空間 504
現代ノルウェーの政治 344

考古学的視点で見るヴァイキング時代 162
交通事故死を倫理的に許容しないスウェーデンの交通政策——スウェーデンのVision Zero政策 380
国境地帯の画家達 312
ゴート主義 192
子供の福祉と子育ち環境 376

■さ

サーミの各種構築物の合理的架構 84
在日フィンランド人の思い 112

ジャン・シベリウス 234
住環境と住まい 516
自由記念碑 212

水圏の中の北欧 160
水上都市ストックホルム 182
スヴァールバルの歴史と現代 66
スウェーデン王室 250
スウェーデン憲法 336
スウェーデン語系フィンランド人 58
スウェーデン語の特徴——他の北欧語と比べて 50
スウェーデン語を学ぶということ——英語再発見へ! 52
「スウェーデン人」であること 124
スウェーデンデザインの流れ 472
スウェーデンと移民 384
スウェーデンにおける高齢者の生活と環境 524
スウェーデンにおける児童文化事情 282
スウェーデンに住む 122
スウェーデンのエストニア人 88
スウェーデンの環境党・緑とは 356
スウェーデンの芸術音楽 296
スウェーデンの原子力政策 354
スウェーデンの高齢者住宅 520
スウェーデンの子どもの施設 524
スウェーデンの詩の歴史と特徴 264
スウェーデンの司法制度 334
スウェーデンの社会福祉 378
スウェーデンのスポーツ事情 146
スウェーデンの政党政治 348
スウェーデンの大学事情 396
スウェーデンの特別教育——北欧各国との共通性と違い 390
スウェーデンの民族音楽とニッケルハルパ 286
スウェーデンの料理事情 126
スウェーデン=ノルウェー同君連合 216
スウェーデンの冷戦期の「積極的外交政策」をめぐる政治外交史 352
スウェーデンの歴史家達 246
スウェーデン発の安全・安心なまちづくり——セーフコミュニティ 382
スウェーデンはどこまで「中立」であり得たか 350

生活用品 410
セルマ・ラーゲルルーヴ 270
先住民サーミ 74
戦争の子供達——フィンランドの児童疎開 240

■た

第二次世界大戦下のデンマークのレジスタンス 242

第二次世界大戦とノルウェー──レジスタン
　ス神話の終焉　244

「大フィンランド」思想の誕生と変遷　294

中世北欧社会　172

ティヴォリ（チボリ）　138

鉄の国スウェーデン　180

デンマーク王室　248

デンマーク王立バレエ団　298

デンマーク海外領土の歴史　206

デンマーク建築の現在　550

デンマーク語──stød（声門せばめ音）につ
　いて　48

デンマーク社会の光と影──EU の取決めと
　高福祉社会のバランス　370

デンマーク人のサマーハウス事情　134

デンマーク絶対王制時代（1）　202

デンマーク絶対王制時代（2）　204

デンマークと北海道　34

デンマークの1864年の意味　228

デンマークのアルコール事情　132

デンマークの医療制度──初期医療から，終
　末医療まで　374

デンマークの音楽事情　294

デンマークの国民投票　342

デンマークの国境　96

デンマークの詩　266

デンマークの児童文学　278

デンマークの自由の試金石"クリスチェー
　ニャ（クリスチャニア）地区"　140

デンマークの食事情　128

デンマークの女性の社会進出と出生行動
　388

デンマークの大学　392

デンマークの人気スポーツ　144

デンマークの年間行事──その1：春と夏
　154

デンマークの年間行事──その2：秋と冬
　156

デンマークのファミリー事情　136

デンマークのフォルケホイスコーレ　394

デンマーク文化と色　152

トーヴァルセンと新古典主義　306

トーベ・ヤンソン［トーヴェ・ヤーンソン］
　280

■な

難民問題で人権意識と福祉給付のはざまに立
　たされるデンマーク　372

日・北欧首脳会談　44

日本・スウェーデン間文化交流の端緒　40

日本・デンマーク交流史　32

「日本のデンマーク」安城とは！　36

ノーベル賞──その誕生と文学賞　358

ノルウェー王室　252

ノルウェー経済事情　368

ノルウェーの環境問題──人と自然　108

ノルウェーの現代建築界　552

ノルウェーの社会構成──若者の政治参加
　366

ノルウェーのスカンディナヴィア主義　218

ノルウェーのスキー史　148

ノルウェーのスターヴ教会　496

ノルウェーのセーター　110

ノルウェーの特殊な言語事情──2つの書き
　言葉の共存　54

ノルウェーの独立とアイッツヴォル憲法
　214

ノルウェーのナショナル・ツーリスト・ルー
　ト　536

ノルウェーの民族音楽と楽器　288

ノルウェーの名匠スヴェレ［スヴァッレ］・

フェーン——自然と対話する建築　546

■は

パーシキヴィのリアリズムとは　14

バルト諸国と北欧——スウェーデンとドルパト大学　86

ハンザと中世のバルト海交易　176

ハンス・ウェグナー［ヴィーイナ］　446

フィン・ユール　442

『フィンランディア』　236

フィンランド化論　16

フィンランド語とはどんな言語？　56

フィンランド人の心の風景　114

フィンランドと1900年パリ万博　232

フィンランドと日本の学術交流とその相性　42

フィンランドの環境教育と学校づくり　526

フィンランドのグラフィックデザイン　462

フィンランドの憲法　338

フィンランドの女性と政治　386

フィンランドの地方行政　346

フィンランドの独立と内戦　238

フィンランドの都市計画　510

フィンランドの入浴文化「サウナ」　514

フィンランドの箱柱式教会　500

フィンランドの美術　300

フィンランドの文学　262

フィンランドの民族楽器「カンテレ」　260

福祉施設のインテリアデザイン　458

ブルーノ［ブリューノ］・マットソン　438

ヘレーン・シャルヴベック（ヘレン・シャルフベック）　318

ポウル・ヘニングセン　454

北欧アイデンティティとしてのルーン文字　168

北欧映画の歴史と状況　322

北欧会議——その活動と課題　10

北欧建築史　480

北欧諸国の雇用政策　364

北欧人の思想的原型　100

北欧デザイン史　400

北欧とは　2

北欧における製塩と塩輸入の歴史　184

北欧のIT産業　362

北欧の絵画・彫刻　300

北欧の家具　430

北欧のクラフト　406

北欧の経済学　360

北欧の現代木造建築構法　534

北欧の建築教育　532

北欧の国際関係——総説　8

北欧の自然と健康意識——随想　102

北欧の市庁舎建築　508

北欧の写真家達　326

北欧の照明デザイン・照明器具　450

北欧の食文化と道具　130

北欧の地理　4

北欧のテキスタイル　426

北欧のデザイン教育　476

北欧の鉄道事情　22

北欧のテーブルウェアデザイン　414

北欧の博物学　200

北欧の人々の名字の特徴　150

北欧のヘヴィ・メタル　330

北欧の民家　488

北欧の民家園——歴史と思想　492

北欧福祉国家の根っこ　340

北欧への旅行　20

北極をめぐる政治　68

北方の鳥アビ——魅惑の伝承　118

■ま

湖が消え「死せる滝」が出現した日——事

業家「野生児フス」の夢の跡　194

■ら

冷戦終結期のフィンランド外交——コイヴィ
　スト大統領による戦略的抑制外交　18

「礫岩のような国家」としてのデンマーク，
　スウェーデン　190
レゴ（LEGO）の 10 のルール　142

ロイヤル・コペンハーゲンと北欧工芸　418

1. 北欧とは

　「北欧とは」歴史的に見ると彼らの自己認識では，「北（Norden）」にある国々であり，その位置がいわば"たまたま"ヨーロッパの北側にあってしまったこと，それゆえにヨーロッパの北部としての「北欧」の名を冠して私達が呼んでいるのだとすると，私達の用いる「北欧」という"固有名詞"も再考する余地があるかもしれない．北欧を客観的に「外から」また「外との関係」で眺めてみるとどのようになるのだろうか．

　"外が存在する"ことで，歴史的高みから見ると近現代史では，結局はその外側に対しそれぞれ別に行動していたとはいえ，類似した対応をしてきた1つの地域として，それなりに内側の「関係性」を保った上でのまとまりを，私達は見出す．国際関係における「北欧」の立ち位置を知り，また，もう一方の実例としてそのもっとも遠い"外"にある日本との関係にも，本章では言及する．

[村井誠人]

北欧とは

　「日本語で『北欧』という場合どういう国を指すのですか」ときかれたとすれば，中学や高校で真面目に授業を受けた人なら，おそらく「アイスランド，デンマーク，フィンランド，ノルウェー，スウェーデン」という答えはすらすらと返ってくるのではないかと思われる．これは，北欧について義務教育の過程でしっかりとした知識が教え込まれている証拠として歓迎したい．明答を得たところで，仮に一歩進んで，その人に，「では北欧は英語で何といいますか」ときいてみるといい．十中八九，「ああ，それは Northern Europe ですよ」という気軽な答えが返ってくるのではないだろうか．だが，英語で Northern Europe といえば，本来それは，ドイツの北半を含む欧州北部全体を漠然と指す言葉であって，南欧に憧れたゲーテが合点しそうな用語にすぎないのである．

　これを，少し実例に即して考えてみることにしよう．まず，日本語に関する辞典であるが，最も丁寧な説明をしている事例を挙げれば，『日本国語大辞典』（1972，小学館）は，「北欧」を「ヨーロッパの北部．一般にスウェーデン，デンマーク，ノルウェー，フィンランド，アイスランドを含む範囲をさす」として，夏目漱石『草枕』（1906）にある「北欧の詩人イプセンは……」という用例を丁寧につけている．そのほか，『日本大辞典　言泉』（1928，大倉書店），『大辞林』（1988，三省堂）など，いずれも，最初か最後に「北ヨーロッパ」と併記して慎重な記述をしている点は共通している．もっとも，『大日本国語辞典』（1941，冨山房）は，「北欧」という項目を採用していない．上記の諸例の，ある意味での歯切れの悪さと比較して，これも 1 つの見識といえるだろう．

　それでは，Northern Europe はどうか．*Webster's New Twentieth Century Dictionary*（1975）で Northern Europe を引いても物の見事に何も載ってはいない．そのほか，アメリカやイギリスで出ている同類の辞典を引いてみても，同様な結果に終わる．ところが，である．わが日本で出版されている和英辞典の類を見ると，"Hoku-O"（北欧）という見出しで，Northern Europe という語を当てはめたり（『新英和大辞典』，1980，研究社），「ほくおう［北欧］［北ヨーロッパ］」という見出しで「Northern Europe ; Scandinavia」と説明したり（『小学館プログレッシブ和英辞典』）しているのであって，ここでは，日本のれっきとした英語・英文学者が編集に関わっているので，日本的用法の英米言語学界への殴り込みということにしておこう．

　この辺で，日本的用法をめぐる議論を離れて，欧米で「北欧」に対応して用いられている諸呼称の検討に入ることにしよう．その場合，Northern Europe とい

う怪しげな英語の追求はさておいて，「北欧」に一応対応していると思われる Scandinavia という概念について考察してみよう．スカンディナヴィアといえば，地理的な常識からすると，それが欧州大陸の西北端に突き出している陸地であるということは，どなたも承知のことであろう．そして，現在通用している地図をみれば，スウェーデン・ノルウェーがそこに存在することを確認すれば十分だ，ということにもなろう．

　だが，たちまち直面するのは，それでは，デンマークがないではないか，という疑問が立ち上がることである．そのとおり，スカンディナヴィア諸国には，デンマークは入らないとか，スウェーデンとノルウェーだけが，正真正銘のスカンディナヴィア諸国である，という説も行われているし，そこには，それなりの理もあると，いうべきであろう．しかしながら，それでは，デンマークがスウェーデンやノルウェーと多くの歴史を共有し，対外政治のうえでも運命共同体のような実績をもっているという事実や我々の共通認識をどうするのか，ということになりかねない．それに，デンマークが，実際，スカンディナヴィア半島に領土をもっていた事実を無視するわけにはいくまい．こう考えると，デンマークは，むしろ北欧三国という言葉が長らく人口に膾炙していた事実を考えても，北欧に入れて考える方が自然だということになるであろう．そうなってくると，地理的にはスカンディナヴィア半島に存在しているわけではないアイスランドも，言語や歴史の点から考えて，北欧諸国の中に入れて当然と思えてくる．

　それでは，フィンランドはどうか．フィンランドこそは，実に全人口の95%を超える人々が，印欧語とは違ったフィン・ウゴール語を用いているし，またスカンディナヴィア半島とは異なる土地に住んでいるので，上記の4か国の国民とは区別して考えるべきだ，という議論も成り立ちそうである．しかし，フィンランドが6世紀にわたってスウェーデンの統治下にあり，その後起こったロシアによる大公国化の後に独立を遂げ，北欧三国との提携に活路を見出してきた歴史の流れを考えるならば，フィンランドがスカンディナヴィア諸国に属するということに何の不思議もないといえるであろう．だが，歴史には，きわどい曲がり角もあったことは没却できないだろう．1860年代の歴史の埂実を考えてみると，スウェーデン・ノルウェー・デンマークが同君連合を形成して，列強に拮抗しようとする試みもあったのであるが，フィンランドについては独立を認めようとしなかったのであり，ロシア帝国の民主的な組換えによって，そこに生まれる連邦の1つになる可能性すらないではなかったからである．　　　　　［百瀬　宏］

📖 **参考文献**

[1] 百瀬　宏，村井誠人監修 1996『北欧』新潮社.

北欧の地理

　本書で「北欧」の地域の広がりを考えるとき，それは，いちばん西に西経 70 度あたり以東のカラーリト・ヌナート（グリーンランド）から，大西洋上に浮かぶアイスランド，フェーロー諸島を経て，若干南にそれて，大陸への橋頭堡のようなデンマークがあり，そしてスカンディナヴィア半島のノルウェー，スウェーデン，その地続きでボスニア湾の東側のフィンランド（最東端は，東経 32 度あたり）へと東進し，さらにフィンランド湾を挟んで，バルト海沿岸に位置するエストニア，ラトヴィア，リトアニアを包含するかなり広い空間である．最北の地は，カラーリト・ヌナートの北端，北緯 83 度 37 分に迫るのがバレンツ海北限のノルウェー領スヴァールバル諸島（北緯 81 度）．そしてユーラシア大陸の最北端は，ノルウェーのノールカップ岬（71 度 10 分 21 秒）といいたいところだが，それはマーゲロイ島上にあり，さらにその島内の最北地点はノールカップの約 1,380 m 北のクニフシェロッデンである．つまり，地続きの大陸の最北端は，緯度にしてノールカップ岬の 2 分ほど南．一方，北欧の最南地点は，デンマークのファルスタ島南端ゲサ・オゼ岬（北緯約 54 度 30 分強）であると「スカンディナヴィア」ではいえても，国土の南端がほぼ 54 度線上にあたっているリトアニアをも含めると，いささかイメージが変わってくる．それらの地をユーラシア大陸の東側に移動させたとしたら，カムチャッカ半島の南端が北緯 51 度あたりであるから，その位置はとてつもない「北」である．すなわち，まさに「北」に位置する北欧諸国が自らを総称して「北（Norden）」と呼ぶ．「北欧」とは私達を含めた北欧以外の者達がそこを「欧州」の北部に位置しているから，そう呼ぶのである．ちなみに，東京の位置は，アフリカのチュニジアの首都チュニス（36 度 50 分）やアルジェリアの首都アルジェより南である．

　また，地球の自転軸が，地球が太陽を回る公転軌道面に対し 23 度 27 分傾いてすりこぎ運動をしているために，北緯 66 度 33 分の緯線にこれらの地の象徴的意味が生じている．この緯線以北を北極圏といい，そこでは理論的には 1 年に 1 日以上太陽の沈まない日があり，1 年に 1 日以上太陽が地平線より上に現れない日があることになる．その北極圏南限緯線が近くを通るフィンランドのロヴァニエミの町は，訪れる観光客に北極圏に足を踏み入れた「北極圏到達証明書」を発行している．すなわち，この緯線以北では，"1 日中太陽が沈まない現象"が起こり，それは「真夜中の太陽（midnight sun/midnatssol）」と呼ばれる．

　わが国では，その現象を「白夜」と呼ぶことで定着しているようであるが，俳句の夏の季語には古くから「白夜」という語が存在し，それはイメージとしては

夏，「短夜」の漆黒の夜が終わり"無彩色"のモノトーンの時間であり，物体の色彩の判別がつく朝を迎えるまでの時間的空間を指している語である．その現象は夏，日没後・日の出前，地平線間近に沈んでいる太陽の，光の散乱による時間の長い「薄明かり」状況を指している．わが国では人々が夏の，薄暮どきより「朝の薄明」を意識した結果の語なのであろう．したがって，かの森繁久彌（1913-2009）が『知床旅情』（1960）でわが国における北国の"最果て"の知床にあって，「白夜は明ける」と表現したのは当然のことである．実際，オスロもストックホルムもヘルシンキも北緯60度近辺であり，アイスランドの首都レイキャヴィークでも北緯64度であり，「真夜中の太陽現象」はあり得ないものの，北緯55度のコペンハーゲンでさえ，夜10時半を過ぎても薄明かりが続き，なかなか暮れない明るい夜を私達は経験する．

　ところで「白夜」が「びゃくや」という音読に定まった形で呼ばれるようになった理由は判然としないが，ドストエフスキー（1821-1881）の『白夜 Белые ночи』（1848）が翻訳され始め（明治30年代），物語は「白い夜」の幻想的空間のサンクト・ペテルブルク（北緯59度58分）で展開される孤独な一青年の恋心の顛末であり，この題名が管見では「びゃくや」と常に音読され，「はくや」とはされなかったことと関係があるように思われる．まさに北欧の3首都と同緯度で起こる「夏の明るい夜（長い夕方）」という幻想的な雰囲気は，わが国に定着していた「夜明け前」をイメージする「はくや」をもって連想する「夜」に置き換えようがなかったといえよう．しかし，いずれにせよ，「白夜」は「真夜中の太陽」現象ではない．そして，北欧語では元来「白い夜」と表現する語は存在していない．ノルド語のデンマーク語では，冬の「暗い夜（mørk nat）」に対応する語として，夏の夜を「明るい夜（lys nat）」と呼ぶ．余談ではあるが，英和辞典には，フランス語の「白い夜（nuit blanche）」をなぞった white night の語があるが，その意味は「眠れぬ夜」であり，それが英語―デンマーク語辞書を経ると「眠れぬ夜（søvnløs nat）」，続いて「明るい夜（lys nat）」の意となっている．

　北欧全体に共通する地勢的特徴は，1万年前に終わりを告げた最終氷期（ヴァイクセル氷期）に形づくられたことである．旧造山帯のスカンディナヴィア山脈からゆるく傾き下がっていく準平原状の地形上に，現在のボスニア湾北端の内陸側に氷床の中心が乗っていたと考えられる．そこから，寒冷化に伴って四方に氷床が広がって進んでいき，もともと存在した地形のうえに氷床の移動による原地形の削剥（浸蝕）・運搬・堆積作用が行われた．最終的にはその巨大氷床がなくなっていく過程で海進現象を経て，現在の地形が現出した．3,000 mを超える厚い氷が地上より消え去った後は，年々地殻が上昇し，ボスニア湾奥部ではすでに250 mの隆起を見ている．1万年後には，湾は陸地と化しているといわれる．カラーリト・ヌナートは現在も大きな氷床が面積の大部分を占め，アイスランド・

フェーロー諸島はそれぞれの氷床に覆われた痕跡を残している．スカンディナヴィア半島の北部から西海岸には，海側に寄った山地から氷床があらかじめ存在していたV字谷を氷河となって進んだ痕跡が，U字谷とフィヨルドとして景観をとどめる．山脈の南東側のバルト楯状地には，高地から平地までいたるところで氷床の削剥作用の痕跡が存在し，窪地には氷河湖，海上には多島海を現出させた．氷床の広がりが目一杯に拡大した最先端を示す終堆石（エンド・モレーン）の連続丘がユトランド［ユラン］半島に見受けられる．その丘は半島の北西から続き，半島の東部をほぼ南下し，ドイツのベルリン，ポーランドのワルシャワ周辺にも達し，さらに北東へも伸び，バルト諸国をもその内側に包含する．すなわち，そのラインの内側では氷堆石（モレーン）の丘陵をなし，大地がゆるやかに波打つデンマークの島嶼部，大陸のバルト海沿岸の丘陵の景観となる．

　デンマークの2つある国歌のうちの1つ，『愛らしき土地あり（Der er et yndigt land）』でウーレンスレーヤ（1779-1850）はバルト海のほとりのブナの木々が樹生する丘と谷が交互に大波のように連なるモレーン丘陵地形のデンマークの景観をうたう．まさにデンマークばかりでなくバルト海沿岸部はブナ・ミズナラ（オーク）等の森林が丘陵に存在し，人々の歴史的活動でいうならば，ドイツ人やロシア人がバルト海沿岸に進出してくる際に障壁となっていたとも考えられる．ヴァイキング時代は，ノルド系の人々の内海として，バルト海が存在していたのである．また，その外側には，氷床が溶けていく際に，融水が縦横に流れ出，砂質の平坦地を形成し（アウトウォッシュ・プレーン），ユトランドの西側半分は，先行する時期の氷堆石の丘を除けば，島嶼部とは極めて対照的な平坦な地形が北海に至るまで分布している．

　最西端のカラーリト・ヌナートを別にして考えるならば，北欧は，ユーラシア大陸の西側に位置することによって，海洋性の気候に大きな影響を受けている．大西洋上，イベリア半島の西の沖に位置する南のアゾレス高気圧と北のアイスランド周辺の低気圧から，前者は時計回り，後者は反時計回りでそれぞれ吹き出す風が，合流して西風として卓越する．その「偏西風（the westerlies）」が，夏の涼しさと，同緯度の地域と比べると温和な冬の気温を北欧にもたらす．北海・大西洋沿岸に近い地域ほどそれが顕著である．特に，スカンディナヴィア半島の冬の気温分布を見ると，西岸に面したかなり北部までもが気温が穏やかで，等温線は南北に走り，東に進むにつれて平均気温は下がっていき，海洋の影響が冬には内陸までは強く及ばないことがわかる．

　そのことと地形との関連から植生を見てみよう．前述のモレーン丘陵地域のデンマークおよびバルト海に南から面する沿岸地方では，ブナ・ミズナラ・カンバの落葉広葉樹林帯を形成し，伐採後に放置された場合は，ヒース景観が展開する．デンマークでのヒース地帯の19世紀の開墾は有名である．植林としては，ヨー

ロッパトウヒが植えられた．スカンディナヴィア半島の南部は，デンマークと同様だが，内陸および北に進んで，ストックホルムあたりまでがブナ・ヨーロッパシラカバ・ポプラとヨーロッパアカマツの広葉樹・針葉樹の混交樹林となり，その北側のダーラナあたりからボスニア湾を囲むかたちでヨーロッパトウヒ・モミを中心とした針葉樹の単一樹林帯となる．そしてその樹相がフィンランドへと続き，その中にヨーロッパシラカバが混じる．また，スカンディナヴィア半島では，標高2,400 m を超す氷帽に覆われた高山に向かってボスニア湾側から準平原化した高みへとゆるやかに起伏が上がっていくので，北または内陸に進むと，森林限界は標高 400 m ぐらいとなるところもある．そこまではヨーロッパアカマツ・ヨーロッパシラカバの混交林が分布し，そこを超えると基本的にはツンドラで，矮性のナナカンバや背の低いカンバの疎林が生じている．さらに北方森林限界を超えても，ツンドラ景観にナナカンバが見受けられる．また，ノルウェーのフィヨルド地帯では，オスロ周辺の樹相とトロンハイム（北緯63度25分）周辺の樹相とが同じであり，西岸海洋性気候の威力には驚かされる．

　最後に，図1を見ていただきたい．そこには北欧内に存在する見えない境界線が，見事に視覚化されている．雪に覆われた北欧と，雪が根雪とならない北欧とを分けている．その境界は政治的意味をもつものではなく，フェーボード（fäbod）線と呼ばれる人々の自然との関わりにおける生活様式の文化境界線（帯）である．フェーボードとは，スウェーデン語で，牛や羊などの移牧で使われる夏の草地の「山小屋」であり，ノルウェーではセーテル（sæter/støl）と呼ばれる．かつてはその「家畜と人間の集団移動」を伴うセーテル経営システムが，この境界線以北の農民たちの年間スケジュールに明確な生活

図1　冬の北欧

上の縛りを提供していた．山の牧草地でバター・チーズなどの乳製品が作られ，牧草を冬に備えて刈り，それらが雪の降る季節を迎えて，橇（そり）を使って村までトロすのである．その線の南側は，「雄牛4頭の牽く有輪犁（すき）による耕作，四輪馬車，木骨造りの建物，そして地主屋敷」の地であり，スウェーデン南部（スコーネ）やデンマークの景観である．そして興味深いことに，ヴァイキング時代のオスロ湾の墳墓から，橇が出土される一方で，デンマークのヴァイキング遺跡からは橇が出てきたと聞いたことはない．

[村井誠人]

📖 参考文献
[1] 山本健兒，平川一臣編 2014『中欧・北ヨーロッパ』朝倉書店，第2章「自然環境・風土」．
[2] ハストロプ，K.編 1996「北欧の自然と生業」『北欧社会の基層と構造』2，東海大学出版会．

北欧の国際関係──総説

　まず，ヴァイキング時代について見るならば，北欧諸「国」の足並みもさまざまであって，最も早く国家形成を遂げていったデンマークは，フランク王国と堂々国境を争い，やがてはスウェーデンやノルウェーの王朝を付き従わせたカルマル連合を形成して，ハンザ同盟と渡り合った．他方，スウェーデンやノルウェーはヴァイキング活動で北欧勢の活動範囲をヨーロッパ大陸からアイスランド，ロシアにまで広げたものの，デンマークに雌伏を余儀なくされたのである．とはいえ，16世紀以降になると，欧州大陸で地位を確立した諸大国に太刀打ちできたのはスウェーデンのみであり，それは，グスタヴ2世アードルフの事跡に見ることができる．

　だが，北欧諸国が織りなす国際関係は，近代国際関係の流れの中で，やがて特異なものとなっていったことを見逃してはならない．18世紀以後の北欧は，いわゆる列強が織りなす国際関係には参加できず，列強以外のカテゴリーに滑り込んで独自の国際関係を作り出していくことになったからである．そのカテゴリーとは，「小国」である．数のうえでは圧倒的とも思える「小国」が，目に見えて存在感を失っていったのは，三十年戦争を終結させた「近代国際関係」の名にふさわしいウェストファリア条約締結からであるが，さらにナポレオン戦争を終結させたウィーン条約以後は，列強と諸小国の乖離が決定的なものとなり，北欧ではスウェーデンすら，安易に大国とはいえない国際的地位におちてしまった．そして，19世紀後半以後になると，スウェーデン，ノルウェー，デンマークは，北欧統合の夢も破れ，第一次世界大戦においては，かろうじて中立を守って存命するという危うい国際的地位に落ち込んだ．とはいえ，国際的な経済交流は，それぞれの北欧国の資源を生かしたかたちで経済を下支えし，中立の与件としても役立つようになったことも事実である．

　さて，第一次世界大戦は，列強の国民の生きがいをすら今や深刻に脅かすものとなり，その痛切な自覚から，国際関係のあり方を徹底的に見直す機運を生み，軍事力の共有による国際関係の抜本的見直しを目指した国際連盟の創設へとつながった．その中で，諸小国が徹底した主権平等の原則のもとに新しい時代の旗手として期待される時代が訪れた．

　だが，この夢も破れた第二次世界大戦後，北欧諸国は，デンマーク・ノルウェーは戦勝国，フィンランドは敗戦国，スウェーデンは中立国として国際的地位上分裂したが，ほどなく始まった東西冷戦の状況下にあっても，諸国間の連携の基本線は崩さなかった．ソ連の脅威が語られる中，フィンランドが独特のリアリズム

の見地からソ連と独自の友好・協力・相互援助条約を結ぶと，デンマークとノルウェーは，平時には外国軍の駐留を許さない条件でNATOに加盟してこれに応じ，スウェーデンは，ともかくも中立の地位にとどまった．さらに，デンマーク・ノルウェー・スウェーデンと，大戦中に独立を遂げたアイスランドは，非軍事的分野での相互協力を目的とする北欧会議を組織したが，粘り強い交渉を重ねたあげく，ついにフィンランドをこれに加え，東西冷戦下にも北欧諸国間の協力体制を確立した．北欧会議は，参加国の国会議員代表で構成されていたが，閣僚会議も作られ，投資銀行や労働市場など実務的な面で着実に協力の実績を上げていった．

　冷戦体制に転機が訪れたのは，近代国家体系の発達のもとに植民地体制の犠牲となってきたアジア・アフリカで自己解放の動きが本格化し，新たな足かせとなっている列強による冷戦体制の克服を目指して，積極的中立主義の路線を歩みだしたときであった．これに呼応して，ヨーロッパの諸小国の間にも新たな動きが起こったが，とりわけ北欧においては，北大西洋条約に加盟しているデンマーク・ノルウェーで，平時における核兵器の国内搬入を拒否する決定がなされた．さらに，1980年代に入り，フィンランドのケッコネン大統領が提案した全欧安保協力会議が進展の様相を見せると，北欧非核兵器地帯構想をめぐって北欧諸国内には世論の関心が高まったものの，東・西の同盟体系に縛られて問題を先送りにせざるを得なかった．

　とはいえ，北欧をめぐる国際関係を，地域的な観点を離れ世界的な観点から眺めるとき，議論は単純ではなくなる．その場合，一面からいえば北欧は，ノルウェーとスウェーデンがノーベル賞の選考に大きな役割を担っている点が象徴的であるし，また，スウェーデン首相であったパルメの活動や，その他のスウェーデン首相やフィンランド大統領アハティサーリが北欧以外の地域での平和実現に貢献したことが想起されるべきであろう．反面，北欧諸国が自らの活動を「幸いにも」限られた地域で行ってきたがゆえに，その「先進小国」としての平和貢献的活動が評価されてきたが，人間の移動を含めて世界的諸矛盾がかぶってくるようになった21世紀の序の口のところで，北欧は国際関係の深刻な試練に直面せざるを得なくなっているのが実情であって，そこに，観察者がしっかりと見守らなければならない現実がある．

[百瀬　宏]

参考文献
[1] 百瀬　宏　2011『小国——歴史にみる理念と現実』岩波書店.
[2] 百瀬　宏　1979『北欧現代史』山川出版社.

北欧会議——その活動と課題

　北欧には，地域協力組織として1952年設立の北欧会議（Nordic Council）がある．同会議は，現在まで北欧における地域協力（北欧協力）を推進する役割を担っている．

●**北欧会議の設立**　北欧協力が生まれ，進展した背景として，地理的な近接性のみならず，言語や宗教などの文化的共通性，カルマル連合にみられる連合国家を形成していたこともある歴史的共通性が重要であろう．しかし，その共通性にもかかわらず，逆に利害が錯綜し，北欧地域に5つの国民国家が存在している事実も軽視すべきではない．

　地域協力に大きな進展がみられたのは第二次世界大戦後であった．特に，冷戦が激化する中，1940年代末に北欧諸国の軍事的分裂が顕著になり，各国政治家の間で危機感が高まった．1951年，デンマークの提案を受けて，北欧諸国間で定期的な会議の場を設ける交渉が始まり，翌年デンマーク，アイスランド，ノルウェー，スウェーデン4か国は北欧会議設立のための規約を法律，決議のかたちでそれぞれ採択した．当初，フィンランドも交渉に参加していたが，ソ連への配慮から加盟を断念した（1955年に加盟）．

●**北欧会議の仕組み**　北欧会議は1953年2月にデンマークで第1回会期を開催して以後，基本的に年1回のペースで年次会期を開催してきた（1992～1995年には年2回．近年は，秋の年次会期と春のテーマ会期の年2回開催）．北欧会議の開催地は，5つの加盟国がローテーションで引き受けている．同会議は，加盟国の国会議員（デンマーク，フィンランド，ノルウェー，スウェーデンから各20名，アイスランドから7名の合計87名）と政府閣僚（首相，外相，北欧問題担当相ら）が北欧諸国間の協力に関する問題を話し合う場であり，各国議会，政府への諮問機関である．その後，フィンランドの自治領オーランド諸島（1970年），デンマークの自治領フェーロー諸島（1970年）とグリーンランド（1984年）の自治議会議員および自治政府閣僚も加わった（以上，かっこ内は参加年）．各自治領には，その所属国に配分された議員数から各2名が割り当てられている．

　北欧会議は北欧諸国でEU（欧州連合）のような超国家的統合を目指すものではなく，あくまでも各国の主権を前提にゆるやかに協力を行うものである．慣例上，大きな不一致を生みかねない軍事問題と政治問題は除外されていた．これは，冷戦という国際情勢下で加盟国間の不信，対立を生まないための工夫であった．その後，1962年3月に加盟5か国で締結されたヘルシンキ協定において，協議対象は「法律，文化，社会，経済，交通，環境保護に関わる問題」とされた．

会議での使用言語は，基本的にすべての加盟国の言語であるが，作業言語として
デンマーク語，ノルウェー語，スウェーデン語が主に使われる．

　北欧会議発足以来，会期中，政府代表だけでも頻繁に会談が行われていた．こ
れを制度化することを求める声が高まり，1971年2月に前述のヘルシンキ協定
が修正され，新たに政府代表（北欧問題担当相や各分野の閣僚）による北欧閣僚
会議（Nordic Council of Ministers）が設置された．

●北欧会議の活動　北欧会議は，さまざまな分野で活動を展開し，大きな成果を
上げた．例えば，1954年には北欧労働市場が発足し，北欧域内の労働者の自由
移動が認められた．北欧人であれば，北欧のどの国でも労働許可なしに働けるの
である．北欧人労働者の自由移動は，その後，各国の社会サービスや法律の調和
を促すことになった．また，1954年以降，北欧人であれば北欧域内の国境でパ
スポートを示す必要がなくなった（北欧パスポート連合）．1958年からは，北欧
人以外の外国人に対しても基本的にこれが適用された．これも北欧域内の人の自
由移動を促進するものであった．北欧労働市場や北欧パスポート連合の導入は，
現在のEUに至る欧州統合よりも先駆けて行われたと指摘できる．欧州統合で
は，1958年のEEC（欧州経済共同体）発足により包括的な労働者の自由移動が
始まり，1995年のシェンゲン協定の発効に伴い，域内出入国管理が撤廃された．

●文化面の活動　北欧会議は，文化面の活動にも積極的である．北欧諸国間の文
化交流を促進するため，北欧文化協力協定を1971年に締結している（翌年発効）．
また，北欧会議は1962年に北欧語で書かれた文学作品を対象にする文学賞を創
設し，他の北欧諸国の文学への関心を高めてきた．同様の取組みとして，1965
年に音楽賞，2005年に映画賞（北欧会議創立50周年の2002年に試験的に実施），
2013年に児童・青少年文学賞も設け，傑出した作曲家・演奏家，映画監督，作
家らを表彰し，北欧における文化の振興に努めている．そのほか，1995年には
自然・環境賞も創設され，環境保護分野の取組みも表彰している．以上の5賞は，
北欧会議年次会期の際の授賞式で授与されている．

●北欧会議の課題　北欧会議の活動を通じて，北欧は人々が生活するうえで1つ
の地域となっている．しかし，北欧諸国は軍事面，経済面の協力には失敗してい
る．冷戦下では，北欧諸国のみの軍事協力の可能性は低く，各国のおかれた立場
から独自の道を選択せざるを得なかった．また，経済面の協力でも北欧各国の経
済格差や欧州統合の影響が大きく，関税同盟，共同市場の余地はなかった．冷戦
終結後は，EUの存在感が欧州で強まり，北欧諸国もそれとの関係構築に苦労し
ている．すでにEUに加盟していたデンマーク（1973年加盟）以外の北欧諸国
も欧州統合への接近を迫られ，1995年1月にフィンランド，スウェーデンがEU
に加盟した．今後，北欧諸国はEUの政策との整合性をとりつつ，その独自性を
いかに維持し，北欧協力を発展させるのかが，問われている．　　　　［吉武信彦］

環バルト海諸国評議会

環バルト海諸国評議会（Council of the Baltic Sea States：CBSS）は，1992年3月に設立された沿岸諸国による地域協力機構で（図1），構成メンバーは11のバルト海沿岸国（エストニア，デンマーク，フィンランド，ドイツ，アイスランド，ノルウェー，ポーランド，ラトヴィア，リトアニア，ロシア，スウェーデン）と欧州委員会である．1998年には常設事務局がス

図1　1992年CBSS第1回外相会議（http://www.cbss.org/council/history/）

トックホルムに開設された．11か国は持ち回りで1年間議長国を担当し，各議長国は独自の優先順位を決めてプロジェクトを遂行し，その方針は毎年議長国報告に示されている．北欧諸国が議長国になった際には，環境保護協力の強化や，NGO会議の重視など，北欧協力で行われてきた内容が盛り込まれることが多い．CBSSの設立はドイツとデンマークの2か国間協議に端を発しているが，新しい提案だったわけではない．それ以前には，1974年にバルト海汚染対策のため環境保護協定が締結され，協力機構としてバルト海洋環境保護委員会（通称 HEL-COM）が設置されている．だが当時は，デタントの時期とはいえ冷戦の中にあり，それ以上の協力は不可能であった．それが再度脚光を浴びたのはバルト三国の自立運動が活性化し，北欧諸国の議員間協力機構である北欧会議（Nordic Council（英語），Nordiska Rådet（スウェ語））を中心にバルト三国への側面支援の意図を込めて環バルト海地域の一体性を鼓舞する活動が始まったためであった．

当該諸国の外相によるCBSS設立宣言は，バルト海周辺に「真に民主的な共同体」を実現させることをうたい，設立当時の状況を反映させて，その活動は社会主義国の体制変化への支援（民主化，市場経済への移行，食料・医薬品の援助）と地域協力全般（環境協力，地域アイデンティティ強化のための文化協力，運輸・通信ネットワークの構築）の2つの部分に分かれている[*1]．すでに発足以来24年が経過し，バルト三国とポーランドのEU加盟，ソ連とEUの協力条約の締結などを経て，前者の部分はほぼ達成されたということができる．実際2002年に北欧会議は，バルト三国が成長を遂げ，すでに北欧諸国と対等の関係にまで達し

[*1] "1922 CBSS 1st Ministerial Session: Copenhagen Declaration, Conference of Foreign Ministers os the Baltic Sea States Copenhagen, March 5-6, 1992". (www.cbss.org/council/coordination/)

ていることを確認している.

CBSS 発足当時はソ連邦崩壊に伴ってこれら 4 国の経済・社会状況は悪化の一途をたどっており，その中で CBSS を通じて各国の援助を効果的に果たすことができた意味は大きい．遊泳禁止となるほど汚染が悪化していたバルト海南岸に代表されるバルト三国の環境汚染への対策は，前述の HELCOM と連動しながら進められた．経済面でも旧ソ連・東欧諸国への援助が始められ，特に北欧に多い中小企業に対して従来行われていた経済振興政策の伝授など，EU とは異なったきめ細かな対応がなされた．政治の分野でも北欧の議会制民主主義の経験を学ぶべく，新興独立国のバルト三国の議員，公務員，ジャーナリストなどへの研修が頻繁に行われ，体制転換に貢献した．伝統的な北欧民主主義の基盤をなす制度や運営に関する研修は，北欧諸国が新興国家建設の要とみなした援助であった．

環バルト海協力の特徴は，第一に，単なる一方的な援助を超え，バルト海沿岸地域をひとつながりの一体性のある地域ととらえ，地域のアイデンティティ構築を目指した点にある．中世のハンザ同盟時代の活発な地域交流を目標に，ハンザ都市の歴史遺産をめぐる観光ツアーの開拓や，姉妹都市調印による住民間の協力の促進，保健，衛生面での協力，麻薬や児童売春など組織犯罪への地域の取組みなどがその例である．

第二に，こうした多様な活動は，環バルト海に存在する無数の NGO，地方自治体，経済団体などの活動によって支えられてきたことが挙げられる．特にバルト海に浮かぶ諸島によるバルト海諸島会議や，ポーランドのグダンスクで発足したバルト海沿岸都市連合（UBC），同年コペンハーゲンに設立されたバルト諸港組織など，地方自治体レベルの協力の構築が活動の土台となった．これらの協力組織は，1993 年にバルト海沿岸諸国下位地域会議（BSSSC）としてまとめられ，それぞれ 101 都市，約 160 の地方自治体が参加して，多様な協力を行ってきた．このようにミクロのレベルで地域がそれぞれの必要に応じて活動していくことで，環バルト海協力の重層性はより確かなものとなった．また，その活動が軌道に乗ってから後も CBSS は NGO の活動促進に積極的に取り組み，2000 年から NGO の会議を定期的に開催してきた．CBSS が NGO を重視する背景には，地域の活性化にとって積極的な住民参加が不可欠であるという発想が存在する．

現在 CBSS は当初の目的をすでに終えているが，長期的に持続可能で繁栄し，地域的アイデンティティをもち，客観的かつ主観的に安全な地域の構築を目標にしている．ロシアをめぐるヨーロッパの状況や移民問題の悪化の中で，民主主義，環境，福祉，平等などの北欧の価値を共有していこうとする CBSS の活動は今後も陰日向に地域を支えるものと思われる． ［大島美穂］

パーシキヴィのリアリズムとは

　第二次世界大戦後，フィンランドの首相，次いで大統領として活躍したユホ・クスティ・パーシキヴィは，敗戦国としてソ連を主とする連合国による管理下に，リアリズムを発揮した外交を通じてソ連による全土占領を免れ，講和条約による独立回復にこぎ着けたことで知られている．しかし，その際の外交における「リアリズム」とは何であったかについては，当のフィンランドにおいても，明快な理解が得られているとはいえない．

　確かに，パーシキヴィが理念や情念によることなく，現実を見極めた政策によるべきだという発想から政治に携わっていたことは，独立以前のフィンランド大公国がロシア帝国の弾圧に対していかに対応するかをめぐってフィンランドの政界が割れていた時代に，「和協派」に属して政治に彼が頭角を現していた事実にさかのぼることができる．その後，ロシア革命とフィンランドの独立宣言，内戦とソヴィエト・ロシアとの講和，パーシキヴィの首相就任といった波乱の時代が続く．共和国としてヴェルサイユ体制下に歩みだしたフィンランドにおいてパーシキヴィが国立銀行総裁などの要職に就いた．ところが，ナチ・ドイツのポーランド侵略とソ連との不可侵条約締結という緊迫した国際情勢の中で，突如，領土の割譲と国境線の変更という要求をフィンランドはソ連に突きつけられる．かねてロシア通として知られるパーシキヴィを正使としてモスクワに派遣，交渉を重ねたが，スターリンが出した最後的な妥協案を，パーシキヴィの所見を無視してフィンランド政府が拒否し，交渉が途絶える中でソ連軍が越境侵入，「冬戦争」となった．フィンランド軍はゲリラ戦術でソ連軍を苦戦に陥れた．ソ連はフィンランド全土の占領を諦め，フィンランドは全領土の1割を失ったものの，休戦に持ち込むことに成功した．この冬戦争は，いわば「パンドラの箱」となり，ソ連はフィンランド併合の機をうかがううち，フランスを下したナチ・ドイツが勝ちに乗じてイデオロギー上の宿敵ソ連に侵入すると，フィンランドは，失地回復の大義名分のもとに「独自の戦争」を，ソ連に対して始めた．

　しかし，フィンランドは，ドイツの敗色が色濃くなると，軍・政両面に隠然たる影響力をもつ帝政ロシアの将軍だったマンネルヘイム元帥を大統領に担ぎ出して，1944年9月，ソ連を主とする連合国との休戦を実現，政治的切り札としてのパーシキヴィを首相にして，難局の収拾にあたらせた．パーシキヴィは，「ソ連との友好関係の確立がフィンランドにとってアルファでありオメガである」という名標語のもとに，領土の確定，ポルッカラ海軍基地の貸与，3億ドルに上る現物賠償，戦争犯罪者の処罰，戦争責任者を処罰するための立法と裁判の実施な

どのソ連が要求する休戦条約義務を履行していった．その場合，パーシキヴィの相手となったのは，フィンランドが連合国と結んだ休戦条約に基づく休戦管理委員会の委員長となったジダーノフであった．第二次世界大戦中のレニングラードの防衛司令官として勇名を馳せたほか，「社会主義リアリズム」の提唱者として知られていたジダーノフは，コミンテルン解散後の新路線の唱道者として名を上げようとし，ベリアおよびマレンコフと，スターリンの恩寵をめぐって対立し，その分，フィンランドに対していわば寛容な路線を代表して臨んだのであり，パーシキヴィはこの時期のジダーノフと信頼関係を結ぶことによって，フィンランドに対する「寛容な」政策を勝ち取った．

　ここで大きな問題は，パーシキヴィの対ソ政策が「リアリズム」と呼ばれてきた根拠は何であったか，という設問である．パーシキヴィは，彼の死後出版された日記の中で，「自分がリアリストとは片腹痛い」と言い放っている．自分をそう呼んだのはジダーノフであって，それはパーシキヴィを思いどおりに動かそうとするジダーノフだの，フィンランド共産党の大立者のヘルッタ・クーシネンだのである．パーシキヴィの日記によると，彼は，そのことを当のヘルッタ・クーシネンやソ連公使にも明言したという．さらに，パーシキヴィは，ノルウェーの新聞記者に語ったオフレコ発言の中で，「(もしソ連がフィンランドを占領したならば) フィンランド国民は，武器をとって戦うわけではないにしても，激しい戦いになるであろう．フィンランド国民を屈服させるには，少なくとも50万のフィンランド人を殺すか国外追放しなければならないだろう．これはソ連にとっては面白くないし，何の利益にもならないだろう」と言い放った，という．それでは，フィンランド人にとってリアルなものとは何か．パーシキヴィは断言する．フィンランド国民にとってリアルなものとは，冬戦争をソ連軍が始めた事実であり，フィンランド外交のリアリズムとは，その認識に立つことである，と．歴史的に見れば，列強 (諸大国) が形成してきた国際政治の歴史は，軍事力を背景とした権力政治の歴史であったが，小国の観点から国際政治を組み直せば，熱核兵器の登場が大きな曲がり角になって，新たな国際政治の構図を描き出すことができるようになったのであって，それは，パーシキヴィが織り出したような往復リアリズムの戦略ではないであろうか． ［百瀬 宏］

参考文献
[1] 百瀬宏 2011『小国外交のリアリズム——戦後フィンランド 1944-48 年』岩波書店.

フィンランド化論

　「フィンランド化」という用語が日本においても用いられ，議論のまとになったことがある．もとは欧米諸国で流布し，日本にはいわば一回り遅れた感じで新冷戦の時期に伝わった．「フィンランド化」の語源は Finlandisielung というドイツ語であって，旧西ドイツ首相ブラントの東方政策を揶揄する目的でオーストリアの新聞記者が用いたのが始まりとされる．そもそも第二次世界大戦後のオーストリアは，東西冷戦下にあって中立的地位を標榜する点で，政治的（フィンランド）と法的（オーストリア）と具体的な形式こそ違うものの，フィンランドと競合する意識ももっていたが，この言葉は，ほどなくそうした底意を離れ，フィンランドの，それも特にウルホ・ケッコネン大統領（1900-1986，在任期間 1956-1982）の対ソ連政策を攻撃し，さらには，西側諸国のソ連に対する「宥和的」態度を告発する評論や言論の共通の論拠となる傾向を帯びるに至った．

　ケッコネンの統治について，「フィンランド化」の好事例とされてきた事情を挙げると，① 1955 年に，社会民主党のファーゲルホルムを首相とする社会民主党と農民同盟の連立政権が共産党を除外して成立すると，ソ連側は大使を引き揚げるなど外交的圧力を加え，これに呼応するかのように農民同盟の閣僚が辞表を出してファーゲルホルム内閣は崩壊した．② 1961 年 10 月に，ベルリン問題をめぐって東西両陣営間に緊張が高まると，同年 10 月 30 日，ソ連側は NATO を背景とする西ドイツ軍の脅威が増大したとして，1948 年の友好条約第 2 条に基づく「協議」を要求してきた．おりからアメリカを訪れていたケッコネン大統領は，急遽予定を変更して，シベリアはノヴォシビリスクに滞在していたソ連首相フルシチョフと会談して，事なきを得た．しかし，翌年の大統領選挙を控え，野党勢力を結集するかに見えたケッコネンの対抗候補オラヴィ・ホンカが時を同じくして立候補を取りやめるという出来事もあり，悠々大統領に再任されたケッコネンが，対ソ関係を巧みに使って内政を操っているという噂が，内外に強まった．

　こうした言論活動の旗手となったのは，英語出版物では，国際的にはラクールを筆頭にさまざまな識者がいるほか，フィンランド内部では，反ケッコネン体制の公然たる旗手として政治活動を行っていたユンニラが著名な提唱者として戦列に加わった．しかし，他方において，欧米のフィンランド政治外交研究者の間からは，この見方に疑問を呈し，むしろフィンランドの特に対ソ連外交を，小国の自己保存，さらには核兵器の登場した時代における平和貢献の実践として高く評価する言説も登場した．

　これらのうち，まず「フィンランド化」論の推進者について述べると，ラクー

ルは，フィンランド研究の専門家ではまったくない中東問題あるいはユダヤ人問題に専門知識をもった国際問題評論家であって，パレスチナ国家（PLO）の出現を絶対に認めるべきではないという趣旨に立ち，その流れで第三世界の諸政権の「ファシズム」への傾斜の危険を警告するとともに，ソ連に対する妥協を，かつてのナチ・ドイツに対する西欧諸国の宥和政策の失敗の教訓を説いて批判し，フィンランドの対ソ友好政策をも破滅の道であると断言した．また，フィンランド国内での「フィンランド化」論提唱者としては，ケッコネン政権が反対派を巻き込んでいく中で保守党に属する論客として遂に説を曲げなかったユンリラについて見れば，彼の主張は，ケッコネン大統領がソ連によるフィンランド内政への干渉を呼び込みソ連の外圧を背景に自己の権威体制を確立していった，とするものであって，ラクールにせよ，ノルウェーの保守的外交論客オーヴィックにせよ，具体的論拠はこのユンリラに依拠していたといってよい．

　他方，「フィンランド化」論に反論を試みたのは，フィンランドの知識人はもとよりとして，フィンランドの現実に密着して同国の社会や文化を研究してきた，それも西欧民主主義の政治文化の中で育ってきたモードやクロスビーなどの研究者であって，彼らは，ソ連の要求に代案を用意し，内政干渉には未然の防止策をもって臨むというやり方にフィンランドが訴えてきたことを評価した．

　その後，1980年代に入って，「新冷戦」と呼ばれる東西両陣営間の緊張状態が生じると，「フィンランド化」論は再燃して第2ラウンドを迎え，今度はアメリカのレーガン政権がこれを唱える中で，今度は日本の中曽根首相が日本列島の「不沈空母化」を言い出し，日本でも論争を巻き起こした．他方，フィンランドの状況を見ると，ケッコネンが野党勢力を切り崩して挙国一致的体制の確立に成功した一方で，ソ連政治の実権を掌握したブレジネフは，友好条約第2条を重視する傾向をむしろ強めていった．他方，この時期には，北欧諸国では，北欧均衡や北欧非核地帯構想の問題が浮上し，全欧安保協力会議への支持などケッコネン大統領がフィンランドの対外政策を積極化する中，フィンランドとNATOに加盟しているデンマーク・ノルウェーとの間に，協力と対立の契機を微妙にはらんだ関係を生み出していった．しかし，こうした「フィンランド化」問題も，ソ連でゴルバチョフが台頭して冷戦が終焉の方向に向かい，またフィンランドでケッコネンが健康上の理由から大統領を辞任して，後任のコイヴィストが「低姿勢」の外交を進める中で，雲散霧消した．　　　　　　　　　　［百瀬　宏］

📖 参考文献
［1］百瀬　宏　1983「フィンランド外交の真の意味──何を学ぶべきか」『世界』11月号：70-84.
［2］百瀬　宏　1989「架け橋としての小国外交──フィンランド外交再訪」『世界』1月号：293-301.

冷戦終結期のフィンランド外交
——コイヴィスト大統領による戦略的抑制外交

マウノ・コイヴィストは，1982年から1994年までの冷戦終結を挟む国際政治の激動期にフィンランド大統領を二期務め，冷戦期から冷戦後へという転換期にフィンランド外交を主導した人物である（図1）．この時期，1980年代前半は「新冷戦」で米ソ対立が再燃するが，1985年のゴルバチョフの登場で東西緊張緩和が進み，冷戦終結とソ連の崩壊，ヨーロッパ統合の加速という大変動の中で，コイヴィストは難しい外交のかじ取りを任された．1970年代半ば，前任のケッコネン大統領（在任1956-1982）が欧州安全保障協力会議（CSCE）を開催するなど「積極的中立外交」で存在感を示したフィン

図1　マウノ・コイヴィスト

ランドの外交的遺産を損なうことなく，いかに新しい国際環境に対応していくかが彼の課題であった．

●「新冷戦」とフィンランド中立外交の試練　1970年代末から国際情勢が「新冷戦」の様相を呈すると，米ソがフィンランドの中立の信頼性を疑問視するようになり，フィンランドがデタント期のように積極的な外交を展開する余地は著しく減少した．

例えばアメリカは，1980年代前半，ソ連との軍事的緊張が高まるにつれ，ソ連と相互援助条約を結ぶフィンランドの中立国としての防衛能力に対して疑念を表明したり，フィンランドの閣僚によるアメリカの外交政策への批判を，中立国としてバランスを欠いた発言だとして非難したりした．このようなアメリカからの懸念に対してコイヴィストは，公式的な発言を避け抑制的な対応に終始し，問題を大きくしないよう努めた．ソ連もまた，フィンランドの中立を完全には認めず，「平和と軍縮問題に関してフィンランドは中立ではあり得ない」とし，アメリカと対立している諸問題についてソ連と共同歩調を取るように迫った．こうしたソ連の忠告に対しては，平和運動が盛上がりを見せていた他の北欧諸国と，核軍縮問題などで連携を強化し，彼らとの関係を損なわない限りにおいてソ連の提案を支持することで対応するなど，多角的な外交を展開することによって自律性を確保していた．

●東西の緊張緩和とコイヴィスト架橋外交　1985年3月のゴルバチョフの共産党書記長就任以来，東西の緊張緩和が進み，1988年にアメリカ，1989年にソ連

が相次いでフィンランドを中立国として明確に承認した．特に重要なのは1989年10月に行われたヘルシンキでのゴルバチョフ演説であり，それはソ連の国家元首が第二次世界大戦後初めてフィンランドの中立を無条件に容認したものであった．

フィンランドの中立外交が米ソに評価される中，コイヴィストは独自の架橋外交を展開する．それは，ゴルバチョフとブッシュの米ソ首脳と個別に連絡をとることで，両国の対話の窓口として自身を提供するという，裏方に徹した架橋役であった．それぞれの首脳と書簡交換や会談を頻繁に行う中でコイヴィストは，ソ連の経済状況の先行きを不安視するブッシュに対し，西側諸国がゴルバチョフのソ連改革への政治的・経済的支援を行うよう粘り強く説得した．このような地道な架橋外交の成果として，冷戦終結直後の1990年9月にブッシュ・ゴルバチョフ首脳会談がヘルシンキで開かれ，フィンランドが再び架橋役として国際社会から注目を浴びることになったのである．

●**冷戦の終結と対ソ連・対ヨーロッパ関係**　1989年11月のベルリンの壁崩壊に続く東西ドイツの再統一によってヨーロッパにおける冷戦が終結したことで，フィンランドはまずソ連との相互援助条約の修正に着手する．1990年9月，コイヴィストは（西）ドイツを仮想敵国として想定していた同条約の軍事協議条項は東西ドイツが統一したためもはや無効になったと単独で宣言し，ソ連もそれを黙認した．この時点では条約の撤廃にまでは踏み込まず，フィン・ソ友好関係の継続を強調したが，実質的にソ連との距離を広げていくという戦略性に裏づけられていた．

また，冷戦後に加速したヨーロッパの政治経済統合（EC/EU加盟）問題では，1990年10月にフィンランドと輸出面で競合する中立国スウェーデンがEC加盟の意向を表明したことで，対ソ連関係への配慮からEFTAに留まりたいフィンランドは大きな衝撃を受けたが，コイヴィストは国民の間でEC加盟の議論が盛り上がらないよう，情報を政府に一元化させ，政府の立場も明らかにしなかった．1991年12月にソ連の解体が決定的になってようやく，コイヴィストはフィンランドのEC加盟への可能性を検討すると表明し，1995年のEU加盟に向かってスタートを切ることになる．

●**コイヴィストの戦略的抑制外交**　冷戦終結期のコイヴィスト外交は，先行きの見通せない事柄について，不用意な立場を取るのを控えるという目立たないものであったが，その内実は，変化に先んじて主体的に対応することでその影響を最小限に抑え，実質的利益を獲得しようとする戦略的抑制外交だったといえる．それによって彼は，冷戦期に培ったソ連（ロシア）との良好な関係を維持しつつ，EU加盟にも先鞭をつけ，ポスト冷戦期のフィンランド外交の基礎を築いた大統領として評価できるであろう．

[髙木道子]

北欧への旅行

　デンマーク，ノルウェー，スウェーデン，フィンランド，アイスランドの北欧5か国への旅行は季節によって旅行目的が明確になっている．

　夏季は日照時間が長く，さまざまな体験とライフスタイルを楽しむことができる．ノルウェーのフィヨルドに代表されるダイナミックな大自然とバルト海クルーズを体感する3～4か国周遊の旅行スタイルが人気だ．活火山と間欠泉や北米大陸とヨーロッパ大陸の地溝帯が特徴のアイスランド．ノーベル賞に代表されるスウェーデンは北と南に長い国土の国．アンデルセンやレゴを生み出したデンマーク．さらに最近

図1　みんなに人気のムーミン

はフィンランドのPR親善大使のムーミンにスポットをあてたムーミンワールドを訪ねてファンタジーな空間でとても幸せなひと時を楽しむことが注目されている（図1）．

　一方，冬季は日照時間が極端に短くなり，フィンランド，スウェーデンとノルウェーのラップランド（北緯66度33分以北）では一日中陽光に出会えない日も2か月近くある．満天の星とともに音もなく現れるオーロラに遭遇するプレゼントに人々は感激する（図2）．

　冬の風物詩で忘れてならないサンタクロース．1年を通してフィンランド・ロ

図2　ダイナミックなオーロラ

ヴァニエミのサンタクロース村には世界各地からツーリストが引きも切らずに訪れる．特に12月23・24・25日は朝9時のオープン前には長蛇の列．サンタクロースに会うためには，太陽が昇らない暗い外で待たねばならない．

●日本と北欧の関係　北欧各国と日本は長い歴史を通して良好な関係を保ち続けている．北欧発祥のサウナ，冷蔵庫，鍵，飲み物の紙パック，ベアリング，マッチ，ゼムクリップ，コンピュータマウスなどごく身近で利用しているものが多く，日本人のノーベル賞受賞者が多いことも北欧が身近に感じる要因の1つである．日本のマンガ・コミックは現地の若者にはとても人気があり，大きな町の書店や

図書館には"MANGA"コーナーがあり，日本で開催されるコスプレ大会に参加するのが目標だと目を輝かせている若者が多い．空手，柔道，剣道に代表される日本武道や華道，茶道，書道の日本文化も人気だ．日本企業が現地に植樹したサクラを愛でながらの日本風花見も最近人気があるようだ．

　ヘルシンキを舞台にした映画『かもめ食堂』がキッカケとなり女性を中心に安全・安心・快適なイメージが広がり，デザイン，ライフスタイルを楽しみながら暮らすように旅するスタイルも定着してきている．言葉の壁があるのは仕方ないところだが，長めの滞在をするとか，何度か同じところに足を運ぶことでそうした心配もなく，そうするとお互いが理解しごく自然な振舞いができるようになる．1回限り短時間では現地のことを理解するのはなかなか難しい．幸いにも日本と北欧のヘルシンキ，コペンハーゲンには直行便が毎日運航されている．フィンエアーは成田，名古屋，関空，福岡とヘルシンキ間に就航している．一方，スカンジナビア航空は成田のみに就航している．かつての海路が南回りの空路にとって代わり，アンカレッジ経由，北極航路へと変遷していった．今やシベリア大陸横断のヨーロッパへの最短ルートの運航となっている．

●北欧デザイン　1990年代初め頃までは，北欧デザインは他の欧米デザインに比較するとあまり注目を浴びていなかったようだ．女性誌，デザイン誌，ファッション誌をはじめいろいろなメディアに掲載される機会が増えて身近になった．世代を超えてシンプルで飽きのこない長続きするデザイン，優しいフォルム，手触り感良く温かみのある木工製品や刺繍，ニットなどが特に人気である（図3）．どこにでもあり特別感がなく気取らない，まるで体の一部でもあるかのような普段着的なデザインが広い年齢層に受け入れられている．日本の木工製品，紙製品や陶磁器が上質なことは外国にまでよく知られている．北欧と日本に共通している木工，紙製品がお互いの琴線を刺激しているからこそ尊い感情が沸き起こってくるのではないだろうか．

　ある北欧の人のメッセージを思い出した．「我々はモノづくりや建築，デザインなどさまざまな分野で職に就くためには学校で学んだ．しかし日本ではかつて職人の下で修業しながら現場でモノづくりを学んできた．そこがすごいところだ」．なんだか褒められていい心持ちになったことを記憶している．

　大雑把にいえば，海に囲まれた北欧には，大きな町から一歩足を延ばして郊外に出ると，日本人にとってほっとする所がたくさんある．　　　　　　［菅原洋明］

図3　おシャレで優しいフォルム

北欧の鉄道事情

北欧といえば，寒い土地に少ない人口，発達した社会福祉で高生活水準の平和な文化国家というイメージがある．厳しい自然のもと，武骨で野暮ったい伝統技術と洗練された最先端の技術が共存している．そして付加価値の高い産業を発展させ，世界的にも優れた鉄道システムを建設運営して，豊かな福祉社会を築いてきた．

スカンディナヴィア三国（スウェーデン，ノルウェー，デンマーク）の鉄道技術と文化は，英・独の 1,435 mm 標準軌鉄道の影響を少なからず受けているが，フィンランドの鉄道は 1,524 mm のロシア軌間で他の北欧諸国の鉄道と一線を画している．

また，全人口が 33 万人で，国土の大部分が氷雪に覆われた火山島のアイスランドには，鉄道が存在しない．

スウェーデン国鉄会社（SJ-AB）と上下分離政策および技術の先進性

●**スウェーデンにおける鉄道の歴史**　スウェーデンの鉄道は，1849 年からのヴェルムランド（Värmland）の馬車鉄道に始まる．1853 年には「幹線鉄道は外資を避けて国が建設，他路線は民営も可」とスウェーデン議会が決議し，1856 年スウェーデン最初の蒸気鉄道（機関車は英国製）が開業する．

国鉄最初の幹線は，ストックホルム（Stockholm）南駅からマルムー（マルメ，Malmö）までが 1864 年，ユーテボリ（ヨーテボリ，Göteborg）までは 1860〜1864 年に両都市から建設し開通した．北へは 1866 年に古都ウップサーラ（Uppsala），1894 年にボーデン（Boden）に達する．ストックホルム中央駅が建設され南北の線路が結ばれるのは 1871 年である．他国鉄との接続は，スウェーデンのリューレオ（Luleå）とノルウェーのナルヴィーク（Narvik）間の鉄鉱石鉄道（Malmbanan）が 1903 年開業し，キルナ（Kiruna）と国境の間が 1915 年スウェーデンで最初に電化された．

なお，ドイツとは同一軌間で，非電化路線の車両が連絡船で航送されていた．ノルウェーとは軌間も電気方式も同一で，3 電化線と 1 非電化線が直通運転し，デンマークとは，ヘルシングボリ（Helsingborg）—ヘルシングウーア（エルシノア）（Helsingør）間を客車航送していたが，2000 年にウーレスンド（エーレスンド）（Öresund）架橋で列車が直通するようになった．フィンランドとは軌間の相違のため直通できない．

鉄道は，欧州最初の「上下分離」鉄道改革により1988年設立のスウェーデン国有鉄道会社SJ（Statens Järnvägar AB）と約20の民間ないし地方自治体の事業者が列車を運行し，保守管理は軌道庁BW（Banverket）が担当する．標準軌間1,435 mmの路線は12,851 km，うち民営3,594 km，17 Hz 15 kVac電化線が7,918 km，複線は1,152 km，狭軌891 mmも221 kmある．速度向上は1985年に160 km/h，1990年初登場のX2000特急車両，1999年開業のアーランダ（Arlanda）空港特急が200 km/h運転を実施，将来的には250 km/h運転を目指している．

図1　首都圏の都市を結ぶ通勤列車

●大ストックホルム地域交通営団（Storstockholms Lokaltrafik）誕生まで　ストックホルムの都市交通は，1877年に馬車軌道が北島（Norrmalm）で開業，1904年から電化，南島（Södermalm）では1901年から電車軌道が開業していた．北会社は南会社を1918年に合併，それを1920年ストックホルム市が公社化する．

図2　空港とストックホルム市内を結ぶアーランダ特急

　地下鉄（T-bana）は，1908年の交通委員会設置に始まり，南島の路面電車の浅型地下鉄化に着手，1933年9月30日グスタヴ5世が臨席して開通式が挙行された．

　1950年には南島の路面電車を本格的な地下鉄にし，南部郊外線に直通させた．1952年に西北部郊外線から都心へ乗り入れていた北島の地下鉄が，1957年11月24日地下鉄中央駅経由で延伸され，南島の地下鉄と結ばれて，グスタヴ6世夫妻の臨席のもとに地下鉄1号線としての全通式が行われた．地下鉄の規格は，標準軌間1,435 mm，電気方式はニューヨーク式の上面接触第三軌条で650 Vdc，信号保安設備は新規に開発した車内信

図3　ウステルマルムストリ（Östermalmstorg）駅のC20型地下鉄車両

図4　リリイェホルメン（Liljeholmen）停留場のA32型路面電車

号方式と地上プログラム式 ATC の併用，開削式トンネル区間はベルリン式，岩トンネルの区間は独自のストックホルム式である．

1920 年設立のストックホルム軌道公社 SS（AB Stockholms Spårvägar）は 1967 年 1 月 1 日以降，人口 80 万の市域から 150 万の都市圏（東西 80 km，南北 180 km，25 自治体）の公共交通網を，一元的に管理する大ストックホルム地域交通（営団）SL（Storstockholms Lokaltrafik）に改組された．地下鉄（T-bana）の 3 路線，7 系統，108 km（うち地下区間 62 km），SJ 国電 2 系統の分岐線を含む 200 km，郊外鉄道 2 線 65 km と 18.5 km，郊外軌道 2 線 9.2 km と 5.6 km，歴史的保存軌道 2.9 km と新路面電車線 11.5 km の軌道交通とバス路線を管轄する．

ノルウェーの風土と鉄道

●ノルウェーの鉄道改革，ノルウェー国鉄会社（NSB-AS）の設立まで　ノルウェーは，面積 38 万 7,000 km^2（日本と同程度），人口は約 510 万人，1996 年の鉄道「上下分離」により，国鉄会社（Norges Statsbaner AS）が民間事業者とともに列車運行を営業し，鉄道作業庁（Jernbaneverket）が線路の保守管理を行う．1,435 mm 標準軌間の路線距離は 4,087 km，うち 2,622 km が 17 Hz，15 kVac 電化，219 km が複線，鉄道技術は初め英系，後に独系で最近はスウェーデン系である．

1854 年オスロ（Oslo）からリレハンメル（Lillehammer）に向かう 68 km 余が，英国とノルウェーとの投資家の出資で，英国の技術者により開通した．最初の国有鉄道は 1862 年ハーマル（Hamar）からグルンセト線（Grundsetbanen）に始まり，オスロから放射状の路線網を形成する．山地とフィヨルド海岸は鉄道の建設に不利で，経済的理由から 1,067 mm 狭軌とされた線区もあったが，後に改軌している．1952 年には路線の 80% を交流電化し，他はディーゼル車両化する方針を決定し，1980 年には国鉄 NSB のオスロ市内東西連絡線を開通させて，オスロ西部の路線網が旧オスロ東駅の中央駅（Sentralstasjon）と都市圏電車の地下線で結ばれた．1998 年にはオスロ空港がフォーネブー（Fornebu）からガルデモーン（Gardermoen）に移転したので NSB 空港鉄道会社を

図 5　NSB の長距離列車（オスロ中央駅）

図 6　市内路面電車（市役所前広場付近）

設立，56 km を 19 分で結ぶ新高速鉄道で，定員 168 人の EMU 電車の 200 km/h 運転を開始した．運行は空港列車会社（Flytoget）が担当している．

●オスロ(Oslo)の路面電車と地下鉄　1875 年，馬車軌道がクリスティアニア軌道会社（Kristiania Sporveisselskab）により開業，1894 年北欧で最初に電化，1925 年にはオスロ市軌道会社（A/S Oslo Sporveier）として，公営の市電になった．現在まだ約 40 km の路線網が健在で 2〜3 車体の連節車 97 両が 8 系統で活躍している．

図7　剛体電車線式地下区間の近郊電車（国立劇場駅）

一方，市の西北部郊外山麓には，1898 年からホルメンコッレンに至る民営路線（Holmenkolbanen）があり，1927 年には都心部の国立劇場（Nationaltheatret）駅まで約 2 km の 3 駅間に地下鉄道を建設して乗り入れていた．この地下鉄線には，断面積 600 mm^2 の T 型銅材をトンネル天井に取り付けた 600 Vdc の剛体電車線が，東京の地下鉄日比谷線より 34 年も前に採用されていた．

図8　下面接触第三軌条式地下鉄（鉄道駅前広場駅）

他方 1966 年オスロ市地下鉄道局（Oslo Kommune Tunnelbanekontolet）による地下鉄（T-bane）東部郊外線 10 km，14 駅，うち地下区間 7.4 km が開業した．すでに都市計画では都心を東西に横断して，市営地下鉄の鉄道駅前広場（Jernbanetorget）駅とホルメンコッル線の国立劇場駅を地下で結び，直通運転をすることになっていた．軌間は 1,435 mm に統一してあったが，下面接触第三軌条 750 Vdc と剛体式架空電車線 600 dcV とで電気方式が異なっていたので，まず，都心に建設した国会議事堂（Stortinget）駅で両線を同一方向同一ホーム乗換え方式で接続し，ホルメンコッル線を併合した後に第三軌条化して，新規開業の全地下鉄線と直通運転を可能にした．

デンマークの国土の特殊性と鉄道路線

●国土の連結と公共企業体のデンマーク国鉄（DSB）の役割　鉄道の創設は 1847 年コペンハーゲン（København）—ロスキレ間約 30 km．この鉄道は，産業組合による民営鉄道ともいうべきものであった．1862 年にオーフース（Århus）—ランス（Randers）間の約 40 km にユトランド［ユラン］半島で最初の

民営鉄道が開通，1865年からフューン島に政府も出資した英国系のデンマーク鉄道運行会社が開業する．シェラン島鉄道会社は1880年に国営化されDSBの誕生となる．当初の路線長は1,516 kmであった．複数の島々と半島からなるデンマークであるが，1872年リレ=ベルト（小海峡の意）に，1883年ストーア=ベルト（大海峡の意）に連絡船が就航，東西の幹線鉄道が連結された．1930年には，ほぼ幹線が整備され，国有鉄道が2,500 km，民営鉄道が2,800 kmになる．さらに，1935年に小海峡橋が供用された．

一方，1937年に大海峡橋の建設が予定されていたが，実現せぬまま1940年に第二次世界大戦で中止になり，1986年になって工事開始，1997年に開通した．この鉄道・道路併用の渡海交通路線25 kmは，シェラン島とフューン島の中間のスプロー小島を介して，東側は国際船舶航行水路の高さを確保した4車線道路橋6.8 kmと単線2本の鉄道トンネル8 km，西側は鉄道・道路併用橋6.6 kmでケーソン基礎の上に鉄道と道路が別々に橋台や橋脚を設けている．

同様の構想により1992年コペンハーゲンと対岸スウェーデンのマルムー（Malmö）との間が，両国の協定で中間に人工島を設けて工事を開始し，2000年にウーアソン（ウーレスンド（スウェ語））橋（Øresundbron）と海底トンネルのウーアソン連絡線で結ばれた．

● 首都圏の都市電車「エス・トーウ（S-tog）」と自動運転地下鉄「メトロ（Metro）」

コペンハーゲン（København）首都圏の交通としては，1934年から都市電車S-togが運行開始されている．いわゆる国電運行区間の誕生である．鉄道動力近代化は1950年代のディーゼル化に始まり，1970年の蒸気運転の終了にいたる．旅客列車は短距離運行でも電気式3,300馬力ディーゼル機関車の牽引が主となった．

デンマークの鉄道は，技術的には最初が英

図9　DSBの中距離電車（コペンハーゲン―マルムー間は海底と橋梁）

図10　近郊電車S-togには自転車の持込み可（コペンハーゲン中央駅）

図11　DBのICE特急気動車をDSBが借用（コペンハーゲン中央駅）

国系，その後はドイツ系で，近年は，スウェーデン系といえよう．1960年代には空港線の建設と国電の新車導入が主要課題となる．1974年には都市間特急の運行が始まり，地域交通も改善された．従来，国電区間10系統，130 km 余は 1,500 Vdc の EMU 式電車を運転していたが，欧州他国の幹線鉄道同様，25 kVac 電化導入で，コペンハーゲン―ヘルシングウーア間が 1986 年に電化され，1995 年に DSB 初の中距離電車と S-tog の新型連接車が登場．1997 年東西幹線や IC 都市間特急で時速 180 km/h 運転を開始した．

図12　全自動運転3両連接の地下鉄（Metro）

　コペンハーゲンでは，1930 年代のデンマーク国鉄による都市電車 S-tog 構想に，1954 年コペンハーゲン交通委員会の地下鉄案を重ね，地下鉄案が作成されたが，一部地下線の S-tog のみ実現していた．18 世紀半ばから 100 年近く活躍した路面電車線は自動車交通を阻害するとして廃止されると，新市街開発には地下鉄が必要との声が高まって，2002 年に 1,435 mm 軌間，750 Vdc 下面接触式第三軌条で自動運転の Metro を開業．3 両連節車を 1 単位とし，2～3 単位で 1 列車を編成する．すでに 2 路線 21 km，22 駅になり，将来は東西線 2 本，南北線 1 本と環状線の 4 路線になる．

　なお，S-tog にもコペンハーゲン中央駅から掘割と地下線が 3 駅間 2 km 余あり，1,500 Vdc カテナリ架線から，東京の地下鉄で開発された剛体電車線方式の欧州型に，2003 年以降，改良されている．

独自の道を歩んだフィンランドの鉄道

●フィンランドの新国有鉄道（VR-Yhtymä）と独自の歩み　帝政ロシア内の大公国鉄道として 1860 年に設立されたフィンランド鉄道（Suomen Valtion Rautatiet）は，1862 年ヘルシンキ（Helsinki）―ハメーンリンナ（Hämeenlinna）間が開業した．軌間はロシアと同じく 1,524 mm で，リーヒマキ―サンクト・ペテルブルク間が鉄道で結ばれたのは 1870 年からである．1917 年に独立を宣言し，1922 年から単に国有鉄道（Valtionrautatiet）と改名，1995 年の鉄道改革で，政府が全額出資する VR 特殊会社（VR-Yhtymä）が運輸営業して，運輸通信省の軌道管理局（Ratahallintokeskus：RHK）が路線建設と保守を担当する「上下分離」に改組された．1982 年の路線長が 5,865 km で 2007 年の 6,941 km に比べると若干縮小しているのは，希薄な人口密度では鉄道維持が容易でないからであった．

国土の地理的・歴史的状況のもと，鉄道の創業は北欧の隣国と比べ遅かった．民鉄の経営は政治経済的に困難であったため，ほとんどの路線が1950年までに国鉄に買収されている．

フィンランドの国鉄は，まず英国から技術導入をしたが，その後は，ソ連の影響下で蒸気運転を続け，ディーゼル化の完了は1975年になる．1960年代からは25 kVac，50 Hz商用周波交流電化も始め，1973年ソ連から輸入した電気機関車は国内で電装した．

1969年からヘルシンキ都市圏で始まった電化は，2004年になってロヴァニエミ（Rovaniemi）に達し，都市間特急ICやペンドリーノと呼ばれる高速列車が135 km/h運転を開始した．今日ではタンペレ（Tampere），トゥルク（Turku）も結ぶ．

●ヘルシンキの路面電車（Raitiovaunu）と地下鉄（Metro）　路面電車はトゥルク（Turku）では1972年廃止．ヘルシンキ（Helsinki）には1891年開業の1,000 mm狭軌トラムが現在85 km，11系統があり，市交通局が運営している．地下鉄（Metro）はヘルシンキ市地下鉄建設委員会（Helsingin Kaupungin Metro-toimikunta）が1963年に発足し，都市高速鉄道網を策定して，1969年に15 km，1985年に50 kmの地下鉄網完成の予定であったが，1982年まで遅れ，東西幹線が1,524 mm広軌，下面接触第三軌条750 Vdcでイタ・ケスクス（Itäkeskus）―カンピ（Kamppi）間に開通した．2007年には，東部郊外のメッルンマキ（Mellunmäki）およびヴオサーリ（Vuosaari）と西部郊外のルオホラハティ（Ruoholahti）までの21.2 kmに，2系統を運行しており，西部郊外ではエスポー（Espoo）市への延伸工事中であ

図13　路面電車

図14　ヘルシンキの中心部を行く路面電車

図15　ヘルシンキ地下鉄（1,524 mm軌間，下面接触第三軌条方式）

図16　特急列車

る.

　一方，新 VR は高速化による鉄道の効率性向上を主要目標の 1 つとして，首都近郊区間および中距離都市間輸送を重視し，1995 年秋にはスウェーデンの X2000 特急（アセア・ブラウンボバリ社製）相当のペンドリーノを就役させて，1998 年にヘルシンキ—トゥルク間 200 km は所要 1 時間 28 分に短縮された．

「動く博物館としての路面電車線」「美術館としての地下鉄空間」の利用

●「動く博物館としての路面電車線」　1967 年に廃止されたストックホルム都心部の路面電車 7 号系統が，1991 年に復活され，スウェーデン路面電車協会ストックホルム支部（Svenska Spårvägs sällskapet Stockholms avdelningen）という公共団体が，両終点がループ線になっている複線の路面併用軌道約 3 km 区間で交通産業遺産である歴史的保存車両を運行し，「動く博物館としての路面電車線（Spårvägslinjen som är ett rullande museum）」と呼び，同時に動態保存も行うことになった．

図17　動く博物館としての路面電車線

　保存車両は，1903〜1905 年製のストックホルム市内線用 2 軸単車，1922〜1924 年製の同線用の強力ボギー車，1946 年 ASEA/Nordiska GE 製のマルムー（Malmö）市内電車，1959 年 Eksjö 工場製の同線用付随車（1973 年まで稼働していた），1944 年 ASEA 製のストックホルム郊外線用ボギー車，そして 1940 年代から 1970 年代まで活躍したユーテボリ（Göteborg）市内電車の車両である．

　「動く博物館としての路面電車線」沿線のユールゴーデン（Djurgården）地区には，音楽・楽器博物館（Musikmuseet），軍事・武器博物館（Armemuseum），歴史博物館（Historiska museet），北欧博物館（Nordiska museet），たばこ博物館（Tabaksmuseet），木造戦艦ヴァーサ博物館（Vasamuseet），生物学博物館（Biologiska museet），スカンセン（Skansen）があり，少し離れた場所には，海洋歴史博物館（Sjöhistoriska museet），電信・電話博物館（Telemuseum），工学技術博物館（Tekniska museet），民族学博物館（Etnografiska museet）もあって，「歴史保存路面電車が動く博物館である」と同時に，「ストックホル

図18　美術館としての地下鉄空間

ムの主な博物館を巡る路面電車である」ということなのである．この路線の復活は，交通政策のみならず文化政策としても当を得たものであるといえる．

●「美術館としての地下鉄空間」の利用　いわゆる美術館や博物館ではなく，野（屋）外に存在する展示場でもないが，地下鉄駅構内，連絡通路やプラットホームでは「地下鉄——世界中で最も長い芸術展示場（Tunnelbanan : världens längsta konstutställning）」と称して，毎日70万近くの市民が利用する大ストックホルム圏交通営団3系統の地下鉄110km，100駅のうち91駅で，現代の最先端をいく芸術家の作品展示がなされている．

　1956年の地下鉄中央駅（T-Centralen）の建設時から検討され試行されて，すでに1号線で37点，2号線で34点，3号線で20点を数える．2号線のウステルマルムストールィ（Östermalmstorg）駅のプラットホーム壁面にあるシーリ・ダルケット（Siri Derkert）の文字彫刻作品は「世界各国語で書かれた平和」である．産業遺産ではないが，公共交通事業体が管理する交通空間の一部を，広告媒体として商業空間化せず，現代の価値の1つを次世代への文化遺産として継承する場にしようとする姿勢は，評価されるべきであろう．

スウェーデンの産業考古学博物館

　産業遺産ないし産業文化財の博物館は，それ自体は無形の文化財ともいえる技術を対象とした博物館であり，産業を支えてきた技術の博物館である．スウェーデンでは，すでに1世紀も前から産業遺物や遺跡の存在する地域全体を野外博物館化して，ヒトを含むシステムとしての産業遺産を，そのままの姿で現地保存し，ヒトとモノとの関係を動態で後世に伝承しようとする試みが行われてきた．

図19　今も，かつてのように！

●スカンセン　ストックホルムでは，厳密な現地保存ではないものの，スウェーデンの各地から集めた農家と民家および教会など150棟を移築し，家内産業と村落の世界最初の野外博物館「スカンセン」を，アットゥル・ハセーリウス（Artur Hazelius）が1891年に設立している．わが国の明治村（1965年に建築史家の谷口吉郎と名古屋鉄道社長の土川元夫が協力し，主に建築史的に価値のある明治の西洋建築を移築展示した）と比較すると，スカンセンではモノの復元保存のみならず，それらの建造物の内外で営まれていたヒトの生活も市民有志に

図20　木製大ハンマー

より再現して見せている点が民俗学的である（図19）.

●エンゲルスバリ　世界遺産として1993年に登録されたエンゲルスバリ製鉄場（Engelsbergs bruk）は，スウェーデンにある12箇所の世界遺産，8地域のエコ・ミュージアムの1つである．17世紀に製鉄場が創業された当初は，ペール・ラーションという地方判事が統括し，村民多数の共有であったようである．

図21　保存された水車

　1916年アヴェスタ製鉄会社（Avesta JernverksAB）に買収され，建造物は1740年の大火後のものであるが，1960年の法律で歴史的な建造物に指定された．水車動力による木製大ハンマーも，水車の本体と水車用の水路とともに動態保存されている．

　なお，エンゲルスバリ製鉄所を訪れる人々の公共交通機関としても，鉄道が活用されている．1999年に設立されたエンゲルスバリ・ノルバリ鉄道歴史保存財団（Engelsberg-Norbergs Järnvägshistoriska Förening）は，1853年に開通し，1962年に廃止された鉄道を復元して，2004年から旧スウェーデン国鉄SJの気動車（Rälsbuss）を運行することにより，鉄道車両自体の動態保存も実施しているのである．

［小山　徹］

□ 参考文献
[1] 小山　徹　2006「スウェーデンにおける産業遺産野外博物館の試み」『近畿産業考古学会会誌』1：pp. 17-22.

日本・デンマーク交流史

　1600年代の初め，徳川幕府確立期の東アジアは世界最大の貿易市場だった．英・仏・蘭3国がそれぞれ東インド会社を設立し同海域での交易で莫大な利潤を上げていたのにならい，デンマークも1616年に東インド会社を立ち上げインドまでは進出したものの，日本貿易に関してはオランダに阻まれ，日本に達することはできないままその後も鎖国体制が敷かれた日本からは排除されていた．

　デンマーク人ベーリングが隊長だったロシアの探検隊の副官として同じくデンマーク人のスパングベアが，鎖国後100年目にあたる1739年に，海路を探ってカムチャツカから南下し仙台沖に出現した．しかし，これはロシア船の到来であり，たまたま指揮官がデンマーク人であったというエピソードにすぎなかった．

　19世紀になりナポレオン戦争以後改変された世界秩序のもと，植民地獲得競争が次第に拡大し，1840年代に中国に門戸開放をさせた西洋列強が，次の目標として日本を挙げていた．太平洋を隔ててアメリカも日本に開国を迫る動きを見せ，1846年にはビッドル司令官が浦賀を訪れたが，その3週間後にはデンマークのビレ提督が黒船ガラテア号で同じ浦賀沖に出没していた．ビレ提督は世界周航の途上にあり，嵐の中，幕府の要人との交渉は果たせないままハワイに向けて日本を去った．けれども浦賀奉行所の隊長とは対面し，デンマークの国旗ダネブローを誇示したこと等が文書に残されており，ここに両国間外交史の第1ページが記録されることになった．ペリー来航の7年前である．

　開市開港の時期延長を交渉すべく竹内保徳使節団が訪欧していた1862年には，日本との条約締結を望んでいたデンマーク政府がオランダのハーグで使節団と交渉を試みたが不首尾に終わり，以後，交渉権をオランダの駐日公使に一任することになった．紆余曲折を経て，1867年初頭にようやく両国間に修好通商条約が結ばれた．徳川幕府が最後に調印した外国との条約で，デンマークは11番目の対日条約国となった．

　同じ頃，フランス海軍に所属しフランス東洋艦隊旗艦長の付添い武官だったスエンソンが日本に滞在しており，駐日フランス公使ロッシュが徳川慶喜と会見する場面などに居合わせる機会を得て，そうした模様ならびに幕府崩壊期の日本の状況を新鮮な目で観察した結果を印象記として1869～1870年に発表している．

　時代が明治に変わり，広く世界に目を向けた新政府が行った一連の事業のうち，特筆すべきはデンマークの大北電信会社が上海—長崎—ウラジオストク間に海底電信ケーブルを敷設し，日本を電信で世界と結びつけたことであった．国際電信線は1872年に開通した．敷設権交渉にあたって来日したデンマーク公使シ

ク（シッキ）はまだ衣冠束帯姿であった若年の明治天皇に謁見した．また，電信士として長崎に送られてきた若きデンマーク人たちは，開化期の長崎の様子をつぶさに観察する機会を得て，日本語を学び日本女性と結婚する者もいた．さらに，クレブスのように三菱会社の重役になったり，後年，日本郵船会社（NYK）に船長，航海士として雇われたり，お雇い外国人として活躍したりするデンマーク人もいた．

一方日本からは，広く世界に知識を求める目的で派遣された岩倉使節団が1873年4月に国賓としてデンマークを訪れ，この時点で両国の関係が確固としたものになった．

以後十数年の間，小国でありながらも"強国"であったデンマークが，西洋列強に屈した感のあった明治日本のモデルとみなされていた．しかし，日本が国力を強めてドイツを手本と仰ぐに至り，さらに日清，日露両戦争に勝利を収める過程で，日本のデンマークに対する興味は薄らいでいった．

折からのジャポニズムの波に乗って，デンマークの日本に対する関心は逆に高まる一方で，特にデンマークの陶器のデザインが江戸期の日本芸術の影響を受けた．

岩倉使節団訪問の答礼として1875年にロースルフが当時すでに洋装になっていた明治天皇を訪問し，一方，小松宮が1887年にデンマークを訪問，その返礼としてヴァルデマ王子が日本を訪れるなど，皇室王室間の交流があったほか，日本滞在を経験したデンマーク人は少なくなかったものの，同じ時期にデンマークを訪れた日本人は，日露戦争前夜にコペンハーゲンにしばらく滞在した野口英世，動物園で日本を紹介した岐阜出身の旅芸人花子などに限られていた．

日本に関するまとまった図書がデンマークでは1903年に発行されていたが，日本ではアンデルセンの童話が翻訳され紹介されていながら，当時それがどこまでデンマークの作家の作品として認識されていたかは疑わしい．

ここで注目すべきは，日清，日露戦争期に英国アームストロング社の代理人として日本に長期滞在し，帝国海軍増強に貢献したデンマーク人ムンタ（ミュンター）である．またその妻ヨハンネは，東京滞在中に親交のあった石井筆子から影響を受けて帰国後に婦人参政権運動に関わっていった．

さらに，1911年に日本のキリスト者たちを訪ねてまわったデンマーク聖書学校校長のスコウゴー=ピータセン，1925年にデンマークを訪れた賀川豊彦，1926年にコペンハーゲンから東京まで単独飛行を達成したボトヴィス，1931年にデンマーク体操を日本で披露したブク（ブック），1937年に日本各地で講演をした量子物理学者ニルス・ボーアなどが交流史上に名前をとどめている．

酪農の分野での雪印，教育界での東海大学，戦後日本の復興に寄与したセメント業界のF.L.シュミット社なども忘れてはならない． 　　　　　［長島要一］

デンマークと北海道

　　雪印酪農学園デンマーク
　　　範としてこそ成功の基
（黒澤酉蔵[*1] 1977『三愛の歌』より）
　デンマークの農業が酪農を中心に北海道に及ぼした影響は，計り知れない．その一端をこの黒澤の短歌が示している．（図1）．

●**デンマーク農業との出会い**　北海道では1869年の蝦夷地開拓使設置以来，伝統的にアメリカ式の大規模機械農業が行われていたが，地力低下等の要因で大正時代後半に行き

図1　戦後，スナゴー家を訪問中の黒澤酉蔵

詰まった．打開策として注目されたのがデンマーク農業であった．デンマークはすでに20世紀初頭には世界に名だたる酪農王国の地歩を築いていた．

　札幌でもこのデンマーク農業に注目して研究しているグループがあった．その代表格が後に「北海道酪農の父」と呼ばれる宇都宮仙太郎と北海道の近代化に尽力した黒澤酉蔵であった．宇都宮は大分県出身で，青年時代にアメリカに留学して進んだ酪農を学び，帰国後は乳牛を飼って，後に札幌一の牛乳屋になった．そして1906年に再渡米した際，デンマーク農業の素晴らしさを聞き及んだ．札幌に戻ってからはデンマーク農業について研究するとともに，娘婿の出納陽一をデンマークに農業留学させた．

　一方，黒澤は茨城県出身で，青年時代に足尾鉱毒事件の解決を訴えた田中正造に感銘を受け，田中のもとで活動を行った後，北海道に渡った．そこで宇都宮と出会い牧夫となった．以後黒澤は宇都宮と二人三脚で北海道の酪農発展に関わる．

　また，出納は同郷の先輩宇都宮の二女琴子と結婚した後，1921年にデンマークに渡った．首都近郊の農場に住み込んで酪農経営，製酪実習を行い，琴子と一緒に農民生活を体験した．出納は農業実習のかたわらデンマークの農業史，協同組合，国民高等学校について研究した．特にロスキレ国民高等学校で，国民高等学校の思想的基盤を築いたグロントヴィのことを学んでいる．出納は通算約3年余の滞在後，現在の札幌市厚別区上野幌にデンマーク農業を模範とする農場を開設し，積極的に実習生や家事見習いを受け入れた．

●**デンマーク農家招聘**　宇都宮と黒澤は機会あるごとに北海道長官にデンマーク

[*1] 黒澤は雪印・酪農学園創始者．

農業の導入を進言した．それが実を結んで1922年にまず，4人の産業調査員がデンマークに派遣された．さらに，デンマーク式農業を生活も含めて学ぶため，デンマーク人農家をそのまま札幌近郊に招聘することになり，2家族が選抜された．1923年9月にモーテン・ラーセン一家4人と農業助手のピーザ・スナゴーが来日し，真駒内種畜場（現在の真駒内公園一帯）で15 haの農場を経営した（図2）．その後，イミール・フェンガ一家4人が来日し，札幌近郊の琴似にあった北海道農業試験場（現農試公園）に5 haの土地を与えられて混合農業を行った（図3）．

図2　ラーセン一家と出納陽一

図3　フェンガ夫妻と住居

招聘農家との契約は5年間であり，ラーセンとフェンガの農場には官民問わず多くの客が訪問した．また，彼らは機会あるごとに農業講演や実地指導のために北海道各地を訪れた．1924年2月には，それまでの研究と実践を総括するデンマーク農業連続講演会が，ラーセンやフェンガも参加して開催されている．その講演録が後に『丁抹の農業』（宇都宮仙太郎編纂，1924，北海道畜牛研究会）として発行され，全国の酪農家に読まれた．

ラーセンとフェンガは，仕事と余暇のけじめを明確につけ，仕事中は集中して働いた．夕食後は家族と連れだって場内を散歩し，日曜日は労働を休み，家族と行楽に出かけた．フェンガは次第に農業教育にも関係するようになり，離日前に完成した農学校でも指導した．2人の経営がようやく軌道に乗りかけた頃に事業は最終年度を迎え，結果的にはラーセンが契約期間を約半年残して帰国し，フェンガは出発当日まで業務を行い，契約を満了してデンマークに戻った．

●**デンマーク農家招聘後**　当時は日本人が海外に直接出向いて，学ぶのが主流であったため，この外国人農家を家族ごと直接日本に呼び寄せて，生活も含めて何もかも観察して学ぼうという事例は極めて先駆的で珍しいものであった．招聘事業の直接的な正否に関しては，後の報告書でも明確にされていない．しかし，北海道がデンマーク農業を通じて多くを学んだことは確かであった．最先端の農業技術はもちろん，より根本的なこと，すなわち農民の協力と農民を覚醒する教育の重要性を学んだ．農民協力が1926年の酪連（保証責任北海道製酪販売組合連合会）を経て雪印乳業（現雪印メグミルク）に，農民教育が1933年設立の北海道酪農義塾を経て今日の酪農学園大学に結実している．　　　　　　　　　　［佐保吉一］

「日本のデンマーク」安城とは！

　1997年4月，愛知県安城市に「安城産業文化公園デンパーク」というテーマパークがオープンした．「デンパーク」の名は「デンマーク」に由来する．公募により市内小学生の女子児童の案が採用され，「デン」は田園の「田」，伝統の「伝」を表した造語であると説明される．その4年前から，駐日デンマーク大使館を通じ，安城市は公園建設への協力を得，当時のF. ヒーゼゴー大使の故郷コリング市が紹介され，同市との相互訪問を経て，安城市制45周年のイベントとして，「デンパーク」の竣工式で安城市とコリング市は友好都市提携の調印をした．以降デンマークとの交流は，「デンパーク」を中心に盛んに行われており，コリング市から音楽学校の生徒やプロ音楽家，民族舞踊団などが多数来園している．

　コリング市は，かつてのスリースヴィ公爵領に向かうデンマーク王国最南の地に建てられたコリングフース城周辺に広がる地方都市である．その城は，ナポレオン戦争時のデンマークの友軍，フランス・スペイン連合軍が宿営のために入城した夜に不審火によって「廃墟」となったが，その後150年以上たった1970年代に近代建築の粋を駆使して廃墟に屋根をつけるかたちで修築され，今はコリングフース博物館となっている．安城市にもかつて安祥城と呼ばれる城があって，徳川家康の祖父までの4代にわたる松平家の居城であり，三河武士団の中核をなした．その城址には，現在，安城市歴史博物館が建ち，両市ではともに古城の地が博物館となっており，それがきっかけで博物館交流が始まった．

　2005年，安城市歴史博物館において特別展「北欧・デンマークの輝き」が開催され，コリングフースの収蔵品を中心にデンマークの銀製品や絵画が展示された．そのオープニング式典では，同市とデンマーク大使館との打合せに基づき，愛知万博のために来日が予定されていたフレゼリク王太子を来賓に迎え，和弓を引く王太子の写真が新聞紙上に載り，大きな話題となった．愛知万博のデンマーク・ナショナルデーでは，コリング音楽学校の100人の生徒らが王太子夫妻の前で演奏し，安城市とデンマークとの交流の成果が示されることになった．また，同年，コリングフース博物館では，「日本展（江戸時代の文化）」が催され，安城市歴史博物館の収蔵品が多数出品された．

　その後，「環境首都」を目指す安城市は，環境部門でもデンマークとの交流を活発化させ，2009年にコリング市と新たな「多分野」にわたる姉妹都市提携協定を結んでいる．市内の高低差がほとんどないこと（約27 m）を生かして，デンマークのような自転車利用を奨励し，自転車レーンを設置，市民参加のサイク

リングイベントには駐日デンマーク大使も参加している．

さて，安城市が以上のようにデンマークとの「交流」を展開しているということに，私達，一般の日本人には何ら違和感はない．なぜなら，安城は1920年代以来，「日本のデンマーク」という今風にいえば"キャッチコピー"をもち，さらには安城側自身が「日本デンマーク」という呼称を，全国的に展開していたからである．実際，1930年代前半には，農業で成功を収めていた「日本デンマーク」を視察するために，年間2万人を超える見学者が安城（碧海郡）を訪れていたのであり，さらに，第二次世界大戦後の復興期には，小学生に向けた社会科教科書には安城を「日本のデンマーク」と記しているものが多い．すなわち，「日本のデンマーク」という呼称は，いわば日本の津々浦々に及ぶ「全国区」的なものであった．一方，その"ご当地"である安城では，格助詞の「の」を除いた「日本デンマーク」と名乗っていたのであり，実際，「の」なしの「日本デンマーク」の初出が1928年であったと，安城市歴史博物館元館長，神谷素光（1926-1983）は記している．そして，興味深いのが，『碧海郡の農業』（1927）を読んでの神谷の以下のような記述である．

図1　デンパーク内の風景（1）（提供：安城産業文化公園デンパーク）

図2　デンパーク内の風景（2）（提供：安城産業文化公園デンパーク）

　「日本のデンマーク」といわれる根拠は，（碧海郡には当てはまらない＝筆者）酪農ではなくて，産業組合のしくみだということになってくる．そうすると厳密には「日本のデンマーク」とはいえなくなってしまう．それで格助詞「の」を省き，「日本デンマーク」といい変えられていったものではなかろうか．「の」を省くことによって，似ているという意味合いを，持たせないこ

とになるからである.

　もちろん，その後も，「の」つきも「の」なしも混在して使われていったものの，現在，安城市歴史博物館の図録『常設展示案内』(1991) では，「の」なしの「日本デンマーク」で呼称は統一されている.

　以上のことは，私達が「東京のディズニーランド」と「東京ディズニーランド」の違いを想像する際に，1つの答えが出てくる．つまり前者は，「東京におけるディズニーランド」という発想であり，「他所にそう名乗る同一のもの，あるいは類似したものがあり，それを模倣した，あるいは受け継いだ」もの，という語感がある一方で，後者では，"元のもの"が何であれ，たとえ"本家"からその名を受け継いだとしても，それとは一線を画し得る「自らを，自らたり得る存在」として自己主張ができるのである．「東京ディズニーランド」には"本場"の存在に関わりなく独自のオリジナル商品の土産物があって，当たり前なのである．「デンマーク」がもはや何であるかよりも，名称のみが実体化し，1930年代の「日本デンマーク」を視察に訪れる人々の便宜を図って，安城駅の東海道線・碧海電気鉄道の時間表をも掲載した『安城小唄　日本丁抹節』の栞には，野口雨情 (1882-1945) による歌詞が掲載され，その第1番の歌詞が，「日本デンマーク　三河の安城　町にやメロンの　町にやメロンの　リンリンパラリトネ　花が咲く」，第3番が「安城見ないで　お百姓アおよし　田畑持つても　田畑持つても　リンリンパラリトネ　持ちくさり」であった（『市制45周年特別展　日本デンマークの姿——大正・昭和の農村振興』1997，安城市歴史博物館，p. 22，図版34）．その「日本デンマーク」の地では，1988年に開設された東海道新幹線駅，三河安城の駅舎の意匠が，「デンマークの農家」であるといわれ（何かそうは見えないのが実情だが），また，その駅で売られていた駅弁が，赤い屋根の家から金髪の子供が顔を出しているイラストの紙パックの「Oh! デンマーク」という弁当であったが，パッケージ以外にデンマークを彷彿させる中身はそこにはなかった．すなわち，「日本デンマーク」は，"彼らの"「デンマーク」であって，本物の「デンマーク」とは無縁であってもよかったのである.

　ところが，実際のところ，なぜ，「日本のデンマーク」と呼ばれだしたかは今もって不明である．長年，安城を研究している歴史研究者の岡田洋司も，"デンマーク農業"に関心が注がれた大正時代の国内事情から推測をしているものの，「決定打」を出し損ねている状況である.

　そこで，安城はデンマークと特別な関係をもたない状態で，70年間も「日本のデンマーク」と呼ばれ，また「日本デンマーク」と自称し続けていたことを，私達はどのように解釈すればよいのであろうか．格助詞の「の」を欠くことにより，本来対象とすべきものに対する無関心が生まれ，その対象との相対的感覚を不活性化させてきた結果といわざるを得ない．実際，すでに1920年代に「デン

マーク」という名称を名乗っていながら，その「日本のデンマーク」なる地が，長らく"デンマーク"という現実の対象に何ら関係を作ろうとせず，ようやく1997年の市制45周年を前にして「友好都市提携」を模索して公的にデンマークと関係をもとうとしたのである．

　ところがである．わが国の「日本デンマーク」に関わった当事者らが実態を見ずに等閑視していたデンマーク側の史料を調べてみると（佐保吉一の示唆による），1923，1927年のデンマークの国民高等学校（Folkehøjskole）の発刊する定期刊行物には，加藤完治（1884-1967）に関する興味深い記事が載っている．彼は後に満蒙開拓青少年義勇軍の創設に関わる中心人物で，かつて愛知県立農林学校の教諭でもあり，その農林学校校長であった山崎延吉（1873-1954）と極めて近い関係にあり，本場の国民高等学校を体験しにデンマークを訪れていたのである．その1923年の10ページに及ぶ記事「国民高等学校と日本」には，同年の夏に碧海郡内で開かれた，「国民高等学校」のアイデアを実践した「農村文化講習会」に関わった人物名が次々と登場し，1927年の4回に及ぶ連載記事には，直接氏名が挙げられることはなかったが，山崎と想定される人物も論じられてもいる．ただし，安城で刊行される書物の中で，加藤を「日本デンマーク」に関わりがあるとする文献は見当たらない．彼が1922年に神戸港を出帆する船上で撮った写真には，山崎が見送り人として甲板に並び立っており，また，二度目のデンマーク行きに際しても，加藤は出発前に山崎家を訪れている．山崎を「日本デンマーク」の文脈の中で中心的に語ることは，安城では当たり前のことであり（人々からは「延吉（えんきち）」の読みで親しまれているのであるが），不思議にも加藤には言及されない．この2人の関わりの中に，「日本のデンマーク」という呼称の原点が潜んでいると考えていいのではないだろうか．従来の安城の「日本デンマーク」論ではそういった事情に踏み込むことはなかった．

　それゆえ，なぜ「日本のデンマーク」と呼ばれるようになったのかを，その呼称そのものである実際の"デンマークの地"との関わりの中で安城の当事者が議論しようとしないまま放置してきたことは，安城が「日本デンマーク」として「の」なしで自称してきた現象と，相通ずるように思われる．

　それだからこそ，今，1990年代以降に安城市がその自らの歴史を挽回するかのように，デンマーク・コリング市との関係を極めて積極的に築き上げようと努力し，それを推進しようとしていく姿勢には，目を見張るものがある．

[野畑竜子・村井誠人]

日本・スウェーデン間文化交流の端緒

　スウェーデンと日本の外交関係が樹立されたのは1868年だが，両国国家間の文化交流が活発になるのは日露戦争後のことである．当初は在ロシア特命全権公使がスウェーデンを兼轄していたため，日露戦争までスウェーデン国内に日本の外交機関は存在していなかった．1904年1月，日露開戦でペテルブルクの公使館を閉鎖せざるを得なくなった在ロシアの日本外交代表団がストックホルムに移転したが，これがスウェーデンに北欧最初の公使館が誕生するきっかけとなる．1905年10月，最初の在スウェーデン特命全権公使に任命された秋月左都夫はペテルブルク公使館の一等書記官であった．

　スウェーデン側の日本への関心は，極東との間に定期航路が開かれ，パルプ，鉄鋼，工業製品などの日本への輸出が増加した1907年頃から高まる．日本に渡航した海運業者や技術者，学者らの中から日本との文化的・経済的関係を促進させたいと望む人々が増えていき，日本とスウェーデンの友好団体を設立しようという動きにつながる．1919年2月11日，特命全権公使として新たに赴任した日置益の歓迎会が開かれ，その席上で出席者達から在瑞典日瑞協会設立の提案がなされた．協会設立は満場一致で決議し，同年3月20日，正式に発足した．

　協会の初代会長にはスウェーデンの東洋汽船会社社長で海軍大臣も務めたダン・ブローストゥルムが就任することとなり，日置公使は初代の名誉会長に推挙され，以後歴代の特命全権公使が名誉会長を引き継いでいく．1920年にはスウェーデン王太子が同協会の総裁となり，会員数は200名に達する．政財界および学界の有力者達を擁する同協会は，在スウェーデン公使館を対ロシアあるいはソ連の情報収集の拠点として重要視していた日本にとっても好ましいものであった．ここでは第二次世界大戦終結までの時期に在瑞典日瑞協会が主催した行事や展覧会の一部を紹介したい．

　協会の最も重要な行事は年に一度の晩餐会であった．晩餐会は協会設立の動議がなされた日でもあり紀元節でもある2月11日にストックホルムのグランドホテルで開催され，毎年100名前後の朝野の名士達が集った．

　協会側が関係した行事としては，新渡戸稲造の講演会が挙げられる．講演は1926年2月10日にストックホルムで行われたが，新渡戸の招聘は同協会副会長のプリューセヴィッツのたっての希望によるものだった．1921年に国際連盟事務次長としてオーランド諸島の領有権をめぐる問題を裁定した新渡戸は，スウェーデンにとって因縁浅からぬ日本人であったことは確かである．新渡戸に交渉したのは，国際連盟日本代表として彼と旧知の間柄であった当時のスウェーデ

ン特命全権公使，永井松三である．「日本君主国体の道徳的基礎」と題した講演には総理大臣や外相，外国公使，学者ら250余名が集まり非常なる盛況だったと永井公使は日本政府に報告している．

1931年11月にはストックホルムで協会主催の日本美術展覧会が開催された．スウェーデンでの日本美術展覧会は1911年にストックホルムで一度開催されているが，版画，絵画，彫刻等700点に及ぶ展示品のすべてをスウェーデン国内で調達したのはこれが初めてであった．同展は2週間の会期中3,000人以上の来場者を集め大変な好評を博した．その成功の一端は，当時の特命全権公使，武者小路公共がわざわざフランスから呼び寄せた世界的な日本研究者，セルゲイ・エリセーエフによるところもあった．エリセーエフは展示品の選定のみならず講演も引き受け，まさに八面六臂の活躍をしたのである．

1939年9月，第二次世界大戦が勃発すると，スウェーデンは直ちに中立を宣言した．日本は1941年12月にアメリカ，イギリスに宣戦布告し連合国と戦うことになったが，中立国スウェーデンとの外交関係は維持できた．在瑞典日瑞協会も活動を継続した．大戦中ストックホルムに滞在していた同盟通信社の斎藤正躬は，同協会の会員にもなっていた．1942年2月の晩餐会に出席した斎藤は，シンガポール陥落の報が伝わるや満場から歓声が上がり，大騒ぎになった様子を『北欧通信』で書いている．協会の人々が日本に好意的な感情を示したのはある意味で当然かもしれないが，協会関係者の中には，より踏み込んだかたちで日本政府に「好意」を示した人物もいたようだ．

神田襄太郎在スウェーデン代理公使は，1941年から1942年にかけて協会役員3名の「功績」に対して叙勲を考慮してほしいと日本政府に繰返し要請している．神田によれば，この3名は従来親日的であったが，大戦勃発後はさらに日本公使館と密接に連絡をとり，経済界，軍部，学界方面に「我国ノ真意照会ノ為真剣ニ努力」したという．彼らの功績に対する日本政府側の評価は現場とは異なったようで，叙勲は結局実現しなかった．

1944年在瑞典日瑞協会は設立25周年をにぎにぎしく祝った．しかしその翌年，日本とスウェーデンの外交は中断を余儀なくされる．敗戦により連合国の占領下に入った日本は，外交権を失い，在外公館を閉鎖せざるを得なくなったのである．40年間存続したストックホルムの日本公使館も1946年1月20日に閉鎖された．しかし1952年に日本とスウェーデンの国交が回復すると両国の文化交流も復活し，同協会の活動も活発になっていった．在瑞典日瑞協会はその後瑞日協会（Svensk-Japanska Sällskapet）と呼ばれ，現在も両国をつなぐ歴史ある友好団体として文化交流に貢献している． ［舟川はるひ］

フィンランドと日本の学術交流とその相性

　フィンランドと日本の学術交流の現状を紹介して，交流の現場から両国の相性を探る．

　学術交流の柱となるのは，共同研究，共同セミナーや研究者交流などだが，両国の公的機関によるマッチングファンド形式の助成金プログラムやその他のツールを利用して，分野を限らず共同研究が行われている．研究者交流も増えており，日本を訪れたフィンランドの大学教員および研究者は，2013 年実績で 97 人，日本からフィンランドを訪れた大学教員および研究者は 90 人と，どちらも，少数だが，米国，英国，ドイツ，スウェーデン，ロシア，イタリア，中国，フランス，スペインに続いて 10 番目であり，日本は，米国と中国を除いて唯一の非欧州国で，双方の興味が高いことがわかる．

　また，教育の分野でも，両国の高等教育の国際化推進戦略を受けて，大学間の学術・交換留学の協定数が増加しており，2012 年現在で 100 を超える協定が締結されている．その結果，交換留学生数も 2004 年から 2013 年までに，フィンランドから日本へは 77 人から 243 人と約 3.2 倍，また，日本からフィンランドへは 61 人から 168 人と約 2.8 倍へと飛躍的に増大している．学位取得を目的として日本の大学に進学しているフィンランド人についても，2006 年から 2015 年までに，12 人から 41 人と約 3.4 倍，総数こそ少ないものの最大の伸びを見せている．同様に，フィンランドの大学で学位取得をめざしている日本人も，2015 年に 127 人と少なくない．留学生の数が増えた背景には，大学のカリキュラムや就職活動などのスケジュールを考慮して，長期の留学が難しい学生のために，2 週間程度のサマースクールなど，休みを利用して短期間留学できる選択肢を増やした効果もある．日本からフィンランドへの留学を希望する人の動機は多様であり，フィンランドの文化や言語などはもちろん，建築，音楽，デザイン，福祉，手工芸など従来から人気の分野に加えて，近年では国際的に注目されている教育もある．非英語圏ながら，英語で行われる授業が多く，現地で英語での生活が可能な点も，フィンランドが選ばれる要因となっている．フィンランド人学生にとっては，英語が通じない，英語での授業数が限られる，文化・風習が異なることなどにより，日本は第一の選択肢ではないだろうが，まさに，その欧米諸国とは違う環境を求めて日本を選ぶ学生や，マンガやアニメ，ゲーム，コスプレ，J-Pop などの「Cool Japan」の海外での普及と人気によって，中学や高校時代から日本への興味を抱き，日本語を勉強するなどの「日本ファン」も増えてきている．

　日本とフィンランドが接する現場にいると，日本人とフィンランド人は似てい

るという意見を聞くことがある．実際のところは，似ていると思って期待すると，感覚の違いに遭遇するかもしれないし，全然違うと心して接すると意外と共通点があることに気づく，という感じだろうか．

　共同プロジェクトなどを実施する際に，交渉や手続きに影響を及ぼすのが，日本とフィンランドの規模の違いである．人口約540万のフィンランドでは，同業者はほとんど知り合いであることが多く，良い意味で「世間が狭い」ので，関連の諸方面に話を通すのも早くスムースに行えることが多い．実際に日本を訪問する段階になると，国土面積にはほとんど差がない両国だが，基本的には30分あれば市内の移動が可能なヘルシンキに比べて，東京では移動にはより長い時間が必要なうえ，緊急時の手段になるはずのタクシーが，交通事情によってはかえって遅くなってしまう場合もある．また，礼儀やマナーを重んじる日本の文化についての知識がある人ほどまだ相手に会っていない段階のメール交換時などに，必要以上に気を遣ったり，考えすぎてしまったりすることもあるようだ．

　日本では，フィンランドといえば，ムーミン，サンタクロース，オーロラ，映画の『かもめ食堂』などから想起される，ゆったりと時間の流れる自然豊かな国というイメージが一般的だろうが，実際に行ってみると，そのイメージにプラスして，さらに快適な住環境や居心地の良さを実感するようだ．夏は肌寒いことも多いが，湿度が低く空気はさわやかだし，冬は，戸外は寒く暗いが，室内はセントラルヒーティングで，日本のように家の中で寒い思いをすることはない．また，日本ほど内外の区別が厳密ではないが，室内では靴を脱いで過ごす習慣が一般的なことも，日本人にとってはくつろげる要因である．一方，外国人にとっては，日本についての相反するさまざまな情報を消化して，包括的なイメージを抱くのが難しいのかもしれない．来日したフィンランド人から，東京は人工的な大都会でコンクリートに囲まれているのかと思ったら，木々の緑が多数点在していてほっとしたとか，異文化の東洋の国を想像して来たら，予想以上に西欧化していて違和感がなく便利で快適だった，などという感想を聞くと，やはり自分の目で見て，肌で感じないと伝わらないものがたくさんあり，そこで初めて，国と国，人と人が親交を深める際に欠かせない価値観の共有が可能になるように思う．

　初めて日本を，フィンランドを訪れて，日本びいき，フィンランドびいきになる研究者やアーティストを多く見てきたが，その理由はどこにあるのだろうか．自然を愛すること，手仕事を評価すること，伝統を大切にすること，粘り強く努力すること，非常に社交的というわけではないが一度築いた友情に誠実なこと，どれも日本人とフィンランド人に共通する価値観であり，お互いがひかれ合う要素であると思う．すべての交流は人の出会いによって始まり，人の往来によって実現する．この共通する価値観を土台にした両国の交流は，今後さらに発展し，進化する可能性を秘めていると確信している．　　　　　　　　　　[髙瀬　愛]

日・北欧首脳会談

●**日・北欧首脳会談の背景**　第二次世界大戦後，日本と北欧諸国は政治，経済，文化，科学技術等さまざまな分野で関係を構築してきたが，その関係強化の動きが活発になったのは1980年代であった．すなわち，1980年代に入ると北欧諸国から政府要人がより頻繁に訪日するようになり，これに対して，日本からも，1985年に安倍晋太郎外相が北欧諸国を歴訪し，1987年には中曽根康弘首相がフィンランドを，1995年には村山富市首相がデンマークを訪問する等，政治対話がより頻繁に行われるようになっていった．また，北欧諸国は，対日貿易の拡大均衡を図り，ノルウェーの対日水産物輸出倍増を目的とした「プロジェクト・ジャパン」にみられるような，対日輸出キャンペーンを実施したことも手伝い，経済関係も拡大基調をたどっていた．さらに，これらの動きと連動するかたちで，政務協議や貿易経済協議といった事務レベルの対話がより頻繁に行われるようになった．

　1867年の対デンマーク，翌年の対スウェーデン＝ノルウェーとの外交関係樹立があったとはいえ，日本の第二次世界大戦後の北欧複数国との実務者レベルの協力の枠組みとしては，1953年に締結された日本とスウェーデン，ノルウェー，デンマーク各国との航空協定に基づく日・北欧航空当局間協議が古くから実施されてきた．1990年代に入ると，冷戦後の国際社会において国連改革や開発援助の問題といったグローバルな課題がクローズアップされるようになったことを背景に，日・北欧国連関連協議や日・北欧援助政策協議といった，新たな日・北欧間の対話のプラットフォームが形成された．加えて，1993年1月にノルウェーのイニシアティブによりバレンツ海沿岸地域における北欧諸国とロシアとの協力を推進するバレンツ・ユーロ・アークティック理事会が設立されたが，日本は同理事会の創設当初からオブザーバーとして参加し，北欧諸国との新たな対話の場を確保していた．さらに，1996年にアジア欧州会合（ASEM）が発足すると，日本と北欧諸国の首脳や閣僚が定期的に接触する機会も増え，その定期会合の機会を利用して閣僚級の二国間会談が行われるようになった．

●**第1回日・北欧首脳会談**　このような日本と北欧諸国の関係増進の流れの中で，1997年6月に橋本龍太郎首相が，定例の北欧首脳会議開催のためにノルウェーのベルゲンに参集した北欧5か国首脳を訪ねるというかたちで，第1回日・北欧首脳会談が実施された．日本にとって日・北欧首脳会談実施の目的は，国連改革，環境，社会福祉といった課題について北欧諸国の首脳と意見交換し，これらの分野における日・北欧関係強化の方針を確認するとともに，日・北欧間

のハイレベルの交流をよりいっそう促進していくことにあった．同会談では，ロシア，中国，朝鮮半島等の国際情勢について意見交換が行われたほか，国連については，国連安保理改革の早期実現のため積極的に取り組んでいくこと，国連改革を均衡のとれたかたちで実現していくことが確認され，ノルウェー，アイスランドからは日本が新たな国連安保理常任理事国となることへの支持が表明された．また，環境分野では，日本と北欧の首脳は，同年12月に京都で開催される第3回気候変動枠組条約締約国会議（COP3）において，拘束力のある合意が達成されるべきことで見解が一致した．社会福祉の分野では，当時橋本首相が提唱していた「世界福祉構想」（社会保障政策について互いの知識と経験の共有を図り，それぞれの国が抱える問題解決を目指すというもの）を踏まえ，日・北欧間で高齢化社会に向けた取組みについて知見の共有を図っていくことで一致し，翌1998年9月にはストックホルムで，日本と北欧の政策担当者と専門家が，高齢者の在宅介護をテーマに第1回目の政策対話とセミナーを実施した．

●**第2回日・北欧首脳会談**　1999年6月，小渕恵三首相が同年の北欧首脳会議議長国であるアイスランドを訪問し，第2回日・北欧首脳会談が開催された．同会談で，小渕首相は，北欧諸国の福祉，男女共同参画等での先進的な取組み，軍縮，平和維持，開発援助等の国際貢献を「目指すべき1つの国家モデル」と評価するとともに，21世紀を人間中心の社会の世紀としていく必要があるとして，人間の安全保障の考え方

図1　第2回日・北欧首脳会談後の共同記者会見

に基づいた国際協力の重要性を指摘し，北欧諸国首脳の賛同を得た．また，日本と北欧諸国の首脳は国連改革が急務であるとの認識で一致するとともに，北欧首脳からは日本の国連安保理常任理事国入りへの支持が改めて表明された．さらに同会談では世界経済・日本経済，コソヴォ情勢，ロシアとの協力のあり方等，国際情勢についての意見交換も行われた．そして，これら第2回日・北欧首脳会談の成果は共同プレスリリース「人間中心の平和な世界を目指して――21世紀の日本・北欧パートナーシップ」としてとりまとめられるに至ったのである（図1）．

なお，日・北欧首脳会談開催に際して，橋本首相がノルウェーを，小渕首相がアイスランドを訪問したが，それぞれ日本の首相による初めての訪問となり，二国間関係の発展に大きな弾みをつけた．とりわけ，第2回日・北欧首脳会談開催の機会に実施された，小渕首相とダーヴィッド・オッドソン首相による日・アイスランド首脳会談は，二国間関係強化の大きな原動力となり，2001年には日・アイスランド両国による大使館（実館）の相互開設が実現するに至った．　　　［松村　一］

2. 北欧とその周辺

　私達が本書で捉えようとする「北欧」を想定する際に，その地理的な範囲，およびそこにはどんな人々が居住し，どんな言語が語られているのか，またそれらの人々の民族的な自己認識を探るといった観点から，本章を構成する．初めにスカンディナヴィア3国の言語を紹介し，続いてフィンランド語，そしてフィンランド内のスウェーデン語系の人々，フィンランド内の自治領オーランド諸島を扱う．言語状況には触れなかったものの，アイスランド社会に言及し，続いてアイスランドと同じように北大西洋上に孤立したフェーロー諸島，北極圏の海上に位置するスヴァールバル，さらに北極をめぐる視点からグリーンランドを視野に入れる．そして，グリーンランドのイヌイット同様，北欧内の先住民サーミの生活を扱う．

　続いて視界をフィンランド湾を南に越えてエストニアへと転じていく．最後に「北欧」の東側の境と，南側の境を，それぞれカレリア地峡と，南ユトランド［ユラン］に言及して，北欧の広がりの限界をおさえてみることにする．

[村井誠人]

デンマーク語——stød（声門せばめ音）について

　デンマーク語は，隣国のスウェーデン語そしてノルウェーの公用語の1つボークモールとともに，ゲルマン語派・北ゲルマン諸語・東ノルド諸語に属している（以下，ノルウェー語はボークモールのことを指す）．この3言語は語彙レベルや文法レベルでは非常に似通った点が多く，各国の人々が各言語を使用しながらお互いに意思疎通が図れる，という非常に便利な側面がある．ただし，スウェーデン語話者やノルウェー語話者からまったく異論がないわけではない．それどころか「デンマーク語は聞き取りにくい！」というクレームを頻繁に耳にする．ただ，「デンマーク語を読んで理解するのは難しい！」というクレームはあまり耳にすることがない．つまり，スウェーデン人やノルウェー人にとって厄介なのは，デンマーク語の発音なのである．

●**デンマーク語の響きは独特？**　実際にこの3言語を耳にしたことがある人ならおわかりのように，デンマーク語の響きは，スウェーデン語やノルウェー語がもつ響きとはかなり異なる．よくスウェーデン語やノルウェー語は「鳥が歌うような響き」と賞賛され，デンマーク語は「ジャガイモを口に入れて話している」と揶揄される（デンマーク語のもつ響きも慣れてくれば愛着がわくものではあるのだが）．

　スウェーデン語やノルウェー語のもつこの音楽的な響きには，アクセントIそしてアクセントIIという高低アクセントまたは音楽的アクセントと呼ばれる語アクセントの存在が関係している．デンマーク語には高低アクセント・音楽的アクセントは存在しない（「スウェーデン語の特徴——他の北欧語と比べて」参照）．

　その代わり，デンマーク語にはstød（声門せばめ音）と呼ばれるものが存在する．これは声門をせばめ，息を出すのを一瞬遅らせるようにした結果生じる音である．また一般的には，スウェーデン語・ノルウェー語でアクセントIをもつ単語は，デンマーク語ではstødをもち，またアクセントIIをもつ単語は，デンマーク語ではstødをもたない，という関連性があるという．

●**stødはどこに起こり得るのか？**　原則としてstødは長母音の直後に発生し得る（必ずではない点に注意）が，短母音の後には発生しないとされる．例えば，デンマーク語で〈新しい〉という意味をもつ形容詞の見出し語形ny'（'はstødの位置を表す）はstødを伴って発音される．この母音 [y] は長母音である．しかしこの形容詞の中性形 nyt はstødを伴わない．このとき母音 [y] は短母音である．

　ただし短母音からなる語であっても，「短母音＋特定の子音（側音／鼻音／接

近音）」の場合には，「側音／鼻音／接近音」の直後に stød が発生することがある．例えばデンマーク語で〈ナイフ〉を意味する名詞 kniv' は，母音［i］は短母音であるが，それに後続するつづり字では v の部分が［w］という接近音で発音されるため，その直後に stød が発生している．

●stød は意味の区別にも関係する　stød がどの語のどの変化形に現れるかを正確に習得することは外国人にはまず不可能である．しかし stød の有無が意味の違いにも関連することを踏まえると，無視することもできない．例えば，デンマーク語で〈彼女は・が〉という意味の代名詞は hun と stød を伴わずに発音されるが，〈犬〉を表す名詞は hund' と stød を伴って発音される．どちらもカナ表記をする場合には，「フン」としか表せないが，stød の有無によって品詞も意味も異なってくる．

[stød にまつわる体験談]

　筆者の名前は「りえ（RIE）」であるが，この RIE という名前はデンマーク語にも存在する．筆者はデンマーク語を習い始めたばかりの頃，RIE のデンマーク語読みを聞いて悲観的な気持ちになった．まずはデンマーク語の R 音（フランス語の R 音と同じ）の発音が難しいこと．次に Ri'e というように初めの母音の直後に stød が現れること．「この２つをマスターしない限り，私は自分の名前さえもデンマーク語で言えない」のだと思い知った．

　また筆者がシェラン島西部に位置するスレーイルセ（Slagelse）を訪れる際に，駅で「スレーイルセまで１枚」と言って切符を買おうにも何度も聞き返された．不思議に思ってデンマーク人の友人にそのことを話すと，「君は Slagelse に stød をつけて発音しているからわかりづらいんだ．Slagelse には stød はいらないよ」と指摘された．当時筆者は，Slagelse の slag という部分（〈一撃，一打〉という意味）を見て，その語は slag' と stød を伴って発音されるのを知っていたので，得意になって Slagelse のときも同じ箇所に stød を伴って発音したところ，相手に通じないという悲しい結果に終わった．

[stød は方言によっても違いがある]

　ただしデンマーク人であればすべての人がこの stød を発音しているか，というと決してそうではない．例えば，シェラン島の南に位置するロラン島（Lolland）・ファルスタ島（Falster）や，フューン島南部のフォボー（Fåborg）やスヴェンボー（Svendborg）などで話されている方言には stød が存在しない．またユトランド［ユラン］半島南部のドイツ国境に近い地域でも，stød を用いない方言が話されているという．

　反対に標準デンマーク語であれば stød が現れないような場所にまで stød を用いる方言もある．このようなタイプの方言は例えばネストヴィズ（Næstved）やスレーイルセ（Slagelse）などのシェラン島西部に見られる．　　　　　　　　［大辺理恵］

スウェーデン語の特徴——他の北欧語と比べて

　北欧ではノルド語（＝北ゲルマン語）に属するスウェーデン語（以下，ス語），デンマーク語（以下，デ語），ノルウェー語（以下，ノ語），アイスランド語（以下，ア語），フェーロー語（以下，フェ語），さらには語族が異なるフィンランド語やサーミ語が話されている．ス語の特徴を示すにあたって，フィンランド語とサーミ語は言語系統がまったく異なるので除外し，次に極めて古風な特徴を残すア語とフェ語もス語との差異が激しいので除くことにする．ここでは，ス語と文法体系が近似しているデ語とノ語（ボークモールといわれるノ語を前提にする）を比較して，限定的ではあるがス語の特徴を紹介したい．

●**文字**　英語と比べると，ス語もデ語もノ語もそれぞれアルファベットが3文字多い．ス語は å, ä, ö，デ語・ノ語は æ, ø, å の特殊文字である．文字 ä, ö は発音上それぞれ文字 æ, ø に対応している．文字 å は現在3言語に共通しているが（発音は日本語の「オ（ー）」に近い），この文字の起源は15世紀後半のスウェーデンに発している．ノ語とデ語はこの音に対し文字 aa をあててきたが，それぞれ1917年，1948年になって å を正式に採用した．ス語考案の文字により，aa という2文字分のスペースが1文字分節約できたばかりでなく，ノルド語の正書法統一へ多少近づいたともいえよう．

　ちなみに，これらの特殊文字はアルファベットの最後に置かれ，ス語では å, ä, ö，ノ語・デ語では æ, ø, å の順である．辞書検索では注意が必要である．

●**発音**　ス語はノ語と同様に，高低の「語アクセント」（各語がもっている音調もしくはイントネーション）が2通りある．各単語には上昇する音調でピークが1つの語アクセントⅠか，ピークが2つある語アクセントⅡのどちらかをもつ．語アクセントⅡの2番目のピークは1番目のピークより上昇することはなく，最後は下降調になる．発話でこれらの音調が繰り返されるため，ス語はよく音楽的に聞こえるといわれる．一方，ノ語の音調カーブはⅠ，Ⅱともに最後は上昇調で終わる傾向があるので，聞いていると元気はつらつとした印象を受ける．デ語はこの語アクセントの代わりに「声門せばめ音」（「デンマーク語——stød（声門せばめ音）について」参照）があるため，この音が発音されると喉元が一瞬キュッと締めつけられたように聞こえる．

　スカンディナヴィア半島の西側に位置するノルド語（ノ語，ア語，フェ語）は二重母音を保持しているが，東側に位置するス語やデ語は単母音化してしまった．〈石〉: stein（ノ語）/sten（ス語・デ語），〈島〉: øy（ノ語）/ö（ス語），ø（デ語）など．

そのため，ス語は外来語を除けば今でも二重母音がない．

●**文法**　ス語で完了形を作るとき過去分詞は登場せず［ha＋完了分詞］が用いられる（ha＝英 *have*）．一方，ノ語，デ語は英語と同様，［ha＋過去分詞］が用いられるが，特にその動詞が移動や変化，結果などを表す場合は，ha ではなく［være（＝英 *be*）＋過去分詞］が用いられる．標準ス語にはこの区別はなく，［ha＋完了分詞］のみである．ただ，ス語にも過去分詞はあるが，受動態を形成するときと形容詞的に用いられる場合に限られる．完了分詞も過去分詞ももともとは同じものであったが，過去分詞の単数・共性形の語末の母音が 18 世紀に i から e に変化したことをきっかけに，両者の機能が以下のように分かれてしまった（下線部参照）．

過去分詞
　受動態：Boken var **skriven**. / Brevet var **skrivet**. / Böckerna var **skrivna**.〈*The book / The letter was written. / The books were written.*〉
　形容詞的用法：en **skriven** bok / ett **skrivet** brev / **skrivna** böcker〈*a written book / letter*〉/〈*written books*〉

完了分詞 ← 完了形：Jag har **skrivit** en bok.〈*I have written a book.*〉

　ちなみに，ス語だけは以下のように従属節中の現在完了/過去完了の助動詞 har/hade を省略することができる．文体はやや堅くなる．

　　Han säger att han（har）skrivit ett brev.〈*He says that he has written a letter.*〉

●**語彙**　同じ意味にノ語・デ語がほぼ同じ語彙を使うのに対し，ス語はまったく別の語を使用する場合が日常語に多々ある．その場合，外来語（下線）が関与していることが多い．

　bra〈良い〉：god（ノ語・デ語）（伊語 bravo〈立派な〉［英語 brave も同語源］参照．ス語にも god はあるが，多くは「おいしい」の意味）

　fönster〈窓〉：vindu/vindue（ノ語/デ語）（独語 Fenster〈窓〉参照）

　glass〈アイスクリーム〉：is（ノ語・デ語）（仏語 glace〈アイスクリーム〉参照．is はス語で〈氷〉）

　stad〈都会〉：by（ノ語・デ語）（〈都会〉という意味での stad は外来語．〈首都〉はス語で huvudstad，ノ語・デ語も hovedstad. by はス語で〈村〉）

　tidning〈新聞〉：avis（ノ語・デ語）

　börja〈始める〉：begynne/begynde（ノ語/デ語）

　fråga〈尋ねる〉：spørre/spørge（ノ語/デ語）（独語 fragen〈尋ねる〉参照．ス語 spörja はあまり使われない）

　äta〈食べる〉：spise（ノ語・デ語）（ete/æde（ノ語/デ語）は「（動物が）食う」）など.
　　　　　　　　　　　　　　　　　　　　　　　　　　　　　　［清水育男］

スウェーデン語を学ぶということ──英語再発見へ！

　「高低アクセントの独特の響き！　文字と発音の一致！　それに文法は何と英語に近いのか！」これがスウェーデン語に触れたときの筆者の第一印象であった．英語と親戚関係にあることは知ってはいたが，基本語彙がこれほどまでに多数（下のリストはその一部）にわたって形も意味もそっくりそのままであることは驚きであった．

　(1) 同じつづりで意味もほぼ同じ語

　　　［名詞］hand, arm, finger, man ［形容詞］glad, full ［前置詞］under

　(2) つづりや発音は多少異なるが，意味は容易に推測できる語

　　　［名詞］fot *"foot"*, katt *"cat"*, fisk *"fish"*, bok *"book"*, vinter *"winter"*, rum *"room"*, ägg *"egg"*, äpple *"apple"*

　　　［形容詞］varm *"warm"*, lång *"long"*, ung *"young"*, sjuk *"sick"*, bäst *"best"*

　　　［動詞］falla *"fall"*, gå *"go"*, ha(＝hava) *"have"*, kalla *"call"*, sitta *"sit"*, äta *"eat"*

　　　［助動詞］kan *"can"*, måste *"must"*

　　　［副詞/前置詞］ofta *"often"*, upp *"up"*, här *"here"*, där *"there"*, från *"from"*, i *"in"*

　語順も英語の知識をそのまま活用すれば，次のような例文も容易に理解できる．

　　　Jag är sjuk.＝*I am sick.*

　　　De går till universitetet.＝*They go to the university.*

　　　Vi äter ofta ett äpple och ett ägg.＝*We often eat an apple and an egg.*

　　　Han sänder dem en bok.＝*He sends them a book.*

　　　Jag kallar honom Erik.＝*I call him Erik.*

　　　Jag kan se en man som sitter i rummet.＝*I can see a man who is sitting in the room.*

　　　(jag *"I"*, är *"am/is/are"*, de *"they"*, till *"to"*, vi *"we"*, en/ett *"a(n), one"*, och *"and"*, han *"he"*, sänder *"send(s)"*, dem *"them"*, honom *"him"*, se *"see"*, som＝関係代名詞)

　また名詞の格も所有格のみでしかも英語と同じ-s を使い，生物・無生物の制約もない．動詞は現在形も過去形も，人称にかかわらずそれぞれ1つの形しかない．ドイツ語やフランス語などを習得するときよりも，はるかに少ない労力ですむ．

　さらにまた，スウェーデン語に習熟してくると，特に学習せずとも隣国のデン

マーク語やノルウェー語もある程度わかってしまう．たとえていうならば，英語を勉強したら，ほかの外国語が2つ自動的に同時に習得できてしまうという夢のような話が，スウェーデン語では現実的なのだ．このような醍醐味を他の外国語で手軽に味わうことができるであろうか．

とはいうものの，スウェーデン語はマイナーな言語で実用性も少ないのではという反論が出るかもしれない．それでは有益性がないのかというと，そうでもない．スウェーデン語初級の段階で，これまで不思議に思えた英文法の疑問の答えが垣間見えてしまうことがよくあるからだ．

例えばスウェーデン語では文頭に副詞（句/節）や目的語が置かれると，その直後は必ず[V＋S]の語順になる．この規則は，今でもノルド語はもとよりドイツ語にも適用されている．ということは，同じ親戚関係の英語にもこの規則があってしかるべきであろう．実は定動詞が文中の2番目を占めるという現象は古くからゲルマン語に共通してあったことを知れば，以下の，伝達文が目的語として文頭に立つ，英語の転倒語順は正統かつ由緒正しい規則の痕跡にほかならないことがわかる．

"I am young," says Erik/Erik says. = "Jag är ung," säger Erik/*Erik säger.

"I am young," **says he/he says.* = "Jag är ung," säger han/*han säger.

（säger *"say(s)"*，*は容認されない文/句）

[V＋S]を踏襲する *says Erik* は何ら問題はないが，*says he* は容認されない．一方 *Erik/he says* は問題なしとすれば，英語は古くからあった[V＋S]を放棄し，全体的に[S＋V]の語順に向かいつつあるのではないかと推定できる．すると，ほかにも[V＋S]をとる *Hardly should I … when* …や *So do I* なども同じ規則の痕跡ではないのかと思いが巡る．さらに他のノルド語やドイツ語などは *yes/no*-疑問文を作るとき，どんな（助）動詞であっても転倒語順[V＋S]を用いるが，英語は *be* 動詞と助動詞以外は，*do/does/did* を前置させて[S＋V]にする．すると「なぜ」の疑問が次々と湧き出てくる．これはもう立派に英語学の領域に踏み込んでいる．スウェーデン語を学ぶと，ほかにも完了形の意味やその成立過程も見えてくる．つまり，スウェーデン語には英語を別の角度から見直す視点が散りばめられているのだ．英語オンリーで取り組んできた英語像とは異なる，もっと深みのある英語像が浮上してくる．

このような視点に立ってスウェーデン語を始めれば，英語の特異性も再認識でき，同時にスウェーデン語の面白さも味わうことができる．そのうえ，ノルウェー語・デンマーク語も自然に身についてしまうとあれば，こんなにうれしい一石三鳥はないであろう．「さあ，スウェーデン語を始めて，英語を再発見しよう！」

[清水育男]

ノルウェーの特殊な言語事情──2つの書き言葉の共存

●**言語事情**　現代ノルウェー語と呼ばれるものに，ボークモールとニーノシュクと呼ばれる2種類の国語が存在する．しかし，国語が2種類あるといっても，フィンランドのようにフィン・ウゴール語系のフィンランド語とゲルマン語系のスウェーデン語をそれぞれ母語とする住民が共存しているということではない．ノルウェーの場合，それらの異なる国語が互いに非常に類似していること，さらには，国民はそれらを書き言葉として用いながら，通常それぞれの方言を話していることにおいて，非常に特殊な言語事情となっている．ちなみに「彼の名前は？」は，（ボークモール）Hva heter han?/（ニーノシュク）Kva heitar han?/（スウェーデン語）Vad heter han?/（フィンランド語）Mikä hänen nimensä on? である．

●**成立過程**　14世紀半ば以降，ノルウェーを繰返し襲ったペストの流行とカルマル連合の成立以降，ノルウェーは徐々にデンマークの勢力下に組み込まれた．その結果，デンマークから高級官吏や聖職者の派遣のほか，デンマーク語訳されたクリスチャン2世の新約聖書の導入（1524年），ノルウェーの聖職者に対するコペンハーゲン大学での学位取得義務（1627年），デンマーク語で書かれた「クリスチャン5世法」制定（1687年），「初等教育法」による義務教育制度の導入（1739年）などを通じ，ノルウェーの公用語（書き言葉）はほぼデンマーク語となっていた．ナポレオン戦争の戦後処理の結果，ノルウェーは1814年にデンマークからスウェーデンに割譲されたが，公用語としてはデンマーク語が用いられ続けた．ロマン主義思潮に呼応するように，19世紀半ばからノルウェーで「国語」を求める声が強まった．「（本来）言語と自然とは密接に関係しているものだが，デンマークとノルウェーの自然はまったく異なっている．それゆえ，デンマーク語はノルウェーを描写するのに適切ではない」という考えを背景に，国語問題が盛んに論じられるようになった．この流れの中で，クヌート・クヌーツェン（1812-1895）はデンマーク語をノルウェー語の発音に合わせて修正するということを提案し，リクスモール（1929年以降，ボークモール）の礎を築いた．イーヴァル・アンドレアス・オーセン（1813-1896）はノルウェーの方言をもとに新たなノルウェー語を構築することを提唱し，ランスモール（1929年以降，ニーノシュク）の礎を築いた．彼は，『ノルウェーにおけるランスモール詩論』（1853）などを発表したほか，実際の使用例を示すために，『後継者』（1855）などの文芸作品も発表した．

●**変遷**　1869年の北欧正書法会議にクヌーツェンとリクスモールを使用するヘンリク・イプセン（1828-1906）が派遣されたことからも理解されるように，当

時優勢だった保守派が支持したリクスモールの地位は確固たるものだった．しかし，この頃の移民現象とも大いに関係する農村部から都市部への大規模な人口流入により，「村のインテリ」と呼ばれる高学歴地方出身者が登場し，保守勢力に対抗できる集団が徐々に形成された．結果，支持層を拡大したランスモールは，1885 年ヨハン・スヴァルドルプ内閣により，リクスモールと同等の公用語としての地位が与えられた．ランスモールを支持した作家アルネ・ガルボルグ（1851-1921）の妻フルダ・ガルボルグ（1862-1934）は 20 世紀初頭にクリスティアニア（現オスロ）にノルウェー劇場を設立し，ランスモールの普及に努めた．しかし，ルズヴィ・ホルベア（1684-1754）の『（ベアウ村の）イェッペ』をランスモールで上演したとき，劇場内外でリクスモール支持派との間で大騒動となり，警察が出動する事態に至った．この対立は保守対革新，都市対農村の代理戦争の様相を呈するものだった．

　1905 年のスウェーデンからの独立後，改めてデンマークとの言語面での「連合」解消という世論が高まり，その後何度か正書法改正が行われた．1912 年の国政選挙での左翼党の大勝利，1917 年の正書法改正による発音主義（話し言葉に合わせたつづりの変更）の採用により，ランスモールは西部を中心にその支持を拡大し，第二次世界大戦前には全体の約 30% にまで達した．労働党と左翼党が 2 種類のノルウェー語の接近を図るための委員会を 1930 年代に設置したが，その正書法改正には任意形が多く，両陣営からの厳しい批判を経験することになった．1938 年正書法が唯一法的効力をもつものとして認識されると，労働党は教科書などへの採用を決定した．戦後，1949 年，オスロを中心とする保護者が教科書に採用された国語に関する会合を開き，国語が「子供の日常会話とはかけ離れている」と主張し，急進的ではない形態を採用した教科書を独自に編纂した．この「保護者による抗議行動」により，統一ノルウェー語という考えが破棄され，文部省も 2 つの書き言葉の対等な地位を保証し，それぞれの国語を発展させる方針を固めた．

　この言語対立は，1964 年，ニーノシュクでの上演が義務づけられるノルウェー劇場でのイプセンの『幽霊』の書換えを巡る議論で頂点に至った．ボークモール支持者は「ノルウェー人なら誰もが理解できる言語で書かれているイプセンの作品，それも上流階級が登場するリアリズム作品をなぜわざわざ農民の言葉に書換えなければならないのか」が理解できず，イプセン戯曲に対する冒とくであると主張し，裁判で争う構えを示した．その後，イプセンの子孫がこの書換えを認めたため，この混乱はどうにか収拾された．しかし，本格的に鎮静化したのは 1990 年代のことである．

　現在は市町村自治体が義務教育機関での使用国語を決定するが，ニーノシュクの採用は全体の 13% にとどまっている．　　　　　　　　　　　　　［岡本健志］

フィンランド語とはどんな言語?

　フィンランド語（Suomi，英語 Finnish）は，フィンランドで主に用いられている言語であるが，一部ではスウェーデン北部，ノルウェー北部でも用いられている．フィン・ウゴール語系の言語で，英語やフランス語といったインド・ヨーロッパ語系の言語とは系統的に異なる．同じフィン・ウゴール系の言語として，エストニア語やハンガリー語が挙げられる．フィンランド語はフィンランドで約91% の人が話す言語である．また，フィンランド語はスウェーデン語とともにフィンランドの公用語[*1]である．

●**フィンランド語の地位**　近年の学説によれば，フィン・ウゴール語系の住民が現在のフィンランドの地に居住した形跡はすでに紀元前 4000 年頃にみられるとされるが，フィンランド人の定住の確たる事実は，ようやく紀元 1 世紀頃に認められる．言語状況としては，フィンランドがスウェーデンの統治下に置かれた13 世紀から 1809 年までの時代は，統治言語であったスウェーデン語が実質的な公用語として使用された状況であった．当時からフィンランド語人口が圧倒的に多かったにもかかわらず，フィンランド語は「農民の言葉」にすぎず，その地位は低いままであった．その一方で，宗教改革後の 1543 年にフィンランド語の文法書がオーボ（トゥルク）大司教ミーカエル・アグリッコラ（Mikael Agricola, ca. 1510-1557）によって書かれた．1809 年にフィンランドがロシア帝国統治下に置かれた後，フィンランド民族意識が知識人の間で覚醒していく過程においてフィンランド語を推進する運動が起こった．スウェーデンの影響力を減じたいとするロシア帝国側の思惑のもと，その運動は容認され，発展していったが，運動の担い手の中心はスウェーデン語系フィンランド人であった．彼らはフィンランドの独自性を求める過程でフィンランド語に注目したのであった．この運動を後押しするように，1863 年には言語令が発布され，20 年の猶予期間をおいてフィンランド語をスウェーデン語と対等の立場とする旨が宣言された．1917 年 12 月6 日にフィンランドは独立を宣言した後，フィンランド語とスウェーデン語の国語の二言語制を採用し，現在に至る．

●**主な特徴**　フィンランド語は 26 文字のアルファベットに加えて，ä, ö, å のアルファベットでつづられる言語である．8 の母音と 13 の子音の 21 もの音素で構成される．文章の最初にアクセントがつく場合がほとんどである．印欧語で見

[*1] フィンランドには「国語」という概念は存在するものの，法律上「公用語」という概念は存在しないとする指摘（吉田欣吾 2008 『「言の葉」のフィンランド――言語地域研究序論』東海大学出版会）があるが，本項目では便宜上「公用語」という用語を使用する．

られる前置詞に当たる語はなく，格語尾を付けることで名詞自体の語尾が変化して，その用をする．また，冠詞がないことも特徴であり，名詞には「性」もない．発音はほぼローマ字読みなので日本人には発音しやすいが，長母音，短母音といった箇所は注意する必要がある．また，名詞や形容詞の格変化が特徴として挙げられる．表1に見られるように通常，名詞は14格ある．形容詞も名詞と原則的に同じ格に置かれ，変化する．

人称代名詞は6つである．また性別がなく，彼，彼女は同じ人称代名詞である．

私	minä
私達	me
あなた	sinä
あなた達	te
彼／彼女	hän
彼達／彼女達	he

表1　車（auto）の格変化

		単数	複数
主格	～は／が	auto	autot
属格	～の	auton	autoin
分格	～を	autoa	autoja
内格	～の中で／に	autossa	autoissa
入格	～の中へ	autoon	autoihin
出格	～の中から	autosta	autoista
接格	～の表面で／に	autolla	autoilla
奪格	～の表面から	autolta	autoilta
向格	～の表面へ	autolle	autoille
様格	～として	autona	autoina
変格	～に	autoksi	autoiksi
欠格	～なしで	autotta	autoitta
共格	～とともに	autoine	
具格	～を使って	autoin	

出典：吉田欣吾 2008『「言の葉」のフィンランド
——言語地域研究序論』東海大学出版会，p.40

動詞も6つの形に変化するので，人称代名詞を省略しても意味が通じる．

話す		puhua		
私が話す	(minä) puhun		私達が話す	(me) puhumme
あなたが話す	(sinä) puhut		あなた達が話す	(te) puhutte
彼／彼女が話す	(hän) puhuu		彼達／彼女達が話す	(he) puhuvat

また，フィンランド語は主語の次に動詞がくるのが基本である．近年，フィンランド語自主学習のための参考書が多く出版されているので，以下に記しておく．

・佐久間淳一 2004『フィンランド語のすすめ　初級編』研究社．
・佐久間淳一 2004『フィンランド語のすすめ　中級編』研究社．
・千葉庄寿 2007『ゼロから話せるフィンランド語——会話中心』三修社．
・吉田欣吾 2010『フィンランド語文法ハンドブック』白水社．
・栗原 薫・M. コウリ 2012『カラー版 CD付 フィンランド語が面白いほど身につく本』KADOKAWA/中経出版．
・吉田欣吾 2013『フィンランド語トレーニングブック』白水社．
・山川亜古 2013『ニューエクスプレスフィンランド語』白水社．　　［石野裕子］

スウェーデン語系フィンランド人

フィンランドには，フィンランド語（以下，フィン語）とスウェーデン語（以下，スウェ語）という2つの公用語があり，「フィンランド人」には，フィン語を母語とする者とスウェ語を母語とする者がいる．スウェ語を母語とするフィンランド人は，2015年現在，全人口（548万7,308人）の約5.3%（29万161人）にあたり，彼らのことを「スウェーデン語系フィンランド人（スウェ語 finlands-svensk，フィン語 suomenruotsalainen，英語 Swedish-speaking Finn）」と呼ぶ．主に，フィンランド南部と西沿岸部，自治領であるオーランド諸島などに居住している．フィンランドのマイノリティ集団の1つとされるが，居住地域も広範囲にわたり，文化や風習も地域によって異なりながら，母語であるスウェ語というファクターによって結びつけられた集団で，フィンランドとスウェーデン両方から影響を受けた文化をもつ．

1100〜1200年代，現在のフィンランド領の西沿岸部に，スウェーデンから人が移住した後，徐々にフィンランドという地域が形成された．スウェーデン領時代に官僚制度が確立されたこともあり，1809年にロシア内の自治大公国となった後も，行政や教育ではスウェ語が使用され，ロシア語が公用語になることはなかった．19世紀初頭のナショナリズムの影響で，フィンランドでも，スウェ語系の若手エリートを中心にフィン語の地位向上の機運が高まり，1863年にフィン語がスウェ語と並び公用語と認定され，1917年のフィンランド独立後に制定されたフィンランド初の憲法「政体法」では，両言語が国の公用語と規定された．

フィンランド憲法では，「自らの言語と文化に対する権利」として，国民には，裁判所や公的機関で自分の母語を使用する権利，また国には，それぞれの言語の使用者の文化的，社会的要望に平等に対応する義務があると定められている．これにより，国民は，国が提供する，行政，教育，医療，福祉などの全制度を，両言語で享受できる．

教育制度を例に挙げると，保育園から大学院までスウェ語で授業を受けることができ，フィンランドの14大学のうち，オーボ・アカデミー大学とHANKEN経済大学はスウェ語の大学で，ヘルシンキ大学はバイリンガルの大学である．また，スウェ語の弁護士や医師などの専門職を必要数確保するため，大学では当該学科にスウェ語の定員枠を設けている．義務教育では，両公用語が必須科目とされ，自分の母語ではない公用語を履修することが義務づけられている．

国民の文化的，社会的要望に平等に対応すべく，2015年現在，スウェ語の新聞は10紙発行されており，国営放送YLEには，スウェ語のTVチャンネル

「FST 5」とラジオ局 2 局がある．さらに，スウェ語系フィンランド人の権利を守る政党である「スウェーデン語系人民党」や，スウェ語の地位を守る機関である「スウェーデン語系フィンランド機構」などがある．

フィンランド人は，自分の母語である公用語を住民登録の際に登録することになっており，スウェ語系住民が人口の 8% または 3,000 人に達すると，その自治体はバイリンガルとなり，住民に両言語でサービスを提供することが義務づけられる（図 1）．

スウェ語系フィンランド人の言語環境は，居住地域によって大きく異なり，スウェ語系住民が大多数を占める地域では，日常生活ではフィン語を使用する必要はほぼなく，フィン語との接点は学校の授業のみということも少なくない．他方，フィン語系住民が過半数を占めるバイリンガル都市に住んでいる場合は，学校や職場，家庭ではスウェ語を使用しても，それ以外の日常生活ではフィン語を使う機会が多いので，必然的にほぼ全員がフィン語を話せる．

図 1　都市名がフィン語とスウェ語で表示されている道路標識（©The Swedish Assembly of Finland）

スウェ語系フィンランド人についてのメタファーには，「アヒルの池の子供達」「ムーミン谷」「溶けかけの氷山」などがある．「アヒルの池」は，彼らはネットワークが密なため，初めて会った者同士でも，共通の知り合いなど，必ずどこかに接点があるということを示す．同様に，「ムーミン谷」も，彼らの社会は，トーヴェ・ヤーンソンの小説に出てくるムーミン谷のように，みんなが知り合いで安心かつ居心地の良い世界であるという認識である．「溶けかけの氷山」は，彼らの存在が減っていく状況をたとえたものだ．

スウェ語系フィンランド人の全人口に占める割合は，1910 年には 11.6% だったが，1950～1960 年代にかけてのスウェーデンへの大量移民の結果，1970 年には 6.6% に激減した．当時は，スウェ語系とフィン語系が結婚すると，その家庭での言語，ひいては子供達の母語もフィン語になるケースが多かったため，スウェ語系フィンランド人の未来が危ぶまれていたが，現在では，バイリンガル家庭の子供の約 2/3 がスウェ語を母語として登録するようになっている．さらに，フィン語系として登録していても，言語の習得によって，子供の世界や将来の可能性を広げられるというメリットから，あえてスウェ語の学校に通学させる親も増えており，フィン語で教育を受けている場合でも，幼児期にスウェ語を学ばせる「言語浴」も人気がある．現在では，どちらの言語をとるかという二者択一ではなく，バイリンガルというアイデンティティをもつ者も増えてきている．

[髙瀬　愛]

オーランド諸島帰属問題

●**オーランド運動の発生** フィンランドのトゥルクとスウェーデンのストックホルムのほぼ中間に位置するオーランド諸島は，その住民の大多数がスウェーデン語系で占められるフィンランドの自治領である．オーランド諸島はもともとスウェーデン領であったが，1809年のハミナ条約により，フィンランドとともにロシアへ割譲され，ロシア帝国のもとでフィンランド大公国の一部を形成した．当初，フィンランド大公国ではスウェーデン語が公用語であったが，19世紀後半にフィンランド語の公用語化に向けた運動が開始されると，これに対しスウェーデン語系フィンランド人の間に言語や文化を守り，民族性の維持を図る動きがみられるようになった．スウェーデン語系の住民が大多数を占めるオーランド諸島では，当初このような動きは認められなかったが，19世紀末から20世紀初頭にかけてフィンランド本土からのフィンランド語系移住者の数が増加の一途をたどると，オーランド島民は次第に不安を募らせるようになっていった．

また，ロシアはオーランド諸島を獲得すると，バルト海の戦略的要衝である同諸島の要塞化を進めたが，クリミア戦争の最中，英仏連合軍に要塞は破壊され，1856年のパリ条約付属文書によりロシアは同諸島の非武装化を余儀なくされた．ところが，1914年に第一次世界大戦が勃発すると，ロシアは同諸島の再武装化を図り，要塞建設に島民を徴用したので，島民の不満と不安は増大した．

このような中，1917年3月にロシア二月革命が起こり，フィンランドの独立を目指してドイツのイェーガー隊に参加していたオーランド出身の若者が帰島すると，地元の名士で親独派の法律家カール・ビュルクマンや新聞『オーランド』の編集長のユーリウス・スンドブロムらと結びつき，オーランド諸島のスウェーデンへの復帰運動（オーランド運動）を開始した．当初，彼らは武力によるオーランド諸島の解放を計画したが，スウェーデン政府からの協力が得られないことがわかると，民族自決の考え方に則りスウェーデンへの復帰の意思を国際社会に訴えていく戦術へ転換した．この運動は島民の支持を得ることに成功し，同年8月にはフィンストゥルム国民高等学校にオーランド諸島の地方議員が参集し，同諸島のスウェーデン復帰をスウェーデン政府に請願していくことを決議した．

●**オーランド運動の展開** 1917年12月6日，フィンランドがロシア帝国からの独立を宣言すると，早くも12月下旬にはオーランド諸島で住民投票が実施され，同諸島の有権者の96%がスウェーデンへの復帰を希望するに至った．この結果を受けて，翌1918年2月にビュルクマンらオーランド運動の指導者はスウェーデン国王にスウェーデン復帰の請願書を提出した．これに対し，フィンランド政

府はオーランドを1つの州とし，スウェーデン語の地位を保証することでオーランド運動の収束を図ろうとしたが，奏功しなかった．それどころか，1918年6月にオーランド運動側は同諸島各自治体の地方議員の代表者からなる，オーランド・ランスティングと呼ばれる非合法な議会を設立し，運動推進の体制を強化した．そして，1919年1月には第一次世界大戦の戦後処理を担ったパリ講和会議に代表を送り，オーランド諸島のスウェーデンへの復帰要求を提出するに至った．このような状況下，同年4月にスウェーデン政府がオーランド諸島の帰属は住民投票により決定すべきとの提案を講和会議に提出し，また，同年9月にクレマンソー仏大統領が半ばスウェーデンへの支持ともとれる発言をすると，フィンランド政府は対応を迫られ，トゥレンヘイモ元内相を委員長とする委員会を設置してオーランド自治法の制定を急ぎ，1920年5月にはこれを施行した．同年6月にはR.F. エーリック・フィンランド首相がオーランド諸島を訪問し，自治法の受入れを求めたが，島民側はこれを拒否したため，フィンランド政府はオーランド運動の指導者を国家反逆罪のかどで逮捕するに至った．これに対し，スウェーデン政府は激しく抗議し，駐フィンランド公使を自国に召還すると，両国の関係は一気に緊迫の度合いを深めた．

●**国際連盟による解決**　1920年6月，英国はスウェーデンとフィンランドの関係悪化を危惧し，オーランド諸島をめぐる両国の係争を国際連盟に付託した．しかし，この時点で，当初はスウェーデン寄りとみられていた列強の態度は大きく変化していた．すなわち，当時，連合国はロシアに対する干渉戦争で苦戦を強いられ，フィンランドに対して共産主義に対する防疫線の役割を期待するようになっていた．このような中，1921年4月，本問題を解決するために設置された国際連盟の調査委員会は報告書を提出した．同委員会は，報告書においてフィンランドのオーランド諸島への主権を認める，初等教育における使用言語はスウェーデン語のみとし，非オーランド島民の地方選挙権，土地取得権を制限する等，1920年のオーランド自治法の内容をよりいっそう充実させること，同諸島は非武装化・中立化されるべきこと等を勧告するに至った．これにより大勢は決し，1921年6月，石井菊次郎が議長を務める国際連盟理事会において調査委員会の勧告を主たる内容とする決議案が採択された．スウェーデンとフィンランドはこの決議を受諾するとともにオーランド島民の民族性を保障する協定に合意した．また，翌1922年にはバルト海周辺諸国によりオーランド諸島の非武装化・中立化に関する国際協定が締結された．オーランド島民はこれらの措置を受け入れた．以後，新たに設置されたオーランド島議会と自治政府が自治権の拡大を図っていくことになった．　　　　　　　　　　　　　　　　　　　　　　[松村　一]

現代アイスランドの社会

　2015 年現在人口約 33 万人のアイスランドは，北欧の中でも特に小国といえるだろう．ところがこの国は，国連の「2015 年版幸福度調査」で 158 か国中 2 位と評価された（1 位はスイス，日本は 46 位）．この調査は実質 GDP，社会的な支援，健康寿命，人生選択の自由度，汚職レベルの低さ，寛容度を変数として幸福度を割り出している．また，アイスランドは世界平和度指数ランキングでも常に上位をキープしている．このように「幸福で平和な小国」というのが他国から見たアイスランドのイメージと思われるが，それは現実だろうか．以下ではいくつかの側面からアイスランド社会の特徴を描き出したい．

●**政治**　アイスランドは多党制の議会制民主主義で，国家元首は 4 年ごとに国民投票で選出される大統領であるが，執行権力は国会がもつ．国会議員の総議席数は 63 席であり，2013 年の選挙では女性 25 名・男性 38 名が選出された．現在の政党は進歩党（19 席），独立党（19 席），左派緑の党（7 席），社会民主党（9 席），明るい未来党（6 席），海賊党（3 席）の 6 つで，首相は進歩党から出ている．

●**経済**　主要産業は漁業と観光である．第二次世界大戦後，北欧型の福祉国家として成長を続けたアイスランドは 2003 年頃から金融立国を目指したが，2008 年の経済危機によって深刻な通貨危機に陥った．しかし，その後は政府主導で通貨安を生かした観光促進へと政策を転換し，増え続ける外国人観光客に対するインフラ不足や環境問題への対応に苦慮しつつも，経済は回復へと向かっている．税率は高く，商品には 24% の付加価値税がつくが，食料品と書籍は 11% である．高税率と引き替えに社会福祉制度は充実しているが，経済危機後は急激な物価上昇に対し賃金の改善を求めるストライキが多発しており，病院や学校の運営にも影響を及ぼしている．

●**教育**　アイスランドの教育制度は 4 段階で，2〜6 歳の未就学児に対する保育園，6〜16 歳の義務教育，その後の高等学校（文法学校，職業訓練学校，総合学校の 3 種類，通常 4 年），大学である．教育機関の大半は公立で授業料は無料である（2010 年時点で，義務教育機関 172 校のうち私立は 10 校）．全土にわたって標準化された初等教育が普及し識字率も高いことは，国民間の社会階層の分化を防ぐ役割も果たしている．

●**国防**　アイスランドは軍隊を保有していない．NATO には原加盟国として 1949 年から加盟しているが，NATO や国連の平和維持活動の際には，平時の国防組織である警察・沿岸警備隊の中からアイスランド平和維持部隊が選出される．国内の治安は警察によって維持されるが，殺人事件はほとんど起こらず，警

官も銃を携帯していない．刑務所に収監される犯罪のトップスリーは1位：ドラッグ関連，2位：横領，3位：性犯罪である．

●**環境**　アイスランドの雄大で手つかずの自然は，国民のアイデンティティのうえでも観光資源としても重要であり，自然保護への関心は非常に高い．そのため，クリーンエネルギー利用が盛んである．特に地熱発電については1970年代から本格的な利用を進めてきた先進国であり，2011年には日本の環境省からも視察が訪れた．2014年時点で，全発電量の71％が水力，残り29％が地熱による．地熱発電に使用された温泉水はパイプを通して都市部に運ばれ，各家庭で温水や暖房にも利用されている．

●**ジェンダー**　2000年には「男女平等法」が成立し，1つの職に能力が同等の男性と女性が応募した場合，少数派のジェンダーを採用することが規定された．国会議員も約40％を女性が占め，1980〜1996年まで大統領を務め，世界初の女性国家元首として注目されたヴィグディス・フィンボガドッティルのように政治的に活躍する女性も多い．また，アイスランドはデンマーク統治下の1940年に同性愛行為を犯罪とする法を撤廃し，1996年には同性による「パートナーシップ」を合法化，そして2010年には同性婚を合法化した．2009〜2013年の首相ヨウハンナ・シーグルザルドッティルも女性パートナーとこの法によって結婚した．また，1999年以来毎年8月には「ゲイ・プライド」が開催され，10万人を超える観光客が訪れる夏の一大イベントとなっている．

●**小さな社会**　近年のアイスランドでは推理小説がブームとなっている．その火つけ役となったアナルドゥル・インドリザソンの作品は24言語以上に翻訳され人気を博しており，日本でも2015年現在，3作が刊行されている．2000年前後のレイキャヴィーク（図1）を舞台としたその作品は，複雑な家族関係，ドラッグ依存やアルコール依存，性犯罪，経済的格差など，「幸福」ばかりではない住民

図1　首都レイキャヴィークの街並み（筆者撮影）

の暮らしに光を当てている．現実のアイスランドも，観光業によって好況を取り戻しつつあるとはいえ，一部の国民に富が集中しているという不満の声も大きく，高福祉の社会制度を維持できるのか試練のときを迎えている．とはいえ，国民1人ひとりの顔が見えやすい小さな社会であることは，2008年の危機を乗り越えたように，今後もアイスランドの大きな強みであり続けるだろう．　　　　［松本　涼］

参考文献
[1] アーナルデュル・インドリダソン，柳沢由美子訳 2012『湿地』東京創元社．
[2] 椎名　誠 2015『アイスランド――絶景と幸福の国へ』日経ナショナルジオグラフィック社．

グローバル時代のフェーロー諸島

　北大西洋に浮かぶ 18 の島々，フェーロー諸島は，デンマーク国家に属する自治領である．人口は，2016 年 7 月現在 4 万 9,552 人．欧州最高の 2.41%（2015 年）という出生率を背景に，人口の約 4 割を 30 歳以下の若い世代が占めている．

　1990 年代後期以降，急速に普及した IT や携帯電話により，外部社会との情報格差がなくなり，フェーロー社会はたったの 20 年あまりで一気にグローバル化した．この間に誕生した若年層は，職業・進学・余暇の過ごし方などに関して，以前の世代よりもはるかに大きな選択肢を手にしている．

　このような社会変化の中にあっても，他の北欧諸国と異なり，フェーローではキリスト教が個人の生活においても社会レベルでも重要な意味をもち続けている．

●**フェーロー人の生活におけるキリスト教**　2011 年の国勢調査では，人口の 95% が自分は「クリスチャン」または「信仰者」であると回答した．残り 5% のうち，1% はキリスト教以外の信仰があるとし，4% は無信仰と答えた．デンマークでは，毎週教会に行く人は 2.4% にすぎない．しかしフェーローでは，23%（2008 年）と約 10 倍にものぼる．フェーローにある 18 の宗教団体のうち，16 がキリスト教の教団である．規模が最大なのは国教の福音ルター派で，教会員は人口の 81.1%（2015 年）を占め，教会はどんな小さな村にも必ず建っている．ルター派は，宗教改革が 1540 年前後にフェーローに到達してから 1865 年に至るまで，唯一の教団であった．

　1865 年，プリマス・ブレザレンのスコットランド人宣教師が伝道を開始して以来，多くの教団・教派がフェーローにやってきた．1970 年頃までは教団同士の対立や競争が存在したそうだが，現在では互いに対して寛容であり，良好な関係にある．16 の教団・教派は，礼拝のスタイルや聖書への態度において多様多彩であり，そのため個々人は自分に合った「居場所」を見つけやすい．また教会は社交の場所としても機能している．フェーロー人が信仰熱心な理由として，自然条件が厳しく，人間の限界と神へのおそれを思い知らされるからだと説明されることがある．それは的はずれな指摘ではないが，フェーロー人の日常の中にキリスト教が大きな位置を占めるのはむしろ，教会が人々の社会生活に組みこまれているからであろう．

●**フェーロー・アイデンティティのよりどころ**　近年，公営ラジオ・テレビでは，讃美歌や礼拝の映像などの「宗教的コンテンツ」が増加している．この背景に，グローバル化によってゆらいでいるアイデンティティを「フェーロー性」の象徴としてのキリスト教を強調することで安定させようとする自治政府の意図が存在

していることを指摘する意見もある．かつて，「フェーロー性」を最大に表象するとされていたのは，フェーロー語であった．

1035年，ノルウェー王がフェーローを領地としたが，1380年からはデンマーク王がノルウェー王を兼ねるようになったため，フェーローもデンマークの支配下に置かれた．1814年，ノルウェーはデンマークから分離したが，フェーローはデンマークの統治のもとにあり続けたため，フェーロー諸島の教会・学校教育・行政・司法といった公の領域で使われる言語はデンマーク語であった．フェーロー語は民衆の話し言葉として使われていたが，書き言葉がなく，絶滅の危機にさらされていた．20世紀初頭に端を発したフェーロー・ナショナリズムは，1846年に確立された正書法を追い風として，民族の言葉としてのフェーロー語の復権を目指す運動として発展し，民族国家としての独立に向けた動きを経て，1948年の「内政自治法」（以下「自治法」）に結実した．「自治法」において，フェーロー語はデンマーク語と並びフェーロー諸島の公用語となった．

「自治法」成立後，自治政府が組織的に展開した言語政策は，新しい概念に対応する新語の創造などを通して，フェーロー語を「国語」として成熟させ，現代の生活に完全に対応できる言語に育てることに成功した．「自治法」成立後約70年を経た現在，フェーロー語は，高等教育を含むフェーロー人の日常生活のすべての場面において使用されており，言語絶滅の危機は脱したと言い切ることができる．同時に，フェーロー語が社会の中で定位置を得たことで，ナショナリズムの旗印としてのフェーロー語の意味は薄れたともいえよう．キリスト教は，フェーロー語に代わる新しいアイデンティティのよりどころとしての役割をも果たしているのかもしれない．

●グローバル時代のナショナリズム　戦後，「自治法」のもとで自治政府は着実にその権限の及ぶ範囲を拡大し，2007年にはルター派国教会も自治政府の管理下に入った．単なる自治にとどまらずデンマークから独立すべきだと主張するいくつかの政党は，有権者の半数あまりの支持を得ているが，残りの半数はデンマーク国家内の残留を支持している．2004年のフェーロー議会議員選挙以降，4政権にわたって独立推進派と反対派が連立して与党を形成しており，2015年9月の選挙を受けて就任した現首相ヨハンネセンは，デンマークとの関係維持を強調する社会民主党の党首である．

自治の拡大・安定とともに，フェーロー人は，本国と属領という関係ではなく対等なパートナーとしてデンマークを認識しつつある．国民国家を目指すかつての民族主義よりも，デンマークからの資金や国際社会との関係など，デンマーク国家内にとどまることによるメリットの方を重視するフェーロー人の冷静な姿勢は，グローバル時代のコスモポリタン的価値観の表れといえるのではないか．

[海保千暁]

スヴァールバルの歴史と現代

　スヴァールバル（Svalbard）とは，スピッツベルゲン島を中心とした北極海に浮かぶノルウェー領の島々の総称である．スヴァールバルの国際的地位を定めた「スヴァールバル条約」（1920年締結）によれば，北緯74度から81度，東経10度から35度までの海域に存在する島々をスヴァールバルと呼んでいる．冬季には気温が−30℃に達し，極夜が続く一方，夏季は太陽が沈まない季節となる．また，年間降水量は300 mm以下で，「北極の砂漠」と呼ばれることもある．さらにシロクマが時おり食料を探しに町中へやってくる．こうした厳しい自然環境にもかかわらず，スヴァールバルは多くの人々をひきつけてきた．ここではこのスヴァールバルの歴史的経緯をたどってみよう．

●**スヴァールバルの発見**　スヴァールバルの発見に関する重要な記述は1194年のアイスランド・サガの中にある．そのサガにおいて，古ノルド語で「冷たい岸」を意味するSvalbarðiの発見について書かれている．これがスヴァールバルの名称の由来である．アイスランド・サガは伝承が記されたものであるために「歴史的事実」であるとは言い切れないが，近年の考古学調査によって北欧人が一定期間，居住していたことがわかっている．そしてヴァイキング時代以降もスヴァールバルの周辺海域でノルウェー人は漁業や狩猟を行っていたが，ノルウェーの国力が衰退するとともに同地域への関心は失われていった．

　ヨーロッパでは大航海時代を迎え，特にイギリスやオランダ，フランスはヨーロッパとインドや中国を結ぶ航路の開拓を求めて北極海の探検を行った．1596年，その北極海航路の開拓を行っていたオランダ人探検家ウィレム・バレンツはスヴァールバルを再発見し，「とがった山」を意味するスピッツベルゲンと名づけた．この発見によってスヴァールバルは欧州各国に知られるようになった．

●**17世紀から19世紀のスヴァールバル**　17世紀から18世紀にかけて，オランダやイギリス，ドイツ，ロシアなどの人々が捕鯨やアザラシ猟のためにスヴァールバルへ訪れた．彼らの目当ては鯨油や毛皮であった．島には操業拠点が建設され始めた．19世紀になると，狩猟だけでなく漁業，そして研究調査のためにスヴァールバルへ訪れる人々は増加した．その頃のノルウェーでは，連合相手国であるスウェーデンや他のヨーロッパ諸国とは異なり，北極への関心は高くなかった．その状況を変えたのがフリチョフ・ナンセンである．彼は19世紀末に北極への探検を行い，ノルウェー人の極地への関心を高める先駆けとなった．また同時期にはスピッツベルゲン島で石炭が発見され，1906年にはアメリカ人のジョン・ロングイヤーが初めて石炭採掘場を建設した．同諸島内最大の都市であるロ

ングイヤービューエンは彼の名にちなんでつけられた都市である.

このようにバレンツによって発見されてから300年間は，さまざまな国々がスヴァールバルへの関心を示していた．そのため，スヴァールバルを特定の国の領土とする決定はされず，その地位は国際法上でいずれの国家にも属さないことを意味する「無主地（terra nullius）」とされていた.

●無主地からノルウェー領へ　スヴァールバルが「無主地」であるために各国は自国の法に基づいて開発を行ってきたが，19世紀末頃になると各国は鉱山の所有権や開発権をめぐり対立を始めた．その結果，スヴァールバルの帰属を明確にする要求が高まり，第一次世界大戦を挟んで同諸島に関する国際会議が開かれた．大戦後の1920年，パリ講和会議で特別委員会が設けられ，スヴァールバル条約は締結された．同条約はスヴァールバルがノルウェーに帰属することを規定した．しかし，その歴史的経緯から同領域内でのあらゆる経済的活動が平等に行えることも決められた．さらに同諸島の軍事的使用は禁止された．締結国は日本を含む9か国であったが，大戦中に誕生したソヴィエト連邦（ソ連）はそもそもパリ講和会議に呼ばれておらず，条約の交渉に参加できなかった．ソ連は1935年に同条約に署名しているが，同国の交渉不参加は後に問題となるのである.

●東西の狭間のスヴァールバルとその現在　第二次世界大戦中，ノルウェー本土と異なり，スヴァールバルはドイツの占領を免れ，連合軍の管理下に置かれた．本土を支配するドイツは空爆によって同諸島の鉱山施設に大きな損害を与えた．1944年11月，ノルウェー北部がソ連軍によって解放される中，ソ連は突如として自国が条約の交渉に参加できなかったことを理由に，ノルウェーに対してスヴァールバル条約の破棄と2国間による共同統治を要求した．ソ連は自国の安全保障のため，同地域の軍事的利用に関心をもっていたとされる．スヴァールバル危機と呼ばれるこの事件は，大戦後の東西対立に巻き込まれるかたちで棚上げされることとなった．しかしノルウェーがNATOに加盟したこともあり，スヴァールバルが軍事的に利用される懸念をソ連は抱き続けた．そしてスヴァールバルにおける自国の権益を示すために多くのソ連人を同島の炭鉱に滞在させた.

冷戦の終結でソ連が崩壊すると，スヴァールバルへの関心は薄れた．ロシアの炭鉱労働者は次々と引き揚げ，ゴーストタウン化した街も存在する．そこでノルウェー政府は観光や国際的な極地研究の拠点として誘致を始め，さまざまな研究施設が建設された．さらに近年では気候変動に伴って北極海の解氷が進んだため，北極の経済的利用に対する関心が世界中で高まっている．北極圏に位置するスヴァールバルにも各国が再び関心を向けるときがやってきたのだろうか．今後の事態の進展が注目される.　　　　　　　　　　　　　　　　　　［鈴木悠史］

📖 参考文献

[1] Arlov, T.B., 2008, *Svalbards historie*, Tapir Akademisk Forlag.

北極をめぐる政治

●**北極の略史**　北極海域は，長きにわたり人類活動の場であり続けている．3万〜4万年前には先史モンゴロイドの人々が北極海沿岸地域に達し，カリブーやクジラ等の動物を捕獲し生活を営んできた．9〜10世紀頃には，西欧の人々が国土の拡大や通商による利益追求を目指して極北の地へと進出し，18世紀にかけては海獣・クジラの捕獲の場としても重要な位置づけがなされてきた．

●**新たな時代**　他方において北極は，その帰属を明確にする単一の条約・合意が存在していないため，法（ハードロー）的には「誰のものでもない」海域であり続けている．それは，北極に存在する厚い海氷が，海域および海底に対する法的調査を困難なものにしてきたことに一因がある．ところが，近年の気候変動の影響を受け，海氷の溶解がドラスティックに進行したことに伴い，この法的状況は利害対立の火種と化すこととなる．北極海域との地理的近接性を有するロシア，カナダ，ノルウェー，アメリカ，そしてグリーンランドを自治領にもつデンマークの「沿岸5か国」は，地球上の未発見資源の22％ともいわれる地下資源や，年間を通じた海上交通路の商業的利用の可能性が高まってきたために，海域への主権的権利の取得に強い関心を示し始めた．問題は，北極海域への主権的権利を取得する前段として，複雑な地形を有する大陸棚の帰属先をいかにして決めていくかという点にあった．包括的な法的枠組みの不在は，海域で起こり得るさまざまな事象を各国の国内法や個別の条約から処理していくことを意味しており，沿岸国間の権利関係を複雑にさせてしまうおそれを内包している．それゆえに，いかなる法的枠組みを適用させ，法的に正当なかたちで海域へのアクセスを可能にさせるかという点は，解決しなければならない喫緊の問題となったのである．

●**2008年の北極海会議**　北極問題を解決するうえで，その後の議論の前提ともなるエポック・メイキングなイベントとして，2008年5月に開催された北極海会議を挙げることができる．北極海会議では，沿岸5か国の閣僚が一堂に会して，問題の解決に向けた話し合いがもたれた．会議では，北極海の海氷衰退に伴う地下資源開発および海上交通路の商業的利用可能性，法的枠組みの検討，気候変動が海域に住む先住民の生活に与える影響，国連主導の平和的・協調的利用の提案等複数のテーマが議論の俎上に載せられた．最終的には，海域の平和利用，各国への協力要請，国連主導で大陸棚を確定（画定）させることを含む「イルリサット宣言」をまとめ閉幕したが，これら一連のプロセスは，問題解決の起点を作った初めての会議という点で特筆に値する．もちろん，これまでにも北極海域を対象とした国際協力は多方面で行われてきた．しかし，海域における利権闘争

の主要因である境界確定問題の解決を図るべく，北極問題それ自体の解決へのモメンタムを維持したという点で，北極海会議はこれまでの国際協力とは質的に異なるものとして解されなければならない．また，海上国境は陸上国境よりも解決の契機が失われやすいという性質をもっているため，沿岸5か国の閣僚が一堂に会して北極をめぐる諸問題を早期に議論できたことは，海域の秩序を構築していくうえで，とりわけ意味をもち得るものであった．

●**地理的近接性という観点**　会議の成果としてまとめられた「宣言」には，沿岸5か国が他の利害関係者とともに持続的な協力関係を維持し，北極海域に関わるいかなる問題に対しても交渉を通じて解決していくことが明記されている．同時に，会議に参加した5か国に加えて，フィンランド，アイスランド，スウェーデンや北極評議会・バレンツ地域協力等の協議体との協働がうたわれている（図1）．

図1　北極評議会事務局があるノルウェー北部の町トロムソ

留意したいのは，北極評議会をはじめとする協議体の枠組みを通じてさまざまな協力関係が模索されているにもかかわらず，北極海会議の参加主体が沿岸5か国に限定された点である．北極海に利害関心をもつ他の主体を排して執り行われた会議は，その「閉鎖性」ゆえに批判の対象となった．それは，国連海洋法条約（UNCLOS）第76条「大陸棚の定義」，第77条「大陸棚に対する沿岸国の権利」に基づき北極海域との地理的近接性を有する5か国が，北緯45度以北の北極圏域との地理的近接性を有する他の北欧諸国や利害関係者を排して，海洋権益を享受しようとしていると解されたからである．例えば，欧州議会のダイアナ・ウォリス（Diana Wallis, 1954-）は，「北極をめぐる議論は，潜在的に地球に住むすべての人々に影響を与え得るにもかかわらず，参加主体を沿岸5か国に限定するような閉鎖的な会議は適切ではない」と述べ，会議を批判すると同時に，国際的協調の必要性を説いた．ノルウェー海洋研究所のアルフ・ホーコン・ホエル（Alf Håkon Hoel）は，会議の開催を「大陸棚への主権的権利を行使することが可能な沿岸5か国の総意だった」と述べ，ステークホルダーとしての立場を明確にしようとする5か国の動きを分析した．

参加主体を限定した北極海会議は，海洋権益を求める外交の場と，そこに参加する主体をどこまで狭め（広げ）ていくのかという問いを内包させている．対話と協力による実効的な政策パッケージの創出を模索しつつ，海洋権益の確保が目指される今日の北極を理解する際に，主体と場をめぐる問題は，素朴だが根源的なものであろう．

［高橋美野梨］

グリーンランドの政治経済

　現代グリーンランドが抱える問題の1つに，公費流用やネポティズムといった汚職がある．政治家が縁故者を重用したり，家族分の渡航費を公費から支出したりする問題は，たびたびメディアを騒がせ住民の政治に対する不信感を増幅させてきた．2007年10月に放送されたドキュメンタリー番組『グリーンランドからの脱出』では，公費不正利用の疑いがかかる政治家へのインタビューを盛り込みながら，この問題を真正面から扱っている．ところが，当の政治家は，不透明な人事や使途不明金の存在を問われても，はっきりとした態度を示してこなかった．仮にその手の問題があったとしても，それは「分配」であり，「持てる者」が「持たざる者」に何らかの工面をすることで成り立ってきた「イヌイット社会の伝統」であると主張する者も現れた．食料や物資を分配するイヌイット社会の慣習は，政治の世界にも適用されるというのである．確かにこの分配システムは，イヌイット・コミュニティの慣習であると同時に福利を促進させるものであると理解されているが，「分配発言」をはじめとする政治家の言動は，少なからぬグリーンランド住民に「政治の新陳代謝」の必要性を意識させる契機となった．

●**グリーンランドの政治経済**　グリーンランドは，1721年のデンマーク=ノルウェー同君連合の植民地という立場から，1953年にデンマークの一地方と同格の地位を獲得して以来，デンマーク主導の開発計画に従って，近代化を受け入れてきた．政治制度の確立もその一環であり，さまざまな政治的立場を代表する政党を中心に，域内政治が展開されるようになった．1970年には，欧州共同体（EC）への加盟論議を契機に，モーセス・オールセン，ヨナッァン・モッツフェルト，ラース=イミール・ヨハンセンの3人を中心として，自治権の獲得に向けた動きが活発化した．本国デンマークとの交渉を経て，

図1　自治政府が入るヌークセンター

1979年に北方先住民社会として初めてとなる内政自治権を獲得したグリーンランドは，公選された21名（現在は31名）の議員からなる自治議会（通常任期4年）と，選出された数名の大臣によって構成される自治政府を軸に，漸進的に自治権を強めていった(図1)．この中でシウムットという社会民主主義政党は，デンマークに依存することを前提に，自治権の拡大を目指すというスタンスを採り，長きにわたり第一党の座を維持してきた．デンマークからの分離独立を主張するイ

ヌイット同盟党(以下,同盟党)や,デンマークとの連帯(への依存)一辺倒のアタスット党より,バランス感覚をもって政治を遂行していると有権者に受け止められたことも,シウムット党が政治の実権を握り続けることができた要因であった.

　しかし,長期政権の道を歩んだシウムット党に対する人々の倦怠感によって,既述の「分配発言」とも相まって,有権者の心は同党から離れていった.それに加えて,輸出の9割近くを水産物(主にエビ)に頼り,デンマークや欧州連合(EU)からGNP比5割という規模で経済支援を受ける脆弱な構造も,政治の中枢にいたシウムット党に対する遠心力として働いた.

●政治の新陳代謝　この中で,有権者の期待を一気に引き受けたのは,イヌイット同盟党であった.同盟党は,クーピック・クライストやサラ・オルスヴィといった30〜50代の中堅・若手議員を登用し,しがらみのない政治をうたうことで支持を集めていった.同時に,経済の建て直しを図るべく,新規分野としての資源開発市場に活路を見出そうとした.折しも,極地における資源開発の可能性が取り沙汰され,外国資本がこぞってグリーンランドの域内資源に興味を示し始めていたため,同盟党は経済面だけでなく,デンマークからの分離独立をも念頭に置きつつ資源外交を積極的に行い,石油・鉱物関連企業の誘致,安い労働力の確保に向け奔走したのである.そのための制度設計にも余念がなく,労働力を外国から大量に調達することを可能にさせる「大規模プロジェクトに伴う建設従事者に関する法」を議会で採択させ,運用に向けた作業を着実に推し進めていた.資源産業が創り出す富を享受していくことは,同盟党のみならず,少なからぬグリーンランド人の未来を構成する重要な要素となっていった.実際に,同盟党は2009年の選挙で40%を超える支持を集め,グリーンランド政治史上初めてとなる政権交代を実現させたのである.2013年の選挙では,前述の法律が住民不在の枠組みであると受け止められ,それを巧みについたシウムット党が政権を奪還したものの,同盟党は30%台の得票率を維持し,有権者にとって有効な選択肢として存在し続けている.

●グリーンランドのこれから　このようにして,政権交代を経験したグリーンランドだが,2014年には首相の公費流用疑惑が浮上し,再び政府が瓦解することとなった.健全な議会制民主主義とは何たるかを模索し,政権交代の先に不祥事があったとすれば,有権者の多くはやりきれない思いをしているであろうが,一部に「イヌイット・コミュニティの慣習=分配」に理解を示す者もおり,話はそう簡単ではない.グリーンランドがデンマークの一地方と位置づけられて60年,自治領となって35年の月日が流れた.その間に,デンマークを介してさまざまなモノや価値観が持ち込まれ,「デンマーク的価値基準」が積極的に導入された.政治制度もその1つであり,住民の声が系統だって表出されるようになった.さて,「政権交代」の次に何があるのだろうか.　　　　　　　　　　　[高橋美野梨]

グリーンランドの対外関係

　グリーンランドは，デンマークを中心とする国家体系「デンマーク国家」の自治領である．そのなかで，対外関係における決定権は，憲法第19条の規定に即し，デンマーク（厳密にはデンマーク国会）が保持している．ただし，グリーンランドの意向が無視されてきたかといえば，それは否である．例えば，「自治法」第16条2項には，「中央当局は，グリーンランド当局と協議した後，グリーンランドの通商生活にとっての特別の重要性に関して国際的交渉に参加し，グリーンランドの特別の利益を追求する権利をグリーンランド当局に付与することができる」と記されている．さらに2003年には，同法に明記されていない防衛・安全保障分野に対する独自の発言権を獲得し，当該分野に関わる国際交渉を要求し，そこに参加する権利が与えられた（この権利は，2009年に施行された「自立法」第11条および第13条にも明記）．2004年には，米国，デンマークとの間で結ばれた軍事協定を含む複合協定に共同調印者として加わり，権限を獲得すると同時に，それを行使する主体としても捉えられるようになった．

●国内構成員として交渉代表者になる　グリーンランドが対外的な権限を獲得していくこれらのプロセスを注意深く見ていくと，そこには通底する1つの特徴が明らかになる．それは，権限要求の動機が，デンマークにではなく，米国やEC/EUといった域外主体との非対称な権力関係の解消にあったという点である．例えばグリーンランドは，第二次世界大戦を契機に建設された米軍基地をめぐってさまざまな問題に直面し，冷戦後の外交文書の公開を機に，自らの置かれた被支配的立場を解消するための方策を考えるようになった．そこでグリーンランドが求めたのは，自身が「デンマーク国家」の国内構成員として単に同意や反発を繰り返すのではなく，「『デンマーク国家』を構成する主体」としての責任と義務を果たすための，米国との直接交渉を可能にする権限であった．つまり，グリーンランドは，国内構成員（例えば沖縄）の立場から，国際交渉（例えば東京とワシントン）での合意をどのレベルで受け入れるかを問おうとしたのではなく，国内構成員の立場から，基地をめぐる国際交渉プロセスに交渉代表者として関わろうとしたのである．前述の複合協定の共同調印者となった自治政府のヨーセフ・モッツフェルトは，グリーンランドが獲得した発言権を「デンマーク国家」から法的に一線を画すことに用いるのではなく，「『デンマーク国家』を構成する主体としての責任」を有しているグリーンランドであるがゆえに，その枠内で対外的に自立的な主体になっていくための足がかりにしなければならないと主張していた．

　この特徴は，グリーンランドの対EC/EU関係にも見出すことができる．グ

リーンランドでは，1970 年代の EC 加盟論議を契機に自治に対する欲求が高まっていくのだが，ここでいう「自治」とは，デンマークに対する何らかの異議申し立てではなく，「EC との直接交渉権」を意味していた．フィン・ガドなどの識者は，1970 年代以降の自治への希求を「現状の政治体制に対する不満」と解き，対抗主体としてのデンマークを明確にしたが，筆者による現地語の資料読解と現地調査で得た知見に基づけば，自治要求の根底には EC の影響力をいかに排除するかという目的があった．実際に，自治政府のヤーコブ・ヤヌッセンは，1970 年代初頭の EC 加盟をめぐる議論が，グリーンランドの人たちの間に自身の水域・漁場を保護する意識（＝自治意識）を芽生えさせ，EC との直接交渉を可能にする発言権獲得の機運を高めさせたと述べている．

　総じていえば，これまでのグリーンランドは，他の国家や国際機関等と交渉する権限を獲得する一方で，「デンマーク国家」の一般利益を守ることを行動の前提としており，デンマークの憲法上の責任や国際関係における権限に影響を与えたり，それを制限したりすることを目的としてこなかった．2008 年の「グリーンランドの自治のあり方を考える委員会」報告書によれば，グリーンランドの対外関係は，「既存の国家体系の中で，グリーンランドの人々の自治権を最大限向上させる」ことを前提に志向されるべきと記されている．ここでいう「既存の国家体系の中で」という文言は，「デンマーク憲法の枠組みの中で」という文言と同義である．すなわち，グリーンランドの対外関係というのは，「『デンマーク国家』の一部であり続けること」を前提に，自身の権限を獲得・拡大させていこうとする動きとして理解されなければならない．

●対外関係のゆくえ　ところが，近年の気候変動に伴う環境変化により，石油・鉱物資源開発の可能性が高まってきたことで，その様態は根幹から変質し始めている．グリーンランドでは，シェブロン・シェル・グリーンペックスによる北東部沖合油田開発やグリーンランドミネラルズ＆エナジーによるウラン鉱山開発など，多くの資源開発プロジェクトが域内で立ち上げられている（図1）．その中で，外国資本の流入を追い風に，（海洋）権益を確保し，「デンマーク国家」からの分離独立を模索しようとする動きが，グリーンランドの一部に見られ始めているのである．2014 年 11 月に行われた議会総選挙では，僅差ではあったものの，資源開発に前向きな政党に票が集まった．特に，開発鉱区に居住する住民の多くは，環境アセスメント等の科学的調査を徹底させる必要性を口にしながらも，資源開発に賛成している．「デンマーク国家」の一般利益を守ることを前提に対外関係を築いていこうとしてきたグリーンランドは，今，その姿勢を大きく変質させようとしているのである．

図1　ウラン鉱山開発区ナッサック

[高橋美野梨]

先住民サーミ

　サーミ人は，以前は外部の人々による他称で「ラップ（Lap）」と呼ばれていたが，サーミ（Sápmi/Sámi，英語 Sami/Saami）と自称する北欧におけるエスニック・マイノリティである．独自の歴史・言語・伝統文化をもち，EU 域内としては唯一の先住民族でもある．現在ノルウェー，スウェーデン，フィンランド各国には，民族としての公式な意見を代表し，政府に対しサーミ問題や政策に対する提言，助言を行える「サーミ議会（Sámedigqi，英語 The Sámi Parliament）」が設立されている．4 年ごとに選挙が行われる．

●**居住地域・人口**　スカンディナヴィア半島の中部・北部丘陵地帯からフィンランドの北部を経て，ロシア・コラ半島東海岸までの 4 か国にまたがる広大な地域が彼らの伝統的な居住領域である．この地域を「Sápmi（北サーミ語）」と呼び，サーミ民族という意味に加えてサーミの住む地を意味する．サーミ人の総数は 7 万とも 10 万ともいわれ，概算でノルウェーに最大数の 4〜5 万人，スウェーデンに約 2 万人，フィンランドに約 1 万人，ロシアに約 2,000 人が居住し，正確な総数計算は難しい．現在は北欧三国では個人の自由意思に基づく自己申告を前提に，最優先事項として少なくとも両親か祖父母の一方がサーミ語を家庭語として使用していたことが統計上の公式な基準になっている．つまりサーミ人の定義としては，本人の主観的認識と，北欧三国に共通する，言語による客観的な認定という 2 つの基準に基づいている．

　北欧三国ではいわゆる「サーミ語法」が成立しており，サーミ地域では，特定の行政区・自治体が設定され，学校教育・医療福祉・行政サービスの面で「公用語」としてサーミ語を用いる法的権利が保障されているものの，サーミ人が人口の多数派である行政区や自治体は少ない．それらはノルウェーではカウトケイノやカラショクを中心としたフィンマルク内陸部，フィンランドではウツヨキ自治体のみである．スウェーデンにはサーミ人が多数派の行政区はない．近年ではサーミ人は南部諸都市や首都へ流入しており，例えばフィンランドでは彼らの60% 以上が伝統的なサーミ地域外に居住している．首都ヘルシンキのことを"フィンランド最大のサーミ村"と冗談まじりに呼ぶこともあるくらいだ．

●**サーミ語**　彼らの母語であるサーミ語は，フィンランド語と同じウラル語族フィン・ウゴール語派に属しており，印欧語族のノルウェー語やスウェーデン語とは親戚関係にはない．話者数ではサーミ人全体の半数ほどがサーミ語を話すとされる．サーミ語は 10 のサーミ諸語に区分されてきたが，2016 年現在は 9 つが使用され，6 つに正書法がある（図1）．

図1 サーミ語分布地図
出典：百瀬 宏・石野裕子編 2008『フィンランドを知るための44章』明石書店, p.144.
（注）一部，都市名の位置を修正変更してある．

　北サーミ語はロシアを除いた北欧三国で話され，話者全体の2/3，約3万人が話し，サーミ語内の最大のグループを形成している．そのため，サーミメディア（新聞，テレビやネットニュース，ラジオ）では北サーミ語によるサービスが主流である（図2）．北サーミ語はさらに西方言（エノンテキオ，カウトケイノ）と東方言（ウツヨキ）に主として分類される．したがって同じ北サーミ語グループでも民族衣装などで文化的特徴に違いが存在する．また南サーミ語，ルレ・サーミ語，ピテ・サーミ語，ウメ・サーミ語はノルウェーとスウェーデンで話されている．イナリ・サーミ語はフィンランド国内でのみ話され，スコルト・サーミ語はフィンランドとロシアで，キルディン・サーミ語，テル・サーミ語はロシアで話され，一方，話者が2003年に絶滅したとされるアッカラ・サーミ語はロシアで話されていた．隣接する多数派言語の影響も大きく，地理的に隔たった方言の話者同士は"話し言葉"での理解はかなり難しい．

図2 サーミ関連の雑誌・新聞
左奥：北サーミ語の新聞『Ávvir』，右手前：イナリ・サーミ語協会機関誌『アナラシュ（Anarâš）』フィンランド・イナリで発行，右奥：サーミ若者向け雑誌『š』，左手前：サーミ地域教育センター発行のフィンランド語季刊誌『サーミランド新聞』（表紙はウツヨキ出身のヨイク歌手ヒルダ・ランスマン）．

サーミ地域内の特定自治体・行政区では，公用語たるサーミ語による教育は，サーミ語の保持・活性化，および次世代への継承を目的として掲げられている．例えばフィンランドのイナリ自治体で話されているイナリ・サーミ語は，スコルト・サーミ語と同様に話者数が300〜400人と少なく，"少数言語の中の少数言語"といわれ，その存続が1990年代後半には危ぶまれた．しかし近年はイナリ・サーミ語だけを使用した就学前児童のための"言葉の巣（英語 language nest）"などの言語復興事業が成果をあげている．またイナリに本部を置く国立のサーミ地域教育センター（SAKK／英 Sámi Education Institute）は，サーミ地域のニーズに合わせた職業専門的な教育をサーミ語でも提供し，サーミ地域全体のサーミ文化を維持・発展させる役割を担っている．ここでは北サーミ語以外にもイナリ・サーミ語の通年講座が開講され，卒業生の一部は母語の教師や編集の職に就くなどしている．このほかに，同地で1990年代後半から2014年にかけてのイナリ・サーミ語の復興への道程を分析した博士論文発表会が2015年6月に催され，そうしたサーミ人・非サーミ人共同での学術分野での調査・研究成果の積み重ねも，少数言語の復興や地位改善に補完的な役割を担っている（図4）．

　しかしスコルト・サーミ語やイナリ・サーミ語に限らず，実情は依然としてすべてのサーミ諸語がユネスコの消滅危機言語として報告されている．またサーミ地域外に居住する者の割合の増加は，サーミの子供達への母語教育をはじめとする情報伝達手段に対する新種の課題をももたらしている．

●**サーミ人の伝統と現在の暮らし**　サーミ人は自然に敬意を抱きながら自然と緊密な関係をもって暮らしてきた．伝統的なサーミの生業は河川・湖水やフィヨルドでの漁労，狩猟，植物・ベリー採集など自然資源に立脚した経済活動であった．小規模なトナカイ飼育が伝統的に行われてきたが，大規模なトナカイ放牧は17

図3　北サーミ語新聞『Ávvir（アッヴィル）』
2つの新聞「Min Áigi」「Áššu」が合併し，2008年よりノルウェー側で週5日発行の北サーミ語新聞

図4　2016年春出版のイナリ・サーミ語に関する博士論文集

世紀以降に発展したといわれる．彼らはその居住環境や生活様式により森林サーミ，トナカイ・サーミ（丘陵サーミ），海サーミ，湖・河川サーミにかつては区分された．サーミの中心的な社会組織はシータ（siida）と呼ばれる，一定の土地領域を共有・所有する数家族で構成される共同体で，共同作業で漁労や狩猟，季節による移動を伴うトナカイ放牧を営んできた．また小規模の農耕も行ってきた．

21世紀の現在，彼らは他の北欧人と何ら変わりない普通の住宅に暮らし，生業も農業，商業・小規模工業，サービス業や行政サービスなど多種多様化している．職種はさまざまで，若い世代ではサーミ人のラッパーも誕生している．現代のトナカイ放牧にはスノーモービルやGPS等，最新の機器が取り入れられ，トナカイ飼育はスウェーデンとノルウェーではほぼサーミ人のみが行い，フィンランドではフィンランド人も行う業種として，トナカイ放牧エリアを区分管理して行われている（フィンランドは56エリアのトナカイ放牧組合パリスクンタ [paliskunta（フィンランド語）] が，ノルウェーでは110，スウェーデンでは51エリア存在する）．しかし今はトナカイ飼育・放牧だけで生計を立てている人はいない．トナカイ放牧・飼育に従事する割合は実際はサーミ全体の10％ほどで，しかもその多くが兼業者である．トナカイの耳印付けや仕分けなど季節ごとの作業時に共同作業を行うが，普段は別の職業に就いている（図5，6）．すなわち，伝統的な生業と，例えば観光業やその他のサービス業とを組み合わせた暮らしが典型的といえる．しかもトナカイ放牧，漁業や採集といった伝統産業も，その重要性は依然として失われていない．それらは経済面だけではなく，むしろ共同体への帰属意識や自身のルーツ，アイデンティティの拠り所として，民族衣装 gákti や伝統手工芸 duodji，伝統歌謡ヨイクなどとともに，サーミ伝統文化のシンボルとして，また核としてサーミの間でも再認識されている．

図5 春のトナカイ仕分け作業（ノルウェー・カウトケイノ）(1)

図6 春のトナカイ仕分け作業（ノルウェー・カウトケイノ）(2)

サーミの民族衣装

　サーミの民族衣装は北サーミ語でカクティ（Gákti）と呼ばれる．それはサー

ミの男女ともが夏場に着る衣服で，丈の長いコート（上着）も含めた"サーミの上着"の名称であった．スカンディナヴィア語からの借用だとされる．北サーミ語以外の諸方言にも"サーミの上着"を意味する同様な言葉がみられるという．一説にはデザインはヨーロッパ中世の農民の衣服に起源をもつとされる．それをサーミの人々は工夫を凝らして改良することで極北での使用に適用させていった．ドイツ人学者ヨハンネス・シェヘラスが1673年に著した，当時のサーミ社会文化に関するモノグラフ「ラッポニア（Lapponia）」内の衣服と1900年代の衣服とを比較しても，その変化の程度は装飾や丈の長さの違いがあるのみだという．

図7 フィンランド・エノンテキオの女性衣装
ウールのショールを肩にかけている．

図8 フィンランド・エノンテキオの男性衣装

カクティは頭からかぶるプルオーバータイプの長袖のワンピースのような上着で，男性は女性よりも裾が短い．前身頃は胸元に深く切込みがある．素材としてはフリーズ（Frieze）やブロードクロス（broadcloth）が一般的で，伝統的には（特にスウェーデン側で）毛を除いて干したトナカイのなめし革も使用されてきた．現在では使用される素材や生地も多様化している．ブロードクロスの使用が冬服や礼服では主流であるが，夏服は趣向や場面に合わせてもっと自由に，綿，化繊，シルク，サテン等も使用される．上着に使用される典型的な色は黄色，赤，青で，それはサーミ民族旗でも使われている．地の色は基本的に明るめの青が現在は主流だが，他にも黒，紺，赤，緑，グレーなども使用される．サーミ衣装を着る際は，例えば北サーミ語地域で

図9 ウツヨキの男性衣装（後姿）
シンプルな装飾．伝統的な男性の帽子 čiehgahpir（4つの方向に角がとんがった帽子）をかぶっている．

図10 ノルウェー・ポルマク（Polmak）の衣装
ウツヨキの衣装に非常に類似している．

は女性は上着の上にフリンジ付きのシルクのスカーフを肩にかけ，男性はスカーフを胸元に入れる．男性の上着の胸元や女性のスカーフは銀細工のブローチで留める．そして男性は，銀細工のボタンの付いた皮のベルトを，女性は皮の他に刺繍入りの織物のベルトも使用する．下半身には皮製のズボンやレギンスを履く．足元は夏ならトナカイのなめし革の靴，冬は毛皮の靴，その靴を足首に固定させる編み紐，さらに正式には帽子をかぶる．男性の伝統的な帽子の1つとして知られているのは čiehgahpir（英 Four Winds Hat）という，いわゆる4つの方位に角がとんがったような形のものである（図9，10）．しかし男女ともにラフな場面では帽子は常に着用するわけでもない．

図11 スコルト・サーミの衣装（既婚者の帽子）

　もともと衣装はサーミ全域で類似のものを着用していたが，時代とともに次第に地域ごとの特徴をもったものへと発展していった．現在ではフィンランドでは5種類，ノルウェー，スウェーデン，ロシアでは合わせて10種類ほどの衣装デザインがあり，各地域による衣装スタイルの違いは，おおむねサーミ語の各方言地域の境界線と一致しているようだ．例えば最も装飾的ではなやかなのはフィンランドのエノンテキオやノルウェー・カウトケイノのデザインである（図7）．何十 cm もの幅に重ねた装飾リボンを肩や立ち襟，スカートの裾，袖口などに縫いつける．スカートの裾のプリーツも非常に細かく，また男性の帽子は非常に高い（図8）．一方ウツヨキの衣装は最もシンプルで落ち着いている（図9）．スコルト・サーミの衣装はビーズ装飾が特徴的である．ビーズを赤いブロードに縫いつけさまざまな模様を作る．近年はロシア正教会の影響で十字架などの模様もみられるという．また女性の帽子の形も特徴的で，未婚か既婚かによって異なる（図11）．このように現代のサーミ民族衣装は，それがどの地域のものであるかを明確に示し，また着用者あるいは衣装の継承者がどの地域出身なのかを物語るものとなっている．以前には使用される装飾品や装身具から社会的地位，さらには模様や装飾スタイルなどから，どの家系に属するのかも表現していた．

　かつては，母親から娘に家族伝来の衣装の「型」が伝えられた．家族ごとにスカートの裾などに独特な装飾リボンを重ねて施した．そのために衣装の製作者をも見分けることができたという．現在では家庭内で手作りされることは少なく，専門家によって製作される．

　サーミの民族衣装はサーミ人，あるいはサーミ人と親族関係にあるものが身に着けるのが基本である．ところが，観光産業の世界においてラップランドのエキ

ゾチックさを売り物とするために，ガイドがカラフルなサーミ衣装を真似たものを着たり，企業の宣伝広告に利用される例が後を絶たない．最近の例としては2015年12月のミス・ワールド世界大会民族衣装部門において，フィンランド代表として出場したフィンランド人の女性がサーミ民族衣装風の服を身にまとった写真が大会の公式ホームページに掲載されたり，2016年8月には人気の高いフィンランドのデザイン会社 Lumi Accessories がサーミ男性の伝統的な帽子（図9）を女性モデルにかぶらせ，秋商品の宣伝用ディスプレイパネルに使用したことでサーミメディアに取り上げられ，議論の的となった．

民族衣装に内包されるメッセージは，外に対する「サーミ性」の表明であり，内に対してはサーミ文化の"継承者たる"サーミ自身に向けられているものでもある．つまり民族衣装を身に着けることでサーミ共同体への帰属意識が醸成され，そのエスニシティへの自覚を表現するのである．

かつての日常着が，現在では，基本的に祝い事や記念行事に着用する特別な晴れ着となる．例えば洗礼式，堅信礼のお祝い，卒業式，結婚式，国際会議やセミナー，サーミ議会の開催時やサーミが集まる機会などで着用される．例えばノルウェーのカウトケイノやカラショクでは高齢者が今でも日々普段着として着用する光景はしばしば目にするが，特に若年層ではまれである．一方で今も形を変え伝統は生き続けている．若い世代の女性の中には民族衣装の要素を普段着に組み込み，伝統に敬意を払いつつも，新しい現代的な味つけでおしゃれを楽しむ者も増えている．サーミ人にとって民族衣装の美的・社会的機能は依然として意味をもち続けている．

サーミの伝統歌謡ヨイク

ヨイク（英 Joik, Yoik）と呼ばれる無伴奏で独唱の声楽表現はサーミ音楽の伝統的な形態である．世界で最も古くからある歌唱形態ともいわれ，北サーミ語では「ヨイク行為を行う」ことを juoigat といい，歌を歌うという意味の動詞 lavlut とは区別する．ノルウェー・カウトケイノ生まれのサーミ人作家ヨーハン・トゥリ（1854-1936）は自著『サーミ人についての話（Muitalus sámiid birra）』（1910）で次のように語っている．「サーミは歌うことをヨイクすると呼ぶ．それは他人を覚えておく手段だ．怒りの気持ちや愛情をもって，また悲しみとともに覚えている人もいる．風景について，また狼，飼育トナカイや野生トナカイのような動物についてヨイクするものもいる」．

ヨイクの対象は人物とそれ以外に大きく分けられる．このうち家族・親族や友人，恋人など人物が対象のパーソナルヨイクが主流である．一般に，誰か「について」ヨイクするのではなく，誰か「を」ヨイクするという．特定の人物の特徴をメロディー，リズム，トーン，そして表情やジェスチェーでもって「描く」．

さらにテキストは反復される「ルルル」「ロロロ」「ナナナ」など意味のないシラブルを合間に繰返し挟むことで補完される．しかし言葉は必要不可欠ではない．ヨイクには言葉のあるものとないものがあり，言葉があっても比較的シンプルである．通常，自分をヨイクすることはタブーとされている．所属するコミュニティ内で，他者への敬意や気持ちの表現としてヨイクするがゆえに，周囲の人にヨイクされて初めてそのヨイクが意味をなし得る．ヨイクする人ではなく，ヨイクされる対象がヨイクを所有する．ヨイクを授かる人は同時に自分のアイデンティティも授かり，こうして共同体の自立した構成員になる．

図12　フィンランド・イナリでの Ijahis idja（白夜）フェスティバル（2016年8月19日〜21日開催）

会場では伝統的な移動用居住テント（北サーミ語 goahti）を模した各ブースで銀細工・アクセサリー・民族衣装用装身具・皮革製品のハンドクラフトや記念Tシャツ・CD等を販売．ブースの裏ではトナカイ捕獲の投げ縄コンテストが行われていた．後方の建物はサーミ文化センター．

人物以外の対象では生き物，場所，自然現象，超自然の存在や神話などが挙げられる．動物のヨイクでは言葉に加えて鳴き声や唸り声を模倣しながら対象を描写する．現代ではスノーモービルや四輪駆動車などもヨイクされる．

ヨイクはさまざまな場面や機会に「歌われ」てきた．昔だったら狼におびえてトナカイの群れが落ち着かず，狼を遠ざけようと思うとき，あるいは丘陵地帯で1人きりのとき，友に会えてうれしいとき，人を思慕・恋するときの気持ちを表

図13　Ijahis idja（白夜）フェスティバル（2016年8月19日〜21日開催）

同会場で開催されたサーミ音楽のコンサート風景．

すときに．誕生日や餞別などの記念にヨイクが贈られることもある．現在では野外コンサートや祭典でヨイクが聴衆を魅了する．ノルウェーで毎年7月に開催されるヨーロッパ最大の国際先住民の祭典 Riddu Riddu の機会や，2004年から開かれているフィンランドのイナリでの ijahis idja はサーミ音楽を中心とする先住民の音楽祭典である（図12，図13）．ノルウェー・カウトケイノでは，1990年からイースターの時期にサーミ音楽に特化したコンテスト「サーミ・グランプリ」が開催され，独唱の伝統的ヨイク部門と楽器演奏付きのサーミ音楽（歌）部門に分かれて競い，入賞者たちの歌はCDとなってリリースされている．

●ヨイクのスタイル　ヨイクはサーミが居住する全域で存在してきた. 地域ごとにメロディー, リズム等に特徴があり, それぞれスタイルがあるといわれ, 大きくは南・西サーミ, 北サーミ, 東サーミ地域に分けられる. 南・西サーミ地域では vuolle (ルレ・サーミ語)/vuelie (南サーミ語), 北サーミ地域では luohti, juoiggus (北サーミ語), livde (イナリ・サーミ語), 東サーミ地域では leu'dd (スコルト・サーミ語), luvvjt (コラ半島のキルディン・サーミ語) と呼ばれる. 最も広く知られているのが北サーミ地域の luohti である. 半音のない5音音階でメロディーは2つ以上 (最も一般的な形式は4つ) のモチーフの繰返しからなり, 音程差も大きい. 言葉は少数でかつ比喩的である. 南・西地域はさらに少数の言葉からなり, 半音や微分音階, 音域も北サーミ地域よりも狭いという. 東サーミ地域の, 特に leu'dd は人の生涯の出来事を叙事詩的に語る口調の長いもので, メロディーも規則的な繰返しがないなど他地域と大きく異なっている.

●シャーマニズムとヨイク　サーミの伝統的宗教, シャーマニズムではシャーマン (ノアイティ [noaidi, 北サーミ語]) による儀式的なヨイクの伝統があった. しかし17世紀後半から18世紀にかけてキリスト教の布教がサーミの地で活発に行われ, キリスト教以外の信仰宗教に属するあらゆる風習が否定された. 儀式的ヨイクはシャーマン信仰の禁止とともに失われ, シャーマン・ドラムも破棄された. 教会はヨイクとシャーマニズムを結びつけ, 特にサーミ地域に広まったキリスト教信仰復興運動の厳格なレスターディウス派 (1830年〜) は, 飲酒習慣と結びつけてヨイクを最も罪深いものとして禁止した. ヨイクは悪魔の歌とされ, サーミ人の間にも罪悪感を植えつけた. 学校でもヨイクは禁止されるなど第二次世界大戦後に至ってもヨイク伝統は衰退し続けたが, 廃れずにひそかに存続し続けた.

●サーミ音楽の新たな風——伝統と西洋音楽の融合　1968年, サーミ自身が製作した最初のレコード『Joikuja』がリリースされた. フィンランド・エノンテキオのトナカイ・サーミ出身のニルス=アスラック・ヴァルケアパー (1943-2001) による, 初めてのサーミ音楽の現代的な録音であった. 彼は1960年代以降の民族運動, いわゆる"サーミ・ルネッサンス"でサーミ文化の復権に貢献したマルチ芸術家であり, リレハンメル冬季オリンピックの開会式でヨイクを披露したことでも知られる. 彼はヨイクの衰退を憂え, コンサートという公の場でヨイクを披露することで伝統的なヨイクの魅力を若者の間にリバイバルさせた. 新しい時代の精神を取り込み, ヨイクを西洋音楽の方向へ発展させていこうとする彼の実験的な試みは人々に受け入れられ, ヨイクは新たに開花した. 彼の活躍をきっかけに, 1970年代以降はサーミの政治文化活動とあわせてヨイクはイベントやラジオ放送など公的場面へとさらなる広がりを見せた.

　この流れを受け継いで1990年代には, 世界的に有名なノルウェー・カラショ

ク出身のサーミ音楽家マリ・ボイネをはじめ，動物の鳴き声のまねやテクノ音を使用し独自の世界をもつフィンランド・エノンテキオ出身のヴィンメ・サーリ，伝統ヨイクとロック世代の影響を取り入れたアンゲリ村出身の女性グループ「アンゲリの少女たち（後のアンゲリット）」，またグループから出てソロ活動を行うウッラ・ピルッティヤルヴィら名の知れた「ヨイク音楽家」が出現した．南サーミにルーツをもつフローデ・フェルハイムのバンド，トランスヨイク（Transjoik）はディズニー映画『アナと雪の女王』のオープニング曲『Vuelie』を提供するなど，これらの「ヨイク音楽家」たちはワールドミュージック，エスノ，テクノ，ジャズ，ロック，ポップス，ヘヴィ・メタル等とヨイクを融合させた新しい"サーミ音楽"の分野を生み出している．

　近年注目を集めている若い世代としては，コロンビア出身でスウェーデン・サーミのヨイク歌手ヨーン＝ヘンリック・フィエルグレン（Jon Henrik Fjällgren, 1987-）がいる．彼は独自の解釈でヨイクを歌い，2014 年，スウェーデンのテレビのタレント発掘ショー番組（Sweden's Got Talent 2014/Talang Sverige2014）で優勝，またユーロヴィジョン 2015 年のスウェーデン代表を目指してファイナルまで競うなど人気を博している．彼はコロンビアで生まれ，孤児になった後スウェーデン・サーミの家庭に引き取られた．フィンランドではウツヨキ出身のニーラス・ホルンベリ（Niillas Holmberg, 1990-）が詩人，音楽家，俳優，テレビ番組の司会と若くしてそのマルチな才能ぶりを発揮し，"ヴァルケアパーの再来"と一部でいわれている．またウッラ・ピルッティヤルヴィの娘ヒルダ・ランスマンも進歩的なヨイクを歌っている．ウツヨキでは現在，フィンランドのヨイク文化の発展振興を目的とした若い世代へのヨイク教育が盛んに行われている．そしてイナリ・サーミの livde も 2016 年のサーミ・グランプリの伝統ヨイク部門ファイナルでネータ・ヤースコ（Neeta Jääskö）が披露している．

　西洋音楽の影響によるヨイクの「歌」化への是非もあるが，やはり新しい"サーミ音楽"の出発点は伝統ヨイクにある．ヨイク独自の音楽世界の存在ゆえに他文化との違いが明確であるため，ヨイクはサーミの一体感を生み出すシンボル的な存在であるといえよう．　　　　　　　　　　　　　　　　　　　　［山川亜古］

サーミの各種構築物の合理的架構

　北方民族サーミの構築物には，力学的合理性や他用途にも変容可能な骨組み等，いくつもの合理的な架構が見られる．筆者がそれらを発見したのは，フィンランドの民家を調査していた 1984 年，北部の Inari や Ivaro 周辺である．

●柵　最初に発見したのは，トナカイを集めるために作る柵である．彼らは放牧していたトナカイを柵の中に集め，解体したり，放牧中に生まれた子どもの耳にナイフで持ち主独特のマーキングをしたりといった作業をする．その柵は，2本の丸太を X 字形に地面に差し込み，それを全体が円になるように一定の間隔を置いて繰り返すとともに，別な長い丸太の一方を X 字の交差部の上に，下方を隣の X 字の下に潜り込ませるようにして差し込むことを繰り返す．X 字に載せられる丸太は上方が長いので，X 字の交差部を起点に下方が跳ね上がろうとするのを，次の X 字に載せられた丸太が押さえる働きをしてバランスを保っている．その繰り返しによって，1箇所も縛ることなく，一周することで囲いが成立している．縛るのは，サークルの中断によってバランスが崩れる出入口部分に立てた柱との結合部のみである．重力と反力を巧みに応用した実に合理的な柵である．北欧にはさまざまな柵が見られるが，これほど力学的に合理的な柵は他では見られない（図1, 2）．

●棚　柵同様に，重力を応用したもう1つの構築物が，食料を乾燥，保存するための棚である．キツネ等に取られないように食料は高い所に置く必要がある．先端に数本の枝を残して細い丸太を伐り，それらを3本,先端の枝を互いに絡ませて斜めに立てかける．この骨組みを四辺形の交点4箇所に立て,その上に丸太を架け渡し,さらにそこに細い丸太を渡し棚を作る．どこも縛ってはいない．この棚に物を載せると,その重量で下へ沈む．それによって3本1組の脚は，細い枝がより強固に絡み合い安定する．脚(柱)となる3本の丸太の先端に枝を残し，それらを絡み合わせることによって重力を応用し，縛る手間を省いた優れた構築物である(図3).

●テント　トナカイを追って遊牧生活をしていたサーミのテント，特に大型のテントの主となる骨組みは，弓なりに曲がった丸太の先端を平らに削り，その部分

図1　柵出入口

図2　柵1

図3　棚2

に穴を開けたものを2本，穴を合わせてアーチ状にして立てる．距離を置いてもう1組み立て，それぞれの穴に丸太を通し，それを棟木とする．それがこのテントの基本構造である．楕円状に地面から棟木に向かって，数本の細く曲がった丸太を立てかける．その骨組みの上にシートを被せる．その覆いの素材は，かつてはトナカイの毛皮であった．実に組み立てが容易なテントである．このテントの優れたところは，アーチ状に組む丸太の先端を平らに削り，その穴に棟木を通す基本の骨組みを生み出したことである．これによって短時間での組み立てが可能になっている．しかも開けば，このテントの基本骨格であるアーチ状の丸太は，移動の際には2本並べ，ソリの下部・スキー状の脚として使われるという．2本の丸太の穴に別な丸太を通して固定し，さらに並んだ丸太の上に他の部材を載せ，その上に荷物を載せる．テントの骨組みを，移動の際にはソリに転用する，いかにも遊牧民らしい発想であり，木材の少ない地域での，素材を大切にする知恵でもある（図4〜6）．

●**住居** サーミの古い住居に，テントの骨組みと同じ架構が使われている．筆者が実測調査をしたのは，2つのタイプである．1つは2室住居で，その外観は周辺の地面がそのまま盛り上がったかのような様相を呈している．入口すぐは風除室で，奥がドアの右側に炉のある主室である．もう1つはログハウス同様に地上に3段丸太を積み重ね，その上にテント式架構を被せた1室住居．いずれも主たる骨組みは前述のテント同様，先端に穴を開けた弓なりに曲がった丸太をアーチ状に組んだものを2組，距離を置いてセットし，その穴に丸太を通し棟木としている．いずれも壁，屋根となる部材を棟木に向かって密に立てかけ，その上に防水材としてシラカバの樹皮を被せ，さらに土を載せ，土が流れ落ちるのを防ぐために草を植える（図7, 8）．

［長谷川清之］

図4 テント

図5 テント内部

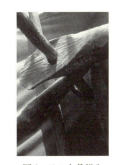

図6 テント骨組み

図7 住居

図8 住居断面

📖 **参考文献**
[1] 長谷川清之 1987『フィンランドの木造民家』井上書院．

バルト諸国と北欧——スウェーデンとドルパト大学

●**バルト諸国と北欧** バルト諸国（エストニア・ラトヴィア・リトアニア）が位置するバルト海東南岸地方は，古くから北欧の人々との交流や対立を繰り返してきた．8世紀にはヴァイキングがこの地に至り，13～14世紀にはデンマークがエストニア北部を支配した．近世はスウェーデンが勢力を伸ばし，16世紀後半にエストニア北部（後にエストラントと呼ばれた）を，17世紀前半にはエストニア南部からラトヴィア北部（後にリーフラントと呼ばれた）を獲得した．18世紀からは，ロシアが現在のバルト諸国一帯を獲得し，第一次世界大戦後3国が独立，第二次世界大戦中に3国ともソ連に併合されるが，1991年独立を回復した．

●**ドルパト大学の創設と閉鎖** 1630年，スウェーデン王グスタヴ2世アードルフは，獲得したばかりのエストニア東南部の都市ドルパト（現タルト）にギムナジウムを創設，1632年，これを大学に改組した（図1）．しかし1656年，大学はロシアとの戦乱で一時閉鎖，1690年に再開された後，1699年にエストニア西部の港市ペルナウ（現パルヌ）に移転したが，大北方戦争中の1710年に再び閉鎖された．その後1802年，ロシア帝国下で再び大学が創設され，これが現在エストニアのタルト大学へと継承される（図2）．

図1 タルト大学のグスタヴ＝アードルフ像（2012年8月撮影）

●**ドルパト大学とバルト・ドイツ人** ドルパト大学には，1632～1656年に1,056名，1690～1710年に591名の学生が登録されている．うちスウェーデン本国出身者は661名，スウェーデン統治下のエストラント・リーフラント出身者が601名で，後者の大半はドイツ系住民（バルト・ドイツ人）であった．エストニア・ラトヴィアの地域において，両国の独立まで支配階層を形成していたのは，13世紀から断続的にこの地に入植したドイツ系住民であった．領主貴族や都市富裕層の大半を占める彼らは，スウェーデン統治下でも特権的地位を保ち，その子弟が学生の約半数を

図2 タルト大学のメイン・ビルディング（2012年8月撮影）

占めたのである．地域の諸事情に精通するバルト・ドイツ人の若者から，統治に必要な人材を育成することは，ドルパト大学の主要な役割の1つであった．

●**ルター派信仰とドルパト大学**　ドルパト大学の今ひとつの使命は，この地におけるルター派信仰の定着であった．近世のバルト海東岸は，スウェーデンを含めた周辺諸勢力による争奪戦の舞台となるが，その争いには宗教改革以来の宗派対立が密接に絡んでいた．スウェーデンの最大のライバルとなったポーランド=リトアニアは，カトリックを国教とし，一時ドルパトを含むエストニア南部を支配，イエズス会のギムナジウムと大学を設立しカトリックの強化を図った．17世紀前半，スウェーデンがドルパトを獲得するが，ラトヴィア南部およびリトアニアは18世紀までポーランド=リトアニアの従属下におかれた．ルター派を国教とするスウェーデンとしては，獲得した地域におけるルター派信仰の定着が急務であり，ドルパト大学がその拠点とされたのである．

●**ドルパト大学の果たし得た役割**　ドルパト大学が，その短い活動期間の中で，期待された役割をどの程度果たすことができたのか，客観的な評価は難しい．当時の学生は，複数の大学で学ぶ傾向が強く，スウェーデン人学生の場合，ウップサーラ大学で学んだ後，ドルパトへやってくることが多かった．逆にバルト・ドイツ人学生の多くは，ドルパト大学に登録した後，ドイツ諸邦の大学に留学した．しかし，ドルパト大学に在籍した者が，後にさまざまな分野でその責務を果たしたことは確かである．17世紀中頃，エストラントの聖職者の約3/4，リーフラントの聖職者の約1/3が同大学出身であった．ギムナジウムなど諸学校の教員にもドルパト大学出身者が増加し，行政・司法などの諸機関でも同大学出身者が勤務した．エストラント・リーフラントで職務に就いたのは，主にバルト・ドイツ人であったが，聖職者の中にはドルパト大学で学んだスウェーデン人も少なくなかった．一方，多くのスウェーデン人学生は，スウェーデン本国で職務に就いた．したがってドルパト大学は，エストラント・リーフラントのみならず，スウェーデン本国，およびその統治下にあった諸地域への人材供給という役割も果たしていたといえる．

●**エストニア人・ラトヴィア人とドルパト大学**　スウェーデン統治時代の学籍簿には，ラトヴィア人が1人だけ登録されているが，エストニア人は見当たらない．地域住民の多数を占めながら，大半が農奴であったエストニア人・ラトヴィア人が入学する機会は皆無に近かった．しかし，ドルパト大学が彼らと無関係だったわけではない．17世紀には，聖書がエストニア語・ラトヴィア語に翻訳され，両言語の文語が整えられ，文法書・辞書などが作成された．エストニア人・ラトヴィア人への初等教育が普及し，彼らの識字率も向上した．これらの啓蒙・教育活動の担い手の多くは，ドルパト大学で学んだ聖職者・教員などであった．約300年の後に独立国家を形成する地域住民に，知的活動の端緒を開いたことは，ドルパト大学が後世に残した最大の功績といえるかもしれない．　　　　[今村　労]

スウェーデンのエストニア人

　北欧諸国の中でも，歴史的に見てバルト三国との関係が最も深いのはスウェーデンである．16世紀後半から17世紀前半にかけて，現在のラトヴィアの一部とエストニアがスウェーデンの支配下に入り，また，リトアニアがポーランドと同君連合を形成していた時代，スウェーデンのヴァーサ家から，ポーランド王女を母とするジギスムントがポーランド王（兼リトアニア大公）ジグムント3世として即位した．だが，バルト海周辺強国の角逐の場となっていたこの地域でスウェーデンが海をまたいでの支配を維持することはできず，18世紀末までには今のバルト三国の領域の大半はロシア帝国の支配下に入った．

　こうしてバルト地域はスウェーデンとは別の歴史をたどることになるが，スウェーデン時代の痕跡がすっかり消えてしまったわけではない．エストニアやラトヴィアでは，それが真実かどうかは別として，近世のスウェーデン時代を「古きよきスウェーデン時代」として記憶してきた．また，エストニア西部の島嶼部にはスウェーデン人が，第二次世界大戦まで居住し続けた．

●**バルト地域からの移民**　独立回復以降，エストニア，ラトヴィア，リトアニアからの人口流出が続いている．特に2009年の世界経済危機以降，雇用状況の悪化を受け，出国者の増加が顕著である（ただし，エストニアでは近年，流入者も増加している）．3国それぞれ出国者の向かう先は異なるが，エストニアでは隣国フィンランドへの流入が圧倒的に多い．2013年現在，フィンランドに居住するエストニア国籍者は約4万5,000人である．出典が異なるので，単純な比較はできないが，1995年に約9,000人であったことから考えると大幅な増加である．一方，同じ1995年にスウェーデンに住むエストニア人は約2万5,000人であった．2012年現在の同国におけるエストニア出身者は約2万7,000人であるから，ほぼ横ばいである．しかしこれも，2012年については「出身者」とあるように，本人がエストニア生まれ，あるいは両親ないしどちらか一方の親がエストニア出身である人数を数えたものであり，1995年の数字とは数え方が異なることに注意が必要である．ちなみに，2012年の時点でスウェーデンに居住するラトヴィア出身者およびリトアニア出身者の数は，それぞれ約9,000人と約1万500人である．

　では，ソ連時代はどうだったのか．1980年を見てみると，エストニア共和国外に住むエストニア人の数では，ロシア共和国の5万5,000人に次ぎ，スウェーデンが3万5,000人で2番目であった．これはアメリカ合衆国やカナダよりも多い．相対的にではあるものの，スウェーデンに住むエストニア人の数は時代を通

じてかなり多いといえる．なぜだろうか．

●ソ連の支配を逃れて　第二次世界大戦中の 1944 年，ソ連による再占領が間近に迫ると，手段と機会のある者は祖国からの脱出を図った．その多くはフィンランドを経由して，または直接スウェーデンへ，危険を承知のうえでバルト海を小船で渡る方法をとった．1945 年 6 月の時点でスウェーデンの難民収容所には約 2 万 8,000 人のエストニア人が収容されていた．

　祖国を逃れた政治家や外交官らにより，エストニア亡命政府が樹立された（ラトヴィアとリトアニアは亡命政府を組織しなかった）．亡命政府の主要閣僚はスウェーデン在住であったが，その樹立宣言は 1953 年にオスロで出された．スウェーデンは，エストニア人の政治活動を公式には認めていなかったのである．この年，独立回復後 3 代目のエストニア大統領となるトーマス・ヘンドリク・イルヴェスが，ストックホルムで生まれた．

●エストニア文化の中心としてのスウェーデン　冷戦期，在外エストニア人の共同体は，アメリカ合衆国，カナダ，スウェーデン，オーストラリアなどに存在したが，その中で暗黙の役割分担のようなものがあった．すなわち，大使館が存在し続けた政治のアメリカと文化のスウェーデンである．むろん，そこには例外もあって，上で述べたように亡命政府の主たる活動場所はスウェーデンであったし，エストニア文化についての代表的な雑誌である *Mana* は，最初にアメリカで発刊され，後に長期間スウェーデンで出版され続けた後，カナダに発行地を移した．

　新聞や雑誌などの定期刊行物が発行されたほか，エストニア語書籍を扱う出版社も存在していた．本国では自由な出版活動が制限されている中で，ストックホルムの旧市街に店をかまえた Välis-Eesti & EMP は，『第二次世界大戦下のエストニア国家と民族』（全 10 巻）をはじめとする多くの貴重な書籍を出版し続けた．この小さな出版社は 1998 年にその幕をおろした．一方，エストニア人が集う「エストニアの家」や 1945 年創立のエストニア学校は今も健在である．

●スウェーデン・エストニア人　スウェーデンに渡ったエストニア人，またその子供達のアイデンティティの変容について，一言で語るのは難しい．祖国への思いや言語，文化との関係が人によって異なることはいうまでもない．

　イロン・ヴィークラントは，1930 年にエストニア第 2 の都市タルトで生まれた．両親が離婚したために祖父母のもとで育てられた彼女は，1944 年に友達の家族とともにスウェーデンに逃れた．20 歳のときにアストリッド・リンドグレーンと出会い，1954 年には，ヴィークラントの挿絵とともにリンドグレーンの『ミオよわたしのミオ』が出版された．その後，『やねの上のカールソン』や『やかまし村の子どもたち』と次々とリンドグレーンとの作品が発表された（書名はすべて邦訳版）．単独の自伝的作品である『ながいながい旅』は，エストニアからスウェーデンへ逃れたときの経験を絵本にしたものである．　　　　［小森宏美］

エストニアの歴史の証人，マナーハウス

　エストニアは，バルト海東部，フィンランド湾の南側に位置する九州ほどの大きさの国である．首都タリンは，中世の趣を残す世界遺産の旧市街が有名である．通常，ラトヴィア，リトアニアとともに，「バルト諸国」などとして，北欧諸国とは別の範疇で語られることが多い．しかし，エストニア人は，自国は北欧の一部であると認識している．「バルト諸国」とは，ドイツやロシアが「勝手に」決めた概念で，ラトヴィアやリトアニアよりも言語の似ているフィンランドに対して親近感が強い．エストニア南部とラトヴィア東北部は，かつてリヴォニアと呼ばれて，1つのまとまった地域であったため，ラトヴィアに対してはある程度の歴史のつながりを感じているが，ポーランドと連合し中世の大国であったリトアニアは，エストニア人には心理的に遠いところである．

　エストニアには，全土に散らばるマナーハウス（領主の館）があるが，これらを歴史的建築文化の1つとして見てみたい．主として，かつてエストニアの支配階級であったドイツ人領主が建設したもので，現在でも数百あるとされている．木造，石造りなど，建築様式もさまざまであるが，立派なものは，中央ヨーロッパのお城を小規模にした感じである．筆者は，100を超えるマナーハウスを訪れたが，全人口に比して，村落ごとにあるマナーハウスの多さに驚かされた．フィンランドにもマナーハウスはあるが数が限られている．

　筆者の印象では，エストニア人は，必ずしもこれらのマナーハウスを誇りに思っているようには見えない．エストニアを長らく過酷に支配したドイツ人が建てたものだからという理由のようである．この背景には，エストニアが歩んできた厳しい歴史がある．それは，中央ヨーロッパで始まった，十字軍運動，宗教改革・戦争，民族主義という大潮流に翻弄された歴史である．

　まず，12世紀から13世紀にかけ，北の異教の地，バルト海東部地域は，東へ向かった十字軍により，ヨーロッパのキリスト教，つまりカトリック世界に編入され，その後の国としての原形ができた．フィンランドはスウェーデンの支配下に，エストニアはドイツの支配下に入ったが，これが，両国民のその後の運命を大きく決定した．フィンランドは，スウェーデン王国の東部地域として本国と同等の扱いを受け，農奴制はなく，農民は身分制議会に代表を送っていた．しかし，ドイツ騎士団の支配下に入ったエストニアには，ドイツ式の農奴制が持ち込まれ，農奴が解放されるのは，19世紀を待たねばならなかった．

　次の大潮流である16世紀に始まった宗教改革，それに続く戦争でドイツ勢力は後退し，バルト地域はスウェーデン，次いでロシアの支配下に入った．しかし，

現地のバルト・ドイツ人は，実質的な支配階級として，しぶとく既得権益を保持し続けた．

3番目の大潮流が，19世紀から20世紀前半にかけての言語ナショナリズムである．当時，ヨーロッパは，自由主義，社会主義，民族主義などのさまざまなかたちを取り，政治権力の正統性が，血統（王侯貴族）から国民大衆のものに代わりつつあった．ロシア，オーストリア（ハプスブルク），オスマン・トルコの多民族帝国では，多様な言語集団が自らの「民族」に目覚め，自前の「国家」創設を主張し始めた．北はロシア帝国に属するフィンランドから南はオスマン帝国のギリシャまで，多くの「民族」が独立し，帝国は分解した．エストニアも，フィンランドと同じく，ロシア革命を機に独立した．しかし，その後ソ連に併合され，真の独立はソ連の崩壊を待たねばならなかった．

フィンランドでは，支配層の言語であったスウェーデン語との確執もあったが，現在では，それぞれの言語を母語とする住民は，1つの国民として完全に融和している．他方，エストニアでは，第二次世界大戦直前，ヒトラーとスターリンの密約でバルト地域をソ連の勢力圏とした際，バルト・ドイツ人は本国に帰還することとなり，あっけなく，バルト史上から姿を消した．そしてその代わりに，大戦後，ロシア本国から大量のロシア人移民が入り，現在でも人口の3割弱を占めている．なお，現在の人口は，フィンランドが550万人弱，エストニアが130万人程度であるが，18世紀には，両国の人口はほぼ同じであった．

ドイツ人領主の建てたマナーハウスは，こうしたエストニア史の証人でもある．外観が美しく，保存状態が良いものは，補修され，観光ホテルとして再生されている．首都タリンから比較的近くにあるのは，パルムセ，ヴィフラ，サガディ，エイヴェレ，ライツェなどである．マナーハウスは，比較的大きな建物であるので，旧ソ連時代から，学校，町役場，老人ホームなどの公共施設として使われてきている．また，個人が自宅とし居住しているものもある．しかし，残念ながら，大量にあるマナーハウスも，特に，ロシア帝国からの独立直後にドイツ人領主への反感から略奪を受け，ソ連時代の無関心もあって，荒れるにまかされているものや，すでに崩壊し朽ち果てているものも少なくない．

今，エストニアは，ドイツが主導する欧州連合EU（つまり「ドイツ第四帝国」）に自発的に加盟し，多額の補助金を得つつ，西欧，北欧の下請け工場として，また一方で，資本のかからないIT産業育成に力を入れ，比較的順調に発展してきている．いくつかのマナーハウスはEUの補助金により改修されているものの，老朽化は確実に進んでいる．豊かになったエストニアが，ドイツとの恩讐を超え，歴史遺産として，本格的にその保全に取り組むことを期待したい．

［玉生謙一］

カレリア地峡に骨を埋めたロシア人画家

　ロシアの画家，イリヤ・エフィーモビチ・レーピン（1844-1930）が，晩年の約30年間をフィンランドで過ごしたことは，あまり知られていない．

　1899年，56歳のレーピンはカレリア地峡のクオッカラに家付きの土地を購入した．当時そこはフィンランド大公国の領土で，ロシア帝国の支配下にはあったものの独自の議会と政治機構をもつことを許されており，ロシア帝国にはない自由な雰囲気が存在した．レーピンがその後人生の1/3を過ごすことになるクオッカラは，サンクト・ペテルブルクから約50kmの近距離にあり，当時はロシアのリベラルな知識人達が集まる別荘地として人気があった．彼はそのフィンランド風の小さな家をペナーティと名づけ，翌1900年から後に妻となるナターリア・ボリソーヴナ・ノルドマンと暮らし始めた．彼がローマ神話の家政の神であるペナーテスにちなんだ名前をわざわざこの家につけたのは，余生をこの家で平穏に暮らしたいと願っていたからかもしれない．レーピンは1872年に一度結婚し4人の子供に恵まれたが，1887年に離婚していた．

　ペナーティでレーピンとノルドマンは定期的にサロンを開き，知識人達との交際を楽しんだ．作家のゴーリキー，歌手のシャリャーピンなど多くの著名人も彼のサロンを訪ねた．しかし1914年にノルドマンが病没し第一次世界大戦が始まると，サロンの常連達はクオッカラを去り，華やかだったサロンもかつての活気を失っていった．

　1917年，ロシアで十月革命が起こり，フィンランドはロシアから独立した．この時カレリア地峡はほぼフィンランドの領土となったが，レーピンはあえて，クオッカラにとどまった．革命から数か月の間はロシアとの往復は可能であったが，1918年4月にロシアとフィンランドの国境が閉鎖されると，両国間の直接のコミュニケーションは遮断された．ソヴィエト政府はレーピンが祖国で所持していた銀行口座の預金や土地を没収し，レーピン名義の家に住んでいた彼の親族達から家の半分を奪い，高額の税金を請求した．

　祖国から孤立し財産も失ったレーピンは，フィンランドで生活の糧を得なければならなかった．1920年，彼は自分の作品のほか，自身が所蔵していた他のロシア人画家の作品の多くをヘルシンキの美術館に多数寄贈し，フィンランドに敬意を表した．フィンランド政府は敵国の画家のために晩餐会を開き，その厚意に応えた．晩餐会にはシベリウスやサーリネンといったフィンランドの著名人が多数出席し，レーピンを喜ばせた．しかし，晩餐会を記念して描いた彼の絵は売れず，結局ヘルシンキの美術館が所蔵することになった．

1922 年，父親の苦境を知った長女ヴェラがサンクト・ペテルブルクからペナーティに移転した．彼女はヘルシンキをはじめ欧州各地で父の展示会を開催し，新たな顧客開拓に精力的に取り組んだが，思うような成果は得られなかった．1926年 5 月ヴェラはついに父親の元教え子，イサーク・ブロツキーに援助を求める手紙を出した．

翌月，ブロツキーを含むソヴィエト政府代表団がレーピンを訪問した．彼は遠来の客を歓待したが，「あなたが帰国すれば政府はあなたに人民芸術家の称号を与え，最高の芸術家として迎えるだろう」と聞かされると，一転して態度を硬化させ，冷ややかに返答した．「その称号はお受けできません．私はもともと人民の芸術家なのです．もう名誉は十分です．むしろ私はお返ししたいくらいです」．

数か月後，ソヴィエト政府は「帰国すれば，レーピン一家の生活も完全に保障する」との手紙を送り再度慫慂したが，彼の意志は変わらなかった．後日政府は，レーピンが帰国を断念したのは娘の反対によるものだと発表した．

こうしたソヴィエト政府の運動にスターリンが直接関与していたことを示す史料が，近年ロシアで発見された．スターリンは，帝政の悲惨な現状を絵画で告発したレーピンを自らが提唱する社会主義リアリズムの格好のモデルにしようとしたようだ．一方，レーピンにとって自分の芸術が政治的に利用されることは，たとえ財産や生活の保障をされても受け入れがたいことだった．「名誉はもう十分です」という言葉には彼の芸術家としての誇りがにじみ出ている．

貧困と孤独に最も苦しんだ最晩年のレーピンに日本人の友人がいた．1927 年から 1931 年までフィンランドの代理公使を務めた郡司智麿（1884-1949）である．郡司の残したアルバムにはレーピンと一緒に写した写真があり，ゲストブックにはヴェラのサインが残されていたことから，彼はヴェラがヘルシンキで開拓した人脈の 1 人だったと思われる．郡司は 1918 年からロシア極東に駐在していたが，1924 年にソ連と日本の政府間の政治的駆け引きの犠牲になり，ロシアから永久国外追放されたのち，フィンランドに赴任したのだった．親子ほど年の離れた 2人の間をつないだものは，激動のロシアに翻弄された者同士の共感だったかもしれない．

1930 年 9 月 29 日，86 年の生涯を閉じた老画家は本人の希望どおりペナーティの庭に葬られた．しかしその 10 年後，思わぬかたちで祖国に「帰還」することになる．1939 年のソ連・フィンランド戦争の結果，カレリア地峡は再びロシア領となったのである．1948 年，クオッカラはレーピンにちなんでレーピノと改名され，ペナーティはレーピン博物館となり，レーピンは社会主義リアリズムに適合する模範的画家として崇拝されるようになった．レーピンがその不本意な「名誉」から解放されるのはスターリンの死後さらに数十年を待たねばならなかった．

[舟川はるひ]

「大フィンランド」思想の誕生と変遷

●「大フィンランド」とは何か 「大フィンランド（Suur-Suomi, 英語 Greater Finland）」とはフィンランドで発生した領土拡張（膨張）思想である．フィンランド人の近親民族感情から発した連帯思想であったが，政治状況が変化するにしたがって近親民族を彼らが居住する土地ごとフィンランドに併合しようとする思想へと変化していった．この思想は当初知識人の間でのみ共有されていたが，独立を契機に一般の人々の間にも広がり，両大戦間期においてはその実現を目標に掲げた運動団体が大きな力をもった．さらには軍事的に「大フィンランド」を実現しようとする動きが独立時と第二次世界大戦期に二度起こった．しかし，第二次世界大戦が終結すると，現実味がほとんどない「大フィンランド」は支持を失った．

●「大フィンランド」の対象 「大フィンランド」の主な対象地域はヴィエナ・カレリア，アウヌス・カレリアと呼ばれる地域，いわゆるロシア・カレリアであり，現在のカレリア共和国の範囲に相当する．しかし，大フィンランドの範囲は論者や時代によって変化したため，必ずしも対象地域が一定であったとはいえない．フィンランド語を話す住民がいるスウェーデン北部やノルウェー北部，あるいは近親言語を話すエストニアも対象地域として含む場合もある．

●近親民族感情の発生と発展 フィンランド人のカレリア人への近親民族感情は独立以前のロシア帝国統治下の 19 世紀から存在したが，その感情の根拠とされたのが，フィンランド民族文化の象徴的存在となった叙事詩『カレワラ［カレヴァラ］』（1835 年，1849 年新版）であった．それは口承詩を編纂したもので，その口承詩の主な採集地がロシア・カレリアであったことからその地はフィンランド文化揺籃の地とみなされた．さらにその地に居住していたカレリア人は，口承詩を保持してくれたフィンランド人の近親民族として認知されていった．ただし，言語的に「近い」というのは一部のカレリア語だけであり，カレリア語自体は地域差が激しく統一もままならなかった状況にあった．それにもかかわらず，フィンランドでは上記の理由からカレリア人への近親民族感情が高まっていった．

●膨張思想への変遷から東カレリア遠征へ 以上のような主にカレリア人に向けられた近親民族感情は，19 世紀終わりに始まった「ロシア化」政策によってフィンランドの自治が侵害されるという危機的な政治状況の中，膨張的な思想へと変化していった．すなわち，カレリア人が居住するロシア・カレリアは元来フィンランドの土地であるので，フィンランドに組み込むべきであるとする主張がなされていった．さらに第一次世界大戦に続いてロシア革命が起こり，フィンランド

独立の可能性が浮上すると，独立派は安全保障の見地から緩衝地帯としてロシア・カレリアが必要と考えるようになり，「大フィンランド」実現への要求はいっそう高まった．フィンランドは1917年12月6日に独立を宣言し，ロシア帝国時代の大公国の領土を国土とした．しかし，翌月に勃発した内戦時に，既存の政府側である白衛隊が東カレリア（ロシア・カレリア）遠征を行い，武力で「大フィンランド」を実現しようとしたが失敗に終わった．

●**戦間期のフィンランドにおける「大フィンランド」**　1920年にフィンランドとソヴィエト・ロシアの間でタルトゥ条約が締結され，ロシア・カレリアの自治が確認されたが，翌年ソヴィエト・ロシアはこの地にソヴィエト制を敷いた．それに抗議した若者たちが1922年に「大フィンランド」の実現を目標に掲げた学生団体カレリア学徒会（Akateeminen Karjala-Seura：AKS）を設立した．この会はヘルシンキ大学の男子学生を中心に会員を増やし，最盛期には4,000人もの会員を有したとされる．会員は大学卒業後もその活動を継続することが多かったので，政界，官界，ジャーナリズム等多くの業界にその勢力を伸ばしていった．その一方で，内戦で共産主義を掲げた赤衛隊の幹部らが，敗戦後の1923年に亡命先のロシア・カレリアでカレリア自治社会主義ソヴィエト共和国の建国を宣言し，その国家建設過程において「赤の大フィンランド」を掲げた．この思想はロシア・カレリアがフィンランド本国を内包したかたちで共産主義国家を建国するという思想である．このように政治的立場の違いにかかわらず，「大フィンランド」は戦間期においてフィンランド人が目指す目標の1つとなったのである．

●**第二次世界大戦期における「大フィンランド」の実現の動き**　フィンランドは第二次世界大戦期に二度ソ連と戦火を交えたが（冬戦争1939年11月30日〜1940年3月12日，継続戦争1941年6月25日〜1944年9月19日），冬戦争敗北後にナチス・ドイツを後ろ盾にした安全保障を模索した際に，「大フィンランド」が構想された．冬戦争後，フィンランドは隣国から支援を受けられないまま，ソ連との関係改善を目指したがうまくいかず，ナチス・ドイツに接近した．1941年5月半ばにフィンランド軍は秘密裏にドイツ軍と交渉し，軍事支援をとりつけたが，その際にドイツが戦争に勝利したあかつきにはフィンランドがロシア・カレリアを併合する旨の約束をかわした．第二次対ソ戦争である継続戦争が勃発した際に，実際にフィンランド軍は「大フィンランド」実現を意図した軍事遠征を行ったが失敗に終わった．1944年9月のモスクワ休戦協定後，カレリア学徒会は連合国側から「ファシズム団体」とみなされ解散させられ，「大フィンランド」の夢はついえた．　　　　　　　　　　　　　　　　　　　　　　　　　[石野裕子]

📖 **参考文献**

[1] 石野裕子 2012『「大フィンランド」思想の誕生と変遷──叙事詩カレワラと知識人』岩波書店．

デンマークの国境

2011 年 9 月 10 日，ドイツ最北の都市，フレンスブルク（フレンスボー，Flensburg）の旧墓地の森にシュレースヴィヒ＝ホルシュタイン州首相，フレンスブルク市長をはじめとする市議会議員および関係者と，デンマーク女王の二男ヨアキム王子，デンマーク文化相，駐フレンスブルク・デンマーク領事，デンマーク系少数民族の面々，それにデンマークから多くの人々が参集した．その集会とは，3 m ほどの青銅製の「イステズのライオン（Istedløven）」像の除幕式であった．

1850 年 7 月 25 日のイステズの戦いに，デンマーク軍がシュレースヴィヒ＝ホルシュタイン軍の約 1.6 倍の 845 名の戦死者を出しながらも勝利し，第一次スリースヴィ戦争（1848～1851 年）の最後で最大の戦闘を終えた．この銅像は戦死したデンマーク軍将兵を悼んで，オーラ・リーマン（1810-1870）が提唱し，彫刻家 H. W. ビセン（1798-1868）によって造られ，1862 年にフレンスボーの墓地に建立された．その後，第二次スリースヴィ戦争（1864 年）で勝利したプロイセン軍が先勝記念品としてこの銅像を 1867 年にベルリンに持ち去り，ベルリンのプロイセン士官学校庭に安置し，第二次世界大戦がドイツの敗北に終わった際，ベルリンを占領したアメリカ軍によって，デンマーク王クリスチャン 10 世に献上され，コペンハーゲンに運ばれた．王はそれが本来のあるべき場所に建立されることを望んだが，フレンスブルクは 1920 年の住民投票時にドイツ側に残留した地であり，コペンハーゲンの武器庫博物館の庭に置かれていた．長い議論の後，2009 年，フレンスブルク市議会において本来あった場所にそのライオン像が帰還すべきことを目指してデンマークに提案することを決め，2010 年 2 月，同市議会が最終的に銅像の受入れを決議した．すなわち，かつての敵の戦闘記念像を本来あった場所に安置することを認めるという，両国民和解のシンボルとして「イステズのライオン」像が国境を越えて移設されたのである．もはや，この国境地帯には名実ともに両国民の恩讐を超えた交わりが実現したのである．

スリースヴィ（シュレースヴィヒ）公爵領では，その北部にデンマーク語を日常語とする人々が居住していたが，19 世紀半ばまでは，彼らはドイツ語で行政的に管理され，デンマーク語では「南ユトランド［南ユラン，Sønderjylland］」とも呼ばれ，デンマーク人にとっては北ユトランドと対応するデンマークを意識し得る名称である．それゆえ，歴史上ドイツ文化が優勢であった 1830 年代に，デンマーク人であることを意識したクリスチャン・ポウルセン（1798-1854）は，「最初の南ユトランド人」と称された．デンマーク語の方言である「南ユトランド弁」をしゃべる彼らはその日常語から「デンマーク人」意識をもつに至ったが，

1864年の第二次スリースヴィ戦争のデンマーク敗北によって，その居住地はデンマークから切り離された．ドイツ帝国内のプロイセン王国領下で，デンマーク国籍選択（オプタント）・長い兵役を嫌っての男子のアメリカ移民の増加などで抵抗を試みたものの，人々はその地を自らの故郷として改めて認識し，定着することで少数民族として確固とした民族意識を培っていった．公的の場におけるデンマーク語使用の禁止（1900年〜）に始まって，少数民族としての立場は圧迫を受け，さらに第一次世界大戦では，3万人が西部戦線に送られて，不運にも6,000人が「自らのための戦争ではないにもかかわらず」帰らざる人となった．

　大戦が終わると，ヴェルサイユ条約第109条の規定に基づき，住民投票地区がスリースヴィ中部以北に設定され，その帰属が問われた．1920年2月10日，第1投票区では75%のデンマーク帰属支持票，3月14日，第2投票区では28%のデンマーク帰属支持票，という結果となり，第1投票区のみがデンマークに帰属することになり，1920年6月15日，現国境が成立した．

　デンマークに新たに帰属することになった地域は，人口でデンマーク王国の1/20である16万4,000人，面積は王国の1/10の3,900 km^{2}であった．国境の両側にそれぞれの少数民族が存在し，特にその南側に残された「デンマーク人」は，少数民族組織「スリースヴィ協会」を組織し，8,000人の会員数を当時数えたが，ナチス支配下の1939年には2,933名に減少した．そのうちの2,419名が，上記のフレンスブルク在住者であった．そして，第二次世界大戦でのドイツ敗北後の1946年にはその組織名は「南スリースヴィ協会」と改められ，会員数が6万6,317名に増加，1958年のピークには7万5,373名となり，すでにドイツ語を日常語としていた古くからの住民が，この時点では敗戦の悲惨さと大量のドイツ東方からの難民によって人口が倍増している中で，「デンマーク人」と自らを認識し，戦後の混乱の中でデンマーク少数民族と自認するに至った．

　現在は，国境の北側にドイツ系少数民族が人口の8〜10%，約1万5,000〜2万5,000人おり，南側の上記「南スリースヴィ協会」の会員数は1万4,000である．

　国境の安定化に最も貢献したものは，1955年の「コペンハーゲン＝ボン宣言（København-Bonn-erklæringerne）」である．これは国境両側に存在するそれぞれの少数民族の文化的，社会的・政治的権利を保障した宣言で，重要なのは，これが「条約」ではなく，両国が国内の少数民族の権利をそれぞれ一方的に国内法において同一内容をもって認める宣言であったことである．条約ではないことが，特にドイツとの関係に歴史上常に悩まされてきたデンマークにとって，重要であった．この宣言は，西ドイツの首都ボンで1955年3月29日に調印され，デンマークでは，同年4月21日に国会で批准され，西ドイツでは7月6日連邦議会において批准された．すなわち，デンマーク少数民族政党が州議会選挙における「5パーセント条項」の適用外となることなどが明文化された．　　［村井誠人］

3. 北欧の人と自然

　「人と自然」の関係を考えるとき，ヘルダー（Johann Gottfried Herder, 1744-1803）の考え方をヒントにすれば，ヒトとは生物的に「適地適存」能力に欠けていて"環境に対して最適な"生物的特徴を備えられない「欠陥存在（Mangelwesen」であり，ヒトは環境に対しその社会的行動を以って，すなわち「文化」によって対応するものだと理解できる．ヒトの長い歴史を経ての生活様式・そこで培われたヒトの思考法には，人々を取り囲む自然的環境の影響を受けながらも，その環境下で生き抜く術，その土地に棲まうための独特な考え方・観念が養成され，その生きざまによってその居住環境（景観）そのものを，一方ではまた，作り出してきたと考えられる．

　本章では，北欧の地に"棲まう"人々の，いろいろな文化事象のうちにある自然に対する考え方，衣食住，家族生活といった日常性，遊び，スポーツ等のテーマを扱っている． ［村井誠人］

北欧人の思想的原型

●**方法**　北欧人の思想的原型を定義するためには，文化史的・精神史的研究方法について触れる必要がある．方法というのは，①北欧と呼ばれる文化概念を形成する主要素を確定すること，②それらの主要素をめぐる意味を追って，時間的にできる限り遡及するとともに，空間的にも意味の伝播由来や類縁関係について顧慮すること，③文化を構成しているそれぞれの位相に，それらの諸要素を適合させること，④地域・時代・社会階層・性差など，文化の主体となっている個々人の立ち位置を具体的に想定して，文化に対する見え方の違いを踏まえること，⑤文化的主要素の意味の変遷を時間の推移に従ってただ単純に間断なく追うのではなくて，文化的主要素の意味が凝集され濃縮されたような象徴的な事柄を取り上げて，これら象徴的な事柄を通して解釈することによって文化的意味や精神性を再構成すること，などである．北欧と呼ばれる文化概念を形成する主要素としては，自然環境・空間認識・時間認識・民族と言語・国家的アイデンティティ・神話性・思考的特質・精神性などが列挙できる．

　およそ北欧全域にわたって特徴づけられるのは，自然の過酷さであり，言い換えれば，夏が短く冬が長いという環境特性である．デンマーク南部とノルウェーの北部やアイスランドでは，さらに自然の過酷さの度合いは異なるが，概して北欧地域は北方ロシアを除けば，他のヨーロッパ地域と比べて寒冷であるということが指摘できるし，寒冷であることが人間の営みを維持するためにさまざまな生活の工夫や独特の価値観や世界観を形成する不可欠な要因の1つであることは明らかである．空間認識について，地図を作成するのに用いられている投影法を例に取ると，北欧地域を理解するためには，赤道から南北に離れれば図形が次第に大きくなってしまう円筒図法と，北極点を中心に同心円状に描かれる円錐図法が併用されなければならない．北欧はイヌイットなどの北方少数民族を文化的に含んでいるしスカンディナヴィア半島北部などは北極圏に入るため，北極点を中心に空間化されるイメージもまた必要である．北欧は，狭義のヨーロッパという概念とともに，北極点を中心に同心円としてイメージされる北方概念を併用する必要がある．

　北欧の時間認識として特徴的なのは，古典的古代という時代区分が実質的に存在しないことである．北欧地域に記録文字としてのラテン文字が導入されるのは，キリスト教宣教によってであり，概してスカンディナヴィア地域がキリスト教世界に組み込まれるのは11世紀中頃であり，フィンランド地域はさらに遅れる．ルーン文字は呪術用文字であって，記録用文字ではなかったといわれる．キ

リスト教化とともに，それぞれの地域は「中世」に移行したと扱われるのである
が，北欧地域において中世以前は熊野聰が表現したように「北欧初期社会」で
あって，記録文献のある歴史的古代ないしは古典的古代ではない．こうした特性
から，西洋史の時代区分では「中世」であっても，北欧的観点からは「古代」で
あるということが生じる．北欧人の文化的営みの本質的特徴を求めて，現在から
過去に向かってできる限り遡及していけば，氷床が氷解する1万2,000年前にま
でさかのぼることになる．およそスカンディナヴィア半島の外周沿岸域から氷解
が始まり，そうした地域に東南部から人々が小舟を使って移住し定着し始めたと
考えられている．いったい彼らがどのような人種でありいかなる言語を用いてい
たか定かではない．この頃の文化的・思想的特性を想像させるものは，北方少数
民族のイヌイットやサーミであり，イヌイットの活動は，まさに北極点を中心に
同心円的に空間化される極圏域であり，サーミおよびその祖型としての原サーミ
の活動も，スカンディナヴィア半島の広範な地域に及んでいたであろう．その後
にインド＝ヨーロッパ語族がコーカサス地方から北欧地域に移動して定着した．
現在，我々が抱く北欧イメージは，ノルド諸語を話すスカンディナヴィア人が主
体となっているアイスランド・スウェーデン・デンマーク・ノルウェー・フェー
ロー諸島およびグリーンランドと，東方から来たフィン語を話すフィンランド人
が主体となっているフィンランドから成立するが，そこに居住している北方少数
民族は，北欧の文化的・思想的最古層を今なお保存していると筆者には思われ，
彼らの文化伝承は極めて重要である．

　また，北欧諸国それぞれの立ち位置やアイデンティティには無視できない差異
があり，それぞれの立ち位置によって北欧イメージには微妙な違いがあり，画一
的・表層的に北欧文化や思想を把握するのは困難である．アイスランド語で保存
された神話伝承であるエッダや英雄伝承であるサガには，スカンディナヴィア人
の思想的原型の1つとして，血の復讐について繰返し語られている．血の復讐と
は，親族の被った人為的暴力や不幸に対して，復讐をもってして相手の親族に報
いる掟であり，これは聖なる掟として厳格に守られていた．しかし血の復讐の厳
格な執行は，復讐の無限連鎖を引き起こし，この無限連鎖が決定的難点であった．
イヌイットの神話やフィンランドのカレワラ［カレヴァラ］にも，復讐譚が保存
されているが，エッダやサガにおける血の復讐とは異なって，復讐合戦は長くは
続かず，どちらか一方の勝利ないしは和解によって終結する．
●**特性**　勇敢さ・まじめさ・無関心に対する関心・諦めといった点が思想性格と
してみられる．北欧の人々は，現在，キリスト教としてはルター派プロテスタン
トであるが，思想的にはキリスト教正教と同一の特徴が筆者には散見される．

［中里 巧］

北欧の自然と健康意識——随想

　冬は寒さが厳しく，日照時間が短い．一方で夏は比較的涼しくて過ごしやすく，日照時間が長い．そのような変化の激しい自然がすぐ身近にあることから，自然とどう付き合い，受け入れ，生活に取り入れていくかという思想と工夫が生まれており，それは北欧の生活文化の中の随所に見ることができる．

　特に現代では健康志向の高まりも相まって，自然の豊かさを生活あるいは人生の中に取り入れることが，より良く，より健康的に生きていくライフクオリティに結びついている．

●**新鮮な空気と太陽の光**　北欧では新鮮な空気を吸うことと太陽の光を浴びることが健康にとって大切だとする考えが一般的に根づいている．室内の閉じ込められた空気の中よりも新鮮な空気の中でよく眠ることができると考えられており，乳幼児の頃から新鮮な空気を十分に吸わせようとする習慣がある．冬のマイナスの気温下でも，庭のある住まいでは庭で，アパートでは新鮮な空気が入るように窓を全開にして赤ちゃんを寝かせる家庭が多くある．

　また，冬と夏の日照時間に大きな差があることから，太陽の光に対する意識も高い．太陽の光を十分に浴びないと冬に風邪をひきやすくなるという考えが一般的に広まっており，健康のために意識的に太陽の光を取り入れようとしている人が多い．天気がいいときには子供も大人も半裸になって，公園などで日光浴をしている光景がよく見られる．家庭だけでなく保育園などでも，新鮮な空気と太陽の光を子供が十分に摂取できるように，昼寝の時間には外で寝かせているところが少なくない．

　そして，北欧には散歩を好む人が多いのも，新鮮な空気と太陽の光を求める習慣と関係していると思われる．小さい子供をもつ親であれば子供をベビーカーに乗せて頻繁に散歩に出かけることが多く，そのためベビーカーは砂利道など舗装されていない道で長く使っても耐えられるような頑丈なものが普及している．

　さらに，新鮮な空気と太陽の光への欲求の高さは，北欧の住まいの造りにも関係していると思われる．冬の厳しい寒さゆえ，北欧の住まいは通常，断熱がしっかりした開口部の少ない冬向きの構造をしている．室内はセントラルヒーティングで暖房されることが多く，薄着でも快適に過ごせるような暖かさがある．室内と屋外の隔たりが大きい分，外の新鮮な空気を取り入れたり太陽の光を浴びたりすることへの必要性が顕著になり，外へ散歩に出かけたり，運動したりしようという意識が高くなるようだ．外で過ごす時間が多いことに伴って，屋外での快適性と活動量を大きく左右する衣類にも関心が向けられている．北欧では，衣類の

素材や質，重ね着の仕方に気を配っている人が多い．

●**子供と自然**　小さい頃から外の自然の中に連れ出される子供が多く，自然の中で過ごすことが当たり前というような感覚をもっている人が少なくない．森の中などで自然と触れ合うことが子供の教育にとって大切だとする価値観が一般的であるため，冬はスキーに，夏は森の中や海岸のサマーハウスにと，子供がまだ小さい頃から自然の中に連れていくことに積極的な親が多い．

　国や地域によっては，保育園や幼稚園でも，1日のほとんどを自然の中で過ごすようなところもある．そのようなところでは，雨の日や寒い日，雪の日であっても室内で遊ばせるのではなく，気候や天候に対応した快適に動ける服装を子供にさせ，汚れてもいいように十分な着替えを持たせ，子供の活動量を増やそうという考え方が一般的だ．

●**自然と働き方**　北欧の会社や組織の中には，季節によって異なる就業時間を導入しているところがある．サマータイムがあるだけでなく，日照時間の長い季節（一般的に5月中旬から9月頃まで）は就業時間が短めで，それ以外の季節は長めに設定されている．

　その背景には，天候が良く日照時間の長い季節を大切にしようという意識がある．そのため，就業時間の短い季節には，仕事の後でスポーツに勤しんだり，趣味の時間にあてたりと，1日の時間が有効に利用されている．

　また北欧の会社や組織の中には，従業員の健康に対する意識が高いところも多い．社内にジムの空間とシャワールーム，国によってはサウナルームが整備されているところが少なくなく，就業時間の前や後，休憩時間に利用されている．自動車通勤の人も多い一方で，地域によっては歩くスキーをはいて通勤する人や，自転車，徒歩で通勤する人も少なくないが，シャワールームが社内に備えられていることで，通勤時間にいくら汗をかいても洗い流してから仕事を始められるという利点がある．このように，日常的なスポーツや運動を促す環境が，よく考えて整えられている．

　そして，たとえ社内に設備がない場合でも，ジムに通うための金銭的な補助を行っている会社も多く見られる．

　さらに，社内で運動やストレッチをするためにパーソナルトレーナーを雇ったり，食生活に気を配って定期的に果物を取り寄せたりしているところも多く，従業員の健康に気遣った職場環境作りが進んでいる．　　　　　　　　　　[平山敏雄]

アイスランド人の自然との付き合い方

●冬と夏　アイスランドの冬は長く，夏は短い．日本で生まれ育った者が北欧に住む場合，冬の寒さよりもむしろ，冬の暗さ，より正確には昼の短さの方が実はこたえるのである．白夜は，日本ではもっぱらロマンチックなものと思われているが，夏に白夜のある地方では冬にはもれなく「極夜」がついてくることは，忘れられがちだ．北欧も含めヨーロッパの国々では夏の間サマータイムが採用されるが，アイスランドではこれを行っていない．そのようなことをするまでもなく，夏は十分日が長いからだろう．その短い夏を，北欧人，とりわけアイスランド人は貪欲に利用し享受しようとする．多少寒かろうが，天気が悪かろうが，気になどしてはいられない．屋外でテーブルを囲み，日光浴をし，海山へ行く．とにかく楽しまなければ，夏はあっという間に過ぎ去り，あとはうんざりするような冬が延々と続くのである．四季の移ろいに目や耳を澄ましていれば一年中楽しめる日本とは，そこが根本的に違う．1980年代半ばに至るまで，アイスランドのテレビ局は国営のものが1つあるだけだったが，長らく木曜日と7月丸1か月は放送をしなかったという．特別な季節にその時期にしかできないことをせず，家にいてテレビを見ているなど，到底許されないのであった．

●自然の美しさと厳しさ　アイスランドの首都レイキャヴィークは，全人口の約半分が住むこの国最大の都市である．その首都においても，東京はおろか，デンマークの首都コペンハーゲンと比べてさえ，空が広いと感じられる．そして首都を含め国中どこであれ，街を一歩出れば，荘厳な，あるいは荒涼たる自然が広がっている（図1）．澄んだ空気の中で見る山や丘はすぐそばに見えていながら，行ってみるとなかなか到達できなかったりする．季節により天気により，気の遠くなるような美しさを見せることもあるが，途方もなく陰鬱にあるいは狂暴に人間を押しつぶそうとすることもある．このような環境で自然と対峙していると，妖精，トロル，「隠れた人」などの超自然的なものの存在を信じる人が多い，ということにもなるのだろうか．アイスランド人は中世以来，基本的にキリスト教徒ではあるのだが，他の北欧諸国に比べても，アニミズム的なものを多く残しているように思われる．

●火と氷の島　アイスランドが「火と氷の島」であるとはよく言われるのは，多くの火山とヨーロッパ最大のものを含む氷河の存在

図1　半島

ゆえである．火山活動によって形成された溶岩原などがいたるところに広がり，温泉が湧く．火山は時に噴火し，溶岩が人家にまで押し寄せたり，火山灰が牧草地を覆ったりして，甚大な被害をもたらすこともある．2010年の噴火では，火山灰が風に乗ってヨーロッパの広い範囲に飛び，多くの空港が閉鎖を余儀なくされ大混乱を引き起こした．洪水の原因は，日本におけるような大雨や台風ではなく，一般に火山の噴火もしくは異例の暑さで氷河が急激に溶けることである．温泉は，サガの時代から入浴や洗濯に利用されてきたが，近年は再生可能エネルギーとして地熱発電への利用も進められている．特筆すべきは，温水プールが屋外にあることである．他の北欧諸国とは異なり，気温が低いにもかかわらず屋内にしようとしないのは，お湯が豊富なゆえに冷めることなど気にしないことと，露天プール・風呂を好むワイルドさゆえだろうと思われる．

●馬　旧ソ連の北欧語研究者ステブリン=カメンスキイは『サガのこころ』の中で，現代に幽霊としてよみがえったサガの時代の人物の口を借りて，馬が自動車よりも優れている点を列挙している．その中に，自動車は「自分で自分の進む道が見つけられない」ことと，「山岳地帯，溶岩原，砂地を進むのにまったく不適当である」ことが挙げられている．なるほど，火山によって作り出された地形の中には，時に深い亀裂が走っていたりして，うかつに進めば落ちること間違いなしである．そういうわけでアイスランドにおいては，20世紀にモータリゼーションの時代を迎えるまで，陸上では馬が最も重要な輸送手段だった．アイスランド種の馬は小型でずんぐりしており，厳しい気候によく耐え，穏やかな気性だという．現在でもアイスランドでは馬を愛する人が多く，趣味として乗ったり，職業として飼育したりするとともに，夏の間高地での馬や羊の放牧を事とする人達にとっては，秋に何日もかけてそれらを駆り集める旅の際に欠くべからざるものであり続けている．

●道路と橋　アイスランドに鉄道はなく，海岸沿いに島を一周する道路が最も重要な幹線道路で，路線バスが運行されている．街や近郊の道路は舗装されているが，地方には幹線でありながら砂利道もあり，ガードレールがないことと相まって，特に外国人が運転する場合には細心の注意が呼びかけられている（図2）．川や砂州，時にはフィヨルドを渡るための橋が多くあるが，車1台が通れる幅しかない場合もある．時に洪水で冠水したり流されたりして，寸断されることもある．浅瀬を歩いて渡れる，あるいは渡し船に乗せられる馬は，その点でも優れた交通手段であったろう．現代では四輪駆動車がそれに取って代わっている．

図2　山中を走る幹線道路．奥の山には氷河

［阪西紀子］

アイスランド人の精霊信仰

　アイスランド人は，妖精，幽霊等超自然的な存在を受容する傾向が強い国民だといわれている．このようなことが一般に知られるきっかけとなったのは，1974年にアイスランド大学のエルレンドゥル・ハラルドソン教授によってアイスランド人を対象に実施された調査であった．この調査により，多くの回答者が死者の霊を見ること（88%），降霊による死者との交信（76%），小妖精・隠された人々の存在（55%），アウラガブレッティルの存在（68%），フュルギャの存在（72%）等に肯定的態度を示したことが明らかになり，その後，この調査結果がアイスランド人の国民性を紹介する記事等でしばしば引用されるようになったのである．

　アイスランドにおける超自然的な存在の歴史は，12〜14世紀頃に編まれた「エッダ」や「サガ」の時代にさかのぼるといわれる．これらの詩や物語の中には，幽霊，妖精（アウルファル），トロル等の話が登場し，キリスト教の導入以降も，これらは民間伝承として脈々と語り継がれてきた．そして，アイスランド人がこのように多くの超自然的な存在を見出してきた背景には，火山の噴火，溶岩，地震，氷河といった自然の驚異に常に直面してきたアイスランドの人々が，その中に存在するだろう超自然的な存在に想像力を巡らせてきたことにあるのではないかと，しばしば指摘される．

●隠された人々とアウラガブレッティル　アイスランドにおいて代表的な超自然的存在は何といっても「隠された人々」と呼ばれる妖精であろう．民話によれば，隠された人々の起源は，アダムとイブの時代にさかのぼるという．ある日，予定より早い神の来訪を知り，慌てたイブがきれいに洗い終わった子供だけを自分の子として神に紹介し，まだ汚いままの子供を隠しておいたところ，神はこれに怒り，イブが隠した子を人に見えないようにしたとされる．それゆえ，隠された人々は，通常人の目には見えないが，丘や崖，岩の中に住み，牛や羊を飼いながら人間同様の生活を営んでいるといわれる．隠された人々は人間に侵されないようにその活動領域に魔法をかけるが，その領域はアウラガブレッティルと呼ばれ，人間はその領域を侵すべきではないとされている．このアウラガブレッティルは現代の生活にもしばしば影響を与えている．例えば，1987年のコウパヴォーグル市での事件である．これは，同市の道路拡張工事において，ある岩を削ろうとしたところ，立て続けにドリルが壊れる事件が起こったため，その岩はアウラガブレッティルとみなされ，道路はその岩を避けて作られることになった．その他，有名な競走馬が突然死んだのは，その所有者が隠された人々の牧草地で草刈りを行ったためである等，この種の話がアイスランドには多く伝わっている．

●アイスランドの幽霊　1980年代前半にベルギーのルーヴェン大学が主導して米国で実施した調査において，「死者の霊と接触した経験がある」と回答した者がアイスランドでは41%を記録し，欧州平均（25%）のみならず，他の北欧諸国（ノルウェー［9%］，スウェーデン［14%］，デンマーク［16%］）を格段に上回る結果となった．この要因の1つとして，前出のハラルドソン教授は，20世紀のアイスランドにおいて，ノルウェーの作曲家エドヴァルド・グリーグを降霊させたことでも知られるインドリジ・インドリダソン（1883-1913）やハフステイン・ビョルトナソン（1914-1977）という有名な霊媒師を輩出し，降霊の儀式がしばしば行われていたことを挙げている．

　また，アイスランドには，死体が歩きまわり危害を加えるゾンビ的な霊，人間に同行し，事前にその人の到着を他人に知らせるフュルギャと呼ばれる霊，自身が死んだ場所に出没する地縛霊等がいるとされ，これらにまつわる数多くの話が伝わっている．例えば，アイスランドの中世散文学『グレッティルのサガ』では，主人公グレッティルがよみがえった亡霊グラームと戦う話があるし，アイスランド東部では，出産で死亡したマンガと呼ばれる女性の地縛霊のような話が伝わっている．ハラルドソン教授は，アイスランドに数多く残るこれら霊に関する話もアイスランド人の超自然的な存在に対する肯定的な見方を醸成しているとみている．

　現代において幽霊にまつわる最も有名な話が，ヘヴジーと呼ばれる館に出没した幽霊の話であろう（図1）．もともとヘヴジーは20世紀初頭にフランス領事館として建てられたが，幽霊が出没するという噂が立ち，次々とオーナーが代わった．最終的にはレイキャヴィーク市の迎賓館となり，ある時点で除霊されて幽霊は出没しなくなったといわれている．時は流れ，1986年にレーガン米大統領とゴルバチョフソ連書記長による歴史的な米

図1　かつて幽霊屋敷と呼ばれた，レイキャヴィーク市の迎賓館ヘヴジー

ソ首脳会談がレイキャヴィークで実施されたが，その会場となったのがヘヴジーであった．この結果，ヘヴジーは冷戦終結のきっかけを作った歴史的な場所としても名をとどめることになり，現在は観光名所の1つとなっている．

　さて，1974年の調査から30年以上経過した2006年に，ハラルドソン教授が再度同様な調査を実施した．同調査では，回答者の81%が死者の霊の存在に，78%が霊媒を通じた死者との接触に，そして55%が妖精や隠された人々の存在に肯定的な態度を示す結果が得られており，引き続きアイスランド人が超自然的存在に高い関心を示していることが判明した．　　　　　　　　　　　　［松村　一］

ノルウェーの環境問題——人と自然

　自然に恵まれた北欧諸国の中でも，特にダイナミックな自然に事欠かないのがノルウェーだろう．2014年に公開されたディズニー映画『アナと雪の女王』は，作画のイメージをノルウェーの大自然に求め，このアニメを通してノルウェーの観光スポットは世界中に有名になった．北方のロフォーテン諸島や，西部のホルダラン県にあるヴォス（Voss）の村はずれのツヴィンデの滝（Tvindefossen，図1），ハダンゲルフィヨルド（Hardangerfjord）の近くにあるトロールの舌（Trolltunge）は，このアニメの世界そのものであった．

　歴史的に最も大きな問題となったノルウェーの環境問題は，ダム建設だった．19世紀後半から始まったノルウェーの近代産業を支えた水力発電は，1960～1990年の間に229ダムが建設され，現在も335ダムが存在するまでに発展した．しかし，ダム建設がもたらす住民や生物，地形への影響は避けがたく，反対運動も行われ，なかでも1979年から始まったフィンマルク県カウトケイノ（Kautokeino）コミューネにあるアルト川のダム建設は地域のサーミ人居住区を水没させる計画であったため反対運動は全国的な規模となった．現地での体を張った工事阻止行動とノルウェー国会前でのハンガーストライキには2万人を超える反対運動の会員の半数が参加し，それに対抗しノルウェーの警察官の1割が配置された．結局反対派による工事差し止め訴訟は1982年に敗訴し，ダムの建設は遂行されたが，北方の先住民族サーミ人の環境に関する権利とこの自然保護運動は歴史的に大きな意味をもち，その後のサーミ人の権利拡張にもつながった．

　政策面では自然と人間の調和も重視され，1910年に自然保護法，1954年に国立公園の建設を定めた自然保存法が発効され，1957年には戸外リクリエーション法（Friluftsloven）が定められた．同法は，たとえ私有地や国有地であろうとも，一般人の自然へのアクセスを行う権利を保障するものであり，冬はスキー，夏は登山やハイキングなど

図1　ツヴィンデの滝

自然の中での活動を至福の楽しみとするノルウェー人にとって，独特の法律といえる.

しかし，特に戦後20年間は環境保護よりも産業化の進展，経済発展が重視されてきたことも確かであり，手つかずの自然を誇るノルウェーの海岸やフィヨルドの汚染など公害問題がクローズアップされ，1972年には環境省が設置され，汚染者負担の原則が決められた．政党面での特色は隣国スウェーデンやデンマークとは異なり，環境問題が大なり小なり各政党の関心事となっているために，議会において緑の党の出現する余地が小さいことである.

ノルウェーの緑の党（Miljøpartiet De grønne）が設立されたのは1988年だが，同党はいくつかの地方選挙では勝ってきたが，国会には長い間議席を確保できず，2013年の総選挙で2.8%の得票率に達して初めて1名の議員を国会に送った.

さらに小政党としては，最古の政党である左翼党（Venstre Parti，自由党とも訳す）も環境保護には熱心であり，社会主義人民党も2005～2013年の間労働党政権に加わる中で北海油田のさらなる開発に環境保護の視点から反対した.

ノルウェーの環境保護運動には2つの特徴がある．1つは，国民が公的組織に対して基本的な信頼を寄せ，環境運動が現実的に動き，政府機構と密接な協力を築き上げていることである．スウェーデンなど他国で，環境運動がオールターナティブ運動として考えられているのと比べると，その違いは大きい．例えば「ベローナ（Bellona）」という1986年に設立された環境NGOは，ロシアの原子力潜水艦廃棄による北極海の汚染問題やEUの環境保護問題など国際的な活動を行い，現在では石油関連企業など大手企業からの補助金を得ながらサハラ砂漠の開発など大プロジェクトに着手している.

いま1つは，グリーンピースやシーシェパードなどの国際環境グループを除き，ノルウェー国内の環境団体が一般的に地方産業を重視して，国際的に関心の高い動物保護をあまり問題視せず，捕鯨や狩猟が彼らの反対を比較的受けずに続けられてきた点である．例えば捕鯨は，少数者の商業活動や文化擁護の観点から活動の正当性が主張され，厳密な管理のもとにミンククジラの捕獲が継続されている.

過酷な自然の中で生き延びることがノルウェー人の伝統的な生活であり，生きるか死ぬかの自然との闘いは人間にとって必須であるという理解のもとに，家畜に害を与える野生動物の狩りや捕鯨を，ノルウェー政府は種の保存を考慮して制限を設けながら行っている．　　　　　　　　　　　　　　　　　　　　　　　［大島美穂］

ノルウェーのセーター

　セーターの起源は，11 世紀に地中海のシチリアに進出したノルマン人がイスラム世界の手芸技術を学び，イギリス海峡に面する島々に伝えたことにあるといわれる．そしてアラン・セーターやガーンジー・セーターなど特色あるセーターが生まれ，これらが近隣の漁師の仕事着フィッシャーマン・セーターとなる一方，北方のノルウェーでは，二重三重に模様が編み込まれ，防寒に優れたノルディック・セーターが誕生したというわけである．

　アラン・セーターやガーンジー・セーターの模様や網目は各々の地域において一家ごとに異なり，海難事故の際に個人を見分けられると同時に，地域のアイデンティティ形成に役立ったとされるが，こうした独自のセーターがより広い国民的な意味を担うためには，家族の枠を超えた生産力の向上が必要だった．ノルウェーにはさまざまなセーター会社があるが，現在大手のセーター会社として国際的に展開する企業にデール・オブ・ノルウェー（Dale of Norway）がある．同社はイギリスで近代的な工場生産について学んだペーテル・イェープセン（Peter Jebsen）により 1879 年にベルゲン北東部にある同名の小さな村で創設された．険しい山脈と滝，フィヨルドに寄り添うように存在するデール村は，羊毛の入手がたやすく，編み物の伝統があり，自然の滝を利用した水力発電による自然エネルギーの入手が可能であった．ノルウェーでリューカンの滝を利用した世界最大の発電所が建設され，ノシュク・ヒドロと呼ばれる国内最大の化学肥料工場が操業を開始したのが 1905 年であるが，19 世紀後半のまだ独立を果たしていない時期に始業したこの小さな工場もまたノルウェーの自然エネルギーから生まれ，地域の近代化，産業化に一役買った．

　デール・オブ・ノルウェーは雪の結晶やトナカイ，ドット柄などノルディック柄の伝統的なパターンを守りながら，少しずつそれを改良した新しい柄を毎年発表し，発展してきた．なかでも同社が抜きん出た地位に上った背景には，1956 年以来同社のセーターが冬季オリンピックと世界選手権におけるノルウェー・ナショナル・チームの公式ユニフォームとなってきたことがある．1994 年にノルウェー中部のリレハンメルで第 17 回オリンピック冬季大会が開催された際，開会式で色鮮やかなノルディック・セーターを着たノルウェーの老若男女が会場一杯に広がったときの鮮やかな場面は鮮明であり，ノルウェーのセーターを世界に知らしめた瞬間だった．

　しかし既製品のセーターとは別にやはり国民になじみがあるのは，手編みのセーターだろう．ノルウェーでは祖父，祖母の代に家族が手編みしたノルディッ

ク・セーターを孫が着るのも決してまれではなく，ファスト・ファッションと対極の伝承的ファッションとなっている．模様柄のパターンも書店や手芸品店に行けば簡単に入手でき，編み物は老若男女を問わず，ノルウェー社会に根づいた文化である．

　その中で近年，北欧はもとより，ヨーロッパでも人気を集めているのが，アルネ＆カルロス（Arne & Carlos）という2人組の男性による編み物の本である．ノルウェー人のアルネ・ネリオルデ（Arne Neriordet, 1963-）とスウェーデン人のカルロス・サークリソン（Carlos Zachrison, 1970-）という，眼鏡をかけた一見普通の中年のデュオによる洋服，インテリア雑貨のデザイン会社が設立されたのは2002年だったが，2008年に日本のコムデギャルソンが彼らのデザインした編みぐるみのクリスマスボールを店舗で販売して注目を集めた．

　その後，彼らは独自な世界を展開すべく編み物に力を注ぐことになり，2010年秋に『クリスマスボール（Julerkuler)』をノルウェーで出版した．同書の表紙には編み物をするアルネとカルロスの2人が並んだ写真が使われ，ユニークな装丁であった．内容はノルウェー・セーターの伝統柄をアレンジした編みぐるみのボールを，クリスマスツリーのデコレーションボールとするという，単純な編み物の教習本だったが，発売するや否やクリスマス・プレゼントとして注目を集め，一般書と並んでベストセラー入りし，1年間の売上は3万7,000部に及んだ．その後も伝統柄のセーターのアレンジや，スリッパ，編みぐるみ人形，手袋，スマートフォンのカバーなどさまざまな可愛らしい編み物を扱った本が出版され，世界各地14か国の言語に訳され，日本でも翻訳本が出版され，雑誌で特集が組まれた．

　彼らはノルウェー中部オップラン県の山間部の湖畔沿いにある廃線になった駅を改良した家に住み，自然の中で鶏の世話や庭の手入れをし，ドールハウスなどの手作りのモノに囲まれた生活を営んでいるが，こうした北欧らしい生活そのものも，彼らの作るニットとともに関心を集め，本や雑誌で取り上げられてきた（アルネ＆カルロス 2013『北欧のガーデンニット──ノルウェーの庭から生まれた36の手作り』日本ヴォーグ社）．さらに2014年に来日したアルネとカルロスは岩手県の被災した女性たちが作る手編みのニットを商品化する活動「ハートニット・プロジェクト」を訪問し，2人のデザインの小物類がハートニットの製品に加わり，バザーで人気を博した．中年男性が編み物をするというジェンダー・フリーなノルウェー社会の様相とスローライフな生活が，伝統柄に裏づけられたおしゃれなニットを時流に乗せ，世界的に説得力をもったということができるだろう．　　　　　　　　　　　　　　　　　　　　　　　　　　　　　［大島美穂］

在日フィンランド人の思い

　今日の日本とフィンランドの関係は大変深まっている．お互いそれぞれの国を旅する人は珍しくはない．2つの航空会社が毎日両国を結ぶ直行便の効果が大きい．ヨーロッパの北の果てと極東の飛行時間は片道わずか10時間だ．筆者が1970年代前半に初めて来日したときには考えられなかったことだ．日本とフィンランドはとても遠く離れている印象だった．

　さて，いつからフィンランド人が日本に来て，日本を訪れた最初のフィンランド人はどんな人だったのだろうか．

　歴史資料を調べると，フィンランド出身者で初めて来日した人物としてアダム・ラクスマン中尉の名前にたどり着く．なんと18世紀の終わり頃，ロシア女帝エカチェリーナ2世が，遠く閉ざされた国，日本との交易が可能かどうかの調査のためにラクスマンを派遣したのだ．彼はスウェーデン支配下のフィンランド生まれであったが，父親のエリックは隣国ロシアで探検家として有名だった．親の勧めもあって息子アダムは公の立場で日本を訪れた．最終的に交渉は失敗に終わったようだがラクスマンの名前と努力が歴史に残った．

　1879年にさらにもう1人のフィンランド人探検家が日本に到着した記録がある．スウェーデン本土で活躍していたA. E. ノルデンシュルドで，北極海の北東航路を最初に航行した人として世界的に有名になった．

　1900年，まだロシア帝国支配下にあり，独立前だったにもかかわらずフィンランド福音ルーテル教会の日本伝道が始まった．このつながりは軌道に乗り，徐々に多くのフィンランド人宣教師が派遣されるようになり，日本社会のために人生を捧げてきた．それは100年以上たった今も続いている．

　1917年に独立したフィンランドだが日本との外交関係がその2年後に始まると，徐々に仕事や勉強，結婚が理由でフィンランド人が日本に移り住み始めた．フィンランド大使館によると，約600人のフィンランド国籍の者が今日本で暮らしている（2015年現在）．

　筆者の興味分野である，国際結婚のため初めて来日したフィンランド人が誰だったのかは定かでない．しかしすでに1911年に，フィンランドで学んだ日本人牧師がフィンランド人の妻と帰国し日本で活動していたことが知られている．100年以上前に私達の先輩がこの国にいたことを考えると感動せずにいられない．筆者が結婚した1970年代は，日本人とフィンランド人との結婚ブームが起こっていた．日本の経済が発展し，日本人は外国へ出やすくなった時代になり，大勢の若者が片道切符を手に日本からヨーロッパへ旅立った．当時ヨーロッパへ

行くための人気のルートはシベリア鉄道を経由するもので，若者達が最初にたどり着く西欧の国がフィンランドだった．それから南へ下りていく人もいれば，フィンランドの地にとどまる人もいた．そんな日本の若者達とフィンランド人女性との結婚が盛んになった時期でもあった．正確な数は不明だが50組前後の日本人とフィンランド人のカップルが日本で生活を始めたのではないかと考えられている．

　現在，筆者を含めたフィンランド人妻は，100年前の先輩と比べて楽に暮らしている．普通の生活の中で自分達は「外の者」であるということを忘れることさえ多い．それは，行き来しやすくなり，またコミュニケーションがとりやすくなったため外国にいる感覚が薄くなってきているからだ．さらに両国民性が似ていることによるアットホームさや，日本人の優しさや親切さの影響も大きい．しかし同時に時々戸惑うこともある．日本での生活だ．歴史や文化が違うそれぞれの国の人間関係のルールや社会と家族の形，食文化の違い等は当然のことだろう．さらに公的な助けがフィンランドほどではない日本の子育てや教育の現実は，在日フィンランド人にとって挑戦的でもある．

　在日フィンランド人は，日本とフィンランドの関係において何か役に立つことがあるのか，その役割は何かと問うことが多い．今，両国の間で，政治の面でも経済や文化の領域でも交流が盛んに行われるようになっている．市民レベルのつながりといえば，今ここに住んでいる者達が鍵であることを確信するようになった．それぞれ自分の近所や付き合いがある人々にわずかながらでもインパクトを与えているのは事実である．フィンランド人の生き方や，社会と仕事に対しての考え方を発信していることもあろう．その意味でも，2つの文化をもつ我々の子供達の果たす役割は大きい．生まれながら両国の懸け橋の役目を担い，各々の仕事や社会の中で能力を発揮して日本社会や両国の関係に関わり続けている．社会の中からこのように生まれる真の国際関係は強い．

　在日フィンランド人の会，「スオミ会」の役割も無視できない．この会はフィンランド人の社会原理，「助け合い」を日本で発揮している．1973年，日本人と結婚したフィンランド人女性をサポートするために東京で発足した互助の集まりである．それは会費もなく，正式な団体ではないにもかかわらず，多くの在日フィンランド人の助けとなり，また交流や意見交換，情報発信，子供のフィンランド語教育の場にもなっている．

　近年，日本では国際交流や国際結婚がある程度普通のことになった．厚生労働省によると，2013年現在，30組に1組が国際結婚である．

　さらに2014〜2015年のNHK朝の連続ドラマ，国際結婚がテーマだった『マッサン』の影響がこれからあるだろうといわれている．1970年代のようなブームにはならないだろうが，これからも日本人とフィンランド人のカップルが誕生することも多いだろう．そのときを楽しみに待っていたい．　　　　[橋本ライヤ]

フィンランド人の心の風景

　「フィンランド人にとって心の風景ってなんだろう？」．こんな質問をされたらフィンランド人は何と答えるか．筆者は，豊かな森，森の合間に鏡のように光る湖，夏の透き通る青空，そして冬のまぶしい雪景色にたどり着く．これは多くのフィンランド人の心の答えに違いない．確かに私達の国とその文化が外国で紹介されるときに必ずこの4つが登場する．フィンランド人にとって，心に慰めや平安をもたらしてくれるのはこの自然の要素なのだ．

　1992年，フィンランド共和国が75周年を迎えた年，フィンランドの環境省が27の最もフィンランドらしい風景，kansallismaisema（ナショナル・ランドスケープ）を定めた．これらは全国に散らばり，昔からフィンランド人にインスピレーションを与えてきたものとして紹介されている．これらは法律的には自然保護地域ではないが，ほとんど自然保全地区になっている．これらは守られるべき景色で，歴史や芸術，文化全般に大きな影響を与えた風景だといってもよい．フィンランド人に最も愛されている景色だ．これらの場所などはもちろん観光スポットとして大変に人気がある．

　フィンランド人はよく自分達を「森の民」と呼ぶ．何しろフィンランド人にとって森の中がいちばん安心して素直になれるところなのだ．フィンランド人と自然との関わりの中で，森は我が民族に糧をくれた．安らぎをくれた．また隠れ場を与えて，敵から守ってくれた．今もなおフィンランド人は夏の休暇を森の中で過ごす．心や体のリフレッシュと生きる力を得るために．

　国民的風景の中で最も有名なのは北カレリア地方のコリ国立公園だろう．その丘から見える森や湖の見晴らしは多くの芸術家達を魅了してきた．19世紀の終わり頃，作曲家のジャン・シベリウスも作家のユハニ・アホも新婚旅行の場所としてコリを選んだことが知られている．最近ではその丘の上で多くの結婚式が行われる．フィンランドで最もノスタルジックでロマンチックな景色の1つであろう．

　ハメーンリンナ市の周りに位置するヴァナヤヴェシ谷に，美しいアウランコ自然保全地区がある．アウランコ公園内の展望台からの景色をイメージして，ハメーンリンナ生まれのシベリウスは名曲『フィンランディア』を生み出したことが知られている．

　国民的風景の大部分は森と湖，あるいは海か川の組合せである．水が見えないのは，南フィンランドのハメーンキュロ地方の農地の風景や北フィンランド・ラップランド地方にあるパッラスツンツリの景色くらいだ．人間が自然と仲良く暮らす町の例としては，海との共存で有名な首都ヘルシンキ，川の周りで発展し

た町ポルヴォー，戦後郊外都市として生まれたエスポー市のタピオラ地区がある．

　国民的風景という発想は近年になって生まれたわけではない．初めて話題になったのはフィンランドの独立前，19世紀の後半から20世紀の初め頃である．フィンランド人が自分達のアイデンティティを探し求める時代で，叙事詩『カレワラ［カレヴァラ］』の発行から始まった民族ロマン主義と芸術の黄金の時代であった．ナショナリズムのイデオロギーのもとで作家，作曲家，画家達はフィンランド民族の正体と強さの源を自然の中から見つけた．以前は背景にしか描かれなかった自然を風景画家達はメインテーマとして描き始めた．カレリア地方の深い森やバルト海沿岸の頑丈な岩場は人気の的になった．フィンランドが独立してからは農村風景と同時に人間と自然との共存，そして社会の発展までテーマとなった．作曲家は自然界の音を音符にした．

　どこの国でも，人々が住む環境は文化に大きな影響を与える．フィンランド人とフィンランドの文化を，森や湖，そして厳しい自然環境なしに紹介することは不可能だ．フィンランドの文化の伝統は明らかに自然との共存から生まれたものだ．2,000〜3,000年も昔，シカを追いながらフィンランドの地にたどり着いた私達の祖先は，寒暖の変化や光と闇の移り変わりの中で独自の文化を作り上げた．遥か昔，ローマ帝国から見たフェンニ人（現フィンランド人）は「野蛮人のよう」だった．「家らしい家を持たずに，森の中をさまよって，野生の植物や獲物を食べる」というふうに紹介されている．しかしあまり文化的ではないように見えたその生活ぶりから，今のフィンランドの文化が生まれた．現代のフィンランド人も大いに「そこにある」自然界から調達したものを食料にしている．厳しい環境に慣れてきたと同時に，上手に森の幸を役立てるようになった．フィンランド人の食卓に今なお欠かせないものは木の実，キノコ，野生の動物や鳥，魚などだ．そしてそれらで作った料理を，誇りをもってフィンランド料理として世界に紹介している．

　自然との共存の影響はフィンランド文化のすべてに見てとれる．言語を挙げると，例えば「雪」を表す表現が数えきれないほどある．フィンランド人と自然との関係には宗教的なものさえも感じる．キリスト教到来前に，フィンランド人にとって森は神々を感じる場所だった．今も，森は我々にとって聖なる空間だ．そこにはあらゆる守り神や妖精や動物が住み，森に入るときは支配者としてではなく訪問者として礼儀正しく入らなければならないと教えられる．さらに，森は所有者がいても1人だけのものではないとフィンランド人は考える．自然をみんなで共有しているという考え方はフィンランド特有だ．法律には書かれていないが，誰でも森を楽しみ，そしてその幸を採ることができる一方，森を守る義務もあるという自然享受権が認められている．厳しい自然環境との共存こそが生んだ人間社会のルールだ．

[橋本ライヤ]

極北に生きる人々と野鳥たち

●**フィンランドの野鳥観察**　フィンランドは日本のバードウォッチャーにとって，憧れの地の 1 つである．珍しい野鳥が見られる，カラフルな夏羽が見られる，数多くの種のフクロウがいる，ということで，毎年 5 月には野鳥観察ツアーが組まれるようになって長い年月がたった．

　フィンランドの野鳥観察の方法は，日本とはいく分異なる．まず野鳥観測台というものがあり，そこに上って探鳥をする．森と湖の国では，これは必須のものになる．フィンランドには国全体に 100 箇所以上，この野鳥観測台が設置されており，4 m から 10 m くらいの高さのものまである．また，日本では鳥観察にはグループで行くことが多いが，向こうでは 1 人で行く．車のガソリン代を考慮するような遠出以外は，1 人で野山を歩き観察するのが普通である．日本にはない，夜行う探鳥というものもある．鳥の姿ではなくて声を聞きに行くのだ．声を聞いて声の主を聞き分け覚えるという，そんな探鳥の仕方がある．

●**豊かな自然に囲まれて**　フィンランドの野鳥についての話題には，どのような特色があるだろうか？　野鳥が多く，間近で見られるというのもその 1 つである．彼らはあまり人間を恐れない．人々の存在は，自分たちに害を与えるものでないということが鳥たちにはわかっている．

　また野鳥に餌やりをする習慣がある．公園にはたいてい餌台が取り付けてある．秋になると，店先には生のピーナッツを入れた大きな樽が置かれる．人々はそれを買いポケットに入れて歩き，小鳥たちに出会うと与えるので，森を歩くと小鳥の方から寄ってくる．生きものとじかに接する楽しみが人々にはある．

　野鳥のほかにも，リス，ノウサギ，ハリネズミなどの小動物もそこら中にいる．北欧フィンランド，透明な空気に包まれた白夜の国の夏の 1 日は長く，いつまでも太陽は輝いて外での時間が十分楽しめる．6 月頃から野の花が一斉に咲く．野にも山にも水辺にも，そして道端にさえ咲き続け，2 か月の間絶えることがない．そのような環境の中で，夏の歌を唄う鳥たちを探して歩くのは楽しい作業になる．

●**極北の鳥と人との連帯感**　フィンランド人の自然に向き合う姿勢には，感じ入るものがある．元来，北欧は野鳥たちにとって夏は涼しい繁殖地であり，冬は去らねばならない極寒の地である．そんな極寒の地の北欧でも 19 世紀以来の地球温暖化の傾向で，越冬する野鳥の数が少しずつ増えている．そんな野鳥たちに，人々は自分の食べ物を分け与えてきた．冷たい風が吹きだすと，庭の木にはたわわに穂をつけたカラスムギの束がかけられる．森の中では，あちこちの木のくぼみにピーナッツを入れて歩く中年女性の姿が見られる．木の幹の裂け目にはトウ

ヒの球果が詰め込まれている．氷の張った池にたたずむカモたちに，カバンいっぱいのパン片を与えに来る紳士がいる．彼らはバードウォッチャーであったり，特別な愛鳥家であったりするわけでなく，ごく一般の人が，同じ冬を過ごす難儀するであろう隣人を助けるという自然発生的な気持ちで行っているように見える．

かつてフィンランドの人々の生活は貧しく，酷寒と飢餓で困難を極めたものであった．育つ子供は少なく，幼くして死んだ子供を悼む子守唄が数多く残っている．そんな極北の地に生きる人々は，同じ冬を過ごす生きものに深い連帯感をもつのであろう．

筆者がフィンランドに滞在していた4月下旬，春を迎えていたフィンランドは突如厳しい寒波に襲われ，吹雪が4日間続いた．そのとき，新聞，テレビが次のようなコメントを繰返し行い，人々に呼びかけたのである．
「この急激な冬の戻りのために，フィンランドを目指していた渡り鳥は戻ってしまった．けれどもすでに渡ってきた鳥たちがいる．彼らの食料は危機に瀕し，数多くの死が予想される．どうか彼らにパンのかけらを与えてください.」

吹雪が終わって，マスコミは次のように発表した．
「この冬の戻りによる野鳥たちの死は，予想したより少なかったようだ．彼らは賢明にも餌があり，暖のとれる都市部に集まって難を逃れたと思われる.」

吹雪の日，マーケットに行くと，建物のそばの雪のない地面を鳥たちが集まって懸命に掘りかえしていた．また建物の中に入ると，通路を走りまわる小鳥たちがいた．人からの餌を期待して，入っていたのである．このようにフィンランドの鳥は，人間が自分たちを助けてくれることを知っているのである．

●**フィンランドの自然教育**　フィンランドに来て感心したのは，一般の人が実に野鳥の名前をよく知っていて，生態についてもある程度知識があることであった．「学校で習うのよ」との答えだった．鳥を見に野山を歩いていた筆者は，教師に引率されて野鳥観察を行う生徒に何度か遭遇した．これは正規の授業だそうである．新聞にも頻繁に野鳥の記事が載る．その情報の多さ，関心の寄せ方は日本とは比較にならない．生徒たちはそれを自分の記録と比べてまた新しい知識を得る．自然が身近にある生まれながらの環境に加え，それを大切にする教育を幼い頃から受けるので，人々は長じても自然に関心を寄せ続けるのであろう．

日本鳥学の泰斗，山階芳麿は1948年に国際鳥学会議でフィンランドに行き，「フィンランドでは子供に対する鳥類保護，動物愛護の教育は徹底していた」という記述を残している．1948年といえば日本では終戦のわずか3年後である．その時代にすでに，フィンランドではそのような教育がなされていたのである．

[百瀬淳子]

📖 参考文献
[1] 百瀬淳子 1990『白夜の国の野鳥たち——フィンランドを歩いた日々』同成社.

北方の鳥アビ――魅惑の伝承

水鳥の中にアビ科という種類がある．夏には大そう美しい姿になる．夏に主として北極圏域で繁殖し，冬は南下して温帯地方で越冬する．筆者がフィンランドで初めて目にしたその極北の鳥アビは，北方民族間で原始宗教シャーマニズムに彩られた魅惑的な伝承の主人公であった．1958年，イギリスで出版された『鳥の民俗伝承』(E. A. アームストロング著)には数々のアビ伝承が書かれている(図1)．

図1　アビ(夏羽)

●アビ伝承　鳥には国境がない．アビも大空を遠く広く飛びかい，さまざまな北の国にさまざまな伝説を残した．最も知れ渡っているものは「雨告げ鳥」に関するもので，アビが鳴き騒ぐと雨が降るという伝承である．このアビの雨告げ鳥伝承は，北極圏全域の北方民族にとどまらず白人社会にも広く行き渡っている．

次に多く語られるものは，「目の治療師」という言い伝えである．アビの後について行き，言われるとおり三度湖に潜ると目が治り見えるようになるという．

3番目に多い伝承では，アビはシャーマニズムに深く関与する「神聖な鳥」になっている．黄泉の国は海底にあると考えられていた太古，深く潜水するアビは死者の霊魂の運び手とみなされていた．シャーマンは儀礼を行う場に，アビをかたどった木製の鳥をつけた柱を立て，アビのアクセサリーをぶらさげたり，アビのアップリケを縫い付けたりしたシャーマン衣裳を着た(図2, 3)．そのようにすることで，アビの能力がシャーマン自身に伝わって備わると信じられたからで，アビはシャーマンの補佐役とか，あるいは補助霊として人々から神聖な鳥とされ崇められていた．

4番目に多い伝承に移ると，アビは「天地創造の任務」に携わっている．大地の素材は深い海底から運ばれたという神話，その泥の運び手を潜水の天才アビが担っているという．

●アビ伝承を追った旅

1) ロシア連邦ブリヤート共和国およびイルクーツク　1993年に筆者が訪れたブリヤートは国のいたるところ，シャーマニズムの雰囲気に満ちていた．野外博物館では，シャーマンが儀礼を行う祭場が再現され，神聖な鳥柱が立ち並んでいた．また聖なるものとされた動物や鳥の木像も多く並べられてあった(図4)．

イルクーツクの郷土博物館は，シャーマニズムのコレクションが充実していた．その中に10羽のアビのアクセサリーをつけたシャーマン衣裳が展示されて

あった．この衣裳の背中には，鳥の翼を模したものもついていた．シャーマンと鳥との密接な関係が示唆されている．

2) シェトランド諸島　シェトランド諸島にはアビにまつわる有名な民謡がある．アビが鳴き騒ぐと雨が降るとされ，「レイングース」のあだ名がつけられている．

　　レイングースが　山のほうに飛んだら　海はしけるよ
　　海のほうに飛んだら　陸は大雨だ　船を出してそら逃げろ

人口に膾炙しているこの言い伝えは，観光用パンフレットにも載せられてある．

3) フェーロー諸島　アビが鳴きながら頭上を飛ぶのを見るとき，この地の古老たちは「あの鳥は，肉体から離れていく人の魂に付き添って天国に行くのだよ」と，かたく信じていた．天をも海底をも棲みかとし，人間のように悲嘆にくれた声を出すこの鳥以外に，もはや決して戻ることのない地の果てに旅する死者を導くのにふさわしい，どんな生きものがいるだろうか．

4) カナダ北極諸島（北西航路）　北西航路のクルーズで，イヌイットの女性とツンドラを歩いていたとき，遠くの空からアビが飛んできて頭上を鳴きながら飛び去った．女性は「アビが鳴きながら飛んでいくと雨が降るのよ」と教えてくれた．あの雨告げ鳥の伝承である．さらに，湖に向かって並べてあった大きな石3個を指して「これはアビの石で，次々に飛び越えて湖に入ると目が治ると言われていた」と言った．目の治療師の伝承である．今まで書物からの知識だけであった伝承を，その地で，それを見ながら，それを生み出した民族から聞けたのである．　　　　　　　　　　［百瀬淳子］

参考文献
[1] 百瀬淳子　1995『アビ鳥と人の文化誌——失われた共生』信山社．
[2] 百瀬淳子　2011『アビ鳥を知っていますか——人と鳥の文化動物学』福村出版．

図2　アビのアクセサリーをつけたサモエドのシャーマン（ウノ・ハルヴァ『シャマニズム』より）

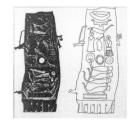

図3　アビのアクセサリーがついたシャーマンの胸当て（ウノ・ハルヴァ『シャマニズム』より）
右は左を模写したもの

図4　神聖な鳥柱

漁業・海峡の歴史

●ウーアソン海峡・大ベルト海峡・小ベルト海峡　この3海峡は，元来デンマーク国土を通り抜ける海峡であったが，北欧の歴史を語るうえで不可欠な存在である．北海とバルト海の接続水域であるこれらの海峡は，中世後期以降，海上交通の要衝として，そしてデンマーク-スウェーデン間の戦略上の重要地点として大きな意味をもっていた．もともと，これらの海峡は急流であり航海の難所とされていた．冬季においては凍結することもあり，海運技術が発達するまではそれほど利用されることがなかった．カール・グスタヴ戦争（1657～1660年）では，カール10世率いるスウェーデン軍が凍結した大ベルト海峡と小ベルト海峡を行軍し，コペンハーゲンの手前まで迫った事例があったほどである．このように，3つの海峡は近世北欧における「火種」の1つであったが，その最大の原因がウーアソン海峡（Øresund）の海峡通行税の導入であった．

　海峡通行税は，デンマーク国王イーレク7世（Erik VII）によって1429年から導入された．シェイクスピアが『ハムレット』の舞台としたクロンボー城のあるヘルシングウーアを拠点に，19世紀半ばまで通行税の徴収が行われたのである．海峡通行税は，デンマーク側からすれば貴重な収入源であったが，他国にとっては北海とバルト海を行き来するうえでの障害となった．特に，対抗関係にあったスウェーデンに対しては通行税を徴収するだけではなく，戦時においては，海峡を封鎖することで海峡以西との物流を妨害する戦略をとることもあった．このような戦略は，北方七年戦争（1563～1570年）などで実行され，スウェーデンにおける海運輸送上の障害となった．

　デンマークが海峡通行税の導入や海峡の封鎖を可能にした背景には，もともとウーアソン海峡の両岸がデンマーク領であった事実がある．一方で，1645年のブレムセブロー条約において，スウェーデンはデンマークから海峡の自由通行権を獲得し，平時においては自由に通行することができた．さらには，1658年のロスキレ条約においてウーアソン海峡の対岸がスウェーデン領となり，海峡通行の状況が良好になったかにみえた．しかし，その後のスコーネ戦争（1675～1679年）や大北方戦争（1700～1721年）といった戦時においてもデンマークはスウェーデン船舶に対する海峡封鎖を行ったのである．

　このように海峡をめぐる問題は，スウェーデンとデンマークを中心として北海・バルト海商業に関係する国々にとって重要なものであった．この海峡通行税は最終的に1857年に廃止されたが，約350年もの間デンマーク王家の財政を支える基盤となったのである．この海峡通行税を記録した『海峡通行台帳』は多く

が現存しており，史料上の性質に留意する必要はあるが，北海・バルト海のモノのやりとりを把握するうえでの重要史料である．通行台帳には日付，船籍（船長の居住地），積載品，積載量，出発港，到着予定港（1660年代半ばから），税額が記されている．近年では，データベース化が整備されつつあり，今後も北海・バルト海における交易構造を把握するうえでの重要な史料であると位置づけることができるのである．

●ニシンはどこへ？　スウェーデン南部のスコーネ地方では，16世紀半ばまでニシン漁が盛んであった．特に，オラーウス・マグヌスの『北方民族文化誌』において記されているように，大量のニシンが海に出現した様相を「ニシン稲妻」と形容するほどであった．これは，水面に出現したニシンの体表面が反射した様子を述べたものであり，ニシンが大量に生息していたことを示唆しているのである．同書の挿絵では，魚群の中へ槍を投げ込むと，その槍が立ってしまうほどにニシンがひしめき合っている様子が描かれている．ニシンは，北海・バルト海世界における重要な商品，食料として認識されていたのである．

　当該地域において，重要な食料の1つであるニシンであったが，16世紀後半を境に魚群は突如，姿を消すこととなる．その後，ニシン漁は北海洋上を中心に展開されることとなった．新たな魚群の出現とともに，その漁場において中心的な活動をしたのがオランダであった．大規模なニシン漁は，同国にとって重要な存在であった．

　18世紀スウェーデンの重商主義者であるアンデシュ・ノーデンクランツは，このような環境下において，自国の漁業経済問題に関心をもつこととなった．彼は，オランダやブリテン諸島における漁業の状況を踏まえ，自国ではどのような漁業を展開すべきかということを重要な問題として検討した．そこで，彼が注目したのがスウェーデン西部のユーテボリ（Göteborg）であった．ユーテボリは，ストックホルム港よりも漁場である北海に近い港であり，かつ輸出入に関してウーアソン海峡の北に位置し，海峡通行税の影響を受けることのない港であった．そのため，同港の整備，そして漁船を展開するうえでの海運業の整備を行うことで，ユーテボリを漁業拠点にすることを構想したのである．しかし，彼の構想とは別のかたちでユーテボリは18世紀後半から漁業拠点となった．その契機は，1750年代にスウェーデン西部のボーヒュースレン沿岸にニシンの魚群が突如出現したことにあった．それまで，ユーテボリではニシンが輸入されていたが，このニシンの再来後，ニシンは同地における輸出商品となった．したがって，ノーデンクランツの構想とは異なるかたちで，ユーテボリはスウェーデンにおける漁業拠点として，北海・バルト海商業圏において大きな存在感を19世紀初頭までもつこととなったのである．　　　　　　　　　　　　　　　　［齊藤豪大］

スウェーデンに住む

　人口約 900 万のスウェーデンは日本より面積が広く，南北に長い国である．それは人口密度の低さと，地方による気候や日照時間の差を意味する．過疎地と都市の生活条件の差も大きい．ゆえにどこに視点を据えるかで生活体験が異なる．ましてや，そこに住む人のバックグラウンドは千差万別．世の中の動きにも左右される．スウェーデンという枠組みの中で繰り広げられる生活は多種多様である．1 人の書き手の限界は知れていることを意識されたい．

●**住居**　冬．昼間に日が昇ってもそれがわからないほど雲が厚いので，灰色の海を黙々と泳いでいるかのような日々が続いている．朝起きると外は闇．むっくりとベッドから起き上がる．暖房のおかげで上着を羽織る必要はない．寒さに震えながら起床するのが冬の生活の一部であった者は，家の中で凍えなくてすむことに事あるごとに感激する．暖まっているバスルームや，たいていは裏切らずに蛇口から出てくれる湯．多くのスウェーデン人にとって暖房の効いていない寒い部屋で朝起きるというのはサマーハウスやキャンプでの経験にすぎず，セントラルヒーティングは当然視されているが，冬の外気温や悪天候を室内で感じなくてよいことがこの国の「正常な」生活の根幹かとさえ思う．セントラルヒーティングの果たす役割は計り知れない．

　しとしとと雨が降っているのに，周りを見渡すと傘を差しているのは自分だけ，ということがよくある．保育園児が雨でも決まって集団で外遊びをするのも，雪の中をジョギングする人々がいるのも，「悪い服装はあるが悪い天候はない」というこの国の何とも楽観的なキャッチフレーズを思い起こさせる．これらは防水を含む機能的な衣類に加えセントラルヒーティングあってのことであろう．少しぐらい雨雪にぬれても屋内に入ってしばらく放っておけば乾くし体も温まってくる（ずぶぬれであれば保育園等では温風式乾燥庫に服も靴もつり下げて乾かすが），となれば，天候によって行動の自由は阻まれないし，微細なことに時間や労力を費やす必要もなく，その意味でも個人的な自由は広がる．快適さに促される自由の獲得と行使は，普段意識されなくとも，やはりスウェーデンの生活の根底にあるといえよう．

●**交通**　通勤列車，今朝は無事に運行しているだろうか．そんなことを心配しつつ職場に向かう首都圏の住民は多い．国鉄を利用する同僚が，「昨日は 2 時間足止めを食らった」「説明のないままプラットフォームで寒い中待たされた」「今朝はもともと本数の少ない電車が突然運行中止になった」などと話すのを聞くのは珍しいことではない．県営の公共交通も路線によってはハプニングが多く，多量

の落葉や悪天候を理由に近郊電車が大幅に遅れたり，地下鉄が両方向ともストップしていたりするのを経験した人がほとんどである（図1）．線路の管理と電車の運行が異なる組織の管轄であるため，どこにハプニングの責任があるのかがあいまいなのは不幸である．加えて，ストックホルムの島と島を結ぶ線路の拡充が容易でないことは悪条件である．鉄道が時刻表どおりに運行するように，というのは社会のかなり基本的な要求で，これが秩

図1　ストックホルム郊外で地上を走る地下鉄（筆者撮影）

序や快適さを追求するこの国で何年たっても実現しないのは謎だ．天気と並んで電車の遅れは巷で挨拶代わりの話題となっている．

●生活テンポ　地方と都市部を比べると，やはり都市部のほうが生活のテンポが早いが，日本のそれとは比較にならないのではないか．日常の時間のやりくりは大変でも（電車が遅れればなおさら），フレックス通勤，有給休暇，病気の子供のケアのための休暇などの制度を利用すれば，たいていの職場では息切れせずにすむ．これにももちろん程度の差があり，団体交渉で組合が勤労者にとっての多くの利点を勝ち取っていればかなり居心地が良いが，自営業などはまったく条件が違う．しかし，例えば公立の義務教育機関では飛び石連休をつなげて休校にするのが常であったり，夏は公共機関でも開業時間が短かったりするのを目の当たりにすると，基本的には万人の休暇の権利を前提にした社会なのだと感じる．公共交通も2か月ほどは夏季時刻表となり，電車・バスの本数が減少する．「夏だから人がいません」と言われたら受け入れるしかないから，皆，夏のテンポに合わせるかそれなりの対策を練るしかない．そして自らもありがたく休暇を頂く，あるいは休む権利を行使する．

●心的環境　近年，特に夏季休暇シーズンに医療現場で看護師・助産士が不足している．しかし雇用者が休暇を取るのは法で定められており当然であるから，取る人に責任をなすりつけるのはまったくの論外で，議論は，医療政策や労働条件を改善して医療従事者の削減に歯止めをかけねばならぬ，という方向に向かう．ジャーナリストも政治家もそう言ってくれる社会は住んでいてもある種の安心感がある．個人の権利は尊重され，社会が人々のために制度的に問題を解決しようとするのがスウェーデンの伝統といってよい．住民の思考もそれに影響されている．しかしその社会の共同体から疎外されている（あるいはそう感じる）人々が増加しているのも事実である．グローバル化等によりこれまでに例のない難題を抱えた際，社会が，また，それを構成する住民がどう対応するかで，住民各層にとっての生活感が決まってくるであろう．

［兼松麻紀子］

「スウェーデン人」であること

　「スウェーデン人」と呼ばれる人間集団について，何らかの文化的・社会的特徴を共有する人間集団として定義づけることは，慎重に回避されねばならない．少なくとも，スカンディナヴィア半島に居住し，スウェーデン語やルター派信仰などを共有する人間集団といった定義は，多様な出自をもつスウェーデン王国の居住者を説明するには，限定的な意味しかもたない．

　スウェーデン語には，ある一定の領域内部において何らかの特徴を共有するような人間集団を意味する概念として，「ナショーン［ナットゥショーン］」と「フォルク」という2つの単語がある．両者は日本語としてともに「国民」や「民族」と訳される傾向があるが，スウェーデン語運用上の語感としては峻別されるべきものである．

　ラテン語に原義をもつ「ナショーン」は本来スウェーデン王国の版図に居住する人間集団を包括的に示す概念ではなく，出自を同じくする人間集団を意味する限定的な概念だった．こうした意味に従って，例えば日本でいう「県人会」に似た組織として，スウェーデンの大学で出身地を共有する学生達が帰属する団体は，「ナショーン」と称されている．

　これに対して「フォルク」の語義は，本来，一定範囲の地域に居住する人間集団を包括的に表現するものだった．この語義は，共通の言語を基礎に歴史的に生成された特有の個性をもつ文化的共同体を指す概念として，18世紀後半以降に拡張されていった．元来スウェーデン王国に居住する民衆全般を指した「フォルク」は，スウェーデン固有の特徴をもつ文化的集団としての意味をまとうようになり，近代以降の用法としては日本語で「民族」や「国民」として想起されるイメージに近いものとなった．

　歴史的に見て，スウェーデン王国に居住する人間集団は，ある特定の性格を共有する「フォルク」のような存在ではなかった．そもそもスウェーデン王国の成立自体が，王国として別個の存在だったと想定されるスヴェーア王国とユータ王国の複合の結果だとみなされている．北欧神話に登場する豊穣の神フレイ（ユングヴィ）を初代とするスヴェーアの王は祭祀共同体をつかさどり，やがてこの信仰を共有する諸部族を統べる役も担うようになった．北欧神話の祭祀共同体としての性格はキリスト教の普及によって改められたが，スウェーデン王国は独自の慣習と法を有した諸地域の連合体としての性格を残した．スウェーデン王が保護者となって，地域ごとに異なる権利が保証された連合体には，一時期フィンランドやエストニア，北ドイツも加わることがあった．歴史的なスウェーデン王国とは，こうした複数の異なる「ナショーン」が並存することで構成された複合的な

秩序だった.

　この王国で居住することを選択した集団の中に，言語や宗教といった文化的特徴や，生業などの社会的役割において何らかの共通性を見出すことは難しい．唯一の共通点は，自らの生存を保証する権利の保護がスウェーデン王の統べる王国に求められていた点となろう．中世のスウェーデン王国で見れば，王国を構成することになった各地域は，地方レベルでの行政・司法機関の維持を通じて古来の法共同体としての性格を温存した．近世のスウェーデン王国で見れば，王国議会を通じて王国に居住した諸身分は父祖伝来の特権保護を主張した.

　近代以前の王国にあって多様な人間集団に認められた権利は，彼らの主張のままに与えられたものではない．それは，各々の集団が王国の安寧のために果たす職能に応じて個別に認められたものだった．鉱山業に秀でた南ネーデルラント出身のワロン系住民や国際商業網を有したユダヤ系住民，森林業に秀でたフィンランド出身の「森のフィン人」などのように，王国の安寧に資する職能をもつという点に鑑みれば，その出自はスウェーデンに限られなかった．彼らの中には，古来の生活拠点だった森林地帯を王国へ譲渡することを条件に徴兵免除などの特権を認められ，極北の地へと生活の場を移すこととなったサーミも含まれた.

　近代は，王国への主体的な活動を通じて生存の権利を得てきたさまざまな「ナショーン」の個性を，「フォルク」としての「スウェーデン人」の名のもとに隠蔽した時代である．職能や出自にとらわれない普遍的なスウェーデン市民としての権利が承認され，確かに政治的な民主主義は進展した．しかし貧困の中で自らの生活の可能性を見出せなかった人達の多くは「祖国」を捨て，アメリカ大陸へ移住した．スウェーデン系のアメリカ人やカナダ人は，「フォルク」としての「スウェーデン人」を建前とした王国の限界を例証する存在である.

　今日の「スウェーデン人」を語るうえで重要なキーワードに，スウェーデン社会民主党が 1920 年代末以降に標榜した「国民の家」がある．ここで語られる「フォルク」の意味は，文化的な共通性をもった人間集団というよりは，政治的にはもちろん経済的・社会的・文化的な営為に関して主体的に参画する民主主義の構成者であった点で革新的である．王国の安寧を実現する民主主義を維持するには平等な公的サービスの堅持が求められ，これがスウェーデン福祉国家の核心とされた．平等な公的サービスの提供はグローバルな政治情勢を背景とした移民の増加を促しているが，それが認められる前提は「国民の家」でうたわれたように民主主義の参画者であることにある．したがって，王国を構成する人間集団の多様性が明らかとなった今日において「スウェーデン人」であることは，その出自のいかんを問わず，自らの生存を保証する市民としての権利が与えられる王国において，いかに主体的な生き方を示すのかによって測られるものとなっている.

［古谷大輔］

スウェーデンの料理事情

　スウェーデンの日常生活で接する料理の数々は，スウェーデンを育んできた自然環境と文化事情を理解するうえで絶好の対象である．しかしながらスウェーデンが，その歴史の中で多様に国の形を変え，また多様な出自の人々を包摂してきた来歴を鑑みれば，スカンディナヴィア以外の食文化の要素を多く含んだ「スウェーデン料理」を定義することはほぼ不可能に近い．

　そもそもスウェーデンに古来の料理の伝統は，スカンディナヴィアの過酷な自然に条件づけられながら育まれたものである．穀物で見ればライ麦や大麦，野菜で見ればエンドウ豆やスウェーデンカブ，キノコ類，食肉で見ればヘラジカやライチョウ，ウサギ，ブタ，魚で見ればニシンやサケ，ウナギなど，食材となるものは限られていた．動植物の生息域や栽培域は地域差があるため，保存法が確立される以前はスカンディナヴィアの南北で地域差も大きかった．

　「スウェーデン料理」なる概念が構築される以前の料理事情は，今日でも伝統的な習慣の中で提供される家庭料理から窺い知ることができる．例えば，スウェーデンでは毎週木曜日にエンドウ豆のスープとパンケーキを食す習慣がある．これは聖金曜日の前に肉食を断つことを求められたローマ・カトリックの慣習の名残と考えられているが，他方で豆とカブはスカンディナヴィアでも栽培可能な野菜であった．また，森林において成長し多産であるブタは，北欧神話が信仰されていたスウェーデンでは豊穣をつかさどる神フレイヤに仕える神聖な獣とされてきた．かつての冬至の宴に起源をもったクリスマスで食される主菜が塩漬ブタであることは，このような伝統に由来するものである．

　スカンディナヴィアの環境がスウェーデンの伝統的な料理に与えた制約は，食材だけに限らず，調味料にも及んでいる．今日の観点からすれば塩は調味料の1つとしてみなされているが，鹹水や海藻からしか塩を得ることができなかったスウェーデンで，塩は長らく保存料として重用された．塩蔵された食材の味を調えるためには，蜂蜜やジャムなどの糖類，ディルに代表されるハーブ類，乳製品などが用いられた．こうした伝統は，例えば肉団子にコケモモのジャムを添えて食べる習慣などに残っている．

　食材の保存手段が限られていた時代にあって，食材の腐敗を防止する技法は塩漬けと酢漬けである．塩の生産量が限られたスウェーデンでは，保存用の塩を節約する目的から独特な伝統料理が生み出された．例えば，強烈な異臭を放つことで知られるシューシュトゥルンミングは，ニシンを塩水に漬けて発酵させたことに由来する料理である．砂糖とディルをまぶして発酵臭を消すグラーヴァッド・ラッ

クスも，サケを塩蔵する際の塩の量を節約することから生み出された料理だった．今日ではスウェーデンの食卓を彩るニシンの酢漬けも，もとをたどれば乳製品の生産工程で得られた乳清に漬け込み，その味をハーブ類で調えたことに由来する．

18世紀以降，スウェーデンでもようやくアメリカ大陸由来のジャガイモが生産されることとなったが，それまでの長きにわたって主食は大麦やライ麦に限られた．とりわけスカンディナヴィアに自生した大麦は，イースト菌発酵のできる小麦や乳酸菌発酵のできるライ麦とは異なり，炭酸アンモニウムを含むシカの角をふくらし粉として利用せねば発酵もままならならない．しかも発酵を終えた生地を焼いたとしても，小麦のパンのように膨らむことはない．大麦やライ麦の収穫量が少ないときには，シラカバの樹皮の粉を穀類に混ぜてパンを焼くこともあった．今日ではオープンサンドで用いられる薄いパンや堅いパンは，実のところ，こうしたスカンディナヴィアの植生の結果としてもたらされた．

こうしたスカンディナヴィアの自然環境に条件づけられた家庭料理に対して，我々が「スウェーデン料理」と考えるものの多くは，実のところ，外来の食材や技法を「横領」した結果として生み出されたものが多い．例えば，「スウェーデン料理」を代表するものとして知られる肉団子は，中世に商業的な関係の深かったドイツから挽肉を焼く手法が伝わったものが，近代以降のコンロとレシピの全国的な普及によって「国民」化されたものである．アメリカ大陸由来のジャガイモに地中海世界由来のアンチョビを加えて調理される「ヤーンソンの誘惑」という名のついたキャセロールも，オーブンのような調理器具とそのレシピが家庭に普及した20世紀の産物である．今日の日本では「バイキング」と称されている自由にオードブルを選んで食するスムールゴスボード（smörgåsbord）も，実のところオードブルを酒のつまみとして蒸留酒を飲んだロシアの習慣に由来する．

こうしたスウェーデンの料理事情を振り返るならば，過酷な自然を生き抜く術として発展した家庭料理は，スウェーデンを基礎づける条件を示すものだった．これに対して，多様な来歴をもった「スウェーデン料理」は，そうした過酷な環境に置かれながらも今日のスウェーデンを育むに至った知恵を示すものだった．中世以降にヨーロッパ大陸から伝わった技法や，近世以降にアメリカ大陸から伝わった食材などを柔軟に受け入れるのでなければ，スウェーデン単体での食文化の発展はあり得なかった．近代以降は「国民料理」のベールで覆われながらも，工業や情報・交通などの恩恵を受けるかたちで，土着の食文化と外来の食文化の融合が見られた．スウェーデンの料理事情は，20世紀半ば以降も移民によってもたらされたイタリアや旧ユーゴスラビア，イスラム諸国などに由来する食文化を摂取しながら変化を続けている．こうしたスウェーデンの料理事情は，スカンディナヴィアを「縦糸」に，世界の諸地域を「横糸」にしながら紡がれてきたスウェーデンの姿の一端を物語るものといえよう．　　　　　［古谷大輔・古谷能子］

デンマークの食事情

　デンマークでは本来，その気候から食材はずいぶんと限られていた．例えば，ライ麦等の穀類，ジャガイモなどの根菜，乳製品，肉類．EC加盟以降は，さまざまな食材が輸入されるようになったが，入ってきたのは単に食材だけではない．多くの外国人がデンマークを訪れ，また居住することで，それらの国の料理が広まった．中華料理や日本食はもちろんのこと，最近ではメキシコ料理やインド料理，タイ料理などのレストランも多くみられる．

　家庭での日常の食事はどうだろうか．朝食は，小さな丸いパンにチーズやジャムを載せたり，あるいはシリアルやミュズリに牛乳やヨーグルトをかけたりしたものである．昼食には，ライ麦パンにレバーペーストやハム類などを挟んだサンドイッチや果物をお弁当として学校や職場に持参する人が多く見かけられる．朝と昼はいわゆる「冷たい」食事となるが，夕食には家族で温かい食事を囲む．肉や魚の主菜のほか，伝統的にはジャガイモが添えられ，副菜にはニンジンなどのゆでた野菜．これらを各自のお皿に取り分け，料理に合わせたソースをかけて食べる．しかし，現在ではジャガイモの代わりにパスタやお米も食べられている．また，新鮮な葉野菜も多く流通するようになり，生野菜のサラダも食卓に上る．それは過去を知る者にとっては驚きである．若い世代ではラードやバター，ソースなどの高カロリーなものを避ける，ヘルシー志向の考え方も定着しつつある．

　ヘルシーな食事を心がけるのは当然，健康を意識してのことであるが，最近では自国の食文化を見直そうという傾向がうかがえる．単に健康的な食事を求めるということではなく，何世代にもわたって食されてきた食材や調理法が，実は人々のうちに培われてきたDNA，身体に合う食事というわけである．もちろん，外国の料理に刺激を受け，伝統的なデンマーク料理に対する関心が高まったという側面も否めない．そしてこれは，世界的に有名なレストランとなったNOMAのプロデューサーでもあるクラウス・マイアが2004年に打ち出した「北欧料理（Det Nordiske Køkken）」というコンセプトにも影響を受けているのだろう．すなわちデンマークにおいて，フレンチやイタリアン，日本食といった他国の伝統的な料理をまねるのではなく，デンマークにも素晴らしい食事が存在し得るというコンセプトである．その背景にはサステナブル，環境に負荷を与えずに持続可能であること，そしてエコロジカルといった考え方もある．デンマーク各地の特産物をその歴史と併せて紹介し，産地と台所の距離を物理的にも心理的にも密接にしたのである．住むところも，家族の背景も多様化している現在，デンマークに特徴的な食材や調理法がデンマークというアイデンティティさえ形成する．

「北欧料理」という考え方がデンマーク国民に浸透した理由はそんなところにあるのかもしれない．普通のデンマーク人が，デンマークで育つ食材を普通に食べることの大切さを伝えているのである．実際，今やさまざまな商品に「デンマーク産」であることがうたわれており，これまでは一般的ではなかった食材もデンマーク産として注目されている．その1つとして，身体に良いと世界的に好まれているオリーブ油に代わって，デンマーク産菜種油が登場している．デンマーク独自の料理を見直す風潮は，政治にも現れる．デンマーク料理をより意識させる目的から，食糧省が国民に国を代表する料理は何かと投票を呼びかけた．2014年，1位に輝いたのは「ローストポークとジャガイモのパセリソース添え」であった．まさしくデンマークの伝統料理である．

さて，デンマークのスーパーマーケット等に行くと，赤いエコマークの付いた商品が目につく（図1）．現在はエコの基準はEUで統一されているが，デンマーク当局が，国内で製造・加工・梱包などを行う農園や企業を監督している．1989年に導入されたエコマークは国民に広く認知されている．しかし，認知度は非常に高くとも，その有機食品を誰もがすすんで購入するわけではない．理由の1つは価格にある．エコマークの付いた商品は，そうでないものに比べると値段が高いからである．価格差は商品にもよるが，例えばデンマーク人には欠かせないパンを焼く際の生イーストの場合，エコマークの付いたものは価格が5倍となっている．また，地域によっては，エコマークの商品があまり売れずに商品棚に停滞することで新鮮さが保たれず，回転の早い，エコマークの付いていない商品が客に好まれることもある．しかし2015年1月からは，デンマーク人により良い食生活を送ってもらおうと，コープ（coop）系列の店舗ではエコマーク付きの商品の価格を下げていく取組みが行われている．

図1 エコマークの画像
(http://www.foedevarestyrelsen.dk/SiteCollectionDocuments/50_logo_maerker_deklarationer/oekologi/oeko_red.jpg)

また，2009年に導入されたばかりの新しいマーク，「鍵穴（nøglehullet）」マークもある（図2）．これは健康的な食材をわかりやすく伝えるためのマークであり，脂肪分，糖分，塩分を控え，食物繊維や全粒麦を多く摂取することの手助けとなるように意図されている．エコマークとは異なり，必ずしも価格が高いわけではない．栄養に関する知識が乏しい人々に対して，健康的な食事を意識しやすいように付けられているマークであり，成分表などが読めない外国人をも意識し，さまざまな言語での案内パンフレットが作成されている． ［鈴木雅子］

図2 鍵穴の画像
(http://www.noeglehullet.dk/NR/rdonlyres/121FA101-5DE8-4C57-9172-65091D3AB63B/0/Noeglehul_fv_2005_rgb.jpg)

北欧の食文化と道具

●**伝統料理と保存食**　北欧の主食はジャガイモとパンである．北欧のパンに使用される穀物は主にライ麦，大麦，オーツ麦，小麦の4種で，野菜が乏しい土地柄のためビタミンやミネラル，食物繊維を豊富に含むライ麦の黒パンや，胚芽や種子類を含む雑穀パンが好まれてきた．また保存のため乾燥させたフラットブレッドも広く親しまれ，軽量で長期保存できるためヴァイキングも重宝したといわれる．

食文化の主軸は保存食である．寒く長い冬に備えて魚や肉を酢漬けや塩漬け，薫製にする．ニシンの酢漬けは北欧各国で見られる代表的な伝統食である．穀類も日持ちがするよう乾燥させた．またパンを焼く燃料や時間を節約するため年に一，二度，大量にパンを焼いて保存していた．

北欧で常食される魚はニシンとサーモンである．コペンハーゲンをはじめニシン漁で栄えた街は多く，ヘルシンキでは18世紀から続くニシン市が今も開催されている．フィンランドとスウェーデンではバルト海産ニシンが出回り，これを指す言葉が別にある．ニシンをはじめ北欧の魚料理はハーブのディルを添えて食べる．

ノルウェーは漁業国であり，主な水産物にサーモン，サバ，タラ，甘エビなどがある．北欧全般でサーモンやタラなどの魚卵も食されている．スウェーデン

図1　小ぶりなバルト海ニシンにリンゴンベリーを添えた伝統料理

やフィンランドではザリガニを食べる習慣があり，夏に解禁日があるため夏の風物詩としてザリガニパーティーが開催される．またスウェーデンには「シューシュトゥルンミング」と呼ばれる発酵ニシンの缶詰があり同じく夏に販売が始まる．

代表的な肉料理にはミートボールがある．豚肉や牛肉，羊肉などを使用し，ブラウンソースにジャガイモとリンゴンベリーのジャムを添えるのが一般的である．デンマークは養豚が主要産業であり豚肉料理が特に多い．豚のレバーパテはオープンサンドの定番の具材であり，デンマーク家庭の常備品でもある．狩猟を楽しむ人も多く，ヘラジカなどは食卓へのぼることも多い．トナカイやライチョウなど北極圏のジビエも特産として人気が高い．

クリスマスは北欧最大の祝事であり，その食卓には伝統の味が並ぶ．北欧では豚が幸運の印とされ，クリスマス料理には豚肉を用いたものが多い．フィンランドやスウェーデンではクリスマスハム，デンマークでは「フレスケスタイ」と呼ばれる豚肉料理がある．ノルウェーのクリスマス料理では干鱈を灰汁で戻し煮た「ルーテフィスク」が有名である．

世界的に知られる北欧料理「スムールゴスボード（スモーガスボード，smörgåsbord）」は多種多様な料理を並べたビュッフェ式料理を指し，もともと客人がいつ訪れてきてもいいように冷製の料理を並べていたのが始まりといわれる．

●日常の味　湿地が多く夏の日照が長い北欧はベリー類の生育に適し，苺やブルーベリー，リンゴンベリーなどさまざまな種類がある．北極圏でのみ生育するクラウドベリーは希少価値が高く，ベリーの王様と称されている．ベリー類は貴重なビタミン源であり，ジャムやジュースにして冬の間も楽しむほか，酒類や化粧品，薬にも使用されている．北欧には「自然享受権」が存在し，誰かの所有地であっても自由に出入りできる権利を定めている．この権利のもと人々は気軽に森へ出かけてベリーやキノコを収穫する．

牛乳，バター，チーズ，ヨーグルト，クリーム製品，発酵乳など乳製品の摂取量は多い．ノルウェーの特産には乳糖をキャラメル状にして作るヤギのブラウンチーズがある．コーヒー消費量も多く，フィンランドやノルウェーは1人当たりの消費量が世界第1位にもなっている．職場や学校ではコーヒー休憩が認められ，冠婚葬祭の場でも欠かせない．スウェーデンには家族や友人とともにコーヒーと甘い菓子パンを楽しむ習慣を指す「フィーカ」という言葉が浸透している．

北欧はウォッカベルトと呼ばれるアルコール度数の高い蒸留酒をよく飲む地域に含まれる．アクアビットやシュナップスといった大麦や芋を使った蒸留酒が飲まれ，オープンサンドやザリガニなど伝統的な食の伴として欠かせない．またビールの摂取量も多く自家醸造も浸透している．デンマークを除く北欧諸国では酒は国の専売制となっており，専売店でのみ買うことができる．

●食まわりの器と道具　北欧の家庭ではオーブンとコンロ機能を兼ね備え，燃料を節約できるクックストーブが愛用されてきた．煮込みやオーブン料理を作る鍋やキャセロールは家庭で最も活躍する調理道具であり，素材はホーローや陶器が多い．第二次世界大戦後の北欧デザイン黄金期には数々の名作食器も生まれ，食卓にそのまま出せるデザイン性の高いホーロー鍋や製品が増えた．ニシンの酢漬けを作るための容器や，ニシン料理専用の食器などニシンにまつわる器は多い．ニシンは食器やリネンなどのデザインに用いられることの多いモチーフでもあり，ベリーやキノコも同様である．北欧の家庭にはコーヒーセットが1つはあるといわれ，戦後は食器メーカーがこぞって優れたデザイナーを起用し多くの名作を生んだ．コーヒー豆を入れて販売する缶やコーヒー保存容器にもデザイン性の高いものが多い．ちなみにチーズスライサーはノルウェーの発明品であり，乳製品に使われるテトラパックはスウェーデンの発明である．　　　　　　［森 百合子］

図2　フィンランドの陶器メーカー，アラビア社から発売されたコーヒー保存容器

デンマークのアルコール事情

　「デンマーク」と「アルコール」の2語を目にして，ビール愛好家はすかさず「カールスバーグ」という名前を思い出すのではないだろうか．そう，ビール会社「カールスバーグ社（Carlsberg，デンマーク語読みはカールスベア）」がデンマークを代表する世界的企業の1つであることからもわかるように，デンマークは「ビール（øl）の国」である．また「アクアビット（akvavit）」などのアルコール度数の高いスナップス（snaps，蒸留酒）を思い浮かべる人もいるだろう．あるいは実際にデンマークを訪れた人の中には「実際にたくさん飲んだのはワイン（vin）だった」という感想をもつ人がいるかもしれない．ここでは「デンマークのアルコール事情」について簡単に紹介したい．

●**水の代わりにビールを！**　デンマークのビールの歴史は古く，青銅器時代（紀元前約1500〜500年）にまでさかのぼるといわれる．北欧神話において，豊饒と人間の幸福をつかさどる女神フレイヤ（Freja）は，ビールの女神でもある．ヴァイキング達もビールを好んだといわれる．中世には，教会や修道院でもビールの醸造が行われ，またコペンハーゲンでは，水質が悪かったために，水の代わりにビールを飲むといった状況だったともいわれる．

[ビールとともに季節は巡る]

　デンマークにおけるビール文化の豊かさは，季節限定のビールからもわかる．例えばデンマークには，J-dag と P-dag という日がある．J-dag は，デンマークでクリスマス（jul）限定のビール（julebryg）が解禁される日のことで，また P-dag は，デンマークで復活祭（påske）限定のビール（påskebryg）が解禁される日のことである．どちらも通常のビールに比べるとアルコール度数が高めである．また，クリスマスの時期にはアルコール度数が2%ほどの，デンマーク産白ビール（ただし見た目は黒いのだが）「小人・ニセのビール（nisseøl）」も飲まれる．

[ワインの人気上昇そしてビール文化を守る動き]

　1980年代以降，デンマークではビールの消費量が減少しだした．その理由としては，デンマークが現在の欧州連合 EU の前身にあたる EC に1973年に加盟して以来，ワインの輸入量が増大し，それまでは「上流階級のお酒」であったワインが庶民の食卓にも登場しやすくなったことが考えられる．2013年の統計では，アルコール消費量全体の46%がワイン，そして37%がビールと報告されている．

　デンマークでは従来ラガービールやピルスナーの製造が主流であったが，ワイ

ン文化に対抗するため，例えばエールやスタウト，ドイツ産・ベルギー産の白ビールなども製造され始めた．また現在デンマークには多くの地ビール醸造所も存在している．

[デンマークの文化に古くからある蒸留酒]

デンマークでは蒸留酒の歴史も長い．蒸留酒は中世には薬として飲まれることが主流で，後にアルコール類の1つとして好まれるようになったそうだ．19世紀半ばには，ユトランド［ユラン］半島北部のオルボー（Aalborg）で，デンマークを代表するアクアビットの銘柄赤オルボー（Rød Aalborg）を製造する蒸留所が誕生する．デンマークの蒸留酒には，風味づけのされていない無味なものもあるが，ハーブやベリーなどで風味づけがされているものも多い．現在蒸留酒の人気は下降線の一途をたどっている．特に若者は蒸留酒を敬遠する傾向にあるようだ．それを証明するかのように，先述の赤オルボーの生産を手がけてきた会社は，現在ではノルウェー企業の一部となり，2015年4月にオルボーにおける蒸留酒の生産をやめ，製造拠点をノルウェーに移している．

●詩にもうたわれるビールとスナップス　1944年にノーベル賞を受賞し，また1902年には日本も訪れたことのあるデンマーク人作家ヨハネス・ヴィー・イェンセン（1873-1950）はデンマークの食文化についての詩，『昼食にて（*Ved Frokosten*)』（1906）を残しているが，最後に彼がビールと蒸留酒について詠んだ部分を紹介して終えたい．

> Giv mig en bajer!／jeg vil berømme det ravgule øl fra fad.／Det er isafkølet og det fråder af kulsyre.／Død og djævel, hvor jeg længes efter det!／Mit svælg drikker, allerede, når jeg ser det på afstand!／Jeg vil begrave mig i en slurk....／jeg var tørstig... i aftes, hvordan var det?（ビールを1杯飲ませておくれ！／琥珀色した樽出しビールを讃えたい．／氷のように冷えて，炭酸の泡の音が聞こえる．／死に神がなんだ，悪魔がなんだ，どんなにビールに焦がれたことか！／遠くにビールを眺めるだけで，僕の喉はもうビールを飲んでいる！／ひと口の中に飲み込まれてしまいたい…／喉が渇いていたんだ…昨日の晩，あのときのビールの味はどんなだったかい？）Men nu skælver mit bryst mod snapsen,／som jeg har skænket mig af den iskolde flaske.／Se den spiller, den ler klart,／jeg holder den op som en stor levende diamant,／kornbrændevin, kort sagt, Danmark!（でも今僕はスナップスを前に僕の胸震わせる，／凍る瓶から自分に注いだ．／ほら，スナップスが奏でている，明るく笑っているぞ，／僕はそれを掲げ持つ，煌めく大きなダイヤのように，／穀類由来の蒸留酒，これぞすなわち，デンマーク！）

今後，ヨハネス・ヴィー・イェンセンがビールと蒸留酒を愛でたように，ワインを愛でるデンマーク人作家がはたして出てくるだろうか．　　　　　　　　　［大辺理恵］

デンマーク人のサマーハウス事情

　かつてデンマーク人は，心置きなく語り合える身内や知人との静かで温かい語らいの空間——物質的には豊かではなくとも，穏やかな日々の連続の中で，例えば，日長の夏の夕べに，ようやく日が沈もうとする頃，窓辺にろうそくを灯してコーヒーを飲みながら語らう——という状況に主観的に気づき，それが客観的にもそのようであろうと自覚するとき，「ヒュゲ（hygge）」という言葉でその状況を表現していた．1968年の「若者の蜂起」によって，家父長的ではあるものの他人を慮る古きよき時代が過ぎようとし，その後に世の中が徹底した民主主義を実現し，デンマーク人同士では納得ずくの「言論の自由社会」が実現する．女性が労働市場に進出し，「主婦（husmor）」がいなくなった家庭状況の中で，どのようにして，かつての「ヒュゲ」を心置きなく取り戻すことができるだろうか．

　デンマークでは，年間最低5週間の休暇が法律で保証されており，通常5月1日を起点に，年間の休暇を申請・調整する．寒く，日差しの少ない時期が長い気候のデンマークにおいて，夏の休暇は皆の楽しみであり，夏の数週間をどこでどう過ごそうかと家族で相談するのである．学齢の子供のいる家庭では，子供達は6月中旬から8月初旬まで夏休みとなり，5週間の休暇のうち3週間程を夏に取り，残りをクリスマス，2月の子供達の学校の冬休みや春のイースター休暇，10月の秋休みに合わせて振り分けて取得する人も多い．

　夏の休暇の過ごし方として，太陽を求めてのギリシャやスペインなどへの旅行や外国の都市部への旅行などが人気であるが，デンマーク人共通のもう1つの休暇の過ごし方としてごく一般的なのが，国内のサマーハウス滞在である．

　デンマークでは「繁栄の1960年代」に，週末あるいは休暇を過ごすためのコテージや家が建てられた．現在は年代・収入にかかわらず多くの人々がサマーハウスを所有し，その数は約25万軒となっている．人々は1年のうち主に夏の数週間を自分のサマーハウスで過ごすが，その他は手数料を払って仲介会社に登録をし，他者へのレンタルや管理一式，清掃を依頼するという合理的な方法を採っていることが多い．大手の仲介会社は2社あり，レンタルの費用はだいたい1週間あたり4,000クローネから1万2,000クローネ（約6万6,000円から20万円）ほどである．あるいは，友人同士や親戚同士で非常に安い金額，またはワイン数本で貸し合ったり，企業がサマーハウスを所有し，福利厚生の一環として社員に安く貸し出す場合もある．

　サマーハウスの多くは海岸沿いにあり，サマーハウスエリアが設置されて分譲されたものである．さまざまな花の咲く広い芝生の庭にはテーブルと椅子が置か

れ，屋内のテラスはガラス張りで光を取り込むように作られている．夏でも雨が降って，気温が15℃ほどに冷え込むこともあるため，この屋内のテラスがあると大変重宝する．時々，庭に赤地に白い十字のデンマーク国旗がはためいているのを見かけるが，それはサマーハウスに「滞在中」ということを喜びをもって示している．一方で，近年では空き家となった家をサマーハウスとして貸し出していることも多いようである．そうした家は室内の装飾が1970年代風であることが多く，家の中にある台所用品や食器，本などを見るのは，その家族の歴史を見るようで，なかなか興味深い．また，特に小さな子供のいる家族には，プールやミニゴルフ，卓球場，遊具，レストランや店などがあるキャンプ場型のサマーハウスも人気である．

　通常，夏は毎週土曜日が大移動日であり，人々は車の屋根の上にも大荷物を積み，サマーハウスへと向かう．高速道路E20が上下線ともしばしば渋滞になる．主にユトランド［ユラン］半島が人気であり，なかでもカテガト（Kattegat）とスカーイェラク（Skagerrak）の2つの海の波がぶつかり合う最北端のスケーイン（Skagen）付近や西海岸が特に好まれている．隣国と地続きのため，ドイツ人も多く滞在する．サマーハウスの多いエリアでは，大型スーパーマーケットが遅くまで開いていて，土曜日の到着後に人々は駆け込み，食糧やビール，そのほか足りない物を買い込む光景が見られる．

　デンマーク人にとって，サマーハウスで何より大切なことは，「日常から離れてリラックスする」ことである．慌ただしい日常から離れて，あまり何もせず，自然の中で庭仕事をしたり，読書をするなど，ゆっくりとした時間の流れを楽しむ．海水浴，サイクリングや散歩などを楽しんだりもするが，のんびりと過ごすのが基本である．

　そして，サマーハウスでの大事な楽しみは，家族や親戚，友人達との交流である．互いにサマーハウスに招き合い，芝生の庭で大人も子供も裸足でバドミントンやサッカーに興じたり，庭でバーベキューをし，ビールやワインを飲む．22時過ぎまで明るい夏の日を目一杯楽しもうと，彼らはいつまでも語り合い，陽気に笑い声を上げている．夕闇が迫り，大分冷え込んできても，フリースやセーターを着込んで，そのまま外に居続け，子供達も庭で遊び続ける．サマーハウスの近所付き合いも盛んに行われ，夏ごとの再会を喜び，食事に招き合うこともしばしばである．

　この親密で心地よい時間を共有することを，デンマーク人は大切にしている．それは昔ながらの「ヒュゲ」の空間であり，彼らの国民的生活文化の1つとして挙げられるのである．日常から解放されたサマーハウスでのこうした家族や友人との団欒は，大人にとっても子供にとっても「幸せ」な時間であり，彼らはそれをことさら大事に思っている．

[オールセン八千代・村井誠人]

デンマークのファミリー事情

　デンマーク人の一般的な名前（ラストネーム）といえば，イェンセン（Jensen）やハンセン（Hansen）である．しかし「〜であった」と過去形になる日も遠くはないかもしれない．2006年に施行された名前に関する法律の改正によるものである．当時，「自由化された法律」と称され，名前に関する選択の幅が広がった．例えば，ミドルネームをラストネームに変更できるようになったこと，また，未婚ながら夫婦と同等の資格をもつ同棲パートナーや子供のいるカップルに関しても，お互いのラストネームやミドルネームを名乗ることが可能になった．改姓時の手数料（3,000クローネ）廃止が影響してか，法律改正後1年で10万人以上が改姓を行ったという（2007年5月からは事務手数料430クローネが再開）．これは，生涯に一度限り改姓が許可されていた1904年から1981年の間の改姓者約5万人と比べると記録的な数字であり，この法律は「成功」を収めたともいわれる．実際，1971年の上位20位のラストネームは19位までが「セン(-sen)」で終わる名前であったが，その人数はいずれも2007年には減少している．例えば1位であったイェンセンは1971年の約37万人が2012年には約27万人となっている．

　名前はアイデンティティを示すものでもある．さまざまな選択肢のある現在，最もシンプルな方法は結婚をしてもラストネームを変えないことであるが，子供が生まれると，子供の名前を決めなくてはならない．父親のみ，あるいは母親のみのミドルネームとラストネームを継承するケースはまず聞かない．たいていは両親それぞれからミドルネームあるいはラストネームを1つずつもらうのが一般的のようだ．しかし，最近では名前についても「男女平等」といった考え方が見て取れる．つまり，男性も女性も「平等に」名前を変えるというものである．さまざまなパターンがあるが，男性も女性もミドルネームとラストネームの何かしらを新しくし，家族で共通の名前をもつわけである．例えば，ヤコプ・フォウ・ラスムセン（Jakob Fogh Rasmussen）とリーセ・スコウゴー・ハンセン（Lise Skovgaard Hansen）が結婚した場合，-senのラストネームを避け，2人ともがミドルネームをフォウ，ラストネームをスコウゴーと名乗ることができる．個人のアイデンティティではなく，家族単位のアイデンティティとしての名前（ミドルネームとラストネーム）と捉えているようである．家族が同じ名前をもつことを良いと考える，ある意味，保守的な考え方への移行は，離婚や再婚により，血のつながりとは関係のない「家族」が増えたことと決して無関係ではないだろう．

　デンマークにおける離婚率は，2014年に過去最高を記録している．離婚するには最低半年の別居という要件が2013年7月に廃止されたことも影響している

だろう．離婚の半数以上は結婚 10 年未満の夫婦間で起こっており，20 代の離婚者数が最も多い．同時に，若い世代では再婚も珍しくなく，もちろん結婚せずに同棲するカップルも多い．家族として一緒に住んでいる大人と子供に，必ずしも血のつながりがあるとは限らないのである．デンマーク統計局による項目には，同居する 17 歳以下の子供の兄弟関係として，「義兄弟姉妹（papsøskende）のみ」「異父（異母）兄弟姉妹（halvsøskende）のみ」「義兄弟姉妹と異父（異母）兄弟姉妹」「兄弟姉妹（helsøskende）のみ」「兄弟姉妹と義兄弟姉妹」「兄弟姉妹と異父（異母）兄弟姉妹」「兄弟姉妹と義兄弟姉妹と異父（異母）兄弟姉妹」が挙げられている．統計としては，もちろん兄弟姉妹のみが多いのだが，公的な統計にこのような選択肢があることに驚かされる．ちなみに，hel-は「完全な」，halv-は「半分の」という意味であるが，pap-は本来は紙パックを意味し，人工的に作られた物質であることから，派生的に「本物ではない，形成された」といった意味をもつ接頭辞として，papfar（義父），papmor（義母）などと表現される．

　さて，当たり前であるが，離婚によって影響を受けるのは子供である．いくら離婚が当たり前のようになっていたとしても，当事者となる子供には決して「当たり前」のことではない．誰しもが離婚による子供への悪影響を避けようとするものの，考え方の違いから離婚する夫婦にとって，離婚後の子供への対応は簡単に合意できるものでもない．子供は両親のどちらとも一緒に過ごす権利をもつ．しかし，親の保護下となる未成年（18 歳未満）の子供には，どのように日常を送るのかを決める決定権はないのである．離婚後，父親と母親の住居を 1 週間ごとに移って生活する子供もいる．両親は子供が同じ学校に通えることを重視し，ともにその通学圏内に住み，またどちらにも個室を用意している．しかし，生活する家が毎週変わること，家が 2 か所あるということは，はたして子供にとって落ち着けることなのであろうか．

　また，家族で集うイベントにおいて，誰が集まるのかも複雑となる．基本的には子供本人の祝い事には，その両親（とそれぞれの家族）が揃って参加する．つまり，誕生日に母親の再婚相手である「義理の父親」と本当の父親が同席することも珍しくない．さらに子供の一大イベントともいえる堅信礼．それは幼児期に受けた洗礼を 15 歳頃に改めて確認する儀式なのだが，たいていは多くの親戚が集まってお祝いをする．両親が離婚している場合，それぞれの新しいパートナー，さらにはパートナーの家族も参加するのである．しかし，最も大変なのは，個人ではなく家族が単位となるクリスマスの過ごし方であろう．母方の家族と過ごすのか，父方の家族と過ごすのか，離婚した両親が再婚している場合には，再婚相手の家族と過ごすこともあり得る．個人が尊重されるデンマークとはいえ，クリスマスに誰と過ごすのか，それは個人の希望だけではままならないようだ．

[鈴木雅子]

ティヴォリ（チボリ）

●**市壁の外の「近代ヨーロッパ都市」**　ランゲブロー橋を渡って H. C. アンデルセン・ブールヴァールに進み入る旅行者を迎えるものは，彩色豊かなアトラクション施設が立ち並ぶ遊園地めいた公園と，そこから響き渡る喚声である．パリの目抜き通りにならって整備されたこのエリアは，1870 年代までコペンハーゲンの市壁とともに濠の境界線上，つまり都市の外縁に位置していた．喚声の出所はティヴォリ（チボリ，Tivoli）と呼ばれ，19 世紀の中頃に濠の外側の緑地帯に忽然と姿を現して以来，今日まで幾度かの変貌を経ながら市民の歓楽施設として親しまれている．この空間を創設したアルジェリア出身の陸軍中尉ギーオウ・カーステンセンは，『千一夜物語』の翻訳者でもあり，文芸誌『フィガロ』『ポートフイユ』を発刊してパリの芸術・風俗の紹介に努める出版人でもあった．1843年，ローセンボー城に雑誌購読者を招待して行ったキャンドルとベンガル花火による光のスペクタクルを成功させた彼は，娯楽文化の伸長により政治的公論の沈静化が見込めるという利得を国王クリスチャン 8 世に説き，かねてよりの宿願であった遊園開設の認可を得た．

　異国趣味をふんだんに盛り込んだカーステンセンの遊園空間「ティヴォリ・ヴォクソール（Tivoli Vauxhall）」は，市の西門の外部に広がる緑地帯の一画に開設された．外来の物産が販売される本館「バザール」や H. C. ロンビュー作曲・指揮の軽快な音楽が演奏されるコンサートホール，道化師 N. H. フォルカセンが出演するパントマイム劇場には，建築家 H. C. スティリングによるトスカーナ式の意匠が施された（1863 年にイスラーム風に改築）．また，バザール館内では，ティヴォリ独自の活字メディア『ティヴォリ新聞』が発刊されていた．そこには，王立劇場を筆頭に既成のハイカルチャーをあてこすった戯れ歌が掲載されており，民衆文化を多く取り込み幅広い階層の来場者を動員したティヴォリが対抗メディアとしての性格を帯びていたことがうかがえる．前述の文芸誌との連続性に注意するならば，カーステンセンの意図は，都市外に併設されたもう 1 つの都市空間ともいうべきティヴォリを通じて 19 世紀ヨーロッパの娯楽文化を再現することにあったとみるべきであろう．ティヴォリの登場は，それまで活字メディアを通じて仮想されてきた異国の都市文化が空間的再現へと局面を移し，「ヨーロッパの田舎町」と呼ばれたコペンハーゲンの市民に近代都市文化へのヴァーチャルな参加を経験させる契機となった．

●**モダン都市の光と影**　第二次スリースヴィ戦争後，デンマークでは文学・演劇・美術といったメディアに「現代への突破（Det moderne Gjennembrud）」と

呼ばれる初期モダニズム的な新潮流が到来した. 時を同じくして, 都市の文化表象にティヴォリが占める位置がいよいよ大きさを増すこととなる. 防壁の撤去により市域が拡張され, 産業化を推進し近代都市へと変貌を遂げようとするコペンハーゲンで北欧工業芸術博覧会 (1872年), 北欧農工業芸術博覧会 (1888年) が開催された際には, ティヴォリが会場に指定された. これに伴い園の拡張と施設の改築が行われると, ティヴォリは埋め残された濠の一部を池として取り込み, 現在みられるとおり旧市街地と連続した都市の中心エリアの一画を占めることとなった. さらに, 博覧会開催時の展示会場を利用した新館「北欧パノプティコン」では, 地方風俗や同時代のニュース, 演劇の一場面, はては北欧各国の作家がカフェで交流する様子を, 書割りとろう人形によってタブロー的に再現され, 北欧全土の出来事を一望の下におさめるかのような仮想経験を可能にした. これらの視覚メディアからなるティヴォリという表象装置を通じて, コペンハーゲンは, 「北欧のパリ」としての文化的優位性を内外に主張していくこととなる.

　ヘアマン・バングの小説『化粧漆喰 (*Stuk*)』(1887) は, 近代化著しいティヴォリ周辺区域の都市風俗を描いたリアリズム文学である. 作中に登場するティヴォリは, 劇場を拠点として北欧各国の文化的ヘゲモニーを掌握しようと企てるスリースヴィ出身の主人公が, 近代化のただ中にあるコペンハーゲンの都市生活と戦争を経てドイツ帝国領土に組み込まれた故郷への回帰願望の狭間で自己疎外に追いやられていく対比的な物語構成を際立たせる象徴的な場である. やがてティヴォリは, 1902年の中国博覧会と1905年の植民地博覧会で現地人が展示され, いわゆる人種博覧会の舞台となる. とりわけ後者については, 開催期間中にサンクト・クロイ島植民地がアメリカ合衆国に売却されたことにより, 見せ物となった島民ヴィクト・コーネリンス (Cornelius が Cornelins と誤記されたまま国民登録された) が帰郷できなくなるという悲劇が生まれたことは周知されるべきであろう.

●未完の都市の象徴として　1944年, ティヴォリはナチス占領軍による破壊工作「シャルブーアテーシェ (Schalburgtage)」の標的となり, ロンビュー作曲の楽譜など19世紀の娯楽文化の実相を伝える史料の多くが焼失した. 国民文化のシンボルとしてのティヴォリの栄誉はひとたび傷つけられはしたが, カーステンセンが遺した「ティヴォリは永遠に完成することはない」という言葉のとおり, この公園は今なお変貌を止めてはいない. ティヴォリは今なお娯楽と憩いの場であるとともに, デンマークの「内」と「外」の世界, 過去・現在・未来を, 植民地的欲望や間文化的コンフリクトの記憶とともに映し出す空間メディアであるといえる. ちなみに, 日本人のあいだでは, ティヴォリは「チボリ」と呼ばれている.

[奥山裕介]

デンマークの自由の試金石 "クリスチェーニャ（クリスチャニア）地区"

コペンハーゲンの中心部にある世界で 2 番目に古い遊園地ティヴォリ（チボリ）と並ぶ観光地として，自治区クリスチェーニャ（クリスチャニア，Fristaden Christiania）には，毎年多くの人々が訪れる．両者に共通する点は，一歩その門をくぐると，コペンハーゲンの街とは「別世界」の独自の空間が広がることだが，その様相は実に両極端といえよう．

クリスチェーニャはコペンハーゲン中心部のクリスチャンスハウン地区にある約 34 ha ほどのエリアで，現在，大人約 650 人，子供約 175 人の計約 825 人が居住している．入口の「あなたは今，EU を離れます」と書かれたゲートをくぐると，建物の壁に描かれた派手なグラフィックアートや落書き，廃材を集めて作られた芸術作品，T シャツやアクセサリーを売る土産物店，赤地に黄色の 3 つの丸が配置されたクリスチェーニャの旗，そして，痩せた放し飼いの犬などが目につく．舗装されていないあちこちぬかるんだ「目抜き通り」のプッシャー通りでは，少々汚れた服を着た髪の毛がぼさぼさの住民達が昼間から座ってビールを飲んでいる，という光景に出会う．ここはいったい，あの小綺麗で洗練されたイメージのコペンハーゲンなのだろうかと多くの人は不思議な気持ちになり，アナーキーで「やや危険」な雰囲気に，初めて訪れた観光客はまず圧倒される．

クリスチェーニャの重要な要素といえるのがマリファナである．実際には2004 年，アナス・フォウ・ラスムセン率いる自由党・保守国民党連立政権下でクリスチェーニャにおけるマリファナの売買は禁止となり，違法であるにもかかわらず，プッシャー通りの片隅ではマリファナが売られ，観光客は気軽に手に入れることができる．それを目的に国内外から若者がここに集まってきており，デンマークで消費されるマリファナの約半量がここで売買されているというデータもある．外国人観光客も多いが，コペンハーゲン市近郊からもクリスチェーニャ訪問のツアーが組まれており，一般のデンマーク人にとってもここは「別世界」である．このような状況からか，日本のガイドブックでこのクリスチェーニャが紹介されることはほとんどない．

クリスチェーニャの魅力は，そのもう 1 つの顔である．住民達自らが建てた廃材などを使ったユニークで芸術的な家々と，その奥に広がる自然味豊かな緑の土手と湖（掘割）という平和な光景である．外部から来た若者や家族連れがのんびりとピクニックを楽しんでおり，まさに田園といったさまは人々の心を和ませてくれる．車の乗入れが禁止されているため，人々はのんびりと歩き，友人や知り合いに出会っては立ち話を楽しんでいる．皆があくせくと歩き，驚くほどの速さ

で自転車が行き交う外のコペンハーゲンとは対象的な時間が流れている.

1968 年の「若者の蜂起」, ヒッピー文化や「スクォッター運動」を背景に, 1971 年の秋, ジャーナリストを中心とした 6 人が元海軍使用地に"板塀の囲いを破って"入り込んで不法占拠し, 「クリスチェーニャの誕生」を宣言した. 当時のコペンハーゲン市は深刻な住宅不足であった一方で, 海軍が使用を停止し次の管理者が決まらない広大なエリアが, 空の兵舎や弾薬倉庫などの建物ごと, 一時的に放置されていた. 中心グループは直ちにクリスチェーニャの最高決定機関となる共同集会を位置づけ, そこでは電気や水というインフラの整備を含む, 共同生活のためのあらゆることが議論された. すぐに約 400〜500 人がクリスチェーニャに押し寄せて居住し始め, 彼らは素早く現在のクリスチェーニャの原型へと組織化し, 内部の機能充実に向けての活動とともに, 対外的な交渉グループも結成された. コペンハーゲン市当局と警察が人々を退去させようとする一方, 左派の政治家達は設立当初から支持・支援を行い, その中心となったのが, 当時の現職の国防大臣 (1971-1973) ケル・オーレセン (社会民主党) であった. 保守国民党の政治家から国会で追及された際も, オーレセンは粘り強くクリスチェーニャの存続を擁護した. 1972 年 5 月, いくつかの条件が課されたものの, オーレセンの強い後押しにより, クリスチェーニャはそのエリアの使用が認められ, 政府との「暫定合意」に至り, 翌 1973 年 3 月には「3 年間の社会的実験」として政府承認を得, 事実上存続が認められた. その後, 暴力や麻薬の問題, 不法占拠という非合法性, コペンハーゲン市や国の経済的負担問題から, 保守派による退去要請や, 裁判においてその不法性を指摘する判決が出されるなど, クリスチェーニャは常に存続の危機と隣合せであった. 長いせめぎ合いの後, 2011 年, 最終的に最高裁で国内での"特区"としての存続が却下されたことから, クリスチェーニャ住民はファンドを立ち上げ, エリア内の建物と土地を買収することで, 2012 年夏, 1 つのコミュニティとしてついに合法的な存在となり得たのである.

クリスチェーニャでは設立当初から, 経済至上主義の現代社会を否定的に考え, 直接・合議型民主主義による自治を追求し続け, 反物質主義, リサイクル・エコロジー・自給自足志向, 自然志向, そしてオープンマインドで愛情ある社会をうたってきた. デンマークにおける「自由」と「寛容」の象徴であり続けてきたクリスチェーニャを, どのように語るかによって, その発言者の政治的座標軸における立ち位置が明確になっていた感が長い間存在していた. しかし, 昨今の混迷する中東情勢や移民問題から, デンマーク社会も足元から「寛容」の精神が揺らいでおり, クリスチェーニャ内の深刻な麻薬や暴力の問題とともにその存在には今も依然として, 賛否両論が存在している.　　　　　　　　　[オールセン八千代]

レゴ（LEGO）の10のルール

　レゴという社名は，デンマーク語の「よく遊べ（Leg godt）」を縮めたもので，初代社長のオーレ・キアク・クリスチャンセンにより1934年に命名された（図1）．オーレの掲げた「最良が良すぎることはない（Det bedste er ikke for godt）」というモットーは今も受け継がれている．レゴ社はかつて，デンマークのユトランド［ユラン］半島の小さな町ビロン（Billund）にある木製玩具のメー

図1　レゴ本社

カーであったが，第二次世界大戦後，プラスチック玩具も作り始め，現在はレゴブロックのメーカーとして広く世界中で知られている．

●**1958年の発明**　レゴブロックが他の製品と画期的に異なる点は，「スタッド・アンド・チューブ」という基本構造にある（図2）．レゴ社自身，レゴブロックの前身として「自動結合ブロック（Automatic Binding Bricks）」というプラスチックのブロックを1949年から製作，販売していた．それにはスタッドと呼ばれるポッチがついてはいたが，内側は空洞であったため，ブロック同士の結合力が弱

図2　スタッド・アンド・チューブ

かった．それに2代目社長のゴズフレズ・キアク・クリスチャンセン（以下，GKC）が改良を加え，今のレゴブロックの原型を作り上げた．スタッドを受ける内側に，チューブと呼ばれる円筒を配列したのである．例えば4×2の8ポッチのブロックの内側に3つのチューブを配する．これにより，基本的な組み方としては円と円の接点で結合することになり，また1ポッチはそれぞれ3点で固定される．これが絶妙の結合力を生み出した．簡単にしっかりと結合すると同時に，適度な力でばらすこともできる．GKCはこのアイデアを世界各国で特許取得し，他社のまねのできないおもちゃとしてのレゴブロックが完成したのである．このレゴブロックの基本特許は，1980年代から各国で期限切れを迎えているため，レゴと互換性のあるブロックを作る会社も現れてきた．しかし，レゴには競合他社を寄せつけないブランド力がある．それこそ初代社長の「最良が良すぎることはない」というモットーを受け継いだGKCの構想したものといえるだろう．

●**システムとしてのレゴ**　GKC が構想したのはまさしく「遊びのシステム」そのものなのであった．その製品開発のために，彼は「レゴの 10 のルール」として知られる以下の条文を 1963 年に制定している．

1. 遊びに無限の可能性　　　　　　　ubegrænsede muligheder i leg
2. 女の子にも，男の子にも　　　　　for piger, for drenge
3. どの年齢も夢中になる　　　　　　begejstring til alle aldre
4. 一年中遊べる　　　　　　　　　　leg hele året
5. 健康的で穏やかな遊び　　　　　　sund og rolig leg
6. 長い時間遊べる　　　　　　　　　de fleste legetimer
7. 想像力と創造力を伸ばす　　　　　udvikling, fantasi, skaberevner
8. より多くのレゴが遊びの価値を増す　mere LEGO, mangedoblet værdi
9. 拡張しやすいこと　　　　　　　　let supplering
10. 一貫して高品質　　　　　　　　　gennemført kvalitet

（以上のうち，第 9 条が「常に現代的」として紹介されている場合もしばしばあるが，1963 年制定のものは上記のとおりである．また，制定年を 1954 年としている資料もあるが，レゴ社の公式ホームページによれば 1963 年の制定となっている．）

　これらの条文はブロック以外のいろいろな製品を手がけている現在でも，レゴブロックに限らず，レゴ社の製品すべてに適用されているという．

●**GKC の思想**　GKC が偉大であったのは，おもちゃを単なるモノとしてとらえたのではなく，「システム」としてとらえたことである．レゴブロックもシステム（組織・体系）であるがゆえに，無限の拡張性をもつと同時に一貫性を保つ．50 年以上も前に販売されたレゴブロックを，現在販売されているレゴブロックとつなげることも，もちろん可能である．子供に限らず，人は遊びを通じて，人間性が陶冶されていく．その理想像を具体的に述べたものが，上記の 10 のルールである．第 5 条で「穏やかな」と訳した原文はデンマーク語で rolig であるが，これは「静かな，平和的な」という意味の言葉で，いかにも GKC の思想を表している一語である．

●**10 の社訓**　あまり知られていないが GKC はまた 1963 年に「LEGO 事業とその結果について根本的に要求される 10 箇条」として以下の社員向けのルールを制定している．

　①能率的かつ誠実であれ．②ポジティブかつ単純であれ．③経済的であれ．④国際的であれ．⑤情熱，熱意を覚醒させよ．⑥想像力と行動を刺激せよ．⑦特色を保持せよ．⑧個人の意見を尊重せよ．⑨物事を徹底的に究明せよ．⑩社の基本理念を遵守せよ．

　ここにもまた，GKC の思想をうかがうことができる．　　　　　［先山　実］

デンマークの人気スポーツ

　デンマークでは，スポーツを含めた文化活動は，町や地域単位でクラブが結成され，それぞれの活動の規模や内容に準じて日本の市町村にあたるコムーネという地方自治体から補助金が配布される．幼児を育てるお母さん達の育児にまつわる集まりであっても，活動がきちんとしていて，民主的な運営がなされていれば，認可され補助金が下りることもある．スポーツの活動も当然こういった地域クラブが中心になって，老若男女を問わず参加している．基本的にクラブ活動とは学校ではなく地域のものなのである．

●**デンマークのサッカー**　デンマークで人気のスポーツといえば，サッカーが他競技を圧倒している．サッカーはもちろんプロスポーツとして観戦されているだけではなく，多くの人がプレイヤーとしても楽しんでいる．デンマークの第一級のプロサッカー選手は，英・仏・独・蘭など欧州各国のクラブに所属することが多いが，それらの一流選手が一堂に会するのだから，人々はデンマーク代表を一生懸命応援する．今，ほとんどの国のサッカーファンが行う国旗のフェイスペイントはデンマーク人が始めたものである．1992年の欧州選手権では補欠出場でありながらなんと優勝を成し遂げてしまった．その栄光もいささか旧聞に属するものになった．ところが，いかにもデンマークらしいのは，2000年に代表監督に就任したモーテン・オールセン（Morten Per Olsen, 1949-）が，大事な試合で負けるたびにもう解任かと噂されながらも，15年の長きにわたり指揮を執り続けていたことである．勝負の結果が監督の去就に直結しなかったのは，世界的に見ても非常にまれである．それだけ監督を信頼していた証でもあろうが，それ以上に，スポーツに対するデンマーク人気質が現れているといえる．熱くなりすぎない，というのがデンマークの「国民性」なのである．

●**デンマークのハンドボール**　ハンドボールは冬季の室内競技でサッカーに代わるものとしてデンマーク人ホルガ・ニルセンによって1898年に創始された．デンマークが発祥の地であるだけに，関心も高く，実力も世界トップクラスである．近年のデンマーク代表チームは2011年と2013年に世界選手権準優勝，欧州選手権では2012年に優勝，2014年に準優勝を達成している．2000年のシドニーオリンピックでは女子が，2016年のリオオリンピックでは男子が優勝している．

●**スポーツは楽しむもの**　競技スポーツとしてはサッカーやハンドボールのほかに，自転車のロードレースやカーリングも注目されてはいる．しかし，そもそもデンマーク人の「国民性」として，スポーツは競うものというよりも，楽しむものという感覚の方が強い．したがって，競技でないスポーツにも一生懸命になる

ことが多い．もともとデンマーク社会全体に，人と争って何かを勝ち取るより，みんなで分け合おうという発想が浸透しているのである．だから，自転車にしても，確かにロードレースは日本よりはるかに盛んに行われているが，それ以上に，サイクリングを楽しむものとしても，生活の中の移動手段としても，自転車が文化として定着している．自転車専用道路が世界で初めてつくられたのもデンマークであり，通勤・通学の足としても日本人の常識よりもはるかに長い距離を自転車で行き来している．自転車を折り畳んだりせず，そのまま電車の中に持ち込めるというのも，自転車を利用しやすくしている一因であろう．

●**乗馬とヨット**　日本ではお金持ちの象徴とも思える乗馬やヨットもデンマークでは盛んである．コペンハーゲンから少し郊外に出ると自分の家で馬を飼っている人も，そう珍しくはない．休みの日に，馬に乗って，車の少ない道を選んで乗馬を楽しむのである．ヨットやモーター・ボートも特別にお金持ちだけのスポーツというものではない．春の訪れを告げるポースケ（復活祭）の休みが近づくと，いそいそとヨットやボートを磨く．どこに住んでいても海が近いデンマーク人にとって，マリン・スポーツは非常に身近な存在なのである．では，海水浴はどうかというと水温が低いためもあろうが，海ではあまり泳がない．水泳はむしろ，冬の間の温水プールでのスポーツなのである．

●**スキーとスケート**　デンマークは山がない（最高地点でも標高 170 m 強）ため，スキーやスノーボードはまったく盛んではない．雪も降るには降るが，スノー・スポーツを長く楽しむほどには積もらない．スケートもそんなにいつも氷が張るというわけではないので，スケート場が完備しているとはいえない．そのデンマークが冬季オリンピックで唯一銀メダルをとったのが，長野大会（1998年）での女子カーリングであった．デンマークでウィンター・スポーツといえば，先に挙げたハンドボールや水泳，それにフットサルやバドミントンなどの室内競技が主である．

●**デンマーク体操**　日本ではラジオ体操に大きな影響を与えたとして知られるデンマーク体操であるが，ラジオ体操のような定型の体操があるのではない．ニルス・ブクが提唱した非競争的なスポーツと精神性の重視という特徴が，デンマーク体操に受け継がれ，競技としてではなく健康増進のスポーツとして，リズミカルな体操が取り入れられているのである．それはブクの創立したオレロプ体育ホイスコーレの教育に実践・継承されている．

●**障害者のスポーツ**　福祉国家として知られるデンマークは障害者スポーツの発展にも力を入れている．例えば，視覚障害者の射撃が，地域のクラブ活動としての射撃クラブの中でも行われているなど，パラリンピックを目指す競技としてではなく，楽しみのためのスポーツとして，社会に受け入れられているといえる．

［先山　実］

スウェーデンのスポーツ事情

　日本でスポーツといえば，教育政策の一貫として学校や自治体が主導する一方，宣伝活動を目的とする企業がスポンサーとなってチームが経営されることが多い．これに対してスウェーデンでは，さまざまな競技種目のチームがクラブチームとして運営され，性別や出自を問わず広範な人気を得ている．多くの場合，スポーツクラブは所属するクラブ会員が自主的に運営する団体であって，サッカー，アイスホッケー，ホッケー，テニス，トラック競技，体操，水泳，スケート，オリエンテーリングなど，さまざまな競技種目のチームが同一のクラブに所属している．このような違いはどのように生み出されたものなのだろうか．

　一般的にスポーツの起源は，それぞれの地域社会の生活に根ざした余暇の手段に発すると理解されている．スウェーデンでも，共同体の構成員が広場で楽しんだ球技や格闘技，氷上競争のようにスカンディナヴィアの生活環境で育まれた野外競技が独自に発展させられてきた．しかし，こうした娯楽や遊戯としてのスポーツが，上述したような現在のスウェーデンにおけるスポーツ事情を生み出した背景にあったわけではない．それらは競技スポーツとして国際的に共有されたルールに従って実施されていたわけでもなく，また現在のスポーツクラブのような団体によって運営されていたわけでもない．

　スポーツが娯楽の範疇を超えて，我々が想起するようなスポーツへ発展する過程では，肉体鍛錬を目的とした教育科目としての展開と，国際的なルールをもった競技スポーツの展開との2つの局面が重要とされている．そのいずれの局面も19世紀以降にみられたものだが，同時代の政治動向と密接な関係をもちながら展開した．

　19世紀初頭のスウェーデンはロシアとの戦争に敗北し，それまで600年以上にわたって統治下にあったフィンランドを喪失する状況にあった．こうした19世紀初頭の政治的敗北の一因について，ナショナルロマン主義の思潮を受けた知識人達の間では，「父祖たるゴート族」に保たれた強靭な精神と肉体が「スウェーデン民族」から失われたためだと真剣に議論されていた．こうした思潮を受けて結成された愛国主義団体の中でも著名なユータ協会の会員だった人物がパール・リング（Pehr Henrik Ling, 1766-1839）である．

　リングは肉体鍛錬を目的とした教育科目の展開を考えるうえで重要な位置を占めている．スウェーデン体操の創始者として知られるリングは，1808年に『身体の鍛錬について』を発表し，強健な「民族」の復活を目的としながら，医療，軍事，教育，芸術の各々の分野で特色をもった体操の総合的な体系を構想した．

今日の日本では肋木を用いた姿勢矯正を目的とする医療体操にスウェーデン体操の影響が残るが，本来のスウェーデン体操とは銃剣術を中心とした軍事体操や徒手体操を中心とする教育体操を総合したものであり，日本を含めて第二次世界大戦以前の世界各国において軍事予備教練の一環として広く採用されていた。

　他方で，リングによって1813年に創設された王立中央体操研究所は，国際オリンピック委員会の創設メンバーであり「スウェーデン・スポーツの父」と称されたヴィクトル・バルク（1844-1928）の指導下で，スウェーデン体操で実践された医療体操や教育体操を包括しながら，健康増進を目的とする健康体操の概念を作り出し，福祉国家の日常生活における市民とスポーツとの関係を開拓したことにも注目したい。福祉国家は，あらゆる市民の生活向上のために健康維持を目的とする公衆衛生の概念のうえに成立したが，スウェーデンは19世紀末に登場したバルク以来，スポーツを通じた健康増進の道も切り開いてきた。

　娯楽からスポーツへの発展を考えるうえでもう1つの重要な局面である国際的なルールをもった競技スポーツの展開は，今日のスウェーデンを特徴づける民主主義社会の陶冶という意味で大きな役割を果たした。スウェーデンにおける民主主義の構築過程では，禁酒運動，労働運動，自由教会運動など，国民的な広がりをもった運動に市民が積極的に参加し，これらの運動を自主的に運営することで，政治と社会への参画意識が高められたとされている。こうした民主主義の陶冶の場としてスポーツ運動もまた数えることができる。

　サッカーやテニス，ボート，陸上競技など，国際的なルールをもつ競技スポーツの多くは，イギリスなど，他のヨーロッパ諸国からスウェーデンに流入したものだが，19世紀後半には都市部を中心としてスウェーデン各地に各種目のクラブが創設されていった。これらのクラブの経営は企業をスポンサーとするものだけではなく市民の自主的な経営も多かった。全国に展開したさまざまな競技のスポーツクラブは1903年に創設されたスウェーデン体操スポーツ全国連盟（現スウェーデン・スポーツ連盟）に包摂され，競技の違いやクラブの経営の違いを越えて，国民運動としてのスポーツの性格を明確なものとした。

　今日のスウェーデン・スポーツ連盟は，21の地区連盟とこれに属する69の競技連盟から構成されている。それぞれの地域，それぞれの競技クラブに属することで，スウェーデン・スポーツ連盟に参画するスウェーデン市民の数は，900万人を超える総人口の中で実に300万人ほどを数える。公衆衛生を支える健康増進という意味でいえば，老若男女を問わずスポーツ運動に関与している。また，国際的なルールが共有されている競技スポーツという意味では，新たにスウェーデン市民となった移民達もまたスポーツ運動に関与している。このようにしてスポーツは，世代や性，出自の違いを包摂したスウェーデン国家の屋台骨を支える役割を果たしている。　　　　　　　　　　　　　　　　　　　　　　　［古谷大輔］

ノルウェーのスキー史

　ノルウェーの伝統的かつ国民的スポーツといえば，真っ先にスキーを挙げることができよう．2014年から2015年にかけて行われた人気スポーツに関する調査では，1位から順に，クロスカントリースキー，バイアスロン，ハンドボール，アルペンスキー，スキージャンプ，サッカー，ノルディック複合との結果となっており，ノルウェーにおけるゆるぎないスキー人気が確認されている．

●**古のスキーの遺跡**　ノルウェーにおけるスキーの歴史は古い．そもそも「スキー」という言葉は「木片を割いたもの」を意味する古ノルウェー語を語源とするといわれている．ノルウェーのドレーヴィア村では紀元前3200年頃の石器時代に使われた木製のスキーが，また，ロードイア島では紀元前2000年頃のスキーを操る人をモチーフとした岩絵が発見されており，これらはノルウェーにおいて古くからスキーが使われていたことを物語っている．特に，ロードイア島で発見された岩絵は地名にちなんでロードイマンと呼ばれ，1994年のリレハンメル冬季五輪のピクトグラムに採用されたことは広く知られている．

●**ビルケバイネルの話**　中世ノルウェーのスキーにまつわる話として，ビルケバイネル（Birkebeiners）の戦士の話がよく知られている．13世紀前半，ノルウェーはビルケバイネル党とバグレル党に分かれ，内戦状態にあった．その最中ビルケバイネル党に支持された国王ホーコン3世が急逝するが，世継ぎがいないと思われていたホーコン3世に実は嫡子であるホーコン・ホーコンソン王子がおり，しかもバグレル党が影響力をもつ地域で生活していることが判明した．ビルケバイネル党の戦士はひそかに王子一行を脱出させるために，雪の中をグードブランスダーレンからオステルダーレンまでの山越えをスキーで敢行し，見事その任務を果たした．ホーコン王子はその後ホーコン4世国王として即位し，内戦を終結させるとともに，海外の領土を獲得し，ノルウェー史上最大の版図を実現することになる．なお，この故事にちなんで，ノルウェーでは，毎年グードブランスダーレンの町リレハンメルからオステルダーレンの町レナまでの54kmの距離をホーコン王子の代わりに3.5kgの荷物を背負って走るビルケバイネル・クロスカントリースキー大会が開催されている．

●**ノルウェー・スキー部隊の創設とバイアスロン**　ビルケバイネルの故事のように，ノルウェーでは戦闘の際にしばしばスキーが使用された．例えば，18世紀前半の大北方戦争の際，ノルウェー軍はスキー部隊を編成してスウェーデン軍に対抗，その後1747年には常設のスキー部隊を設置するに至っている．スキー部隊の兵士達は，スキーを操りながら射撃をする練習を積み，1767年には国境警

備のスキー部隊が軍のスキー競技大会を開催したが，これが後のバイアスロン競技の起源となったともいわれている．

●「近代スキーの父」ソンドレ・ノールハイム　19世紀に入ると，ノルウェーにおいてそれまで主に狩猟や交通の手段であったスキーは，国民的スポーツへと変貌を遂げていく．1843年にトロムソにおいて初めて民間のスキー大会が開催されたのを皮切りに，各地でスキー大会が開催されていくが，スキーがスポーツとして定着していくのに大きな役割を果たしたのが，テレマーク地方のモルゲダール出身で，後に「近代スキーの父」との異名で呼ばれることになるソンドレ・ノールハイムであった．もともと，モルゲダールでは毎週日曜日にスキー競技が行われるなど，スキーが盛んであり，また，腕の良いスキー職人が集まっていた．そのような環境の中で育ったノールハイムは，1868年に首都クリスティアニア（現オスロ）で開催されたスキー大会で優勝，その際に後にテレマーク・ターン，クリスチャニア・ターンと呼ばれることになるスキーの回転技術を披露し，人々を魅了した．また，当時のスキーのビンディングは，足の爪先を締めるものが主流であったが，ノールハイムは足の爪先を締めるだけではなく，踵も支えるビンディングを紹介した．これによりスキーの操作が容易になり，スキーがスポーツとして発展していくうえで大きな役割を果たしたといわれている．

●国民的スポーツとしてのスキー　19世紀後半から20世紀前半にかけて，フリチョフ・ナンセンのスキーによるグリーンランド横断・北極探検，ローアル・アームンセンによる南極点到達等，極地探検家のスキーによる冒険が続き，スキーに対する一般の関心をいっそう高めていった．とりわけ，ナンセンが著した『グリーンランド・スキー横断紀行』はベストセラーになり，欧州におけるスキーの発展に大きく寄与したといわれている．また，ナンセンは同書でスキーを「ノルウェーの国民的スポーツ」と位置づけているが，1905年のノルウェーの独立後，デンマーク王家から迎えられたホーコン7世が国王として即位すると，ナンセンはホーコン7世にスキーの習得を勧め，ノルウェー王家が積極的にスキー競技に関与していくきっかけを作った．

　ノルウェーでスキーが国民的スポーツとしての地位を確立していく中で，1892年にオスロのホルメンコッレン・スキー大会が，1932年には前述のビルケバイネル・クロスカントリースキー大会が開始される等ノルウェーにおいて国民的スキー大会が開催されるようになっていった．また，1964年には，自身が視覚障害を患っていたアーリング・ストールダールによって身体障碍者のスキー大会であるリッデルレンネ大会が開始され，スキーをより幅広い国民層に広めるのに大きく貢献した．　　　　　　　　　　　　　　　　　　　　　　　　［松村　一］

北欧の人々の名字の特徴

●**デンマーク人・ノルウェー人・スウェーデン人の名字**　デンマーク・ノルウェー・スウェーデンの3か国の人々の名字には共通点が多い．名字には父称由来が突出して多いことが最大の特徴である．父称とは，父親の名前に，「息子」ないし「娘」を意味する接尾辞が付されたものである．

ロシアでは「名前＋父称＋名字」でフルネームとなっているが，スカンディナヴィアでは父称が名字へと変わったケースが多い．息子を意味する父称のみが男女両性に共通の名字として用いられるようになった点は興味深い．

デンマーク・ノルウェー・スウェーデンでポピュラーな名字上位10は次のとおりである．

	デンマーク	ノルウェー	スウェーデン
1.	Jensen	Hansen	Andersson
2.	Nielsen	Johansen	Johansson
3.	Hansen	Olsen	Karlsson
4.	Pedersen	Larsen	Nilsson
5.	Andersen	Andersen	Eriksson
6.	Christensen	Pedersen	Larsson
7.	Larsen	Nilsen	Olsson
8.	Sørensen	Kristiansen	Persson
9.	Rasmussen	Jensen	Svensson
10.	Jørgensen	Karlsen	Gustafsson

デンマーク人の名字では -sen（本来，「〜の息子」の意．Pedersen で「Peder の息子」）で終わる父称由来の苗字が極めて多い．このほかに，先祖の職業に由来する姓（Møller「粉挽き屋」，Schmidt「鍛冶屋」）や，先祖が住んでいた土地の地形に由来する姓（Lund「小森」，Holm「小島」）も比較的多い．

ノルウェー人の名字についてもデンマーク人の場合とほぼ同じ傾向が見られる．地形由来では，Berg「山」，Haugen「丘」，が上位20に入る．

スウェーデン人の名字では，「〜の息子」を表す -sson 型の姓が多い．

デンマーク人・ノルウェー人の場合では，所有を表す -s が落ちて，-ssen ではなく，-sen で終わる姓が多いが，スウェーデン人の場合は，所有を表す -s が残されている姓が多い．地形由来の姓では，Lind「シナノキ」＋Berg「山」のよ

うな合成型の名字が多い.

●**フィンランド人の苗字**　フィンランドで最もポピュラーな名字上位 10 は次のとおりである（カッコ内に語源を記す）.

1. Virtanen（virta「川・流れ」）
2. Korhonen（korho「耳が不自由な」—あだな由来の場合が多いと推測される）
3. Nieminen（niemi「半島」）
4. Mäkinen（mäki「丘」）
5. Mäkelä（mäki「丘」）
6. Hämäläinen（Häme「ハメ州（フィンランド南部中央の伝統州）」）
7. Laine（laine「波」）
8. Koskinen（koski「急流」）
9. Heikkinen（Heikki「ヘイッキ（男性名）」）
10. Järvinen（järvi「湖」）

　上に見るように，フィンランドではデンマーク・ノルウェー・スウェーデンの場合とは異なり，地形由来の姓が多いことがわかる. なお，-nen は形容詞を導く接尾辞，-la/-lä は場所を表す接尾辞である.

●**アイスランド人の名字・父称**　現在のアイスランドでは，外国出身者（移民の増加は北欧諸国共通の現象）以外は名字をもつことができない. 1925 年以前はアイスランド人でも名字をもつことが法的に認められていたので，名字をもっている人もいるが，少数である. アイスランドでは父称が名字に代わるものとして機能している. かつてのスカンディナヴィアの場合と同じように，男子には「〜の息子」を意味する -sson が，女子には「〜の娘」を意味する -sdóttir が父の名に付されたものが父称となる. まれに，父称ではなく母称を名乗る人もいる（例：Helguson,「Helga（女性名）の息子」の意）. 　　　　　[渡辺克義]

デンマーク文化と色

　日本語と外国語の違いに関連してよく指摘されることの1つに，色の認識をめぐる違いがある．このような違いはあまり教科書では語られないが，その違いを学んでいくにつれ，日本語そして外国語の言語表現に表れている色のイメージにおける類似点や相違点などが明らかとなり，自分の母語そして外国語への理解が深まっていく．本項目では，デンマーク語そしてデンマーク文化に見られるさまざまな色について，それぞれの色が象徴するイメージを紹介していきたい．

●**復活祭を彩る黄色と緑色**　復活祭の時期（3月後半〜4月後半）にデンマークでよく目にする色がある．それは黄色（gul）と緑色（grøn）である．ヨーロッパではあまり良いイメージをもたれない黄色であるが，この復活祭の時期にはデンマークで飾りつけなどによく用いられる．この時期に咲くラッパスイセン（påskelilje，復活祭のスイセン）も黄色である．黄色が象徴しているのは，まず何よりもこの時期からデンマーク人を魅了する太陽だと考えられる．日本では太陽の色といえば赤色・橙色だが，デンマークでは通常黄色である．また緑色が象徴しているのは，この春の時期に鮮やかに色づき始める新緑・自然であると考えられる．

●**緑色は未熟と羨望の色**　緑色（grøn）は，季節としての「春」に見られる青々とした自然を表す一方で，人生としての「春」すなわち「青春期」を形容する際にも用いられる．さらにその若さゆえの「未熟さ」を意味することもある．日本語には「青二才」という表現があるが，このあたり「青々とした自然」「青春期」「青二才」などは，日本語の「あお」が意味するところと，デンマーク語の緑色（grøn）が意味するところがパラレルな関係になっていて面白い．

　また緑色（grøn）は「羨望」の色でもある．デンマーク語では，「羨ましくて緑色になる」という表現が存在する．この緑色は胆汁の色を表しているとされ，古代胆汁はネガティブな感情のもととされていたようだ．

●**黒は絶望と違法の色**　ネガティブな感情を表すもう1つの色は黒（sort）である．デンマーク語では悲観的なものの見方しかできない人を，sortseer【黒を見る人】（【　】は直訳，以下同様）と呼んだり，気分が沈んでいることを sort humør【黒い気分】などと表すことがある．また黒（sort）は「違法性」を表す場合もある．例えば，税金の支払いを故意に避けるような仕事形態のことを sort arbejde【黒い仕事】と呼び，違法な取引が行われている闇市場を sort marked【黒い市場】などと表現することがある．この場合日本語では「闇」，最近では「ブラック」を使うことが多いかもしれない．

●**白は純真無垢で悪意のない色**　デンマークでは 5 月頃から，堅信礼（konfir-mation）を受ける 14 歳の若者達をよく目にする．彼らはほとんど皆，全身を真っ白な衣装で包んでいる．この場合，白（hvid）が意味するのは「純真」「無垢」などであると考えられる．また「悪意がない」という意味では，hvid løgn【白いうそ】という表現があり，これは相手のためを思ってつくうそのことである．また白（hvid）と対極にある黒（sort）の「違法性」を消すという意味から，デンマーク語で hvidvask【白い洗浄】はマネーロンダリングのことである．

●**灰色はつまらなく，そして中間の色**　デンマークでは 8 月に入るとだんだんと雨の日が多くなり，一日中すっきりと晴れ渡る空を見ることがない日が増えていく．曇天や今にも雨が降りだしそうな天気を指して，デンマーク人は，gråt vejr【灰色の天気】と呼ぶ．彼らにとって gråt vejr は決して喜ばしいものではなく，つまらないものである．灰色（grå）のもつ「つまらない」というイメージは，魅力的でない人を表す grå mus【灰色のハツカネズミ】や平凡でつまらない日常を表す grå hverdag【灰色の毎日】という表現にも見て取れる．また灰色（grå）は，白（hvid）と黒（sort）の中間に位置する色でもあるため，「合法」とも「違法」ともいえない部分を表す場合に用いられることがある．このあたりは日本語でも「グレー」として表すことがあるのではないだろうか．

●**デンマークの選挙も色で区別**　デンマークの政党はそれぞれシンボルカラーをもっている．社会主義系や共産主義系の政党が赤色（rød）をシンボルカラーとするのは，世界各地に見られるが，デンマーク社会民主党（Socialdemokraterne）は赤色をシンボルカラーとしている．ほかにも社会主義民主党（Socialistisk Folkeparti）や統一名簿–赤緑連合（Enhedslisten）などが赤色をシンボルカラーとしても用いている．

　またデンマークの政治史上，デンマーク社会民主党と長年政権争いを続けている Venstre（直訳すると「左党」だが，中道左派の自由主義政党である）のシンボルカラーは青色（blå）である．Venstre 以外には，自由連合（Liberal Alliance）が青色をシンボルカラーとしている．

　そしてこの 2 つの最大政党の間に位置する急進左翼党（Radikale Venstre，社会自由主義政党である）のシンボルカラーはピンクと青色であり，また近年，デンマークの政治で影響力を増し続けているデンマーク国民党（Dansk Folkeparti）はシンボルカラーに赤と青の両方を用いている．

　デンマークでは国政選挙のたびに，今回の政権は rød blok【赤いグループ】が中心となるのか，それとも blå blok【青いグループ】が中心となるのかということが話題になり，メディアでも赤と青を用いたグラフなどで説明されることが多い．

［大辺理恵］

デンマークの年中行事——その１：春と夏

　私達が暮らすここ日本と同様，デンマークにも，古くから残る伝統行事そして最近になって取り入れられるようになったイベントがある．

●春のイベント：復活祭（påske）（早ければ３月後半，また遅くても４月後半の時期）　デンマークに春の到来を告げる伝統行事は，復活祭（påske，ポースケ）であろう．復活祭というのは十字架にかけられ命を落としたイエスが，その３日後に復活したことを祝うための，キリスト教信者には重要な行事である．デンマークでは，イエスが使徒達と最後の晩餐を囲んだとされる「清い木曜日（skærtorsdag）」，そしてイエスが処刑にあった「長い金曜日（langfredag）」，イエスの処刑後３日目となる「復活日（påskedag）」そしてその翌日の「第２復活日（anden påskedag）」が祝日となっている．

　このポースケの休暇（påskeferie）は，現在ではこの祝日がもつ宗教的な意味はほとんど顧みられず，さながら日本のゴールデンウィークのようなものになっていて，海外旅行に行く人も多い．

　復活祭を祝う食事会などでは，ゆで卵などの卵料理やラム肉のローストなどが食される．卵は「豊穣」を表し，ラムつまり子羊は「イエス」を表すとされる．またこの時期には卵形やウサギ型のチョコレートを店頭でよく目にするが，卵もウサギもどちらも「豊穣」を表しているとされる．そして復活祭を祝ってこの時期には，普通のビールよりもアルコール度数の高いポースケ限定ビール（påskebryg）も売り出される．

●夏のイベント：夏至祭（Sankthansdag）そしてロスキレ・フェスティバル（Roskilde Festival）　デンマークの夏の伝統行事といえば，６月24日の夏至祭そして６月末日から７月の第１週にかけてロスキレで行われる野外音楽フェスティバルであろう．夏至祭前後のデンマークは１年のうちで日がいちばん長い．夜中近くまで外が明るいということもしばしば．２つのイベントはどちらも，その明るい夜と関連したものであるといえる．

　夏至自体は，デンマークでは毎年６月21日か22日にあたるが，夏至祭は６月24日，その前夜にあたる６月23日は夏至祭前夜（sankthansaften）と呼ばれる．６月23日の夜には，デンマーク各地で夏至祭を祝うためにたき火（sankthansbål）を行う習慣がある．このたき火は深夜近くの時間帯になってようやく始まる．暗くなる１時間ほど前から火がつけられ，徐々に大きくなっていく炎の中では，魔女の人形が焼かれている．そう，このたき火では，魔女を焼き尽くすのである．古い言い伝えとして，夏至祭前夜には魔女達がドイツのブロッケン山ある

いはアイスランドのヘッケンフェルトに魔女の祭りに参加するために飛んでいくといわれていた．このたき火は，その魔女達から，そして魔女がもつ悪の力から自分たちを守るためのものであった．ただ現在は，そのような古い言い伝えに思いを馳せるというよりは，深夜に近づくにつれ，徐々にあたりが暗くなっていく中，勢いを増していくたき火の炎を家族や友人そして恋人と一緒に眺めることが夏至祭のメインイベントであるようだ．

　夏至祭から1週間ほどすると，コペンハーゲンの西30 kmにある町，ロスキレに多くのデンマーク人そして海外からの訪問客が集結する．ロスキレは，デンマーク最古の町の1つであり，また世界遺産となっているロスキレ大聖堂で知られる．普段はいたって静かな古都であるが，この時期だけは町の雰囲気が一変する．6月末日から7月の第1週にかけて催される野外音楽フェスティバル，ロスキレ・フェスティバルに参加しようと多勢の若者がこの町に押し寄せてくるからだ．

　このロスキレ・フェスティバルは，1969年のウッドストック・フェスティバルに影響を受けた，ロスキレ出身の2人の若い高校生によって1971年に始められた．当時は30組弱のアーティストを迎え，1万人の観客を動員する程度だったフェスティバルは，順調に成長し，2014年には30を超える国から160組以上のアーティストを迎え，累計観客数は10万人を超えるまでになった．しかしロスキレには，これほどの観光客を収容できる宿泊施設はない．遠方からの参加者のために，フェスティバル会場のすぐそばには，キャンプ場が備えつけられる．フェスティバルに連日参加する人々は，このキャンプ場に宿泊していることが多く，その様子は毎年ニュースになるほど，現在ではデンマークの夏の風物詩となっている．

　筆者も留学時代，このフェスティバルを体感しようと，ボランティアスタッフとして参加した．仕事場はアルコール飲料の売店．デンマーク語，スウェーデン語，ノルウェー語に加え，英語，ドイツ語が飛び交う売店で，デンマーク・クローネのみならず，ユーロやドルでの支払いもできるという非常に国際的な売店だった．ゲストはみな上機嫌で，合間の休憩時間にはいろいろなステージで音楽を自由に聞くことができた．若者の割合が多いことは確かだが，このフェスティバルが始まった1970年代には若者だった人々も，まるでタイムスリップしたかのように踊り音楽を口ずさんでいた．また小さな子供を連れて，家族で参加している人も．まさに老若男女そして国籍を問わずさまざまな人々が参加するフェスティバル，それがロスキレ・フェスティバルであり，その様子は「自由」と「平等」を何よりも愛するデンマークを映し出したものともいえるだろう．ただそのフェスティバルがデンマークで非常に長い歴史をもつ古都ロスキレで開催されることが感慨深くそして面白くもある．　　　　　　　　　　　　　　［大辺理恵］

デンマークの年中行事──その２：秋と冬

●**秋のイベント：ジャガイモ休暇（秋休み），カルチャーナイト**　デンマークでは８・９月は新学期の季節といえるであろう．小・中学校そして高校は８月中に，また大学は通常９月から新学期がスタートする．また10月の第１火曜日は，毎年国会が開会される日と決められている．この日，まずは国会がおかれているクレスチャンスボー宮殿の教会で礼拝が行われ，マルグレーテ２世をはじめとする王室の人々を首相が出迎える．この日の国会には王室の人々も同席し，国会議員である期間が最も長い議員によって議事進行される．また，首相による開会のスピーチには毎年メディアの注目が集まる．

　10月の第２週の週末から第３週にかけては，秋休み（efterårsferie）がある．原則としては小・中学校そして高校を対象とした休みであるが，大学の授業が休みになることも多い．この休みはもともとは「ジャガイモ休暇（kartoffelferie）」と呼ばれていた．この休暇は1899年に定められたもので，当時デンマークで栽培されていたジャガイモは現在デンマークで栽培されているものとは違う種類のものであった．現在のデンマークで新ジャガイモの季節といえば初夏であるが，当時のジャガイモの収穫時期は10月であった．つまり「休暇」とは名ばかりで，子供達にとっては，学校を休んで自分の家の畑のジャガイモ収穫の手伝いをしないといけない時期だったのである．しかし1950年代以降，このジャガイモ休暇は徐々にただの休暇になっていったようである．今ではこの秋休みの時期に「ジャガイモ」に思いを馳せる人はほとんどいないであろう．

　コペンハーゲンでは現在，学校が秋休みに入るその金曜日に「カルチャーナイト（Kulturnatten）」と呼ばれる街全体を巻き込んだイベントが行われている．このイベントは1993年に始まったもので，さまざまな文化的体験を市民に提供することを目的としている．この金曜日の晩には，美術館，博物館，教会，省庁，公園，図書館などの施設が各自の催し物を用意し，「カルチャーナイト専用パス」を購入した人であれば好きな施設を訪れることができる．生活の中に「文化的教養」を取り入れることが日常的なデンマークらしいイベントである．

●**冬のイベント：クリスマス（jul），大晦日（nytårsaften），ファステラウン（fastelavn）**　夏至を境に冬至に向けてだんだんと日が短くなるデンマークは，11月に入ると気が滅入るほどに日照時間が少なくなっていく．その暗い気分を打ち消すかのように，デンマークのお店や街角には，クリスマス（jul, ユール）のかなり前から，クリスマスの装飾がなされ，人々はクリスマスの準備を徐々に始めていく．

3. 北欧の人と自然　　でんまーくのねんじゅうぎょうじ　　157
——その2：あきとふゆ

　デンマークではクリスマスは家族で過ごすものである．特に，クリスマスイヴ
（juleaften）には家族の集う夕食会が開かれる．またこの日には，普段教会など
へ行かない人達もこぞって教会へと繰り出す．ただ，離婚率が高いことでも知ら
れるデンマークには，複雑な家庭事情を抱えた人達も多く，皆がこのクリスマス
の時期を心待ちにしているわけでもなさそうである．筆者の友人の中には，両親
が離婚して以来，クリスマスは海外で過ごすことに決めている人もいる．また最
近では，クリスマスプレゼントがどんどん豪華にそして高額になっていくこと
を，よく思っていない人達も多い．クリスマスプレゼントを用意するのに疲れ果
て，それが逆にストレスに感じる人までいるそうである．だからといって，この
時期にクリスマスを祝うためのさまざまなイベントがなければ，それはそれで物
悲しいのではないかと思う．
　クリスマスイヴに食するもので面白いものを1つ挙げておこう．それはクリス
マスディナーのデザートに食べられる「アーモンド入りライスプディング（ris à
l'amande）」である．これはお米を砂糖とバニラの実と一緒に煮て，それにアー
モンドのみじん切りと生クリームを混ぜ入れ，冷やしたものである．これに温か
いチェリーソースをかけて食べる．このデザートにはゲームがついていて，プ
ディングの中に1粒だけアーモンドが丸ごと入っているのだ．それを誰が口にす
るか．そのアーモンドが自分のデザートに入っていたら，全員が食べ終わるまで
は黙っていなくてはいけない．その後で，自分がアーモンドを持っていることを
名乗り出て，プレゼントをもらう．
　クリスマスとは異なり，デンマークでは新年を友人・知人達と一緒に祝うこと
が多い．大晦日の習慣として，その日18時30分から始まるマルグレーテ2世の
演説をTVで見るというものがある．年の変わり目には，いたるところで花火
が打ち上げられる．日本で花火といえば夏の風物詩だが，デンマークでは新年の
風物詩である．
　2月に入りファステラウン（Fastelavn，四旬節前祭：早ければ2月1日遅く
ても3月7日）が近づいてくると，デンマークのパン屋さんでは，ファステラウ
ンの丸パン（fastelavnsboller）と呼ばれるクリームやジャムの詰まったデニッ
シュペストリーが売り出される．もともと，ファステラウンは断食に入る前のお
祭り（謝肉祭）なので，この食べ物は，断食前に食べるものの名残と考えられる．
現在はこのファステラウンは，子供達にとってのお祭りとなっている．子供達は
仮装をし，お菓子や作り物の黒猫が入った樽をたたいて割る．樽を割った一撃を
加えたものは，男の子であれば「猫の王様（kattekongen）」そして女の子であ
れば「猫の女王様（kattedronning）」と呼ばれる．もともとは樽の中には本物の
黒猫を入れていた．それは黒猫が象徴する悪の力を追い払うことが目的であった
が，現在ではもちろん本物の黒猫は使っていない．　　　　　　　　　［大辺理恵］

4. 北欧の歴史から

　北欧における歴史の展開を見るとき，あるローマ史研究者から「ギリシア・
ローマが語られない"ヨーロッパ史"があるとは」，と驚かれたことがある．実
際，ヨーロッパでは中世史の中のヴァイキング時代に始まる「北欧史」の展開は，
ヨーロッパの"北に位置する"かなり限定的な地域における歴史事象が，その外
からの影響の中でいかにして"北"の地の人々がヨーロッパの時代状況に対応し
たかが語られるのであるが，本章ではそうした歴史展開の中で，「北欧」らしい
エピソードを紹介して，私達がすでに知っている「北欧史」の断片を取り上げて，
項目ごとに解説を試みる．したがって，本来なら，例えば「音楽家」達を集めた
箇所で語られるべきシベリウス［シベーリウス］を，あえてフィンランドの時代
状況を表現するのに最適な人物として，本章に組み込むといった試みをしてみ
た．
　　　　　　　　　　　　　　　　　　　　　　　　　　　　　　［村井誠人］

水圏の中の北欧

　歴史と地理を切り離して考えることはできない．北欧前近代の歴史をよりよく知るためには，この地域が置かれた自然地理環境を認識しておく必要がある．仮にスカンディナヴィア半島とユトランド［ユラン］半島を北欧世界の枢軸線とするならば，西は北海，北は北極海，東はバルト海と三方を海に囲まれ，内陸部もまた河川と湖沼を通じて海へつながる．穀物生産が可能な平野部すらもこの水圏ネットワークの中にある．そしてネットワークをつなぐ唯一の交通手段は船であった．

●**ヴァイキングからキリスト教国家へ：9世紀から11世紀まで**　海域を越えた北欧と周辺世界との交流は，8世紀末より加速度的に高まった．ブリテンではマーシア王国のオッファが権勢を振るい，大陸ではカロリング朝が遠征を繰り返し，ユーラシア西部ではアッバース朝が版図を拡大していた時期に相当する．その背景には北ヨーロッパに対するイスラーム銀の流入による経済活動の活性化と交易ネットワークの組織化を見て取ることができる．ヨーロッパ半島とイスラーム圏の間に位置していた北欧もまた，このような経済変動の影響を大きく受けた．とりわけ海上交通の要衝となる都市的集落を支配する在地有力者が，市場などの管理を通じて富を蓄積した．デンマークのヒーゼビュー，スウェーデンのビルカ，ノルウェーのスキリングサルなどがその代表的な事例である．

　ヴァイキングの拡大はこのような背景のもと開始された．9世紀半ばから11世紀半ばにかけて，ヴァイキング船を操舵するスカンディナヴィア人は，西はアメリカ大陸，東は黒海周縁部に至るまで拡大した．彼らは各地にコミュニティを敷設し，北大西洋から黒海を結びつけるネットワークを構築して，スカンディナヴィア影響圏を紀元1000年前後の北方世界に現出させた．このネットワークに乗ってヒト・モノ・カネ・情報などが往来する中，10世紀半ばより，まず，先進的な大陸世界と接していたデンマークで，イェリングを拠点とした有力者家系が王を名乗り国家形成を開始した．キリスト教を組み込んだ新興国家はクヌート王の時代に北ヨーロッパ全域に統治権力を及ぼす強大な存在となった．若干遅れてノルウェーとスウェーデンでも王権による国家形成が進んだ．

●**北欧3王国の拡大：12世紀から15世紀まで**　キリスト教国となったデンマーク・ノルウェー・スウェーデンの3王国は，ラテン・カトリック世界を構成する国家として，ローマ教皇に宗教的権威を認める中世ヨーロッパの国際政治の中に組み込まれた．1104年，デンマークのルンドに北欧全体を統括する大司教座が，12世紀の半ばにはノルウェーのニダロス（トロンハイム）とスウェーデンのウップサーラにも設置された．国王と大司教が聖俗両面を統治し，北欧三国での勢力

均衡を図る中世的体制がここに成立した.

　ヨーロッパ諸国にならい法制度と行政機構の整備を進める3国は，12世紀半ば以降，海外領土の拡大を図った．バルト海沿岸部の異教徒をキリスト教化させるという名目で進められた北方十字軍は，結果として，13世紀前半までにバルト海南岸部とエストニアをデンマーク領に，フィンランドをスウェーデン領に組み込んだ．他方ノルウェーは，現地コミュニティの成立当初から関係の深い，アイスランドをはじめとする北大西洋の島嶼部を版図の一部とした．つまり13世紀半ばまでに3王国はいずれも，王権が巡幸し直接統治を行う王国中核部のほかに，船舶の往来を通じて役人を派遣し現地を統括する海外領土を手にした．

　13世紀から14世紀にかけて，この海外支配体制を構築した北欧三国は，都市連合ハンザの台頭により，より複雑な国際政治の中に置かれた．デンマークは関税などを巡ってハンザと対立する一方，ノルウェーとスウェーデン，とりわけその都市部は，ハンザの提供する穀物などのリソースなしでは安定的な経済状態を保つことが困難となっていた．ハンザが支配する交易ネットワークは，神聖ローマ帝国だけではなく，スコットランド，イングランド，フランドル，ポーランド，ドイツ騎士修道会，リトアニア，ノヴゴロドといった北海・バルト海沿岸の政治体と北欧三国との関係をより複雑なものとした．

●連合体制から近世国家体制：15世紀から17世紀まで　14世紀半ばにイタリアから侵入した黒死病は，都市人口の減少や農村部での廃村化を通じて北欧にも大きな打撃を与えた．北欧三国は，漸次海外領土への関心を薄めてゆくとともに，中央集権化や国家連合が進展するヨーロッパ国際政治への対応を模索した．そしてノルウェーとスウェーデンにおける王家の後継者不在の結果，デンマークのマルグレーテを盟主に仰ぎ締結されたのが，1397年のカルマル連合である．

　同君連合であるカルマル連合のもとでは，3国の法的独立は堅持されていたものの，デンマーク王権の拠点コペンハーゲンにヒト・モノ・カネ・情報などが徐々に集中するようになった．とりわけスウェーデン貴族はデンマーク王家の優勢的状況に違和感をもち，連合からの離脱をたびたび画策した．最終的に，1523年，スウェーデン王となったグスタヴ・ヴァーサが連合から離脱し，北欧はデンマーク＝ノルウェー連合王国とスウェーデン王国に二分された．ドイツのヴィッテンベルクを起点とした反カトリック宗教運動は，北欧にも浸透した．グスタヴ・ヴァーサとデンマーク王クリスチャン3世は，両国にプロテスタント受容の基盤をつくり，貴族層の統制と海外諸国との関係を確立することで，近世国家の礎となった．海外植民地を獲得し北方の雄として認識される17世紀の両国の繁栄は，中世後期からの長い道程の到達点でもあった．　　　　　　　　［小澤　実］

参考文献
[1] 小澤　実・薩摩秀登・林　邦夫 2009『辺境のダイナミズム』岩波書店．

考古学的視点で見るヴァイキング時代

「ヴァイキング」というと海賊と同意語のように思われがちだが、本来この語は主に9世紀から11世紀、北西ヨーロッパを中心として略奪・侵略・植民活動を盛んに行ったスカンディナヴィア人を限定して指したものである。「ヴァイキング時代」はさらに狭く、西暦793年のイギリス・リンディスファーン修道院襲撃から1066年のハーラル苛烈王敗死までで線引きされることが多い。

現在北欧諸国の考古学期分ではキリスト教化を中世の開始とみなすことから、スカンディナヴィア人がまだ異教徒だったヴァイキング時代は、先史時代最後の後期鉄器時代に含まれている。

●ヴァイキングの町の誕生　ヴァイキング時代に先立つ5世紀から6世紀のスカンディナヴィアには、ローマ帝国や後続の東ゴート王国などから単発的に奢侈品を得て祭祀をつかさどる富裕層がいた。そのため、この時期には史上最大規模の墳墓や建築物が建てられている。また気候が温暖だったこともあって、デンマークの一部を除くスカンディナヴィア各地で農場数が激増し、人口増加と居住地拡大がみられた。

ところが7世紀から8世紀になると、これらの大権力者達が一斉に衰退してしまう。この時期ヨーロッパ諸国はローマ帝国の周縁から脱却し、独自に発展の道を歩もうとしていた。一方スカンディナヴィアの前時代的な権力者達は、未熟な政治制度と経済構造、そして脆弱な外交関係しか築けなかった。このため富の受動的享受から能動的獲得への切替えがうまくできず、衰退してしまったのかもしれない。さらに気候の悪化も手伝って、人口はここで大きく減少する。

ヴァイキング時代初期すなわち9世紀前半には、ノルウェーのカウパングやデンマーク・ユトランド［ユラン］半島のオーフースなど、ヨーロッパ大陸との物々交換を中心とする交易地が出現した。しかしこれらはおそらく単独で自然発生的に生まれたもので、政治的意義もなく、長期にわたる経済的役割も担わなかった。そのため、間もなく移転改築されたユトランド半島のヒーゼビューやリーベ、スウェーデンのビルカなど、政治的権力者による支持を受けて大規模化した商業地にその役割を譲ることになる。

ユトランド半島にあるイェリングでは、ヴァイキング時代後半の2基の墳墓と2つのルーン石碑と教会が1994年に世界遺産に指定されている。ここで特に興味深いのは「ハーラルの石碑」と呼ばれるルーン石碑で、ハーラル青歯王がデンマークとノルウェーを獲得し、キリスト教化したと刻まれている。また同遺跡の北墳墓には10世紀に中年男性が埋葬された痕跡があることから、ハーラル青歯

王の父ゴーム老王が当初ここに埋葬され，改宗後教会に移されたものと一般に考えられている．

ちなみにスウェーデンのビルカも，隣のアーデルスウー島ホーヴゴーデン遺跡とともに1993年に世界遺産に指定されている．

●**キリスト教化と中世都市の出現**　10世紀にはこれらの商業地も斜陽化し，11世紀にユトランド半島西岸のリーベを除くほぼすべての商業地が放棄された．この衰退現象は，近隣に出現した中世都市にヴァイキングの町が追い落とされたためと思われる．

ヴァイキング時代の交易地や商業地は政治面・宗教面，そして軍事面でも不安を抱えていた．つまりこれらの町は，経済的な魅力が少しでも薄れればあっという間にその存在意義が否定されるような弱いものだったのである．

ところが，おもしろいことにリーベだけはこの時期に最盛期を迎えている．おそらくこの地は安定した政治的支持者をもち，いち早くキリスト教の中心地という役割も導入したため，存続することができたのだろう．

スカンディナヴィアでヴァイキング時代から中世への過度期に出現した都市には，主に3つの特徴がある．政経両面で重要性があること，国王主導で計画的に建設されたこと，そして現在も存続していることである．これにさらにキリスト教化されていたこと，貨幣鋳造あるいは流通の明白な痕跡があることなども加え得る．

初期の中世都市の例としては，デンマークでは先に挙げたリーベのほかロスキレ，ノルウェーではトロンハイムとオスロ，スウェーデンではシグテューナがある．

ヴァイキング時代末期のスカンディナヴィアでは，キリスト教化すなわちヨーロッパ化によって権力者の必要条件が変化し，貨幣経済の流通によって物品の略奪があまり意味をなさなくなった．そのうえヨーロッパ大陸では皮肉にもヴァイキングという外敵の侵略によって各国の領土意識が高まり，スカンディナヴィア人による略奪も征服も困難になった．ところがグリーンランドやアメリカ大陸への植民を成功させるには，当時の技術は未熟だった．

つまりヴァイキングは外からさまざまな情報や知識を獲得することによって自らの時代を終わりへ導き，中世への移行を促したのである．　　［ヒースマン姿子］

ヴァイキング時代

●**ヴァイキング活動の諸類型と「ヴァイキング時代」**　西暦8世紀終わり頃から，当時強勢を誇ったブリテン諸島南部やフランク王国沿岸部の教会や交易地に，海から訪れる襲撃者の存在が史料上確認されるようになる．現在一般に「ヴァイキング」と総称されるこの襲撃者について，当時の史料で統一的な呼称は存在していない．ブリテン島の著述家は「異教徒」「デーン人」と彼らを呼びならわした一方，フランク側の史料は「デーン人」と並行して北方からの来訪者を意味する「ノルトマンニ（ノルマン人）」の語を用いた．北欧人が同時代に建立した石碑に略奪遠征としての「ヴァイキング」の言及が数点存在するが，襲撃の対象となった人々にこの呼称が知られていたと考える証拠はない．

　この8世紀後半に始まり11世紀後半にかけての約3世紀，ユトランド［ユラン］半島を含むスカンディナヴィア出身者の活動の地理的範囲は，西は北大西洋島嶼からブリテン諸島，南方は大陸を経てイベリア半島，そして東方はバルト海から河川を通じて現在のロシアから黒海，さらには中央アジアへと通じる交易路まで飛躍的に拡大した．そして，その広がりの中で彼らが行った活動は略奪行為にとどまらず，交易・商業活動や入植など多岐にわたる．一般に「ヴァイキング時代」と称されるこの時代は，狭義の略奪遠征にとどまらず，同地域と外部社会とのつながりが，その程度，形態の双方において多様化した時期だったのである．

●**教会の敵？　神の代行者？**　略奪者としてのヴァイキングのイメージは，ブリテン島や現在のドイツ，フランスで，同時代襲撃の記録を残す立場にあった著述家の社会的出自による部分が大きい．北欧出身者が優先的に攻撃目標としたのは，信徒や貴族，あるいは王からの寄進や税から大きな富を蓄え，しかも相対的に防御が手薄であった教会施設であった．そして，多くの著述家は教会や修道院を舞台に執筆を行っていたために，必然的に自らの拠点に対し奇襲を行うヴァイキングに対する脅威感は誇張されることになったのである．

　その一方で，記録を残した教会の著述家は，ただ北欧からの略奪者にむやみにおびえるだけではなかった．教会が優先的に襲われているという事実を半ば棚上げし，彼らはヴァイキングの襲撃を，ヨーロッパのキリスト教諸国が当時置かれていた政治上の混乱，教会を顧みない社会の退廃に対し，神が下した罰と断じて時の権力者や社会批判の道具にも用いたのだ．これにより，「教会の敵」としてのヴァイキングは，皮肉にも神が罰を下すために遣わした代行者ともなったのである．この「ヴァイキング時代」の著述家による二面的なヴァイキング描写をもとに，私達になじみ深い略奪者や海賊といったイメージが作り上げられることになる．

●襲撃先に入植・離散する北欧出身者　北西ヨーロッパ各地の有力者の中には，海からの脅威に対し同盟を結んで対抗するより，むしろヴァイキングの指導者格と不安定ではあるものの一時的な同盟を結び，競合する権力者，あるいは他のヴァイキングに対する牽制役，傭兵的存在として北欧出身者を活用する実利的な政策を志向するものも現れた．また，襲撃先の権力者と同様，襲撃者であるヴァイキングも一枚岩ではなかった．さらに，その地の新たな支配者となり，現地住民と関係を深める中で，新たな帰属意識をもった集団，共同体を作り上げることさえあった．10世紀初頭，キリスト教を受け入れる条件で北フランスに定住したこのようなヴァイキングが作り上げた政治共同体が，後にイングランドの支配者を輩出することで有名な「ノルマンディー」である．

●「ヴァイキング時代」の終わりと北欧社会の変化　北欧出身者の北西ヨーロッパ各地への進出の1つの背景として，「ヴァイキング時代」の始まりとして北欧社会内部に生じていた政治・社会的流動性の増大が挙げられる．特に略奪行に旅立つ者たちはある程度の富を備えた在地有力者，あるいは小王国の支配階層の出身者である事例もしばしばみられた．彼らが北欧外に出かけた理由としては，単純な冒険心，出身地の土地や地位をめぐる抗争への敗北といったものに加え，遠征を通じての指導者としての威信や富の獲得，という側面が存在する．そして，彼らが故国に持ち帰った富，遠征指導者としての名声，さらにキリスト教をはじめとする南方の文化は，着実に北欧の社会を変えていった．

　紀元1000年に相前後する頃，まずデンマーク，次いでノルウェーで，中世の王国につながる新たな広域支配が相次いで打ち立てられた．この新時代の支配秩序の創始者は，いずれもそれまでの支配体制と距離を置く「よそ者」であった可能性が高い．そして，ヴァイキングなど北欧外への旅を通じて，部下や支持者をひきつける富を蓄積している者もいた．その一方，「王国」の支配秩序確立により，有力者がヴァイキングとして外部社会に遠征を行う，という社会は，徐々に過去のものとなっていた．スヴェン（双叉髭王），そしてクヌート（大王）父子というデンマーク王のイングランド遠征に従った北欧人を記念する石碑は，現在のデンマーク内にとどまらず，北欧各地に残されている．王は幅広く募った従士を元手に征服を行い，そして一時金を支払うことで艦隊を解散させた．ヴァイキング活動に深く関わり，その重要性を知る新たな王が，ヴァイキングの活動を統制する．そのようなかたちで，中世に向けた新たな支配秩序が形成されることとなったのだ．　　　　　　　　　　　　　　　　　　　　　　　　　　　[成川岳大]

🕮 参考文献

[1] 小澤 実・薩摩秀登・林 邦夫 2009『辺境のダイナミズム』岩波書店，特に pp. 22-33.

[2] Jesch, J., 2015, *The Viking Diaspora*, London, Routledge.

[3] Price, N., ed., 2008, *The Viking World*, London, Routledge.

ヴァイキング時代の経済と社会

　スカンディナヴィア三国の歴史において，鉄器時代の後期にあたる 8 世紀後半から 11 世紀前半にあたる時代は，「ヴァイキング時代」として区分されている．ヴァイキングとは，この時期のスカンディナヴィアにおいて，ほかの共同体への略奪や交易，あるいはその両方を含む遠征を行った人々を同時代のスカンディナヴィア人が指して呼んだ言葉だった．その活動は，自身が属する共同体の外から何らかの有用な資源を獲得してくることを目的としており，略奪と交易の併存はそのためにとった手段を場に応じて効率的に選択していたことを意味している．

　かつてヴァイキングの歴史が書かれるときには，北海に面するイギリスのリンディスファーン修道院への襲撃（793 年）から説き起こされることが多かった．現在に伝わるラテン語文献に衝撃をもって記録されたためである．しかし，こうしたヴァイキング活動は 793 年に突然始まったものではない．スカンディナヴィアの社会は，鉄器時代前期（1〜6 世紀半ば），すなわちヨーロッパ大陸部では帝政ローマ前期にあたる時代から継続的な関係をもっていたことが多くの遺物から知られている．その中心は，ガラス細工や金製品など，奢侈的な性格の濃い産品が占めている．さらに，こうした遺物の出土量，分布からは，ローマ帝国から帝国外のゲルマン人の手に渡った奢侈品がかなり意図的に選択・制御されていることがうかがわれ，これらの出土品が，商業的関係というより外交としての贈与関係の結果として獲得されたものであったことが知られている．鉄器時代後期に入ってもしばらくこうした状況は続き，例えば，スウェーデン中部の遺跡群ヘリウーからは 47 個のローマ金貨がまとまって発掘されている．スウェーデンから出土するフランク産の柄頭や 6 世紀に同地で作られた金細工や馬具には，フランク人支配階層に象徴的な意匠が用いられている．

　ヴァイキング時代がそれまでの時期と性格を異にするのは，そうした外部世界との関係が一変したことに由来する．800 年前後になると現ドイツに位置するユトランド［ユラン］半島の南部のヒーゼビュー，現スウェーデン中部のメーラレン地方のビルカ，現ノルウェー・オスロ近郊のカウパングなど，一次産品以外のものの生産や地域的な拠点としての性格に特化した場所が登場する．こうした都市的な性格を有する集落は，自然発生的にではなく，計画性をもって建設（区割り）されている．まず大陸のライン川河口地域との関係が築かれたが，同時期には，ライン川河口のドーレスタット，ロシア水系への入口となるスターラヤ（古）・ラドガ，バルト海南岸のヴォリンといった都市的集落が呼応するかのように発達しており，ヴァイキング時代の開始あるいはヴァイキング時代そのもの

が，環バルト海世界・北海世界全体を包含する大きな変動（キリスト教化から国家形成まで）の一部であることを確認できよう．これらの拠点は，それまでの限定的な奢侈品交易から脱し，手工業産品や遠隔地からの獲得物を後背地も含めたより広範な地域に流通させる結節点として機能した．

　9世紀後半になると，スカンディナヴィアへのディルハム銀貨（イスラーム銀貨）の流入が始まる．特にビルカではこの時期，出土品のほとんどがカスピ海・黒海・ロシアの水系周辺地域からもたらされた陶器，東方の様式の装飾品に置き換わる．ディルハム銀貨の流入は，バルト海・フィンランド湾からヴォルガ川・ドニエプル川を経て黒海，ビザンツ帝国の都コンスタンティノープルへと至る水系への経路が開かれると同時に始まり，10世紀前半のサーマーン朝（875〜999年）貨幣の大量流入が1つの画期をなしている．同地に大規模な銀鉱が発見されたことで，現サマルカンド，タシュケントがイスラーム圏の政治経済の新たな中心の1つとなった．北方の毛皮とおそらくは奴隷が交換されることによって獲得された銀が大量にスカンディナヴィアへもたらされ，細かく標準化された秤と錘によって銀を計量することで，銀を交換の媒体に用いる銀経済圏が成立した．9世紀末から10世紀にかけては，スカンディナヴィアやスラブ地域において多様な銀装飾品が製作されており，それが多々発見されている埋蔵宝の一部をなしているが，溶解されることでそれらの原料となったのもサーマーン朝の銀貨であったと考えられる．10世紀後半になると，東方の銀鉱が枯渇し始め，それに伴いディルハム銀貨は姿を消していき，代わって西欧の銀貨が流入するようになる．ドイツ・ハルツ山地の銀鉱の開発がそれに対応している．これ以降，ヴァイキング時代の終焉近くまで，ヴァイキングの軍勢がデーンゲルトとして大量の銀貨をブリテン島で獲得するなど，西欧からスカンディナヴィアへの銀の流入が続く．1050年頃を境にして，ヴァイキング活動の禁止を1つの存在意義とした王権の確立によりヴァイキング行が行われることはなくなり，この地域は中世に入る．

　ヴァイキング活動は，8世紀末にユラン半島南部にまで勢力を拡大したフランク王国と，750年に東方で成立したアッバース朝，両者と地中海世界を三分したビザンツ帝国という環境のもとで，外部の政治・経済的状況に呼応するかたちで展開した．その軸となったのが銀をはじめとする文物の交換であり，ヴァイキング時代を特徴づけるイングランド，大陸部からのキリスト教布教活動もそうした交換・商業活動の場を用いて行われた．遠隔地交易の拠点とスカンディナヴィア内部での交換関係の発達は，銀という媒体を得て秤量貨幣経済の成立を可能にしたが，「サガ」に描写されているような，人格的なつながりを社会関係の基礎とする贈与中心社会からの離脱，社会関係の再編成を準備したのも秤量貨幣経済を経てのことであった．　　　　　　　　　　　　　　　　　[かどやひでのり]

北欧アイデンティティとしてのルーン文字

　北欧人に共通するアイデンティティの1つに，自分達はヴァイキングの末裔だという意識がある．8世紀末から11世紀半ばにかけて北ヨーロッパ全域でアクティヴな活動を行い歴史に名前を残したヴァイキングの存在は，北欧人にとって一種の誇りである．現在の北欧人と関わるならば，生活のさまざまな場面でヴァイキングの話題がでてくるだろう．

　このヴァイキングは，他のヨーロッパ諸国とは異なる文字を利用していた（図1）．ルーン文字である．2世紀頃，ラテン・アルファベットをもとに考案されたルーンは，ゲルマン世界で広く用いられたが，8世紀頃を境に主たる利用範囲が次第に北欧世界に限定された．しかしヴァイキングによる拡大が収束しキリスト教世界へと移行する12世紀には，北欧世界でも，西ヨーロッパの標準文字であるラテン・アルファベットが大勢を占めるようになった．ヴァイキングの文字は，いったん，大枠としては忘却された．

図1　大イェリング石碑

●ゴート・ルネサンスの時代　16世紀以降，ルーンは再発見された．その前提として，北欧で生まれたゴート・ルネサンスがある．ゴート・ルネサンスとは，北欧とりわけスウェーデンの祖先は，他のヨーロッパと異なるゴート人であり，そのゴート人こそヨーロッパ最古の民族集団であるとする，民族主義的ナショナリズムである．そしてそのゴート人が用いた文字がルーン文字である，とされた．このような言語・文字と民族的起源を並行させて歴史の古さを論じる語りは，同時代のヨーロッパ各地で展開された言語起源論の一類型である．

　ゴート人の歴史の古さをことあげする文献は中世より書き継がれていたが，とりわけヨハンネス・マグヌス（Johannes Magnus, 1488-1544）とオラーウス・マグヌス（Olaus Magnus, 1490-1557）の兄弟による著作の影響は大きかった．プロテスタント国となったスウェーデンとデンマークでは，民族アイデンティティの源泉であるルーンに対する関心が王権や知識人の間で高まった．スウェーデンでは国王に近侍したヨハンネス・ブレーウス（Johannes Bureus, 1568-1652）が，ゴート人の歴史と結びつけたルーン解釈を進めた．北欧内でも集中的にルーン石碑が残されているスウェーデンのルーンテクストを収集したブレーウスは，とりわけ晩年には，ルーンに対する神秘主義的解釈を試みることになった．他方デンマークでは，デンマーク王権によるキリスト教化を証言するイェリング石碑の再

発見なども後押しする中，医師オラーウス・ウォルミーウス（Olaus Wormius, 1588-1654）によるルーンの収集と研究が進められた．ルーンを含むノルウェー＝デンマーク連合王国の古異物を解説し，ルーンの起源を議論するウォルミーウスの一連の著作は，ルーンを科学的に研究する作業の端緒となった．

●**文献学の時代**　19世紀はナショナリズムと文献学の時代でもある．ヨーロッパ各国では自らの民族的起源と特性が認められるとする中世以前のテクストへの関心が高まり，各国ごとに歴史史料叢書が次々と刊行された．北欧諸国においても同様の動きが認められるが，なかでもルーンは格別であった．

　19世紀の学問作法に準拠した初めてのルーン学手引書は，デンマーク人のルズヴィ・ヴィマ（Ludvig F. A. Wimmer, 1839-1920）による『ルーン文字』（1874）である．研究手法の確立に合わせてヴィマはデンマークのルーンテクストを刊行した（『デンマークのルーン遺産 [*De danske runemindesmærker*]』，1893-1907）．その後ノルウェーでは S. ブッゲ（Sophus Bugge, 1833-1907）が（『宗教改革にいたるまでのノルウェー碑文 [*Norges indskrifter indtil reformationen*]』，1891-），スウェーデンでは S. スーデルバリ（Sven Söderberg, 1849-1901）と E. ブラーテ（Erik Brate, 1857-1924）が（『スウェーデンのルーン碑文 [*Sveriges runinskirfter*]』，1901-），両国の全テクストを網羅する校訂版を企画した．デンマークではヴィマの後にも，E. モルトケ（Erik Moltke, 1901-1984）と L. ヤコプセン（Lis Jacobsen, 1882-1962）の新しい校訂版が完成した（『デンマークのルーン碑文 [*Danmarks runeindskrifter*]』，1941-1942）．

●**21世紀の展開**　20世紀を通じて基本的なテクストの校訂はほぼ終了し，ルーン研究は次の段階に入っている．第1に電子化である．最大の功績は Rundata と呼ばれる全テクストを検索できる無料プログラムの開発である．加えて標準校訂版の PDF 化（スウェーデン）やルーンテクスト内の単語検索システムの開発（イギリスとドイツ）を挙げることができる．世界のどこにいてもほとんどのルーンテクストに触れることのできる体制がすでにある．第2に国際共同研究である．電子化によるデータの共有を促進剤として，北欧三国だけでなく全世界の研究者が集うことのできるフォーラムが築かれている．4年ごとの国際ルーン会議とルーン専門雑誌 *Futhark* は目に見える成果であろう．第3に歴史テクストとしてのルーンの利用である．20世紀のルーン研究は基本的に文献学者・言語学者によって担われてきた．しかし21世紀に入り，従来の文献学的成果をベースとして歴史学者が積極的にルーンを利用するようになってきた．ヴァイキング研究だけでなくリテラシー研究や社会史研究にも不可欠のマテリアルとして，今後とも開拓されてゆくだろう．　　　　　　　　　　　　　　　　　[小澤　実]

📖 **参考文献**

[1] Barnes, M., 2012 *Runes : A Handbook*, Woodbridge, Boydell.

アイスランドの歴史

　アイスランドの歴史は 9 世紀の無人島への植民に始まる．その 1,100 年の歴史は一般的に，中世の「自由共和国」の繁栄から近世の危機の時代を経て，近代の独立国家としての再生という流れで理解されている．

●植民と「自由共和国」　アイスランドが発見され，大規模な植民が行われたのはヴァイキング時代（800 年頃〜1050 年頃）のことである．この時期のヨーロッパでは，スカンディナヴィア出身のヴァイキングが広範囲で活動し，略奪や交易，新天地の開拓などを行っていた．アイスランド植民を主導したのもこのヴァイキング達である．870 年頃，ノルウェー出身のインゴールヴル一行がアイスランドへの移住に成功し，その後 60 年にわたり大規模な植民が続いた．スカンディナヴィア各地やブリテン諸島から人が移り住み，やがて住民の増加に伴い，全島に共通の法と集会制度が作られた．植民時には現在北欧神話として知られる異教の神々が広く信仰されていたが，1000 年頃の全島集会でアイスランドの全住民はキリスト教へ改宗した．キリスト教は教会の所有者に富と権力の集中をもたらし，13 世紀には少数の有力者達が権力闘争を展開するようになる．有力者達の多くは抗争で優位に立つためノルウェー王の権威を求め，王の臣下となった．王が彼らを通じ，自身の支配を受け入れるよう島民に働きかけた結果，1262 年から 1264 年にかけてアイスランドの全住民はノルウェー王に貢税と臣従を誓約し，その支配下に入ることとなった．

　集会制度の成立（930 年頃）から 1262 年までは「自由共和国（þjóðveldi）」時代と呼ばれている．この時代のアイスランドには王のような中央権力が生まれなかったため，19 世紀以降の独立運動の中で，互いに平等な農民達の共和国として理想化されたからである．現在では「自由共和国」時代にも大きな社会的・経済的格差があり平等とはいえないことが明らかにされているが，それでも海外王権下の時代に比べ，アイスランド人が「独立」していた 13 世紀以前の方が繁栄していたという歴史像は人々の間に根強く残っている．

●危機の時代　王権受容後，1380 年のノルウェーとデンマークの同君連合により，アイスランドはデンマーク王の支配下におかれた．王権支配下の時代は，海外交易の拡大などの成長面もあるものの，総じて衰退期とみなされている．その背景には近世の度重なる危機がある．17〜18 世紀には，寒冷化，疫病，噴火，地震に加え，北アフリカ海賊の襲来（1627 年）や魔女狩り（1625〜1685 年に 25 人の火刑）などの人為的災禍も重なり，アイスランドの人口は激減した．1703 年には全住民を対象とした初の人口調査が実施され，全人口は 5 万 358 人と記録

されているが，特に被害の大きかった 1783〜1785 年の「霞の飢饉」の後には約 3 万 9,000 人まで落ち込んだのである．

●独立への道　18 世紀の後半になると，新しい未来への兆しが現れる．後の首都レイキャヴィークを中心に徐々に都市化が進み，それとともにデンマークからの独立運動が活発化するのである．デンマーク支配下のアイスランドでまずアイデンティティの核となったのは，美しい自然と中世の遺産，すなわち北欧諸言語の古い形を残すアイスランド語とサガやエッダといった中世文学であった．そのことを積極的にアピールしたのが 1835 年発行の雑誌『フィヨルニル』である．創刊号に載せられたヨウナス・ハトルグリームソンの詩『アイスランド』は，アイスランドの美しい自然と歴史を賞賛し，人々に祖国に対する誇りと愛着を呼び起こした．1840 年代になると，ヨーロッパ各地の自由主義運動の影響を受け，アイスランドでも本格的に自治を求める政治運動が生まれる．この時期から独立運動を主導したヨウン・シーグルズソン（1811-1879）は今日「独立の父」と呼ばれ，彼の誕生日である 6 月 17 日がアイスランドの独立記念日となっている．自治への期待が高まる中，植民 1,000 周年にあたる 1874 年にはアイスランドに独自の憲法が与えられた．8 月の記念式典に合わせてデンマーク王クリスチャン 9 世がアイスランドを訪問すると，住民は熱狂をもって迎えた．「国王」の訪問自体，アイスランドの歴史上初のことだったのである．

　その後，1918 年には念願の「自治法」が施行され，アイスランドは独立国家としてデンマークと同君連合を組むことになった．自治実現の背景には第一次世界大戦がある．まず，大戦後のヨーロッパで民族自決が原則となった．また，大戦中にデンマークとの交通が阻害されたことで，アイスランドは必要物資の調達のため自力でイギリスやアメリカと交渉せねばならず，結果として自治能力を証明することになった．20 世紀に入り産業・経済の発展を経たアイスランドは独立国として十分な能力を有するとデンマークも認めざるを得なくなったのである．第二次世界大戦でアイスランドは非武装中立政策をとったが，連合国のイギリス，次いでアメリカに占領される．戦時中の 1944 年 6 月 17 日にアイスランドはドイツ占領下のデンマークとの同君連合を解消し，アイスランド共和国として正式に独立した．戦後もアメリカとソ連の中間に位置するため冷戦構造の中で重要視され，アメリカ軍が駐留し続けた（アメリカ軍は 2006 年にすべて撤退）．20 世紀後半のアイスランドはアメリカの強い影響下に近代化と経済成長を進め，21 世紀の現在は，2008 年の深刻な経済危機も乗り越え，人口 33 万人の小国家でありながら経済的にも豊かで平和な国となっている．　　　　　　　［松本　涼］

📖 **参考文献**

[1] グンナー・カールソン 2002『アイスランド小史』早稲田大学出版部．

[2] 熊野 聰 1994『サガから歴史へ——社会形成とその物語』東海大学出版会．

中世北欧社会

●**社会の移り変わり**　「ヴァイキング時代」から中世に向けた北欧社会の構成要素の大きな変化として，社会階層としての奴隷の数のゆるやかな減少，教会とキリスト教聖職者の台頭，そして後述する都市の成立に伴う，都市社会の成立という３点が挙げられるだろう．アイスランドに伝わる古歌『エッダ詩』中では，奴隷，農民，そして豪族を代表する存在が言及されるが，12世紀後半以降の諸史料では，奴隷が社会内で現実的な存在意義をもっていた証拠をもはや見出すことはできない．その一方で，社会内における新たな支配者として，教会とその聖職者の占める重みは大変大きなものとなった．14世紀初めの時点で，少なくともデンマークとノルウェーでは，教会は全体として見ると俗人貴族と同等以上，土地の1/3以上を統制する大土地所有者となっていたと考えられる．このような所領からの収入に加え，十分の一税に代表される諸収入が教会の聖職者の懐に入った．並行して，俗人貴族や一部の有力農民側からも所領の蓄積と権力強化の動きが起こる．この教会と貴族双方の社会内での重要性の増大の陰に隠れるかたちで，特に自営農民が社会に占める比重が低下した．

　もっとも，王権のもとに属する教会と俗人貴族という聖俗エリートを，二項対立的な存在としてとらえ，彼らと社会の下半分の農民との間に絶対的な線引きを行う，という理解には問題も存在する．デンマーク，ノルウェー，そしてスウェーデンの北欧３王国のいずれにおいても，12世紀半ばを転機に，有力者家門から，それまで外国出身者が多数派だった教会の高位聖職者を数多く輩出するようになる．一方，法的身分としての「貴族」の再定義，特に農民との区分の確立は13世紀半ば以降を待たねばならない．ヴァイキング時代北欧社会を特徴づけるキーワードとして「無分業」が指摘されることがあるが，叙述史料や会計記録を見る限り，14世紀に入っても，新たに確立した貴族身分に属する者，あるいは教会が，社会内で交易のような活動に従事することはタブーではなかった．この要素を重視するなら，階層化された社会像と並行して，ヴァイキング時代からの要素もいまだ北欧社会は受け継いでいたことになる．

　人口の約1%を占めたと推計される聖職者の内部でも，有力者家門出身で外国への留学を行うこともあった高位聖職者と，各地の教会で司牧を行う下級聖職者の間の格差は大きかった．特に中世前半では，後者は有力者の元家内奴隷など身分が低い出自の者も多く，教会内の上位者による後者の統制の確立や教育水準の向上にはしばしば困難が伴った．それでも，冠婚葬祭の際等に地方共同体のまとめ役も兼ねた後者を介し，キリスト教と教会の影響力は農村社会に着実に浸透し

ていく. 13世紀半ば過ぎ頃までには, 小教区に代表される教会組織の網の目がほとんどの地方に張り巡らされることになった.

●都市社会の成立　11世紀以降, 外部社会との交易をはじめとするネットワークの存続・強化を背景に, 中世の北欧でも都市と呼ぶことができるような中心地が沿岸部を中心に形成・発展した. 外国人が来訪し, 対外ネットワークと王国後背地とをつなぐ集散地としての機能を果たしたこの種の新たな都市としては, 13世紀にノルウェーの事実上の首都であったベルゲン, そして中世後期にかけ政治的重要性を増したストックホルムを, その代表格として挙げておこう. 新たに成立した「都市」は, 14世紀に入ると, 法典を通じて農村とは異なった独自の法的空間としても定義されることになる. その一方, 少なくとも中世前半期については, 都市や交易活動の統制に際し, 北欧の諸王は西ヨーロッパにおいてよりも大きな発言力をもっていたようだ. 一例を挙げるならば, 中世後期, 国際的市場に成長するスコーネ地方（現スウェーデン）のニシン漁取引に際し, 13世紀のデンマーク王はいちはやく外国人商人に区画を割り当て, 積出しに際しての具体的な規定を定めている.

●中世後期の「危機」と北欧社会の再編　14世紀半ばの最初の大流行以降, ヨーロッパを数十年周期で波のように襲った黒死病は, 中世北欧社会にも深い爪痕を残した. 最初の大流行の到達を免れたアイスランドとグリーンランドを除く, 特にスカンディナヴィア半島部の3王国では, 平均して4割から5割, ところによっては半数以上の人口が失われた地域もあった, といわれている. この人口減は, 約3世紀を経た17世紀になるまで回復することはなかった.

　北欧, 特にその西部（ノルウェー, アイスランド）への黒死病の伝播経路となったのは, イングランド, そして後にはドイツとの交易をはじめとする結びつきである. 黒死病の到達以前の段階から, 特にスカンディナヴィア西部の都市の人口は, 輸入された穀物に頼るようになっていた. 黒死病の流行後, この傾向はいっそう加速し, 都市にとどまらず, 各地で北欧外部への輸出生産を前提とする分業体制が構築された. スウェーデン・メーラレン湖畔地方を中心とした鉱業（鉄鉱石）, そして, ノルウェーやアイスランド沿岸地方におけるタラの商業漁業に特化した漁村の発達を, その例として挙げておく. そして, 外部との中継交易を担ったのが, バルト海南岸の諸都市を中心とするドイツ・ハンザ商人であった. 彼らの活躍を通して北にもたらされたドイツ語や芸術作品の影響は, 現在でもなお北欧の各地で目にすることができる. 　　　　　　　　　　　［成川岳大］

📖 参考文献

[1] Bagge, S., 2014, *Cross & Scepter : The Rise of the Scandinavian Kingdoms from the Vikings to the Reformation*, Princeton, NJ, Princeton UP.
[2] 小澤 実・薩摩秀登・林 邦夫 2009『辺境のダイナミズム』岩波書店.

カルマル連合──国民国家の胚胎

　1397 年，南スウェーデンの都市カルマルで，共通の王エーリクを戴くデンマーク，スウェーデン，ノルウェー 3 国間に，カルマル連合が成立した．

●**連合成立までの経緯**　14 世紀，3 国では，王が司教や有力な貴族からなる参事会と対抗しながら勢力を伸ばそうとしていた．王位はノルウェーでは世襲だが，他の 2 国では血統と選挙によって継承され，3 国はもとよりドイツなど他国の貴族が王に選出されることも珍しくなかった．王の選挙は，自らに有利な王を選出しようとする貴族と王との攻防の場でもあった．一方，黒死病や農業危機のため各国は商業に活路を求め，なかでもデンマークはハンザ同盟と覇を競っていた．

　デンマークでは，ヴァルデマ 4 世の死後，娘マルグレーテとノルウェー王ホーコン 6 世との間の幼い息子がオーロフ 3 世として王に選出された（1375 年）．ノルウェーでは，男子に恵まれなかったホーコン 5 世の王位を，娘インゲビョルグとスウェーデンのエーリック公との間の息子マグヌス・エーリックソンが継承し（1319 年），次の王ホーコン 6 世の死後，前述のオーロフがオーラヴ 4 世として即位して，デンマークとノルウェー両国の王となった（1380 年）．

　一方，スウェーデンでは，ビリエル王が弟のエーリック公を殺害したかどで追放され，エーリック公の息子，上述のマグヌス・エーリクソンが王位に就いて（1319 年），ノルウェーとスウェーデンの王を兼ねることとなった．しかし，王は農民に新たな税を課し貴族の免税特権の撤回や教会課税を図ったため，全土で反乱が起こった．参事会は，王の妹の子，北ドイツのメクレンブルク公国のアルブレクトを王に選出した（1364 年）．だが，ドイツ的な中央集権的支配関係になじんでいたアルブレクトは，貴族連合的支配を維持しようとする貴族や聖職者と衝突した．貴族達は，デンマークとノルウェーの少年王でありスウェーデン王の男系の血筋でもあるオーロフを王位に就けようとしたが，彼は急死してしまった．3 国の参事会は摂政だった母，デンマーク王女マルグレーテに王位継承者の指名を委ねた．彼女はメクレンブルク家に嫁した姉インゲボーの娘マリーアとポンメルン公との間の息子エーリク（イーレク）を新王に選んだ．これに反対するアルブレクトと，マルグレーテと結んだ貴族達との戦いはアルブレクトの敗北に終わり，1395 年に和平が成立してデンマーク主導の三国連合への道が開かれた．

●**連合解体へのみちのり**　強い王権のもとに成立したカルマル連合だが，連合王エーリクがデンマークの戦費調達のために，免税特権をもっていたスウェーデンのダーラナ地方に課税したことに始まる反乱がスウェーデン全土に広まり，王国参事会にも認知された．エーリクは廃位され，次王クリストファ・ア・バイエル

ンは，各国貴族に自主性と既得権を認めた即位憲章に同意せざるを得なかった．

クリストファの死後，デンマークとノルウェーではオルデンブルク（オレンボー）伯クリスチャンが，スウェーデンではカール・クニュートソンが連合王に選ばれたが，クニュートソンは貴族と対立して失脚した．唯一の連合王となったクリスチャン（デンマークのオレンボー王家の開祖）を1471年のブルンケバリの戦いで破り，スウェーデンにおける王の代理人である王国統治者となったステーン・ステューレの一派は，王を戴かずに統治した．この貴族共和政の後，1520年にようやくステューレ派を破った連合王クリスチャン2世は，ストックホルムでの戴冠式の夜に多数のステューレ派を処刑した．「ストックホルムの血浴」と呼ばれるこの事件を機にスウェーデンはカルマル連合離脱を目指し，生き残ったステューレ派のグスタヴ・ヴァーサが1523年，スウェーデン王に選出された．その後，1536年にはデンマークがノルウェーを自国の州に加え，ノルウェーは独立国家の地位を失った．こうして，デンマーク=ノルウェーとスウェーデンという独立した中央集権的な2つの国が並び立つこととなった．

●**カルマル連合の性格と歴史的役割**　カルマル連合はデンマークが他の2国を支配下に置こうとしたという側面をもつが，その歴史は，連合王と各国の参事会に代表される貴族との対立を軸に展開したといえる．王を中心に神権的・中央集権的な統治を行おうとする王権側の「王の統治」と，地方分権のもとで王と聖俗の貴族が権力を分け持つ「立憲主義的な」貴族連合的な統治を目指す貴族側の「政治的統治」という2つのイデオロギーは，カルマル連合成立時に作成された2つの文書（正式な公文書の様式に則った「戴冠文書」と簡易な様式による「連合文書」）にそれぞれ反映されている．後者の位置づけは難しいが，後日，連合王廃位の正当性を証するために用いられるなど，その影響力は小さくなかった．

一方，「カルマル連合」という呼称は後世のものであり，当時の文書には「これら3王国」とのみ記され，あくまでも王国が単位であった．貴族は各国参事会を通して影響力を行使しようとした．ただ国とはいっても王の人格を中心に成立したもので，支配者から独立し明確な領域をもつ近代国民国家ではない．明確な国民意識があったともいえない．連合成立の時点では，それぞれの国が独立した中央集権的な国家になるのか，3国を包摂したスカンディナヴィア「帝国」ができるのかは未知数だった．連合の歩みの中で，連合の広範な領域を1人の王が治める必要から各国参事会の重要性が高まり，また官僚機構も徐々に整備されて，王の人格を離れた統治の仕組みが整っていった．また，市民・農民階級が王や王国統治者と結びつき政治的な力をもった．3国ともにプロテスタントのルター派を受け入れてカトリック教会の勢力を駆逐したことも王権を強化し，中央集権化の動きを後押しした．このように，カルマル連合は，スカンディナヴィアにおける各国の国民国家形成に向かっての1つの踏み石となったといえる．　　[松岡啓子]

ハンザと中世のバルト海交易

　前ハンザ期のバルト海交易では，北西ロシアのノヴゴロド，バルト海中央部のゴットランド島，ユトランド［ユラン］半島東部のスリースヴィ（現シュレスヴィヒ）が重要な交易地であり，この3地点を結ぶ交易路がバルト海を東西に横断していた．交易の担い手は，フリース人，デンマーク人，ゴットランド島民，ロシア人，スラヴ人，そして，ドイツ人であった．

　しかし，12世紀後半から13世紀にかけてバルト海交易の構造は大きく変化した．バルト海の西部（ホルシュタイン），南部（メクレンブルク，ポンメルン，プロイセン），東部（現ラトヴィア・エストニアのリーフラント）では，カトリック教会によるキリスト教化が進められ，同時にドイツ系住民の移住や都市建設が進展した（東方植民）．12世紀にバルト海沿岸で最初に建設されたドイツ都市リューベックを拠点として，低地ドイツ語を話す北ドイツ商人が，移住を伴いながらバルト海各地へと交易のために進出し，13世紀末までにはバルト海交易で中心的な役割を果たすようになった．この北ドイツ商人のことをハンザ商人，ハンザ商人が支配層を形成していた都市をハンザ都市，ハンザ商人やハンザ都市が商業活動のために形成した団体をハンザあるいはドイツ・ハンザと呼んでいる．

　ハンザによるバルト海交易は，バルト海沿岸に成立したハンザ都市や居留地を拠点に展開された．バルト海沿岸の主要なハンザ都市としては，北ドイツのリューベック（スリースヴィに代わってバルト海西部の交易拠点となった），ヴィスマル，ロストク，シュトラールズント，プロイセンのダンツィヒ（現グダニスク），ケーニヒスベルク（現カリーニングラード），リーフラントのリーガ，レーヴァル（現タリン），スウェーデンのヴィースビー，ストックホルムなどがあり，バルト海を通じて相互に交易を行うとともに，内陸部の都市や農村部との間でも交易を行っていた．バルト海沿岸にあったハンザの居留地としてノヴゴロド商館があったが，北海沿岸に位置するノルウェーのベルゲン商館，イングランドのロンドン商館，フランドルのブリュッヘ商館もバルト海沿岸のハンザ都市と交易を行っていた．

　12世紀までのバルト海交易では，ゴットランド島を経由してスカンディナヴィア半島沿いを航海するバルト海北岸沿いの交易路が主に利用されていた．しかし，13世紀にキリスト教化や東方植民が進展したため，バルト海南岸沿いの交易路の利用が始まり，バルト海交易におけるゴットランド島の重要性は低下した．13世紀中頃にはユトランド半島を迂回してバルト海と北海を接続する海路が利用されるようになり，この交易路を通って北ネーデルラント（現オランダ）

の船舶や商人がバルト海に進出した．その結果，15世紀後半以降，バルト海交易におけるハンザの役割は徐々に低下した．

　ハンザがバルト海交易で取引した主要な商品は，12世紀には毛皮，蜜蝋，ニシン，塩であったが，13世紀から15世紀にかけて毛織物，亜麻，麻，穀物，木材，鉄，銅，ビール，ワイン，タラ，香辛料など取引商品の種類と量は増加した．主要な産地と商品は次のとおりである．

　①ロシア・リーフラント：ハンザ商人がバルト海交易で最初に取引し始めたのが，この地域の特産品である毛皮と蜜蝋であり，取引の拠点はノヴゴロドであった．毛皮は安価なリス皮から高価なクロテンまで，さまざまな種類が取引されていた．蜜蝋は，教会典礼に使用されるろうそくの原料として需要があった．また，この地域で産出される亜麻や麻が，亜麻織物や船舶用品（帆や綱）の原料としてリーガやレーヴァルから西ヨーロッパに輸出された．

　②プロイセン・ポーランド：この地域の特産品は穀物（ライ麦・大麦・エン麦）と木材である．穀物は食料として，木材は建築・造船資材として需要があった．穀物・木材ともにヴィスワ川流域から輸出港であるダンツィヒを経由して西ヨーロッパに輸出された．また，この地域の産品ではないが，黒海方面からウクライナのリヴィウを経由してオリエント産の香辛料が，当時ハンガリー領だったスロヴァキアから銅が，この地域を経由して西方に輸出されていた．

　③スウェーデン・デンマーク：スウェーデンでは鉄と銅が，デンマークではニシンが特産品であった．スウェーデン産の鉄と銅は，主にストックホルムから積み出され，リューベックを経由して西ヨーロッパに輸出された．ニシンはスコーネ沖が漁場であり，ニシン漁の時季（夏と秋）にはスカネールとファルステルボーで定期市が開催され，北ドイツ，プロイセン，北ネーデルラントからハンザ商人が取引のために集結するほど需要があった．

　④北ドイツ：北ドイツでは塩とビールが特産品であった．バルト海沿岸では塩の産出量が少なかったため，当初は内陸部のリューネブルク産の塩がリューベックを経由してバルト海各地に輸出された．しかし，14世紀後半以降，フランスの大西洋沿岸で生産された低価格の海塩がもたらされるようになり，リューネブルク塩の重要性は次第に低下した．ビールはこの地域の手工業製品の代表であり，バルト海沿岸ではリューベック，ロストック，ヴィスマルでビール醸造と輸出が盛んであった．また，北ドイツ原産ではないが，フランドル産やイングランド産の毛織物，地中海からもたらされた香辛料，フランス産やドイツ産のワイン，ノルウェー産のタラなどが，ブリュッヘ・ロンドン・ベルゲンなどの商館から，あるいは，西方のハンザ都市ケルンやドイツ内陸部のフランクフルト・アム・マインから，北ドイツのハンザ都市を経由してバルト海にもたらされていた．

　　　　　　　　　　　　　　　　　　　　　　　　　　　［柏倉知秀］

経済史に見るハンザと北欧

●**環バルト海と北ドイツ**　バルト海と北海は，北欧諸国が大陸側のヨーロッパと結びつく際の交流の舞台である．これら海域の交流の歴史をひもとくと，北ドイツが経済面で果たした大きな役割が見えてくる．ここではバルト海に注目し，ハンザの時代の北ドイツと北欧の関係について貿易を中心に見ていきたい．

　現在，環バルト海一帯では地域間交流の進展が著しいが，こうした交流の淵源をたどれば，冷戦時代や近代の諸国間の対立時代をさらにさかのぼる中世後期のハンザの時代に到達する．ハンザとは，主に北ドイツを成立基盤とした商業都市や商人の連合体である．およそ12世紀から17世紀まで存続したとされ，外地での商業権益の確保とその維持を目的とした．この間，北欧諸国はハンザを通じてヨーロッパの先進地域との交流が図られていった．以下，スウェーデンとデンマークを取り上げ，両国の北ドイツ・ハンザ都市との経済関係をオランダの動きも交えて素描してみよう．

●**スウェーデンとハンザ**　中世のスウェーデン経済を成り立たせていくうえで，ハンザは少なからぬ役割を果たした．ハンザとの貿易を通じてドイツ・西ヨーロッパと結ばれただけでなく，ハンザ商人が開拓した通商網は，ドイツから多くの鉱山技術者がスウェーデンに渡る際の経路となり，後にスウェーデンが鉱業を経済基盤として大国化していくための端緒を与えた．ハンザ系のドイツ商人がスウェーデンに帰化したことにより，中世都市の制度の導入と拡充も図られた．

　鉱業の発展は，ハンザの対スウェーデン貿易における鉱産物の比重を増加させた．ハンザにとってスウェーデンが，何よりも銅や鉄といった鉱産物の調達先となったからである．そのほかにも，スウェーデンは皮革製品や酪農製品などをハンザ都市に輸出し，ハンザ都市からは繊維製品や塩，ニシン，ビール・ワインなどさまざまな商品を輸入した．むろん，貿易の担い手はハンザ商人であった．

　15世紀から16世紀にかけて，バルト海貿易の主役はハンザからオランダへと移り変わり，ハンザは衰退期に差しかかる．すると，スウェーデンの対ハンザ貿易の中では，これまでの伝統的な貿易拠点であったリューベックに加えて新たにオランダのバルト海貿易の拠点となったダンツィヒ（現グダニスク）の比重が増していった．さらに，ハンザ都市を経由せずに，スウェーデンが直接西ヨーロッパと結ばれる事例も増えた．16世紀前半にグスタヴ・ヴァーサがこれまでの親ハンザ的な政策を見直してからは，スウェーデンでは，オランダ商人が鉱産物の貿易を通じて鉱工業をはじめとするスウェーデンの経済部門で影響力を強めていく．スウェーデンはオランダ商人との経済的な連携体制を整えていき，17世紀

になると，今度はハンザ都市が連なるバルト海南岸の北ドイツを視野に入れた「帝国」の構築へと乗り出していくのである（三十年戦争）．

●デンマーク・ハンザ・オランダ　一方，デンマークは，経済的に見ればハンザにとってニシンをはじめとする海産物や農産物の仕入れ先として位置づけることができる．デンマーク経済も，ハンザに大きく依存していた．しかし，領土が互いに近接する両者の関係は，経済よりもむしろ政治を中心に推移した．

　そのようにいえるのは，ハンザ盛衰の画期にデンマークとの戦争が関係しているからである．まずは第一次ハンザ・デンマーク戦争（1361〜1370年）で，ハンザは当時の北欧の大国であるデンマークに勝利し，権益を拡大するとともに組織の盛期を迎えることができた．しかし，第二次ハンザ・デンマーク戦争（1426〜1435年）はハンザの勝利に終わったとはいえ，バルト海への進出をうかがっていたオランダがこの戦争でデンマークを支援したことから，ハンザ・オランダ関係は悪化の度合いを深めてしまう．こうして，ハンザはスウェーデンとの関係悪化を前に，デンマークに加えてオランダとも敵対してしまうことになり，バルト海貿易における覇権を徐々にオランダに譲り渡していくことになる．

　一方，経済的に見ればデンマークでは15世紀前半，初代カルマル連合王イーレク（エーリク）の時代から脱ハンザ政策が推し進められていた．彼以降のデンマーク諸王は，穀物や家畜などの自国産品が国内で流通するよう国内市場の整備を目指し，ハンザの経済的な影響圏からの脱却を図った．戦争（政治）の背後には，デンマーク国内のこのような経済的な自立化の動きがあったのである．

●バルト海南西海域の交易圏　スウェーデンよりも早くに経済面での脱ハンザの動きを見せたデンマークではあったが，この試みはうまくいったのであろうか．結論からいえば，否と述べて差し支えないであろう．

　国内市場の整備を通じて経済面からの強国化を意図した歴代のデンマーク王は，しばしば国民に対して自国産品をドイツに輸送することを禁じた．同じような禁令は繰返し発令されたが，農産物や海産物の北ドイツ・ハンザに向けた輸送は続いた．デンマーク国内では，まだ市場が十分発達しておらず，そうでもしないことには，商品を売りさばくこともできず，手工業製品などの必要な商品の入手，さらには税の支払いに必要とされる貨幣の確保さえ難しかったからである．

　ハンザが消滅期を迎えた17世紀後半，リューベックやロストックといった北ドイツ都市の関税の記録からは，デンマーク王が公爵を兼ねたシュレースヴィヒ=ホルシュタインや1658年までデンマーク領であったスコーネなどバルト海南西海域を取り巻く一帯で実に多くの小型船が行き来していた当時の状況をうかがい知ることができる．おそらくは農民と思われる船頭達による国境線をかいくぐったこのような交易も，現在盛んな草の根レベルの国際交流の性格に何らかの影響を与えているのではないだろうか．

［谷澤　毅］

鉄の国スウェーデン

　スウェーデンは鉄の国だ．有史以来，鉄は国の最重要輸出品である．紀元前400年に始まるこの地の鉄器時代には湖沼鉱が採集され，中世には中央部を広く覆うバリスラーゲン鉱山地帯は「鉄を産む邦」と呼ばれ，近代には大英帝国海軍の艦材の需要を支えた．ウップランド州ダンネモーラ産の高品質の「板鉄」は，イギリス産業革命の真価であるパドリング法の発明以前は，他の追随を許さない世界商品だった．現在でもベアリングから工具に至る各種製品には定評があり，現代工業文化を象徴するマウスや牛乳パックなど，スウェーデン人による発明品は少なくない．「ダイナマイト王」アルフレッド・ノーベル［ノベル］にみられるように，スウェーデン人の発明の才の淵源は，古来の鉄工業にあることは，衆目の一致するところであろう．それほど同国の製鉄業には長い歴史が横たわる．

●スモーランドの銃　スモーランド州の湖沼原鉱をもとにした製鉄の伝統は，17世紀に南部国境一帯でゲリラ戦を演じた「スナップハーネ」と呼ばれた民兵達が携行したライフル銃の製造に生かされた．国防軍が所持するものよりも上等な銃を彼らは有していたのであるから，政府が鎮圧に手を焼いたのも無理はない．社会評論家で劇作家のヴィルヘルム・モーバリ（1898-1973）の文学は随所に民衆の反骨精神をモチーフとするが，かかる手強いゲリラを輩出した同州の出身であったことを思えば，合点がいくというものだ．

●ハンザの進出　鉱山鉱石採掘は，バリスラーゲンだけではなく，ストックホルム群島鉱域にある「外島」でも行われていた．この外島産の鉄鉱石がゴットランド島のヴィースビーで加工されたのが12世紀のことだという．12世紀といえば，後のハンザ都市の盟主リューベックが海外進出の拠点として建設され始めた時代で，ドイツ人はここから「バルト海の真珠」ことゴットランド島を目指した．同島の海上貿易の中心地ヴィースビーで，北の彼方に「鉄を産む邦」があると島民から聞かされたと仮定したら，ハンザのスウェーデン進出の足跡がたどれるかもしれない．というのは，12世紀にドイツ人鉱山開発者がゴットランド島民の航跡を追ってバリスラーゲンに入植していたことが推定されるからだ．それは，高炉の使用にみられる．バリスラーゲン一角の世界遺産に指定されるノールバリにあるラップヒュッタンと呼ばれる製錬所に建てられた高炉がそれである．欧州最古の高炉として12世紀に同定されているのだ．その直後の13世紀中頃に，外海バルト海と内海メーラレン湖の唯一の出入口を塞ぐ中之島に，時の支配者ビリエル・ヤールによって都市ストックホルムが建設された．時代の潮流と国際環境を見据えたうえで，ヤールが海峡の無人の中之島に鉄の積み換え港として都市を

建設したことは，それが 17 世紀にバルト海のメトロポールおよび近代国家の首都へと成長した発展史を考えれば，時宜を得た英断というほかはないだろう．

●ワロン人の板鉄　中世以来，大鉱山地帯バリスラーゲンで，オスムンド鉄という銑鉄の塊が，鉱坑を所有し採石から鍛造までの全工程を担う鉱山農民バリスマンの手によって生産されていた．かかる少量生産の時代は，1600 年頃を境に転換点を迎える．三十年戦争中にベルギー南部から移住したワロン人による板鉄製造の出現である．森林が無尽蔵に残されたウップランド州で，長さ 2 m 以上の板鉄を従来のドイツ鍛冶とは異なるワロン鍛冶で製造したこの技術者集団は，約 900 人がスウェーデンに残留し，スウェーデン鉄の名声を飛躍的に高めるのに貢献した．このワロン人斡旋の労をとったのが，「スウェーデン産業の父」と称されるルイ・ド・ヤールである．ウエストファリア条約後のこの国の列強の座への躍進は，技術も資本もこの大立て者から提供されて武器の自給に及んだことが背景にある．外国の技術と資本を国内資源に結合するあたりは，グスタヴ 2 世アードルフとその片腕の宰相アクセル・オクセンシャーナの面目躍如たるものがある．その後 1651 年に鉱山省が設置され，国家主導の鉱山業は軌道に乗る．花形と化した製鉄業に，サーラ銀山やファールン銅山の開発も彩りを添えた．1661〜1751 年に活躍したクリストッフェル・ポールヘムは，水車による鉱石運搬の自動化や王立工科大学の前身を創設するなどの功績により旧 500 クローネ札の絵柄を飾るほど名高く，錬金術師で神学者のスヴェーデンボリとともに仕事をし，植物分類学者のリンネ［リネー］からも注目された．欧州随一の軍事力を具備させた鉄と首都の結合は，17 世紀大国時代を現出させ，しかも大北方戦争後の 18 世紀にも，海外からの大商家を吸引する磁場となった．

●工業化の根　「船橋貴族」のあだなをもつ 20 家の外国人大商家は，当時の国際大富豪であった．旧市街のバルト海側の波止場シェップスブローン（船橋）に軒を連ねたことにその名の謂れがあるが，渡航者に瀟洒な石造建造物を誇示した．在来の鉄工場主は彼らと結託，農民を製鉄業にいそしませ，巨利をむさぼった．この在地の鉄工場施設群を「ブリューク」と呼ぶが，それは鍛冶場や労働者の住宅のみならず倉庫や売店に学校や教会を含む広大なもので，工場村の様相を呈する．このブリュークの庭園付き城館の持ち主はパトロンと呼ばれ，前貸しによって鉱山農民の鉱坑を押収し，彼らを運搬や木炭づくりに追い込み，完成した板鉄を船橋貴族に渡すことによって仲介の利を得た．しかし 1760 年代に，ストックホルムを優遇する保護貿易への批判が高まると，船橋貴族は退場を余儀なくされる．さらに，産業革命により安価なロシア鉄が台頭すると，スウェーデン板鉄は行き場を失うかに見えたが，大西洋の向こうに活路を見出し，釘や鉄屑となってアメリカ合衆国の初期工業化のための素材となった．その一方で，自国の工業化は遅れをとり，1850 年代以降にずれ込むことになる．　　　　　　［根本　聡］

水上都市ストックホルム

　ストックホルムは「北欧のヴェネツィア」と呼ばれるスウェーデンの首都である．現在人口は市域で約 90 万，市街地を含め約 137 万，大ストックホルム圏で 220 万人弱．1998 年にヨーロッパの「文化首都」，2005 年には「環境首都」に指定された．

●**誕生**　同都市は，内海メーラレン湖の外海バルト海への唯一の出入口に浮かぶ小島に産声を上げた．元来，小島の北側の早瀬に丸太柵や防御塔を施して航行管制を敷いていたが，年間数 cm の割合で進む陸地隆起によって通航が困難になると，摂政ビリエル・ヤールは時宜を逃さず同島を内外の積換地にするため都市を建設した．丸太柵（ストック）の小島（ホルム）という意味の「ストックホルム」なる名前の初出は 1252 年である．ヤールは小島の北東隅に高さ 25 m の城砦の建設を命じた．これが 1588 年に「三王冠（トレー・クローノル）」と呼ばれる王城の母体である．今では市域が 14 島（17 島説あり）に拡大し，都心を形成するに至る．大海原へ出るまでには大小 3 万に及ぶ島々からなるシュールゴード（岩礁の庭）が天然の要塞の役目を果たす．防衛と貿易にはうってつけであった．

●**ハンザ時代**　かくして無人の小島がスターズホルメン（都島）に昇格，現在はガムラスタン（旧市街）と称され，観光客でにぎわうが，成立後まもなくしてハンザ同盟の盟主リューベックから渡航するドイツ人が住み，ドイツ流の統治制度をもつ都市社会が築かれた．大教会やドイツ教会だけでなく，リッダールホルメン（騎士島）にはフランシスコ派修道院も創設された．ハンザ商人のお目当ては，大鉱山地帯バリスラーゲン産の鉄や銅，それに皮革，毛皮，干魚，バター，海獣油等の北国ならではの物産である．メーラレン湖水地方は，北緯 60 度の北方としては穀倉地帯であり，水運で鉄と穀物が都島を経て外界の近隣諸州，オーランド諸島，ボスニア海域，さらにはフィンランド湾沿岸へと運ばれる．反対に，これらの海域世界の物産はこの町を目指して集まってくる．かかる「ボスニア海域商業強制」といわれる当都市への商業の集中化政策は，14 世紀中頃に成立した「都市法」に定められたが，地政学的な構造が表現されたものでもある．

●**独立の嵐の中で**　デンマーク，ノルウェー，スウェーデンは 1397 年より同君連合に入る．ハンザ対策である．連合はデンマーク王によって統治されたが，スウェーデンはしばしば反旗を翻した．独立への苦闘の中，戦略・商業政策上の鍵を握るストックホルムは，建国の父グスタヴ・ヴァーサが述べたように，「国全体の頭であり鍵」であった．しかし 1520 年，デンマーク王クリスチャン 2 世によって推定 92 名の国の要人が処刑される「ストックホルムの虐殺」が起こる．

この事件は第1の国難といえ，ヴァーサは連合の桎梏から抜け出す反乱を企て，独立を果たす．ヴァーサの治世期（1523〜1560年）には，積年のハンザへの貿易依存から脱し，成長著しいオランダとの貿易を重視する政策に踏み出した．

●**大国時代**　同都市は，最初の憲法と呼ばれる1634年の「政体書」に定められて真の首都となる．商都の経済機能だけでなく，王宮，政府，国会等の中央行政機関の政治機能が集積されたからである．しかし，大砲と帆船の時代に鉄貿易の輸出港であることに加え，海軍基地がおかれたことも大きい．グスタヴ2世アードルフ王の即位からカール12世の崩御までの大国時代（1611〜1718年）にバルト海一円に領土を拡張した1つの要因に，当都市が軍都であったことがある．1628年に処女航海わずか数分で難破した王艦ヴァーサ号が建造されたのも，333年後に引き揚げられたのも城の眼下であることは，造船業の隆盛を物語る．グスタヴ・アードルフ王とその片腕の宰相アクセル・オクセンシャーナは，現代につながる都市計画を立案，商業政策を実施した．「都市法」以来のストックホルム優遇策と外国貿易をステープル海港都市に集中させる政策によって，同都市はバルト海のメトロポールとなった．技術や移民も押し寄せた．フィンランドからは人の流入が尽きることがなかった．三十年戦争中はベルギー南部の鉄鍛冶集団ワロン人が渡来，ウップランドに定着，板鉄を製造した．1610〜1680年代に人口は1万から6万人へと急増，居住域はノールマルム（北町）やスーデルマルム（南町）に，ウステルマルム（東町）やクングスホルメン（王島）へと広がった．

●**停滞する首都**　1697年の城の炎上を境に首都は停滞局面に入る．3年後にはデンマーク，ポーランド，ロシアから宣戦布告を受け，大北方戦争中のロシアのガレー船隊による東海岸の略奪，その後首都は占領寸前まで追い込まれた．挙句の果てにカール12世が戦死，大国の座から滑り落ちた．第2の国難である．王城の改修には歳月を要し，設計担当の大ニコデームス・テーシンはすでに他界，孫の代の1754年に落成にこぎ着けた．その頃，首都優遇政策が功を奏し，「船橋貴族」と呼ばれる20の外国人商家の卸売商が都島の波止場に軒を連ね板鉄貿易で栄えるが，1765年，「ボスニア海域商業強制」は撤廃，自由貿易の時代に入る．

●**現代**　19世紀中葉，工業化が推進されると，同都市は主要貿易港の座を北海への窓口ユーテボリに譲るが，消費材市場を牽引，工業と卸売商業の伝統により，北欧デザインを世界に発信する拠点となる．水陸交通も絶妙だ．アーランダ空港から半時間で結ぶ特急，都島南端のスリュッセンで立体交差する地下鉄と自動車道に自転車道や歩道も完備，その下にはクリスティーナ女王時代に開設された閘門をレジャーボートが行き来する．そのかたわらに立つストックホルムっ子が白夜に集うゴンドーレン塔に登れば，フィンランドへの定期船を眼下に，内海と外海の狭間に水の都が「銀皿に広げられた贈物」のように浮かぶ様を眺めることができよう．

［根本　聡］

北欧における製塩と塩輸入の歴史

●海から塩がとれない国　塩は，調味料としての利用以外に，冷蔵技術が発達していない前近代においては保存料として利用された．そのほかにも，凍結防止剤といった食用以外の用途としても重要なものであった．ただし，あらゆる場所で獲得できるわけではなく，塩田を展開できる場所や岩塩が埋蔵されている場所というように生産地が限定されていた．

　スウェーデン宰相のアクセル・オクセンシャーナは，現在のスウェーデン・フィンランド地域における塩田開発を17世紀半ばから奨励した．また，「もし王国に塩があるならば，これほど容易にデンマーク人と戦争を始める必要もないだろう」とも述べており，スウェーデンにとって塩の生産や供給上の問題は，古くから重要なものと認識されていた．しかしながら，なぜバルト海に接しているスウェーデンにおいて，塩供給に関する問題が発生していたのであろうか．

　バルト海は，北海と接続しているウーアソン海峡，大ベルト海峡，小ベルト海峡といった海峡群を除き，周囲を陸に囲まれた閉鎖性海域である．閉鎖性海域では，域内が淡水化する傾向があるため，表層水は塩分濃度の低い海水となる．また，バルト海の周辺地域は寒冷地であるため，水分蒸発量が少なくバルト海における淡水化に影響をもたらした．したがって，バルト海周辺の海水は塩分濃度が低く，塩を析出することが困難な海水であった．しかしながら，そのような環境において塩の生産は本当に困難であったのであろうか．

　まず，海水から塩を取り出すためには，沿岸に塩田を設置し天日によって塩を析出させる方法，あるいは施設を設置し，火力によって塩を析出させる方法があった．しかし，南欧に比べて緯度の高い北欧では天日による生産が困難であった．一方，燃料を用いて塩を析出する場合には，塩分濃度が低い海水から塩を析出させるため，通常の海水よりも多くの燃料を使う必要があった．例えば，17世紀から18世紀におけるスウェーデンは，原材料輸出国であり，木材や銅などを輸出していた．国内においても造船業などで木材が使用されるだけではなく，銅などを精錬する際の燃料としても使用されるため，塩の生産だけに木材資源を投入するわけにはいかなかったのである．したがって，スウェーデンでは総需要に対応するだけの生産体制を構築することができず，基本的には塩は輸入に依存したのである．

　もちろん，ローカルなレベルでみた場合には，生産が行われていた事例も存在した．しかしながら，スウェーデンで生産された塩の品質よりも，輸入塩の方が高品質であった．このようなことから，スウェーデンは量と質の両面で，輸入塩

に依存せざるを得なかったのである.

●塩を輸入するために　中世においては,ハンザ都市リューベックにより北ドイ
ツのハンブルク南東50kmのリューネブルク産の塩がスウェーデンにもたらさ
れた.中近世を通じて,同地の塩は良質の塩として評価されていた.しかし,北
海・バルト海商業圏における交易状況の変化によって,フランスやポルトガルで
大量に生産された海水塩がバルト海地域で最も流通する塩となった.そして,こ
の塩輸送の大部分を担っていたのがオランダ船舶であった.

　このように,塩の輸送を他国の船舶に依存する状況は,スウェーデンにとって
懸案事項であった.なぜなら,日常生活や経済活動における必需品が他国の船舶
によって掌握されることは,スウェーデンにとって,供給上の不安要因とされた
ためである.このような経緯により,17世紀半ばからスウェーデンは重商主義
政策をはじめとして,自立的な塩輸入体制を構築するための政策を展開すること
となる.例えば,スウェーデンは17世紀半ばからヨーロッパ各国に領事を派遣
するが,その最初期において塩生産地であるポルトガルに領事を派遣したのは,
塩輸入問題を重要視したことの証左といえる.また,1724年11月に発布された
「スウェーデン航海法(Produktplakatet)」においても,塩の問題が言及されて
いた.17世紀から18世紀にかけて塩の自立的な輸入体制の構築がスウェーデン
にとって重要な課題とされたのである.

　塩輸入に関して,スウェーデンは他のバルト海周辺国と比べて特殊な国であっ
た.なぜならば,バルト海諸国において最も取引された海水塩は,1760年代ま
でフランス産の海水塩であることが『ウーアソン海峡通行台帳』を分析した研究
者によって明らかにされている.しかしながら,スウェーデンにのみ注目する
と,ポルトガル産の海水塩が最も多く取引され,フランス産の塩はごくわずかで
あった.なぜ,このような違いが生まれたのかということについてはさまざまな
要因が考えられるが,その1つに塩の品質があった.スウェーデン王国内では,
フランス産よりもポルトガル産の海水塩が評価されていた.ポルトガル産の塩
は,魚の塩漬けにとても適した塩と考えられていたのである.

　塩の自給が困難なスウェーデンは,17世紀から18世紀にかけて塩供給に関す
る諸政策を本格的に展開していった.一方で,供給量のみを重視するだけではな
く,当該地域における生活文化との関わりの中で,塩の品質についても重要視し
ていたのであった.　　　　　　　　　　　　　　　　　　　　　　[齊藤豪大]

📖 **参考文献**

[1] デヴィド・カービー,メルヤ-リーサ・ヒンカネン,玉木俊明他訳 2011『ヨーロッパの北
　　の海——北海・バルト海の歴史』刀水書房.

近世スウェーデンの宮廷とカール 11 世

●**近世の宮廷**　かつてストックホルムにあった城「三王冠（Tre Kronor）」は，1697年まで王宮として機能した（図1）．グスタヴ1世ヴァーサ（在位1523-1560）の時代はドイツ人の廷臣が活躍していたが，16世紀後半から独自の宮廷組織が形成されていった．宮廷に出仕していた者の数は，17世紀の段階で400～700人程度とされ，数千人がいたという同時代のフランス宮廷などに比べれば小規模な宮廷だったといえる．17世紀の王達が戦争のため王国を不在にすることが多かったことも，宮廷文化の成熟が遅れた要因の1つであろう．逆にいえば，相対的に平和な時代に宮廷文化が成長した．

図1　「三王冠」城（左）と1650年の凱旋門（右）

　多くの国々を巻き込んだ三十年戦争（1618～1648年）を終わらせたクリスティーナ女王（在位1632-1654）の時代，宮廷は壮麗なものになっていった．女王は個人的な贅沢や快楽には関心をもたなかったが，スウェーデンでも洗練された文化が花開くことを目指して文化・芸術に多額の費用を投じた．哲学者デカルトら著名な学者を招いたことはよく知られている．また，例えば1649年に催されたバレエ『囚われのクピド』は2万銀ダーレル（以下，dsm）近い費用がかかり，そのうちディアナ役を演じた女王の衣装が1,000 dsmだった．三十年戦争のために先延ばしになっていた戴冠式を1650年に挙行した際には木製の凱旋門が3つ作られ，最大のもので1万6,000 dsmが投じられた．夜遅くには花火が大々的に打ち上げられ，街中に煙が充満したという．ちなみに戴冠式の行列が通ったルートの一部が，現在ドロットニングガータン（女王通り）と呼ばれている．

　かくして，彼女が親政を始めた1644年の宮廷費は国家歳出の3%（17万dsm）にすぎなかったが，1653年には12%（52万dsm）に伸び，その後の時代も歳出の10～20%が宮廷費を占めた．なおスウェーデンは他国の宮廷と比べて照明費が多くかかったといわれ，1693年の例では約8万本のろうそくが用いられている．

●**カール11世の宮廷**　カール11世（在位1660-1697）の時代も相対的に平和な時代が続き，絶対王政が確立するとともに財政が健全化している．王がまだ未成年だった1663年には，宮廷費は王国歳出の7%（26万dsm）に抑えられていたが，1693年には19%（66万dsm）に上昇している．また約2,000名いた近衛兵に宮廷費の25～30%が振り向けられたが，カール12世の時代にそれは50%に達している．

いうまでもなくカール11世も壮麗な儀式を行った．1672年に成人した際に行われた戴冠式では馬上槍試合が行われ，王も参加して優勝している（図2）．しかし日常的には，極めて質素な生活をしていた．あるイギリス人の報告（1688年）には，「太っ腹な贈り物も，無為な娯楽も，陛下にはまったく無縁であった．乗馬・剣術・狩りのほかには（中略）どんな気晴らしも楽しまれることはなかっ

図2　カール11世の馬上槍試合（1672年）

た」とあり，王宮の調度品も簡素なもので壮麗さとは無縁であったという．そこで1692年から「三王冠」の改修が始まったが，5年後に火災で消失してしまった．

●**家族へのまなざし**　カール11世は性格的には怒りっぽくて粗野な面があり，一方で愛情表現には乏しく，極めて宗教的な雰囲気の中で暮らしていたといわれる．暦に書き込まれた王の記載を見ると，そうした宮廷暮らしの一端がかいま見える．例えば1685年の4・5・10月，カールの3人の王子が立て続けに幼くして亡くなった．それぞれの日の暦には，「神はこの悲惨な世から永遠の中へわが愛する息子を招かれ，今は神の御許にいる」といったほぼ定型の文が王によって書き込まれているにすぎず，12月31日にも「神の永遠の加護により，健康で平和と安寧のうちにこの年を終える」と，やはり定型文で締めくくられている．

ところが，1693年7月に王妃が亡くなったときのそれは異なる．「神はこの悲惨な世からわが愛する愛しの妻にして王妃であるウルリーカ・エレオノーラを永遠の生命のうちに招かれ，今は神の御許にいる．信心深く，徳高く，愛する王妃にして妻を失い，大いなる不幸と悲しみのうちにある」と記し，年末にも定型文に加えて王妃を亡くした悲しみを吐露している．

また1694年には，唯一の王子（後のカール12世）についての書込みがある．「2月5日，月曜日のこと，余とカール王子はセーテルボー教区のヴァルビーの森に熊狩りに出かけ，1頭の熊に出くわした．その熊をカール王子は撃った」．別の箇所にも，「11歳7か月と19日である2月5日，セーテルボー教区のヴァルビーの森で，王子は1頭の熊を撃った．月曜日のことだった」とある．宮廷暮らしの合間に親子で狩りに出かけていたことがわかるが，愛情表現に乏しいとされるカール11世がいかに王子に期待をかけていたか，その心の内も透けて見えるようである．　　　　　　　　　　　　　　　　　　　　　　　　　［入江幸二］

📖 **参考文献**

[1] John Adamson, ed., *The Princely Courts of Europe : Ritual, politics and culture under the Ancien Régime 1500-1750*, London, 1999.
[2] Göran Rystad, *Karl XI : En biografi*, Lund, 2010.

グスタヴ・ヴァーサとスキー大会

　グスタヴ・ヴァーサ（1496？-1560）は，スウェーデンで最も有名な王である．同国の百傑を選んだ近年のある書物では，アストリッド・リンドグレーンやアルフレッド・ノーベルを抑えて首位に輝いた．スウェーデンの独立を果たしてヴァーサ王朝を創設し，孫のグスタヴ2世アードルフはスウェーデンをヨーロッパ随一の大国に躍進させた．信仰をルター主義に変え，世襲王制を確立した近代国家の建設者のみならず，精神的にも「国父」と仰ぎ見られていることは強調されてもよいだろう．1523年にヴァーサがグスタヴ1世として即位するまでには，ハンザ同盟の盟主リューベックやデンマークとの対決をめぐる数奇な運命があった．

●**中世末期の北欧事情**　ドイツ・ハンザのバルト海進出に対抗する意図で1397年，デンマーク，ノルウェー，スウェーデンは強力な北欧を創出しようと「カルマル連合」を形成したが，連合はデンマーク王によって統治され，スウェーデンはこれを撤廃し自前の王をもとうと抵抗していた．16世紀に入ってスウェーデンに独立の機運が高まり，デンマーク王クリスチャン2世が連合王に戴冠されると，ヴァーサは民衆を結集して反乱を企てる．この直接の契機が，1520年11月8日木曜日の「ストックホルムの虐殺」という推定92名のスウェーデン人の処刑である．クリスチャン2世戴冠式の宴の後に起こったこの惨劇は，北欧史上類例のない事件で，今でも究極の原因は特定し得ない．このとき，父の命を奪われ母を拉致されたヴァーサは復讐に燃え，デンマークの軛から祖国を救った「自由の英雄」になった．このため，さまざまな伝承が後世にもたらされるわけだが，その代表例が「ダーラナ冒険譚」である．伝説は国民の心を打ち，1922年に始まる「ヴァーサロペット」というスキー大会に結実した．

●**ダーラナへ**　1496年5月12日にウップランド州リュードボーホルムに生誕したとされるヴァーサは，父母が広大な土地を所有する免税特権層に属していた．当時のスウェーデンは，王国代表として宮廷を率いるステューレ一族の隆盛期で，デンマークに対して優勢だったが，クリスチャン2世はスウェーデンの占領を諦めなかった．連合に反対するステューレ派として養育されたヴァーサは，1518年の休戦協定の際，人質となる．しかし，囚われの身から脱してカルマルに上陸，一揆の信奉者を募るもかいはなく，ストックホルムの虐殺の報に接する．そこで，起死回生の機会を求めてダーラナに急ぐ．「谷間」という意味のダーラナは，中央スウェーデンの鉱山地帯バリスラーゲンに位置し，山の民（バリスマン）という独立自尊の鉱山農民が住む地方で，デンマークとの戦いに馳せ参じては威力を発揮していた．これも，彼らが鉄や銅の製錬所を営み，かかる重要な輸

出品生産と武器製造に携わっていたからにほかならない．まずはヴァーサは資金と兵力を求めてダーラナのファールン銅山を目指す．

●**伝承と記念**　デンマークの追手が迫る 1520～1521 年にダーラナでは実際に何が起こったのか．事実は不確かだが，民間伝承なら数多くある．ヴァーサは在位中に，自己の栄光をたたえ，宿敵デンマークを罵倒するために，司教ペーデル・スヴァットに年代記を書かせた．崩御後ちょうど 100 年を経た 1660 年より次々と民間伝承が現れ，それらは 1780 年にある牧師によって論文に編集され，全土に広まった．間一髪の出来事が，残された 4 つの記念物とともに，冒険譚を形作る．第 1 は，ヴァーサがファールン鉱山近くのランクヒュッタンという製錬所の脱穀納屋で農民に変装して働き，そこの主人に独立のための支援を求めるも応援を得られなかったという話である．第 2 は，オルネス農場のロフト式家屋での出来事であり，ヴァーサが知己であった主人に密告され捕縛される寸前に，奥方に便所の穴から脱出させてもらって難を逃れたというもの．第 3 は，ヴァーサがイーサーラの小屋で暖をとっていると，デンマーク兵が中に押し入ってくるが，奥方に納屋で脱穀をするようパン用のまな板で背中をたたかれて逃げのびる話である．これに，さらにヴァーサが逃避行を続けてレットヴィークに向かう森の中，荷馬車の干草に隠れて運ばれていたが，デンマーク兵にその荷を槍で突かれ負傷するも，御者が機転を利かせて馬の後脚を切って流血をごまかした逸話が加わる．第 4 に，デンマーク人代官を殺した罪に問われたヴァーサが，ウートメランドの農場の奥方に地下室への入口を大桶で塞いでかくまってもらった話で，そこにはヴァーサ像が建てられ，絵画もある．代官殺害後のクリスマスの日，モーラでダーラナ民衆を前にしてデンマーク人の悪行を問い，「自らのための人間になりたいなら，私が指導者になろう」と演説した．が，またしても賛同は得られず，ヴァーサはモーラを立ち去り，ノルウェーに向かった．ところが，ストックホルムの虐殺を知った人々は号泣し，ヴァーサを呼び戻すためにスキーの名手に追いかけさせた．幸いにも国境寸前でヴァーサに追いつき，ダーラナ民衆の支援を受けたヴァーサはデンマークを圧倒，ついに王に選ばれる．

●**スキー大会**　伝承形成と記念碑建立は，19 世紀末に花開いたナショナル浪漫主義の所産であるが，スキー大会こそがヴァーサ王の最大のモニュメントといえなくもない．モーラからセーレンまでの 90 km を初回は 2 人を除いて 119 名が完走，優勝タイムは 7 時間 32 分 49 秒であった．しかし，近年では半分以下のタイムに縮まっている．本大会の姉妹開催地として，ミネソタ州のモーラ，長春，旭川があるが，コース距離は及ばない．実は，ヴァーサを呼び戻しに行ったダーラナの民はスキーで追いかけたが，ヴァーサ本人はスキーに不慣れでスノーシューズをはいて逃げたという．今日 1 万 5,000 人もの参加者でにぎわう大会を見れば，さすがの建国の父も苦笑することだろう．　　　　　　　　［根本　聡］

「礫岩のような国家」としてのデンマーク，スウェーデン

　「国民国家」という理解に従った歴史解釈が批判されるようになった20世紀後半以降，歴史的なヨーロッパの政治編成は，「国民国家」のイメージを「前倒し」するのではなく，中世から近代へと至る歴史の連続性の中で再検討されつつある．わが国の北欧史研究においては，19世紀以来の南ユトランド問題を1つの例として，デンマークやスウェーデンといった「国民国家」のナショナリズムと「北欧」という広域的なリージョナリズムの併存という地域認識の二重性が意識されてきた．ここで紹介する「国民国家」史観への批判から導き出された「礫岩のような国家（konglomeratstat）」という視角は，わが国の北欧史研究が到達した知見への理解を中世以来の歴史的連続性の中から促すものである．

　歴史的にヨーロッパの政治秩序は，デンマークやスウェーデンのような王国，スリースヴィやホルシュタインのような公領，伯領など，中世に来歴をたどることができる政体を基本単位としている．各々の政体には伝統的な慣習や特権に従い独自の政治文化を担う人間集団が存在したが，彼らはこれらの保護を求めてより上位の君主とつながりをもった．ここに属性の異なる複数の政体が，同一の君主をもって寄り集まる複合的な政治編成が形成された．これは保護者をともにするという点では統一されていたが，近代国家のような境界線と統一性を備えたものではない．それは，各々の政体に生きた社会集団が各々に異なる慣習や特権に従った行動原理により権力を主張し合う複合的な「権力体」と呼ぶべき存在だった．こうした秩序は，各々の形質が異なる岩石片が何らかの作用をもって1つの岩石に固結した「礫岩」のように見えるため，近年では「礫岩のような国家」と称されている．

　スウェーデンの場合，ヴァーサ家出身の君主の保護者としての権力行使が，スウェーデンの国制を共有しないエストニアやリヴォニア，北ドイツの諸地域などにおいて承認されることで「礫岩のような国家」が実現されていた．16世紀以降のバルト海東岸をめぐる政治情勢の中では，キリスト教の宗派を超えてヴァーサ君主の保護を認め合い，ポーランドやリトアニアと複合することもあった．この版図を呼称する名称は「本国ならびにその服属地域」しか確認されず，ヴァーサ君主が統べるこの広域圏は全体を統括する法や制度が存在しない．独特な伝統と特権への意識をもつ諸政体がヴァーサ家出身の君主の保護下に複合した広域圏について，我々は「ヴァーサ君主国」と呼ぶ以外に方法をもたない．

　デンマークの場合も，オレンボー家出身の君主を保護者とする「オレンボー君主国」とでも呼ぶべき広域圏が実現されていた．南ユトランドのスリースヴィは

12 世紀にデンマーク王保護下の公領として設置されていたが，14 世紀に神聖ローマ帝国に属するホルシュタイン伯がスリースヴィ公にもなり，その地は神聖ローマ皇帝の保護下に入った．15 世紀半ばに北西ドイツのオルデンブルク伯であったクリスチャンがデンマーク王となった後，1460 年のリーベ条約で，ホルシュタインとスリースヴィの不分離を条件にデンマーク王はオルデンブルク伯とスリースヴィ公を継承した．オレンボー君主は 14 世紀後半以来ノルウェーの保護者ともなっていたから，オレンボー君主のもとにはデンマーク，ノルウェー，スリースヴィ，ホルシュタインといった政体が属することとなった．

　「礫岩のような国家」の特徴は，広域圏に属した地域政体が独自の国制を維持し，伝統的な慣習や特権も保護されることで，宗派間の抗争や王朝間の競合など，不安定な政治情勢にあった近世にあって安定的な秩序を実現した点にある．ヴァーサ君主やオレンボー君主の保護に服した社会集団から見れば，彼らの行動の根拠となる特権や慣習が君主から保証されたことで，彼らの言動に対する君主の干渉を回避できる利点があった．他方でヴァーサ君主やオレンボー君主から見れば，独自の権利を求める社会集団を承認することで，宗派や出自にとらわれずに「君主国」の安寧を目的に人材を活用できる利点があった．

　「ヴァーサ君主国」は，16 世紀後半以降頻発した戦争に対応するための国家経営で必要とされた人材として，鉱山業を支えたワロン系住民や金融業を支えたユダヤ系住民など，ルター派の信仰告白を共有しない集団を登用する一方，職能に応じた権利を保証して彼らをスウェーデン王国の社団として取り込んだ．「オレンボー君主国」においても，クリスチャン 4 世の治世を支えたユダヤ系住民や啓蒙期の官僚絶対主義を支えたドイツ系住民のように，国家経営と関わるところで独自の特権を認められた集団が，地理的な意味でも，社会的な意味でもデンマーク王国に自らの居場所をもった．

　歴史的ヨーロッパの政治編成の特徴は，異なる出自や利害，信仰をもつ者の併存を承認する君主のもとで，各々に異なる特権や慣習を保護された集団が主体的に社会参画する点にあった．ある社会の構成員が主体的に関与する意思決定や合意形成のシステムをガバナンスと呼ぶならば，「礫岩のような国家」のガバナンスは，独特な権力意識に従って行動する社会集団のレベルとその保護を目的に権力を行使する君主のレベルとの間で二重性をもって営まれていた．「国民国家」意識の高まりとともに生得的な共同体感覚を建前とする政治編成が求められると，複合的な編成を前史としたスカンディナヴィアでは南ユトランド問題のような対立も生み出されたが，他方で各々の地域の主体性を保護した「君主国」に相当する秩序として「北欧」が模索されていくことになる．　　　　［古谷大輔］

ゴート主義

　ゴート主義（Göticism）は，15世紀以来のスウェーデンの歴史的経験の中で育まれた独特な世界観である．一般的にゴート主義は，この言説の骨子にある「スウェーデン民族の起源はゴート族である」という主張から見て，スウェーデン民族の特殊性を示す自己意識の論理として説明されることが多い．しかしゴート主義が求められた各々の時代状況を鑑みれば，それが単なる民族の個別性の主張ではなく，スカンディナヴィアを起点としながら各地域の住民を包摂する普遍的な世界観を示そうとする論理だったことがわかる．

　そもそもこのゴート主義は，スウェーデンに古くから存在した考え方ではない．その端緒は，1432年にバーゼル公会議に参加したヴェクシュー司教ニルス・ラグヴァルズソンが，ローマ・カトリックの普遍的な世界観に応じるかたちで，スカンディナヴィアに生きる民族が最も神に近い民族であることを示すために，ローマの歴史家達によってノアの一族の末裔と解釈されていたゴート族とスカンディナヴィアの民族の近親性を唱えたことに始まる．

　しかしゴート主義という言説を補強する素材が，ローマの歴史家達の所説以外にスウェーデンになかったわけではない．例えば，先史時代以来のユータランド（Götaland）統合の歴史である．ユータランドはスカンディナヴィア半島の南部に位置し，ローマの著述家達によって東方ゲルマンの一部族として紹介されたゴート族が大陸ヨーロッパへ南下する以前に居住していた土地と推定された地域であり，この地に残った部族の1つがユータ族とされていた．

　スウェーデン王国の構築プロセスは，ウップサーラを中心とした祭祀共同体の司祭として宗教的権威をもったスヴェーア族の王権が同じ信仰を共有した周辺の部族社会を包摂する過程だと考えられている．しかしユータランドの統合は，デンマークやノルウェー，キリスト教会などの介入もあったため紆余曲折が続き，フィンランド十字軍によって北方バルト海世界のキリスト教信仰の軍事的保護者として認められたビエールボー朝君主が登場する13世紀後半にようやく完成した．

　このビエールボー家は，スヴェーア族の王統ではなくユータ族の系譜に連なる家系である．13～14世紀にかけてのビエールボー家の事績は，例えば韻文年代記のようなかたちで15世紀頃に編纂された．それらは王国の系譜がユータランドに結びつくことを示し，スウェーデンにおけるスヴェーアランドの中核性を相対化する意味をもった．実のところユータ族とゴート族との間のつながりを証明する事実は存在しない．しかし16～17世紀にかけての著述家は，ヨーロッパ文明の起源をスカンディナヴィアに見る「ヨーロッパ文明ゴート起源」説を築き上

げる過程で，これらの年代記を根拠資料として多用した．その結果スウェーデン民族はゴート族と近親関係にあるユータ族の末裔であるという言説が強化された．

16〜17世紀は，ヴァーサ朝君主がバルト海世界に広域支配を築いた時期である．この時期のヴァーサ朝君主は，バルト海東岸からヨーロッパ中央の抗争に介入する中で，古代ローマ由来の帝権理念とは別の論理でもって，軍事力に裏づけられたヨーロッパの保護者としてのイメージを示そうとした．神聖ローマ皇帝と戦う「解放者」としてのヴァーサ朝君主のイメージは，古代ローマ皇帝と戦ったゴート族のイメージと重ね合わされながら，ハプスブルク家に代わる普遍君主としての足がかりを得るために活用された．

ローマに起源をもたない普遍ヨーロッパの論理は，ヨーロッパ全体に痕跡を残したゴート族の展開を鑑みたときに，ヨーロッパ文明の柱の1つとなるゲルマン的文化の起源がスウェーデンにあるといった主張にまで発展した．例えば，ウップサーラ大学医学教授のオーロフ・リュードベック（1630-1702）は，神から選ばれた民に与えられたユートピアとしてのスウェーデンの特殊性とそこから派生したヨーロッパ文明の姿を描いた．今日の視点からすると誇大妄想に見えるこの説はスウェーデンがもつ歴史の古代性と自然の特殊性を証明しようとする学界動向を刺激し，集古顧問会議やウップサーラ大学に集った博識者達は積極的に各地に残る文献や遺物を調査した．

スウェーデン王がヨーロッパの普遍君主であろうとする試みは大北方戦争の敗北で挫折したが，ゴート主義に先鞭をつけられた王国の探索活動は18世紀以降も継続する．スウェーデン各地の古物や風俗，伝承，自然の記録がウップサーラ大学に集積され，古来の口述伝承とは異なるかたちで王国の全体像が可視化されていった．その姿は，ある人間集団の民族としての独特な性格は風土によって形作られるとする環境決定論に裏打ちされながら，19世紀以降のナショナル・ロマン主義に影響された知識人達の発想の源となった．

スウェーデンがロシアに敗北してフィンランドを喪失した19世紀前半の国際関係の中で，愛国主義者達の間には「民族の父祖であるゴート族の気風の喪失」に敗因を求める風潮が高まった．例えば，愛国主義団体の中でも著名なユータ協会は，ゴート族精神の復活を目標として，民族の系譜を示す歴史叙述や文学作品，民族にあり得べき肉体の鍛錬方法などの創造に意欲的だった．これらの活動は一方でスウェーデン民族の陶冶を刺激したことは事実だが，他方で言語や歴史，文学などを対象として「ノルデンとしての北欧」を探索する学問に継承されたことにも注目したい．これはゴート主義が狭隘な民族の個別性を主張する論理ではなく，16〜17世紀であれば「ヴァーサ君主国」，19世紀であれば「ノルデンとしての北欧」のように，ゲルマン的要素を共有する広域圏を対象に世界の普遍性を主張する論理だったことに由来するものだろう．　　　　　　　　［古谷大輔］

湖が消え「死せる滝」（ドゥーダ・ファレット）が出現した日 ──事業家「野生児フス」（ヴィルドフッセン）の夢の跡

　ノッルランド（北部スウェーデン）の中堅都市スンスヴァルから国道86号線を北へ約80 km行ったところに，ビスプゴーデンの村がある．そこからさらに，国道87号線を北西へ約8 km，高台を通っている国道から南西側の谷へ下りていくと，その場所（ドゥーダ・ファレット［死せる滝］）に出会う．幅広く長く続く谷の底に，鋭く，険しく，あるいは重々しい岩の塊が幾重にも重なり，突き出て，荒れ果てた岩だらけの地形を形作っている．谷底に下りてみれば，頭上に峨々たる岩の峰がそそり立ち，のしかかってくる景観になる．

　実は，かつてはここから北西へほぼ25 kmの長さにわたり，細長い湖（ラーグンダ湖）があり，この岩場にはもともと，湖からインダール川へと注ぐ滝（ストールフォッシェン［大滝］）があったのである．イェムトランドの中央にある，広さではスウェーデンで5番目の湖ストールシュー（大湖）の北東の一角から流れ出すインダール川は，谷をえぐりつつゆるく蛇行しながら南東へと向かい，ストールフォッシェンで一気に約35 mの高さを落下し，低地へと流れ続け，スンスヴァルの約20 km北あたりからバルト海へと流入していたのである．ノッルランドの湖の多くと同じく，ラーグンダ湖もかつての氷河時代に，山から滑り降りてきた氷河がうがった跡であり，氷が解けた後，氷河が押し下げてきた氷堆石が，湖の土手，そして流出口である滝となったのであった．

　滝が水上交通の妨げとはいえ，湖は湖岸の人々にとってはさまざまな漁獲をもたらす水資源であり，下流の住民にはそれ以上に，滝は遡行するサケを捕らえる絶好の漁場として，かけがえのない宝庫であった．しかし17～18世紀にかけて，スウェーデンの大国化と産業の発展が進むと，状況は変わってきた．もともと北欧では，家屋の建材および家庭用燃料として，木材の需要は小さくなかったが，そのうえ船の建材，製鉄用の木炭の原料の必要性が急増すると，平地の森林資源はたちまち不足を生じ，政府による伐採規制も行われたので，否応なく山間僻地の森林に，目が向けられることになった．

　1645年以来ノルウェー領からスウェーデン領になっていたイェムトランドにも，開発の手は伸びてきた．しかし，問題は産地から加工現場への輸送手段であり，道の悪さ，険しさから，馬車や橇での陸上輸送では，まったく必要を満たせなかった．となると，当然筏流しが手段として注目され，北部の河川では，追い追い実行され始めていた．

　しかしインダール川に関しては，ストールフォッシェンの約35 mの落差は極めて大きな障害であり，ここを無理に落とせば，材木は裂けるか傷だらけになる

か，とにかく使い物にならなくなるのは目に見えていた．

細長いラーグンダ湖の，南東側の湖尻は二股に分かれていて，北東（下流に向かって左側）が滝，南西（右側）はサンドオーセン（砂山）と呼ばれる砂岩質の低い丘に塞がれた入江になっていた．この砂山を貫いて，運河を通そうというアイデアが，いつ誰の頭に浮かんだのかは不明だが，これを実現しようとする企画が，主に上流の，湖畔の住民によって具体化したのは，1763年のことであった．だがこのときは，緊縮主義のメッサ党政権の協力が得られず，3年で挫折している．その後1779年，国王グスタヴ3世自身がこの計画に魅了され，支持を約束してから，ようやく事は順調に進み始める．上流の村々には運河掘削の認可が与えられ，懐疑的，というより反対の立場である下流の村々には，損失が生じた場合には補償金が，国によって支払われることになった．

1781年掘削は再開されたが，軟弱な砂山はたえず土砂崩れの兆候を示して工事を妨げ，この計画に不信を抱く者による妨害は執拗に続き，事業は遅々としてはかどらなかった．

1793年に至り，この事業の実現を熱心に求める人々により事業団が組織され，その実行責任者としてスンスヴァルの商人マグヌス・フス（通称ヴィルドフッセン「野生児フス」，1755-1797）が加わることにより，事態は急展開することになる．かねてから木材の水上輸送に絶大な関心を抱き，自力で調査研究もしてきたフスは，その実現のための成案ももっていた．すなわち，砂山を人力で掘り崩すのではなく，あらかじめ浅い溝を作っておいて，近くの山から水流を木樋で砂山まで導いてその溝に流し込み，溝が深くなったら樋の位置を変えてさらに水を流し，要するに水の力で柔らかい砂の山を削り取っていこうとしたのである．

ところが，あまり前例のない試みであったこともあり，工事は予定どおりには進まなかった．冬の間は水流が凍って工事は停止状態に置かれたし，この事業の反対者達は，しばしば夜陰に乗じて襲来して樋を壊し，時にはフスの命をも脅かして，工事を阻止しようとした．

にもかかわらず根気よく続けた作業の結果，1795年夏以降工程ははかどり，翌年の夏には運河の完成が期待できるまでになった．1796年の春から夏にかけて，運河の完成に伴い，急に水位が上がる可能性があるので，用心するようにとの警告が，しばしばインダール川の下流の住民に対して発せられている．

しかし，工事の終了は，誰も予想しなかったかたちで訪れた．1796年6月6日から7日にかけての深夜，深くなっていた溝の周囲の土砂が崩落を始め，そこへ湖の水が一気に押し寄せ，大音響とともに砂山自体が崩れ去り，押し流されてしまった．障壁が消え失せたので，ラーグンダ湖のおよそ10億トンの水はたちまち下流へと奔出し，この夜の数時間のうちに，湖そのものが姿を消してしまった．一夜明けると湖のあった位置には，中央をインダール川の水が流れている以

外は，干上がって湖底の泥が剥き出しになった地面が残り，その上では水を失った無数の魚が跳ねていた．当然，ストールフォッシェンの滝の位置にも水はなくなり，滝を構成していた岩塊は谷底に露出し，現在に至るまでゴツゴツの岩場（死せる滝）をさらすことになったのである．

一方流れ出した水は，奔流となってインダール川の川筋を駆け下り，橋も，船着き場も，水車小屋も，川岸の建物も，途中のものはすべて押し流しながら，バルト海へと流れ込んでいった．後には惨憺たる破壊の傷跡が残された．水流がどれほど激しかったかは，水が引いた後，川岸の木の高い梢に魚が引っかかっていたという逸話が物語っている．

ただ，真に不幸中の幸いだったのは，かねがね水位の急変について警告されていた沿岸の住民達が，寝泊まりする場所を高台に移していたのと，深夜だったので，舟を浮かべる人も橋や川岸を通行する人もいなかったため，死傷者が1人も出なかったという奇跡のような事実であった．

いずれにせよ，1796年6月7日限りで湖は消え，滝もなくなった．インダール川は流路を少し変え，以前砂山のあった場所を，ゆるやかに流れ下るようになった．木材の搬送路としては，運河以上に望ましいものが得られたわけである．上流の人々は，湖を失ったが，代わりにもとの湖底の，16 km^{2}に及ぶ沃野を手に入れた．それに引き換え，下流の人々は人命以外の莫大な損害を被り，そのうえサケの好漁場を奪われてしまったのである．

すでに国王グスタヴ3世（4年前に暗殺されていたが）の認可が降りていた事業なので，刑事責任は全く問われなかった．他方，下流の住民が上流，特に事業団に対し損害賠償を求めて起こした民事訴訟は，紆余曲折を経ながら延々と続けられ，判決が下ったのはなんと179年後の，1975年のことであった．

渦中の人マグヌス・フスは，この異常事態にもさして動じることなく，さらに新しい事業を求めてこの地方を探索中，ほぼ1年後の1797年6月，インダール川で水難事故にあって亡くなった．彼は偉大な先覚者なのか，無謀な自然破壊者なのか．幸いにもそういう単純な見方が定着することはあまりなかったようで，彼「野生児フス」は，ある種の不可解な神秘的な存在として，幾度も小説や演劇の主人公として描かれ，人々の想像力をかき立てている．　　　　　　［本間晴樹］

42年の時を経てよみがえった不滅の愛——ドイツロマン派の詩人達を感動させた「巨漢 (フェット) マッツ」の物語

　ダーラナ州の州都ファールンの町は，今では行政サービス，教育・文化活動の中心としてその存在を知られているが，経済活動については，やや他の町に譲っている．人口（約3万7,000人）は全国で28位（2010年），ダーラナ州内でも1位ではない．しかし近世初頭には，ここはストックホルムに次ぐ，スウェーデン第2位の人口を擁していた．それというのも，すでにヴァイキング時代に先立つ8世紀に発見されていた銅の鉱脈が，11世紀以後注目を浴びて次々に開発され，1288年には国王の特許状によって保証された経済上の特別地域となり，15世紀には全ヨーロッパの銅資源の2/3を供給するまでになっていた．スウェーデンの独立（1523年）と強国化に伴い，銅生産はさらに急成長を遂げ，17世紀半ばには，全世界の銅の2/3を，ここから産み出していたという．ただ，ここの鉱物資源の利用には，ドイツやオランダからの技術と資本の導入が不可欠であり，またその現場においては，多数の労働者が過重な労働と多くの犠牲を強いられることになった．中世から近世にかけての鉱山労働は，農村での下男の仕事や，戦場での傭兵暮らしよりましだということで，多くの人々が過酷な労働条件や仕事上の危険は承知のうえで集まってきたのであった．

　1687年6月25日の深夜，無計画な坑道掘りのせいで空洞だらけになっていたファールンの鉱山では，直径300m以上の地盤が約90m下まで，一瞬にして崩落するという大落盤事故が起こった．実に幸いなことに，この日はミッドサマーの祝日の前夜で，しかも真夜中なので，坑道内には誰一人入っていなかったため，奇跡的に死傷者はゼロであった．通常はそうはいかず，落盤はもちろんもっと小規模な事故の際にも，死者，負傷者，行方不明者はたえず出ていた．そしてこの大落盤の後片づけの際にも，10年前の事故の犠牲者の遺体が発見されており，これらは当時見過ごしにされてしまったらしい．

　時代はトって，大北方戦争もそろそろ終わるという1719年12月，増産のため古い坑道の再開作業をしていた坑夫達は，瓦礫の中から，一見真新しく見える男の死体を発見した．しかし，坑夫の中の誰も，この男に見覚えがなかったし，その場所では久しく，事故も行方不明者も報告されていなかった．鉱山監督の指示により，その死体は地上に運び出され，町の人々に公開して情報を求めることになった．死体が町の広場に置かれると，集まってきた群衆の中から1人の老婆が人波をかき分けて飛び出し，「マッツ！　私の婚約者！」と叫んで死体にすがりついた．これは，彼女マルガレータ・オルスドッテルがかつて婚約していた，しかし結婚式の直前の1677年3月に消息を絶った鉱山労働者「巨漢マッツ」こと

マッツ・イースラエルソンだというのである．人々には，死んで間もないように見えるこの死体が42年も前のものだとは思えず，彼女がぼけたか，発狂したと疑う者もいた．しかし，数日後に開かれた鉱山集会で，町の老人・老婆達の証言が行われた結果，マルガレータの言うとおり，これが42年前の行方不明者マッツの遺体だということを疑う余地はなくなった．屍体が異常なまでに新しく見える原因は，奇跡ということで深くは追及されなかった．もちろん現在では，坑道の中で金属塩（主に硫酸銅）の解けた水に漬けられていたため死体が蝋化して保存されたのだということは明らかである．

　巨漢マッツすなわちマッツ・イースラエルソンは，1650年頃（生年不詳）ファールンの北東約20 kmにあるスヴァードシューの農家の末子として生まれた．早くに父と死に別れ，兄達とともに働いていた彼は，やがて自立を決意し，家族に見送られてファールンの鉱山に働きに出たのである．巨体と怪力を生かした勤勉さと人柄の良さにより，彼は間もなく町でも坑内でも人気者となり，やがて町の娘マルガレータ・オルスドッテルと親密になり，ついには結婚を約束するまでになった．しかし，結婚式を直前に控えた1677年3月のある日，マッツはやり残した何かを思い出したと見え，終業後の坑道へ1人で入っていき，そのまま消息を絶った（おそらく事故に遭った）のであった．彼が結婚を忌避して逃げたとか，他の女のもとへ走ったとか，噂を立てる者もいたが，マルガレータは彼を信じて待ち続けた．そして42年目の奇しき再開となったのである．

　マルガレータをはじめとする親しい者達は，見つかった死体が直ちに正式に埋葬されることを望んだ．しかし，報告を受けたストックホルムの中央官庁である鉱務参事院は，この奇現象の証拠品を，保存して公開するよう指示した．マッツの死体はガラスケースに入れられて，鉱山事務所の倉庫に置かれることになった．これを見るために多くの観光客が押し寄せたので，すでに鉱脈がかれ始めて，傾きかけていたファールンの経済を潤したことは間違いない．カール・フォン・リンネ［リネー］も，1734年にファールンを訪れたとき，マッツと対面している．しかし，発見当座は生けるがごとしといわれた死体も，外気に触れて急速に腐朽し，白骨化していった．町や鉱山の要人達も，このうえ彼をさらし者にし続けるのをはばかるようになり，1749年マッツはようやく，ファールンの教会の床下に埋葬されることになった．それを切望し続けたマルガレータは，すでに故人になっていた．しかし，1860年に教会の大修理が行われた際，床ははがされ，マッツの遺骨は掘り出されて，再び箱に納められて展示されることになった．彼が最終的に墓地に埋葬されたのは，1930年のことであった．

　18世紀を通じ，スウェーデン国内でそこそこ有名であったこの話は，19世紀になってドイツのロマン派の文人達の関心を引きつけることになった．先頭を切ったのはモーリッツ・アルント（1769-1860）であつた．彼は前ポンメルンの

出身なので，1809年まではスウェーデン国民であったことになる．彼が1806年にドイツ語で発表した『1804年のスウェーデン旅行』の中で紹介した挿話に，この物語が含まれていた．これに刺激を受けたアヒム・フォン・アルニム（1781-1831）は，1810年に刊行した長編小説『ドロレス伯爵夫人の貧困と富と負債と償却』の中に『鉱山の男の永遠の若さ』というバラードを挿入している．翌1811年には詩人ヨハン・ペーター・ヘーベル（1760-1826）も，小説『思いがけない再会』を著している．しかし，この事件を広く知らしめ，有名にしたのは，E.T.A.ホフマンの『ファールンの坑夫達』であった．1819年に世に出たこの小説では，主人公の名前がエリスとなり，船乗りをやめて山へ向かうところから物語が進行する．鉱山とその周辺の数々の神秘的な現象が描かれ，やがてエリスは失踪し，50年後にミイラとなって発見された彼を見て恋人ウッラも亡くなり，2人がともに葬られるところで話は終わっている．この小説の流布は，さらなる余波を生んだ．1842年パリの町で，『さまよえるオランダ人』を舞台にのせるあてもなく，貧窮にあえいでいたリヒアルト・ワグナーは，同じくパリにいたヨーゼフ・デサウアー（1798-1876）という音楽家の勧めに従い，『ファールンの坑夫達』に基づくオペラの台本を書き上げ，パリ・オペラ座に持ち込んだ．受理されたら，音楽はデサウアーと合作するはずだったといわれている．しかしオペラ座側は，物語の主要部分が地下で進行するこの筋書きが，オペラに向いているとは認めず，没にしてしまった．ワグナーはこの企てを諦め，『タンホイザー』に取りかかるが，『ファールンの坑夫達』の構想も捨て去らず，その後も温め続けていたことが，その後の研究では判明している．それとは別に，フランツ・フォン・ホルシュタイン（1826-1878）という作曲家が，ホフマンの小説をもとに『荒野』というオペラを作り，1869年に初演したが，特に評判にはならなかったようである．

　その後，オーストリアの劇作家フーゴ・ホフマンシュタールは，ホフマンの作品を下敷きに，1899年『ファールンの鉱山』という戯曲を書いた．これは台詞劇として何度か上演されたが，第二次世界大戦後，当時のドイツ民主共和国（東ドイツ）の代表的作曲家ルドルフ・ワグナー=レゲニー（1903-1969）がこれをオペラ化し，1961年のザルツブルク音楽祭で発表した．これもその後再演はされていない様子である．

　一方，かつては世界最大の産出量を誇り，銅だけでなく亜鉛，ビスマス，金や銀まで産出したファールン銅山は，18世紀以後次第に鉱脈を枯渇させ，1992年をもって採掘が打ち切られた．しかし，坑道は1970年以来見学コースとして公開され，人気の観光スポットとなっている．　　　　　　　　［本間晴樹］

北欧の博物学

●**博物学の黄金時代**　博物学とは，動物，植物，鉱物といった地球の産物の命名や分類，記載を扱う学問分野とされる．英語では，ナチュラル・ヒストリー（自然史）がこれに該当する．今日，義務教育の課程で博物学という科目は見当たらないので，博物学自体に光が当てられることは，現在ではあまりない．

　しかし，近世・近代のヨーロッパでは，大航海時代の到来を契機として異国の生物や文物が大量に流入するようになり，それらの記載や分類を担う博物学が大いに発展した．その背景には，領土の獲得や経済的有用資源の確保といった国家的な要請に加えて純粋な学問的好奇心もあった．舶来の珍しい動植物や文物，珍奇な品々を蒐集・展示した一種の私設博物館である，いわゆる「驚異の部屋（ヴンダーカンマー）」もヨーロッパ各地で見られるようになった．未知の土地に対する総合的な学術調査も盛んに行われるようになり，やがてそうした探検博物学の調査・研究の成果は大型の豪華な報告書としてまとめられていく．そこには，動植物や地質，鉱物など本来の博物学に関する情報を超えて調査の対象となった地域のあらゆる情報や見聞の成果が盛り込まれるのが普通であった．かくして，博物学は地球に関するさまざまな情報を盛り込んだ，いわば総合学の役割を担うことになり，とりわけ博物学が黄金時代を迎えた 18 世紀は「博物学の世紀」として位置づけられることもある．

●**リンネ［リネー］の功績**　スウェーデンが生んだリネー（リンネ，Carl von Linné, 1707-1778）は，18 世紀をまさしく博物学の黄金時代とすることに貢献した当時のヨーロッパを代表する博物学者である．とはいえ，彼の学識はスウェーデン 1 国のみで培われたわけではない．ルンド大学，続いてウップサーラ大学で医学を学んでいたリネーが学位の取得をはじめ，さらなる学問の研鑽の先として選んだのはオランダである．17 世紀に世界経済の中心となったオランダは，その通商網を利用して世界各地の動植物やそれらの標本，情報が集積する地となり，博物学研究の先端に位置していた．オランダでは，東インド会社総裁のジョージ・クリフォードとの出会いもあった．リネーの学識を高く評価したクリフォードは，わざわざ俸給を与えてリネーを自宅に住み込ませ，東インド会社を通じて世界各地から集められた動植物やそれらの標本，博物学関係の図書の整理とコレクションの充実とともに目録の作成を依頼した．やがてその成果は，『クリフォード植物園誌』（1737）などにまとめられたが，当時の博物学界に与えた影響という点では，その 2 年前にやはりオランダで刊行された『自然の体系』（1735 初版）の方が重要である．

後に幾度も版を重ねた『自然の体系』は，自然界の分類方法を提示した書物であるが，なかでも注目されたのは植物に関するいわゆる「性の体系」である．リネーは植物の雄しべと雌しべに注目することにより，あらゆる植物を24の綱（クラス）に分類しようと試みたのである．この分類方法により，リネーの名声はあまねくヨーロッパ各地に知れ渡ることになった．やがて「性の体系」に代表される人為的な分類法は，自然に即した分類法の普及により影響力を失っていくとはいえ，当時博したリネーの名声とその影響力により，「リンネ」は現在でも「分類学の父」とたたえられる．

今日への影響という点では，むしろ動植物の命名法に関する貢献の方が重要であろう．リネーは，名詞1語の「属名」と形容詞1語の「種小名」の2語であらゆる動植物の「種」をラテン語で学術的に命名し分類する方法を考案した．これは「二名法」として知られ，簡潔さゆえに広く普及した．大著『植物の種』（1753）で本格的に実施されたこの命名法は，今日でも動植物に学術的な名称（学名）を賦与する際の土台となっている．

●**リンネの使徒達**　ウップサーラ大学の教授（1741年，後に大学総長）となってからのリネーは医学，植物学関係の講義を受け持ち，後進の指導に力を注いだ．植物園の管理，拡張も彼が心血を注いだ仕事である．リネーのもとには，彼の学識と博物学にかける情熱を慕って数多くの弟子が集まってきた．

リネーにとって，博物学とは神のあらゆる創造物を分類，命名し，その御わざを顕彰することにあった．自分はその使命を託された神に選ばれし者であるとの自負もあった．そのために，世界のすべてのことを知り尽くそうとしたリネーではあったが，彼自身の調査・探検旅行はラップランドやスコーネなど北欧の圏内を主な舞台とするだけであった．

リネーに代わって彼の手となり足となり世界各地から博物標本をウップサーラに送ってきたのは，リネーが「使徒」と呼んだ彼の弟子達である．例えば，ペーテル・フォシュスコール（Peter Forsskål）は1761年にデンマークの調査隊に参加してエジプトを経由してアラビア半島に向かった．惜しくもフォシュスコール自身は現地アラビアで客死してしまったものの，後年，彼の遺稿が『エジプト・アラビア植物誌』（1775）としてまとめられた．

ツンベルクの呼び名で我々日本人にとってもなじみ深い「使徒」カール・ペーテル・ツューンバリは，オランダ東インド会社の医師として長崎・出島に滞在する以前に南アフリカ・ケープ地方で調査を行っており，それらの成果は『日本植物誌』（1784），『ケープ植物誌』（1823）にまとめられている．　　　　　［谷澤　毅］

📖 **参考文献**
[1] 松永俊男 1992『博物学の欲望——リンネと時代精神』講談社現代新書.
[2] ハインツ・ゲールケ，梶田　昭訳 1994『リンネ——医師・自然研究者・体系家』博品社.

デンマーク絶対王制時代（1）

デンマークは世界的にみても長期間王制が続いている国の1つである．その中で歴史上1661〜1848年の約190年間は「絶対王制」期と呼ばれ，現代に続くさまざまなことが生起した特徴ある時代である．それを初期，中期，後期の3時期に分けて見ていきたい．

●絶対王制初期（1661-1699）
[フレゼリク3世（在位1648-1670）]

宿敵スウェーデンとの戦争（1657〜1660年）の結果，デンマークは何とか国体は維持したが，スコーネ地方を始めとするスカンディナヴィア半島南部の土地を失った．財政再建のために身分制議会が1660年秋に召集された．しかし，議会開催中に市民・聖職者身分からの要請に端を発し，政体が選挙王制から世襲王制に変更される政変が起こった．これにより貴族身分の影響力が低下した．1660年末にかけて財務省，官房，陸軍省といった中央官庁が次々に設立され，国王を中心とする集権的

図1 フレゼリク3世

な統治体制が整備された．そして世襲王制成立からわずか数か月後の1661年1月には，諸身分が国王に要請するかたちで，今度は絶対王制が成立した．絶対王となったフレゼリク3世は新しい政治制度を支えるために「国王法」を1665年に制定した．フレゼリク3世治世で特徴的なことは，絶対王制という政体が平和裏に社会契約的に成立したことと，法律で規定されたことである（図1）．

[クリスチャン5世（在位1670-1699）]

国王は就任直後，旧貴族の勢力低下を目的に新しい貴族制や位階制度を導入した．国王法の起草に尽力した父王時代からの大臣，グリフェンフェルトは当初政治を主導したが，国王の信を失い失脚した．治世前半にスウェーデンとスコーネ戦争（1675〜1679年）を戦ったが，失地回復はかなわなかった．戦後は絶対王制下における新しい社会の構築を主眼に置き，まず徴税を確実にするために度量衡を統一し，全国を検地して土地登録を行った．また新社会の規範として「デンマーク法（1683年）」が制定されたが，これは地方ごとに異なっていた法律を全国的に統一するという意味もあった．クリスチャン5世の治世をもって絶対王制の基礎が固まったといえる．

●絶対王制中期（1699-1766）
[フレゼリク4世（在位1699-1730）]

29歳で即位した生来の絶対王である．治世の約1/3が大北方戦争に関わり，

1701年には民兵徴集制も導入されている．祖父以来の宿願であったスコーネ地方奪還は実現しなかったが，1720年の戦争終結後は平和な時代が続いた．この時期には劇作家ホルベアが活躍したり，グリーンランドに宣教師が派遣されたりもした．また平和を願ってフレーゼンスボー宮殿の建築も始まった．社会政策にも新しい動きがみられ，1708年には救貧令が公布され，1721年には王領地内の騎士領に王立学校の設立が命じられている．なお国王は私生活において重婚を繰り返したが，それを反省するがごとく晩年には宗教に傾倒して救いを求めた．

[クリスチャン6世（在位1730-1746）]

国王はドイツ人王妃の影響で敬虔主義に凝り，厳格な信仰生活を求めた．そのため劇場が閉鎖されるなど娯楽が禁じられ，宮中も重苦しい雰囲気であった．日曜礼拝が義務化され，1736年には現在まで続く堅信式が導入されている．一方で絶対王としての威厳を示すために，バロック様式の壮麗なクレスチャンスボー宮殿を建設している．経済面では大北方戦争後の景気は低迷し，農業危機に直面する．これを受けて重商主義政策が推進され，アジア会社が設立されたり，フランスからは西インドの聖クロイース島を購入したりしている．1736年にはデンマーク最初の民間銀行クラント銀行が設立されている．農業面では1733年に土地緊縛制が導入され，農民男子の移動が禁止された．これにより安価な労働力が確保された上に，国防の観点からは民兵徴集の人員も確保されることになった．また文化面では宗教教育を推進するために学校条例が発布され，王立科学協会が設立された．クリスチャン6世は中期では最も絶対王らしい自覚をもった国王であった．

[フレゼリク5世（在位1746-1766）]

国王自身が娯楽に興じたため，前時代とは真逆な明るい時代にはなったが，政務が疎かになり，モルトケなどのドイツ系官僚が政治を主導した．特に外交では外相J.H.E.ベアーンストーフの努力で中立を維持することができ，交戦国とも通商を行うことで商業的な繁栄を享受した．アフリカや西インドの植民地経営も治世下に国王直轄となった．文化面でも進展がみら

図2　アメーリェンボー宮殿前広場のフレゼリク5世像

れ，王立芸術アカデミーが創設されたり，アラビア方面に学術探検隊が派遣されたりした．農業・経済関係の雑誌『経済雑誌』が創刊され，海外での改革実践や啓蒙思想などが紹介された．またイギリス人王妃ルイーセがデンマーク語を話したため，前王の時代とは異なり，王室が国民に親しまれた．今日アメーリェンボー宮殿前広場には凛々しい騎乗姿の国王像が据えられている（図2）．なお，放蕩がたたった国王は健康を害して42歳の若さで世を去った．　　　[佐保吉一]．

デンマーク絶対王制時代（2）

●絶対王制後期（1766-1848）
[クリスチャン7世（在位 1766-1808）]

　2歳で母親を失ったクリスチャンは長じて精神疾患を患い，17歳で即位するが，次第に政務を執ることは不可能となる（図1）．即位後2歳年下の，イギリス国王の妹カロリーネ・マティルデと結婚した．国王の侍医となったドイツ人医師のストルーエンセが，その地位を利用して次第に国政に影響力を及ぼすようになる．時の啓蒙思想の影響を受けた彼は矢継ぎ早に改革を実施した．なかには検閲廃止のような評価できるものもあったが，大半は当時のデンマークの実情を無視したものであった．王妃との不倫も取り沙汰されたストルーエンセは，結局クーデターで逮捕され死刑に処された．

図1　クリスチャン7世

　クーデターの後，神学博士グルベアによって前時代の政策を全否定する保守反動政治が展開された．当時他のヨーロッパ諸国では啓蒙思想が広がり，さまざまな改革がなされたが，グルベア政権下ではそれは望むべくもなかった．そこで，開明的な王太子フレゼリクは1784年，ドイツ系官僚とともにクーデターを起こして新政権を樹立した．この政権下でさまざまな改革が実施されるが，その代表例が農業および農民に関する改革であった．なかでもそれまで農地に拘束されていた農民に移動の自由を与えた1788年の土地緊縛制廃止は意義深い．また植民地での黒人奴隷貿易を禁止する勅令も，世界に先駆けて1792年に公布されている．

[フレゼリク6世（在位 1808-1839）]

　精神を病んだ父王に代わり，王太子として実質的には長年国王職を代行していた．有能な大臣達の助けを借りて啓蒙主義的な改革を断行し，国民にも人気を博した．ただフランス革命のさらなる進展とともに次第に反動化していき，1799年には検閲制を強化している．また，経験豊かな外相 A.P. ベアーンストーフの死後，国王は重要な政策判断を自ら独断で行う機会が増えてきた．複雑化する国際情勢の中での舵取りは困難を極め，結果的にナポレオン戦争では，中立を捨ててフランス側についたため敗戦国となった．そのため1814年には，14世紀以来の同君連合国ノルウェーをスウェーデンに割譲した．経済的には財政危機や農業危機に見舞われ，戦後は国力が低下したが，文化的にはアンデルセンやキェルケ

ゴールらが活躍する黄金時代を迎えた．教育面では早くも 1814 年に義務教育制度が導入されている．また，自由主義の広がりをにらんで諮問的な身分制地方議会も導入されたが，絶対王制自体に異を唱える者には厳しく対処した．なお，フレゼリク 6 世は国民，特に農民からの人気が絶大で，葬列でも彼らが国王の棺を運んでいる．

［クリスチャン 8 世（在位 1839-1848）］
　前王には嫡子がいなかったため，従弟のクリスチャンが王位を継承した．彼は若き日にノルウェー総督を務め，自由主義に基づいたアイッツヴォル憲法を承認している．その経歴から自由憲法制定にも理解があるだろうと期待されていたが，前王の保守路線を継承したため，自由主義的な政策を期待した国民からは不満が募った．デンマークの歴史で転機となる 1848 年の 1 月に急死した．しかし，クリスチャン 8 世の治世の間に経済は立ち直りを見せ，ティヴォリ（チボリ）公園の開園，国民高等学校の創設，国内最初の鉄道開通，ビール会社カールスベアの創業など時代の新しい動きがみられた．

［フレゼリク 7 世（在位 1848-1863）］
　就任直後にフランス二月革命が起こり，その影響がヨーロッパ全土に広がった．デンマーク国内でも自由主義憲法を要求する動きが拡大し，首都でもさまざまな集会が開催された．そのような中，1848 年 3 月 21 日，フレゼリク 7 世は王国と公爵領のスリースヴィに共通な自由主義憲法を求める市民を閣僚に組み入れることを約束し，これによってデンマークの絶対王制は無血で終わりを迎えた（図 2）．この 3 月の慌ただしい動きの中で，公爵領においてスリースヴィ（ドイツ語読みはシュレースヴィヒ）とホルシュタインに共通

図 2　クレスチャンスボー城前のフレゼリク 7 世像

な憲法を求めるシュレースヴィヒ＝ホルシュタイン主義者は，プロイセンの援助を受けてデンマーク王国に戦いを挑んだ．ここに第一次スリースヴィ戦争（3 年戦争）が 1848 年 4 月に開始された．そして，戦争の最中に憲法制定のための議会が開始され，さまざまな議論を経て 1849 年 6 月には自由主義に基づく憲法が公布された．そこには信教の自由，言論出版の自由，集会の自由が規定され，二院制議会の設置が謳われていた．そして，経済的に自立した 30 歳以上の男子には普通選挙権が与えられた．この 6 月憲法によってデンマークは立憲君主国となり，名実ともに新しい時代を迎えることになるのである．　　　　　［佐保吉一］

デンマーク海外領土の歴史

　現在のデンマークは，本土面積が約 4.3 万 km^2 で，わずか九州ほどの小国である．しかし，例えば 19 世紀初頭ではアフリカ，インド，西インド方面に領土や貿易拠点をもつ海洋国家でもあった．この海外発展の基礎を築いたのが国王クリスチャン 4 世（在位 1588-1648）である．彼は当時主流であった重商主義政策を採用し，アイスランド会社のような貿易会社を設立したり，国内のマニュファクチャー育成に積極的に関わったりした．そしてデンマークはクリスチャン 4 世時代を含めてその後，大別して次の 3 方面に進出した．

●**インド・中国への進出**　インド地域に関しては，1616 年にデンマーク東インド会社が設立され，幾度かの試みの後，探検隊が 1620 年にインド南東海岸の小村トランケバールを入手した．そして防衛のためダンスボー要塞を築いた．この地は，後のデンマークのアジアにおける植民地支配・交易の中心となり，主に綿織物や香辛料を取り扱った．

　デンマークはまた，インド南部のカリカットやガンジス川下流付近にも貿易拠点を築いた．そして，1756 年には探検隊がインド洋上の現在ニコバル諸島と呼ばれる地域を占領し，島々はニュー・ダンマークと改名され，植民地となった．なお，インドの貿易拠点は 1845 年に大陸部分がイギリス東インド会社に売却され，ニコバル諸島は 1868 年にイギリス領となった．

　中国交易は 1730 年代より始まり，後にアジア会社（1732 年設立）がその活動の中心となった．広東港で取引を行い，絹製品，陶磁器，茶が主要品目で，1732 年から 1750 年の間に 22 隻が積み荷とともに帰還した．利益率は非常に高く，特に 18 世紀後半は中立政策をとった結果，商都コペンハーゲンは中国交易で繁栄した．

●**アフリカへの進出**　1640 年代初頭に黄金海岸（現ガーナ）に黄金や象牙を求めて貿易探検船が派遣され始めた．1659 年には後の西インド＝ギニア会社の前身となる貿易会社が設立され，拠点となる要塞も築かれた．1661 年には黄金海岸と東方の奴隷海岸との間にクレスチャンスボー要塞が建築された．これらの要塞では周辺から黒人奴隷が集められ，サトウキビプランテーションでの労働力として西インド諸島に送られたのであった．デンマーク本国からは衣類や銃などの武器がもたらされ，それが黒人奴隷と交換された．アフリカでも綿花等のプランテーションが試みられたが大きな発展は見られずじまいであった．なお，アフリカにおける貿易拠点は，奴隷貿易廃止後にその意味を失い，1850 年にはイギリスに売却された．

●**西インド諸島への進出**　新大陸発見後，カリブ海域にはイギリス，フランス，

オランダといった西欧の主要国が進出していた．その中でデンマークは1666年に，現在小アンティル諸島にある聖トーマス島の領有を宣言し，隣の小島，聖ヤンも1718年に併合した（図1）．さらに1733年にはデンマーク領西インド諸島中，最大かつ最も肥沃な聖クロイース島をフランスから購入した．これ以降デンマークは本格的にプランテーションにおけるサトウキビ栽培を展開する．その中

図1 聖トーマス島の中心都市シャーロット・アマリィを望む．

でアフリカからは先述の黒人奴隷が大量に輸入された．その数は1733〜1802年の間で約5万人にのぼり，同時期における世界の奴隷貿易量の約2%を占めた．イギリスやフランスの奴隷貿易と比べるとその数はわずかであるが，デンマークが奴隷貿易に荷担していたという事実はぬぐい去れない．当時の啓蒙思想の影響を受けてイギリスやフランスで奴隷貿易廃止運動が起こると，デンマークは委員会を設置して奴隷貿易および奴隷制の経済性を議論した．その結果，奴隷貿易自体は利益を生まないが，奴隷制に基づくサトウキビプランテーションは十分採算に合うという結論が出された．政府はそれを受けて1792年，世界に先駆けて奴隷貿易廃止勅令を公布した．

そして，1827年には黒人奴隷制に疑義をもつピータ・フォン・ショルテン (1784-1854) が総督代理（後に総督）に就き，彼のイニシアチブにより黒人奴隷解放への歩みが始まった．彼はまず，奴隷や自由黒人の地位改善に尽力し，1839年には学校令を公布して黒人奴隷子弟に対して初等義務教育を開始した．フォン・ショルテンは当初，解放に備えて自立させる漸次的な奴隷解放を目指していた．しかし，1848年3月には近隣の仏領マルティニーク島で奴隷暴動が発生し，それがもとで7月初旬に聖クロイース島の西部で解放を要求する奴隷が集結した．暴動による流血を避けるためにフォン・ショルテンは奴隷解放を宣言し，デンマーク領ではほとんど無血で奴隷解放が実現することとなった．その後は欧州各地で甜菜糖業が広まり，西インド産サトウキビの価格が下落したり，ハリケーンによる被害が重なったりしたため，西インド領自体の価値が低下した．しかし第一次世界大戦下，その戦略的な位置からアメリカが興味を示し，デンマーク国内での国民投票を経て1917年，西インド領はアメリカに25万ドルで売却された．

当初の海軍による統治を経て統治権は内務省に移り，1936年には現在の自治権が与えられ，アメリカの保護領となっている（米領ヴァージン諸島と呼ばれる）．1980年代以降は観光で脚光を浴び，「アメリカのパラダイス」と称される同地には，大型クルーズ船が頻繁に寄港している．デンマークが植民地を失って約100年，島々では現在でも建物や地名にその名残がみられる． ［佐保吉一］

オレンボー朝の王妃達

　ドイツ北西のオルデンブルク伯領から1448年に国王を迎え，デンマーク王家はその後415年間続くオレンボー（オルデンブルクのデンマーク語表記）朝を開いた．オレンボー朝の国王は16人で，その正式な王妃となったのは17人であるが，国王達は多くの愛人をもち，宮廷ではさまざまな愛憎劇が繰り広げられた．

●ドイツの領邦諸侯と関係の深いデンマーク王室　初代クリスチャン1世（在位1448-1481）が元オルデンブルク伯で，王位に就いた後にシュレースヴィヒ公爵位およびホルシュタイン伯爵位を継いだことでもわかるとおり，デンマーク王室は神聖ローマ（ドイツ）帝国の領邦諸侯と密接な姻戚関係を結んでいた．国王とその血縁者，さらには王妃やその子供達がそれぞれに交わった複雑な家系を見る限り，デンマーク王はまるで神聖ローマ帝国内の一君主であるかのような印象を受ける．クリスチャン1世の妃ドロテーア（1431-1495）はブランデンブルク，2代王ハンス（在位1481-1513）の妃クリスチーネ（1461-1521）はザクセン，4代王フレゼリク1世（在位1523-1533）の妃ソフィーイ（1498-1525）はポンメルンの出身で，そのほかにもメクレンブルク，ヘッセン=カッセル，ブラウンシュバイクといったドイツ出身の王妃がみられた．

●政変に散った悲恋の主人公　オレンボー朝で最も有名な王妃は，13代王クリスチャン7世（在位1766-1808）の妃カロリーネ・マティルデ（1751-1772）である（図1）．彼女はドイツではなくイギリス王家出身（ハノーヴァー朝国王ジョージ3世の妹）であり，15歳でデンマークに渡って新婚生活を始めたが，精神的に病む国王の愛情を得ることもできずに孤独に苦しんだ．そうした中，国王の絶大な信頼を得たドイツ人の侍医ストルーエンセ（1737-1772）が現れ，宮廷における実権とともに若い王妃の心も奪ってしまう．2人の不倫関係はすぐに公然のこととなり，2年足らずの独裁を経たスト

図1　カロリーネ・マティルデ

ルーエンセは1772年の政変で逮捕され，王妃もすぐに国外追放となった．大逆罪に問われたストルーエンセが残虐な公開処刑に処せられた一方で，その半年前に生まれた王妃の娘は不義の子であることを伏せて，王女として宮廷に残された．悲運に嘆くカロリーネ・マティルデは母国には返されず，イギリスと同君連合下にあるドイツのハノーファー選帝侯領内のツェレでまもなく没した．

●貴賤婚姻　オレンボー朝のほとんどの国王に愛人の存在があったが，前述のとおり，王妃の不倫関係は宮廷からの追放処分を招くことになった．15代王クリスチャン8世（在位 1839-1848）は，王太子時代にシャロテ・フレゼリケ（1784-1848）と結婚したが，4年後に彼女は自身の不倫が理由で宮廷を去った．

　また，多くの愛人と庶子を擁しながら二度目の婚姻相手の不貞に傷ついたというクリスチャン4世（在位 1588-1648）の場合，相手の女性とは周囲の反感も顧みずに身分違いの非公式な貴賤婚姻を行っていた．貴賤婚姻は政争の種ともなったが，その庶子は王位を継承せず，婚姻は法的には有効とされた．しかし，正妃との婚姻関係にありながら同時に貴賤婚姻を二度も重ねた10代王フレゼリク4世（在位 1699-1730）の場合，国王だけに許された重婚とはいえ非常に異例であった．特に二度目の重婚相手アナ・ソフィーイ（1693-1743）とは，正妃の死去から20日後に正式結婚がなされ，王侯家系でない王妃が誕生した（図2）．

図2　王妃アナ・ソフィーイ

●王妃と愛人　3代王クリスチャン2世（在位 1513-1523）の妃エリサベト（1515-1526）はブルゴーニュ出身で，その兄はハプスブルク家の最大版図を治めた神聖ローマ皇帝カール5世であった（図3）．カール5世は宗教改革に立ちはだかる最強の君主であったが，義弟であるクリスチャン2世の方は内紛から王位を追われるかたちで王妃らを伴ってデンマークを去り，義兄の援助にすがるしかない苦境に陥った．彼は結婚前からネーデルラント人の愛人を寵愛し，その母親シーブリト（生没年不明）を経済的才覚のある有能な人物として

図3　王妃エリサベト

重用したことで有名であった．そのような事情にあっても忠実に夫を支え，愛人の母親とも良好な関係を保ち得た王妃は，亡命先で生涯を閉じた．残っていた亡き妃の持参金を何とか義兄から受け取って，クリスチャン2世は王位奪還を企てたが，成功しなかった．

　亡命したクリスチャン2世にとって王妃は起死回生の鍵となったが，一方，オレンボー朝最後の王フレゼリク7世（在位 1848-1863）にとっては，貴賤婚姻の妻ルイーセ（爵位を授かりダナ女伯と称す，1815-1874）は，激動の世にあって，心のよりどころとなった．即位前に短期間の正式な婚姻を二度も解消した王は，生涯正妃をもたず，首都から離れたイェーヤスプリンス館でダナ女伯と温かな家庭を築くのであった．　　　　　　　　　　　　　　　　　　　　［井上光子］

18〜19世紀のスウェーデンの農業革命

●**スウェーデンにおける農業革命**　スウェーデン農業史において，18世紀前半から19世紀後半にかけてのおよそ150年間は，「農業革命」の時代と呼ばれる．この時代に農業改良を通じて農業生産量が上昇する一方で，地租負担の増加は抑えられたことから，農民の手元に余剰生産物がより多く残るようになり，大農層や中農層の社会経済的地位は向上した．その一方で，18世紀半ばの約178万人から19世紀半ばには約348万人にまで人口が増加する中で，農村下層民（「トルパレ」と呼ばれる小作人，小屋住み・間借人，および「スタータレ」と呼ばれる既婚の年季奉公人）の人数は4倍に増加し，農民層とほぼ同数となった．こうした社会層分化を通じた労働力の増加も，農業革命の一因となった．

　農業革命の内容は，耕地面積の拡大（開墾），農法の改良・新作物の導入，農具の改良，土地整理（エンクロージャー）など，多岐にわたる．スウェーデンの耕地面積は，採草地の耕地化や湿地の干拓などを通じて，18世紀初めから19世紀後半の間に約3.5倍に拡大した．この開墾に加えて，一圃制，二圃制，三圃制などの伝統的な農法から，近代的な穀草式農法や多圃制に移行したことにより，耕種農業部門の生産が拡大した．特に飼料用のエン麦の増産により，1820年代末以降にイギリス向けの輸出が増加した結果，それまでの穀物輸入国から穀物輸出国への転換を遂げた．また，穀物の増産とともに，ジャガイモの食用栽培も本格的に普及したことも，食糧事情の改善に大きく寄与した．農具の面では，原初的な犂である無へら犂（árder）から鉄製の犂への移行や，収穫用の鎌の大鎌から小鎌への移行などの技術革新がみられた．

●**スウェーデンでのエンクロージャー**　一連の農業改良は，18世紀半ば以来の土地整理による農村共同体の弱体化ないしは解体と大きく関連していると考えられている．土地整理は，第一次の大農地分合（1757〜1827年．以前は1749年開始説もあったが，近年は1757年開始とする見解が有力である），第二次の一筆農地分合（1807〜1827年．南部スコーネ地方では1803年に，また西部スカラボリ県では1804年に，それぞれ開始された），第三次の法定農地分合（1827年以降），以上の3つに分けられる．第一次の段階では，耕地と採草地を各耕圃あたりそれぞれ4区画ずつまで残すことを認められていたことから，村落内の地条数を減らすことには成功したものの，農村共同体を解体させるまでには至らなかった．一方，第二次と第三次の土地整理は，各農家の農地を1〜2か所に統合する内容を含んでいたことから，農家の個別経営を確立させる契機となった．

　伝統的な学説では，土地整理をはじめとするスウェーデン農業革命の推進主体

は，貴族を中心とした地主層とみなされており，四身分制議会の一身分を構成していた農民層は保守的で，農業改良の阻害要因であったとされていた．だがこうした見解は，1970年代以降の研究で否定されており，農民層が積極的に農業改良に関与していたことが明らかになっている．なかでも，土地整理に関する研究でこの点の解明が進んでおり，地主大農場地帯に比べて，自作農地帯の方が農地分合の実施が早期であったとする見解が有力となっている．

●**他の北欧諸国での農業革命**　デンマークでは，18世紀後半に啓蒙主義や重商主義などの思想的影響を受けた官僚層が中心となり，「自作農法」（1769年），「土地分合（エンクロージャー）法」（1781年），「土地緊縛法」（兵役強化と地主大農場での労働力確保を主な目的として1733年に導入された，14〜36歳の農民の移動を制限した法律）の廃止（1788年，最終的な廃止は1800年）などの農業改革に関連する法制定がなされ，その結果，自作農創出や農村共同体の解体が進んだ．エンクロージャーの進行はスウェーデンに比べて早く，1780年代に本格的に開始され，1830年代初めまでにはほぼ全国的に完了したと考えられている．このような急速な農業革命の進行について，古典的な学説では啓蒙主義的絶対王政による「上からの改革」の側面が強調される傾向にあったが，近年の研究では，開明的な貴族地主層や農民層による「下からの農業革命」の側面が強調されるようになっている．特に農民層に対する見方は古典的な学説から大きく変化しており，かつては農業革命に受動的な立場にあったと考えられていたが，実際には主体的に農業改良や自作農創設に関与していたことが明らかになっている．

ノルウェーについては，ようやく19世紀後半に「大転換」と呼ばれる農村での農業改良や市場経済化が進行し，それまでの自給自足的な農業社会が大きく変容したとする古典的な見解がある．確かにノルウェーでは，最初の実質的な「エンクロージャー法」が公布されたのは1857年であり，土地整理の最盛期は1890年代であることから，デンマークやスウェーデンに比べて農業革命の進行が遅れたといえる．ただし，開墾や農具の改良といった農業革命自体は，19世紀前半にはすでに開始されていたとする見解が現在では有力となっている．そこでの主体は，1814年の段階ですでに66%の土地の所有者となっていた農民層であったと考えられている．

19世紀後半に農業景観の変容がみられた点は，1809年までスウェーデン領であったフィンランドにも当てはまる．1775年に「土地整理法」が制定されていたものの，本格的なエンクロージャーによる農村共同体の解体は，「大公国時代」の1848年に制定された「新農地分合法」以降まで持ち越された．とはいえ，近年の学説では，土地整理は約150年間にわたるゆるやかな過程とみなされるようになっており，ノルウェー史と同様に，農業革命の開始を19世紀後半よりも前の時期に求める傾向にある．　　　　　　　　　　　　　　　　　　　　　　[佐藤睦朗]

自由記念碑

　コペンハーゲン中央駅の北西、ヴェスタブロゲーゼ通りに立つモニュメントは、自由記念碑と呼ばれ、農民男子に移動の自由を与えた土地緊縛制廃止（1788年）を記念して建てられたものである。1792年に礎石が据えられ、1797年竣工した（図1）。

●**記念碑建立の背景**　16世紀前半にスウェーデンがカルマル連合から独立して以来、デンマークと隣国スウェーデンはバルト海における覇権を巡って争ってきた。17世紀中頃の第一次カール・グスタヴ戦争（1657〜1658年）で肥沃なスコーネ地方を失ったデンマークは、失地回復を賭けてスコーネ戦争（1675〜1679年）、大北方戦争（1700年、1709〜1720年）を

図1　自由記念碑

スウェーデンと戦ったが、その目的を達成できなかった。大北方戦争終了後、デンマークでは穀物価格が下落し深刻な農業危機を迎える。その中で農民男子を出生農地に固定する土地緊縛制が1733年に導入された。これは安価な労働力を確保し、さらに防衛のための民兵徴集を容易にするためであった。その後18世紀半ばからは穀物価格も徐々に上昇し、デンマークの農業も回復する。

　18世紀前半デンマークは、王国の総人口が約70万人で、そのうち2割が首都コペンハーゲンや地方都市に、残りの8割が農村に居住する、典型的な農村社会であった。そして農村居住人口は、領主（貴族）、自作農、小作農、小屋住み農民・日雇い農業労働者、奉公人その他に分かれていた。小作農が全農村人口の約4割を占める中で、自作農や領主はそれぞれわずか1％ほどであった。

　18世紀後半においてデンマークは、七年戦争やアメリカ独立戦争に際しては中立の立場を取り、交戦国と通商を行う中、商業的な繁栄を享受した。歴史上それは「商業繁栄時代（den florissante handelstid）」と呼ばれている。そのような好調な農産物需要を背景に、デンマークの農業も改革によるさらなる変化が求められていた。この動きに開明的な領主の中には個人的に改革を行う者も出てきた。1784年にはクーデターにより、それまでの保守反動的な政権に代わって、王太子フレゼリクを中心に開明的ドイツ系官僚が政務を担当する政府が成立した。その新政府によって、大農民委員会が設置され（1786年）、いよいよ農業および農民のための改革が着手されることになった。その成果はまず1787年の勅令に表れ、従来曖昧であった小作農と領主の権利や義務関係が小作農の立場から

明確化された．そして，1788 年には土地緊縛制が移行期間付きで廃止された．これはそれまで出生農地に拘束（緊縛）されていた農民男子が移動の自由を得るという人格的な解放のみであったが，当時としては画期的なことであった．

そして，首都コペンハーゲンでは，農業を中心に改革を進めてきた国王（実質的には王太子）に対して，その善行に感謝して記念碑を建立しようという動きが市民の側から起こってきた．それがさらに建立のための公開募金へと発展した．募金者の内訳を見ると，市民が総額の 90% 以上を負担していた．すなわち自由記念碑は，絶対的権力をもつ支配者が建てたものではなく，コペンハーゲン市民を中心とした国民が建てたものなのである．その性格ゆえ，市民の記念碑とも呼ばれる．フランス革命とそれに付随する戦乱が続く当時の状況を考慮に入れれば，自由記念碑の建立は当時のヨーロッパでも類を見ない性格のものだといえる．

●記念碑の概要　記念碑は四角台座，オベリスク，四隅の女性像の 3 つの部分から構成されている．まず四角台座であるが，南面には市民が国王に感謝して建立されたことが記されている．東西 2 面のレリーフは静的なもので，解放された奴隷，すなわち自由を象徴している．

次にボーンホルム産砂岩でできているオベリスクだが，高さが約 15 m あり，碑文が東西 2 面に刻まれている．まず，当時の市域の外に向かっては「国王は，自由になった農民が勇敢にして賢明，勤勉にして善良，かつ正直で幸福な市民になれるよう，土地緊縛を廃止し，農業関係法に秩序と力が授けられるようにと，命ぜられた」と記されている．市域に向かう側には「国王は，公正な法によって定められた市民的自由が，祖国への愛，祖国防衛の勇気，知識欲，勤勉への願望，幸運への願いをもたらすことをご存知であった」と述べられ，両面合わせて国王の業績が刻み込まれ，そしてたたえられている．

最後に 4 体のクラシック様式の女性像であるが，それぞれ「市民道徳」「忠誠」「勤勉な農民」「勇気」を象徴している．このように自由記念碑は，農民，市民，そして王権が一体となった，三者の相互協力を示す碑なのである．

●その後のデンマーク農業と自由記念碑　18 世紀後半に実施された「農業改革」は，その後農民の地位に関しては賦役の明確化，自作農創設という果実を残した．一方，農業自体の発展では地条統合や散居（農場）制を進めて効率的な農業を行う下地を準備したうえで，輪裁式農法・英国式プラウの利用で生産性は飛躍的に高まった．こうして 19 世紀後半における農地拡大，協同組合設立，農民教育の推進，酪農への転換が進められ，今日の酪農王国デンマークが築かれたのである．

またデンマークでは 1838 年に土地緊縛制廃止 50 周年の記念祭が開催され，その後 50 年ごとの節目に民間主導の記念祭が，自由記念碑を中心に実施されてきている．現在も記念碑は交通量の多い幹線道路に位置しながら，道行く人に自由のメッセージを発し続けている．　　　　　　　　　　　　　　　［佐保吉一］

ノルウェーの独立とアイッツヴォル憲法

●**独立運動の背景**　ノルウェーはカルマル連合解体後もデンマークの支配下に置かれ，1536年には対等な王国としての地位を失った．18世紀にはデンマークよりも自由な社会体制のもと漁業や海運を軸に経済的繁栄期を迎えた．コペンハーゲンに留学した官僚層を中心にノルウェー独自のアイデンティティが芽生えたが，それはデンマーク王への忠誠心と矛盾するものではなかった．デンマーク＝ノルウェーはナポレオン戦争の最中，イギリス軍にコペンハーゲンを攻撃され，フランスとの同盟を余儀なくされた．この後ノルウェーではデンマークとの海上交通がイギリス海軍によって封鎖され，食糧事情が悪化した．本国政府との連絡の寸断に対応して統治委員会が独自の行政を開始し，ノルウェー最初の大学と銀行も設立された．戦況は次第に悪化し，スウェーデンは1812年にロシアと同盟して王太子カール・ヨーハンのもとデンマークを南から攻撃した．デンマーク王フレゼリク6世（在位1808-1839）は1814年1月14日にキール条約を締結し，ノルウェーをスウェーデン王に割譲することとなった．

●**独立運動の展開**　キール条約の内容はノルウェー人に強い反発を招いた．デンマーク王位継承者でもあるノルウェー総督クリスチャン・フレゼリク（1786-1848）はこうした空気を読み取り，自らを指導者とする独立の準備を進めた．彼は首府クリスティアニア（現オスロ）北方のアイッツヴォルで名望家の会議を主宰したが，彼を推戴する条件として，憲法を制定し，人民の側から王を「選出」することが確認された．4月10日に112名の議員がアイッツヴォルに参集し，憲法制定議会が開催された（図1）．議会では，クリスチャン・フレゼリクを支持する多数派の「独立派」と，スウェーデンとの連合を主張する「連合派」が対立した．「独立派」は官僚や自営農民を中心とし，「連合派」を「親スウェーデン派」「売国奴」と批判する一方，国王に比較的強い権限を与えようとした．「連合派」は，1809年のスウェーデン政体改革を高く評価しており，国王の権限の抑制を求めた．クリスチャン・フレゼリク自身はノルウェー人の独立への熱意に共感していたものの，彼の背後にはノルウェーとの再連合を望むデンマークの意図があるともささやかれた．議会は5月17日に憲法を採択するとともに，クリスチャン・フレゼリクをノルウェー王に選出した．

●**アイッツヴォル憲法**　この憲法は当時の

図1　アイッツヴォル憲法制定議会

ヨーロッパで最も自由主義的な憲法であった．アメリカ独立革命，フランス革命のほかイギリスの議会制度から影響を受け，啓蒙思想を学んだ官僚層が制定に主導的な役割を果たした．ノルウェーは「自由，独立かつ不可分の王国」とされ，国王は統治権や軍の指揮権を有するものの議会から一定の制約を受ける「制限的」君主制とされた．議会は中世の自由農民の集会に由来する「ストールティング」と呼ばれた．選挙は１つの院として行われ，法案審議に際しては議員が二院に分かれるという変則的一院制を採用し，国王の拒否権は２回までしか認められなかった．一方，内閣は国王によって任命され，ストールティングに対して責任を負わなかった．25歳以上の男性の約45%に選挙権が与えられたが，これは当時のヨーロッパでは際立って高い．人民の権利に関しては，言論出版の自由や法によらない逮捕の禁止などが明記され，経済的・身分的諸特権も段階的に廃止することとされた．他方，社会の伝統的な価値観に基づく条項も盛り込まれた．自営農民の直系子孫がもつ世襲の農地に対する優先的権利については，議論があったが認められた．また当時ノルウェーにユダヤ人はほぼいなかったが，修道士やイエズス会士とともに彼らの入国は禁止された．

●**スウェーデンとの連合と11月憲法**　ノルウェーの「独立」を諸外国は承認せず，イギリスなどは連合を受け入れるよう圧力をかけた．7月26日にスウェーデン軍がノルウェー国内に進入し，戦力に劣るノルウェー軍は後退を続けた．情勢の不利を悟ったクリスチャン・フレゼリクは徹底抗戦の方針を採らず，まもなくノルウェー側は休戦を受け入れた．クリスチャン・フレゼリクは退位し，デンマークに帰国した．ストールティングは11月4日にスウェーデンとの連合に必要な憲法改正を行うとともに，スウェーデン王カール13世（在位1809-1818：スウェーデン王，1814-1818：ノルウェー王）を国王に選出して，スウェーデンとの同君連合が事実上成立した．この過程でノルウェー側はスウェーデンからの圧力をかわしてアイッツヴォル憲法の内容の多くを維持し，外交や軍事に関する国王の権限の抑制にも成功した．

●**1814年の歴史的意義**　スウェーデンとの連合という結果にもかかわらず，ノルウェー人は内政における自治を確保し，独立国としての意識をもち続けた．憲法はノルウェーの自由と独立のシンボルとして，以後のナショナル・アイデンティティの核となった．短期間で作成されたこの憲法には曖昧な点もないわけではなかった．議会主義勢力は「人民主権」が，官僚勢力は「権力分立」が憲法の基本原則であるとそれぞれ主張して対立した．また憲法改正に対する国王の拒否権の規定が明記されなかったことは，後に大きな問題となる．しかし19世紀を通じてすべての政治勢力がこの憲法と1814年の精神を自らの正当性の根拠とみなしており，1814年の記憶は国民的神話として語り継がれていった．　［大溪太郎］

スウェーデン=ノルウェー同君連合

●**同君連合の成立** 1814年11月4日, ノルウェー議会 (ストールティング) はスウェーデン王カール13世を国王に選出し, 翌1815年に両国は「連合協約」を締結した. この連合は共通の君主を推戴することを結合の根拠とする「同君連合」と呼ばれる. ノルウェーは憲法のほか政府, 議会を独自に保持し, 王の代理人である「総督」を除きスウェーデン人がノルウェー政府の官職に就くことはなく, 内政ではほぼ完全な法的独立が保たれた. 軍事面でも両国軍に対する王の指揮権は別個のものとされた. 外交については連合協約に明記されず, スウェーデンの外相・外務省のもと「共同」で行われた. ノルウェー政府からは国務相と2名の閣僚がストックホルムに常駐し, 両国に関する事案の審議に同席した.

●**連合関係の展開** ノルウェーの内政はアイッツヴォル憲法を基本的に引き継いだため, 「ノルウェー王」の権限はさまざまな制約を受けた. カール14世ヨーハン (在位1818-1844) の時代にはスウェーデン側は内政干渉も試みたが, 次のオスカル1世 (在位1844-1859) 以降の王達はノルウェーに対しておおむね寛容な統治を行った. 外交ではノルウェー政府の意向が無視される事態がまれではなく, 徐々に高まる不満に対して1830〜1840年代には外交政策決定へのノルウェー閣僚の参与やノルウェー人外交官の登用などが行われた. この時期のノルウェー側の要求はあくまで対等なパートナーとしての扱いを求めるもので, 連合自体を否定する声はほぼなかった.

1859年に即位したカール15世 (在位1859-1872) はノルウェー総督職の廃止を示唆し, 議会はこれを受けて憲法改正を行った. しかしこのことがノルウェー側の「独立国」としての意識と, ノルウェーを「属国」とみなすスウェーデン保守派の認識の相違を顕在化させ, 連合協約改定交渉が行われた. 改定案では両国の法的関係を明確化し「対等」を明記するとともに, 外交・軍事における一体性を強めようとした. スウェーデンでは改定がおおむね支持されたが, ノルウェーでは政府に批判的な「左派」が政治的独立を損なうとして反発し, 議会は改定案を大差で否決した. この結果は両国に相互不信を残し, 特にノルウェーでは連合自体への懐疑が強まって, 対スウェーデン強硬論がナショナリズムの主導権を握っていく端緒となった.

●**連合の動揺** 1860年代後半から1880年代にかけて両国では議会主義に向けた改革が進んだ. ノルウェーでは1884年に「左派」が官僚主導の政府を退陣に追い込み, 事実上の責任内閣制を実現した. この過程で王は政府の後ろ盾となり議会へのクーデターさえ計画したことから, ノルウェー国民のあいだでスウェーデ

ン王がノルウェー王であることへの疑問が強まっていった.
　1885年から両国間では外交政策審議における閣僚数の不平等などをめぐり対立が深まった. この頃, 両国の通商政策上の利害の不一致などによって, ノルウェーでは特に領事制度の分離への要求が高まった. 対立は外相職や領事制度の分離などそれまで放置されてきた懸案にも飛び火していった. ノルウェーでは左翼党急進派から公然と連合解消論が語られるようになり, スウェーデンも1895年に通商協定を破棄して軍が示威行動を行うなど, 両国関係は極度に悪化した. 両国政府はなお粘り強く交渉を続け1903年に領事制度の分離で合意したが, 細部の溝は埋まらず最終的に決裂に至った.
　ノルウェー国内では右翼党が連合維持の立場を取ったのに対し, 左翼党は強硬派と穏健派に分裂して, この三者が総選挙ごとに合従連衡を繰り返していた. 1903年の総選挙では連合維持派が勝利を収めたが, このことはノルウェーの世論が必ずしも強硬な連合解消論一色ではなかったことを示している.

●**連合の解消**　1905年初頭, ノルウェー政府は交渉決裂を受けて, 議会との連携のもと連合解消へと歩を進めた. ミケルセン (1857-1925) が挙国一致内閣を組織し, 議会は国王に2回拒否されていた領事分離法案を可決した. 国王が三たび裁可を拒否すると内閣は総辞職を申し出, オスカル2世 (在位 1872-1905:スウェーデン王, 1872-1907:ノルウェー王) はもはや後継内閣を指名で

図1　1905年のストールティング

きないと表明した. 議会はこれを受けて6月7日に「王はノルウェー王としての機能を停止し, 1人の王のもとでのスウェーデンとの連合は解消される」と決議した (図1). スウェーデン側はこの「革命的な」決議を認めなかったが, ノルウェー政府は8月13日に国民投票を行い, 36万8,208対184の圧倒的多数で連合解消が支持された. 10月26日にオスカル2世がノルウェー王を退位し, 連合は正式に解消された.
　ノルウェーでは諸外国の理解を得るため王制維持が既定路線であり, 分離交渉と並行して新国王の選出が重要問題となった. 政府は大国間のバランスを考慮しながらデンマーク王の孫カール王子を選んだ. 再度の国民投票で約8割が王制を支持し, 王子はノルウェー王ホーコン7世 (在位 1905-1957) として即位した.

●**平和裏の分離**　連合解消の過程でノルウェー側は法的正当性の確保に常に腐心し, スウェーデンの政府や王家も国内世論の過熱を抑える努力を惜しまなかった. また20世紀初頭の国際情勢の中で諸大国は両国の軍事的衝突を許さなかった. 近年は, ノルウェーの政治的ナショナリズムの勝利ではなく, さまざまな条件のもと実現した「平和裏の分離」としての面が強調されている.　　[大溪太郎]

ノルウェーのスカンディナヴィア主義

　ノルウェーのスカンディナヴィア主義はデンマーク，スウェーデンに比べて支持基盤が限定され，ナショナリズムと競合する性格が強かった．しかし，さまざまな知識人がノルウェーの置かれた状況に即してこの思想を独自に受容し，結果としてナショナリズムの穏健化の役割を果たしたといわれる．

●初期のスカンディナヴィア主義とノルウェー　ノルウェーの 19 世紀は民族としての個性と独立の確立を目指す「ネイション形成」の時代であった．1814 年までのデンマーク支配の遺産であるデンマーク語による書き言葉とデンマーク語を基礎とするエリート文化は，その主要なアンチテーゼとなった．またスウェーデンに対する政治的独立の確立も一貫した課題であった．したがってスカンディナヴィア主義への共鳴は，隣国との交流をもつ知識人層に限られた．

　19 世紀初頭に始まった「文学的スカンディナヴィア主義」では，北欧共通の輝かしい記憶としてサガやエッダ英雄や神々のモチーフが称揚された．ノルウェー人にとって，それらは中世のノルウェーと，かつてノルウェー領であったアイスランドに帰属する文化遺産とみなされた．また絶対王制下にあったデンマークのスカンディナヴィア主義者は，ノルウェーの 1814 年憲法を自らの理想とした．このことでノルウェーの知識人が，北欧の古き良き自由の担い手としての自負を抱く面があった．こうした文脈では，ノルウェー民族のアイデンティティとスカンディナヴィア主義とは必ずしも矛盾するものと考えられなかった．

●政治的スカンディナヴィア主義　1840 年頃からデンマーク，スウェーデンではスカンディナヴィア三国の軍事的・政治的連帯を目指す動きが強まり，各国の学生が交流を深める「スカンディナヴィア学生集会」も始まった．デンマークではスリースヴィ公爵領をめぐるドイツとの紛争，スウェーデンではフィンランドの回復と対ロシア防衛といった対外問題から「兄弟民族」の連帯に期待が寄せられたが，ノルウェーではそのような外部の脅威の実感は乏しかった．それでも学生達の共感は徐々に高まり，1845 年のコペンハーゲン学生集会ではノルウェーからの参加者もその他の北欧の学生達と「義兄弟の契り」を交わした．1848 年からの第一次スリースヴィ戦争には 100 人余りの義勇兵が参加した．1850 年代にはイギリスやスウェーデンがロシア脅威論を喧伝する中，北方でロシアと接するノルウェーでも，スウェーデンとの関係強化，さらに 3 国の政治的連合を求める声が官僚層を中心に強まった．こうした主張は広範な大衆に根を下ろすことはなく，野党勢力の指導者スヴァルドルプ（1816-1892）は「我々の独立とナショナリティにとって最も危険な敵は……ドイツやロシアにではなく，スウェーデン

とデンマークにいるのだ」と端的に述べている.

1863 年末にかけてデンマーク情勢が緊迫すると，スウェーデン・ノルウェー王カール 15 世（在位 1859-1872）はデンマークに同盟を提案し，援軍派遣のメッセージを公表した．ノルウェーでも 12 月に首都クリスティアニアで 2,000 人の市民による集会が開かれるなど，デンマークへの共感はある程度の広がりをみせた．しかし，議会（ストールティング）で多数を占める農民や急進派市民に加えて，政府周辺もデンマーク問題への介入に消極的であり，結果的に両者が協調して議会は援軍派遣を回避する決議を行った．1864 年の第二次スリースヴィ戦争でもノルウェー人義勇兵が再びデンマークのために戦ったが，スカンディナヴィア主義者は大きな失望感に包まれた.

●**1864 年の挫折と再起への模索**　スカンディナヴィア主義者や国王の熱心なアピールとは裏腹に，デンマークの危機にノルウェー・スウェーデンの軍が駆けつけることはなく，世論は急速に冷めていった．『困窮せる兄弟』と題する詩を発表していた作家イプセン（1828-1906）も，ノルウェー国民がデンマークを見捨てたと憤激した．そうした挫折感の中でも一部のスカンディナヴィア主義者は運動の再起を図ろうとした．デンマークの敗色が濃厚な 5 月末，首都でクリスティアニア・スカンディナヴィア協会（以下，「協会」）が設立された．これは一部のエリート層に限られた組織であったが，政府に近い官僚や学者を擁して一定の影響力をもった．これ以降，ノルウェーのスカンディナヴィア主義は大きく 2 つの路線に分裂する．「協会」を中心とするグループは，デンマーク問題ではなくロシアの脅威を強調するとともに，スウェーデンとの連合強化を通じた 3 国の連合国家形成への基盤形成を主張した．一方，作家ビョルンソン（1832-1910）らはデンマークを置き去りにすることを懸念し，3 国はまず精神的・文化的連帯の発展に注力すべきだと主張した．彼らを含む野党勢力にとって，スウェーデンとの関係強化は国王の権威に依拠する官僚勢力の論理であり，ノルウェーの独立を損なう「融合主義」にほかならなかった．「協会」の掲げる新たな政治的スカンディナヴィア主義は政府の連合強化路線と同一視され，失速していった.

●**「実質的スカンディナヴィア主義」から 20 世紀へ**　政治的運動としてのスカンディナヴィア主義が退潮してからも，個別の協力は引き続き推進された．教師，牧師など職業別の合同集会は活発に開催され，1875 年には 3 国の通貨同盟が成立するなど制度面での協力も着実に進んだ．こうした「実質的スカンディナヴィア主義」は 20 世紀以降の「北欧協力」の源流ともなった．また 1890 年代には「スカンディナヴィア主義」の理念が再び語られ，国務相シーグル・イプセン（1859-1930），探検家で外交官のナンセン（1861-1930）らの要人もその支持者であった．1905 年の同君連合解消が平和裏に達成された一因として，こうしたスカンディナヴィア主義理念に基づく交流が貢献したとも指摘されている．　　　　［大溪太郎］

19〜20世紀初めにかけての北欧からの海外移民

●**北欧諸国からの海外移民**　19世紀は，ヨーロッパにおける「移民の時代」である．北欧諸国でも，19世紀から20世紀初めにかけて，大量の海外移民が発生している．その中には，ドイツ，オーストラリア，ラテンアメリカ諸国などに向かったケースもあるが，大半は北米大陸への移民であった．

　スウェーデンの場合，1851年から1930年の間に，統計資料上は約115万人，統計から漏れたと推計される者が約10万人，合計でおよそ125万人がアメリカ合衆国に渡った（その多くはミネソタ州とイリノイ州に移住した）．このうち，約20万人は再度スウェーデンに戻っていることから，一般的にはおよそ100万人がアメリカ合衆国に移民として流出したと考えられている．1900年のスウェーデンの人口が約514万人であったことから，国内人口の約1/5が海外に流出した計算になる．これよりも高い対人口比の海外移民を記録した国は，アイルランドを除くと，他には約1/3のノルウェー（1900年の人口は約222万人）のみである．

　また，当時デンマーク領で，約7万5,000人の住民がいたアイスランドは，スウェーデンとほぼ同じ数値であった．一方，デンマーク（1900年の人口は約232万人）とフィンランド（同約264万人）の数値はおよそ1/10で，北欧諸国の中では比較的低かった．

　北欧諸国からの海外移民は，19世紀前半からすでにみられた現象であるが，大量の海外移民は，ノルウェーで1860年代に始まり，少し遅れてスウェーデンでも開始された．また，アイスランドでは1870年以降，さらにデンマークとフィンランドでは1880年以降に，それぞれ大量の海外移民が発生した．

　スウェーデンの場合，1862〜1872年（約10万人）と1879〜1893年（約50万人），および1901〜1913年（約25万人）の3つの時期に大量に発生した．1862〜1872年については，アメリカでのホームステッド法制定（1862年）と，スウェーデン国内での1868〜1869年の農業部門における不作が主な要因であった．また1879〜1893年は，製材業や製鉄業などの工業部門での景気低迷と1886〜1888年の農業不況による影響であった．これに対して，1901〜1913年については，アメリカ側での好景気が主な誘因であると考えられている．

●**海外移民の形態**　こうした19世紀半ばから20世紀初めにかけてのアメリカへの移民のうち，家族単位の移住は19世紀半ば頃の約68%から1890年代には29%にまで低下し，主に若年層による単身の移動が中心となっていった．

　同様の傾向は，ノルウェーではスウェーデンとほぼ同じ時期にみられたが，デ

ンマークでは 1880 年代以降に，またフィンランドでは 1890 年代以降に，それぞれみられるようになった．

●**海外移民の要因**　北欧諸国から北米大陸への移民の一部は，政治的および宗教的理由によるものであった．また，親族ネットワークの誘因（先に渡米した親族がいる場合に，その親族関係者が連鎖的に移住を選択する傾向が強まること）や本国での徴兵制の忌避などが原因となったケースもあった．とはいえ，多くの場合は，上述のとおり景気の後退や農作物の不作などの経済的要因による移民であったと考えられる．

　ただし，それは一般的にイメージされるような「貧困による移民」が主流であったことを必ずしも意味しない．実際，不作の影響が深刻な地域でも，それ以前に国内移動が盛んでなかった場合には，それほど多くの海外移民者を出していない．また，大西洋を渡る旅費は安くなかったため，貧民（救貧対策の対象者）をはじめとする最貧層の移民は，決して容易なことではなかった．このため，労働市場や人口移動との関連からも移民の要因を考える必要がある．

　スウェーデンの場合，19 世紀半ばまでは，小農層やトルパレ（小作人）層，農業労働者などによる新大陸での土地獲得を目指した移民が主流であったが，19 世紀後半になると，もともと地理的流動性の高い，親元を離れた子供，奉公人，若い手工業者・工場労働者などがより条件の良い労働市場を志向して大西洋を渡るケースが主流となり，大陸間での若年層の労働移動という側面が強くなった．この中には，短期の労働移動も含まれており，約 15% が後にアメリカから母国に戻っている．

　従来から北欧諸国では，国内の人口移動（農村部から都市への人口流入や農村部での奉公人の移動など）ないしは隣国への越境移動（スウェーデン南部からコペンハーゲンへの移住や，フィンランド南東部からロシアのペテルブルグへの移民など）が盛んであった．こうしたことから，19 世紀後半から 20 世紀初めにかけてのアメリカへの大量の海外移民は，従来の労働移動が，蒸気船の進歩に伴う大西洋渡航の発達によって，大西洋を越えた北米大陸にまで広がったものであったといえよう．

　　　　　　　　　　　　　　　　　　　　　　　　　　　　　　　［佐藤睦朗］

グロントヴィ

　N. F. S. グロントヴィ（Nikolai Frederik Severin Grundtvig, 1783-1872）の名が現代において最も世界的に知られているのは，そのフォルケホイスコーレをめぐる教育思想においてである．だが，グロントヴィの思想世界から見れば，フォルケホイスコーレは，その一部分にすぎない．むしろ，グロントヴィが生涯をかけて行った思索の方向性は，国民的，民族的あるいは宗教的なアイデンティティと共同体的規範にデンマーク人を含む北欧人が「覚醒」することを訴えようとするものである．つまり，ドイツやフランスなど他の欧州とは違う「北欧」独自の文化圏を，歴史，言語，文化，そして精神の観点から規定しようとしたのである．特にグロントヴィの思想の意義は，近代国家形成の過程で「フォルク」，つまり同じ言語と文化をともにする国民・民族の単位に特別な意味を与えたことにある．

　グロントヴィは 1783 年 9 月 8 日，シェラン島のウズビュー（Udby）の牧師の子として生まれた．自らも牧師となるべく，1800 年の秋にはコペンハーゲン大学に進学するが，この時期は，エーダム・ウーレンスレーヤ（Adam Oehlenschläger）およびヘンリク・ステフェンス（Henrich Steffens）をはじめとする北欧ロマン主義の隆盛期にあたる．彼らは合理的な世界観に対抗し，直感的な想像力から北欧の世界を規定するのであり，北欧神話やサガ，そして数々の伝承をもとにした詩的世界をその源泉に位置づけていた．グロントヴィもこのステフェンスの講義に出席していたが，彼がロマン主義の立場を固めたのは 1805 年から 1808 年までのランゲラン島における家庭教師生活を経てからであり，この期間にグロントヴィがシェリング（Friedrich Schelling）をはじ

図1 《グロントヴィ》
（出典：Carl Christian Constantin Hansen, Nicolai Frederik Severin Grundtvig, 1862 The Museum of National History at Frederiksborg Castle）

めとするドイツ観念論や北欧神話の研究に精力を注いだことは，後のグロントヴィの方向性を決定的にした．その最も大きな成果としては，1808 年刊行の『北欧神話（*Nordens Mytologi*）』が挙げられる．フリードリヒ・シュレーゲル（Friedrich Schlegel）は 1812 年 1 月 17 日付でグロントヴィに書簡を送っている．そこでシュレーゲルは，彼にとってこの『北欧神話』は「聖なる伝説を学究するうえでの教師であり先導者」であると評価し，グロントヴィに対して自らの雑誌『ドイツ博物館（*Deutsches Museum*）』への北欧詩やサガに関する投稿を打診しており，グロントヴィが北欧ロマン主義の代表者として広く認知されていたことがうかがえる．

グロントヴィのロマン主義は，文学のみならず神学においても顕著であった．彼は1810年に説教試験において，当時の知識偏重の聖職界に対して，直感に基づいたキリスト教の意義を訴えた．1825年にも彼は若い合理主義神学教授クラウセン（H. N. Clausen）のキリスト教解釈を激しく攻撃した．それを受けグロントヴィの著作には検閲の罰則が科せられ，牧師の活動からも身を引くに至ったが，この時期の彼はすでに聖書すらキリスト教のよりどころではないとする考えも抱いていた．グロントヴィにとって，キリスト教のよりどころは，聖礼典を通じた信徒のつながり自体にあった．また賛美歌はそうした連帯性を生み出すために欠かせないものと考え，彼は生涯をかけて約1,500もの賛美歌を作り上げた．
　重要なことは，彼が当時の聖職界の主流神学に対するカウンターカルチャーの最前線にあったことであり，その後1837年まで，検閲下でその自分の思想を発展していかねばならなかったことである．そして，その間に発表された多くの論考こそが，フォルケホイスコーレ関連の著作なのである．
　その教育思想の中で，グロントヴィは古典外来語の知識教育を行うラテン語学校を「暗黒の学校（den sorte skole）」と呼び，自らが理想とする「生のための学校（Skolen for livet）」の対極にあるものとして位置づけている．グロントヴィが理想とするデンマーク人を育成する学校が，ラテン語学校のアンチテーゼであるということは，彼の世界観を理解するうえでも示唆的である．そこでは，外国語に対してデンマーク語，本を通じた人格形成に対して直接対話による相互作用を重視する教育によって，デンマーク人および北欧人のあるべき姿が体現されると考えられた．これは，上記の彼のキリスト教思想と重なるものである．
　ところで，神学では革新的な立場にあったグロントヴィであるが，政治的には王制支持者で，政党政治による民主制にも懐疑的であり，フランス革命のような自由主義の高揚には危機感を抱いていた．フォルケホイスコーレ構想においても，彼はそれが国王の名のもとで設立されることを望み，時のクリスチャン8世にその設立を願い出ていた．構想はあと一歩のところまで進んでいたが，同王の逝去によりそれは実現しなかった．フォルケホイスコーレをデンマークで設立推進していったのは，彼の思想に影響を受けた者達である．グロントヴィの名は今でもデンマークの「ナショナル・シンボル」として影響力を有しているが，その言説がどこまでグロントヴィのものなのか，そしてその思想がもっている射程とその限界はどこなのか．現代でも研究は続いている．　［田渕宗孝］

図2　1848年3月21日のストロイエズ通りで絶対王政の廃止と立憲政府樹立を求めて行進する群衆
グロントヴィは右最上階の窓から群衆を傍観している．

キルケゴール

●**略歴**　キルケゴール［キアケゴー，Søren Aabye Kierkegaard, 1813-1855］は，デンマークの首都コペンハーゲンに生まれた．父ミケール（Michael Pedersen Kierkegaard, 1756-1838）は，デンマーク西ユラン地域セディング村の貧しい教会領小作農の家に生まれた．母アネ（Ane Kierkegaard，旧姓は Ane Sørensdater Lund, 1768-1834）は，ミケールの遠縁にあたり，中部ユラン地域ブラントルビューの農家に生まれた．生前キルケゴール自身によって刊行された著作群と死後刊行された日誌遺稿群は，膨大な量に及ぶ．1830 年コペンハーゲン大学神学部に入学し，1841 年マギスター学位（現博士学位）を取得した．1840 年レギーネ＝オールセンと婚約するものの，1841 年にはキルケゴールから一方的に婚約を破棄した．1855 年 4 月にデンマークルター派国教会を激しく批判する雑誌『瞬間』を刊行し始める．1855 年 10 月フレゼリク病院に入院し，11 月に死亡した．

●**キルケゴール家の秘密とその背景**　ヨーロッパを覆った第一次世界大戦の悲惨さや不条理に対して 20 世紀前半，哲学や神学において深刻な反省が生じた．実存思想や弁証法神学などであり，これらの思想的母胎としてキルケゴール思想がヨーロッパにおいて広範に流布した．ただし，デンマークやスウェーデンではすでにキルケゴール死後まもなく，日誌遺稿の編纂事業や評伝執筆作業が始まっていた．キルケゴール思想成立の発端には，父ミケールが 12 歳の少年の頃，羊の番をしていたおり，鉄器時代につくられた塚の上で，極貧のつらさから執拗に神を呪ったという，キルケゴール家が秘密にしていた出来事があった．キルケゴール家の人々は，少年ミケールの神に対する呪詛によって，以後キルケゴール家の者がみな神から呪詛返しにあっていると確信した．キルケゴール家の親戚であった精神史家トロオルス＝ロン（Troels Frederik Troels-Lund, 1840-1921）は，キルケゴール家の人々誰もがこの秘密を信じて疑わなかったし，親戚はキルケゴール家がこうした秘密を抱えていることを知っていたと語っている．キルケゴール家の人々は，父ミケールの神に対する呪詛を許しがたい罪と考え，神からの呪詛返しを神の罰と理解した．セディング村はキリスト教敬虔主義の土地柄であったし，呪詛と呪詛返しの関係を罪と罰の関係として理解したのは，キリスト教道徳が未だ社会的に生きていた当時としては，当然のことであった．しかし，セディング村やその周辺地域では現在なお，初期農耕石器時代から鉄器後期時代に及ぶ遺構や遺跡が豊富に見られることに着目すべきである．コペンハーゲンにあるデンマーク国立博物館に展示されているケルト様式の祭儀用牛車は，まさにこの周辺域で出土されたものである．父ミケールが呪詛を行ったのがそもそも，ホイエ

ストホイ（højest høj，最も高い塚という意味，図 1）と呼ばれる鉄器時代前期につくられた墓であり宗教祭儀場の遺構であった．父ミケールの家族は，セディング教会に隣接した土地に住んでいたが，その土地は，こうした古代からの宗教遺構や遺物に教会ごといわば取り囲まれていたのであって，こうした情景は，そこに住む人々に独特な心象風景をもたらしていたと推定される．

図 1　ホイエストホイ

●キルケゴール思想の核心　キルケゴールが生きて活動していた 19 世紀デンマークは，少なくとも表面的には西欧から強い影響を受けている．こうした西欧からの影響は，芸術・思想・宗教など大半の人文分野に見出される．デンマークは，北欧の中で常に西欧とりわけドイツ地域からの影響を受けるのが最も早かった．しかしこうした西欧からの影響はあくまで，文化の表層においてであって，深層においては北欧地域特有の土着的諸要素が強固に人文分野の営みを拘束しているのである．土着的諸要素とは自然環境・言語・神話・社会的・宗教的習俗などである．キルケゴール思想の特徴は表面的には，ロマン派・近代合理性・キリスト教プロテスタンティズムなどであるが，すでに指摘したように，キルケゴール思想の発端には，父ミケールを機縁とする神に対する呪詛と神からの呪詛返しという極めて土俗的観念が存在している．父ミケールは，キルケゴール家に向けられた神の祟りを払うため，末子キルケゴールを生け贄として神に捧げるために，少年時代からキルケゴールに特別な宗教教育を施して，コペンハーゲン大学神学部に進学させたのであったし，キルケゴール自身もまた，こうしたキルケゴール家の秘密を大学生時代に父ミケールから聞き知って，疑うことはなかった．キルケゴール思想の命脈は，表面的にはキリスト教的概念である「罪」をめぐっているのであるが，その真相は呪詛と呪詛返しの関係に存しているのであり，この関係を精神史的に遡及していくと，北欧古代ないしキリスト教受容以前の中世社会において聖なる掟であった「血の復讐」にまで至る．キルケゴール思想における主要概念の多くが北欧古代にまで遡及可能であって，例えば「単独者」や「実存」は「アウトロー」にまで遡及することができる．キルケゴール思想の課題は，呪詛と呪詛返しおよびその背後にある血の復讐の呪縛と無限連鎖をいかに解決するかに存していた．その解決は，十字架上のイエス・キリストの犠牲や愛に対する信仰に託されたのであったが，キルケゴール思想における「逆説」「宗教性 B」「神＝人」「自覚」「原罪」「自由」などのキリスト教的諸概念は，当時のルター派教義に適合するというよりも，キリスト教正教の伝統的信仰理解に近い．

[中里　巧]

アンデルセンとキルケゴールの終のコペンハーゲン

　今なお，コペンハーゲンを訪れても，18世紀以来の街並みの風情が確実に存在している．それはアンデルセン［H. C. アナセン，1805-75］やキルケゴール［セーアン・キアケゴー，1813-55］らが時代を生き，日々逍遙した街並である．

　観光客として誰もが訪れる，色彩が建物ごとに変わる港の街「ニュハウン（新港）」には，アンデルセンがあちこちに住んだ形跡が残されている．運河に面したニュハウン20番地（1834年），67番地（1848～1865年）．そして1871～1875年に18番地の2階の3部屋を写真家トーラ・ハルエーヤから借り，日照などに不満を漏らしながらも生活した．結婚をしなかった彼は，この時代にはまれな今でいう「フリーランスの物書き」として旅から旅を続け，裕福な上流階級の家々に居候をし，滞在宅の夫人や子供達を相手に自作を読み上げるなどして過ごし，居宅をもつ必要がなかった．ニュハウンの仮住まいこそ，彼の住処であり，そして彼の終の場こそ，その人生を象徴するものである．

　コペンハーゲンの東部，ウスタブロー（東橋）地区に「ガメル・カルクブレネリ・ヴァイ（旧石灰精製所通り）」という通りがある（図1）．5階建ての集合住宅が続く通りであり，その16番地の1階の壁に，小さな銘板が張りつけてある（図2）．そこには，「以前この場所に，詩人アンデルセンが亡くなった邸宅別荘『静寂』が建っていた」とある．かつて首都の市域を画す土塁壁の外側にあって富裕な商人メルキヨの「静寂（Rolighed）」と名づけられた夏の郊外別荘(landsted)の一室で，肝臓がんであったアンデルセンが，ドロティーア夫人に看取られて，1875年8月4日，昇天した．また，彼は，市内のアシステンス墓地に8月11日に埋葬されたが，その墓所は，親の代からアンデルセンを温かく遇していたイズヴァド・コリーン（1808-1886）が1872年11月に"3人用"に購入しており，イズヴァド，ヘンリエテ夫妻は，自らも後にそこに並べられて埋葬されたのである．ただし，1914年に，夫妻の亡骸と墓石はコリーン家の墓所に移されている．

図1　ガメル・カルクブレネリ・ヴァイ

図2　「静寂」の位置を示す銘板

アンデルセンといえば，シルクハットに燕尾服の姿が思い浮かぶが，それは市民階級の外出着であり，地方の町で育った靴屋の倅が14歳で1人首都に出てきて，上流市民たちの好奇心と慈善心に助けられ，自身の才能と努力により見事に作家として成功する「物語の主人公」そのものの姿である．それでも，彼の市民階級に対するコンプレックスは大きく，作家として成功した後に，兄弟のように育ったイズヴァドにお互いを丁寧な尊称「あなた（De）」ではなく「きみ・おまえ（du）」と呼び合おうと提案して，体よく断られたことを根に持った．そして，1848年3月21日，まさにシルクハットに燕尾服の市民が絶対王制を終わらせようと1万5,000人のデモを王宮に向かって行ったとき，アンデルセンは，沿道に立ってデモ行進が向かう方向を指し示す「第三者」でしかなかった．そのデモ行進が向かっていった道筋は，現在は観光客であふれる歩行者天国の「散歩道（ストロイエズ）」であった．アンデルセンがそのとき，どこに立っていたのかは知る由もない．しかし彼の日記には，行進する市民のまなざしが鋭かったことが，後日，書きとめられていた．

アシステンス墓地に眠るもう1人の世界的名声をもつ人物が，キルケゴールである．彼の墓石はその家族墓所にあり，そこからほんの少し離れたところに「元婚約者」のレギーネ・オーレセン（1822-1904）の墓もある．後に実存主義の祖といわれるキルケゴールには，19世紀初めの国家破産時にズボン等の毛織物の商売で築き上げた父親の財産があって，彼の多くの著作の公刊に役立った．彼への詳しい言及は，「キルケゴール」の項目に譲るとして，彼に関わるコペンハーゲンの街について紹介しよう．市内には，旧王立図書館の庭園に読書するキルケゴール像とフレズレク教会（大理石教会）を囲む銅像群内に，彼の像がある．

近年，多くの観光客がデンマーク・デザインの歴史を訪ねて，ブレズゲーゼ68番地にあるデザイン博物館に出かける．そのデンマーク・デザイン博物館の建物は，デンマーク最初の公立病院，王立フレゼリク病院であって，フレゼリク5世によって18世紀半ばに創立され，1910年に国立病院ができてその役割を終えるまで機能した．キルケゴールが街路で倒れ，1855年10月2日にこの病院に運ばれた．病院の記録では，当直医はその救急患者の症状を特定できなかったものの，入院患者2067号として扱い，その後，家族も呼ばれたが，病状は改善されず，日に日に弱っていった．11月6日の記録では，身体の筋肉は痙攣しているものの，「食欲あり」とおかしな記述があり，結局，5日後の11月11日，死因が特定されないまま息を引き取った（以上はI.M. バウアセンによる）．享年42歳．

アシステンス墓地の東側，ナアアブロゲーゼ（北橋通り）を隔てた向かい側は，今や移民達の多くが住む街区となっており，アラビア語の文字の店が多く軒を連ね，19世紀の面影はない．また，夏の墓地内の木漏れ日の芝生の上では，墓石のかたわらでデンマーク人の若者達が水着姿で日光浴に興じている．　　　　[村井誠人]

デンマークの 1864 年の意味

　1864 年 2 月 1 日，プロイセン・オーストリアは，デンマークに対し宣戦を布告し，軍はホルシュタインに侵攻した．第二次スリースヴィ戦争（1864 年）が始まる．デンマーク軍はホルシュタインで戦闘することなく，スリースヴィ南部の東西に 30 km のダネヴィアケ土塁で防御陣営を敷く．その土塁防衛線は緒戦において放棄され，デンマーク軍の主力はデュブル要塞に後退して，立てこもった．

　デンマーク国家とは，当時，デンマーク王国・スリースヴィ公爵領・ホルシュタイン公爵領・ラウエンブルク公爵領からなる連合国家（デンマーク語では，Helstat［ヒールステート］と呼び，「国全体」の意味）であり，王国と 3 公爵領とはデンマーク王が，3 公爵領のそれぞれの公爵を兼ねることで，別箇の 4 領土が同君連合として結びついている状況にあった．それぞれ古来の秩序を維持したまま別箇の領土が結びつくという連邦状態は，スウェーデンの歴史学者 H. グスタフソンが表現する「礫岩国家」にあたる．王国の内政はデンマーク政庁から行われ，1848 年に立憲君主制が確立し，翌年に自由主義憲法が制定されていた．一方，3 公爵領の行政はまとめて，コペンハーゲンに置かれた「ドイツ政庁」からドイツ語で行われ，ドイツ人のみが居住するホルシュタインとラウエンブルクはドイツ連邦にも属していた．ところがデンマーク王国から派生していた「公爵領」のスリースヴィでは，北部にはデンマーク語話者，南部にはドイツ語話者が住み，それにより 19 世紀半ばの国民主義的潮流の中で国家的枠組みの再編成と絡んで問題が生起していた．ホルシュタイン，およびスリースヴィ南部の「ドイツ語」話者らが，1460 年以来の歴史的結びつきを根拠に「シュレースヴィヒ＝ホルシュタイン」の結合を求めていた．デンマーク王国では王国とスリースヴィとの結合による「国民国家」の成立を望んでいたナショナルリベラル党が，第一次スリースヴィ戦争（1848〜1851 年）の発端から 7 か月で内閣から退いていたのが，1861 年に政権に返り咲き，政府は王国とスリースヴィに共通の自由主義憲法を施行させることを画策，1863 年 11 月それを連合議会において成立せしめた．王の署名を待つ状況で，フレゼリク 7 世王が急死し，急遽王位を継いだクリスチャン 9 世が政府の圧力のもとで署名した．プロイセン・オーストリア・ドイツ連邦が条約違反として抗議し，それをデンマーク政府は「デンマークは法治国家であること」を理由に議決は当該議会での同法案の廃棄が必要であるとして，即座の対応を怠った．それが冒頭の事態を引き起こすことになる．

　1864 年 4 月 18 日，デュブル要塞でのデンマーク軍の決定的敗北を経て，最終

的には 10 月 30 日のウィーン講和により，デンマークは 3 公爵領を失う．ラウエンブルクはプロイセンが手に入れ，スリースヴィとホルシュタインは普・墺両国による共同管理下に置かれた．前者はプロイセンが，後者はオーストリアがそれぞれ統治し，そのオーストリアのホルシュタイン管理の失態から普・墺間でのいさかいが普墺戦争（1866 年）の原因となり，1871 年のプロイセン主導の「ドイツ帝国」成立への道が開けていく．

さて，わが国では内村鑑三の創作『デンマルク国の話』（1911）以来，この 1864 年に「南部の肥沃な最良の 2 州を失ったデンマーク」が語られ，それが敗戦の荒廃から立ち上がる帰還将校エンリコ・ミューリウス・ダルガス（1828-1894）とその息子「フレデリック」によるヒース開墾・モミの植林物語の前提となった（図 1）．終戦後ダルガスが言ったとされる「外に失いしものを，内にて取り戻さん」というフレーズは，実際今でも，わが国では敗戦後に「平和の国」になったデンマークを語る際の常套句となっている感がある．しかし，このデンマーク王国のその戦争後の対応は，失われた 2 領土のデンマーク国家への復帰を目指すものではなかった．デンマーク国家は敗戦により，デンマーク人のみからなる史上初めての「国民国家」として誕生し，さらに，デンマーク語を日常語とする"同胞"が南接する大国の中に

図1　ダルガス
(出典：unknown for the image- *Danske Stormænd fra de seneste aarhundreder* af L F La Cour og Knud Fabricius. http://da.wikipedia.org/wiki/Enrico_Dalgas#/media/File:Dalgas.jpg)

「取り残され」ていて，デンマーク系少数民族として存在した．国民的レベルでいうならば，彼らの「再結合（Genforeingen）」は優先されるべき事項であり，いかに再結合を図るかは重要な外交的課題となっていく．実際，第一次・第二次スリースヴィ戦争の最中にも，言語境界に近いラインでのスリースヴィ分割案が仲裁を担うロンドンの国際会議においても議論されていた．しかし，それは 1 つのまとまりである公爵領を分割しようとする案であり，民族ロマン主義的立場をとっていた当時のデンマーク側にはそれを承認しようとする積極的姿勢は見られなかった．敗戦後には，北部スリースヴィの「再結合」を求めて，「恩を売るかたちで」デンマークは普墺戦争ではプロイセンに加勢しようとし，普仏戦争（1870〜1871 年）ではナポレオン 3 世に加勢しようとしたのである．どちらも，現実にはその機会は到来しなかった．すなわち，デンマーク側にあっては，敗北して初めて「国民国家」の要素であるデンマーク語の広がりに関心を注ぎ，ようやく第一次世界大戦でのドイツの敗北の後，1920 年の住民投票によって北部ス

リースヴィのデンマークへの「結合」が果たされたのである（図2）.

わが国では，1945年，未曾有の敗戦から「平和国家」として立ち上がろうとする際の教育現場で，デンマークの復興をモデルとし，内村の『デンマルク国の話』のキリスト教的要素を換骨奪胎させたストーリーを子供達に伝えようとした．その結果，ダルガスが語ったとされるフレーズを含め，その内容があたかも歴史的事実のようにして小・中学校の教室で習った子供達に届き，それがわが国ではデンマークイメージとして定着していったといえよう.

デンマーク史において1864年の敗戦は，デンマークの近代化への極めて重要な画期であったということでは言をまたない．ところが，上記フレーズは，敗戦

図2　1920年にデンマークに「復帰」した北スリースヴィの範囲

後にダルガス自身が語ったものではなく，1872年に北欧産業工芸博覧会の記念メダルに刻印されたコペンハーゲン周辺の工業化をうたったH.P.ホルストのフレーズであった．ほとんどすべてのデンマーク史教科書の叙述者達が，ダルガスらによって1866年に設立されたデンマーク・ヒース協会のヒース地帯の開墾活動を語ることで，敗北を機に軍事力に頼ることなく復興に貢献した社会的・経済的動き（農業の生産の組合運動・国民高等学校運動・起業的資本主義者の活躍等の時代的特徴）を象徴させた．戦後に雨後の筍のように各地に数を増した国民高等学校で「ダルガス物語」が歴史をテーマとした訓話として頻繁に取り上げられ，農村青年の歴史教育の教材としてその英雄伝が積極的に語られたのであった．ダ

ルガスの生前においては，その有名なフレーズをダルガスが語ったとするものはなかったが，20世紀に入って彼に関する叙述上の変化が見られ，デンマークの敗戦後間もない時期に，上記フレーズをダルガスが語ったとする"ダルガス神話"が登場したのである．実際，「エンリコ・ダルガス」なる名は，デンマーク人にとっては外国語の響きがあり，彼の家系の来歴（ナントの勅令を廃止したフランスから，17世紀半ばに追われたユグノー派の子孫）も含め，彼は英雄伝にふさわしい類いまれな人物と映った．内村は1911年にアメリカの雑誌『マクルーアズ・マガジン（*McClure's Magazine*）』第37号（1911年5月刊）に掲載されたH. G. リーチによる論文「ヒースの開墾——如何にしてデンマークは荒れ野を農業国に変えたのか」を種本として『デンマルク国の話』を創作した（内村鑑三の研究者，鈴木範久が内村の創作後ほぼ1世紀後にその種本を発見）．筆者の確認したところでは，内村はその種本上の重要な注記を見過ごし，リーチに接触したダルガスの息子が二男のフレズレクであることと，長男クレスチャンとの存在の別を識別できなかった．また，彼のキリスト者としての想像力が相まって，ダルガスの活躍した立ち位置であるデンマーク・ヒース協会という組織の存在にまったく触れることなく，独特の"ダルガス父子論"を作り出すことになってしまった．

　平和主義者内村に起因するわが国独特の「ダルガス父子物語」の成立は，1911年の時点において，デンマークにおいてはっきりと"ダルガス神話"が成立していた証左である．また，アメリカの雑誌を経由したとはいえ"ダルガス神話"が「平和志向の一エピソード」としてわが国に伝わったことに，そしてさらには，1911年に内村が新宿柏木で弟子たちに語った時点よりも，1945年にわが国自身が大敗北を喫したことによって"ダルガス神話"がより現実味を帯びた「模範」となり，私達日本人の戦後復興に必要とされたことに，注目すべきである．

[村井誠人]

フィンランドと 1900 年パリ万博

　1900 年パリ万博とは，フィンランドにとって，ロシア化政策が開始され自治剥奪の危機が浮上した直後に開かれた国際的な自己宣伝の舞台であり，そこへの参加は，フィンランドの存在を広く知らしめる機会であったと評価される．フィンランド館では，展示を通してロシアとの文化，歴史上の差異を強調した．つまり，フィンランドがヨーロッパ圏に属する，教育水準の高い，産業化された成熟した国であることを示して，その自立を支持する国際世論形成を試みた．

　フィンランドは，その前に開催された 1889 年パリ万博において実のところ，独自の展示館の設置を成し遂げていた．しかし，この年にロシアは正式な参加を果たさず，フィンランドはロシア不在という間隙を縫って参加して，展示館を設けたのであった．そのため，ロシア化政策が強まる中で，交渉により公式的な参加と単独展示館の設置の承認を獲得した 1900 年パリ万博こそが，フィンランドにとって名実ともに意義のある出展であった．

　この万博においては，参加の提唱者であった法学者のメケリン（Leo Mechelin），全体の責任者ルーネバリ（Robert Runeberg），万博参加のためのフィンランド芸術協会の委員長エーデルフェルト（Albert Edelfelt）によって計画が進められた．フィンランド館は，サーリネン（Eriel Saarinen），リンドグレーン（Armas Lindgren），ゲセーリウス（Helman Gesellius）の 3 名により設計された（図 1，2）．内部には，ガッレン＝カッレラ（Akseli Gallen-Kallela）による，カレワラを主題としたフレスコ画が描かれた．展示館に置かれたものには，ガッレン＝カッレラが中心となってデザインしたイリス工房による調度品，開催前年にフィンランドに落下した隕石，学術書があった．また，トロカデロ宮では，フィンランドの音楽として，カヤヌス（Robert Kajanus）が率いるヘルシンキ・フィルハーモニー管弦楽団のコンサートも開催され，シベリウス（Jean Sibelius）の『フィンランディア』などが演奏された．

図 1　フィンランド館外観

図 2　フィンランド館内部

パリ万博への参加を主張したメケリンは，それが国際的にもつ意義を示し，すべてのフィンランドの製造業，芸術・工芸に携わる諸団体に対してできる限りの参加を呼びかけた．そして，メケリンらは，参加登録の締切り直前の 1897 年の秋にロシア皇帝へ請願書を送り，万博参加と単独展示館設置の許可を得た．しかし，ロシア国内での反発や，主催国フランスがロシアとの友好関係への影響を懸念したことにより，ロシアから許可は下りたものの，フランスとの間における単独展示館設置に関する交渉は難航した．最終的に，フィンランドは，ルクセンブルクとブルガリアに挟まれた二等地に用地を得て，展示館の設置にこぎ着けた．また，展示の構成や場所に関しても，ロシアとの間に摩擦が生じていた．とりわけ，産業製品の展示においては，ロシアの区画に展示されることになったことに対して，参加予定であった企業の多数から拒絶反応が寄せられた．最終的には，若干の毛織物業からの出展があったものの，機械工学や化学産業の部門からの出展はごくわずかで，さらに当時の主要な産業であった木材加工業からは，メケリンが創業者の 1 人であるノキアをはじめとする数社のみの出展となった．その結果，フィンランドの万博参加の方針は，従来の産業の発展や市場の拡大に念頭を置いたものから，フィンランドのナショナリズムをより強調するものになった．

国を挙げて準備が行われたフィンランド館は，モダンな新しい建築であるとして称賛され，万博で最も注目を集めた展示館の 1 つとなった．他のヨーロッパ周辺国にも見受けられた傾向であったが，自らのルーツを自国の一般民衆の生活の中に見出し，その様相をより力強く表現したフィンランド館は，諸外国から新鮮さをもって受け止められた．ガッレン＝カッレラのフレスコ画や，美術展に出品され，グラン・パレにて展示された作品は，ロシアとの緊張状態を暗示させる要素を含んでおり，フィンランドの当時の政治状況を多くの人に伝える一助ともなった．また，ガッレン＝カッレラのフレスコ画はヤーネフェルトの作品とともに金賞を受賞し，アラビア社の陶器も高い評価を得て，金賞を受賞した．さまざまな制約が課せられていたが，自らの展示館をもち，展示を組織できたことは，二月宣言による危機によって注目されていたフィンランドが，直接多くの外国の人々に自らの存在や主張を示す貴重な場となった．

フィンランドのように大国の支配下にありながら単独展示館が設けられた国は，ほかにもいくつか存在する．例えば，ボスニア・ヘルツェゴヴィナも単独展示館があったが，これは，フィンランドとは異なり，オーストリア＝ハンガリー政府の主導によるものであった．政府により内部の装飾を依頼されたミュシャは，その歴史画において，最終的に，実態とは異なるボスニア・ヘルツェゴヴィナの「理想」の姿を描かねばならなかった．このことは，ミュシャのかねてからの民族主義への理想をより強いものとし，また，ミュシャが《スラヴ叙事詩》を構想し，一連の作品の制作を進める強い動機をもたらしたとされている． ［出町未央］

ジャン・シベリウス

●**生涯**　フィンランドのハメーンリンナに 1865 年 12 月 8 日に生まれたジャン・シベリウス［本名ヨハン・クリスティアン・ユリウス・シベーリウス, 1865-1957］はフィンランドを代表する作曲家であり, 20 世紀の交響曲作曲家としてゆるぎない地位を築いている. シベリウス誕生の頃, フィンランドはロシアの自治大公国だった. 長いスウェーデン支配の後, ロシアという北欧圏外の国による統治は, フィンランドに自立の精神の種をまいた. スウェーデン語系フィンランド人一家のため母語はスウェーデン語. ジャンという名前は船乗りをしていた伯父が使っていた名前の借用, いわゆるペンネームである. 2 歳のときに医者であった父を病気で亡くし, 一家は母方の祖母宅に身を寄せた. 幼い頃よりヴァイオリンに親しみ, 姉リンダのピアノ, 弟クリスティアンのチェロとともに家庭室内楽をたしなんだ. 音楽の才能は幼き頃より非凡なものを見せ, ピアノよりはヴァイオリンに親しんでいた.

　1885 年, ヘルシンキ音楽院に入学. ヴァイオリンをヴァシリェフに, 作曲をヴェゲーリウスに学ぶ. また同時にヘルシンキ大学法科にも入学. 1 年後には音楽に専念. 1889 年音楽院を卒業. 同年秋にベルリンへ留学. 1891 年アイノ・ヤーネフェルト嬢と婚約. またこの年ウィーンへ留学. ゴルトマルク, フックスの 2 人に師事. 帰国後ヴェゲーリウスの学校で教授となった. 留学中に構想を練った『クッレルヴォ』は 1892 年 4 月 28 日にヘルシンキで初演. この大成功をもって 1892 年 6 月アイノと結婚. 新婚旅行でカレリア地方を訪れたが, シベリウスは単独で足を延ばしカレワラ［カレヴァラ］朗誦の詩人達と会い, その経験は後の多くのカレワラを背景とした作品につながる. 1896 年国家の芸術年金を支給されるようになり, 後に終身年金となった.

　1900 年パリ万博に同行. パリへの道中と万博で 2 回, シベリウスの『交響曲第 1 番』『スオミ（現フィンランディア）』などがカヤヌス指揮で披露され, 国際的に名前が知られるところとなった. この頃よりアクセル・カルペラン男爵による物心両面の支援が始まる. 1902 年『交響曲第 2 番』の成功もあり, シベリウスは英国, ドイツをはじめとして他国での自作の客演指揮が次第に増える.

　1904 年, 終の住みかとなったヤルヴェンパー（アイノラ荘）に転居し, 都会の喧騒から離れての作曲活動へと生活スタイルを変える. 1907 年『交響曲第 3 番』作曲. 1908 年, 喉の腫瘍が見つかり切除手術を受ける. この時期から作品には陰鬱で深刻な影をもつものが多くなる. 1911 年『交響曲第 4 番』を作曲. 1915 年, シベリウス 50 歳の祝賀コンサートにおいて『交響曲第 5 番』を発表,

1917 年にフィンランドはロシアからの独立を宣言，第一次世界大戦終結後，シベリウスは再びヨーロッパの他国での客演指揮を続けその名声は広まった．この頃，後のイーストマン音楽院となる学校設立においても教授として迎える打診を受けるが断った．クーセヴィツキー，ストコフスキー，オーマンディという名指揮者達がシベリウスの作品をたびたび演奏した．1922 年フリーメイソン入会．1923 年『交響曲第 6 番』，1924 年『交響曲第 7 番』発表の後，1926 年最後の交響詩『タピオラ』がニューヨークで初演された．これ以降大きな管弦楽作品は生まれなかった．

1932 年のシーズンにボストン交響楽団（クーセヴィツキー指揮）によるシベリウス交響曲全曲演奏が企画され，ここに『交響曲第 8 番』の登場が望まれたが果たされなかった．結局作品は完成せず，草稿が 1940 年代に破棄されたとされている．しかしスケッチの断片は残っており，近年その断片の実演もヘルシンキで行われた．世界の著名な音楽家，政治家がアイノラ荘を訪れるようになっていた．1950 年には英国の政治家チャーチルと，アメリカ大統領トルーマンから葉巻が贈られている．1957 年 9 月 20 日朝食の席で倒れ，帰らぬ人となった．享年 91 歳．

●**作品**　管弦楽・劇音楽・室内楽・ピアノ曲・声楽曲・合唱曲と多岐にわたる作品を残している．1800 年代は室内楽あるいはピアノ伴奏をもつソロ作品を多く残した．管弦楽では出世作のクッレルヴォ同様「カレワラ」を題材にもつ交響詩・音詩も多い．交響曲は全部で 7 曲．ロシアの作曲家の影響を感じさせる第 1 番，第 2 番と，ヤルヴェンパーに住居を移して以降の第 3 番からの作風は大きな変化があった．20 世紀にあって調性を維持し，独特の管弦楽法による透明で神秘的な響きは独自の世界を展開．最後の『交響曲第 7 番』は単一楽章 25 分ほどの作品だが，究極の交響曲といわれる．劇付随音楽・音詩・交響詩は多岐にわたり，音の詩人としての才能を発揮した（表 1）．100 曲近いピアノ曲，声楽曲も 100 曲ほど．その 8 割でスウェーデン語のテキストが用いられている．合唱曲も多い．管弦楽の伴奏，ピアノ伴奏，ア・カペラすべて合わせると 90 曲を超える．男声合唱の作品が多いことも特徴の 1 つ．オペラは 1896 年『塔の乙女』1 曲だけが完成されている．　　　　　　　　　［新田ユリ］

表 1　主要な交響詩・音詩・劇音楽

作品名	作曲年
クッレルヴォ	1892
エン・サガ	1892
カレリア序曲・組曲	1893
森の精	1894
春の歌	1894
レンミンカイネン	1895
フィンランディア	1899
クオレマ	1903
ペレアスとメリザンド	1905
ポホヨラの娘	1906
夜の騎行と日の出	1908
大洋の女神	1914
嵐（テンペスト）	1925
タピオラ	1926

『フィンランディア』

　ジャン・シベリウス（1865-1957）が『フィンランディア』のもととなる作品を書き上げたのは 1899 年 11 月．この原曲は『「報道の日」祝典のための音楽（Musiikkia Sanomalehdistön päivien juhlanäytäntöön）』という名前をもつ劇付随音楽である．この劇には，序曲に続き 6 曲の音楽がシベリウスによって用意された．その第 6 曲目が今日の『フィンランディア』の原曲となっている．

　フィンランドは，1809 年にロシアの自治大公国となった．当初スウェーデン統治時代そのままにフィンランドの自治権を保証していたロシアだったが，1825年に始まるニコライ 1 世統治時代から次第に官僚支配が広まり，言論への制約も見られるようになった．それに対して，フィンランド国民の中に次第に強い自国への意識が生まれ，文化・言語においてもフィンランド民族の伝統復興の気運が高まった．医師のエリーアス・ルンロートがカレリア地方を巡り口承民族叙事詩の「カレワラ［カレヴァラ］」を採集，1835 年 2 月 28 日にこれを編纂し出版したことは，この時期のフィンランドに大きな刺激と変化をもたらした．

　ニコライ 2 世在位中の 1899 年 2 月 15 日「二月宣言」が発布され自治権が縮小．社会のみならず言語や文化においてロシア化が進んだ．この年の 9 月にはフィンランドの大新聞「*Päivälehti*」の発行停止．この流れを受け報道に関わる者達から国民に向けて意識を高めるための劇上演が企画された．表向きは出版のための資金集めとなっていた．1899 年 11 月 4 日ヘルシンキのスウェーデン劇場において初演，上記のとおりシベリウスによる音楽が各場面の前奏曲として演奏された．劇はフィンランドの歴史をたどったものとなっていた．序曲に続き，以下のように構成されている．

1. 『ヴァイナモイネンの歌』（カレワラに登場する偉大なる詩人）への前奏曲
2. フィンランドにキリスト教が入る場への前奏曲（司教ヘンリックについて，1150 年当時）
3. トゥルク城のヨーハン公爵の場への前奏曲（裁判の場面, 1556〜1563 年当時）
4. 三十年戦争のフィンランドの場への前奏曲（グスタヴ 2 世アードルフの時代，1618〜1648 年当時）
5. 大いなる対立の場への序曲（大いなる怒りの時代［大北方戦争］，1713〜1721 年当時）
6. 『フィンランドは目覚める』の場への前奏曲

　この最終曲『フィンランドは目覚める（suomi herää）』が『フィンランディア作品 26』のオリジナルのかたちである．また，この付随音楽から『歴史的情景

第1番（作品25）』という3曲からなる組曲が後日シベリウスの手により生まれている．独立した作品『フィンランディア』として後世有名になった終曲に続く劇には，4人の重要な人物が登場していた．フィンランドの自治を進めたアレクサンドル2世，スウェーデン語系フィンランド人の民族詩人でフィンランド国歌の歌詞『わが祖国』の作者であるルーネバリ，フィン語主義者の先頭を走った哲学者・新聞記者のスネルマン，そしてルンロート．当時の困難な社会状況に対して，未来を信じ新たな希望の時代を築いてゆくというメッセージを，この4名による重要な仕事を背景に語られた場面への音楽として『フィンランドは目覚める』が用意された．『フィンランドは目覚める』は，最後の部分のみが二度シベリウスの手により改訂されて，現在の形になっている．この作品は大きく分けて5つの部分に分かれる．

1. 冒頭〜73小節目：金管楽器による重苦しい始まり．忍耐の時代を表現．
2. 74〜94小節目：金管楽器が闘争のファンファーレを鳴らす．取り巻く苦しい状況に立ち向かい行動を起こし始めたことを表す．
3. 95〜131小節目：低音楽器による5拍子の旋律に導かれ，明るいファンファーレが鳴り響く．劇中登場した蒸気機関車を表しているともいわれている．勝利を思わせる音楽となっている．
4. 132〜178小節目：『フィンランディア賛歌』と後世呼ばれる美しい旋律が流れる（図1）．
5. 179小節目〜最後：それまで描かれたすべての音楽が登場する．最後に賛歌の一部が短く繰り返される．

『讃美歌集』にも掲載されている『フィンランディア賛歌』の歌詞は，W. A. Koskenniemi によるものである．その歌詞は1940年に男声合唱の作品として発表され広まった．ほかに1938年4月に同じく男声合唱によるヴァイノ・ソラの詩を用いたものが発表されている．『フィンランディア』という名前を提言したのは，後にシベリウスを支え続けたカルペラン男爵である．1900年，パリ万博に向けてカヤヌス指揮のヘルシンキ・フィルハーモニー管弦楽団がシベリウスらの作品をもって出発する前に，Xからと記された匿名の手紙に，『フィンランディア』という名前の序曲をこの演奏旅行に持ってゆくべきだと進言されていた．このXがカルペラン男爵である．シベリウスはこの戯曲の終曲を『フィンランディア』として結尾を改訂し1つの作品とした．ところで，シベリウスの前にエミール・ゲネツが『立ち上がれ，フィンランド（Herää Suomi)』という名前の合唱曲を1882年に出版している．その旋律との類似は明らかだが，シベリウスがどの程度参考にしているか明言する言葉はない．　　［新田ユリ］

図1　Koskenniemi の歌詞による『フィンランディア賛歌』冒頭

フィンランドの独立と内戦

1809 年からロシア帝国の統治下にあったフィンランドは，1917 年 12 月 6 日に独立を宣言した．しかし，その直後に国民同士が殺し合う内戦に突入した．フィンランドの内戦は国内で白衛隊と赤衛隊の 2 つの陣営に分かれて戦われた戦争であり，外国軍が参戦した戦いでもあった．内戦は 1918 年 1 月 27 日から 5 月 15 日まで続いた．3 万 6,600 人もの死者を出した内戦の傷跡は深く，独立したてのフィンランドに長らく暗い影を落とすことになった．

●**フィンランド独立への道**　フィンランド独立の契機は第一次世界大戦，それに続くロシア革命であった．1809 年からロシア帝国統治下に置かれたフィンランドは，「大公国」として制限つきであったものの自治を享受していた．しかし，19 世紀末から 20 世紀初頭にかけてロシア帝国の政策転換により，いわゆる「ロシア化」政策と呼ばれるフィンランド政治制度を改変する政策が施行されるようになると，フィンランド内でロシアへの抵抗が強まっていった．しかし，フィンランド内でロシアへの対応に関する意見は必ずしも一致しなかった．セナーッティ（議会）はロシアとの衝突を避けてフィンランド民族の存続を望む「従順派」と，大公国の法と正当な権利を死守するために消極的な抵抗に訴える「護憲派」に分かれた．しかし議会の外では，フィンランドを守るために暴力をも辞さない積極的抵抗派「アクティヴィスティ」が発足するなど，ロシアへの抵抗の動きは収まることはなかった．1904 年には，エウゲン・シャウマンという青年がフィンランド総督ミハイル・ボーブリコフを暗殺する事件が勃発するなど，暴力に訴える動きまでみせた．

同時期，フィンランド内部の分裂も深刻化していった．20 世紀後半から生じていた労働者階級と既存の支配階級との溝は「ロシア化」政策が施行された時期にますます深まっていき，1905 年の全国的な大ストライキでは，その方向性の違いから両者の衝突が起こった．ついには既存の支配階級が白衛隊，労働者側が赤衛隊という自警団を結成し，互いを牽制し合うようになった．次第に両自警団の間で小ぜり合いが生じ，死者が出る騒ぎまで起こった．そのようなフィンランド内での対立が解消されないまま，第一次世界大戦が勃発し，続いて起こったロシア革命後の 1917 年 12 月 6 日に，セナーッティがフィンランドの独立を宣言した．

●**内戦の勃発**　しかし，独立の形態をめぐって，セナーッティ内でも意見が分かれたまま独立宣言がなされた状況にあった．また，独立宣言後も第一次世界大戦によって引き起こされた失業や食糧不足といった社会不安は解消されずにいた．このような状況下，労働者階級はフィンランド国内の社会的分裂を「階級闘争」

と位置づけ，対立姿勢をとった．両者の対立は独立直後の 1918 年 1 月に内戦というかたちに発展した．内戦勃発後，革命を望む赤衛隊がトゥルク，タンペレ，ヴィープリ，ヘルシンキなどの主要都市を含めたフィンランド南部の大半を制圧し，革命政権を樹立した．しかし，フィンランドの新政権は白衛隊を政府軍であると宣言し，白衛隊に対して赤衛隊の占拠した地域を攻撃することを命じた．ロシア帝国軍で活躍した経歴のあるマンネルヘイム将軍が白衛隊を率い，徐々に攻勢に転じ，赤衛隊を追いつめていった．

　この内戦には外国勢力も参戦した．第一次世界大戦期にフィンランドに駐留し，ロシア革命を経た後，撤退を始めたロシア軍は直接戦闘に加わらなかったものの，撤退する際に赤衛隊に武器や食糧を渡すことで支援を行った．なかには義勇兵として赤衛隊に参加したロシア兵も存在した．隣国スウェーデンは直接軍を送ることはなかったが，1,100 人もの義勇兵が白衛隊側に加わった．スウェーデン政府は，1918 年 2 月終わりに内戦の調停を図ろうとしたが失敗に終わった．独立後の軍隊創設をにらんで，独立前にすでにドイツで軍事訓練を受けていたアクティヴィスティの一派であるイェーガー［ヤーカリ］隊は，2 月にフィンランドに帰還し，白衛隊に加わった．4 月には 9,500 人ものドイツのバルト師団がフィンランド南西部に到着し，白衛隊に合流したことで戦局の進展が早まり，5 月 5 日に最後の赤衛隊の要衝が陥落したことによって，4 か月あまりにわたる内戦が終結した．赤衛隊の指導者らはロシア・カレリアに亡命し，同年 8 月にモスクワで共産党政権を樹立することになる．

●**内戦後のフィンランド**　内戦での犠牲者の多くは，戦闘中ではなく収容所の劣悪な環境での死亡，特にスペイン風邪の流行によるものであった．収容所に収監された赤衛隊兵士約 10 万人のうち，約 1/3 がスペイン風邪によって死亡したという．また，内戦期に白衛隊，赤衛隊両陣営が設置した収容所で不当な簡易裁判が行われた後，報復的な処刑がなされるなど凄惨な出来事が起きたことが後に発覚した．このように国民同士が殺し合った内戦の傷跡は，長らくフィンランドに暗い影を落とすこととなった．また，戦後，赤衛隊兵士の墓が教会の墓地に建てられないといった敗者の赤衛隊側に対する社会的差別が発生した．

　また，勝者，すなわち白衛隊側の主張を代弁する「解放戦争（vapaussota）」が内戦の公的な呼称として採用され，一般社会でも使用されるようになった．学校教科書も「解放戦争」の呼称を採用するなど，この戦争はロシアからフィンランドを解放するための戦争であったという主張がなされていった．この呼称は，敗者である赤衛隊側にいたフィンランド人の社会的地位の回復を遅らせる要因にもなった．内戦の呼称はそれぞれの立場や歴史解釈などによって変化していったが，内戦が見直される過程で，近年は政治色を排した「内戦（sillällissota）」という呼称が定着しつつある．　　　　　　　　　　　　　　　　　　　［石野裕子］

戦争の子供達——フィンランドの児童疎開

　第二次世界大戦中（フィンランドでは，冬戦争と継続戦争中）に，戦争による食糧不足や貧困，爆撃から逃れて，フィンランドからスウェーデン，デンマーク，ノルウェーの3か国に疎開した子供達は約8万人とされる（図1）．この人数は1939年にフィンランドで誕生した子供の総数に匹敵し，ヨーロッパ各国の児童疎開の中でも，人口比にして最大規模のものである．「戦争の子供達」という名称は，第一次世界大戦後にヨーロッパ内で疎開した子供達が後年思い出をつづった際に使用した言葉に由来する．

図1　ヘルシンキ駅からスウェーデンへ出発する子供達（©Finland's National Board of Antiquities）

　フィンランドの児童疎開は，スウェーデンからの積極的な働きかけによって実現した．冬戦争が勃発すると，スウェーデンからフィンランド国民に対する援助として，フィンランドの子供達のスウェーデン家庭への無償の受入れという申し出がされた．フィンランドでは，国外疎開ではなく，国内への援助を望んだが，スウェーデンの再度の呼びかけを受けて，疎開が実現した．1939年12月に最初の輸送船が出発し，1940年春には，9,000人の児童と母親や老人3,000人（3歳以下の児童には母親が同伴）が疎開した．戦間期にも体調不良の児童のスウェーデン滞在が実施されたが，1941年6月に継続戦争が勃発すると，疎開の規模がさらに本格化した．フィンランドでは児童疎開委員会が設立され，疎開の目的を，①カレリア地方再建に従事している母親の負担の軽減，②食糧難下の児童への十分な栄養の確保としたが，本当の目的は，人口政策として次世代の生命と健康を守ることだった．当初は短期間で少人数に限定する予定だったが，後に条件が拡大されたため，最終的には希望者は誰でも疎開することができた．また，国の広報機関による肯定的なプロパガンダや，疎開批判に対する検閲の後押し，さらには，ヘルシンキなどの都市への爆撃，カレリア地方からの避難，夏の戦況悪化などで疎開児童の数が増加した．

　児童疎開委員会を通じて継続戦争中にスウェーデンへ疎開した児童数は，1941年から1943年にかけての第一次疎開で約2万2,000人，1944年から1946年にかけての第二次疎開では2万6,000人，合計4万9,000人（うち病気の児童は約5,000人）で，その他の経由では約1万5,000人の児童が疎開したと推測されるが，いずれも正確な数は不明である．デンマークには，冬戦争中に97人，継続

戦争中には約 4,000 人が，ノルウェーには冬戦争中に 107 人が疎開した.

　子供達も，爆撃の恐怖から逃れたかった子供，平和で裕福なスウェーデンのおもちゃやお菓子に憧れて自ら希望した子供，幼少で何もわからずに送られてしまった子供など，それぞれの事情はまちまちだった．いずれにせよ，母親や家族と別れ，異国で（スウェーデン語が母語である子供以外は）新しい言語を学ぶことから始めるため，どの子も最初はつらい思いをするが，平和な国スウェーデンの豊かな生活環境で養父母に愛され楽しい日々を過ごしたケースが多い．しかし個人の経験はさまざまなので，違う思いをした子供達も当然いた．戦争が長引き，疎開期間も長くなると，特に幼い子供の場合，フィンランド語を忘れてしまったり，フィンランドやそこに残っている家族の記憶もあいまいになってしまい，終戦時のフィンランドへの帰国は受け入れがたいものとなった．帰国後も，生活環境が激変する中，養父母への思慕もあり，フィンランドの生活になじむのが難しく（スウェーデン語が母語の子供は問題なかったが），フィンランド語を忘れてしまった場合は，家族との意思疎通もかなわず，学校生活への適応も困難となった．

　当初から，終戦時の児童の帰国を大前提とした疎開だったが，戦後，養父母に望まれ，実の両親の承認を得て養子になったケースも多く，1950 年のスウェーデンの残留児童数は全体の約 14% の 7,000 人，一方，デンマークには全体の 13% の 500 人が残ったと推定される．幼少期に国外疎開先に渡り，長期間滞在した者ほど残る場合が多かったという．その後，1960〜1970 年代にフィンランドから多数の国民がスウェーデンに移住したときも（1960〜1980 年に約 33 万 2,000 人），かつての「戦争の子供達」が多く流出したと推定され，病気や栄養失調の児童約 2,900 人の命を救ってくれた疎開だが，トータルでは，フィンランドは子供達を「失ってしまった」ともいえる．

　当時は子供達を救う最善策と思われた疎開だったが，幼い子供を母親から引き離すことの是非や，帰国時を含め二度のつらい別れを経験すること，子供には，自分は愛されていなかったから疎開させられたという思いが，また，親には疎開させたことへの罪の意識が残るなどの観点から，隣国スウェーデンの温かい志に感謝しつつも，政策としては子供への配慮を欠くものとして評価されていないのが現状である．「戦争の子供達」をテーマにした作品や手記なども多く発表されており，ドキュメンタリー映画『Sotalapset（戦争の子供達）』（2003 年）は，フィンランドの映画賞である Jussi 賞の最優秀ドキュメンタリー映画賞を受賞し，ほかにも，アカデミー賞のフィンランド代表作品に選ばれた『Äideistä parhain（最高の母親）』（2006 年），スウェーデンのユーテボリ市立劇場とフィンランドのスウェーデン劇場の共同制作で初演された演劇『Fosterlandet（祖国）』（2015 年）などがある．疎開していた子供達による協会もフィンランド各地，スウェーデン，デンマークに設立されて，さまざまな活動を行っている．　　　　　　［髙瀬　愛］

第二次世界大戦下のデンマークのレジスタンス

　今でもデンマークのあちこちで「解放記念日」の5月5日には記念碑に赤・白・青のリボンで飾られた花輪が添えられる. ドイツ占領期に処刑場であったコペンハーゲン北郊のリュヴァンゲンの「追想の森」や, 自由博物館の前にある「解放の日」に動員された「手製」の装甲車から, 人々はレジスタンスの記憶を呼び起こす. 占領側による102名の処刑者を含め, 850名を超える犠牲者を出した対独レジスタンスの記憶は今も生き続けている.

　ドイツのポーランド侵攻があったその7か月後, 1940年4月9日, 人々が朝起きるとドイツ軍はすでに侵入していて, その日のうちに政府は降伏した. 隣国であるドイツの軍事的脅威に対し, "寝たふり" 以外の対抗策がないという急進左翼党の P. モンク (1870-1948) 外相の国防認識が, 社民党のスタウニング (1873-1942) 率いる連立政権の基本認識であった. 占領後直ちに, スタウニングを首班とする挙国一致内閣が成立し, 長年の外交官としての経験からドイツに柔軟な対応力をもつスカヴェーニウス (1877-1962) が外相となる. ドイツは対英「保護占領」を宣言して, デンマーク政府の統治続行を認めた. ユダヤ系市民であっても政府の保護下にあり, 警察権もデンマーク側に委ねられた. ドイツ当局による検閲制導入, 連合国側への情報伝達の禁止, ドイツ軍の駐留以外には, デンマーク国民の日常生活はほとんど変わらなかった. したがって, 人々の占領当局への抵抗の「動機づけ」は希薄であった.

　5月, ドイツ軍のフランス侵攻に続き, 6月22日フランスは降伏. 翌年6月22日ソ連侵攻の開始後, ドイツは無敵であるかに見えた. スカヴェーニウスをはじめとして人々はヨーロッパの "ドイツを頂点とする支配秩序 (「新秩序」)" の中にデンマークが組み込まれることに甘んじていた. それでも占領後直ちに, 統一はないものの, 抵抗・諜報活動の試みは存在した. 1941年6月, ドイツ軍のソ連侵攻後, 共産党は非合法化され, デンマーク当局は269人の共産党員を逮捕. これをきっかけに, 占領当局との対決姿勢が人々のあいだで見え始め, 逃げ延びた共産党員らは地下組織を形成する. 政府は引き続き「中立」の維持を宣言するも, 11月25日, ドイツが要求した反コミンテルン協定に調印する. この年の後半, 国内では非合法パンフレットがようやく現れだした.

　1942年4月に著名人らの呼びかけで, 最初の非合法新聞『自由デンマーク (*Frit Danmark*)』が発行される. この年, 英国の SOE (特殊作戦執行部) がパラシュート降下で送り込んだデンマーク人情報部員とレジスタンス組織とが初めて接触. 9月26日, クリスチャン10世王の誕生日の, ヒトラーの祝電に対する

国王の素っ気ない返電がヒトラーを怒らせ（「電報危機」），ドイツはナチス党員ヴェルナー・ベスト（1903-1989）をドイツ全権代表として派遣，彼はスカヴェーニウスを首相兼外相に指名した．

1943年2月，スターリングラードでのドイツ軍の敗北で，「ヨーロッパの新秩序」構想が崩れだし，それがデンマークのレジスタンス運動に大きな画期となる．3月23日，デンマークでは総選挙が行われたが，デンマーク・ナチ党の得票率は3％に満たなかった．レジスタンス活動の組織化が進み，8月に入って主要地方都市ではサボタージュが頻発し，ドイツ当局は戒厳令を発し，デンマーク政府から統治権を剥奪した．29日，ドイツ当局によるデンマーク陸・海軍に対する非常事態宣言で，その軍装備の引渡しが求められ，海軍は押収される前に29隻の軍艦を自沈させた．30日，スカヴェーニウス内閣は総辞職し，議会は活動を停止．実質，デンマーク政府の自治権が奪われたことで，レジスタンスに参加する人々の数は急増した．9月4日，イタリアが降伏．16日，主要なレジスタンス・グループを組織化したデンマーク自由評議会（Danmarks Frihedsråd）が誕生する．それが，全地下運動を統制し得る"地下政府"となり，スウェーデン経由で英国との確実な連絡を確保し，英国空軍が定期的に武器や弾薬の投下を開始した．ドイツに対して戦うという言質を疑っていた連合国側は，この時期以降，デンマークを「連合国の一員」であると認識し始めた．10月2日，占領当局はデンマーク国内のユダヤ系市民の拘束を決定したが，レジスタンス・グループが，ユダヤ系市民（7,000人）の大半を対岸の中立国スウェーデンへ逃すことに成功した．しかし，500人ほどがドイツの強制収容所に送られた．1944年に入ってすぐ，作家であり牧師であるカイ・モンク（1898-1944）がドイツ軍により殺害される．それはドイツ当局によるテロ行為が一般市民にも拡大されたことを意味する．

6月6日，連合軍がノルマンディーに上陸．6〜7月には自由評議会の指令のもと，コペンハーゲンでゼネストが展開され，市民全体が自由評議会に足並みを揃えた結果だった．8月20日，パリ解放．9月19日，デンマーク全土の警察官9,000人がドイツ当局の指令で拘束され，そのうち2,000人がドイツの強制収容所に送られる．1945年3月21日，地下組織の要請による英軍機の空襲（カルタゴ作戦）でゲシュタポ本部は炎上，さらに，各地の反レジスタンス拠点を破壊した．ドイツ側はこれにデンマーク史上未曽有の報復をもって応じ，街路では無差別な銃撃が行われ，建物が破壊された．

5月5日，自由デンマーク軍がスウェーデンから上陸したが，戦闘が始まる前に，ドイツ側が降伏した．デンマーク国民のレジスタンス活動とその犠牲がチャーチルによって高く評価され，デンマークは"戦勝国"に数えられ，ドイツ・日本等を敵とする戦後の国際連合の原加盟国となった．　　　　　　［村井誠人］

第二次世界大戦とノルウェー——レジスタンス神話の終焉

　2012年5月10日，1人のレジスタンス闘士が亡くなった．戦時下の対独レジスタンス活動で名を馳せ，その功績から非職業軍人としては初の最高位軍事勲章を授与された伝説の英雄，グンナル・ソンステビー（94歳）であった．レジスタンス当時のコード・ネーム「ヒャッカン（下あごの意）」の愛称で戦後も広く敬愛されてきたソンステビーの死に対し，ハーラル5世国王は直ちに弔意を表し，政府も哀悼の声明を発表した．オスロ大聖堂での国葬には国王，首相，軍幹部らが参列，多くの国民が英雄の柩を見送った．国営テレビをはじめ国内各紙はその死を「1つの時代の終わり」と表現し，同人の偉業をたたえる回想記事を掲載した．ソンステビーは戦後のノルウェーにおける戦時・占領経験の語りに欠くことのできないナショナル・アイコンであった．

　1940年4月9日早朝，ノルウェーはドイツ軍の急襲を受け，国内各地が混乱に陥った．かろうじてオスロを脱出したホーコン7世国王ほか議会・政府首脳は，追跡するドイツ軍からの降伏勧告を拒否して，約2か月間にわたり抗戦したが，6月7日に「独立を取り戻すための戦いを国外から継続する」との声明を発して，北部のトロムソーから英国に亡命した．ホーコン国王は直ちにロンドンに亡命政府を樹立し，連合国の一員となってドイツと戦うことを宣言，1945年の解放までBBCラジオを通じて本国の国民に向けてレジスタンスを継続するよう鼓舞し続けた．

　ドイツ軍の侵攻直後，親ナチ派の「国民連合」党首クヴィスリングが一方的に新政府を宣言したが，国民の大多数はこれをドイツの傀儡とみなして反発し，ロンドンの亡命政府を正統政府として支持した．占領当局は当初，ノルウェーの言論・思想統制や統治組織・労働組合などのナチ化を推し進めようとしたが，国民の非協力・非暴力的抵抗により期待した成果を上げられず，次第に力による弾圧・報復措置を強めて

図1　オスロにあるレジスタンス博物館 この前でレジスタンス活動家が処刑された．

いった．これに対して，各市民組織間の連帯のための「協力委員会」，亡命政府との連絡・指導機関「クレッセン」，地下軍事組織「ミーロルグ」などが結成され，レジスタンスの組織化，亡命政府との連携強化が進められた．1943年以降，独ソ戦におけるソ軍の反攻や連合軍の攻勢が高まると，レジスタンスは駐留ドイ

ツ軍への武力闘争，破壊活動を活発化していった（図1）．

　こうした展開の中で，オスロの民間企業に会計監査役として務めていたソンステビーは占領直後からレジスタンス活動に加わり，地下新聞の発行などに従事した．その後，その諜報能力を買われて英国特殊作戦部のエージェントとなり，英国での訓練の後，ノルウェーに戻って鉄道，軍需工場，駐留ドイツ軍関連施設の爆破などのサボタージュ活動を実行指揮した．このためソンステビーはドイツ秘密警察ゲシュタポから最重要指名手配者として追跡されたが，最後まで拘束を免れ，神出鬼没の行動でその名をとどろかせた．

　ドイツは1945年5月7日に降伏文書に調印したが，ノルウェーには8日正午に連合軍より戦闘中止命令が届けられ，ドイツによる占領「暗黒の5年間」に終止符が打たれた．6月7日には亡命していたホーコン国王が凱旋帰国を果たし，国民から熱狂的に迎えられた．

　5月8日のヨーロッパ戦勝記念日「VEデー」はノルウェーでは「解放記念日」と呼ばれ，その日は祝祭的雰囲気に包まれる．軍楽隊を先頭に退役軍人や元レジスタンス闘士が，閲兵台に立つ軍最高司令官である国王の前を行進していくのであるが，ソンステビーはこれまでその式典の主役であった．戦後のノルウェーにおける戦争体験の語りは，自らを被占領者＝被害者の立場に置き，ドイツからの祖国の解放と自由の回復のために忍耐と犠牲を払ったとする「愛国と不屈の精神の物語」が主体であった．

　ところが，近年，これまで忘却あるいは隠蔽されてきたノルウェーの加害の実態が掘り起こされ，戦争の記憶の想起や継承のあり方が論議されるようになってきた．その1つは「ユダヤ人問題」である．1940年当時，国内には1,536名のユダヤ人が居住登録されていたが，そのうち772名が絶滅収容所に強制移送され，戦後生還したのはわずか34名であった（図2）．これらユダヤ人の拘束・強制移送にノルウェーの国

図2　ノルウェーからアウシュヴィッツに強制移送されたユダヤ人の追悼モニュメント

家秘密警察や国鉄の積極的な関与，一般市民の自発的な協力があったことが判明し，2012年1月にストルテンバルグ首相（当時）はノルウェー政府として初めて謝罪の声明を発表した．

　今ノルウェーにおける戦争の記憶は，ソンステビーが象徴するレジスタンス神話から脱却し，自らの被害者性と加害者性を踏まえた新たな語りへと変容しようとしている．

[池上佳助]

スウェーデンの歴史家達

　歴史を紡ぐ行為は，言語を用いながら自らの生きる世界の来歴を可視化する作業である．自らの生きる世界をどのように可視化するかは，観察者である歴史家達の意識や生き様の違いによって多様である．したがって私達は歴史叙述の中に可視化された世界の姿から歴史家達の生きた情況をあぶり出すこともできる．

　スカンディナヴィアにあって歴史に相当する内容は古来口伝えで語り継がれるものだった．アイスランドに残されたサガ文学に北欧神話以来の英雄や王達の事績を語り継ぐ内容が多いことはよく知られている．それに加えて，スカンディナヴィアでは「法の宣言者」のもとで先例を踏襲しながら法が実践されてきたことに鑑みれば，各地に残された地方法は名もなき民の日常を語り継ぐものだったともいえる．スカンディナヴィアにおいて「語り」の中にあった歴史は，世界の創造と日常の実践の双方で重要な存在だった．

　11 世紀頃を境にしてスカンディナヴィアがキリスト教文化をヨーロッパ大陸から受け入れたことで，歴史は口述される対象から記述される対象へと変化した．とりわけ 13 世紀以降，英雄や王達の事績や各地の法慣習はサガや法典のかたちで編纂されるとともに，キリスト教王国へ連なる出来事を時系列上にまとめ上げる年代記も書かれるようになった．

　文字により歴史を記述する行為が大陸伝来だとしても，スカンディナヴィアの個性は残された．例えば，14 世紀前半に執筆された中世スウェーデン最古の年代記である『エーリック年代記』を筆頭に，ビエールボー（フォルクング）朝以来の王国の歴史を扱った年代記が韻文形式で編まれたように，スウェーデンの歴史は文学的想像をたたえた「語り」と密接な関係をもっていた．

　キリスト教由来の歴史叙述の中でも，天地創造以来の世界の来歴を記す普遍史というジャンルは，スカンディナヴィア古来の文学的想像力も相まって，スウェーデンに独特な世界観が 14 世紀後半以降に築かれる過程で重大な役割を果たした．本来，北欧神話の世界に由来する王国の「物語」はキリスト教の「物語」と相いれるものではない．しかし中世後期から近世に生きた歴史家達は両者の「物語」を結びつけ，キリスト教世界におけるスウェーデンの立ち位置を示そうとした．その成果として生み出された世界観がゴート主義だった．ゴート族の来歴とスウェーデン王国の来歴を結びつけたゴート主義の考えに従った歴史叙述は，同時代のバルト海世界における政治抗争から求められた「物語」でもあった．

　ゴート主義が 16 世紀前半に成立したヴァーサ君主政によって求められ「ヨーロッパ文明ゴート起源」説へ発展した時期は，ルネサンス以来の人文主義の思潮

がスウェーデンに到来した時期でもある．ローマ・カトリックのドグマを批判して人間の「原点」を模索した時代の雰囲気は，ウップサーラ大学の博識者達をして，自らの王国の「原点」を見出すべく古遺物や古文書の収集と分析へと向かわせた．とりわけ 17 世紀以降，大学の博識者達が過去の王国と現在の王国との系譜を探索する一方，官房府に招かれた王国修士官達は王国の政治問題の起源を歴史的文脈の中に探索する目的から古文書分析を行った．おおよそこの 2 つの潮流がスウェーデンにおける学術的な歴史研究の原点に位置する．

　歴史の中にスウェーデンの特殊性を探索する学問の系譜は，19 世紀以降，「国民主義歴史学の父」と称されたエーリック・グスタヴ・イェイイェル（1783-1847）らに引き継がれ，国民国家の「物語」を創造するに至った．近代以降の歴史家達はその分析手法として史料の実証的批判を共有している．しかしその結果として導き出された歴史叙述は純粋に客観的な産物と断ずることはできない．歴史家達は同時代の「物語」に感化された問題認識から出発し，その意識に応じて史料分析と歴史叙述を行うからである．近代以降のスウェーデンには，ウップサーラで紡がれた国民国家の「物語」に与することができない歴史家達がいた．17 世紀後半にデンマークからスウェーデンへ譲渡されたスコーネに生きた歴史家達である．マッティン（1835-1902）とラウリッツ（1873-1960）のヴェイブル父子をはじめ，ルンド大学に集った歴史家達が行ったスカンディナヴィア史の実証研究は，狭隘な国民国家の「物語」がもつ虚構性を鋭く批判した．

　ヴェイブルらに先導された研究は，国民国家の「物語」に隠蔽されてきたノルデン（北欧）という包括的な世界の存在を明らかにする．日露戦争で敗北したロシアで第一革命が起き，ノルウェーとスウェーデンの連合が解体した 1905 年は，スカンディナヴィア世界に政治的な危機の到来を意識させる年だったが，この年にルンドでは北欧歴史家会議が初めて開催された．第 1 回の会議は国民国家の「物語」を当然視するスウェーデンとデンマークの歴史家達の論戦で終わったが，1920 年以降この会議は北欧諸国の持回りで現在まで継続され，ノルデン意識の醸成に多大な貢献を果たしてきた．世界大戦から冷戦へと政治抗争が続いた時代にあって地域間協力への意識を育んだ北欧歴史家会議の経験は，スウェーデンをはじめとする北欧の歴史家達の間に，実証を通じた歴史叙述に現実世界を変革させる力があることを確信させるものだった．

　21 世紀にあって歴史家達の営為は国民国家の「物語」をはるか彼方に超えたところにある．2013 年に完結した 8 巻からなるノールステッド社の『スウェーデン史概説』には，スウェーデンの歴史家だけでなく，かつてスウェーデンと王国をともにしたフィンランドの歴史家も著者として名を連ねている．北欧の歴史家達は，「語り」がもつ力を通じて，国民国家の恩讐の彼方に求められるべき新たな「物語」の模索へと歩みを進めている． ［古谷大輔］

デンマーク王室

1972 年 1 月 14 日，デンマークでは逝去したフレゼリク 9 世王（Frederik IX，在位 1947-1972）の後を継いで長女のマルグレーテ［マグレーテ，Margrethe，1940-］が即位した．デンマークでは，初めての「女王」の誕生でありながらも，「マルグレーテ "2 世"」を名乗り，「カルマル連合」を現出させた "完全な資格をもつ主婦であり主人" であったマルグレーテ（1353-1412）の存在を意識してのナンバリングである．女王の即位は国民の大歓呼で迎えられた．しかしである．

1947 年，マルグレーテの祖父にあたるクリスチャン 10 世（Christian X, 1870-1947）の逝去は，その長男フレゼリク王太子を国王フレゼリク 9 世とし，1 歳年下のクヌーズ王子（Prins Knud, 1900-1976）を「王位継承者（tronfølger）」とした．新王には，ドイツ占領の 1 週間後に誕生したマルグレーテと妹 2 人の娘達がいる一方で，クヌーズには，前王にとっては初孫となった 1935 年生まれのイリサベト（Elisabeth），そして 2 人の男児がいた．すなわち，1853 年以来の「王位継承法（Tronfølgeloven）」では，女児ばかりの子をもつフレゼリク 9 世の王位を継ぐのは王弟のクヌーズであり，さらに王の長女マルグレーテよりも 2 か月先に生まれていたクヌーズの長男インゴルフ（Ingolf, 1940-）が彼の後に控えていた．

現グリュクスボー（Glücksborg）王朝の誕生は 1863 年であった．その 10 年前の 1853 年にデンマークの王家と近しかったクリスチャン（1818-1906）が，嫡子のないフレゼリク 7 世王（在位 1848-1863）の後継者となることが決められていた．この彼の王位への道は運命の綾が織りなす奇特なものであった．

かつてスリースヴィ公爵領内の小さな領地を出自とし，代々プロイセン軍に仕えていた家系の一没落貴族が，せめて 19 歳の息子の生活のためにと，父祖がデンマークを離れて 1 世紀半ぶりのナポレオン戦争時に，息子の名づけ親であるフレゼリク王太子（直後に王となり，フレゼリク 6 世［在位 1808-1839］）を頼ってデンマークにやってきた．その息子が上記クリスチャンの父親で，ヴィルヘルムといい，男児がいない王夫妻から可愛がられ，1810 年，王妃の妹と結婚する．1825 年，スリースヴィにあるグリュクスボー公爵家が嫡子がなく断絶し，彼は王からその公爵位を授けられ，城への居住が許され，10 人の子宝にも恵まれた．ところが 1831 年に 46 歳で他界した．葬儀に訪れた王夫妻が，かねてより気に入っていた第 6 子の "育ての親" となることを望み，彼がコペンハーゲンに居住することを未亡人に承諾させ，そのクリスチャンは王家に近しく成長する．1842 年，彼は時の王クリスチャン 8 世（在位 1839-1848）の妹シャロテの娘であるルイーセと結婚，男子 3 人女子 3 人をもうけている．いわば内戦である第一次ス

リースヴィ戦争（1848〜1851年）では，スリースヴィに残った兄弟達が「蜂起軍」側に立ったにもかかわらず，彼はデンマーク軍の近衛騎兵連隊の連隊長として参戦している．デンマーク国家体制の現状維持を前提としてデンマーク軍が勝利し，列強のロンドン国際会議は，1852年，その体制を維持する保証として，フレゼリク7世王の後継にクリスチャンを選んだ．妻が母方の血筋でデンマーク王フレゼリク5世の曽孫にあたっていたこと，彼の築いてきたロシア皇室との良好な人間関係（例えば長女には，早世したロシア大公女アレクサンドラの名をつけている）等が功を奏したといえよう．ロンドン議定書という“外圧”から，デンマークでは，翌年，それを承認する「王位継承法」が制定され，1665年以来の絶対王制の王位継承権を規定した「王法（Kongelov）」が廃止されたのである．そして，1863年11月15日，元気であったはずのフレゼリク7世がスリースヴィを訪れている際に風邪をこじらせグリュクスボー城で急死し，いわば突然に，クリスチャンがデンマークの王位に上ったのである．1448年以来続いてきたオレンボー王家（Oldenborg）の断絶である．続くのは，避けようのない第二次スリースヴィ戦争（1864年）であり，デンマークの敗北であった．

　さて，第二次世界大戦下のドイツ占領期を経て，国民にとってはその最も過酷な苦難を一緒になめてくれた“私たちの”王室——占領下の首都を単身巡回する騎乗のクリスチャン10世王の姿，そして不機嫌な時代にあって“立てば歩め”の「親心」を共有させてくれた幼い王女——の存在が大きな意味をもった．先王の死後，まさに王太子がその象徴性を受け継ぎ，王太子夫妻の愛娘たちが被占領時代の唯一明るい話題の出処であったし，解放後まもなく三女が生まれ，王室への関心がさらに高まっていた．人々には，はるか先の話とはいえ，王位が王弟クヌーズの系譜に移ることへの違和感には拭いきれないものがあった．1950年代に入って，政府は「国会の二院制から一院制議会への改編，23歳への参政権の引下げ，グリーンランドの地位の“本土並み”化等」を目指した憲法改正案が明確に国民の支持を得られていない状況下で，憲法に付随する「王位継承法」の変更との抱き合わせで，事態の解決を図った．1953年，ここに画期的な「王位継承法」の変更を伴った憲法改正がなされた．それまでの「王位継承法」制定からちょうど100年後である．「王位継承法」の原則を「男系優位ではあるものの女系をも認める長子相続制」とし，クヌーズに発する血統を“排除”し，聡明で快活な13歳のマルグレーテに将来の「王位」を約束したのである．

　ちなみに，2009年の国民投票の結果，王位継承権は性にこだわらず長子に委ねられることになった．男女同権を国是とする北欧諸国内にあってその決定が遅かった理由は，彼女の後には長男フレゼリク王太子（1968-），その長男クリスチャン（2005-）といった男系世継ぎの連続が保証されていたからである．

[村井誠人]

スウェーデン王室

●**スウェーデン王室略史**　スウェーデン王室の歴史は約 1000 年前にさかのぼる．最初の王は，10 世紀後半に中部のスヴェーアランド全域を支配したエーリック勝利王であるといわれ，現在のカール 16 世グスタヴ国王は 74 代目の国王にあたる．14 世紀末には，スウェーデンはデンマークの主導で形成された北欧三国による同君連合（カルマル連合）に参加するが，次第にこれに反発する勢力が増大し，1523 年，スウェーデンはグスタヴ・ヴァーサ王のもと，カルマル連合からの独立を果たした．そして，1544 年にヴェステルオースで開催された身分制議会では，世襲王制の導入が決定された．スウェーデン王家は，ヴァーサ家に続き，プファルツ家，ヘッセン家，ホルシュタイン=ゴットープ家と交代していくが，その間，スウェーデンはその勢力をバルト海沿岸諸国に拡大し，18 世紀初頭の大北方戦争で敗北し，大国としての地位を失うという歴史をたどった．

●**バーナドット王家の創設**　19 世紀初頭のナポレオン戦争において，スウェーデンは，第 3 回対仏大同盟に参加しフランスと対峙するが，敗戦を重ね，ついにはフランスと一時的に和睦したロシアの侵攻を許し，フィンランドの割譲を余儀なくされた．このような惨憺たる状況の中，1809 年，陸軍将校がクーデターにより絶対王制を敷いていたグスタヴ 4 世を廃したのに続いて，議会が憲法を制定した．新憲法のもと，新国王に即位したカール 13 世は高齢であり，嫡子もいなかった．そこで，スウェーデン政府は王位継承者を探す必要に迫られ，紆余曲折はあったが，フランスとの関係改善を意図して，ナポレオン麾下のジャン=バティスト・ジュール・ベールナドット将軍に白羽の矢を立てた．1810 年，ベールナドット将軍はカール 13 世の摂政となり，1818 年に国王に即位すると，カール 14 世ヨハンと名乗った．ここに現在まで続くバーナドット王家が創設された．

●**1809 年憲法下の王権**　1809 年憲法では，国王は統治者として位置づけられたが，立法権は国王と議会の共同行使とされ，財政権に至っては議会の専権事項とされる等，議会の権能が大幅に強化された．当初はカール 14 世ヨハンの治世に見られたような専横的な統治もあったが，次第に国王の国政に対する影響力は低下していった．例えば，19 世紀中葉，クリミア戦争への参戦を図ったオスカル 1 世や，第二次スレースヴィ戦争の際にデンマークへの援軍を派兵しようと意図したカール 15 世は，いずれの場合も，政府の反対によりその意志を実現できなかった．また，19 世紀後半，同君連合を形成していたノルウェーにおいては，オスカル 2 世が意図した政府の樹立ができず，結果として，議院内閣制の導入に道を開くことになった．一方で，1914 年初頭，政府の国防費削減に反対する，いわ

ゆる「農民大行進」が王宮に向けて行われた際，グスタヴ5世が国防費削減反対の主張に同調し，政府の抗議にもかかわらずその立場を撤回しなかったため内閣総辞職を引き起こす事件が起こった．これは短期的には王権の威光を示すことになったが，その後行われた1917年の総選挙の結果，グスタヴ5世は自ら望む保守派の政府を樹立できなかったため，自由党と社会民主党の連立政権を受け入れざるを得ず，ここにスウェーデンにおいても議院内閣制が確立することになった．

●**1974年憲法下におけるスウェーデン王室**　1950年代になると，議院内閣制を基盤として発展してきた政治的慣行と1809年憲法の内容の乖離が大きくなっていたことなどから，憲法を改正するか，新憲法を制定すべきとの議論が沸き起こった．この頃，グスタヴ5世を継いでグスタヴ6世が国王の地位にあったが，次の王位継承者である王太孫のカール・グスタヴ（現国王）がまだ幼かったこともあり，グスタヴ6世を最後の国王として，以後は共和制に移行すべきであるとの案も少数意見ながら議会で提起されるようになっていた．その後も君主制の是非や国王の権能に関する議論は続けられ，1971年，主要政党は，新憲法において君主制は維持するが，国王の政治的権能を廃し，その役割を儀礼的なものに限定するとの，いわゆる「トーレコヴの妥協」に合意するに至った．そして，1974年に制定された新憲法のもと，国王の権能は，①政権交代の際の特別閣議の主宰，②外交諮問委員会の主宰，③通常国会の開会宣言，④外国大使の接受など，代表的・儀礼的なものに限定されることとなった．

　このように新憲法のもとで国王の地位が大きく変わる中，1979年にこれまで男子にのみ王位継承権を認めていた「王位継承法」が改正され，1980年からは性別に関係なく，直系の長子が王位を継承できるようになった．1973年に即位したカール16世グスタヴはシルヴィア王妃との間に一男二女をもうけているが，この法改正により，長女のヴィクトリアが第1位の王位継承者となった．また，現王家の始祖カール14世ヨハンを除くグスタヴ6世までの歴代国王はいわゆる王侯貴族出身者を王妃として迎えてきたが，1976年にカール16世グスタヴが当時ドイツの民間人であった現在のシルヴィア王妃を迎えたのを皮切りに，その嫡子であるヴィクトリア王太子，カール・フィリップ王子，マドレーン王女のいずれも民間出身者と結婚しており，王族の婚姻に関する考え方の変化が見て取れる．そして，かつてカール16世グスタヴが子供にプレゼントを買うために自ら玩具店に足を運んだことや，国王夫妻が王子・王女が通う学校のPTA活動に熱心に参加したこと等のエピソードに触れるとき，スウェーデン王室が時代に適合した，国民によりいっそう近づいた王室像を提示していることを実感できるのである．

[松村　一]

ノルウェー王室

　ノルウェー王室の歴史は，9世紀後半にノルウェーを統一したハーラル1世（美髪王）の時代にさかのぼる．その後，10世紀から11世紀にかけてノルウェーのキリスト教化を進めたオーラヴ1世，オーラヴ2世をはじめ，13世紀中葉にアイスランド，グリーンランドを併合し，最大版図を実現したホーコン4世等を輩出した．1380年にホーコン6世を継いだオーラヴ4世のもとで，ノルウェーはデンマークと同君連合を形成するが，オーラヴ4世が嫡子を残さず夭逝するとノルウェー王家は断絶した．その後もノルウェーはデンマークとの連合を継続するが，次第にその地位は低下，1814年，ナポレオン戦争の最中，ノルウェーはスウェーデンに割譲され，スウェーデンとの同君連合を形成することとなった．

●**国民投票により創設された王室**　現ノルウェー王室は，1905年にノルウェーがスウェーデンから独立した際に創設された比較的新しい王室である．独立後のノルウェー政府は，新国王候補としてフレゼリク・デンマーク王太子の次男カール王子に白羽の矢を立てた．他方，独立後のノルウェーの政体として王制をよしとせず，共和制を志向する勢力も少なからず国内に存在した．これを憂慮したデンマーク政府およびカール王子は同王子をノルウェー国王として迎えることの賛否を問う国民投票の実施を要請，ノルウェー政府はこれを受け入れた．国民投票は同年11月12・13日に実施され，結果は賛成票（25万9,563票）が反対票（6万9,264票）を大きく上回るに至った．この結果を踏まえ，ノルウェー国会は満場一致でカール王子をノルウェー国王に選出することを決定，カール王子はこれを受け入れ，ノルウェー国王ホーコン7世として即位したのである．ホーコン7世は自らのモットーとして「すべてはノルウェーのために」を掲げ，以後このモットーは，オーラヴ5世，ハーラル5世に引き継がれていくことになる．

●**ノルウェー国王の地位**　ノルウェー憲法において，行政権は国王または女王に属すると定められているが，ノルウェーでは1884年にはすでに議院内閣制が導入されており，現王室創設以来，ホーコン7世をはじめとする歴代国王は，この政治的慣行を尊重し，国事の決定は政府の手に委ねてきた．しかし，ホーコン7世が1928年に独自の判断で労働党に組閣を命じたことや，1940年のドイツの侵攻に際して，ドイツから突きつけられた傀儡政権の要求を断固拒否する意思を政府閣僚に示したこと等の前例から，ノルウェーが政治的混乱に陥ったときには国王が重要な役割を果たす余地があるものとされている．国王の憲法上の国事行為としては，国会開会式における政府施政方針の演説，王宮における閣議の主宰，首相・閣僚の任命，外国大使の接受および栄典の授与等が挙げられる．また，国

王は国軍の最高司令官の地位や王位継承権者の結婚許諾権を有している.

●**国民的王室**　ノルウェー王室はしばしば国民的王室といわれる.この王室の国民的な性格は,1905年に創設された王室が,国民の支持を得つつ,新独立国ノルウェー王国の基盤を固めるために努めてきたことの賜物であろう.例えば,即位後の国王によるノルウェー国内の巡幸,ノルウェー伝統のホルメンコレンススキー大会への王族の臨席,5月17日の憲法記念日に王族が王宮のバルコニーに立って子供の祝賀パレード(バーネトーゲ)を迎える習慣等はホーコン7世が始め,現代まで長く受け継がれている王室の伝統となっている.また,オーラヴ5世が私服警護官1名と愛犬を連れて王宮を出てよく散歩に出かけた話や,1973年の石油危機の際に,市電に乗ってスキーに出かけた話はノルウェー王室の国民的性格を表す例として語り継がれている.

　また,第二次世界大戦の際,ホーコン7世はオーラヴ王太子とともにロンドンのノルウェー亡命政権にあって,国内のレジスタンス運動を支援するとともに,ノルウェー解放に向けた連合国の援助を得るべく奔走するが,このときのノルウェー王室の活躍はノルウェー国民の記憶に深く刻まれ,国民の王室への敬愛をよりいっそう強固なものとした.

●**王室の婚姻問題──伝統的王室像との狭間で**　このようにノルウェー王室は常に国民に近い存在であることに努めてきたが,時には国民的であろうとすることと国民が抱いている伝統的王室像との板挟みとなることもあった.1968年,ハーラル王太子(現国王)は民間人ソニア・ハラルセン(現王妃)と,2001年にホーコン王太子は当時シングルマザーであったメッテ・マーリット・テュッセム・ホイビー(現王太子妃)と結婚したが,いずれの場合も,王太子の結婚相手の選択が国民の抱く伝統的な王室像とのずれを生じさせた.そのため,当初世論はその選択に否定的に反応した.特に,ハーラル王太子の場合には,当時民間人の王室入りは前例のない出来事であり,世論はいっそう厳しかった.そのため,王宮は世論の動向を注視しつつ慎重に対処せざるを得ず,オーラヴ5世が首相,国会議長団等と諮り結婚を認めたのは,2人の出会いから9年後のことであった.

●**王位継承に関する憲法改正**　ノルウェーの王位継承の規定は憲法で細かく規定されているが,長らく男子のみに認められてきた王位継承権が1990年の憲法改正により,男女の区別なく第1子に優先的に認められるようになった.この憲法改正は,男女平等を重視するノルウェーの世論を踏まえた改正であったため,特に大きな反対論は起こらなかった.2004年,ホーコン王太子の第1子としてイングリ・アレクサンドラ王女が誕生したが,これにより,現王室初となる女王誕生の可能性が高まってきている.　　　　　　　　　　　　　　　［松村　一］

5. 北欧の文化

　北欧における芸術に関わるもののうち，建築・デザインといったプラクティカルな分野を含むものを第7章に回し，文学・音楽・絵画・舞台・映像・映画といった項目を本章に集めてみた．並べてみると，やはり「北欧」というトータルなイメージが湧いてくるし，私達それぞれが個人的に「北欧」に関心をもつにいたった"原点"がこのあたりに集約されていることがわかる．それでも，ここに「北欧語」を理解する方々が，改めて原語を駆使して理解し，解説する北欧の文化事象が，私達のすでにある「北欧イメージ」の修正を促すのか，はたまた，「やはり，そうだったのか」と納得させられるのかということに興味は尽きない．

　そして，それぞれの項目が北欧の芸術における何かを語っているにもかかわらず，通底に「北欧らしい」何かを醸し出していることに気づくのではないか

［村井誠人］

アイスランド中世文学

アイスランドは1000年頃にキリスト教へ改宗し，その後ラテン文字を用いた筆記技術が普及した．13～14世紀に隆盛を迎えるアイスランド中世文学は，韻文と散文に大別できる．

●**韻文** 韻文には主にエッダ詩とスカルド詩がある．エッダ詩とは『詩エッダ』に含まれる，神話・英雄伝説を題材とした詩である．『詩エッダ』は『王室写本（*Codex Regius*, GKS 2365 4to)』によって現在に伝わる．この写本には29編の詩が含まれるが，個々の詩の成立年代は一律ではなく，9～13世紀のさまざまな時期に作成されたものが1270年頃に『王室写本』にまとめられたと考えられている．『王室写本』以外の写本やサガに含まれる神話関連の詩を「エッダ詩」に含む場合もある．エッダという名の書物はもう1つ存在し，『散文エッダ』と呼ばれる．これはアイスランドの詩人・歴史家・政治家であるスノッリ・ストゥルルソン（1179-1241）によって，1225年頃に執筆された詩学入門書である．『散文エッダ』は詩作技法を考察する中で，後述するケニングの背景知識として北欧神話について解説しているため，『詩エッダ』と並びヴァイキング時代スカンディナヴィアの信仰に関する第一級資料となっている．

一方，スカルド詩とは9世紀後半から14世紀に作成された，王侯の事績や詩人の心情を技巧を駆使して詠む詩である．スカルド詩の技法としてはヘイティやケニングが代表的である．ヘイティは日常使われない語や韻文の中で特殊な意味をもつ語を使用する技法であり（「花嫁」で「女性」を表すなど），ケニングは2語以上で1つの語を言い換える（「武器の嵐」＝「戦闘」など）．ケニングの多用，複雑な押韻や自由な語順によってスカルド詩は非常に難解な構造をもち，また北欧神話の知識も要するため，それを理解し楽しむことは宮廷のエリート達に特権的な文化であった．約250名の詩人の名が現在まで伝わっているが，10世紀以降の詩人の大半はアイスランド出身者である．スカルド詩は王侯の事績をたたえることでその名誉を増し，逆に敵の名誉を損なうこともできる政治的な手段となったため，有能な詩人は宮廷には必須の人材であった．

●**サガ** 中世アイスランドの散文文学としては説教文学，編年誌，史書，法書，文法書などが存在するが，ここでは質量ともに最大のサガについて取り上げる．

サガとは主に12～14世紀のアイスランドで書かれた物語の総称である．他のスカンディナヴィアやヨーロッパの中世文学と比較した場合，サガはラテン語ではなく俗語（古ノルド語）で書かれ，散文であり，直接話法を多用した臨場感あふれる文体をもつ点などに特徴がある．長短合わせて200編以上の物語が現存す

るが，その内容は多岐にわたるため，サガの内容や物語の舞台となる時代によって以下のようなジャンルに分けられる．聖人や司教の伝記である「司教のサガ」，北欧の王侯の事績を伝える「王のサガ」，ヴァイキング時代のアイスランド人を主人公とする「アイスランド人のサガ（家族のサガ）」，サガの執筆時期に近い12～13世紀のアイスランドの事件を語る「同時代サガ」，ヴァイキング時代以前の英雄伝説を伝える「古代のサガ（伝説的サガ）」，そしてフランスやアングロ＝ノルマン宮廷文学の翻訳・翻案である「騎士のサガ」などである．そのほか，アイスランド外で書かれた歴史書，例えばアレクサンドロス大王の伝記や古代ローマ史の翻訳などもサガと呼ばれる．この点からも，アイスランドにおいてサガという言葉のもつ広がりがわかるだろう．「サガ（Saga）」という言葉自体は「語られたもの」と

図1 彩色写本『フラート島本（*Flateyjarbók*, GKS 1005 fol.）』の一部（Stofun Árna Magnússonar［アゥルニ・マグヌーソン研究所］）

いう意味で「物語」から「歴史」まで幅広い意味をもつ．アイスランド人であれ外国人であれ，過去に生きた人々とその行動についての物語が，サガと呼ばれるのである．サガの内容が歴史的事実をどの程度反映しているのかという議論には100年を超える蓄積があるが，現在では，サガは豊かな口頭伝承を背景としており，何らかの歴史的事実を核としているものの，現存する形の物語は執筆された時代のサガ作者の想像力が加わった創作物と理解されている．

●**中世以降の展開**　一般にサガの作成は1400年前後を境に終わったとされるが，厳密には正しくない．その後も写本作成は連綿と続けられたし（図1），新たな「騎士のサガ」は19世紀まで作成されていたからである．また，サガの内容を詩の形でうたい上げる「リームル」という叙事詩によってもサガの伝統は受け継がれていった．やがて17世紀以降には，アイスランドに残る大量の中世文学の存在がヨーロッパ各地で知られるようになり，出版や各国語への翻訳が進む．そのためサガやエッダは，例えばR.ワーグナーの楽劇やJ.R.R.トールキンの『指輪物語』といったような近代以降の多くの創作に影響を与えている．　［松本 涼］

📖 **参考文献**
[1] 菅原邦城，早野勝巳，清水育男編 2001『アイスランドのサガ　中篇集』東海大学出版会．
[2] ステブリン＝カメンスキイ，菅原邦城訳 1990『サガのこころ――中世北欧の世界へ』平凡社．
[3] 谷口幸男訳 1979『アイスランド サガ』新潮社．
[4] 日本アイスランド学会編訳 1991『サガ選集』東海大学出版．
[5] 森 信嘉訳 2005『スカルド詩人のサガ―コルマクのサガ／ハルフレズのサガ』東海大学出版会．

『カレワラ』

　フィンランドを代表する民族叙事詩『カレワラ［カレヴァラ，*Kalevala*］』は，フィンランドがまだロシア帝国統治下にあった1835年に，医師エリーアス・ルンロート（レンルート，Elias Lönnrot, 1802-1884）が人々の間で昔から言い伝えられてきた口承詩を採集して，文字化したものである．『カレワラ』は1849年に新たに編纂され，その新版が現在では60もの言語に翻訳されている．前者を『古カレワラ（*Vanha Kalevala*）』，後者を『新カレワラ（*Uusi Kalevala*）』と呼んで区別することもあるが，通常『カレワラ』というと新版を指す．フィンランドでは，『カレワラ』が出版された日にちなんで2月28日を「カレワラの日」としている．

●**『カレワラ』のあらすじ**　『カレワラ』の正式名称は，『カレワラ，もしくはフィンランド民族の古代に関する古いカレリアの詩（*Kalevala taikka Wanhoja Karjalan Runoja Suomen kansan muinosista ajoista*)』である．

　『古カレワラ』は32章1万2,078節，『新カレワラ』は50章2万2,795節で構成されている．『新カレワラ』は小鴨が処女イルマタルの膝に卵を産み，その卵が割れたことから天地が創造されたという話から始まり，生まれたときから老人である不滅の詩人ヴァイナモイネンを中心にさまざまな話が展開する．以下に有名な話の概要を記す．「アイノの悲劇」は，呪術比べでヴァイナモイネンに負けたヨウカハイネンが妹アイノをヴァイナモイネンに嫁として差し出す約束をしたが，アイノはいやがり，入水して魚になるという話である．「クッレルヴォの復讐」は，ウンタモに一族を殺されたクッレルヴォの復讐話である．クッレルヴォはウンタモの奴隷となるが最終的にウンタモ一族を殺し，復讐を果たす．しかし，復讐する前に誘惑した金髪の娘が生き別れた妹と判明する．妹は川に飛び込み自殺してしまう．クッレルヴォは復讐を果たした後，森の中で妹を恥辱した場所で自殺する．「レンミンカイネンの母」は，殺されたわが子レンミンカイネンを黄泉の国であるトゥオネラまで探しに行き，バラバラになったわが子の体を川からすくい取り，呪文で復活させるという母の愛の話である．

　このような話が展開しながら，最後は乙女マリヤッタが処女で産んだ子供がカレリアの王として洗礼を受けたのに立腹したヴァイナモイネンはカレリアの地を去るという話で終わる．

●**『カレワラ』の編纂から普及まで**　編者ルンロートは，カヤーニ地方の巡回医師をしながら1828〜1834年の間に5度ほどフィンランド領カレリア，ロシア・カレリアで口承詩人を訪問して口述筆記を行い，それをもとに『カレワラ』を編

纂した．当時，民族意識が徐々に芽生えてきたフィンランドの知識人は口承詩を歴史的史料であるとみなし，詩の採集を行うことこそがフィンランドの歴史を知ることであると考えた．そのような風潮の中で 1830 年に発足した文芸サークル「土曜会」の会員の 1 人がルンロートであった．翌年の 1831 年にフィンランドの民俗詩の採集および保存を目的として設立されたフィンランド文学協会は，ルンロートに助成金を与えた．1835 年に出版された『カレワラ』は当初，当時の知識人の母語がスウェーデン語であったせいもあり，反響は薄く，批判さえあがったが，ヨーロッパの知識人からの反響がフィンランドに届くと，次第にフィンランド国内でも『カレワラ』の認知度が上がっていった．ルンロートは，1849 年に新たに採集した詩や D.E.D. エウロパエウスが主にイングリア地方で採集した詩を加えて新版を発表した．この新版には，編者ルンロートが故意に「フィンランドらしさ」を追加したことが後に明らかになっている．新版に加えて，1843 年にフィンランド語が中等教育の授業で採用されるようになると，簡略化された『カレワラ』が教科書として採用されるようになり，徐々に『カレワラ』がフィンランド社会に浸透していった．

●フィンランド史における『カレワラ』の意味　『カレワラ』は，作曲家ジャン・シベリウス，画家アクセリ・ガッレン＝カッレラといったフィンランドを代表する芸術家によって表現されていくことで，フィンランド国内のみならず世界へと普及していった（図 1）．これらの芸術表現は芸術運動カレリアニズムと呼ばれ，1890 年代に最高潮を迎える．その中で『カレワラ』はフィンランド民族文化の象徴とされ，『カレワラ』の原詩が採集されたロシア・カレリアはフィンランド民族文化の揺籃の地とみなされるようになる．一方で，この認識は両大戦間期の「大フィンランド」と呼ばれる領土拡張主義運動に利用されていくことになるのである．　　　　　　　　　　　　　　　　　　　　　　　　　　［石野裕子］

図 1　1891 年アクセリ・ガッレン＝カッレラ作「アイノ神話」（著者撮影）

📖 参考文献

[1] リョンロット編．森本覚丹訳 1939『カレワラ（上）（中）（下）』岩波書店．（森本覚丹訳 1983『カレワラ——フィンランド国民の叙事詩（上）（下）』講談社学術文庫）．
[2] リョンロット編．小泉保訳 1976『カレワラ（上）（下）』岩波書店．

フィンランドの民族楽器「カンテレ」

　カンテレとはバルト海周辺地域に古くから伝わる撥弦楽器で，ツィター属に分類される．フィンランドの民族叙事詩『カレワラ［カレヴァラ］』にも登場し，19世紀の終わり頃から国の楽器として認められている．カンテレの起源は明確になっていないが，2000年以上も前に存在していたという説もある．伝統的なカンテレは1本の木から削り出した本体に5本の弦が張られたシンプルなものである．カンテレはフィンランド音楽史の変遷とともに発展し，弦数や楽器の形態，弾く曲のジャンルや演奏スタイルといったあらゆる点で多様性があるといえる．第二次世界大戦直後には，国民から忘れ去られかけた時期もあったが，"近代カンテレの父"と呼ばれるマルッティ・ポケラの尽力と1985年の伝統音楽復興プロジェクトにより現在では学校教育にも用いられ，民族音楽をはじめクラシック音楽や現代音楽，ポップミュージックなどさまざまなジャンルの曲が演奏されている．繊細かつ柔らかな音色がいつまでも鳴り響く，残響豊かな楽器である．

●**楽器の種類**　カンテレはその大きさ・弦数から小型カンテレと大型カンテレとに分類される．小型カンテレは一般的に5～19弦のカンテレを指す．片手で抱えられるほどの大きさで，膝か机の上に置いて弾かれる．近年では肩から下げるストラップのついたショルダータイプの楽器も増えている．大型カンテレは通常20弦以上あるカンテレを指す．残響を消すための消音板がついており，安定感を保つため机の上に置いて弾かれる．半音階調整が可能なメカニズムが導入されたものを特にコンサートカンテレと呼んでいる．また，カンテレと起源を同じくする類似楽器がバルト海沿岸を中心に多く存在しており，ロシアのグースリ，エストニアのカンネル，ラトビアのコォクレ，リトアニアのカンクレスなどが挙げられる．これらの楽器はそれぞれの地で独自の発展を遂げ，楽器の形態や演奏方法などもフィンランドのものとは若干異なる．

●**『カレワラ』とカンテレ**　民族叙事詩『カレワラ』は医師であり民俗学者であったエリーアス・ルンロートがフィンランド各地に口承で受け継がれている詩歌を採取し，一貫性のある物語としてまとめたものである．『カレワラ』の中でカンテレは主人公ヴァイナモイネンの手により2度，作製される．1度目は大魚の顎の骨を用い

図1　カンテレ
5～40弦のさまざまな種類が存在する．伝統的な5弦カンテレと，レバー操作で半音階調整が可能な39弦コンサートカンテレ．

て，2度目は自らの運命を嘆くシラカバの木を用いて作られ，ヴァイナモイネンがカンテレを奏でるとあらゆる生物や神々までもがその音色に耳を傾けたと描かれている．また物語の最後には，ヴァイナモイネンが旅立つ前にカンテレをスオミ（フィンランド）の民へ残すという記述があり，ルンロートが意図的にカンテレを民族の象徴として描いていることがうかがえる．ルンロートはカンテレの楽譜集や教本作りにも情熱を注ぎ，また自ら楽器の製作にも取り組んだカンテレ史において欠かせない人物である．

●**2つの民族音楽とカンテレ**　フィンランドの民族音楽は時代に応じ2つに分けることができる．すなわち民族叙事詩『カレワラ』に代表される口承詩歌（ルノラウル）と，比較的新しい農民音楽（ペリマンニ音楽）である．伝統的なルノラウルは4拍または5拍のリズム，5音程の旋律からなり，その独自性から後に「カレワラ調韻律」と呼ばれるようになった．簡素な旋律は歌い継がれる中で変奏され，多くのバリエーションが存在する．ルノラウルを朗唱する際に伴奏として用いられたのが5弦を中心とした小型カンテレであり，演奏は多くが即興的であった．1600年代に入るとスウェーデンからの影響で新たな音楽がもたらされる．それが世襲制で，楽譜を用いずに耳と修練とで音楽を継承していく農民楽師（ペリマンニ）による音楽である．リズミカルで活気に満ちあふれた大衆音楽の場において，元来繊細なカンテレの音色はヴァイオリンやアコーディオンの陰に隠れるようになるが，この音楽の変遷は楽器に変化をもたらすきっかけともなった．弦の数は20〜30本に増え，胴体は板を組み合わせた箱型になっていく．演奏スタイルも変わり，右手で主旋律，左手で和音を演奏するようになった．フィンランドで初の職業カンテレ奏者であるクレータ・ハーパサロはペリマンニ音楽が盛んなフィンランド中西部の出身で，民族主義の象徴として注目されたことから，その姿は絵画の中にも多く残されている．

●**芸術音楽とカンテレ**　フィンランド人作曲家として初めてカンテレの楽曲を作ったのはジャン・シベリウスである．1896〜1898年にかけて妻の従姉妹のために作曲された『カンテレのための2つの小品』は，シベリウス本人の作品記録から漏れていたため，1989年まで誰にも知られずにいた．また，大衆的に人気を博した作曲家オスカル・メリカントも2台のカンテレのための小曲を残している．後にシベリウスに作曲を師事したレーヴィ・マデトヤの音楽人生は10歳の誕生日プレゼントにもらった10弦カンテレから始まった．1920年代にパウル・サルミネンにより半音階調整が可能なコンサートカンテレが考案されると，より芸術性を求める奏法が誕生した．サルミネンはカンテレ用に多くの編曲を残し，また後進の育成にも力を注いだ．カンテレは民族楽器であるとともに，現在ではさまざまな音楽を奏でる楽器としても新たな可能性を期待されている．

[髙橋　翠]

フィンランドの文学

　冬が長く，屋内で過ごすことが多い北欧の人々は読書をよくすることで知られている．フィンランドもその例外ではない．フィンランドの教育・文化省が発表した公共図書館に関する統計によると，2014年度の1年間でフィンランドの公共図書館（主要図書館291館，分館465館，ほかにも病院図書館34館，移動図書館142館などがある）の年間来館者は延べ5,037万人で，フィンランドの全住民1人あたり年間9.29回図書館を訪れ，本を16.76冊借りたという記録がある．この統計は，人口543万人（2014年）のこの国で，本がよく読まれていることを示している．そのフィンランドで書かれた文学にはフィンランド語だけではなく，スウェーデン語で書かれた文学も含まれる．これには，6世紀にわたるスウェーデン統治という歴史が影響しており，独立以前は知識人階層がスウェーデン語を母語としていたことから，スウェーデン語文学が主流であった．また，フィンランドでは詩が伝統的に親しまれていることが特徴である．

●**スウェーデン統治時代（13世紀～19世紀初頭）**　この時期のフィンランドでは宗教書，歴史書が主に書かれた．「フィンランド語の父」と後世呼ばれた司教ミーカエル・アグリッコラは，宗教改革後の1543年に新約聖書をフィンランド語に翻訳した．アグリッコラはまた，1537～1543年にフィンランド語の文法を説明した『ABCの本』を著した．1640年にはトゥルクでオーボ王立アカデミー（現在のヘルシンキ大学の前身）が設立され，フィンランドで知識人が養成されることにより，文字の読み書きができる人口が増えていった．1770年にはフィンランド文化および文学の促進を目的としたアウラ協会が設立され，主に民間に伝える詩を採集したり，自ら詩集を発表したりする知識人が登場した．

●**ロシア統治時代（1809～1917年）**　1831年にフィンランド文化の促進を目的としてフィンランド文学協会が設立され，文学の出版も請け負った．1870年代になると民間の出版社が相次いで創業するなど，この時期にフィンランドの文学は大きな躍進を遂げた．この時期のフィンランド語文学上の注目すべき成果としては，1835年の叙事詩『カレワラ［カレヴァラ］』（1849年に新版発行）が筆頭に挙げられるだろう．当初は全然売れなかったが，19世紀後半に最高潮を迎えた芸術運動カレリアニズムの立役者にまでなった．1870年には初のフィンランド語小説であるアレクシス・キヴィの『七人兄弟』が出版された．しかし，この作品が評価されたのはキヴィの死後であった．スウェーデン語文学では，ヨーハン・L.ルーネバリが1848年に発表した『旗手ストールの物語』，同じくルーネバリが1830年に発表した詩『農民パーヴォ』が代表的な作品として挙げられる．

またミンナ・カントといった女性作家も登場した．20世紀後半にはフィンランド語作家のユハニ・アホが活躍するなど，フィンランド語文学も多く発表されるようになった．フィンランドの文学界はヨーロッパ，ロシアといった海外の文学界での流行に影響を受けることで発展していった．文学のテーマとしては農民の生活，自然や季節が多かったが，次第に政治や社会状況に言及した作品も増えていき，20世紀初頭にはいわゆる社会派文学やプロレタリア文学も登場した．

●**独立期（1918～1945年）**　フィンランド独立以降は，他のヨーロッパ諸国の文学潮流と同様に文学ジャンルが増えていき，多様な文学作品が次々と登場した．1919年の『清貧』，1931年の『夭逝』（1940年に『少女シリヤ』という題名で邦訳された）といった作品で知られるフランス・E.シッランパーは，農民の生き方と自然の関係を見事に表現したと評価され，1939年にフィンランド初のノーベル文学賞を受賞した．「フィンランド民俗学の父」と後世呼ばれた民俗学者ユリーウス・クローンの娘であるアイノ・カッラス，ジャーナリストでもあったオラヴィ・パーヴォライネンもこの時期に活躍した．

●**第二次世界大戦後から現在**　戦後は，いわゆる近代主義文学がフィンランドにも登場した．世界的に知られる作家としてヴェイヨ・メリ，ミカ・ワルタリの名前が挙げられる．また，内戦や第二次世界大戦時に勃発した対ソ戦争を描いた戦争文学も登場した．ヴァイノ・リンナは，1954年に継続戦争（第二次対ソ戦争）を題材とした『無名戦士』，1959～1963年に内戦を題材とした『ここ北極星の下で』を発表し，大きな反響を呼んだ．表現の自由をめぐって，刑事事件に発展した文学作品もあった．1964年にハンヌ・サラマの『夏至のダンス』の内容が教会と法務省を冒とくしたとの廉で訴えられ，1966年にサラマと出版社は有罪になった．1968年にケッコネン大統領によってサラマに恩赦が与えられたが，1990年まで検閲済みの改訂版が売られた．

　1984年にはフィンランド図書財団が文学賞である「フィンランディア賞」を設立した．現在，この賞はフィンランドで最も権威ある文学賞といわれる．

●**日本で読むことができるフィンランド文学**　日本で最も多く読まれているフィンランド文学は児童文学，とりわけ「ムーミン」シリーズであろう．作者のトーヴェ・ヤーンソン（トーベ・ヤンソン）はスウェーデン語系フィンランド人で，ムーミンシリーズの原作はスウェーデン語である．数多くのフィンランドの文学作品が邦訳されている．また，純文学としてはレーナ・クローンの作品数点が邦訳されている．「北欧ミステリー」のジャンルでもフィンランド人作家の作品がいくつか邦訳されているが，なかでもフィンランド人の父とエストニア人の母をもつソフィ・オクサネンの『粛清』（2010）は，世界的なベストセラーとして知られる．

[石野裕子]

スウェーデンの詩の歴史と特徴

　1931 年から，日曜日以外の毎日，お昼の 12 時に「今日の詩」という朗読番組が国営ラジオで放送されている．スウェーデン人は詩を愛する国民だ．ノーベル賞を設立したアルフレッド・ノーベル［ノベッル］も化学者ながら，バイロンやシェリーの詩を好み，詩作もしていた．これまでノーベル文学賞受賞のスウェーデン人は 7 人，そのうち詩人は 4 人，残る 3 人のうち作家として受賞したパール・ラーゲルクヴィストは詩人でもある．このようにスウェーデンは，優れた詩人を多く輩出している．

●**スウェーデン語による詩の歴史**　1527 年，グスタヴ 1 世は，それまで教会や修道院が所有していた富（国土の 5 分の 1）から税収入を得るためにプロテスタントへの改宗を強行した．さらにラテン語による聖書のスウェーデン語訳を命じて，1541 年には全訳がなされた（『グスタヴ 1 世聖書』）．これによってスウェーデン語の標準語が成立し，スウェーデン文学は急速に開花する．16〜17 世紀には，旋律付きや旋律を交えて語られた口承説話のバラッドがスウェーデン語で記されるようになるが，このバラッドとは，物語や寓意のある歌で，語るような曲調をもつ韻文の歴史物語である．その内容は悲劇的な結末を迎えるのが定石であった．詩人としては，古代ギリシャ神話を題材に古典詩『ヘラクレス』を書いたイェーオリ・シャーンイェルム，作品が三文草紙として流布した『ヘリコン山の花々』の作者ラッセ・リューシドル，吟遊詩人のオーロフ・フォン・ダリーンらが活躍した．18 世紀の代表的な詩人といえば，王室歌『グスタヴススコール』の作者でグスタヴ 3 世の時代に活躍したカール・ミーカエル・ベルマン，諷刺詩を得意としたが死後に夫が詩集を出版してようやく著名となったアンナ・マリーア・レングラン，讃美歌の作詞作曲も手がけたフランス・ミーカエル・フランセーンなどが挙げられ，傾向としては，ロマン的瞑想主義，神学的批判行為がみられた．19 世紀初頭，同盟関係を結んでいたロシアとデンマークがナポレオン側につき，やがてロシアはスウェーデンからフィンランドを奪ってしまう．ルンド大学教授だったエサイアス・テグネールは領土フィンランドを失ったスウェーデン人の心情と，未来への希望を詩歌にしている．ナポレオンへの崇拝，ナポレオンの部下からスウェーデン国王になったカール 14 世ヨーハンへの反感，ロシアとの同盟に対する嫌悪など，彼の詩の内容は北欧ナショナリズムのはしりである文学的スカンディナヴィア主義といえるもので，政治的変革は起こさなかったものの，その詩はノルウェーにまで広がった．詩『ヴィーキング』を書いたウプサーラ大学教授で詩人のエーリック・グスタヴ・イェイイェルはスウェーデン国粋主義

の父と呼ばれている. また一方, ホラーティウスなどの古代ラテン詩やグスタヴ朝の詩形を用いたロマン派のエーリック・ヨーハン・スタイネーリウスや, ルソーの「自然に帰れ」という言葉に影響を受けて自然主義文学, さらにはリアリズム・社会批判関連の作品を表したカール・ヨーナス・ローヴェ・アルムクヴィストらがいる. 20世紀は, モダニズムの影響を受ける1930年代を境に, その前後でスウェーデン詩は大きく変革している. 前半において, パール・ラーゲルクヴィストは第二次世界大戦で簡単に人が死んでいく中, いかに意味ある人生を見出していくかを模索して書かれた詩集『苦悩』や, それとは対照的に妻への愛と誇りをうたった『心の歌』を著し, 女流詩人のカーリン・ボイエはクラルテと呼ばれる反戦運動に携わり, モダニズム文学の翻訳や評論にも尽力した. また, クラーラ教会に集った地方出身労働者階級の知的芸術家達の会であるクラーラボヘミアンの一員だったニルス・ファリーンの作品には, 社会的弱者に対する慈愛と深い同情の念がうかがえる.

●スウェーデン現代詩における詩と音楽　1910年代からパール・ラーゲルクヴィストが文学における現実模倣のあり方に疑問を呈し, 言葉も芸術的表現方法の1つであるとして, キュビスム・未来主義・表現主義といった絵画や音楽の手法を文学に取り入れる相互芸術的美学を唱えていた. グンナル・エーケルーヴは, 1932年にエッセイ『詩と音楽』を発表し, 「さまざまな色合い, 高さ, 緊張感をもった音(音響的素材)として言葉を用いることで旋律芸術としての詩」を創作, 「音楽的な主題の機能を満たし得る詩的主題」の創造を目指した. 1940年代になると文学雑誌に文学だけでなく, さまざまな近代芸術についての紹介・評論が数多く掲載されるようになり, 文学・音楽・絵画は相互に互換性のあるものとして考えられるようになった. そして1947年に翻訳されたT. S. エリオットの詩論『詩の音楽』によってスウェーデン詩壇における音楽的詩作の傾向は拍車をかける. 古いスタイルの吟遊詩人達は姿を消し, 1950年代にはヤルマル・グルバリが伝統的な韻律や形式によらない自由詩を模索したが, その詩調はむしろ荘重であり, なおかつ開放的であった.

　スウェーデン文学界にモダニズムを紹介したハッリ・マッティンソンは, 鮮やかな比喩と大胆なイメージ, 精緻な自然観照, ヒューマニズムに裏打ちされた穏やかで清澄な叙情性を特徴とする放射能に汚染された地球から脱出して, 火星に向かう途中で遭難し彷徨する宇宙船の長編叙事詩『アニアーラ』によってノーベル賞を受賞した. これは当時の世界情勢を憂慮し, 核兵器の脅威と科学技術による自然破壊に対して警鐘を鳴らすべく書かれた先進的作品である.

　2011年にノーベル賞を受賞したトーマス・トランストルンメルは"隠喩の巨匠"と呼ばれ, その作品は絵画的かつ音楽的で, 頭韻や脚韻, 類韻によってリズミカルで温かな響きを醸し出す. 詩における音楽性を重視し, 積極的に朗読活動を行った.

[児玉千晶]

デンマークの詩

●**愛唱される詩**　デンマーク人は折にふれて集まり歌うことを楽しむ．この「ともに歌う」という慣習は「フェレスサング（fællessang）」と呼ばれ，人々の暮らしを彩っている．19 世紀に自国の歴史や国土を意識するようになってから，デンマークの自然や四季，日々の生活や心情を綴った詩が数多く書かれ，それらは歌となり広まっていった．デンマーク独特の教育機関とされるフォルケホイスコーレ（国民高等学校）でもともに歌うことが重視され，独自に編まれた歌集は教会の座席に置かれた賛美歌集のような体裁をもつ．初版は 1894 年，現在の第 18 版に至るまで常に時代とともに愛用されてきた．デンマーク人愛唱の詩や歌から，デンマーク人の生き方，感じ方，考え方などをかいま見ることができる．

デンマーク人はどのような生き方を好むか．代表的な民謡『土曜の晩のことだった』は若い娘の失恋を歌ったものだが，娘の毅然とした前向きの姿勢が印象的である．約束したのに土曜の晩恋人は来なかった，日曜に教会へ行く道々涙がこぼれた，あなたからの贈り物はもう捨てる，本当に好きだったけれど，「バラの咲かないところでバラは摘めない，愛のないところに愛を求めてもむだ」と決断する．この娘はきっぱりと気持ちを切り替えて健気に立ち直っていく．

また，デンマーク人の考える人生とはどのようなものだろうか．会合の終わりなどで，キム・ラーセン（1945-）の『まもなくここは静かになる』という 1980 年代の歌が好んで歌われる．やがてみな立ち去りここは静かになるけれど，あなたは見たいと思っていたものを見ることができましたか，あなたのメロディーを聞くことができましたか，と詩は問いかける．人々が限られた時間を一緒に過ごして，それが終わるとまたそれぞれの場に帰っていく．ここに来てよかったか，願ったものが得られたかという問いかけは，時として，単なる一集会を超えて自分の人生を振り返るよう人々を促し，詩が想定した以上の深い読みを誘ってきた．そして，1 人残された綱渡りの芸人が綱の上で一瞬ポーズを決めるという唐突な情景が後に続くのだが，これはどう受け止めたらよいのだろうか．かろうじて保たれるバランスを自分 1 人で誇り高く確認している姿か．それはいわば誰にでも当てはまることなのかもしれない．全体として，人々との関わりの中に人生があるという基本姿勢がうかがわれる．

さらに，デンマーク人の感じる幸福とは．『もう少しでコーヒーができる（Om lidt er kaffen klar）』という 1970 年代の詩がある．ベニ・アナセン（1929-）が描くのは，平和で穏やかな朝の情景で，朝日がまぶしく，空は青く，花は咲き，草はみずみずしく，クモもハチもみな元気だ，人生ってなかなかいいものだと主

主人公は思う．シャワーを浴びる妻，楽しげな歌声も聞こえる，パンにチーズを載せ，さあもう少しでコーヒーもできる．家族との日々の生活をいとおしむデンマーク人の満ち足りた幸福感が伝わってくる．このような幸福感が積み重なり「世界一幸福な国」と称される国民を創り出したのであろう．

●**デンマークを歌う**　19世紀前半に小さな国となった祖国をウーレンスレーヤは「愛らしい（yndig）」と表現し，『愛らしき国あり』を書いた．国土を北欧神話の女神フライヤの広間にたとえ，ブナの森，青い海，なだらかに起伏を繰り返す畑や野原，古の塚や遺跡を点描する．次いでグロントヴィは控えめながら決然と，デンマーク人であることに満足していると『はるかに高き山々』でうたい上げる．雄大な自然，立派な人間，高貴な言語，世界にはどれをとっても素晴らしい国が多々ある，でも自分達はデンマーク語で真の思いを語り歌うことができる，大地にしっかり足をつけた生き方が自分達には合っている，と語気強く語る．誰も豊かすぎず貧しすぎずという社会の理想像もさりげなく織り込まれている．世紀の半ばの1850年にアンデルセンは『デンマークに生まれぬ』で，わが愛する祖国デンマークよ，と繰返し熱く呼びかけた．この詩には2つの旋律があり，どちらのメロディーも同じように親しまれ名曲として現在に至っている．

●**季節を歌う**　クリスマスがあり，年が改まってやがて春が訪れ，光あふれる夏となり，その夏も終わって暗く寒い季節が始まる．暗闇の中でまたクリスマスを待ち望む，というふうに季節は繰り返される．クリスマスにちなんだものは，ブロアソンやインゲマンの敬虔な美しい詩，グロントヴィの『美しいのは青い空』『クリスマスの祝いの鐘が鳴る』など無数にある．6月の夏至祭に欠かせないのはドラクマンの詩『この国を愛す』である．クリスマスの飾りに目を輝かせる子供達，春は鳥がさえずり，秋は収穫で満たされ，どの季節も素晴らしいけれど一番は夏至祭のときと夏の喜びを歌う．夏の到来を喜ぶ人々の気持ちを，例えばトゥーヤ・ラーセンは，寝ている間も夜は明るくほんのりまどろむだけ，森では鳥がさえずり海のざわめきも子守唄のようと歌い，また，突然の雨や風に裏切られてもやはり君が好きだよ，とデンマークの夏に呼びかける．冬については『雪ほど静かなものはない』というローゼの詩があり，秋は秋で，畑の実りとともに森は色づき鳥達は南へ，と秋が深まっていく様子が好んで歌われる．

●**フォルケヴィーセ**　文字どおりには「人々の歌」という意味だがいわゆる民謡ではなく，中世の貴族の暮らしぶりなどを伝えてデンマークの歴史の深みを感じさせる一連の伝承歌謡がある．大勢で鎖のようにつながって踊るための歌で，リフレインを全員で繰り返しながら話が少しずつ進行していく．男女の愛憎や，名誉心，家族意識などが類型的に描かれ，変身や妖精などの不可思議な要素も見られる．『エベ・スカメルセン』『妖精の一撃』『アウネーテと人魚の男』などの独特の世界は，後世の文学にも創作の素材を提供している．　　　　　［福井信子］

アンデルセン ［H.C. アナセン］

●**アンデルセンの生い立ち**　ハンス・クリスチャン・アンデルセン（1805-1875）はデンマークのフューン島の町オーゼンセに生まれた．オーゼンセ川近くの生家とされるところには，今，アンデルセン博物館があり，貧しい靴職人の家に生まれ，首都コペンハーゲンで作家として成功し，最後は国葬で見送られたアンデルセンの生涯を展示でたどることができる．『人魚姫』『はだかの王様』『雪の女王』などの童話で世界中の子供達に知られているが，童話だけでなく小説，紀行文，戯曲，詩，自伝などさまざまなジャンルの作品を残している．

　アンデルセンは若い頃から自分の生い立ちを書き記し，自分の生涯を1編の童話ととらえているが，自伝を読む読者も，つらい経験を経ながら立派になったアンデルセンを「みにくいアヒルの子」の姿と重ね合わせてしまう．母親は当初堅信礼を受けたばかりのアンデルセンがコペンハーゲンへ出ることに反対していたが，占いばあさんに「この子は偉い人になる．将来オーゼンセの町がこの子のために光輝く」と言われてアンデルセンの旅立ちを認めたという．自伝の中でも14歳までのオーゼンセでの子供時代は，印象的な逸話にあふれており，洗礼のとき大声で泣いたこと，父親がいろいろな本を読み聞かせ人形劇で遊んでくれたこと，精神病の祖父を気味悪く思っていたことなどはよく引用される．

　コペンハーゲンで舞台に立ちたいと悪戦苦闘した3年の後，17歳のアンデルセンは，王立劇場の理事であったヨーナス・コリーンの尽力によってラテン語学校で学ぶ機会を得る．シェイクスピアが大好きで本は次々に読破し自分でも劇を書くだけの才能があったわけだが，綴りの間違いなど基礎的な勉学が必要だとみなされたからである．マイスリング校長に詩を書くことを禁じられて無能呼ばわりされるなど，アンデルセンにとってつらい学校生活であったが，後に作家として大成するうえでは必要な時期であったといえる．

　アンデルセン自身が童話にまつわる逸話を記しているので，『マッチ売りの少女』が母親の貧しい子供時代をヒントにしたものであり，『あの女はろくでなし』の貧しい洗濯女も懸命に働く母親の姿を映していることがわかる．

●**アンデルセンの童話**　全部で156編とされているが，短編小説やエッセイのようなものもありその内容はさまざまで「童話」という言葉ではまとめきれない．その中で『火打ち箱』や『小クラウスと大クラウス』『野の白鳥』『まぬけのハンス』『父さんのすることはいつも正しい』など昔話がもとになっているものは，話の展開がわかりやすく親しみやすい．『しっかり者のすずの兵隊』『コマとマリ』『羊飼いの娘と煙突掃除人』など当時の玩具や人形が主人公の話，『モミの木』

『ひなぎく』『ひきがえる』など動植物が主人公の話は，アンデルセンらしい創作童話だといえる．子供心に強く刻まれるお話としては『人魚姫』『赤い靴』，ほんの短い伝説から生み出された『パンを踏んだ娘』などが挙げられる．

　アンデルセンは『デンマークに生まれぬ（I Danmark er jeg født）』という大変愛国的な詩を書いている．デンマークの自然や歴史にふれ，根はここにあり，ここから私の世界が始まる，デンマーク語は母の声等々，デンマークへの熱い思いが語られる．童話でも『白鳥の巣』は，ヴァイキング時代に各地へ進出したデンマーク人に思いを馳せ，天文学者テュコ・ブラーアや彫刻家トーヴァルセンなどデンマークから巣立っていった偉大な人物を紹介する話である．ほかにもデンマーク案内といえる童話があり，例えば『ツック坊や』では夢の中で男の子がシェラン島の地理の勉強をする．『真珠の飾りひも』はシェラン島の鉄道の駅を真珠にたとえて，作家達の集ったラーベク夫妻の家，ロスキレ大聖堂，詩人インゲマンとソールーの町，詩人バゲセンとコスーアの町などを文化ガイドのように案内している．『名づけ親の絵本』はコペンハーゲンの歴史を扱ったもので，氷河期に始まり町が生まれてから歴代の王さまの時代まで発展の跡をたどる．

●**アンデルセンと子供達**　アンデルセンは子供の心がよくわかり同じ目線をもつことができたうえ，そもそも舞台役者志望だったので話を語るのが巧みで，器用な手先から見事な切絵を生み出すなど，子供の相手をすることが上手だった．ラテン語学校時代にはマイスリング校長の幼い子供達とも仲良く遊んでいる．クリスマスに招かれた屋敷ではそこの子供達と一緒にクリスマスの飾りを作るのを楽しみにしていた．童話でも当時の子供達の様子が生き生きと描かれている．『子どものおしゃべり』には親の生まれや財産や地位を自慢する鼻もちならない子供達が出てくる．『ちがいがあります』では子供達がタンポポの茎を輪にして遊んでいる．『跳びくらべ』に出てくる跳び人形はガチョウの胸骨から作られた素朴な玩具で，バッタやノミと高く跳ぶ競争をする．

　アンデルセン自身は結婚して自分の家庭をもつことはなかったが，恩人コリーンの家にはアンデルセンと同世代の息子や娘がおり，それぞれ結婚して子供が生まれると，アンデルセンは甥や姪に接するように交流をもった．時にはそうした子供達の名づけ親になり，誕生日に贈り物をしている．童話『名づけ親の絵本』に見られるように，自ら手作りした絵本を贈ることもあった．白紙のアルバムに雑誌や新聞から切り抜いた絵を貼りつけ，自作の切絵を加えたり，詩や言葉も書き込んだりした絵本である．知人の子供達に贈ったこのような絵本は全部で16冊残されているが，複製出版もされて特に知られているのが『アストリズの絵本』『クリスティーネの絵本』である．どちらもコリーンの長女インゲボーの孫娘が，それぞれ1歳と3歳のときに贈られたものである．アンデルセンは子供を膝に乗せ，絵本を見せながらお話を語ったのである．　　　　　　　　［福井信子］

セルマ・ラーゲルルーヴ

いたずら好きの少年ニルスが，魔法で小人にされてしまい，空飛ぶガチョウのモルテンの背に乗ってガンの群とともにラップランドを目指す——アニメ『ニルスのふしぎな旅』(1980-1981)の原作は，1906〜1907年に，スウェーデンの作家セルマ・ラーゲルルーヴ[*1] (1858-1940)により，国民学校の読本として執筆された．1997年から2015年まで流通していた20クローナ紙幣に

図1　20クローナ紙幣．資料提供：筆者

も，表面にラーゲルルーヴの肖像，裏面にニルスが印刷されるなど，スウェーデンではおなじみの作家・作品だ（図1）．本項目では，『ニルスのふしぎな旅（原題：ニルス・ホルガションの不思議なスウェーデン縦断旅行）』を中心に，スウェーデンの国民的作家ラーゲルルーヴの一面に接したい．

●**国民作家への道**　ラーゲルルーヴは，ヴァルムランド地方モールバッカで生まれた．ノルウェーとの国境まで50 kmのひなびた地域である．16世紀から続くラーゲルルーヴ家は，大農場と鉄工場を有する名家で，左足の障碍に悩まされつつも，両親と4人の兄弟姉妹，祖母，叔母，そして多くの使用人を有する屋敷で読書を楽しんだ幼少期を，ラーゲルルーヴは幸せな時代として回想する（『モールバッカ』，1922）．しかし，彼女が10代を迎えた1870年代，近代化に伴って家は没落した．ラーゲルルーヴはランスクローナ女子小学校の教員として身をたてるかたわら，女性雑誌に詩や散文を投稿，1891年に長編小説『イェスタ・ベルリングのサガ』でデビューした．当時はイプセンやストリンドバリらの自然主義文学への反動から，「目に見えないもの」，すなわち，魂や心理，過去などを幻想的・情感的に描くナショナリスティックな「90年代文学」が興り始めていた．『イェスタ・ベルリングのサガ』は，近代化以前のヴァルムランドを口承文芸風に描き，「90年代文学」の代表作となる．ラーゲルルーヴは1895年に教員の職を退き，作家として国内外での名声を高めていく．同時代の出来事に取材した長編小説『エルサレム』(1901-1902)は，主人公イングマル・イングマルソンを通じて，スウェーデンのナショナル・アイデンティティとしての「実直な農民」像を確立させ，スウェーデン文学の最高峰として諸外国でも高く評価され，1909年，女性初・スウェーデン人初のノーベル文学賞をもたらした．

[*1] 既刊翻訳・研究論文などでは，「ラーゲルレーヴ」「ラーゲルレーフ」「ラーゲルリョーフ」と表記される．

●『ニルスのふしぎな旅』　スウェーデンでは，1842年に義務教育が開始された．当初は家事労働に従事する児童が通学せず，授業や教材の質が低いために上層階級の子弟は私立学校や家庭教師に学ぶなど，公教育の定着は難航し，庶民と上層階級の二極化が顕著であった．この状況を憂慮した現場の教員らは，1880年，「スウェーデン国民学校教員協会」を設立する．1901年，同会は，国際的な新教育運動（スウェーデンの思想家エッレン・ケイの『児童の世紀』[1900]が支柱となった）の高まりを受け，創造力・感覚を重視した芸術性の高い読本の作成を目的として，読本作成委員会を設立，当時すでに国民作家としての名声を確立していたラーゲルルーヴに，国民学校1〜2年次（9〜10歳）用の読本の執筆を依頼した．『ニルスのふしぎな旅』を通じてラーゲルルーヴが示したのは，「スコーネからラップランドまで」という国土の形である．スウェーデン南部のスコーネ地方は，第一次カール・グスタヴ戦争のロスキレ条約（1658年）でデンマークからスウェーデンに譲渡されて以降，同化政策が行われた．北部ラップランド地方は，長く「未開・野蛮の地」として捨ておかれたが，1900年頃に鉄道が開通，キルナの鉄などの鉱山資源や木材の価値の上昇により，地理的・経済的意義が高まった．スコーネ出身のニルスは，フィンランド（長くスウェーデンの一地方だったが，1809年にロシア領となる）を望むボスニア湾に沿い，鉄道の敷設・開拓と同じ方向でラップランドを目指し，ノルウェー（1905年に同君連合を解消）との国境沿いに帰郷する．怠け者で動物も人間も愛さなかった少年は，スウェーデンの地理と歴史を学ぶことで，立派な国民に成長する．

●ジェンダー研究による再評価　綿密な取材と膨大な資料に基づいて創作活動を行ったが，ラーゲルルーヴのデビューの背景には，1880年代に高まった女性解放運動があった．女性初のウップサーラ大学名誉博士号取得，ノーベル文学賞受賞，スウェーデン・アカデミー会員選出に加え，1911年に国際女性参政権会議で「家庭と国家」と題する演説を行った彼女は，その存在自体が女性解放の旗手としての役割を果たしていた．そのことは一方で，ステレオタイプな「女性作家」イメージを助長した．ラーゲルルーヴは，社会の要請に応じ，長い間，豊かな感性の赴くままに筆を走らせる天真爛漫な作家とみなされ，研究に値しない「女子どもの文学」と評価された．1910年代に入ると，モダニズム文学の流行によって彼女は時代遅れの作家となり，戦後，特に社会主義リアリズムが流行した1960年代以降は忘れられた作家となった．ラーゲルルーヴに再び光が当たったのは，ジェンダー研究が国際的な高まりを見せた1980年代である．書簡の公開によって複数の同性の恋人の存在が明らかになり，「子供のように純真な作家」というイメージが覆されたことも，その動きを後押しした．2000年代に入ると，ジェンダー論を背景とした伝記研究や受容研究が次々と刊行され，現在も新たなラーゲルルーヴ像が紡ぎ出され続けている．　　　　　　　　　　[中丸禎子]

19世紀の北欧文学・演劇事情

●ロマン主義　1790年頃，理性の尊重，規則への服従を重んじる合理的で形式的な古典主義への反動として，ロマン主義思潮が欧州で広がった．この特徴は「自然の中に『不思議』を見つける想像力を強調する」ところにあり，過去（特に中世）を強く意識している．1802年ヘンリク・ステフェンス（1773-1845）がロマン主義に関する講義をデンマークで行ったことで，北欧でも知られることになった．スウェーデンやノルウェーでロマン主義文学が確立されるのは，しかしスカンディナヴィアにおける同君連合の再編などの政治的大事件からさらに10年以上を費やした1830年代のことだった．

　1840年頃までのユニバーサル・ロマン主義の時期にはスウェーデンの文学界の長老エサイアス・テグネール（1782-1846）によるデンマーク詩人エーダム・ウーレンスレーヤ（1779-1850）に対する演説をきっかけに「文学のスカンディナヴィア主義」という文芸運動が発生した．この運動は後に文学の領域を超えて政治的運動まで発展することになった．この後，ロマン主義はナショナル・ロマン主義と呼ばれ，民族や民族国家としてのアイデンティティがより強く意識された．この時期には民話が積極的に採集され，スウェーデンではグンナル・オーロフ・ヒルテン・カヴァーリウス（1818-1889）らが，ノルウェーではヨルゲン・モー（1813-1882）とペーテル・クリスチャン・アスビョルンセン（1812-1885）が民話集を編纂した．「近代劇の父」と呼ばれるヘンリク・イプセン（1828-1906）もこの頃に奨学金を得て民話採集旅行に出かけている．彼のこの時期の代表作『ペール・ギュント』（1867）は，ノルウェー東部グブランスダール地方に伝わる伝説を戯曲化したものである．ビョルンスティエルネ・ビョルンソン（1832-1910）は，『日向が丘の少女』（1857）など多くの農民文学を発表し，イプセンよりも早い時期に国民作家の地位を確立した．また，当時の男性社会で女性の感情がいかにないがしろにされているのかを明らかにした『知事の娘たち』（1854-1855）を執筆した女流作家カミッラ・コレット（1813-1895）が登場したのもこの頃である．この作品はノルウェーで女性解放運動の聖書とされる．女性が実名で発表できるような社会ではなかったため，彼女もまたペンネームで発表している．スウェーデンを代表するロマン主義の作家はスウェーデン・アカデミー会員にも選出され，『ヴァイキング』（1811）などの詩を発表したエーリック・グスタヴ・イェイイェル（1783-1847）であろう．

●自然主義　デンマーク人批評家ギーオウ・ブランデス（1842-1927）の「文学は何らかの問題を扱う限りにおいて成功する」という主張に影響を受けたビョル

ンソンがノルウェーで初めての社会問題劇を発表した．しかし，『破産』（1875），
『編集長』（1875）ではあまりにも都合のよい「偶然」が多用されたため，完成の
域には達しなかった．社会問題劇を完成させたのは『人形の家』（1879）を発表
したイプセンだった．それまで，悲劇の主人公はハムレットのような高貴な人物
に限られていたが彼は一般市民を悲劇の主人公として登場させた．特にこの時期
の作品群以降，「三一致の法則」（空間，時間および筋の一貫性に関する古典主義
の規則），エミール・ゾラ（1840-1902）の自然主義理念（「演劇とは人生の探求，
実験室であり，再現である」），レトロスペクティブ技法（舞台が進行するにつれ
て，「現在」と因果関係のある「過去」が暴かれるという作劇法）や「第四の壁」
理論（部屋の四方の壁の1つを取り除いた舞台「額縁舞台」の採用）に基づき，
人生の一こまを舞台上で「再現」することに努め，人間としての矛盾や問題を提
示することに成功した．この時期の作品の生命力は，例えば，ノーラの家出など
のショッキングな場面ではなく，登場人物が抱える問題に読者や観客を対峙させ
ようとしたイプセンの態度だといえる．コレットは晩年の『聾唖者の収容所』
（1877）以降少し攻撃的にはなったものの，彼女が求めていたのはあくまでも「内
なる解放」だった．この時期に現れたアマーリエ・スクラム（1846-1905）は非
常に急進的な『背信』（1892）などの作品を発表し，二重道徳や女性の地位に関
する改善を要求した．スウェーデンの自然主義を代表するアウグスト・ストリン
ドバリ（ストリンドベリ，1849-1912）は，風刺小説『赤い部屋』（1879）で名声
を博した．彼は，『令嬢ジュリー』（1888），私小説的な切り口の『地獄』（1897）
など傑作を次々に発表し，イプセンとともにこの時期の世界文学を牽引した．

●**象徴主義**　イプセンは，象徴の多用，心理描写，自然主義的な科学では説明が
つけられない「神秘」を含む象徴主義的な『野鴨』（1884）で社会問題劇と決別
することになったが，彼の場合には「観念に感受可能な形を着せる」象徴主義と
いうよりも，「内なるもの」への興味に基づく心理的リアリズムに向かったと考
える方が妥当であろう．それでも 1891 年，ストリンドバリから大きな影響を受
けたクヌート・ハムスン（1859-1952）は「イプセンの登場人物の機械的言動」
を批判し，さらなる心理描写の重要性を説いた．彼は後に『土地の恵み』（1917）
でノーベル文学賞を受賞した．ストリンドバリも『ダマスクスへ』（1898-1904）
以降は象徴主義的作風に転じた．その後の『夢の劇』（1902）では，複数の一幕
劇で構成される展開（オムニバス形式）を採用し，登場人物を多方面から描写す
ることに成功した．女流作家コーラ・サンデル（1880-1974）は，自立と男性へ
の依存との間でゆれる女性の心理を巧みに描写した．スウェーデンの『ニルスの
不思議な旅』（1906-1907）などを発表したセルマ・ラーゲルルーヴ（1858-1940）
は 1909 年に（女性で初めて）ノーベル文学賞を受賞している．　　　［岡本健志］

「アウグスト・ストリンドベリィ作品」を演じるとは

●A. ストリンドベリィ劇との出会い　ストリンドベリィ［ストリンドバリ］作品との出会いはもうかれこれ二十数年前になるが，私が『令嬢ジュリー』の女中頭クリスティン役に抜擢されたことから始まる．それは六本木の小さなバーでのプロデュース公演で，渡された台本を一読してひどく難解に感じたのを思い出す．それがストリンドベリィ作品との最初の出会いである．しかしそれ以後主役の"ジュリー嬢"にも抜擢され，舞台活動の節目節目に"ジュリー嬢"を演じ，まさに私はストリンドベリィの"令嬢ジュリー"で女優として開眼したといってもいいくらいである．

スウェーデン大使館において，20年間にわたり毎年1回，主にストリンドベリィの作品を公演する．演目は『令嬢ジュリー』『火あそび』『債鬼』『父』『罪また罪』『幽霊ソナタ』『強き者』『ヘム島［ヘムス島］の人々』等．これほど多くのストリンドベリィ劇の主役を演じてきたのはおそらく日本では私，"毛利まこ"1人ではなかろうか．そういう意味では私は稀有な女優だといえる（表1）．

●ストリンドベリィ劇を演じて　ストリンドベリィが描いた"女達"には彼の3回の結婚生活と晩年に婚約した女性が大きく影響を及ぼしている．男爵から略奪したシリ・フォン・エッセン（1番目の妻），シリ・フォン・エッセンの面影のある女流記者のフリーダ・ウール（2番目の妻），劇団の若手女優ハリエット・ボッセ（3番目の妻），晩年に下宿していた家のお嬢さんファニー・ファルクネである．ファニー・ファルクネを除いてどの女性とも最後は離婚訴訟に至るような別れ方をしている．まさにストリンドベリィの言葉どおり「天使の中に悪を見た」のごとく可憐で美しく無邪気な中に毒をもつ女達，その女達を愛すれば愛するほど最後に手ひどい火傷を負い女性憎悪に苦しむストリンドベリィ，それが作品の中ではすさまじい台詞の応酬になって描かれているのである．まさに機関銃のような台詞の連打，これがストリンドベリィだと言わんばかりに言葉が飛び交い炸裂する．

演じていてストリンドベリィの作品ほど汗をかく作品はない．非常に高いテンションが必要であり，またスピード感も必要である．しかもただ大きな声でがなればいいというものではなく，そこには愛すれば愛するほど傷つき憎しみに変化していく心の

図1　2009年スウェーデン大使館公演より『令嬢ジュリー』

表1　過去20年におけるスウェーデン大使館公演演目

上演年	上演作品	作家名	筆者が演じた役名
1996 年	『令嬢ジュリー』	アウグスト・ストリンドベリィ	ジュリー嬢役
1997 年	『ザ・リベンジャー』（『令嬢ジュリー』より）	アウグスト・ストリンドベリィ	クリスティン役
1998 年	『令嬢ジュリー』	アウグスト・ストリンドベリィ	ジュリー嬢役
1999 年	『火あそび』	アウグスト・ストリンドベリィ	シェスティン役
2000 年	『父』	アウグスト・ストリンドベリィ	ラウラ役
2001 年	『フレンズ』	アウグスト・ストリンドベリィ	
2002 年	『債鬼』『強き者』（2 作品上演）	アウグスト・ストリンドベリィ	テクラ役・X 夫人役
2003 年	『罪また罪』	アウグスト・ストリンドベリィ	アンリエッタ役
2004 年	『幽霊ソナタ』	アウグスト・ストリンドベリィ	老人役
2005 年	『恋の火遊び』	アウグスト・ストリンドベリィ	シェスティン役
2006 年	『スタンダード・セレクション』	アグネータ・プレイエル	ラウラ役
2007 年	『ヘム島の人々』	アウグスト・ストリンドベリィ	フルードのおかみ役
2008 年	『河の流れの中で』	ラーシュ・ノレーン	ブレート役
2009 年	『令嬢ジュリー』	アウグスト・ストリンドベリィ	ジュリー嬢役
2010 年	『人はみな罪を秘めて』	スティーグ・ダーゲルマン	母役
2011 年	『強き者』『葵の上』	アウグスト・ストリンドベリィ，三島由紀夫	X 夫人役・六条御息所役
2012 年	「アウグスト・ストリンドベリィ没後 100 年記念演劇フェスティバル開催」	アウグスト・ストリンドベリィ	『ストリンドベリィの女達』脚本創作
2013 年	『夢の劇』	アウグスト・ストリンドベリィ	インドラの娘役
2014 年	叙事詩『アニアーラ』朗読	ハリー・マティンソン	

大きな変動，うねりの中から発する表現になっていないといけない，表現者にとって非常に難解な高度な表現力が要求される．私はこの 20 年間演じ続けてきて，毎回稽古，本番と大量の汗をかいてきた．それは身体だけではなく心に魂に汗をかくのである．ゆえに一度の公演が終われば放心状態になる，まさにその瞬間はストリンドベリィに魂を射抜かれたといってもよい．

そしてもう二度と演じたくないとも思うのである．でもこの虚脱状態から抜け出したとき，再びこのすさまじい闘いに挑もうと自身を奮い立たせる．

ストリンドベリィ作品を演じるには人間の愛と憎しみの表裏一体を己の人生の中で体感した者でないとリアルな表現はできないと実感している．何とも憎い作家である．　　　　　　　　　　　　　　　　　　　　　　　　　　［毛利まこ］

20世紀の物語作家カーアン・ブリクセン

　文化の黄金時代といわれた19世紀が幕を閉じ，世界はモダニズムの時代へと入った頃，アメリカで鮮烈なデビューを飾った作家がいた．名前はイサク・ディーネセン．この人物こそがデンマークの女性作家カーアン・ブリクセン（Karen Blixen, 1885-1962）である．彼女は時代の流れに逆らうかのように「物語」という表現形式を貫いた．にもかかわらず，彼女の作品は多くの人々に受け入れられ，時代を経た今でも読者を魅了してやまない．

●**その生涯**　カーアン・ブリクセンは1885年デンマーク，シェラン島北東部のロングステズに生まれた．カーアンの父親ヴィルヘルム・ディーネセンは代々続く荘園領主の家の出身である．ヴィルヘルムは軍人であり政治家である一方，作家としての顔をもち，いくつかの作品を出版している．母親インゲボーは大実業家の娘であり，敬虔なキリスト教信者でもあった．カーアンの人生において両親の影響は強く，特に彼女が10歳のときに突然命を絶ったヴィルヘルムの生き方は，父親っ子であったカーアンにとって憧れの対象であった．ディーネセン一家は貴族のような暮らしをしており，カーアン自身も物質的には何不自由ない幼少期を過ごしている．

　幼い頃から物語や戯曲を書き，すでに作家としての才能が見られたカーアンであったが，絵画の才能も持ち合わせており，10代後半にはデンマークの王立芸術アカデミーで美術の勉強もしている．1913年父方の親戚にあたるスウェーデン貴族ブロール・ブリクセンと婚約後，翌年当時イギリス領であったケニアへと渡り結婚．ともにコーヒー農園の経営を始める．現地の人々に対し分け隔てなく気さくに接するカーアンは農園で働く人々にも慕われた．しかし農園の経営は次第に行き詰まり，ついには再建不可能になる．結婚生活の破綻，さらには親友や恋人を亡くす悲劇も重なって，失意の中，17年間過ごしたケニアの地を後にし，故国で作家活動を始める．

　人生のどん底に落ちたカーアンにとって，物語の執筆は失意の中で見失った自信や誇りを取り戻す作業でもあった．1934年に英語で綴ったデビュー作『七つのゴシック物語』がアメリカにおいて出版される．「イサク・ディーネセン」という筆名を使ってのデビューであった．この作品はイギリスでも出版され瞬く間に評判となり，そのニュースはデンマークへも届く．翌年には自らが翻訳したデンマーク語の同作品が本国で出版されている．続く1936年にアフリカでの思い出をオムニバス風に綴った『アフリカ農場』，さらには『冬物語』『最後の物語』など数々の作品を生み出していく．アフリカ時代から長らく病気に苛まれてきた

カーアンだったが，体力の低下により執筆がままならなくなった後も海外からのインタビューに積極的に応じるなど，1962 年に生涯を閉じるまで精力的な活動を続けた．

●**物語を語ること**　カーアン・ブリクセンが生きた時代，すなわち文学の世界でいうモダニズムの時代において，彼女が用いたロマン主義的な「物語」というジャンルはすでに時代遅れのものであった．そのためか彼女の作品に目をとめる出版社が見つかるまでに時間を要した．結局カーアンの作品を最初に評価したのはアメリカの出版社である．英語でデビュー作を書いたのはカーアンの意図であった．自分の作風を受け入れてくれる土壌はデンマークにはない，物語の伝統が少しでも残る英語圏ならば，と彼女自らが判断してのことだったのである．デビュー作のヒット後もカーアンは英語とデンマーク語の二言語作家として，作家名を使い分けながら執筆を続ける．

●**運命の作家**　カーアン・ブリクセンの綴る物語には「運命」（あるいはカーアンがよく使用する「神の意図」）が大きなテーマの 1 つになっている．デビュー作『七つのゴシック物語』では，とりわけその「運命」の皮肉な作用がモチーフとして現れる．例えば『詩人』では，ある老顧問官が自分の望みを叶えたいがために他人の人生を操ろうとし復讐を受ける．また『ピサへの道』では，とある国の老プリンスが自らの弱みを隠蔽するため自分の作った筋書きどおりに周りの人間を動かそうとした結果，逆にすべてが暴かれてしまう．物語の結末は，両作品の主人公が自らの運命に逆らい，他人の人生を操作し自分勝手に事を進めようとしたために引き起こされたものである．しかしここでカーアンが表現しようとしているのは何も説教くさい寓話ではない．人には自分の運命を受容し神の意図に沿って生きる勇気が必要だということが示唆されているのである．これはカーアン自身が実人生から得た教訓でもあった．カーアンは当初，作家として生きていくことに躊躇していた．アフリカで貴族の奥方として悠々自適に暮らすことが彼女の理想だったからかもしれない．ところがどれほどアフリカを愛し，農園での生活を続けたいと願ってもうまくいかなかった．結局は故国へ帰り，作家としての才能を生かし生計を立てる道へと進まざるを得なかったのである．カーアンの描く夢のような物語の裏側には彼女が立ち向かった厳しい現実があり，それを受け入れるためにはすべてを投げ捨てるような勇気が必要だったのである．だがカーアンの美しくエレガントな文体，読む者を別世界へと誘う語りの技巧はそんな事情など微塵も感じさせない．これがまさにカーアンが神から与えられた才能であり，物語を紡ぎ続けることこそが彼女の運命だったのであろう．カーアン・ブリクセンの作品が時代を経てもなお魅力的なのは，その作品が誰しもに思い当たる普遍的なテーマをもつこと，そして彼女の美しい語り口に尽きるのである．

［大東万須美］

デンマークの児童文学

●**デンマークの子供の本の始まり**　1568 年にラテン語学校の校長先生が子供の
しつけについて書いた『子どもの鏡』が，デンマークで最初の子供を扱った本と
されている．鼻水には手を触れぬこと，いびきをかかぬよう口を閉じて眠るべ
し，などの注意が並べられた小冊子である．当時子供に関する本はドイツから
入ってくるものがほとんどであった．18 世紀後半には外国の子供向け雑誌のデ
ンマーク語版が作られ，フランスのボーモン夫人による『美女と野獣』の話など
も伝わってきた．1814 年に「学校法」が制定されてから，昔話や伝承も取り入
れ徐々にデンマークならではの本やお話が編まれるようになる．ささやかな幸せ
が好まれるビーダーマイヤー文化の中で，市民階級の子供達は学校へ行き，家で
は家族揃って詩や音楽や本などを楽しむようになり，出版も盛んとなった．

●**家族団らんと子供の本**　18 世紀の終わりにドイツの教育者カンペが子供の教
育のため，『ロビンソン・クルーソー』を題材に『新ロビンソン物語』という本
を書いた．父親が子供達にいろいろな知恵や知識を対話形式で教えるもので，こ
の本はデンマークに紹介されるや教材として非常に長い間愛用されることにな
る．日々の暮らしの情景も織り交ぜながら，子供達は父親を囲んで座り，ジャガ
イモの皮むきなどの手伝いもしながらロビンソンの話に耳を傾け，「すごいなあ」
「かわいそう」「それはどういうこと？」「地震はどうして起きるの？」などと口
をはさんだり，「どうしてそう思うのかね」と父親に質問されたりする．

　同じくドイツ由来のものでは，ホフマンの『もじゃもじゃペーター』がデン
マークで独自に発展して『大バスティアン』となった．『うぬぼれ屋のソフィー』
『よくばりのハネ』『甘い物好きのリケ』とどれも女の子を主人公にした新たな話
が加わり，表紙には子供をこらしめる僧服のバスティアンが描かれている．

　19 世紀の子供の本は主として大人の視線で描かれており，子供の子供らしい
言葉や振舞いを大人はほほえましく思い，温かい目で見つめている．ヴィンタの
『アメリカへ渡ろう』（1835）もそのような 1 冊で，学校で面白くないことがあっ
た男の子が，「もういやだ，アメリカへ行こう，向こうでは楽しい生活が待って
いる」と勝手に思いを巡らせるが，お母さんから「ご飯ですよ，早くいらっしゃ
い」と声をかけられ一瞬にして日常に戻るという話である．また，詩人インゲマ
ンは『子どものための朝の歌』（1837）で敬虔な心を優しく歌っている．

　「この季節はうれしいな（Jeg glæder mig i denne tid）」という言葉で始まるク
ローン兄弟の絵本『ペーターのクリスマス』（1866）からは，クリスマスの頃の
浮き浮きとした雰囲気が伝わってくる．大人達は忙しく料理やプレゼント，飾り

つけなどの準備を始め，子供達はきれいなツリーに目を輝かせ，みんなプレゼントをもらって歌を歌い，やがて楽しいことは終わって学校がまた始まる．その後もこの連作詩にイェンセーニウスやステーエなど別の画家が絵をつけており，また歌にもなるなど，現在に至るまで親しまれている．

●**20世紀の子供の本**　1930〜1940年代にはロシア・アヴァンギャルドの影響もあり，斬新でモダンな感覚の絵本が登場してくる．なかでも伝承童謡のナンセンスな面白さを絵にしたオンガマンや，『さるのオズワルド』『あおい目のこねこ』などで知られるマティーセンが代表的である．マティーセンは言葉の言い間違いで子供達を楽しませながら，小さな猿のオズワルドが勇気を出して横暴なボス猿に「いやだ」と言ってみんなと団結する様子を描く．また，目の色が違っても最後には猫達から仲間として迎え入れられる子猫の話など，どちらの作品もお互いに「仲間」であることの大切さを楽しくまた丁寧に語っている．

　1960年代以降，ハルフダン・ラスムセンの愉快な詩，イプ・スパング・オールセンの絵という共作で多くの童謡絵本が作られるが，なかでも1967年の『ハルフダンのABC』はそのナンセンスなユーモアとともに特筆される．

　ところで，この1967年はデンマークの児童文学における重要な転換期とされる．それはキアケゴー，ボトカー［ブトカ］など新しい作家が活動を始め，今振り返っても時代を代表するような新鮮な発想の作品が多く生み出されたからである．キアケゴーの『こしぬけターザン』の主人公は，勉強が苦手で体も小さく学校ではいつもいじめられ，父親からはターザンのように強くなれと言われ続ける．クヴィスト・ムラは，空を飛ぶよりも自転車の方が大好きだという蚊のイーゴンに，他の者はどうあれ自分は自分だと主張させる．ベニ・アナセン作のキャラクター「スヌウセン」は，「気が動転する（gå fra snøvsen）」という言葉遣いから生まれた架空の存在である．また女性作家ボトカーの少年シーラスを主人公とするシリーズは日本に紹介されており，粗野で反抗的な少年が人々と関わりながら弱者を受け入れる寛大な心を養い，やがて自分も親となっていく成長の跡をたどることができる．これ以降の重要な作家としては，多彩な作風をもつベント・ハラ（1946-）やビャーネ・ロイタ（1950-）の名が挙げられる．

●**愚か者の話**　ユトランド半島の東部，デンマーク第二の都市オーフースの近くにモルスと呼ばれる地方があり，そこの住民はモルボーと呼ばれ代々愚か者とされている．1773年に13話が出版されて以来，その愚かぶりを示す話が数多く伝えられてきた．特に有名なのは，畑からコウノトリを追い払おうとしてみんなで畑に入り，結局細い足の鳥以上に畑を荒らしてしまったという話である．教会の大事な鐘を海に隠したり，小さな船を買って大きく育てようとしたり，鍋が勝手に料理してくれると思いこんだり，知恵を働かせたつもりがかえってまぬけなことをしてしまう．こうした笑い話も子供達の心をとらえている．　　　　［福井信子］

トーベ・ヤンソン［トーヴェ・ヤーンソン］

　2014年,『ムーミン』の作者トーベ・ヤンソン［トーヴェ・ヤーンソン, 1914-2001］の生誕100年が日本でも盛大に祝われた. 展覧会の開催, 評伝の翻訳, 文芸・美術・切手・ファッション等多様なジャンルの雑誌での特集, ムーミン・キャラクターをあしらった雑貨や衣類の販売, ドキュメンタリー映画の日本初公開, フィンランド製アニメの日本公開等, 幅広いアプローチで祝われた「トーベ100歳」は, ヤンソンの多彩さと『ムーミン』のクロスジャンル性を浮き彫りにした.

●**風刺画家としてのスタート**　トーベ・ヤンソンは, 1914年, フィンランドの首都ヘルシンキで生まれた. フィンランドは, 長くスウェーデンの一地方であった歴史から,「スウェーデン語系フィンランド人」と呼ばれる少数の（1900年は13%, 現在は5.5%）スウェーデン語母語話者が, 政治や文化を牽引していた. ヤンソンはスウェーデン人の挿絵画家シグネ・ハマルステン=ヤーンソンを母に, スウェーデン語系フィンランド人の彫刻家ヴィクトル・ヤーンソンを父にもつスウェーデン語系フィンランド人である. 外界から隔絶され, 個性的な人物の集うムーミン谷のように, 少数派エリート達が強く結束し, 知識と芸術を持ち寄るスウェーデン語系社会で育ったヤンソンは, 10代でスウェーデンや西欧に留学し, 15歳で挿絵画家としてのキャリアをスタートした.

●**『ムーミン』**　挿絵画家ヤンソンにデビューの場を用意したのは, 政治風刺雑誌『ガルム』である. 依頼仕事や定期的な仕事をこなし, 安定収入を求める姿勢は, その後の意識的なムーミン・ビジネスを彷彿させる. フィンランド社会や, フィンランドと緊張関係にあったソ連およびドイツを風刺したヤンソンは, 戦時色が強まった頃, 風刺画の隅にサインとともに小さな生き物を描くようになる. ムーミンの原型だ. この生き物を主人公に, ヤンソンは, 小説『ムーミン』全9作（1945-1970）および絵本『ムーミン』全3作（1952-1977）で文章と挿絵の双方を手がけ, イギリスの新聞『イヴニング・ニュース』でコミック『ムーミン』（1954-1959, 英語）を日刊連載し, 演劇やオペラ『ムーミン』では脚本, 衣装・大道具デザインを担当したほか, 写真絵本『ムーミンやしきはひみつのにおい』として結実する立体創作物も作成し, 日本のアニメ『楽しいムーミン一家』（1990-1991）と『楽しいムーミン一家　冒険日記』（1991-1992）では監修を務めた.

●**作家研究**　ヤンソンに関する学術研究は, 1980年代に北欧で始まった. 家族や知人・友人に著名人が多く, 作家自身も若くしてデビューしたために足跡や交友関係がたどりやすいこと, 膨大な資料を作家自身が保管し, 記者や研究者に対して積極的に公開したことから, 伝記研究や資料研究が充実している. こうした

研究が明らかにするのは,「誰もが幸せ」「安らぎを得る場所」というムーミン世界のユートピア的なイメージの背後にある,ヤンソンの家族との葛藤や社会との摩擦,そしてセクシュアリティの問題である.ヤンソンの母シグネは,彫刻家を志してパリに留学し,彫刻家志望のヴィクトルと知り合った.結婚に際して,彼女は収入の少ない彫刻を諦め,本の挿絵や切手・証券などのデザインをする商業画家に転身,一家の生計を担いつつ,夫の彫刻制作をアシストし,家事と育児を1人でこなした.ヴィクトルは彫刻家として大成したが,シグネは芸術家としては無名に終わった.女性芸術家が男性芸術家と結婚することで夫の陰に追いやられること,20世紀に数度の戦争があったフィンランドで女性に兵士を産む役割が強く求められたことを批判したヤンソンは,自身の結婚・妊娠・出産に対しても懐疑的だった.ナチ時代を通じて親ドイツの保守主義者であった父と衝突しつつ,ヤンソンはユダヤ系や左翼の男性画家やジャーナリストと交際したが,結婚には至らなかった.生涯のパートナーとなったのは,女性アーティストのトゥーリッキ・ピエティラである.ナチ時代のドイツ(フィンランドを占領する可能性も高かった)において,同性愛者は強制収容・断種・安楽死の対象であったこと,フィンランドでは,戦後も1971年まで同性愛が法律で禁止され,1981年まで「病気」とみなされていたことを考え合わせると,ヤンソンの生涯と人間関係のあり方は,同時代のフィンランドに対するいくつもの問題提起だったといえる.

●ムーミン谷を去る 『ムーミン』は,こうした問題提起の一部を表し,一部を巧妙に隠しつつ,全体としては「理想の家族」言説を構築した.しかしヤンソンは,ムーミン一家が谷を去る『ムーミンパパ海へ行く』と,ムーミン一家を慕う者達が一家不在の屋敷を訪れる最終作『ムーミン谷の十一月』において,この「理想の家族」に自ら幕を引く.ムーミンママを慕い,過度に理想化していたホムサの少年トフト(名前は「トーヴェ」に由来し,顔もヤンソンそっくりに描かれている)に,「幸せな家族」と

図1 『ムーミン谷の十一月』

いうフィクションと,その源であった絵と言葉を放棄させるのだ.とげとげしい「いかりの森」(図1)でトフトは理解する.「これは新しい世界でした.ホムサには,ことばで説明することも,絵にかくこともできませんでした.なにひとつ,絵やことばにしてやる必要もないのです.(中略)これはいかりの森でした.かれは,すっかり気持ちがおちついて,とても生き生きとしてきました.ホムサは,自分の頭にしまっておいた絵が,みんなきえていく気がして,すごくほっとした気持ちになりました.谷間や,しあわせなムーミン一家のホムサのお話は,色がうすれて,だんだんきえていきました」(鈴木徹郎訳).　　　　　　[中丸禎子]

スウェーデンにおける児童文化事情

『もりのこびとたち』のエルサ・ベスコヴや『長くつ下のピッピ』のアストリッド・リンドグレーンをはじめとし，20世紀初頭から今日に至るまで，スウェーデンは多くの人気児童文学作家を生み出してきている．豊かな児童書の世界のみならず，スウェーデンでは幅広い分野における子供を対象とした芸術文化が大切にされ，その発展と子供の権利のために，さまざまな取組みがなされている．

●**子供の権利**　スウェーデンでは，18歳までの子供が芸術文化（文学，演劇，舞踊，音楽，映画，絵画，文化遺産など）を享受する権利は国の文化政策の中で優先されるべきものとされている．スウェーデン文化庁は，子供の「文化的な生活および芸術に自由に参加する権利」を認める「子供の権利条約」を根底に，性別，言語，宗教，国籍・民族的出自，経済状況，身体障害，居住地などにかかわらず，すべての子供が質の高い芸術文化に触れ，さまざまな芸術分野において自ら表現する機会を得られるよう，公平性を高めることを目標の1つとして掲げている．その一環として，文化庁の助成を受ける活動・プロジェクトのうち，最低30%が子供を対象としたものとなることも戦略に盛り込まれている．

●**子供のための舞台芸術**　児童文学とともにスウェーデンが国際的に高い評価を受けているものの1つに，子供のための舞台芸術が挙げられる．およそ950万の人口に対し40の公共劇場が存在するスウェーデンでは，演劇や舞踊などの舞台芸術も盛んである．スタッフを抱え，自ら作品を制作・上演しているこれらの公共劇場は，子供を含めたすべての国民の，芸術に接する権利に対して重要な役割を果たしている．王立劇場（通称ドラマーテン）には，「ウンガ・ドラマーテン」という児童青少年部門があり，活発に活動している．近年高い人気を誇るストックホルム市立劇場は，児童青少年部門「シャールホルメン」と人形劇部門「マリオネット・シアター」を抱えている．スウェーデンの子供のための演劇を代表する存在である「ウンガ・クラーラ」は，長らくストックホルム市立劇場に所属していた劇団である．

公共劇場とは別に，学校，図書館，劇場などを会場に小規模の巡回公演を行う独立グループも多く存在している．独立グループによる公演の70%近くが子供を対象としたものとなっており，この分野において大きな役割を果たしている．公共劇場においても子供を対象とした公演が全体の40〜50%となっており，子供のための舞台芸術の存在は決して小さなものではない．公的助成により料金は抑えられていることが多く，子供達が就学前学校や学校を通して舞台芸術鑑賞をする場合には，費用はすべて自治体が負担する．

一口に子供のための舞台芸術といっても，乳幼児が見るものから高校生が見るものまで，そして，演劇，ダンス，音楽劇，ニュー・サーカスなど，対象年齢もジャンルもさまざまである．近年はダンスの人気が非常に高い．また，スウェーデン語を十分に身につけていない段階の移民・難民の子供の増加に伴い，台詞の少ない作品が増える傾向にもある．いずれにしても，テーマや形式に合った年齢・人数の観客を対象に上演することが重視されていることから，観客数は30〜50人程度，多くても100〜200人程度という比較的小規模の公演が多く，対象年齢が厳密に指定されていることがほとんどである．

●公共放送の子供向け番組　公共放送のスウェーデン・テレビおよびスウェーデン・ラジオには，いずれも子供チャンネルがあり，特にテレビでは，ニュース，ドキュメンタリー，ドラマ，リアリティ番組，スポーツ，アニメーションなど，多彩な番組編成がなされている．ラジオでは，音楽番組やラジオドラマが充実している．ほとんどの番組がインターネット上で視聴・聴取可能であり，ホームページにおけるウェブ版オリジナルのコンテンツ（ゲーム，創作・遊びのヒントなど）も充実している．社会の多様性を反映し，子供番組でも移民・難民，国際養子縁組といったテーマが積極的に取り上げられ，手話，フィンランド語，サーミ語，メアンキエリ語，ロマニ語といった少数言語での番組も放映されている．特に手話に関しては，ニュース，ドキュメンタリー，ドラマなど，さまざまなタイプの子供番組が見られる．

●社会の多様化と子供のための文化　インターネットとデジタル機器の発展普及により，子供達をめぐるメディア環境も変化し続ける中，出版業界や図書館もさまざまな取組みを行っている．児童書のCDブックや電子書籍も増加する中，図書館での児童書の貸出し率は非常に高い．図書館では，読み聞かせや音楽・演劇のイベントなども積極的に行われている．今日スウェーデンの子供の5人に1人は，自身が外国出身であるか，両親がともに外国出身である．公共図書館は，児童書を含め，多数の言語での蔵書を揃えていることが一般的であり，外国出身者のための学習サークルの場ともなり得る．社会の多文化化だけでなく，親の離婚・再婚によるステップファミリーの増加など，家族形態の多様化も進んでいる．児童書や演劇など，子供が触れる芸術文化では，両親の不和・離婚，家庭内暴力，人種差別，同性愛，ドラッグ，いじめ，死など，ありとあらゆる題材が取り上げられ，子供達の目の前で起こっているさまざまな問題から目を背けることはしない．そのうえで，「あらゆる教育的な芸術は良くない芸術である．そして，あらゆる良い芸術は教育的である．良い芸術は私達に何かを教え，何かを与え，何かを示し，何かを見ることを教えてくれる」という，著名な児童文学作家レンナット・ヘルシングの言葉が大切にされ，豊かな児童文化の土壌が育まれている．

［上倉あゆ子］

絵本作家ピーア・リンデンバウム

　ピーア・リンデンバウム（1955-）は，1990年のデビュー以来，多数の人気作品を生み出している，スウェーデンを代表する絵本作家である．作品の多くは自身が絵と文章の両方を手がける絵本だが，アストリッド・リンドグレーン，バールブロー・リンドグレーンといった他の人気作家作品のイラストでも知られる．1993年エルサ・ベスコヴ賞，2000年アウグスト賞，2008年アストリッド・リンドグレーン賞，2012年ドイツ児童文学賞など，国内外で多くの賞を受賞し，高い評価を受けている．作品は英語，ドイツ語，フランス語，オランダ語など，複数の言語に翻訳されている．独特な構図や色使い，大人達の間で議論を呼ぶようなテーマや描写で知られるが，何よりも子供の視点に立つことを大切にした作品作りが，その高い人気と評価につながっている．

●**デビュー作『エルス=マリーと小さなパパたち』**　リンデンバウムの絵本作家としての経歴は，『エルス=マリーと小さなパパたち』（1990）での成功から始まっている．主人公エルス=マリーには，普通の大きさのママが1人と，とても小さなパパが7人いる．ある朝エルス=マリーは，いつもはママの担当である学童保育のお迎えを，その日はパパ達がすると知らされる．小さなパパ達がお迎えにやってきたらどうなるだろうかとエルス=マリーは心配になる．幸いにも，パパ達は学童保育で活躍して評判は上々となり，エルス=マリーはほっと胸をなで下ろす．他の子供達や職員に自分の親がどう思われるだろうかとどきどきする主人公の心情は，親の体の大きさや人数とは関係なく，どんな子供にも共通するものであろう．このような，読者が自分を重ね合わせることのできる等身大の描写が，その後のリンデンバウム作品にも共通してみられる特徴である．

●**「ギッタン」シリーズ**　リンデンバウムの人気を決定的にしたのが，アウグスト賞受賞作品である『ギッタンと灰色オオカミ』（2000）である．これまでに4作品が刊行されている「ギッタン」シリーズでは，多くの子供達が感じるであろう恐怖や願望などが取り上げられ，それらの感情と自分で向き合う子供の姿が描かれる．『ギッタンと灰色オオカミ』で登場する主人公ギッタンは，少し怖がりの女の子で，大人が「だめ」というような危険なことはまずやらない．幼稚園の庭にある小屋の屋根にも登らない．そんなギッタンが幼稚園での遠足の途中，みんなとはぐれてしまい，森の中で灰色オオカミ達と出会う．「ギッタン」シリーズでは，どの作品にも動物が登場するが，その動物達と関わり合う場面を通して，ギッタンは自分が抱える感情と向き合い，恐怖を克服したり，自分なりの答えにたどり着いたりする．夢とも空想ともつかない，現実との境界線が曖昧な動物達

との場面は，ユーモアを交えつつ，子供が自分で深く考える姿を描いている．そこに，周囲の大人や友達の助けや言葉は登場しない．

『ギッタンとまぬけなヒツジ』(2002) では，ギッタンは両親に連れられて海辺のリゾート地に滞在している．そこは大人ばかりで，言葉も通じない．ギッタンの両親は，「子供はみんな水遊びが好きなものだ」と言って連日ホテルのプールサイドで過ごしているが，ギッタン自身はプールよりも砂場で遊びたい．そっとホテルを抜け出したギッタンは，海の中の小島で動けなくなっている羊達を見つける．『ギッタンとヘラジカのきょうだい』(2003) では，きょうだいのいないギッタンの前に3頭のヘラジカが現れる．ギッタンはヘラジカ達に自分の兄弟にならないかと尋ね，家に招き入れる．シリーズ第4作の『ギッタンいなくなる』(2011) では，ギッタンと動物達との場面の比重が減り，ギッタンが少し成長している様子をうかがわせる．他の多くのリンデンバウム作品にも共通するが，シリーズのどの作品においても話が完結した後の最終ページにテキストのない絵が添えられており，その絵が示唆するものも作品の重要な要素となっている．

●**多彩なテーマ**　『オーケのママが全部忘れちゃったとき』(2005) では，シングルマザーであろうと思われるいつも忙しいママが，ある朝ドラゴンになってしまう．家のこともきちんとできなくなってしまった母親に対し，息子のオーケは自分がきちんと世話をしなくてはと奮闘する．この作品は，『ぼくのママはドラゴン』のタイトルで2011年にオペラ化され，リンデンバウム自身が衣装デザインを手がけている．『リトル・ズラタンと大好きなおじさん』(2006) の表紙には，男の子か女の子か一見判別に迷う外見の子供が，不機嫌な表情で大人の足の上に砂糖をぶちまける姿が描かれている．主人公はサッカーが得意な女の子エラで，仲良しのトミーおじさんには人気サッカー選手になぞらえて「リトル・ズラタン」と呼ばれている．2人はいつも一緒に出かけたり遊んだりしているが，あるとき，おじさんの家にもう1人男の人が現れて，一緒に行動するようになる．大好きなトミーおじさんを取られてしまったようでエラはおもしろくない．『ケンタとバービー人形』(2007) のケンタはサッカーが得意な男の子だが，人形で遊びたいときもある．人形遊びをしている女の子達の輪の中に入りたいが，なかなか入れてもらえない．せわしない日常に疲れてしまうシングルペアレント，同性同士のパートナーといった今日的な要素に注目がいきがちだが，どんな姿であっても母親のことを慕うオーケ，大好きなおじさんのパートナーに嫉妬するエラ，遊びの仲間に入れてもらえないケンタを通して作品が描くのは，普遍的な子供の姿である．読み手である子供達が「自分と同じだ」と感じられることが，リンデンバウム作品の最大の魅力だといえるだろう．　　　　　　　　　　　[上倉あゆ子]

スウェーデンの民族音楽とニッケルハルパ

　古来，身近にある楽器を奏でて歌い踊った民族音楽は，地域色豊かに伝承されてきた庶民の文化である．北欧では今も夏は白夜の草原で，冬は燃える暖炉の前で，一晩中でも演奏し踊る姿を目にする．民族楽器ニッケルハルパを学ぶために毎年この地を訪れ，その変遷を見てきた外国人として，人々の生活の中の民族音楽とニッケルハルパを紹介する．

●**スウェーデンの民族音楽**　その80%以上は「足のための音楽」といわれ，踊りのための曲や歩くための行進曲などが大半を占め，地方色豊かである．特にダーラナ地方は民族音楽の宝庫であり，隣り村ではまったく違うリズムの音楽の郷土舞踊があることも多く，演奏者はそれぞれの地元の音楽を誇り高く演奏する．演奏楽器はフィオル（民族音楽を演奏するバイオリンのスウェーデンでの呼称）が多い．

　今も生き生きと息づく民族音楽は，夏至を祝う祭りにみられる（図1）．北欧の冬は寒く長く暗い．だから夏の到来を祝う祭は国中が喜びに満ちあふれ，このときこそは民族音楽が大活躍する．祭りの始まりは草花で飾った柱を広場へ運ぶ行進で，その先導役は民族音楽の演奏者達である．そして柱が立ち大きな歓声と拍手が沸き起こると花冠をかぶった

図1　民族音楽で祝う夏至祭

村人達が彼らの音楽に合わせて昔から伝わるダンスを踊る．祭りが最高に盛り上がるときである．音楽と笑顔と人々のにぎやかな声で包まれる楽しい時間が民族音楽の伝統の力で紡ぎ出される．

　私が出会った民族音楽の一場面を紹介したい．2001年7月，私はスウェーデンのウップランド地方の草原にいた．たくさんの人が続々と草原の古びたステージに上がっていく．有名な演奏家も初心者も，老人も子供も，ステージから落ちそうなほど大勢の人が楽器を持って一緒に上る．みんなうれしそうで笑顔がいっぱい．リーダーが青空に向かって大きく弓を振り上げ全員の演奏が始まった．誰もが知っている曲ばかりで楽譜はない．それが「間違った音なんてないよ，風に乗れば全部和音！」というおおらかな音楽との出会いであり，これが「スペルマンステンマ（演奏家の集い）」と呼ばれるスウェーデン独特の民族音楽祭であった．

　1906年にダーラナ地方で始まったスペルマンステンマは，1960年代に起きた

「自国の文化に誇りを！」という民衆運動の波に乗って急速に広まった．今も夏は草原で，冬は屋内で開催され，なかには参加者が1万人を超すものもある．典型的な演奏形態はブスクスペル．ブスクは薮，スペルが演奏という意味で，大小のグループが木陰などのいたるところで塊になって自由に弾く．誰でも入って一緒に弾いてよい．夕暮れになるとダンスのための演奏が始まり，踊り手とともに深夜まで民族音楽を楽しむ．楽器を持っての入場は無料で，持っていない人は有料．演奏者は楽しませてくれる人として大事にされたのである．しかし2005年頃から徐々に変わっていった．ブスクスペルをする演奏者が減り，踊り手も減った．演奏者も有料というスペルマンステンマが増え，アーティストによるコンサートが多くなり，演奏者が自然に集まり自由に弾いて楽しむ時代から，アレンジされた民族音楽祭の時代へと変わってきたのである．

●民族楽器ニッケルハルパ　少しずつ変化するスウェーデンの民族音楽で，次第に存在感を増しているのがニッケルハルパである（図2）．16本の弦を持ち，そのうち12本は共鳴弦で，それにより豊かな音色を響かせる．ピアノのように鍵盤が並んでいて音を見つけやすく，バイオリンのように弓で擦って弾き，ギターのように抱えて歩きながらでも演奏できる．初めての人でも弾きやすく，豊かな音の響きで演奏する者を癒し，踊る人や聴く人とともに楽しむ音楽世界を創り出す．

図2　伝承される民族楽器ニッケルハルパ

その歴史は中世までさかのぼる．イタリアの古い教会の壁画やドイツの古文書の挿絵に鍵盤付き弦楽器がみられるが，楽器として伝承され続けたのはスウェーデンのウップランド地方であった．しかし20世紀半ばには衰退し，年寄りだけが弾く消滅を危惧される楽器となっていた．この楽器を改良し，何でも弾ける現在のクロマティスク・ニッケルハルパを創り出したのは，アウグスト・ボリーン(1877-1949)であった．そしてそれを引き継いだエーリック・サールストゥルム(1912-1986)が楽器に合う魅力ある曲を作曲し，伝統曲と織り交ぜながら演奏活動を行い，国の内外へニッケルハルパを広めた．1967年にその足跡は日本にも及んだ．

現在ニッケルハルパは，ゲーム音楽やクラシック音楽などさまざまな音楽分野で演奏されるようになった．鍵盤を押さえて弾けば音階を奏でることができるため，弦楽器を弾きたいと願う人には，夢を叶える楽器として注目されている．スウェーデンで伝承されてきた民族楽器ニッケルハルパは，これから世界中で愛される楽器として広まる大きな可能性を秘めている．　　　　　　　［鎌倉和子］

ノルウェーの民族音楽と楽器

　ノルウェーの民族音楽は，ヴァイキング時代（8～11世紀）の農業村落社会までさかのぼることができる．主に口頭伝承で受け継がれているので，当時の史料は数少ないが，いくつかの素朴な楽器が発掘されている．またその時代から伝承されてきたものとして，古代北欧詩篇「エッダ歌謡（Eddadiktene）」に記された歌や詩「古代ステーヴ（Gamlestev）」などが挙げられる．

　初期ノルウェー民族音楽とされているのは，主に13世紀からの山の牧草地での生活に関連したものである．遠く離れた山小屋間の伝達手段としてヨーデルのような叫び声のいくつかのスタイル「カウキング（Kauking）」，「フーヴィング（Huving）」，「グッコ（Gukko）」，「ラリング（Laling）」などが挙げられる．ほかにも「ロック（Lokk）」という牛などを呼ぶときに用いた発声法や，日常生活の中で使用された「クヴェーディング（Kveding）」という歌唱法も伝えられている．

　楽器としてはシラカバの樹皮でできた「ルール（Lur）」，山羊の角からできた「ブッケホルン（Bukkehorn）」が生まれ，邪悪を追い払ったり捕食動物を怖がらせたりするために用いられた．指穴のない「セリエフルート（Seljefløyte）」という，羊飼いが家畜を喜ばせる柳笛も使用されていた．

　中世以降はいくつかの民族楽器「金属製口琴（Munnharpe）」，「竪琴（Lyre）」，「妖精笛や海笛（Tusse, Sjøfløyte）」，「メールオーケル地方のクラリネット（Meråkerklarinett）」，「オステルダール地方のクラリネット（Østerdalsklarinett）」，「アコーディオン（Trekkspill）」，「バッグパイプ（Sekkepipe）」や「スロッテトロッメ（Slåttetromme）」と呼ばれる打楽器などが日常生活の慣習に浸透し，さまざまな文化的な活動がみられるようになった．

　16世紀には「ランゲレイク（Langeleik）」と呼ばれるノルウェー独特の琴のような楽器が用いられるようになる．これは中欧のツィター属撥弦楽器から進化したもので，2本の旋律用の弦とドローン用の弦数本が張られている．17世紀になると中欧からバイオリンが伝わり，2つのフィドル，「ハルダンゲル・フィドル（Hardingfele）」と「フラット・フィドル（Flatfele）」とに，それぞれの地域で進化していった．後者のフラット・フィドルは，バイオリンとまったく同一の構造をもつが，調弦と弾き方に違いがある．

　前者のハルダンゲル・フィドルは，南西部（特にテレマーク地方やハルダンゲル地方）の周辺地域で進化した楽器で，フラット・フィドルによく似ているが，やや幅が狭く，一回り小さい．普通のバイオリンと同じく弦は4本だが，その下

に 4 本から 5 本のドローンを奏でる共鳴弦がある．上の弦を奏でると，下の弦が共鳴し，広がりのある空間を感じさせる音色を出すのである．美しい模様や貝の象嵌などさまざまな装飾が施されているのも 1 つの特徴である．桿のヘッドの部分には，当時北海を荒らし回ったヴァイキング船の舳先と同じ竜の形が彫刻してあり，この地域の歴史を物語っているといえるだろう．

　当時は，男性はフィドルを，女性はランゲレイクを弾き，主に祭り，結婚式や葬式の際に民族舞踊曲を奏でた．足で鳴らすリズムに合わせてソロ楽器として使用されるか，あるいはダンスや他の楽器に合わせて伴奏に用いられるかの 2 つの演奏スタイルがある．その舞踊曲の伝統的なスタイルは「ハリング（Halling）」，「ガンガル（Gangar）」（2 拍子）や「ポルス（Pols）」，「スプリンガル（Springar）」（3 拍子）に分類される．

　18 世紀になると，ドイツ，スウェーデンとポーランドなどの影響で新たな舞踊曲，「マズルカ（Mazurka）」，「ワルツ（Vals）」，そして「ポルカ（Polka）」，ノルウェー風の「リール（Ril）」や「レインレンダー（Reinlender）」などが盛んになった．

　ヨーロッパのはずれに位置しているノルウェーの中でも各地方が地形により隔絶されているため，それぞれ特有の音楽文化が育まれていたが，19 世紀になるとヨーロッパを中心とするロマン主義の風潮により再発見され，著名な芸術家の努力で曲や歌が記録され，徐々に民族音楽文化がまとめられた．ノルウェー田園地帯の人々も自らの文化を再認識し，その国民意識や愛国心の高揚により，民族音楽の復活運動が興隆した．

　その復活運動の中心になったのは上記の民族楽器，ハルダンゲル・フィドルとフラット・フィドルであった．著名な作曲家のヨーハン・ハルヴォシェン，ハルフダン・シェルルフ，ヨーハン・スヴェンセンやエドヴァルド・グリーグらがノルウェーの民族音楽から着想を得てロマン主義的国民楽派の伝統を発展させたが，特にグリーグはノルウェー各地を巡ってそこで聞いた楽曲やハルダンゲル・フィドルのメロディーを編曲し世に紹介した．「ノルウェー初の国際的スター」と呼ばれるバイオリニストのオーレ・ブルも愛国心に満ち，ヨーロッパの舞台からさまざまなノルウェー民謡を発表した．

　現在はノルウェー民族音楽の制度化や多様性あふれる奏者のスタイルの確立が進んでいる中，「民族音楽」の枠組みが広がり変化している．ただ伝統を維持するのみならず「現代風」という呼称でジャンルを超え，オリジナル曲が生み出され，伝統の再発見がもたらされている．　　　　　　　　　［モーテン J. ヴァテン］

グリーグとノルウェーの音楽

ノルウェーの最も代表的な作曲家エドヴァルド・グリーグは，第二の都市ベルゲンで1843年に生まれた（図1）．その曽祖父はスコットランド人であり，父アレクサンデルは事業のかたわら領事や音楽協会の理事を務め，ピアニストである母ゲシーネは息子達にピアノの手ほどきをした．

母の親族で「北欧のパガニーニ」とたたえられたヴァイオリニスト・作曲家のオーレ・ブルに薦められ，グリーグは15歳でライプツィヒ音楽院へ進んだ．しかしライプツィヒでの保守的な授業は刺激がなく，時に教師とぶつかった．またこの時期，結核を患い生涯後遺症を抱えることになった．

音楽院を1861年に卒業後，国内外で演奏活動をしていたが2年後，コペンハーゲンに移った．この頃グリーグは交響曲を作曲したが，信頼するノルウェー人音楽家ヨーハン・スヴェンセンの『交響曲第1番』を後年聴いたとき，自作を個性がないとして演奏を封印した．また，グリーグはリッカルド・ノルドロークと重要な出会いをした．彼は母国ノルウェーを愛する急進的な音楽家で，グリーグにもっと自国の音楽に目を向けるように助言した後，24歳で夭逝する．現在のノルウェー国歌はこのノルドロークの作曲である．

図1　エドヴァルド・グリーグ
（©Grieg-samlingen. Bergen Off. Bibliotek）

1867年には従姉妹ニーナ・ハーゲルプと結婚．彼女は優秀なソプラノ歌手としても生涯グリーグを支えた．翌年には娘アレクサンドラが生まれ，幸せの絶頂期に代表作の1つ『ピアノ協奏曲 イ短調 Op. 16』が作曲された．そして初演で大成功を収めた．後にグリーグが憧れのフランツ・リストにローマで楽譜を見せたとき，終楽章のクライマックスで，通常なら gis 音がくるであろう箇所にグリーグが g 音を選んだことに対し，リストはこれこそ北欧的だと絶賛した．

その後グリーグは民俗曲を題材にした作曲活動に没頭し，ピアノ曲『25のノルウェーの民謡と踊り Op. 17』を発表．ドイツ音楽の亜流ではなく，自国の民俗音楽をもとに自分の音楽を確立しようと模索していた．この曲は作曲家ルドヴィク・リンデマンがノルウェーの山村を旅して伝承音楽を採譜した曲集『古今ノルウェーの山の旋律』を活用したものだが，これ以降，多くの作品において，収集した民俗曲の旋律や舞曲のリズムを用い，芸術作品に高めることを試みた．

グリーグはクリスティアニア（現オスロ）を拠点にした後，ヘンリク・イプセンの戯曲への付随音楽，『ペール・ギュント Op. 23』の国内外での成功でさらなる名声を獲得した．この中の『朝の気分』の四七抜き音階の旋律は誰でも一度は耳にしたことがあるといってよい．

グリーグは歌曲も多く作曲した．デンマークの童話作家アンデルセンとも友人で，彼の詩である『きみを愛す Op. 5-3』はニーナに贈られた珠玉の名曲である．

1877 年から 2 年ほど，グリーグ夫妻は風光明媚なハルダンゲル地方で過ごし，その後も夏になるとここで仕事をすることが多かった．この地に伝わる民俗楽器ハーディングフェーレ（ハルダンゲル・フィドル）はヴァイオリンと似ているが，通常の 4 本弦の下に 4～5 本の共鳴弦をもち，螺鈿細工や模様が施されている．17 世紀頃から，農民達が結婚式などで演奏し，伝承されてきた．演奏に合わせて踊るダンスは 3 拍子系のスプリンガル，主に男性がソロで踊るハリングなどいくつかの種類がある．また，ハーディングフェーレ奏者クヌート・ダーレが伝説の奏者達から継承した数々の曲を，グリーグの友人で親戚のヴァイオリニスト・作曲家ヨーハン・ハルヴォシェンが採譜，グリーグはそれらを 17 曲のピアノ曲『スロッテル Op. 72』へと変貌させ，晩年の傑作となった．

1885 年にグリーグはベルゲン郊外に家を建て，トロルハウゲンと名づけて終の住みかとした．ヨーロッパ各地で作曲家・ピアニスト・指揮者として，1907 年に没するまで活動した．

ノルウェー音楽の古代の痕跡としては，紀元前 400 年以前のものとされるルーアと呼ばれるラッパのような楽器や，1300 年頃の円形のハープの一部が発見されている．13 世紀には世俗曲が広まり，サーミの地域ではヨイク，農村ではクーロック（牛の呼び声）等が伝統的に歌われてきた．11 世紀頃キリスト教が定着してから教会音楽が普及しバロック時代には作曲家も多数存在した．19 世紀に登場したグリーグは，音楽史的には後期ロマン派または国民楽派とされている．グリーグと親交の深かったアガーテ・バッケル・グロンダールのような女性作曲家の活躍もあった．20 世紀の特に重要な作曲家として，十二音技法を展開したファッティン・ヴァーレン，ナチスへの怒りを表現した抵抗三部作等で知られるハーラル・セーヴェルー，ハーディングフェーレの曲を多く生んだガイル・トヴィトの存在があり，現代音楽へと続いていく．

また，戦後ジャズが入ってきてからは，徐々に独自のスタイルのフリージャズが盛んとなる．ポップスでは 1980 年代に a-ha が世界を席巻，1990 年代には国民的歌手シセル・シルシェブーが現れた．ブラックメタル等の激しいジャンルも，世界から注目されている．　　　　　　　　　　　　　　［田邉英利子］

ゲーゼをめぐるデンマークの音楽

　デンマークの19世紀前半のロマン主義の「黄金時代」を代表する国民的音楽家ニルス・ゲーゼ（Niels Gade, 1817-1890）にスポットを当てて，デンマーク音楽の歴史を辿ってみたい．

　筆者は1994年にゲーゼのピアノ楽譜を『ガーデ ピアノ作品集』と題して刊行した．彼の名はすでに日本では「ガーデ」の名で紹介され，ピアノ小品曲も出版されていた．1912年に評論家の牛山充が「ガーデ」の記事を音楽誌に投稿しており，昭和初期にはアンデルセンの作詞による子供の歌がわが国に紹介されていた．1879年の開設以来外国人教師を招へいしていた東京音楽学校（現在の東京芸術大学，開設時は音楽取調掛）では，デンマーク人のラウトロプ（Charles Lautrup, 1893-?）が1926～1931年にかけて唱歌と管弦楽の教鞭をとっていたので，おそらく日本にアンデルセン等に代表されるデンマーク黄金期の文化をもたらすことに彼は貢献をしていたと思われる．

　ゲーゼ以前のデンマーク音楽の歴史的背景をまず検証してみよう．紀元前2000年頃の青銅器時代に用いられていたルーア（lur）という吹奏楽器が出土し，これを複数の仲間で同音やオクターヴで奏したとき，自然に生ずる三度や完全五度の倍音を体感したであろう．この原初の体験は，やがてゲルマン系の和声へと実を結んだであろう．またヴァイキング時代までは，自然界礼賛や畏怖を託したオージン信仰が存在し，19世紀のロマン主義の時代には，それへの憧憬がモチーフとして語られ，それらが現在の北欧音楽の特徴として残り，魅力となっているに違いない．

　826年，のちにハンブルクの司教となるアンスガーリウスが伝道にデンマークを訪れ，教会を建設すると，その後は南西ヨーロッパから伝道者達が来訪し，キリスト教とともに，その儀式に欠かせないラテン的音楽を北欧にもたらした．ラテン的宗教儀式とともに，グレゴリオ聖歌やラテン語の讃美歌が北欧に普及していった．例えば，パリで学んだアブサロン大司教が，聖クヌーズ教会の儀式において，12～13世紀のパリ風にノートルダム楽派全盛期の多声音楽を紹介し，歌唱や演奏を取り入れミサを行った．

　王宮では，13世紀にドイツからやって来たミンネゼンガーに影響を受けた宮廷詩人達が，王の面前でスカルド詩の弾き語りをした．王宮外にあっても情報伝達と娯楽を兼ねて即興詩やバラッドが歌われ，時には弦楽器類を奏でて踊られることもあった．16～17世紀には，外国人音楽家も交えた専属の吹奏楽団や宮廷楽団が宮廷の行事や儀式を盛り上げた．

初期バロックのフレゼリク3世時代には，リューベックのブクステフーデが
バッハやヘンデルに影響を与え，一方，ドイツ初期バロックで有名なドレスデン
のシュッツは，クリスチャン5世の招きでデンマークに居住して，宮廷音楽や教
会音楽の質を高めた．シュッツはヴェネチアのガブリエルに師事して，当時の最
先端の技法である複合合唱様式やコンツェルト様式を学び，取り入れることで，
宗教音楽に全盛期をもたらした．
　ロマン主義の黄金期には，王室劇場では本格的なオペラ，バレエ，交響曲等の
演奏会が行われ，富裕市民の間では家族や友人達と室内楽，ピアノ独奏や連弾を
楽しんだため，多くの作曲家が活躍した．なかでもドイツから音楽家達がデン
マークを訪れている．フリードリヒ・クーラウはピアノ教師として活躍し，彼の
ピアノ教本ソナチネは広く市民層に知られていた．ホルシュタインから移住して
きたC.E.F.ヴァイセはゲーゼの師となり，当時活躍した詩人や文学者達と手を
組んで，農民の間に伝えられてきた民族音楽を下地にして，ロマン主義の世界を
歌曲にまで広げ，有節芸術歌曲（strophic art-song）として融合させた．一方，
ハルトマン家はデンマーク音楽界に貴重な足跡を残したが，そのなかでJ.P.E.
ハルトマンは抒情詩人の感性を持ち国民的作曲家の1人として有名である．ゲー
ゼと合作したバレエ曲『民承伝説（Folkesagen）』（1854）とアンデルセンの台
本による『かわいいクリスティーネ』（1846）が今でも人気を集めているという．
　ニルス・ゲーゼは1817年コペンハーゲンの職人の家に生まれ，13歳でヴァ
イオリンを始めて，17歳でヴァイオリンの名手ヴェクシャルに師事した．王立カ
ペレのヴァイオリン学校で腕を磨き，1834年王立音楽院のヴァイオリン部門に
入学し，1837年より作曲を始める．1842年『交響曲1番』がメンデルスゾーン
に認められ，翌年，ライプツィヒのゲヴァントハウス交響楽団で初演が決まりライ
プツィヒへ渡る．当時のドイツではメンデルスゾーンやシューマンが活躍して
いて，親しく交流した．シューマンはピアノの小品曲に「Gade」と題をつけて
友情を表している．メンデルスゾーンは自身が率いるゲヴァントハウス交響楽団
で，彼を短期間で指揮助手から副指揮者へと昇格させるなど，高く評価した．
1847年の彼の没後にはゲーゼが正指揮者の座を受け継いでいる．
　1848年に第一次スリースヴィ戦争が起こると，ゲーゼはライプツィヒを後に
する．帰国後，王立歌劇場の総監督，総支配人「カペルマイスター」に就任する
一方，王立音楽アカデミーを創立して後進の指導にあたった．国内ばかりでなく
グリーグやスウェーデンの音楽家達も参集し，彼らは自国の音楽の礎作りに貢献
した．ゲーゼは交響曲8曲，カンタータ6曲，オペラ，バレエなどの舞台用大作
や，ヴァイオリンやピアノ曲，室内楽，歌曲など広範囲にわたって作曲している．
現在，王立歌劇場の演目として前出の『民承伝説』が上演されるが，その際には
マルグレーテ女王のデザインによる舞台衣装が話題を呼ぶ．　　　［結城八千代］

デンマークの音楽事情

　2015年はデンマークの大作曲家カール・ニルセン（ニールセン，1865-1931）生誕150周年にあたり，国内外でこれにちなんだ祝典コンサートが大々的に催された（図1）．彼の誕生日6月9日に催されたデンマークラジオコンサートホールでの記念コンサートでは，ニルセンの初期，中期，晩年を代表する3作品，『ヒュムス・アモリス』(1896)，『交響曲第4番　消えざるもの』(1914-1916)，『クラリネット協奏曲』(1926)が上演されたほか，国内各地で合唱曲『フューン島の春』(1921)公演，オペラ座では『仮装舞踏会』(1904-1906)上演，10月には「第1回国際カール・ニルセン室内楽コンクール」が開催された．日本では5月29日にデンマーク人中堅指揮者トーマス・ダウスゴーをサントリーホールに迎えて『交響曲第3番』が上演された（図2）．

図1　カール・ニルセン

　フューン島，オーゼンセ市南郊出身のニルセンはコペンハーゲン王立音楽院長として同国の音楽界に多大な影響力をもつようになった．彼の独特な作風，旋律とリズムの変化に富む躍動的エネルギーは，彼の少年時代の自然体験に根ざすといわれる．山がない平坦なこの国で，フューン島は比較的丘陵に富んだ地形，ここの方言も「歌うような」抑揚があるといわれ，ニルセンの音楽性とこの自然とのリンクもなるほどとうなずける．自然の絶えざる変貌と人間の感情の推移が溶け合って生まれたのがニルセンの音楽といえるかもしれない．

図2　ニルセン作の合唱曲『フューン島の春』にちなんだ銅像（彼の妻アンネ・マリー制作）

　近年注目されているのがルーズ・ラングゴー（1893-1952）である（図3）．15歳で作曲家デビューした変わり者の天才ラングゴーはニルセンに受け入れられず，リーベというユトランドの町のオルガニストとして終生隔離された人生を送った．アウトサイダーのラングゴーがもっていた音楽観というのは，音楽を宗教的なものとして見る考え方，音楽は神のもつ神々しさを体現できる唯一の芸術だという確信だった．ここ数年彼の作品が新たに取り上げられつつある．ナイチンゲール弦楽四重奏団というデンマークの若い女性グループが彼の弦楽四重奏曲全曲をレコーディングし，それがイギリスのBBCの賞を獲ったというのが話題

になった．後期ロマン主義的な作風から無調性な新古典主義的作品まで幅広く作曲した彼の音楽は，多様化した現代の聴衆や音楽家達にアピールするものをもっているのかもしれない．

　話は横道にそれるが，2009 年に開館したデンマークラジオ（局）のコンサートホールはなかなかユニークである．フランス人ジャン・ヌーヴェル（1945-）の設計でアマー島内の新興開拓地に建てられたガラス張りの四角い建物（図 4）．インディゴブルーのスクリーンで全体が青く浮かび上がって見える．ロビーに入ると天井には星空を思わせる照明，メトロが走る風景が見渡せるアーバンな雰囲気だ（図 5）．殺風景で未来都市的なロビーとは対照的にホール内は温かく美しい洞窟を思わせる．ここの音響を担当したのは日本人の音響専門家豊田泰久である．

図 3　ルーズ・ランゴー

図 4　デンマークラジオ（局）のコンサートホールの外観

　コペンハーゲンは人口約 57 万人という小都市だが，多種多様な音楽イベントが絶えない．世界的に有名なのが毎夏開催されるジャズフェスティバル．これは 1979 年以来のヨーロッパ最大のジャズイベントで，10 日間ほどの短期間に世界一流のミュージシャンを迎えて 1,000 本を超すコンサートが催される．ジャズハウス，カフェ，町の広場や通り，教会などなど，町中がコンサートシーンに変貌．夏の青空の下で心地よい調べと町の音が混ざり合う．

　ロックおよびポップスの部門では 1971 年から続いている歴史的イベント，ロスキレ・フェスティバルが最大の催し物である．首都郊外の町ロスキレで 7 月上旬に開かれるこのイベントの特色はノンプロフィットイベント，働く人の大半がチャリティで参加している．訪れるミュージシャンとそのジャンルはバラエティに富む．2014 年はローリング・ストーンズが来訪，2015 年はポール・マッカートニーが

図 5　デンマークラジオ（局）のコンサートホールのロビーの天井

訪れている．約 13 万人に上る参加者（聴衆）が 1 週間テントで寝起きするこの会場で，ほこりと音楽とビールに酔いしれながら人生の春と自由を謳歌する，というのもデンマークの夏の風物詩となっている．　　　　［クリスチャンセン美奈子］

スウェーデンの芸術音楽

スウェーデンは，年間通じて定期的に公演を行っているオーケストラが10以上，それとは別に自身のオーケストラを有し年間スケジュールをもっている歌劇場が5つある（2015年現在）ことからもわかるように，芸術音楽の活動も盛んな国である．合唱や室内楽演奏を楽しむ人も多い．

●**スウェーデンの芸術音楽の誕生**　ヴァーサ王朝の時代から宮廷楽団があったスウェーデンであるが，宮廷楽長を務めたJ.H.ローマン（Johan Helmich Roman, 1694-1758）は国際的な活躍をした初めてのスウェーデン音楽家といえる．彼はロンドンでも演奏活動を行い，G.F.ヘンデルが率いる楽団でも演奏している．J.H.ローマンが作曲した『ドロットニングホルムの音楽』は現在でも演奏されている．啓蒙王として知られるグスタヴ3世王（Gustav III, 1746-1792）は，ドイツやイタリアから優秀な音楽家を呼び寄せスウェーデン語のテキストによる本格的なオペラ創作を目指した．自らスウェーデンに出向いたドイツ出身の作曲家J.M.クラウス（Joseph Martin Kraus, 1756-1792）は，スウェーデン語のオペラ『プロセルピナ（Proserpina）』でグスタヴ3世王に認められ，4年にわたるヨーロッパの研修旅行を行う．彼は当時の重要な音楽家達との交流の中で得た最先端の音楽情報を携えてスウェーデンに戻り，精力的に音楽活動を行った．彼の薫陶を受けたスウェーデン作曲家の中には，現在もその作品である弦楽四重奏曲が演奏されているJ.ヴィークマンソン（Johan Wikmanson, 1753-1800）がいる．こうして，中央ヨーロッパからの輸入ではなく，スウェーデン出身の作曲家による芸術音楽が徐々に創作されるようになる．

●**スウェーデン出身の作曲家達**　F.ベールヴァルド（Franz Berwald, 1796-1868）はその斬新さから生前，自国スウェーデンで作品を認められることがなかった．しかしF.リストも賞賛した室内楽作品，1曲を除いて生前に演奏されることがなかった4つの交響曲は後の音楽家達によって再発掘され，現在では重要なスウェーデン作曲家の1人に数えられている．その頃，200を超える歌曲を書いたA.F.リンドブラード（Adolf Fredrik Lindblad, 1801-1878）の交響曲はライプツィヒでF.メンデルスゾーンの指揮で演奏されている．A.F.リンドブラードにも教えを受けたL.ノールマン（Ludvig Norman, 1831-1885）は，ライプツィヒでR.シューマンに高く評価された．彼は3曲の交響曲を含むオーケストラ作品，さまざまな編成の室内楽曲などを作曲するほか，ピアニスト，指揮者としてスウェーデンの芸術音楽文化の向上に努め，E.アンドレー（Elfrida Andrée, 1841-1929）ら，多くの女性作曲家も育てている．多くの歌曲を作曲したE.シューグ

レン（Emil Sjögren, 1853-1918）は，パリをたびたび訪れ，ヴァイオリン作品な
どで成功を収める．E. イザイや G. エネスコなど当時の世界的な名ヴァイオリニ
スト達も彼のヴァイオリン・ソナタを演奏したといわれている．北欧でナショナ
ル・ロマン主義の動きが活発化する中，W. ペッテション＝バリエル（Wilhelm
Peterson-Berger, 1867-1942），W. ステーンハンマル（Wilhelm Stenhammar,
1871-1927）はドイツで勉強した後，北欧独自の音を模索する作曲活動を行った．
ペッテション＝バリエルは民謡風の歌曲や，『フルースウーの花（Frösöblom-
ster）』をはじめとするスウェーデンの自然や人々の生活を彷彿させるピアノ小
品を多く書き，ステーンハンマルは北欧をイメージする伝統音楽や標題を直接的
には使わない手法で北欧の響きを追求した．管弦楽のためのセレナーデ，交響曲，
ピアノ協奏曲をはじめとするオーケストラ作品や歌曲などを作曲したステーンハ
ンマルは，指揮者として過去・同時代の北欧音楽を積極的に取り上げるとともに，
多くのヴァイオリン作品を書いたスウェーデンのヴァイオリニスト，T. アウリー
ン（Tor Aulin, 1866-1914）らとピアニストとしてたびたび共演している．こうした
経験から生まれたステーンハンマルの 7 つの弦楽四重奏曲はスウェーデンの室内
楽の重要なレパートリーとなっている．同時期には，H. アルヴェーン（Hugo
Alfvén, 1872-1960）が『夏至の徹夜祭』をはじめとする，スウェーデンの伝統音楽を
卓越したオーケストレーションで取り入れた作品を数多く作曲している．K. アッ
テルバリ（Kurt Atterberg, 1887-1974）も伝統音楽のモチーフを自身の作品で扱っ
ているが，彼の交響曲はドイツ各地で当時の著名な指揮者によって演奏された．

●**20 世紀以降のスウェーデン芸術音楽**　W. ステーンハンマルの教えも受けてい
る作曲家 H. ローセンバリ（Hilding Rosenberg, 1892-1985）は A. シューンベル
クなどによる新しい音楽の潮流に触れ，12 の弦楽四重奏曲を含む室内楽曲，協
奏曲や交響曲を含むオーケストラ作品などでスウェーデン音楽界に新たな風を吹
き込んだ．一方，L.-E. ラーション（Lars-Erik Larsson, 1908-1986）は新古典主義
と呼ばれる古典的手法に立ち戻る立場で『偽装の神（Förklädd gud）』などの多
くのオーケストラ作品を書いている．1940 年代には，H. ローセンバリの弟子達
K.-B. ブロムダール（Karl-Birger Blomdahl, 1916-1968），I. リドホルム（Ingvar
Lidholm, 1921-）らを中心とした音楽家や音楽学者が「月曜グループ（Måndags-
gruppen）」と呼ばれる会を結成し，新しい音楽について語り合った．弦楽のた
めのセレナーデが人気の D. ヴィレーン（Dag Wirén, 1905-1986）や G. ドゥ・フ
ルンメリ（Gunnar de Frumerie, 1908-1987）らが始め，作品の初演もたびたび
行った音楽団体フィルキンゲン（Fylkingen）の演奏会は，現在では芸術全般に
枠を広げ，新しい芸術創作活動の国際的な実験会場となっている．スウェーデン音
楽インフォメーションセンター（Svensk Musik Swedmic AB）は古今のスウェー
デンの作曲家による作品を保護し，国外への情報提供も行っている．　［和田記代］

デンマーク王立バレエ団

　デンマーク王立バレエ団は1748年から今日に至るまでコンゲンス・ニュートウにあるガムレシーン（旧劇場）で公演活動を行ってきた（図1）．その芸術性と技術の高さで世界レベルを誇るこのバレエ団は約80人のダンサーからなる．その2/3は王立劇場バレエ学校出身のデンマーク人，残りは世界各国から選抜された有能なダンサー達である．

図1　ガムレシーン

　このバレエ団の特色の1つは，ブアノンヴィレ＝バレエと呼ばれる特有のバレエ様式である．ガムレシーンの創立当初は，男優8名，女優4名，男性ダンサー2名と女性ダンサー1名という小規模なものだったのが，1770年に王立楽団が加わり，同世紀末までにはバレエダンサーの数も10倍となった．ここで画期的な発展をもたらしたのがアウゴスト・ブアノンヴィレ（1805-1879）というバレエ団長である（1830年就任）（図2）．フランス人の父とスウェーデン人の母をもったアウゴストは幼少期から有能なダンサーとして活躍し，パリ留学時代に当時のフランスのバレエ様式を学んだ．軽快でしなやかな動きとパントマイム的な表情の豊かさが特徴のこの様式は，後にブアノンヴィレ様式としてデンマーク王立バレエ団のトレードマークとなる．彼は専属ダンサーとして活躍しつつ振付け師として数々の作品を創作した．その代表的な『シュルフィデン（若い空気の精）』(1836)，

図2　アウゴスト・ブアノンヴィレ

図3　『シュルフィデン』(ソロダンサー)

『ナポリ』(1842)，『ある伝説』(1854)はその数年のうちに振付け・舞台・衣装すべて一新しての再上演が行われた．伝統を守りつつ時代の息吹と革新的なアイ

デアを取り入れてさらに素晴らしいバレエを作っていくという当バレエ団の姿勢とエネルギーがありありと伝わってくる舞台だった（図3）．このブアノンヴィレにちなんで劇場の一角にカフェが設けられたのがつい最近のこと．劇場の客でなくとも気軽にカフェラテやグラスワインを楽しめるようになった．カフェの名は「アウゴストB」（図4）．

図4　カフェ「アウゴストB」

　伝統の継承と新しいバレエの探索という2つの対照的な課題がデンマーク王立バレエ団の歴史を通してのキーワードである．1930年代の団長ハーラル・ランダ（1905-1971）の画期的な振付けによる『エチュード』（1947）という作品はバレエのベーシックなステップを初段のものから高難度のものまで順番に見せたもので，それがクヌズオー・リスエーヤ（1897-1974）という作曲家のドラマチックな音楽と溶け合って高度の芸術作品として今日でも観客に愛好されている．1960～1970年代にはヒッピー文化が栄える中，バレエ団長フレミング・フリント（1936-2009）の振付けと作曲家トーマス・コッペル（1944-2006）の音楽による前衛的バレエ『死の勝利』（1970-1971）が創作された．

　バレエにおける新しい表現を常に求めていくという傾向は，最近ますます強まっている．現在のバレエ団長ニコライ・ヒュベ（1967-）はもともとニューヨーク・シティ・バレエ団のソロダンサーとして長年活躍してきた人で，彼のもとでコープスと呼ばれるプロジェクトがここ2～3年にわたって活動している．これは2人の若手ダンサーによる実験プロジェクトで，バレエというダンスのかたちが内包する可能性を探り新しい表現を追求するというものだ．最近いちばん印象に残ったのは，アフガン戦争をテーマにした作品『フューリング（戦闘，射撃）』．戦闘中に爆撃で足を失った3人の兵士が実際に舞台で戦争の体験を語りつつバレエダンサー達と一緒に踊るという現代創作バレエで，クレスチャン・ロリケ（1973-）の振付けで上演されたこの作品は戦争のむごさと無意味さを観客に見事にアピールした新しいバレエだ．最近のいちばんホットな話題は，ニコライ・ヒュベの新しい振付けで現代版『白鳥の湖』がオペラ座で上演されているということだ．こうして常に新しい表現を求めていく王立バレエ団は，デンマークの文化活動の一端を担う，デンマーク人が誇りとすべき文化遺産の1つである．

［クリスチャンセン美奈子］

北欧の絵画・彫刻

　現代において北欧の絵画・彫刻を見直すことは，グローバルな美術史の再構築にも通じている．1983年，アメリカのニューヨーク近代美術館の学芸部長カーク・ヴァーンド（Kirk Varnede, 1946-2003）が企画し，ニューヨークのブルックリン美術館からユーテボリ美術館まで巡回した「北方の光（Northern Light）」展は，北欧の美術の独自性と国際関係を，世界の近代美術史全体の中で位置づけようとする試みであった．

　この展覧会をはじめとする美術史のリヴィジョニズム（修正主義）の風潮は，19世紀および20世紀美術におけるフランス中心のモダニズム史観を見直し，西洋美術史の概説にさえも，北欧各国の美術と動向を取り入れざるを得ない状況を作り上げた．その結果，北欧各国の国立美術館または歴史ある美術館の展示室に常設されていた19世紀末から20世紀前半の各国のローカル美術が，西洋近代美術の視点を変えるものとして脚光を浴びることになり，各国の美術館において母国の近代美術家を振り返る企画展と出版の動きを促進した．北欧の美術の存在自体が西洋美術史の枠組みと視点を大きく変えたことは，逆に近年の北欧の歴史・文化・学術研究自体にも大きな発展をもたらすこととなったのである．

●孤立のアイデンティティとインターナショナル・スタンダード　先史時代の北欧も見直しが始まっている．近年，北欧の先史美術がとりわけ異色だったことが発見されたのは，北欧現代史の特筆すべき出来事といえよう．

　ノルウェー最北部のアルタ・フィヨルドで，地元の子供達によって1972年に発見された約6,300点の《アルタの岩絵》は，発見15年後の1985年には早くも世界文化遺産として登録された．花崗岩の岩陰に刻まれた幾何学的かつ写実的なヘラジカやトナカイなどの形象が，高さ28m地点に描かれた紀元前4500年頃の制作と推定される稚拙な表現から，高さ8m地点の紀元前500年頃と推定される精緻な表現まで，上下7段階の時代に描き分けられている．考古学的価値とともに，その異彩を放つユニークな表現が現代の美学的視点から評価されたのである．

　約4,000年に及ぶ先史時代の北欧の生活と環境の記録性とともに，そこに「ロック・アート」としてその美的表現，創造性を見出すことも可能である．作者が同地域の先住民族サーミ人か，いかなる民族かは謎であるが，19～20世紀の北欧近代の芸術家達が必死に模索した北欧の独自性とアイデンティティは，皮肉にもこの太古の時代に，北欧という孤立した地域にこそ，すでに実現されていたといえる．スウェーデン南西部ターヌムスヘーデの《ターヌムの岩絵群（線刻

画群)》もまた 1972 年，建設工事中の発破で偶然発見され，その後 1994 年には世界文化遺産に登録された．紀元前 1800〜400 年頃，青銅器時代の制作で，25 km に及ぶ海岸沿いに約 1,500 箇所に描かれ，現代の視点から見てデザイン性が評価された．これらは，北欧の今後の新しいアイデンティティに影響を与えるに違いない．

　紀元後 6 世紀に成立した「ヴィーキング美術（ノース・アート）」は，9 世紀から 12 世紀にかけて北欧はもとよりロシア，黒海からイギリス，アイスランド，グリーンランドの各地に，北欧神話や北欧古代文字ルーン，怪奇な動植物文様による彫刻・工芸を残した．後年 19 世紀末のアール・ヌーヴォー期の特に工芸において，その特徴的装飾が重要な造形要素となり，ケルト，ドイツ，ロマネスク，東欧などの各地で汎ヨーロッパの中世リヴァイヴァルの象徴として復活する．

　15 世紀には，スウェーデンのウップランドに 1437 年に建設されたテンスタ教会などにヨハンネス・ローセンロード（Johannes Rosenrod）が描いた壁画が残るが，ドイツの影響を示しつつも，顔の描写など独自の表現となっておりオリジナリティが高い．

　北欧の絵画が一転してインターナショナルなヨーロッパの様式を基盤とするようになるのは，1555 年以降，オランダの画家が多くスウェーデンに渡来し，イタリア・ルネサンス美術の様式を王室に伝えたことに始まる．彫刻ではウプサラの大聖堂にグスタヴ 1 世の石棺彫刻で有名なフランドルのヴィッレム・ボイ（Willem Boy, 1520-1592）が影響を与えた．17〜18 世紀，宮廷美術のバロック様式が国際的であった時代のスウェーデンは「大国時代」（スウェーデン・バルト帝国）にあたり，特に王族の肖像画や宮殿の天井画などの装飾を描くことで，王権と国威を大いに示す必要があった．その宮廷美術を確立したのがカール 11 世，カール 12 世の宮廷画家であったダーヴィド・クロッケル・アーレンストラール（David Klöcker Ehrenstrahle, 1628-1698）である．ドイツに生まれ，オランダ，イタリアに学び，ピエトロ・ダ・コルトーナ，クロード・ロラン風の華麗な絵画で宮廷美術を隆盛させ，肖像画家ミーカエル・ダール（Michael Dahl, 1659-1743）や，甥にして宮廷画家の後継者ダーヴィッド・フォン・クラフト（David von Krafft, 1655-1724）など国際的に活躍する次代の画家を育成した．彫刻では，ヨーハン・トビーアス・サルゲル（Johan Tobias Sergel, 1740-1814）が北欧に新古典主義を確立し，ヨーロッパを代表するデンマーク人彫刻家トーヴァルセンが登場するが，最も国際的であると同時に，自国の特徴を失った文化が横溢した時代であった．

●**都市と自然から発生したナショナル・アイデンティティ**　デンマークでは，北欧でいち早く 1754 年に王立美術アカデミーが創設．クリストファ・エカスベア（Christoffer Eckersberg, 1783-1853），コンスタンティーン・ハンセン（Constantin Hansen, 1804-1880), クレステン・クプケ (Christen Købke, 1810-1848) などが明晰細緻な光と写実的な筆致で風景，都会風俗を描き，19 世紀前半はデンマーク絵画の黄金時代といわれた．

　19 世紀半ば，デンマークがスリースヴィ戦争の敗北などによる対外的不安定な状況の中，北欧は内政を重視する傾向に向かい，1850 年にストックホルムで北欧美術展が開催されるなど自国の風俗，風景をテーマとするようになった．ノルウェー，スウェーデンでのロマン主義風景画の隆盛，さらにユトランド［ユラン］半島北端のスケーインの自然美に魅せられたピーザ・クロイア (Peder Krøyer, 1851-1909) などによるスケーイン派，カール・ラーション (Carl Larsson, 1853-1919) が住んだスウェーデンのスンドボーンなどの芸術コロニーが自然と創作活動を結びつけ，叙事詩カレワラを発想源としたフィンランドの画家アクセリ・ガッレン＝カッレラ (Akseli Gallen-Kallela, 1865-1931) やスウェーデンのアンデシュ・ソーン (Anders Zorn, 1860-1920, 図 1)，フランスの印象派周辺で活動したノルウェーのクリスティアン・クローグ (Christian Krogh, 1852-1925) は，その写実的かつ技巧的な筆技や明暗・色彩を駆使することにより，国際的な名声を得，広く知られる画家達が輩出された．

　それは，自然と民族性，光を主要なテーマ，探求としたレアリスムから印象派を主流とした西欧の 19 世紀後半の美術の国際基準が，逆にローカルな"祖国"北欧の豊かな自然と独特の光に目を向かせることになり，彼らの技巧・表現をいっそう際立たせたともいえる．その彼らを含む北欧の多彩で技巧に優れた画家達が，現在再評価されている「北方の光」の画家達であり，20 世紀前半のアヴァンギャルドの画家達も再評価の対象となっている．

　ノルウェーの世紀末絵画の先

図 1　アンデシュ・ソーン《初めての水浴》(1890 年，エッチング，個人蔵)

図2　エドヴァルド・ムンク《オースゴールストランの夏》(1890年代，油彩・板，群馬県立近代美術館蔵)

駆者エドヴァルド・ムンク（Edvard Munch, 1863-1944）と生命の彫刻家グスタヴ・ヴィーゲラン（Gustav Vigeland, 1869-1943）は，自身，群像，社会の中で人間そのものへの問いかけをテーマとしたが，その作品には自然と光が失われていない（図2）．自然と光の表現は，20世紀になると北欧の中でもスウェーデンの画家に幻想的な傾向を強めていった．

　スウェーデンの幻想的な画家の中でも特異な作風をもつマックス・スヴァーンバリ（Max Svanberg, 1912-1994），ともにアメリカに移住したスウェーデン人彫刻家，空間彫刻のカール・ミッレス（Carl Milles, 1875-1955）とパブリック・アートの先駆者クレース・オルデンバーグ（Claes Oldenburg, 1929-），そして現代ではパリで活動するアイスランド人画家エッロウ（Erró, born Guðmundur Guðmundsson, 1932-）は，際立った個性により国際的名声を得ている．

[岡部昌幸]

フィンランドの美術

●**中世** フィンランドの美術は、他の欧州諸国と同様にキリスト教とともに発展した。キリスト教は、スウェーデン王エーリックらが1155年に十字軍を編制したことによりフィンランドへもたらされ、フィンランド南西部トゥルク（オーボ）近辺を中心に広まった。だが当時を物語るものとしては、石造教会や城砦、教会の壁画、木造彫刻の断片が現存しているにすぎず、その全貌を知る手がかりは限られている。

現存するフィンランド最古の石造教会は13世紀後半に建立されたオーランド諸島にある12の教会であり、ゴシック初期様式の壁画が部分的に残されている。同じ頃、トゥルクには、高い塔をもつバシリカ建築の大聖堂が建設された。城砦は、13世紀後半から15世紀にかけてハメーンリンナ（タヴァステフース、1260年代）やトゥルク（1280年頃）、ヴィープリ（ヴィボルグ、1442〜1448年）などの主要都市に建設され、サヴォンリンナの「オラヴィ城」（1475年）は、今日では夏のオペラ祭で人々に親しまれている。

●**16〜17世紀：宗教改革と中央集権的王権の発展** 1517年に起こった宗教改革の余波は1520年代にスウェーデンに到達し、国教はカトリックからプロテスタントに改宗された。当時スウェーデン領であったフィンランドもこの影響を免れてはおらず、多くの美術品が没収、破壊された。一方、グスタヴ・ヴァーサ王（在位1523-1560）治世下、1540年にはオーボ・アカデミー（ヘルシンキ大学の前身）が創設され、対ロシアへの要塞都市として1546年にタンミサーリ（エケナス）、1550年にはヘルシンキ（ヘルシングフォッシュ）が開拓されるなど都市化が進み文化的基盤の礎が築かれた。

●**18世紀：スウェーデン統治時代後期** 18世紀には、鉱業や農業、林業などの産業が発展し経済的に余裕が生じたことから、フィンランド各地に多くの木造教会が建設された。ストックホルムでは1733年に美術アカデミーが設立され、その支部としてトゥルクに画家ギルドが組織された。

●**フィンランド大公国時代（1809〜1917年）** 第二次ロシア・スウェーデン戦争の結果、1809年にフィンランドはロシア帝国領となり、ヘルシンキが新しい首都となる。皇帝のロシア化政策への反発として、世紀後半にかけてナショナリズムの意識が高揚し、フィンランド人としての言語や歴史など文化的基盤が急速に整備された。それは芸術活動の原動力となり、かつてないほど美術は目覚ましい発展を遂げた。特に重要なのは1835年にエリーアス・ルンロート（1802-1884）が口承伝説を寄せ集め、編纂した民族叙事詩『カレワラ［カレヴァラ］』である。

それはフィンランド民族の原点として受容された.

1846 年にはフィンランド美術協会が設立され,展覧会や素描学校が開かれるなど（1851 年にはフィンランド美術家協会発足）美術教育は急速に発展し,国内やストックホルムに飽き足らず,コペンハーゲンやデュッセルドルフへ留学する画家が登場した.この頃,理想的な自然を描いたヴェルネル・ホルムバリ（1830-1860）らの作品にはデュッセルドルフ派の影響が色濃くみられる.

1850 年代頃から『カレワラ』が芸術上重要な主題として取り上げられた.最初に取り組んだのは,スウェーデン人画家 R.W. エクマン（1808-1873）および J.Z. ブラックスターディウス（1816-1918）や彫刻家 C.L. シューストランド（1828-1906）らスウェーデン語系フィンランド人であった.

●ナショナル・ロマンティシズム
1870 年代になると画家はパリを目指すようになる.なかでもアルバット・エーデルフェルト（1854-1905）は,いち早くパリで活躍した.

またこの時代,『カレワラ』の世界,すなわちフィンランド人のルーツを探しに,多くの芸術家がカレリア地方へ赴いた.フィンランド美術の黄金期を築いた画家アクセリ・

図 1　アクセリ・ガッレン＝カッレラ《アイノ神話》（1891,油彩/カンヴァス,154×413 cm,フィンランド国立美術館アテネウム）

ガッレン＝カッレラ（1865-1931）もその例外ではない.1889 年にカレリア地方を旅し,《アイノ神話》（図 1,1891）や《サンポの防衛》（1896）などの傑作を残している.さらに,エーロ・ヤーネフェルト（1863-1937）やヘレーン・シャルヴベック（1862-1946）,ペッカ・ハロネン（1865-1933）,フーゴ・シムバリ（1873-1917）ら新しい芸術表現を求めた画家達がこの時代に活躍し,ナショナリズムの機運に乗ってフィンランド美術の黄金時代が開花した.

●戦後〜現代　第二次世界大戦後には,世界の美術の動向がほぼ共時的に取り入れられた.1950 年代は抽象画,1960 年代には抽象表現主義やハプニング,ポップアートが盛んになる.1980 年代以降は自己探求や死,性,暴力など自己のアイデンティティを問う作品が多くみられた.1998 年に設立された国立現代美術館（キアスマ）を筆頭に,ヘルシンキは国際的な現代美術の一拠点としての地位を確立した.特に映像作家や写真家の活躍は目覚ましく,ジェンダーやアイデンティティを問うエイヤ＝リーサ・アハティラ（1959-）や,セルフ・ポートレートを撮り続けるエレーナ・ブロテールス（1972-）ら国際的に評価の高い芸術家を輩出.手工芸の伝統や優れたデザイン力と IT 技術をもち,かつ社会的問題意識の高いフィンランドから続々と新しい芸術表現が生み出されている. ［本橋弥生］

トーヴァルセンと新古典主義

　ベルテル・トーヴァルセン（Bertel Thorvardsen, 1768［または 1770］-1844）は，デンマークを代表する彫刻家である．しかし，その生前における名声は，大芸術家 1 人の域を超え，往時のその存在の大きさは世界史の中でも類例を見ないほどであった．また，没後，その名声が一気に失せ，長い間，忘却されていたことでも特筆すべきで，その毀誉褒貶，評価の浮沈の大きさにデンマークの歴史的な特性が潜む象徴的人物ともいえる．

●**国家的英雄としての彫刻家**　1837 年 7 月，ローマに永住するかと思われていたトーヴァルセンが 67 歳で祖国に一時帰国した際，デンマーク政府は彼を招くためだけに，デンマーク海軍のフリゲート艦ロータをローマまで派遣した．デンマークは，ポーランドのポニャトフスキ大公をはじめこのヨーロッパ中の王侯貴顕に顧客をもち，名声を誇るトーヴァルセンを 1833 年より，ローマ在住のままで，母国デンマーク王立美術アカデミーの院長に任命し，名誉を与えていた．

　1770 年（1768 年説もあり），コペンハーゲンでアイスランド出身の船大工の父とユラン半島の牧師（農夫の説もあり）の娘であった母との間に生まれたトーヴァルセンは，11 歳のときからコペンハーゲンの美術アカデミーで彫刻と絵画を学び，卒業後，国の奨学金を得てローマに留学した．1797 年 3 月 8 日，27 歳でローマに到着した日を彼自身「ローマでの誕生日」と呼び，ローマこそが自身の芸術の故郷と言明していた．早くも 1804 年には，フィレンツェの美術アカデミーの教授に任命され，1808 年からはバイエルン王国のルートヴィヒ 1 世の援助を受け，後にミュンヘンの美術アカデミーの教授も務めた．

　その理想とするものは古代ギリシア・ローマの彫刻であり，新古典主義を確立したイタリア人彫刻家アントーニオ・カノーヴァ（1757-1822）に賞賛され，その後継者となった彼にとって，ローマへの思いは深かったから，いきなり母国デンマークへ帰郷し，生涯のコレクション数千点と資産の大半の寄付を母国に申し出たことは驚きであった．トーヴァルセンの帰国の内実はコレラが流行していたローマから一時避難することでもあったが，コペンハーゲン港には，彼を歓迎するために大観衆が押し寄せ，歴史上に英雄の凱旋として記録されることになった．

　これは，19 世紀前半の国際状況において考えると，トーヴァルセンが理想とし具現化した汎ヨーロッパの国際様式である新古典主義の敷衍が，ナポレオン戦争後のウィーン体制の国際秩序と重なるものであったことがわかる．トーヴァルセンの国際的評価は，保守的で汎ヨーロッパ的なウィーン体制によってこそ，デ

ンマーク国内外で支持されるものであり，トーヴァルセンの母国での桁外れの賞賛の背景には，まもまく到来するナショナリズムの前兆が見られ，トーヴァルセンの凱旋がナショナリズムの高揚から起こる政治状況の遠い導火線の1つになったとも思われる．

　1807年に上陸したイギリス陸戦隊の砲撃により破壊されたコペンハーゲンの聖母教会（Vor Frue Kirke）の再建のために19世紀デンマーク最高峰の建築家C. F. ハンセン（Hansen, 1756-1845）とともに制作にあたり，20年近くかけて完成させた《キリスト》と《12使徒》の影像を持参したことが，アテネのパルテノン神殿建設を思わせ，賞賛を過熱させた要因であった．トーヴァルセンは，イタリア人彫刻家以外に初めてローマ教皇の肖像彫刻（《ピウス7世像》）を依頼された彫刻家であったが，作品にサイン（署名）が許されなかったのは，生国のプロテスタントの信仰の堅持からで，彼自身のうちに故国への矜持とナショナリズムの芽生えを指摘できよう．

●新古典主義美学の実現者の評価の変遷　1838年，やはり新古典主義の建築家M. G. ビネスブル（Bindesbøll, 1800-1856）の設計になる建設が始まりトーヴァルセン没後の1848年に完成するトーヴァルセン美術館は，デンマークの首都コペンハーゲンの王宮の北側に隣接している．美術家個人をたたえた広壮な美術館が王宮と並ぶのは，極めて珍しい．エジプト美術からエトルスク，ギリシア・ローマ，そしてルネサンス，さらに最も充実したトーヴァルセンの同時代のイタリア在住のナザレ派などの画家達の作品は，大英博物館の開館以前としては，ヨーロッパでも美術史に基づいた最も系統的なコレクションとして完備されており，寄贈の条件の1つに，新しい購入などで現状を変えてはならない，とあるのも理解できる内容であり，王宮，美術館とともに構成する統一された街づくりは，新古典主義の美学による理想美であったことがわかる．

　トーヴァルセンのデンマークでの師はギリシア・ローマ美術研究の創始者で，18世紀末の新古典主義美学の創立に影響を与えたドイツ人美術史家ヴィンケルマンの友人であった．そして，ローマで寄寓したのはデンマーク人の考古学者ツイーガの家であり，トーヴァルセンは，ヴィンケルマンに代わって古代ギリシアの至高の彫刻家フェイディーアスに考古学から求めた理想美の追求を実作したことになる．1828年に完成した《金羊毛を持つイアソン》（図1）には，考古学的な調査と実作家の美学が見事に融合され，「偉大で新しい様式」を生み出したトーヴァルセンは現代のフェイディーアスの名と賞賛をほしいままにした．20名以上の多くの門弟を抱え，自らは彫像の絵を描き，それを工房で彫刻に仕上げさせた彼の手法も楽団の指揮者のように華々しく，細部の技巧の仕上げより勇壮な構想を優先させていた．一女を残すが未婚であった彼のローマでの度重なる道ならぬ恋愛と相まって，内奥にあるロマン主義を十分にのぞかせている．

しかし，没後まもなく到来した革命の時代の写実主義と，その後の印象派からモダニズムに至る目まぐるしいモダン・アートの歴史はデンマークと北欧全体を巻き込み，トーヴァルセンが確立した美学は，またたく間に崩れ落ちた．トーヴァルセン美術館のコレクションと展示が先んじたがゆえに，デンマークの近代美術館の設立は遅れ，障害となったといわれる．北方の神話的な理想美がナチスで賞賛されたこともあだとなった．しかし，21世紀に入り，新古典主義の見直しとともに再び高い評価を得ている．

●北欧の理想主義：普遍VS没個性　トーヴァルセンがデンマークにおいて，不朽の名声を得た人物であったことは，かつてのデンマークの5クローネ紙幣に，その肖像画と作品《三美神》が描かれていることで再確認できる（図2）．近代国家の揺籃期に，トーヴァルセンが得た国際的名声が，デンマークの国家・民族的な名誉を高め，その後のデンマークの国民国家の醸成に大いに役立ったという評価は，現在でも揺ら

図1　トーヴァルセン《金羊毛を持つイアソン》（部分）（1828，大理石，トーヴァルセン美術館）

図2　デンマークの5クローネ紙幣

いでいないのである.

　トーヴァルセンの掲げたギリシア・古典への回帰という,表面的な表現は,白大理石の一見冷たく,透徹した滑らかな仕上げを好む,美術史上・美学上の「理想」が,実はその内面に,いにしえの古代へ人々を空想に誘い,情熱を高揚させる,熱い精神の情熱の焔を燃え滾らせていたことを教えてくれる.北欧の新古典主義＝理想主義は,理想のもとに,没個性とも見えるグローバルな国際主義を完成させた.北欧の美術は,このトーヴァルセンが国際的モデルを造り上げた19世紀前半と,国際的な機能主義の建築・デザインで世界をリードした20世紀半ばの2つで,国際的になった.その2つに共通するのが,普遍的な理想主義であり,形式では古典主義,機能主義というシンプルさを理想とする様式であったことは興味深い.その古典主義,機能主義,シンプルさを基本とする精神は,北欧の国民性,歴史と関係があると思われ,そこに民族の特徴があるといえよう.

［岡部昌幸］

カスパー・ダーヴィト・フリードリヒと北欧
——18世紀末のコペンハーゲン留学と，その後

　ドイツ・ロマン派の風景画家カスパー・ダーヴィト・フリードリヒ（1774-1840）は，バルト海に面した港町グライフスヴァルトで生まれ育った．中世にはハンザ同盟のもとで栄え，大学もある，この都市を含むフォアポンメルンは，17世紀以降，1814年にプロイセン王国の支配下に入るまで，スウェーデン領だった．フリードリヒは，若き日にコペンハーゲンの王立美術アカデミーで学び，その後ドレスデンを拠点として，北ドイツやベーメンなどの風景を描いた．当時多くの画家が訪れていたイタリアには行かず，厳しい北方の自然を愛し，アイスランドへの旅行を計画し，北極の氷の海での難破を主題とした《氷海》（1823）を制作した（図1）．

図1　フリードリヒ《氷海》（1823, ハンブルク美術館）

●**コペンハーゲンでの修業**　フリードリヒが1794年の秋から1798年の春まで学んだ王立美術アカデミーはパリのアカデミーにならい，1754年にフレゼリク5世によって創設されたが，18世紀末にはデンマークの美術家が教師となり，ケルトの古歌を集めたというオシアンの伝説や北欧神話，ゲルマンの歴史など北方的な主題から新しい芸術を創造しようとする，「北欧文化復興」を進めていた．フリードリヒはここで素描を学び，イェンス・ユール，クレスチャン・アウゴスト・ロランセン，イーレク・パウエルセンら教師達の作品を含む素描や版画を模写した．そして石膏クラスに進級し，彫刻家アンドレアス・ヴァイデンハウプトとヨハネス・ヴィーゼヴェルト，歴史画家ニコライ・アビルゴーらの指導を受けた．

　この時期に郊外にある風景式庭園を描いた水彩画が伝わっており，そのうちの4点は「泉」をモティーフとしたもので，コペンハーゲンでの泉崇拝の影響が推測される．その《エミーリアの泉》（1797）に描かれた泉は，コペンハーゲンの北郊，バルト海に面したスーリュストの庭園にあり，エアンスト・シメルマン伯爵が，アビルゴーの設計に基づいて，若くして逝った妻エミーリエのために建てた記念碑だった（図2）．この新古典主義様式の泉の記念碑には，前面にノルウェー人詩人クリステン・プラムによる銘文が刻まれており，プラムはこれとほぼ同時期に『エミーリアの泉（*Emilias kilde*）』（1782）を出版し，人気を博していた．それは，風景を描写する詩を，泉を捧げられた女性へのエレジーとヴァイ

キング時代の英雄詩の悲劇的な愛の物語に結び合わせた，前ロマン主義の感傷にあふれたものだった．この泉の記念碑の形状と周囲の環境，変化に富んだ地形植栽，辻音楽師がハーディ・ガーディー（弦楽器）を弾きながら歌い，老若男女，さまざまな身分・階級の人々が集う情景を，ユールの《エミーリアの泉》(1784)は「正確に」伝える（図3）．一方，フリードリヒは「泉」を側面から捉え，もはや高くそびえていない「泉」は，自然の中で忘れ去られたかのようである．

自然の景観を模した風景式庭園は，「イギリス・リベラリズムの庭園」とも称されるように，自然を制御し幾何学的に設計されたフランス式庭園が圧政，絶対王政の象徴となるのとは対照的である．フリードリヒがコペンハーゲンで体験した「自由」は，風景式庭園だけではなかった．1797年には，1788年の土地緊縛制の廃止を記念しての，アビルゴーの設計によるオベリスク，「自由記念碑」の落成式が行われた．若き画学生が師の仕事に敬意を抱いたことは，想像にかたくない．それは後に，アビルゴーの画中の「フィンガル」を2人のドルイドに変えて，《キリスト教会の幻影》(1812頃)に表された．

●ドレスデンでの制作　ザクセン公国の都ドレスデンに定住したフリードリヒは，1807年頃に本格的に油絵に取り組むようになった．1808年のクリスマスにアトリエで公開した《山上の十字架》（テッチェン祭壇画）は，風景祭壇画という独創的な構想が保守的な

図2　フリードリヒ《エミーリアの泉》(1797，ハンブルク美術館)

図3　イェンス・ユール《エミーリアの泉》(1784，オーゼンセ，フューン美術館)

批評家から厳しい批判を受け，「ラムドーア論争」を引き起こした（この作品は，本来，反ナポレオンの立場を貫いたスウェーデン王グスタヴ4世アードルフに献呈される予定だったとする説もある）．1810年のベルリン・アカデミー展に出品した《海辺の修道士》と《オークの森の修道院》はプロイセン王室の買上げとなった．

●保守・反動の時代に　ナポレオン戦争の勝利の喜びもつかの間，復古主義のもと，ザクセンでも自由主義運動は弾圧され，検閲や「煽動者狩り」が行われた．そのような中で，アイスランドを含む北欧の国々は自由の地とみなされ，フリードリヒはさらに北に針路をとり，《氷海》(1823)を制作した．北極の海で船をほぼ完全に沈めてしまった氷のピラミッドは，さながら「警告の記念碑」であり，すべてが滅亡した後に来る再生に希望を託したのである．　　　[長谷川美子]

国境地帯の画家達

　どの国，地域にも文化，芸術は古来より存在するという一般論は，北欧各国においては幻想にすぎない．「国」単位での文化，芸術の歴史は，近代的な「国」が確定し，さらに「国」と「国民」の中でアイデンティティが強く意識されてから初めて，時間をさかのぼって再構築されるものだからである．18〜19世紀，専制君主国同士による領土の獲得と喪失を巡って国境線が不安定であったスカンディナヴィア半島とバルト海沿岸地域では，19世紀末に領土の喪失感から高揚されたナショナリズムのテーマが芸術を活性化させ，優れた創造を生む一方，国境線地帯では政治に翻弄されアイデンティティを見失う芸術家も登場した．

●北欧国際関係から見たロマン主義の巨匠フリードリヒとダール　18世紀，バルト海沿岸地域の覇権をめぐって対立したスウェーデンとロシアは，芸術においてはともに，外国からの芸術家の招聘と国際的な啓蒙主義・宮廷文化の追随が支配的で，西欧の国際様式を共有していた．敵対する2人の君主，サンクトペテルブルクにエルミタージュ美術館の基礎を築いたエカチェリーナ2世と，スウェーデンの宮廷に文芸を隆盛させ王室コレクションを充実化したグスタヴ3世が収集したのは，ともに外国のオランダ，スペイン，イタリアの巨匠達の作品であった．新古典主義の建築とロココ趣味の家具，装飾に満たされたロシア，スウェーデンには自国独自の芸術を樹立する意識は希薄であった．

　19世紀初頭，独特なロマン主義絵画が辺境の地に誕生する．神秘で崇高な風景画を描き，後にドレスデンの美術アカデミーの教授に就任し，ドイツロマン主義の代表的画家との名声を得たカスパー・ダーヴィト・フリードリヒ（Caspar David Friedrich, 1774-1840）はドイツ美術史における偉大な画家に位置づけられてきたが，自身は「半分スウェーデン人」だと意識していたといわれる．バルト海に面する生地グライフスヴァルトは三十年戦争で1630年よりスウェーデンに領有され，1648年にウェストファリア条約でポメラニア公領から正式にスウェーデン領となり，ナポレオン戦争の後1815年にはプロイセン領に割譲された．40歳過ぎまでフリードリヒの故郷はスウェーデン領であり，晩年の作品《人生の諸段階》（1835，ライプツィヒ造形美術館）の中央の，父母の間にいる少年に掲げさせるスウェーデン国旗に見えるのは，フリードリヒ自身のアイデンティティともいえる．《海辺の僧侶》（1808-1810，ベルリン美術館）などフリードリヒが多く描いた暗い海原，荒涼とした海辺はグライフスヴァルトと対岸のリューゲン島の自然そのものであり，その辺境に生活し，彼岸を見つめながら沈思した作品世界が深い精神性を帯び，ロマン主義に逸るドイツの同時代人を魅了したの

図1 ヨーハン・クリスティアン・ダール《嵐のなかのノルウェーの海岸》(1819, エッチング)

である.

　フリードリヒのコペンハーゲン美術アカデミーの後輩で，その影響を受け，ドレスデン美術アカデミー教授職を引き継いだヨーハン・クリスティアン・ダール (Johan Christian Dahl, 1788-1857) もまた，北欧の辺境出身であった（図1）．デンマーク統治下のノルウェー，ベルゲンに生まれ，フィヨルドのある雄大な故郷の風景に想を得たダールの風景画は，民族的ロマン主義の勃興を導き，今日のノルウェー近代美術の見直しにより「ノルウェー風景画の父」と位置づけられている．1814年にスウェーデンへの併合を拒んだ勢力により一時ノルウェー国王に擁立されながら国際政治で間もなく退位させられたデンマークのクリスチャン・フレゼリク王子（後のデンマーク国王クリスチャン8世）が親しいパトロンとなったこともあり，ダールは失われた故国ノルウェーに思いを寄せ，後進の養成と現オスロ国立美術館の創設に尽力した．ダールはスカンディナヴィア主義が優勢で，母国が存亡にゆらぎ，国境が変転した苦難の時代に，芸術により母国の伝統とアイデンティティを確立した功労者であったといえる．

　以上のように，ドイツ文芸の中心地であった統一前のドイツのザクセン王国の首都ドレスデンの美術アカデミーの中で，皮肉にも同時に北欧のナショナリズムも醸成されていたことになる．スウェーデン，ノルウェー，デンマークの海岸な

どの自然を描き，そのアイデンティティを探求することで，北方のロマン主義を発展させたフリードリヒとダールという19世紀西洋美術史全体でも重要な才能は今日，北欧に帰属する画家としても十分位置づけることができる．

米国の美術史家ロバート・ローゼンブラム（1927-2006）が自著『近代絵画と北方 ロマン主義の伝統』（1976）で位置づけた，ロマン主義におけるフリードリヒからゴッホ，ロスコへと至る北ヨーロッパの美術史の独自の系譜の新しい切り口は，さらにバルト海沿岸，北欧の方向から再び，切り出されるべきであろう．

●**国境線問題と画家の帰属──エミール・ノルデとグリーゴル・アウエル** ナポレオン戦争を契機に19世紀半ば，ヨーロッパにおける国民意識が高まり，デンマーク領の南ユランに紛争が起こった．1864年第二次スリースヴィ戦争（デンマーク戦争）の敗戦により，プロイセン王国領となった北スリースヴィ地方ブルカル近隣の村ノルデに，デンマーク人の父とフリスラント人の母の間に生まれたのが，今日ドイツ表現主義の代表的画家として位置づけられるエミール・ノルデ（Emil Nolde, 1867-1956）であった（図2）．国境の町フレンスブルク（フレンスボー）で木彫を学び，カールスルーエの工芸学校で絵画を学び，1899年パリに出るが，デンマーク人女性と結婚し，1900〜1901年にコペンハーゲンで活動，スコウゴー（Skovgaard），ハマスホイ（Hammershøi），ヴィロムセン（Willumsen）など「黄金時代」のデンマーク絵画の影響を受けた．

図2　エミール・ノルデ《馬と農夫》

1904年頃から姓を本名のハンセン（Hansen）でなく，生地の「ノルデ」と名乗るようになりデンマークへの帰属意識が現れるが，第一次世界大戦によるドイツ帝国の敗戦により，故郷がデンマークに復した後は逆に，ドイツ旧領を求めたナチスに共感し，入党するものの，そのアヴァンギャルドな芸術は「退廃芸術」と蔑まれ，発表も禁止，1941年からはゲシュタポの監視下に置かれ，戦後西ドイツで没した．デンマーク美術史の中で位置づけるにしても，静謐で穏健さが主流の系譜の中で，ノルデの叙情を帯びながらも激しい感情表現は，国境地帯に潜むこうした過酷な政治と国際関係が生み出したものといえよう．

スウェーデンからロシア帝国に割譲され，第一次世界大戦後フィンランド領となり，冬戦争・継続戦争後に再びロシア（ソ連）領となったラドガ・カレリア（西

カレリア北部）のピトカランタ（Pitkäranta）に生まれたグリーゴル・アウエル（Grigor Auer, 1882-1967）は，1900年初頭にサンクトペテルブルクでイリヤ・レーピン，スタニスラフ・ジューコフスキーの指導を受け，その後ヘルシンキの美術学校で学んだ．カレワラが残り，フィンランドのナショナリズムの源泉となったカレリアにもかかわらず，現地出身の芸術家は多くはない．アウエルがフィンランドで生涯描き続けたのは，失われ，帰ることのできない故郷カレリアの美しい風景であった．

エミール・ノルデは不安定な国境線をまたいで，不安定なアンデンティティを芸術の中で追及し，グリーゴル・アウエルは喪失された故郷を国境線の外から追慕した．喪失領土の画家であり，北欧における領土の問題は，芸術家の内面に，決して無縁ではなく，そうしたひずみが，繊細な人間の内面に影を落とし，芸術作品を生み出したことを強調しておきたい．

●国境を越境し，北欧で新しく再評価される芸術　政治，経済は，国家の制度，枠組みで語られる傾向が強く，国全体の巨視的な俯瞰から，あるいは国の首都や大都市中心の視点——いずれにせよ，国と首都の単位で叙述される．しかし基本的に個人の内面の発露である文化，芸術は，辺境や国境地帯でも存在し，住民の気持ちを代弁する表現となり，ユニークな表象となる．

戦争と政治によって内面を引き裂かれた19～20世紀の北欧の芸術家達は，今やっと，自身の民族的背景の中で再評価を迎えようとしている．フリードリヒは，モダニズム絵画が隆盛した20世紀の「母国」スウェーデンでの知名度は低く，国立美術館で回顧展が初めて開かれたのは2009年，故郷の町の名を名乗ったノルデの回顧展がデンマーク国内の美術館で初めて開催されるのは2010年（オアドロプゴー美術館），アウエルの回顧展が故郷のカレリア共和国（ロシア）美術館で初めて開催されるのは2013年．「故国」のアイデンティティを引き裂かれた画家達が「故国」に受け入れられる日は始まったばかりである．　　［岡部昌幸］

ヴィルヘルム・ハマスホイ（ハンマースホイ）

●**初期，画風の完成**　ヴィルヘルム・ハマスホイ（ハンマースホイ）（Vilhelm Hammershøi, 1864-1916）は，コペンハーゲンの裕福な商家に生まれた．幼少時から美術の才能を見せたハマスホイは，8歳から素描の個人授業を受け，15歳でコペンハーゲン王立美術アカデミーに入学する．しかし，旧態依然とした教育に不満を抱き，画塾ディ・フリー・ストゥディエスコーレ（自由研究学校）にも友人達と通い始める．この画家が初めて脚光を浴びるのは，1885年のアカデミー春季展に応募した《若い女性の肖像，画家の妹アナ》（ヒアシュプロング美術館）が，賞を逃したことによる．印象派風の粗い筆使いと，抑えられた色調が保守的な選考委員会の意向に沿わなかったためだ．反アカデミー派の学生や画家達がこれを不服とし論争に発展，本作品は名誉ある落選作品として記録されることとなった．自由研究学校では，パリのレオン・ボナの画塾で学んだピーザ・スヴェリーン・クロイア（1851-1909）の教えを受けた．クロイアはハマスホイについて次のように語っている．「私は彼のことを理解できないが，彼が重要な画家になるであろうことはわかる．彼に影響を与えないように気をつけることとしよう」．1887年にはドイツ，オランダ，ベルギーを旅行し，フェルメールら17世紀オランダ風俗画を実際に目した．この体験が，後に一連の室内画を描く際の基盤となる．ハマスホイは，初期から，ぼやけた色彩，幾何学的な要素による構成，後ろ姿の人物像といった独自のスタイルを確立していた．そうした作品はデンマーク国内では評価されなかったが，国外では高い評価を得る．1890年にはフランスの批評家テオドール・デュレ（1838-1927）が「第一級の画家」と評価，パリの画商デュラン＝リュエルに紹介する．1889年のパリ万博に4点，1903年のヴェネツィア・ビエンナーレに《5人の肖像》（1901-1902，ティールスカ美術館）が出品され，国際的な認知度はさらに高まった．1904年にはライナー・マリア・リルケがハマスホイ論を執筆するために彼を訪問するが，その小論が完成することはなかった．

●**パリとロンドン**　1891年，ハマスホイは学友ピーダ・イルステズ（1861-1933）の妹イーダと結婚すると，半年にわたる新婚旅行でパリを訪問し，ルーヴル美術館でギリシャ大理石レリーフを模写した．当時のフランス美術から影響を受けることを恐れ，美術館で過去の巨匠から学ぶことを選んだのである．とはいえ，フランス美術から完全に逃れることはできず，ピュヴィ・ド・シャヴァンヌに代表される世紀末の象徴派の動向に合わせた制作が始まる．ロンドンには1897年から1898年まで滞在し，妻と自分の後ろ姿を組み合わせた《二人の人物像》（1898，

アロス・オーフース美術館）をジェームズ・マクニール・ホイッスラーに見せようとするものの，ホイッスラーはフランスに滞在中だったため会えなかった．学生時代に彼の《灰色と黒のアレンジメント No.1》（1871，オルセー美術館）の複製写真に刺激されて自分の母親の肖像画を描くほど尊敬していた．ハマスホイから進んで人に会おうとしたのは，この一度きりである．

●**ストランゲーゼ 30 番地の室内画**　1898 年に夫妻はコペンハーゲンのストランゲーゼ 30 番地に引っ越すと，ここが彼の芸術にとって最も重要な場所となる．自宅を舞台とした一連の室内画は，妻イーダの後ろ姿，あるいは誰もいない室内が，灰色の色調で繰返し描かれた．《背を向けた若い女性のいる室内》（1904，ラナス美術館）は，居間で背を向けて立つイーダの表情を読み取れないため，鑑賞者は現場に居合わせながらも不安な気持ちに襲われる（図 1）．一見，写実的に見えるものの，人物像の寸法に比して静物が巨大なためだ．また，ハマスホイは，画面から家具を取り去り，配置を変えることで，日常の光景に不安な空間を生み出すことに成功した．《白い扉》（1905，デーヴィズ・コレクション）では，住居の構造は正確だが一切の調度品が取り払われ，まるで引っ越し直後かのように見える（図 2）．その床板の輝きだけが，人が生活していた痕跡を不気味にほのめかすのみである．風景画も，本来，交通の多いところを無人の暗い色調で描いている．これらは，ベルギー象徴派との関係を思わせる無言の絵画と呼ぶことができる．日本語の文献に『ヴィルヘルム・ハンマースホイ――静かなる詩情』（佐藤直樹，フェリックス・クレマー他編，2008，国立西洋美術館）がある．

図 1　ヴィルヘルム・ハマスホイ《背を向けた若い女性のいる室内》（1904，ラナス美術館）

図 2　ヴィルヘルム・ハマスホイ《白い扉》（1905，デーヴィズ・コレクション）

［佐藤直樹］

📖 **参考文献**

[1] 佐藤直樹，フェリックス・クレマー他編 2008『ヴィルヘルム・ハンマースホイ――静かなる詩情』国立西洋美術館．

ヘレーン・シャルヴベック（ヘレン・シャルフベック）

●**初期とパリ留学** ヘレーン・シャルヴベック（ヘレン・シャルフベック）（Helene Schjerfbeck, 1862-1946）は，ノルウェーのムンクと同時代を生きたフィンランドを代表する画家である．彼女は鉄道機関工場の事務局長スヴァンテと妻オルガの娘としてヘルシンキに生まれた．3歳で階段から落ちたことが原因で左足が不自由となり，生涯にわたり杖を放せなくなる．歩行困難により小学校に通うことができなかったが，家庭教師から絵の才能を見出され11歳という若さでフィンランド芸術協会の素描学校に入学が許可された．ここで4年間学んだ後，アードルフ・フォン・ベッケル（1831-1909）の画塾で学び，《雪の中の負傷兵》

図1 ヘレーン・シャルヴベック《お針子》（1905, アテネウム国立美術館）

（1880, アテネウム国立美術館）により奨学金を得てパリに留学する．パリでは画塾アカデミー・コラロッシに籍を置き，レアリスムと自然主義を学ぶ．同時に，パリで最も先鋭的であったマネやセザンヌ，ホイッスラーなどの強い影響も受ける．《お針子》（1905, アテネウム国立美術館）は，ホイッスラーの《母の肖像》（1871, オルセー美術館）を参照している（図1）．パリ留学時代には，画家仲間とフランス・ブルターニュ地方のポン＝タヴェンやイギリス・コーンウォール地方のセント・アイヴズにも長期滞在し，この地方の子供達を優しいまなざしで描いた．なかでも，セント・アイヴズで描いた《快復期》（1888, アテネウム国立美術館）は，パリのサロンに出品されるとフィンランド芸術協会によって買い上げられ，翌1889年のパリ万博にはフィンランド作家として出品，銅メダルを獲得し国際的な名声を手に入れた．

●**ヒュヴィンカーでのフランス美術の消化と展開** 1892年にヘルシンキに戻ると，自分が学んだ素描学校で教鞭を執るものの体調不良から職を辞し，母親とともにヒュヴィンカーに引っ越して制作活動に専念する．この時から15年間，一度も町を出ることなく，近所の子供達や町の人々をモデルに多数の肖像画を描くようになる．しかし，彼女は美術界と断絶していたわけではない．画家仲間との手紙による情報交換，さまざまな展覧会への出品，あるいはフランスやイギリスの美術雑誌の購読など，国際的な美術界の動向には常に目を配っていた．ヒュヴィンカーという小さな町で引きこもった最大の成果は，彼女の画風の完成であ

る．制作以外の雑務を逃れることで，パリでの体験を十分に消化し，抽象画家への転身を果たすことができたからである．購読していた美術雑誌からは，同時代の美術だけでなく，セザンヌやピカソが注目していた16世紀のスペイン画家エル・グレコの再評価からも影響を受ける．実物を目の前にせずとも，白黒の写真図版から創作意欲を刺激され，エル・グレコに基づく作品をいくつも制作した．

●**自画像** シャルヴベックの画業で何より注目すべきは，自分を冷徹に見つめた一連の自画像であろう．それは新しい技法を試す場でもあり，その時々の自分の心情を映す鏡でもあった．1919年，19歳下の画家仲間エイナル・ロイテルに失恋したとき，彼女はすでに57歳であった．《未完の自画像》（1921，リーヒマキ美術館）を見ると，まるで自分の顔を消し去るかのように，画布に激しい思いをぶつけているのがわかる．しかし，失恋後もロイテルとの友情関係は継続し，シャルヴベックが亡くなるまでロイテルは彼女の良き相談相手であり続けた．ロイテルはペンネーム H. Ahtela を名乗り，彼女の生前からシャルヴベックの作品論を出版する美術研究家でもあった．シャルヴベックは年齢を重ね体力が衰えると，画商ヨースタ・ステーンマンの勧めもあり，初期の自作を抽象化した再解釈を開始する．それは人気のあった作品の単なるレプリカではなく，自分の旧作を抽象化するという意欲的な試みでもあった．第二次世界大戦の激しさが増すと，ステーンマンの説得に従い，1944年にはスウェーデンの保養地サルトシューバーデンのホテルに移り住み，ここが終の住処となる．このホテルの一室で，シャルヴベックは死に向かって衰えてゆく自分の顔をモチーフに20点以上の自画像を制作した（図2）．鏡の中の自分を冷徹に見つめ，美化することなく，骸骨のように頬のこけた自分の顔を描き続けていく．また，自室に運ばれてくる果物もモデルとなった．《黒いりんごのある静物》（1944，ディドリクセン美術館）の変色したりんごは，死に向かう自分と重ね合せていたのだろう．日本語の文献に『ヘレン・シャルフベック——魂のまなざし』（佐藤監修，2015，求龍堂）がある． [佐藤直樹]

図2 ヘレーン・シャルヴベック《赤い点のある自画像》（1944，アテネウム国立美術館）

📖 **参考文献**

[1] 佐藤直樹監修 2015『ヘレン・シャルフベック——魂のまなざし』求龍堂．

20世紀,パリに集まった北欧の画家達

　北欧の美術については,ムンクやハマスホイ,ラーションなど19世紀末の一部の画家達を除いては,ほとんど日本で紹介されることはなく,国際的に見ても,必ずしも高い評価があるわけではない.とりわけ,20世紀前半のモダニズムの美術に至っては,北欧各国内を除いてほとんど紹介されてこなかっただろう.しかし,この時代,北欧の画家達は,当時の数多くの芸術家達と同じく,芸術の都であるパリに集まり新しい絵画の様式と表現を学んだ.特に,1900～1920年代のパリには数多くの画塾が存在し,そこで新しい絵画について学ぶことができた.本項目では,「アカデミー・マティス」に通っていた画家達とその周辺にいた芸術家達に注目して,20世紀前半の北欧の美術の一面を紹介していきたい.

●「アカデミー・マティス」の画家達　1907年の秋,アメリカ人画家のサラ・スタインとドイツ人画家のハンス・プルマンが,アンリ・マティスにモダニズムを学べる絵画教室を作ることを提案したことにより,画塾「アカデミー・マティス」が誕生した(1908～1911).このアカデミーに通っていた画家達は,アメリカ人,ドイツ人,スカンディナヴィア人がほとんどであった.スカンディナヴィア人の大半は,スウェーデン人と

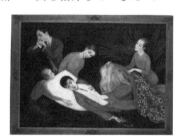

図1　ニルス・フォン・ダルデル《ダンディの死》(1917,ストックホルム近代美術館)

ノルウェー人であり,デンマーク人では,女流画家のアストリズ・ホルム,アイスランド人では,ヨウン・ステファンソンという画家が学んでいた.スウェーデン人では,「若き人々」のグループの画家達が学んでいた.このグループは,イーサック・グリューネヴァルドを中心に,グリューネヴァルドの妻であるシーグリッド・イェールデン,そして,ニルス・フォン・ダルデル,エイナル・ヨリーン,レアンデル・エングストゥルムによって設立された,スウェーデンのモダニズムグループで,スウェーデンのモダニズム美術の先駆的な活動をした(図1).ノルウェー人では,ジャン・ハイバルグ,ヘンリク・ソーレンセン,ノルウェーの19世紀末の画家クリスティアン・クローグの息子でアメリカの国連本部の壁画を手がけたペール・クローグなどがいる.彼らは,モンパルナスに世界中から集まっていたエコール・ド・パリの画家達と交流しており,パリから北欧各国に帰国してから,当時,最先端のパリのモダニズム美術を広めていった.

●「バレエ・スエドワ」とパリのスウェーデン人　マティスに学んでいたスウェー

デン人画家ダルデルの親友であり，パトロンであったのがスウェーデン人興行師ロルフ・ドゥ・マレーである．マレーは，ダルデルの仲介もあって，スウェーデンやフランスのモダニズム絵画を収集したコレクターであり，親友のバレエダンサー，ジャン・ボルランとミハイル・フォーキンの勧めもあって「バレエ・スエドワ」を設立した人物である．「バレエ・スエドワ」は，1920～1925年にかけてシャンゼリゼ劇場を拠点に活動したバレエカンパニーである．このバレエ団で上演された演目は，北欧を題材にしたものやスウェーデンの芸術家達が関わった作品が多い．例えば，スウェーデン人作曲家アルヴェーンの音楽とダルデルの舞台美術による《聖ヨハネの夜》(1920)，パール・ラーゲルクヴィストの台本とヴィーキング・ダールの音楽，ダルデルの美術による《精神病院》(1920)，ハクヴィーニスの音楽，グンナル・ハルストゥルムの美術による《森の生贄》(1923)などである．一方で，日本人画家である藤田嗣治が舞台美術を手がけた《不思議なトーナメント》(1924)，ピカビアの台本・美術，サティの音楽にルネ・クレールの映画《幕間》がバレエの中で上演されたダダイズム・バレエ《本日休演》(1925)などパリのモダニズムを取り入れた作品も数多く上演されている．このように，パリに集まったスウェーデン人芸術家達は，世界中の芸術家達とともに，最新の芸術運動を巻き起こしていったのである．

●**パリに集まった北欧の前衛画家達**　パリに集まった北欧の画家達は，全員がマティスに学んだわけではない．例えば，スウェーデンの画家では，フェルナン・レジェが開設した，「アカデミー・モデルン」で学んだエーリック・オルソン等がいる．彼は，スウェーデンの故郷に帰国すると，兄のアクセル・オルソンや親友のステッラン・ムーネルなどとともに，スウェーデンのシュールレアリスムのグループである，「ハルムステッド・グループ」を結成して，スウェーデンの前衛活動を進めた．第二次世界大戦後には，シュールレアリスムとフランスのアンフォルメルの影響を受けたデンマークの画家アスガ・ヨーンがデンマーク，ベルギー，オランダを中心とする北部ヨーロッパの画家達が参加するコブラ（COBRA）という前衛的なグループを結成した．その呼称は，3国の首都名のイニシャルで合成し，そこにはフランスに留学中だった日本人画家の田淵安一も参加していたため，日本にも早くからそのグループが紹介されることになった．

　ここまで見てきたように，北欧のモダニズムの画家達は，世界中から芸術家達が集まっていたパリへ行き，最先端の芸術を学ぶことによって，北欧の芸術の発展に貢献することになった．そして，北欧のモダニズムは独自の発展を進め，「バレエ・スエドワ」やCOBRAといったヨーロッパ中を巻き込むような前衛的な活動にまで発展していったのである．　　　　　　　　　　　　［岩崎達也］

📖 **参考文献**

[1] Hubert van den Berg, 2012, *A cultural history of the avant-garde in the Nordic countries*, Rodopi.

北欧映画の歴史と状況

　北欧 5 か国において映画史的に最も重要な国はデンマークとスウェーデンである．デンマークは 1911 年から 1914 年にかけて，国際的な映画市場において重要な役割を演じた．スウェーデンはデンマーク映画を見習うかたちで映画製作を開始したが，まもなく文学の映画化作品などに独自の展開を示し始めた．ノルウェーは歴史的に自国の映画産業が活況を呈したことはなかった．フィンランドも 1920 年代まではスウェーデンの映画文化の強力な影響下にあった．アイスランドは自国の映画産業と呼べるようなものは長い間存在しなかった．

●デンマーク　デンマークが本格的な映画産業をスタートさせるのは 1906 年，オーレ・オールセンがノーディスク映画社を設立し，映画の組織的製作を開始することによってである．アスタ・ニルセンやオーラフ・フンスのようなスターが登場し，これらの映画スターは主としてドイツ映画界で活躍した．だが，国際的な映画市場に多く依存していたデンマーク映画は，第一次世界大戦が始まると，市場の閉鎖に伴って次第に衰退を始め，戦後も戦前の威力を取り戻すことはなかった．一方，大戦の終了期から映画監督として一本立ちしたカール・Th. ドライア（ドライヤー）のような優れた監督が登場し，デンマーク映画の国際的認知に大きく貢献するが，そのドライア自身，デンマークでは自分の思うように映画製作の仕事ができず，スウェーデンやドイツやフランスで製作せざるを得ない状況がしばらく続いた．1930 年代に入り映画がサウンド映画の時代になると，デンマーク語発声の映画は国際的にも需要が少なく，内国製の映画の製作は激減した．だが，デンマーク語発声のサウンド映画が，国内向けの映画観客をターゲットとして製作されたこともあって，デンマークのサウンド映画は全体的に見るなら，愛国主義的な傾向をもち，風景や自然，伝統的な文化，日常生活の中に見出し得る些細な幸福といった点に目を向けるようになった．ジャンルとしては，民衆喜劇が発達し，これは第二次世界大戦以降のデンマーク映画の一般的傾向を築く基礎ともなった．国際的な映画市場という枠内では，そうした傾向はデンマーク映画の（そしてその他の北欧映画全般の）地方性として，むしろ否定的に語られる．1980 年代から国際的な映画市場に彗星のごとく登場したラース・フォン・トリーアの作品は，こうしたデンマーク映画，北欧映画の地方性を批判的にとらえ，またある面ではそれを逆手にとらえることによって，デンマーク映画が国際的に受容される意味を問うている．

●スウェーデン　1905 年から個人で記録映画を撮影していたチャールス・マグヌソンは，デンマークのノーディスク社に刺激を受けて，1909 年にスヴェンス

カ・ビオ社を設立した．この会社によって，スウェーデンにおける本格的な映画製作が始まる．スヴェンスカ・ビオ社で映画を監督したヴィクトル・シュースドゥルムとマウリッツ・スティッレル，それにユーテボリのハッセルブラード社を中心に映画を監督したイェーオリ・アフ・クレルケルの3人が，初期スウェーデン映画を代表する監督といえる．とりわけシュースドゥルムとスティッレルは，1910年代後半からセルマ・ラーゲルルーヴらの文学作品を映画化し，国際的にも注目されるようになる．だが，第一次世界大戦後，アメリカ映画の支配が顕著になると，シュースドゥルムもスティッレルも，そしてグレータ・ガルボをはじめとする俳優達も，アメリカの映画会社に引き抜かれて渡米する．デンマークの場合とは違い，サウンド映画の出現はスウェーデンにおける映画製作を弱体化することはなかった．グスタヴ・モランデルやアルフ・シューバリのような監督が1930年代から1950年代のスウェーデン映画の芸術的側面を支えることになる．アルフ・シューバリのもとからは，若き舞台演出家であったイングマール・ベルイマン［イングマル・バリマン］が映画監督としてデビューする．ベルイマンは数多くの問題作を世に送り，その大部分は国際的に非常に高く評価された．ベルイマン映画にある内省的な傾向への反動として1960年代にはボー・ヴィデルバリのようなリアリズム，社会民主主義的な映画を意識的に作る者も登場した．だが近年のスウェーデン映画はそうした監督の個性を展開させるよりも，むしろアメリカ映画的なジャンルに依存した映画の製作が顕著に見られる．

●フィンランド　北欧5か国の中でデンマーク，スウェーデンに次いで映画産業が比較的重要であるのはフィンランドである．アキ・カウリスマキのような映画の国際市場で注目される個性的な監督を輩出している点においても，今日においてフィンランド映画の存在は決して無視できない．だが歴史的には，カウリスマキ以前にこの国の映画が特別に注目されることはあまりなかった．1930年代に数本の非常に優れた映画を作ったニルキ・タピオヴァーラのような監督は20代で戦死したため，半ば伝説化され，ようやく近年再発見されるに至っている．

●ノルウェー　デンマークとスウェーデン映画文化の強力な影響下にあって，ノルウェーで映画産業が活性化されることは，歴史的にはなかった．作家イプセンの孫であるタンクレッド・イプセンが1930年代から1960年代初めにかけて映画を監督した．そのうちのいくつかは国際市場にも出たが，多くの作品は地方的な受容がなされたのみであった．

●アイスランド　アイスランドの映画文化は外国映画の受容にとどまり，長い間，独自の創作活動という点ではないに等しかった．1979年に映画基金が制定されて以降，いくつかの注目される作品が製作された．フリズリク・ソウル・フリズリクソンのようなアイスランドの地に根ざした作品は，国際的にアイスランド映画の存在を認知させることに貢献した．　　　　　　　　　　［小松　弘］

アキ・カウリスマキ

アキ・カウリスマキ（Aki Kaurismäki, 1957-）はフィンランドを代表する映画監督である.

●**略歴** フィンランド南部のオリマッティラ出身. タンペレ大学在学中に大学新聞を発行したり, 映画雑誌に投稿したりするなど創作活動に打ち込む. 同じく, 映画監督である兄のミカ・カウリスマキ（Mika Kaurismäki, 1955-）と 1981 年に初の長編ドキュメンタリー『サイマー現象』を監督し, 映画製作の道に進む. 1983 年に監督した初の長編映画『罪と罰』は, フィンランドの映画賞であるユッシ賞第 1 回最優秀処女賞および最優秀脚本賞を受賞する. 1986 年に発表した『パラダイスの夕暮れ』は, ユッシ賞最優秀映画賞を受賞する. 同作品はカンヌ国際映画祭の監督週間, モスクワ映画祭, 東京国際映画祭に出品された. その後, 監督作品は世界の映画祭に出品するたびに世界で注目を集め, 2002 年の『過去のない男』はカンヌ国際映画祭グランプリを受賞し, 主演のカティ・オウティネン（Kati Outinen, 1961-）も主演女優賞を受賞した. 同作品は 2003 年にアカデミー外国語賞にもノミネートされていたが, カウリスマキはアメリカのイラク攻撃に抗議を示すために授賞式をボイコットした. 前年の 2002 年のニューヨーク映画祭にもゲストとして招待されていたが, 同じくゲストであったイラン人監督アッバス・キアロスタミがアメリカ入国のためのビザを取得することができなかったことに抗議し, 映画祭の参加を取りやめるなど, カウリスマキは政治的行動を表明することでも知られる. 日本にもファンが多い. 彼は制作会社スプートニクの経営者でもある.

●**主な作品とその特徴** カウリスマキの映画の特徴は大きく分けて 3 点ある.

1 点目は主人公が市井の人, とりわけ社会における弱者が大半を占めている点である.「労働者三部作」と呼ばれる『パラダイスの夕暮れ』『真夜中の虹』『マッチ工場の少女』の 3 作品は, その名のとおり労働者を主人公に据えた作品である. 1986 年の『パラダイスの夕暮れ』の主人公はゴミ収集車の運転手で, ヒロインはスーパーマーケットのレジ係である. これらの主人公には, 次々と不幸な事件が起きるのも共通点である.

「敗者三部作」と呼ばれる『浮き雲』『過去のない男』『街のあかり』の 3 作品は, 社会の「負け組」が主人公である. 1996 年の『浮き雲』は, レストランで給仕長を務める女性と市電の運転手をしている彼女の夫が夫婦ともに失業してしまうところから物語が始まる. 2002 年の『過去のない男』は, 冒頭からヘルシンキに降り立った主人公がひどい暴行を受けて, 瀕死の状態になる. 以上のような三

部作作品に限らず，カウリスマキ映画の主人公はたいてい不幸な身の上である．

2点目は，同じ俳優を繰返し作品に起用している点にある．名優マッティ・ペッロンパー（Matti Pellonpää, 1951-1995）は，カウリスマキの10作品に出演した．マルック・ペルトラ（Markku Peltola, 1956-2007）は，2006年に上映されたフィンランドを舞台にした日本映画『かもめ食堂』（荻上直子監督作品）にも出演している．女優オウティネンは，上述したように『過去のない男』で2002年にカンヌ映画祭最優秀主演女優賞を受賞した．エスコ・ニッカリ（Esko Nikkari, 1938-2006）もカウリスマキ作品の名脇役であった．

3点目は，台詞が極端に少なく，登場人物が感情をあまり表さない点にある．登場人物は話をする代わりに酒を頻繁に飲み，タバコを吸い続ける．フィンランド・タンゴやイスケルマ（フィンランドの大衆音楽，演歌のようなメロディーである）が登場人物の心を代弁するかのように流れる．

●その他の特徴　カウリスマキは，古典を題材とした作品も監督している．1987年の『ハムレット・ゴーズ・ビジネス』は，シェイクスピアの『ハムレット』の舞台をフィンランドの企業に置き換えた作品である．1999年の『白い花びら』は，フィンランド語系フィンランド人作家ユハニ・アホの名作『ユハ』を下敷きにした作品で，農民夫婦と都会からやってきた伊達男の三角関係が描かれている．この映画は白黒映画でかつ無声映画である．

海外を舞台にした映画も撮っている．1990年の『コントラクト・キラー』の主人公である自殺願望をもつフランス生まれの役人はロンドンに暮らしている設定である．1991年の『ラヴィ・ド・ボエーム』は，パリに住む貧困にある3人の芸術家の話である．2011年の『ル・アーヴルの靴みがき』は，題名にあるように北フランスの港町ル・アーヴルが舞台である．

また，カウリスマキ作品からロックバンドが誕生している．1989年に「世界最悪のロックバンド」というキャッチフレーズのロックバンド，レニングラード・カウボーイズを主人公にした作品である『レニングラード・カウボーイズ・ゴー・アメリカ』が話題となり，このバンドはその後も音楽活動を続けている．彼らは，極端にとんがったリーゼント頭と同じくとんがった靴を履き，軍服を模した服装でサングラスをしたスタイルが特徴である．1994年に続編の『レニングラード・カウボーイズ，モーゼに会う』が発表された．また，1993年にヘルシンキの元老院広場で，レッド・アーミーの楽隊とともに行ったコンサートのドキュメンタリー『トータル・バラライカ・ショー』もカウリスマキが撮影したものである．　　　　　　　　　　　　　　　　　　　　　　　　　　　　　　［石野裕子］

📖 **参考文献**

[1] ペーター・フォン・バーグ，森下圭子訳 2007『アキ・カウリスマキ』愛育社．

北欧の写真家達

　写真の開発が，発明家はもとより，天文学者，磁器製造家，画家達の間で競われたのは，天体観測，医学，植物学などの科学利用，磁器への図案転写，印刷などの工業利用，そして絵画・彫刻等，美術への利用などが見込まれたからである．1839年1月，画期的な発明であるダゲレオタイプ（画家ダゲールによる銀板写真）がフランスの国会で「特許」として認定され，写真術はたちまち，世界各地に拡散した．写真は19世紀半ばからの近代戦争と近代社会を記録し，その報道の中心となる一方で，新たな芸術表現（メディア）として追求されていく．世界各地で起きていたそうした写真の活用と意義を認めていく歴史の流れは北欧にも存在していたが，それが積極的に意識され始めたのは，写真が世界的に芸術・文化財として認識された近年のことである．

●**19世紀北欧の写真**　デンマークでは，海軍士官からチュニス領事となり考古学者，貨幣収集家としても功績を残したクリスチャン・トゥクセン・ファルベ（Christian Tuxen Falbe, 1791-1849）が，発明好きの後のクリスチャン8世王であるクリスチャン・フレゼリク公の代理として，パリでダゲールに会い，初期のダゲレオタイプのカメラを故国に持ち帰り，公の肖像が撮影されることになった．以降，貴顕の肖像は写真か，写真をもとにした画像が一般化し，王族の肖像が国家の象徴として利用されるようになる．

　北欧に現存する最古の写真は，電信の発明者で童謡・讃美歌の作曲家でもあったピータ・フェーバ（Peter Faber, 1810-1877）による，1840年のコペンハーゲンの《ウルフェルツ・プラス（Ulfeldts Plads）の静かな風景》（コペンハーゲン市立博物館）で，パリでの写真公開よりわずか1年後のものである．同年夏，フランス人写真家ヌーブールが国民的英雄の彫刻家トーヴァルセンを屋外で撮影してその晩年の姿を歴史的映像として残した．写真は流行となり，コペンハーゲンでは1842年にはダゲレオタイプ写真家マス・アルストロプ（Mads Alstrup, 1810-1877）が営業写真館を開き，1850年には，地方も含め100に及ぶ写真館が営業されていた．

　ギーオウ・イミール・ハンセン（Georg Emil Hansen, 1833-1891）は，写真を好んだ作家アンデルセンを生涯にわたってスタジオで24回撮影したほか，クリスチャン9世と家族などを撮影，1862年のロンドン万博で受賞するなど，19世紀後半で最も成功した写真家であった．1860年代には，コロディオン湿板によるカルト・ド・ヴィジット（名刺判写真）が普及し，ドイツから移住したハインリイ・トゥニエス（Heinrich Tønnies, 1825-1903）は生涯，7万5,000点の人物，

風景写真を残したといわれる．1864年の第二次スリースヴィ戦争には，ハンセンとともに戦地を撮影し，報道写真家の先駆けとなった．

　デンマーク同様，ノルウェーにおいても，最初のダゲレオタイプ写真がもたらされたのはパリでの写真公開の直後で，1939年デンマーク生まれでノルウェーのクリスティアニアで石版画を描いていたハンス・トゥーヤ・ヴィンタ（Hans Thøger Winther, 1786-1851）がカメラを入手し，独学で写真術を学んだ．1844年のクリスティアニアの街並みを写したネガ法による紙焼き写真が現存し，翌1845年は写真術の技法書も出版している．婦人用ケープや造花を販売していたカール・ネウペット（Carl Neupert）も写真を起業し，1844〜1846年にはクリスティアニアで営業，1844年にはクリスティアンサン，トロンハイム，ベルゲンに支店を設け，1847年にはサンクト・ペテルブルク，そして1848〜1849年にはヘルシンキとフィンランド各地で営業した．このように，写真業は最先端のビジネスで，先取の精神と商才ある起業家達が主役となり，北欧とバルト海沿岸地域の港町に販路を広げ，新しい文明と表現メディアを伝えるかたちで発展していった．

●**19世紀末から20世紀の北欧の写真**　ノルウェーでは，マルクス・セルメル（Marcus Selmer, 1819-1900）は風景写真を確立し，クヌート・クヌーセン（Knud Knudsen, 1832-1915），そして，スウェーデンの写真家で南スウェーデンのウッデバラから1867年にユーテボリに移ったアクセル・リンダール（Axel Lindahl, 1841-1906）が調和のある審美的なノルウェー風景写真を制作した．スウェーデンではイギリスに渡り，フォトモンタージュによる芸術写真を確立したO. G. レイランデル（O. G. Rejlander, 1813-1875）が世界写真史上欠かせない巨匠となったことは特記すべきであるが，故国ではヒルダ・シューリン（Hilda Sjölin, 1835-1915）などの女流写真家をはじめ多くの写真家が活動した．フィンランドのヘルシンキでは，1870年代にC. A. ホルド（C. A. Hårdh），1900年代にはエーリック・スンドストルム（Eric Sundström）の営業写真館が有名であった．アイスランドでは，1867年にシグフース・エイムンドソン（Sigfús Eymundsson, 1837-1911）がレイキャヴィークに営業写真館と書店を開き，アイスランドの近代化を記録している．アイスランドは1874年に自治法が制定され独立がかなったが，エイムンドソンによって撮影された，アイスランド独立運動の指導者ヨウン・シーグルズソン（Jón Sigurðsson, 1811-1879）の1880年5月4日のレイキャヴィークで行われた葬儀を俯瞰した写真は，建国間もなくの街並みから群衆の詳細までが記録され，今日でも歴史的瞬間の荘厳さを生き生きと伝えている（図1）．エイムンドソンは，農耕馬や人々の暮らしなど，国内のさまざまな情景を撮影した．写真という新しい科学的メディアは，北欧圏の中で忘れ去られてしまいがちな遠隔地，辺境にある小国の歴史・文化を残す手段として，最も有効であったといえ，

図 1 シグフース・エイムンドソン《1880 年 5 月ヨウン・シーグルズソンの葬儀》(1880)

そこにはその辺境に住む人々の息遣いと熱い表現意欲が込められている．
　第一次世界大戦後は，世界的傾向を受け，北欧の写真もピクトリアリズム（絵画主義）からモダニズム（造形主義）に移行する．デンマークでは，1948 年に機械をシャープに撮影したカラー写真で注目を浴び，建築を構造的に表現したケル・ヘルマ=ピータセン（Keld Helmer-Petersen, 1920-2013）（図 2）が知られ，スウェーデンでは，グラフ雑誌『SE』の寄稿者であったスヴェン=ユスタ・ヨーハンソン（Sven-Gösta Johansson, 1927-）とハンス・マルバリ（Hans Malmberg, 1927-1977）が，ソ連やアジア，朝鮮戦争を取材した．また，ロルフ・ヴィンクヴィスト（Rolf Winqvist, 1910-1968）は肖像写真家として国際的に知られ，報道やファッション写真も手がけた．ノルウェーでは，ロルフ・モーテンセン（Rolf Mortensen, 1899-1975）が，オスロ・カメラ・クラブの機関紙を編集し，後に 1927 年ノルウェー写真協会の創立者の 1 人となり著書も多く，国際的な連携を模索した．フィンランドでは，ファッション写真家でもあるカール=グスタヴ・ロース（Karl-Gustav Roos, 1937-1976）が中国の文化大革命を欧米人で初めて撮影したことで著名である．20 世紀半ばまでは，世界的に写真はモノクロームが大半であったが，北欧の雪景色を思わせる白黒のモノクロームの諧調は，北欧写真家の共通の特徴となり，北欧の写真の個性を際立たせているように思える．

図2　ケル・ヘルマ=ピータセン《橋のディテール》(1955頃)

●**各地での写真美術館の開館と写真芸術の紹介**　ユーテボリには，1841年創業で1937年からカメラを自主開発し，最高級6×6cm判一眼レフカメラのメーカーとして世界的地位を確立したハッセルブラッド社が財団を設立，1980年以降，ハッセルブラッド国際写真賞を設立，自然写真家に奨学金を出し，国際的影響を与えている．1969年開館のヘルシンキのフィンランド写真美術館，1976年にノルウェーのホルテンに創立され，1995年からは国立となった写真美術館のプレウス美術館，また1981年に個人美術館として開館され，1987年からは市立となったレイキャヴィーク写真美術館，2010年に開館したストックホルムの現代写真美術館などを通じて，各国の写真史の発掘，現代写真家の育成，北欧写真の相互の交流が活発に行われ始め，北欧での写真史，写真の発展は著しい．

　北欧の現在の政治・社会の枠組みを決めた19世紀後半20世紀以降の近代史・現代史において，映像を含む写真というメディアは，科学的な率直さをもち，人間・社会に密着し，新しい芸術手段であったがゆえに，北欧の近・現代史を見直す可能性をもっているといえよう． 　　　　　　　　　　　　　　　　　　　　　　　［岡部昌幸］

北欧のヘヴィ・メタル

●「北欧メタル」の形成　北欧の音楽といえば ABBA やシベリウスといったところが有名であるが,「ヘヴィ・メタル」(以下, HM) の中心地としても知られる. HM に関するインターネット上のフリー事典 Encyclopaedia Metallum をみると, スウェーデン・フィンランド・ノルウェー・デンマーク・アイスランドにはそれぞれ 4,069・3,385・1,500・854・107 の HM バンドが登録されている(2016 年 2 月現在). アメリカ合衆国の 2 万 2,557 を別にすれば, ドイツ 9,766, イタリア 5,745, イギリス 4,299, ブラジル 5,040 が目立つが, 人口に比して特にスウェーデンとフィンランドには HM バンドが多い. しかも HM シーンにおいて重要なバンドも少なくない. ここではそうした北欧の HM について概観していく.

　そもそも HM とは, 楽曲の構築美, ひずんだ音で一定のリフを刻むギター, 重厚かつ速いリズム, 高音とシャウトを多用するボーカルといった特徴をもつロック音楽の一ジャンルである. 日本では, ブルースの影響が強いアメリカの Bon Jovi や Guns N' Roses, ヴィジュアル系ロックの要素をもつ X Japan(日)などの人気が高いが, コアな HM ファンの間では, いわゆる「北欧メタル北欧メタル」も 1980 年代から一定の支持を得ていた.

　北欧メタルとは,「北欧らしい」と人々が感じるであろう美しいメロディーやきらびやかな音作りを特徴とした, 北欧出身の HM バンドのサウンドを指す. 1980 年代の Europe, Madison, Silver Mountain(いずれもスウェーデン:以下瑞)などがその典型である. さらにロックギター界の革命児イングヴェイ・J. マルムスティーン(Yngwie J. Malmsteen)によって, まずはスウェーデンにおける HM が注目されるようになった. 彼らのサウンドには Deep Purple や UFO などイギリスのバンドの影響のほか, クラシック音楽の影響も強い. また ABBA を生んだ国らしくメロディーも親しみやすい.

　1980 年代後半にもなると, ドイツの「ジャーマンメタル」が北欧に大きな影響を及ぼす. Helloween を代表とするジャーマンメタルは, ワーグナーを彷彿させる仰々しい雄々しさが特徴である. フィンランドを代表するバンド Stratovarius は, そうしたサウンドをうまく取り込みながら北欧メタルの人気をいっそう高め Nightwish, Sonata Arctica など世界的な成功を収めるバンドがその後に続いた. またデンマークからは Pretty Maids, Royal Hunt, ノルウェーからは TNT, Conception といった個性的でかつ北欧らしいバンドも登場している.

●さまざまな「北欧メタル」　しかし一口に北欧の HM といっても, 実のところその音楽的特徴はかなり幅広い. 単にメロディックなだけでなく, Manowar

（米）や Accept（独）らに影響を受けた，力強いサウンドが特徴のバンドも多い．Hammerfall，Nocturnal Rites，戦争を楽曲のモチーフとしている Sabaton（いずれもスウェーデン），Turisas（フィンランド：以下芬）らがその典型だろう．

メロディック・デスメタル（つぶれた声で叫ぶ歌唱と美旋律のギターが特徴）の場合は北欧が世界の中心となっている．スウェーデンに初期デスメタルの Entombed が現れた後，At the Gates，In Flames，Arch Enemy，Scar Symmetry（いずれも瑞），Children of Bodom（芬）などの代表的存在が活躍している．Amorphis（芬）のように民族音楽の要素を取り込んだり，Therion（瑞）のようにオペラ的要素を取り入れることで音楽性を広げていったバンドもある．

純粋なロックンロールの要素が強いバンドも多い．1981 年にデビューした Hanoi Rocks（芬）は世界的にヒットし，後続のバンドに世界への道を開いた．Negative（芬）や Backyard Babies（瑞）などもこの流れを汲むサウンドをもつ．

そうした軽快な音作りとは逆に，ダークで暴虐性の強いサウンドも北欧 HM の流れの 1 つにある．異才クォーソン（Quorthon）によるバンド Bathory（瑞）は，Venom（英）に影響を受けたサウンドをひっさげて 1984 年にデビューし，世界中のブラックメタル・バンドのルーツとなった．悪魔主義を前面に押し出すブラックメタルは特にノルウェーで発展し，Darkthrone や Mayhem などを生み出したが，教会に放火するといった犯罪行為を起こす者まで現れた．

Bathory は後に北欧神話をモチーフにしたアルバムを発表し，Amon Amarth（瑞）や Ensiferum（芬）などの「ヴァイキングメタル」の祖ともなった．伝統に根ざしたサウンドをもつバンドとしては，Korpiklaani（芬）がある．フィドルが伝統的旋律を奏で，ミュージックビデオでは「毛皮を身にまとった大昔の森の住民」然としたいでたちで登場するなど，土着的文化をアピールしている．

●「北欧メタル」の今後　1990 年代以降，北欧の HM は世界的に認知されるようになったが，美旋律だけではなくダークな音作りも大きな特徴となった．また最近の「北欧らしさ」は，メロディーのわかりやすさというより，伝統や土着性を打ち出すものに変わりつつあるように思える．他方で近年の Europe のようにより普遍的なロックに音楽性が変化したり，北欧らしさは薄いがシンプルな音作りで人気の The Poodles（瑞）や Lordi（芬）のようなバンドもある．「伝統・土着」と「普遍」へのサウンドの二極化が，今後の北欧メタルが向かう先であるのかもしれない．　　　　　　　　　　　　　　　　　　　　　　　　　　　　　［入江幸二］

📖 参考文献

[1] マイケル・モイニハン，ディードリック・ソーデリンド，島田陽子訳 2008『ブラック・メタルの血塗られた歴史』メディア総合研究所．

[2] Stark, J. 2013 *The Heaviest Encyclopedia of Swedish Hard Rock and Heavy Metal Ever!*, Stockholm.

6. 北欧の社会

　本章では，ヨーロッパの国際関係の図式の中にあって大国ではありえない「小国」としての自らの存続のために，北欧諸国が北欧の「外」の世界との共存を図り，その自己主張をしつつ，内にあっては徹底した民主主義とその社会の構成員の安寧と安全の確保を第一としてきた現在の北欧社会のあり方を論じる．いろいろな歴史的要素が複合して出来上がった結果として，世界の中の独特の福祉国家群として存在させてきた北欧諸国のあり方を，各国の社会的成り立ち・その機能・その展開を，法制度，憲法，政治，経済といったファクターに加え，実質的な福祉社会の実態，日常の社会生活のあり方，教育といった観点から検討する．ここに集められたデータに裏打ちされた北欧諸国の社会事情の論述は，具体的な説得力に富んでいることが理解されよう．　　　　　　　　　　　　　　［村井誠人］

スウェーデンの司法制度

（2015 年 1 月現在）

●**スウェーデン法の特徴**　スウェーデンは成文法主義の国である．この点でドイツ，フランス，日本などと共通し，英国や米国などいわゆる不文法の国と異なっている．また，スウェーデンの法典編纂事業は，宗教改革以後フランス革命以前に行われていて，法典編纂事業がドイツ，フランスではフランス革命後に，日本では明治維新後に，それぞれ行われているのと異なっている．

　スウェーデンでは法律の規定の抽象度が低く，適用される場合が具体的に規定されている．また，法律の制定にあたって立法に対する意見が公募される（レミス手続き）など，準備作業が入念に行われ，いわゆる SOU（立法調査会答申）の出版が通例で，これらに基づいて政府の法律案が議会に提出される．法律案には通常その注解が用意されていて，施行後の解釈基準が提供されている．

●**スウェーデン王国法典**　現在出版されているスウェーデン王国法典は，1734年に制定された同名の法典を発祥としている．1734 年の王国法典は，1686 年カール 11 世の治世に設置された法律制定委員会の長期間の作業を経て制定されたもので，制定当時，「婚姻法」「相続法」「建造物法」「取引法」「犯罪法」「刑罰法」「強制執行法」および「裁判手続法」の 8 個の法律で構成されていた．現在の同法典は，「婚姻法」「親権者法」「相続法」「土地法」「不動産法」「計画および建築法」「環境法」「建造物法」「取引法」「損害賠償（不法行為）法」「破産法」「刑法」「裁判手続法」「強制執行法」および「社会保障法」の 15 の法律から構成されている．

　これに，「基本法」と定められている「統治組織法」「王位継承法」「出版の自由法」および「表現の自由基本法」が追加されている．「基本法」は，1734 年の王国法典には含まれていない．また，スウェーデンが 1994 年に欧州連合に加盟した後に，「欧州連合条約」と「欧州連合法」とが，「基本法」と同様に王国法典の中に取り入れられている．

●**裁判官規則**　これらとともに裁判官規則が王国法典には含まれている．この規則は 1734 年の王国法典よりも古い時代に作成されたものであり，法律制定手続きを経て制定されたものではない．国王グスタヴ・ヴァーサのもとで，スウェーデンがマルティン・ルターによる宗教改革の影響下に福音主義による国家形成を始めたときに，オラーウス・ペトリの手で 1540 年頃に作成されたと伝えられている．1734 年の王国法典はこれを基礎にして制定されているともいわれ，スウェーデン法制度および法原理の根底にあると考えられるものである．

●**立法，司法および行政**　スウェーデンの立法権は 1974 年改正の「統治組織法」

により議会に帰属している．それ以前立法権は国王と議会の双方に帰属していた．18世紀には，国王は専制君主として行政，司法，立法の三権の頂点に君臨しており，最高位の行政官であると同時に裁判の最終審であった．この制度の仕組みは後に改正されて現在に至っているが，この特色が行政に反映されて，スウェーデンの行政は独特なものとなっている．現在の「統治組織法」において行政における大臣責任制は存在せず，行政官は，司法官と同様に職務上の独立を保障されている．誤解を恐れずにいえば，「行政は司法の一部」といってもよいであろう．

●**裁判所組織**　スウェーデンの裁判所組織には，通常裁判所，行政裁判所および特別裁判所の3つの系統がある．通常裁判所は，最高裁判所，高等裁判所，地方裁判所の三審制，行政裁判所は，最高行政裁判所，高等行政裁判所，地方行政裁判所の同じく三審制である．これらのほかに，特別裁判所として，労働裁判所，市場裁判所がある．いわゆる環境裁判所は地方裁判所の一部として設置されている．

通常裁判所は，民事および刑事の訴訟事件を扱う裁判所であり，行政裁判所は，行政機関の行うさまざまな処分の違法性を問う国民の訴えに対応する裁判所である．労働裁判所は，労働訴訟について裁判する専門裁判所である．また，市場裁判所は，生産品の安全，消費者問題等産業活動にかかる訴訟事件を扱う専門裁判所である．この2つの特別裁判所の判決に対する上訴は許されない．

裁判所では通常，裁判官，当事者，訴訟代理人（弁護士）のほか参審員が加わって審理を行う．参審員は，英米の陪審員とは異なり，事実問題および法律問題の双方について意見を述べることができる．また，刑事訴訟事件では人格調査（判決前調査）制度のほか，組織的精神鑑定（法精神医学的調査）制度が存在する．

●**オンブズマン**　スウェーデンの「統治組織法」には，議会による統制権に関する規定があり，議会オンブズマンが存在する．かつては，裁判所も議会オンブズマンの監督に服していたが2010年の「統治組織法」の改正で裁判所へのオンブズマンの監督は廃止された．

議会オンブズマンは議会の選任する4人の法律家で，最高位の検察官である．オンブズマンは，苦情申立てまたは職権により国政に対する調査を行い，行政官の不当な措置に対して指摘を行い，法律違反があれば裁判所に訴追できる．オンブズマンは通常の検察官を指揮して職務を遂行する．監督の内容は毎年公表される業務報告から知ることができ，スウェーデン国政の透明性に寄与している．

なお，スウェーデンには議会オンブズマンのほかに，法務監察長官および検事総長の2種の最高位の検察官が存在する．法務監察長官は政府の訴訟代理人であるとともに，「出版の自由法」に定める事件の訴追を担当する．検事総長は通常の検察官僚組織の頂点に立つ官職である．　　　　　　　　　　　　　［坂田　仁］

スウェーデン憲法

●**スウェーデン憲法史**　中世初期の頃までスウェーデン王国では，他の北欧地域と同様，国王の選出，課税の承認，紛争の調停などの機能を担う「ティング」という地域集会が定期的に開催されていた．最古の成文法は 13 世紀前半の地方法である「ヴェステルユートランド法」であるが，ほかにも各地域に地方法が存在した．1350 年頃，マグヌス・エーリックソン王は，旧来の地方法を統合して最初の全国的法典「一般ランド法」を制定した．それによれば，スウェーデンの国制を「選挙王国（valrike）」と定め，選挙で選出された国王は，即位の際，法と秩序の確保と人々の生命・自由・財産を保護する旨を宣誓した．

　最初の統治法典（Regeringsformen）は，グスタヴ 2 世の死後，摂政オクセンシャーナにより作成され，1634 年に公布された．この文書は主に行政機構とその運用を定めたものであったが，後世のスウェーデン憲法の先駆けとなる．絶対王制期（1680〜1719 年）を経て，「自由の時代」（1719〜1772 年）に入ると，新しい統治法典（1719〜1720 年）と国会法（1723 年）により，王権は大幅に制限され身分制議会に権力を集中する体制が確立されたので，その下で政党政治が発展した．1766 年にはフランス啓蒙思想の影響下，出版の自由と公文書の公開制を保障した「出版の自由法」が基本法の一環として制定されている．

　1772 年にグスタヴ 3 世によるクーデターが成功すると，議会の時代は終息し，絶対王政が復活する．ところが，ナポレオン戦争の敗北のため軍部クーデターが決行され，グスタヴ 4 世が退位すると，最初の近代憲法である 1809 年統治法典が成立する．その特色は，モンテスキューの権力分立論に基づき，専制政治を回避するため国王と国会（身分制議会）の権力均衡制を構築した点にあった．国王は広範な執行権を有するが，国王に対する国務審議官（大臣）の抗議義務制を認め，国会の憲法委員会は国務審議官の法的・政治的責任を追及する権限を保持した．一方，立法権は国王と国会の共同行使とされ，財政権は国会の専権とした．

　20 世紀初頭，スウェーデンでは普通選挙運動や近代政党の結成により議会主義化・民主主義化が急速に進展する．1905 年と 1911 年に自由党党首カール・スターヴを首班とする「政党内閣」が実現し，1917 年には自由党・社会民主党の連立内閣が成立し，この時期以降，議院内閣制の慣行が次第に定着する．ところが，1950 年代になると，1809 年統治法典はヨーロッパ最古の憲法典として広く国民の支持を集めていたが，権力均衡制を定めた憲法の規定と議院内閣制の実際との間に生じた乖離はもはや埋めがたいものになった．このため憲法の全面改正作業が，憲法審議会（1954〜1963 年），基本法審議会（1966〜1972 年）という政

府審議会の調査活動と四大政党（社会民主党，自由党，中央党，穏健連合党）の合意形成により実施された．この間 1969 年の部分改正では，一院制への移行，国会の不信任決議権，大臣助言制などが明文化された．基本法審議会が 1972 年に作成した憲法改正案は，総選挙を挟んだ 2 度の国会で議決され，1974 年 2 月 28 日，現行の 1974 年統治法典（憲法）が成立する（翌年 1 月 1 日施行）．

●**現行憲法の特色**　スウェーデン憲法は伝統的に複数の基本法から構成されてきたが，現在は，統治法典（1974 年），王位継承法（1810 年），出版の自由法（1949 年），表現の自由法（1991 年）からなる．このうち各国の憲法に相当する統治法典（以下，憲法）は，次のような特色がある．

　まず，統治形態に関して，19 世紀型立憲君主制から国民主権に基づく象徴君主制へと大きく転換を遂げた．憲法の基本原則として，国民主権および代表制議会主義と地方自治による民主主義の実現（第 1 章 1 条）を掲げる一方，国王は新しく「元首（statschef）」と位置づけられ，「国民統合の代表者かつ国家全体の象徴（symbol för landet）」（政府解説書）として国政上の役割を担う．特に「情報権的君主」として，「国政情報を取得する権能」（第 5 章 1 条）に基づき国王と閣僚から構成される情報閣議（informationskonselj），政権交替の親任式での特別閣議および外交諮問委員会を主宰する．このほか通常国会の開会を宣言し，国際法上，外交使節の接受，信任状の認証，外国への公式訪問などを行う．

　次に，いかにも社会民主主義の国らしく，福祉国家型の体系的な人権保障を定めている．1974 年憲法は当初，第 2 章「基本的自由および権利」に暫定的に人権規定を設けていたが，その後，基本権審議会（1973〜1975 年）の検討を経て，1976 年の憲法改正では人権規定の拡大強化が図られた．その第 2 章に定める国民の自由・権利は，法律および委任命令によって制限できる「相対的基本権（relativa rättigheter）」（言論・出版の自由，情報の自由，集会・結社の自由，身体の不可侵，通信の秘密，国籍離脱の自由，裁判公開の原則など）と，憲法改正手続きによってのみ改正できる「絶対的基本権（absoluta rättigheter）」（信教の自由，意見表明強制の禁止，死刑の廃止，身体刑の禁止，遡及処罰の禁止など）とに大別される．一方，第 1 章 2 条は，個人の尊重，人間の平等とともに，勤労・住宅・教育の権利の確保，社会扶助・社会保障・生活環境の促進，家族生活の保護をプログラム規定として定め，福祉国家化の要請に応えている．外国人の人権に関しては，スウェーデン国民とほぼ同等の地位を保障している（第 2 章 22 条）．

　さらに，スウェーデンの伝統的機能である国会の政府・行政統制権を強化している．第 12 章「統制権」を設け，国会は憲法委員会による閣議議事録の審査を通じ大臣の法的責任を追及し，政治的責任に関して不信任決議権を保持する．また公務員による法律の適用を監視する行政監察官（国会オンブズマン）や国家財政を検査する会計審査官を置き，厳格な行政統制を図る．　　　　　　［下條芳明］

フィンランドの憲法

●**憲法史**　フィンランド固有の憲法史は 1809 年のロシアへの割譲に始まる．ロシア皇帝はフィンランドを自ら大公として統治する大公国とし，スウェーデン時代の法制度の効力維持をフィンランド身分制議会の代表者に約束した．当時スウェーデン王国の統治の基本を定め基本法とされていた統治章典（1772 年）と同盟および保護の証書（1789 年）も効力を認められ，以後も可能な範囲で適用されるとの理解が大公国内で確立してゆく．大公国はこれら基本法を礎に自治を強め，1863 年に大公国成立以来停止されていた四身分制議会を再開し，1869 年には国内の状況に即した議会法を基本法として制定した．基本法の制定改廃に，通常の法律のような 3 身分ではなく全 4 身分の承認を要求する手続はこの頃確立し，法律と基本法が形式上も分離した．その後のロシアによる自治の抑圧をしのいで 1906 年に制定された新しい議会法は，当時ヨーロッパで最も遅れていた身分制議会を，女性を含む普通・平等選挙による一院制議会へ一挙に転換した．同年には言論・集会・結社の自由法も基本法として制定された．

　1917 年の独立後，内戦を経て，1919 年に共和制をとる統治章典が制定・施行された．同章典の特徴は，内戦に至る過程で暴走した議会への不信から，大統領に強い権限を付与して議会を監視させる統治機構と，古典的自由権中心の基本権規定にある．フィンランドの基本法は，同章典，議会法（1928 年全面改正），閣僚等の弾劾に関する 1922 年の閣僚責任法および弾劾裁判所法の 4 法で，長らく構成されてきた．その後大統領の権限縮小や立法手続の効率化にかかる改正が順次行われ，1995 年には基本権規定が大幅に拡充された．そして 2000 年に 4 法を整理・統合した現行のフィンランド憲法が施行された．

●**統治の原則と構造**　憲法は①共和制（1 条），②国民主権原理と代議制民主主義，③法治原理とすべての公的活動における法の厳格遵守への要請を明記する（2条）．②については諮問的国民投票と 5 万人以上の有権者による議会立法の直接請求権が規定され（53 条），直接民主制的要素も存在する．③については，裁判所の事後的な合法性統制以外に，内閣に置かれる法務総裁が内閣および大統領の活動の合法性を，法務総裁と議会オンブズマンが裁判所を含む公的機関と公務員の法遵守および義務履行を監視する（108・109 条）．

　立法権と財政の決定権限は一院制の議会に，行政権は大統領と内閣に，司法権は最高裁判所と最高行政裁判所を最上級審とする裁判所に属する（3 条）．大統領は内閣の意に反して意思決定できるとする統治章典の解釈が 1920 年代に示されて以降，戦時の対応と戦後の政治運営における必要性から，大統領の独立と政

治的地位は強化された．しかし権限を越えた影響力行使が問題視され，対外環境
も変化したため，大統領の権限は1980年代以降漸次的に縮小された．現在，首
相と大臣は大統領が任命するが，大統領は議会内会派の協議の結果に基づいて議
会に首相候補者を提案しており，当該候補者が投票総数の過半数で議会の指名を
受けて任命される．大臣の任命も首相として指名された者の提案に基づく（以
上，61条）．議会解散権は首相の発議で大統領が行使し（26条），外交は大統領
が内閣と協力して指揮するが，EUに関する事項は内閣の責任領域にある（93
条）．こうした大統領と内閣の関係の変化は，半大統領制から議院内閣制への移
行と認識されている．

●**基本権**　ソ連におけるペレストロイカの進行で，フィンランドは1989年に欧
州人権条約加盟を果たした．現行憲法の基本権規定は，同条約との整合性を図る
べく1995年に拡充されたものである．その第1の特徴は，「北欧で最も強力」と
評される包括的な社会保障への権利である．具体的には憲法19条が，①人間に
値する生活に必要な資力を得られない人の不可欠な生計費とケアに対する権利，
②失業，疾病，稼働不能，老齢，出産，扶養者の喪失の際の基本的生計費への権
利の法定，③十分な福祉・医療サービス保障と住民の健康増進に対する公権力の
義務，④住居への権利を促進する公権力の責務を定める．

　また，選挙権および入国・国内移動・言語に関する権利の一部を除き，すべて
の人が基本権享有主体とされ，定住外国人の地方選挙・住民投票での投票権は憲
法で保障される（14条）．先住サーミおよびロマその他集団の自言語・文化を維
持発展する権利と，手話使用者，障害により通訳・翻訳援助を要する者の権利も
明記されるなど（17条），権利主体の設定にも特色がある．

●**憲法改正手続と合憲性の統制**　憲法の制定改廃には，①議会の過半数（投票総
数，以下同）の承認で次の選挙後まで議決を持ち越し，選挙後の議会の2/3の多
数で承認する手続と，②事態の緊急性が議会の5/6の支持で表明された場合，選
挙を経ずに同じ議会の2/3の多数で承認する手続がある．基本法への限定的な例
外（例外法）もこれらの手続で制定し得る（73条）．司法による法律の事後的な
合憲統制が存在しなかった同国では，法案を例外法として制定するか否かについ
て議会の憲法委員会が行う審査が，事前的な合憲統制として機能してきた．憲法
委員会は，違憲ないしその疑いがあると判断した法案には具体的な文言の変更
を，憲法への限定的な例外として制定すべき場合には憲法改正手続による議決を
議会に勧告する．勧告が遵守されなかった例はない．なお，現行基本法は，裁判
審理において法律規定の適用が明らかに憲法に抵触する場合に，憲法規定を優越
させる規定を新設した（106条）．これにより司法も憲法判断を示せるようになっ
たが，その場合でも従来の憲法委員会の決定および解釈を考慮しなければならな
いと理解されている．　　　　　　　　　　　　　　　　　　　　　［遠藤美奈］

北欧福祉国家の根っこ

　政治や社会のあり方が「国民性」に由来すると考えるならば，「スウェーデン人は誇り高く，デンマーク人は享楽的，ノルウェー人は純朴……」といったステレオタイプ（紋切り型）になりかねない．しかし，北欧やその各国の政治の文化には，歴史の積み重ねと変化があるのである．北欧の特徴として，高率の税を負担しても平等を重んずる福祉国家が挙げられる．北欧福祉国家は日本ではしばしば「先進的」と紹介されるが，その根っこには「出る杭は打たれる」に通じる伝統的価値観が存在した．ノルウェー・デンマーク系作家サンネモーセが故郷をモデルに書いた小説に出てくる「ヤンテの戒め」には，「汝自らを何者かだと思ってはならない」と命じる共同体社会の規範が風刺されている．ただそれはまた，アングロ・サクソン型の個人主義とは異なる北欧社会を表す1つのエピソードにすぎない．キリスト教，民衆の世界から国際環境まで，さまざまな歴史的要素が北欧の政治文化をつくり出してきたのである．

●ルター派の伝統と「社会に近い国家」　北欧で福祉国家が発達した理由は，国家が普通の人々の暮らす社会に近いからである，ともいわれる．宗教改革によってルター派国教会制度を採用した北欧各国では，教区と聖職者達が農村社会と国家を取り結んだ．ルター派国教会では堅信礼が復活して人々の識字率と市民の義務の観念が高まり，スウェーデンでは1748年に世界に先駆けて全国民の登録制度が導入された．他の北欧諸国でも教育制度や農業・公衆衛生など社会の改革者の役割を担ったのは，しばしば聖職者教育を受けた知識人であった．こうして北欧は，革命よりむしろ伝統を踏まえた改革の道をたどった．19世紀デンマークの信仰復興運動の流れの1つをつくった牧師・教育者グロントヴィ（N. F. S. Grundtvig, 1783-1872）は，エリートの育成よりも「フォルク（民，普通の人々，国民）」の生き方，「生の教育」に意義を見出した．そこから世界の生涯教育につながる国民高等学校が生まれたのであった．

●人々の運動から生まれたデモクラシーと福祉国家　北欧の「フォルク」の文化の担い手である普通の人々の多くは自立した農民であった．16世紀にさかのぼるスウェーデンの身分制議会にも，19世紀以降の北欧各国の立憲議会にも農民は代表を送り出した．19世紀末からスウェーデン各地では国民運動と呼ばれる禁酒運動，自由教会運動，労働運動が盛んになり，市民の社会参加や参政権の拡大を促した．1930年代にスウェーデン社会民主党は「国民の家」，デンマーク社会民主党は「国民のためのデンマーク」を掲げて福祉国家を築いていった．これらとともに，フィンランドやノルウェーで人々の政治参加の文化を形作ったの

は言語運動である．1809年にスウェーデンから切り離されロシア帝国内の大公国とされたフィンランドでは，フィンランド語擁護の立場からフィン人党が登場し（後に分裂），スウェーデン語擁護の立場からはスウェーデン人民党が結成された．1917年末に独立したフィンランド国民は白軍と赤軍に分かれて内戦を戦ったが，その後は両言語を公用語とする平和的な妥協が確立した．ノルウェーでは長くデンマーク語が公的に用いられていたが，1850年頃オーセンによって，方言を編集した民衆的な書き言葉が創成され，新ノルウェー語（ニーノシュク）となった．このように中央一極ではなく「周辺」の文化を主張する政治は，ノルウェーひいては北欧全体にしばしばみられるものである．

●**現代の北欧デモクラシー**　デモクラシーは今やグローバルな政治体制となったが，その中で北欧独自のデモクラシーはあるのだろうか．政治学者は「熟議」「合理的」「情報公開」「合意形成」といった特徴を挙げる．その典型が戦後スウェーデンの社会民主党長期政権の時代であり，政府と労使の協調や，立法準備の委員会を通じた政党間の調整が安定をもたらしてきた．ノルウェー，デンマークの政治もこれと似た特徴をもつ（ただしフィンランドはより多党分立的であった）．1970年代からは各国で新党や政権交代が増え，北欧の特徴だった政党の安定と合意形成は曲がり角を迎えた．近年は環境派の政党のほか，移民やEU統合に反対する新右翼政党も定着しつつある．また女性の議員比率が4割前後であり男女の政治進出がほぼ対等となっているのが北欧デモクラシーの特徴でもあろう．

●**「北欧」アイデンティティとヨーロッパ統合**　北欧諸国は1つの王朝に統治された時代（カルマル連合）もあるが，共通のアイデンティティとしての「北欧」が広く語られるようになったのは19世紀に入ってからである．グロントヴィは神話を題材に北欧をたたえ，デンマークの自由主義的知識人・学生はドイツ・ナショナリズムに対抗して北欧の一体化を目指した．1864年デンマークはドイツ勢力に敗れ，このスカンディナヴィア主義が北欧の政治的統合をもたらすことはなかった．20世紀前半にノルウェー，フィンランド，アイスランドが独立主権国家となると，各国民国家を前提とする北欧諸国間の関係が確立した．しかしその後も1つの地域として共通労働市場や旅券同盟などの北欧協力の成果がみられる．1919年には北欧協会が結成され，1952年に北欧会議，1971年に北欧閣僚会議が設立された．政府代表だけでなく各国の議員達が直接意見交換をし合う北欧会議の姿は，北欧デモクラシー諸国の隣人関係をよく表す．現在EUやユーロに対する北欧各国の加盟政策は異なるが，ヨーロッパ統合への懐疑論が噴き出すとき，今でも「北欧」アイデンティティが語られるのである．　　　　　[小川有美]

デンマークの国民投票

　北欧諸国が極めて民主的な政治制度をもち，安定した政治を行ってきたことは広く知られている．その一環として，国民投票もたびたび実施されてきた．北欧諸国の中で最も国民投票制度が発達し，頻繁に実施しているのは，デンマークである．

●**国民投票制度**　デンマークは，これまで 22 回の国民投票を実施している（表 1．1963 年の土地法関連 4 件の国民投票は個別に計算）．実施時期をみると，第二次世界大戦の前後で実施回数に大きな差がある．戦前 3 回，戦後 19 回である．より厳密には，1953 年が分岐点になっている．同年 6 月 5 日，デンマークの現

表 1　デンマークの国民投票

年月日	目 的	結 果
1916 年 12 月 14 日	アメリカ合衆国への西インド諸島売却	採択（国会による譲渡案採択）
1920 年 9 月 6 日	憲法改正（北スレスビ復帰に伴う改正）	採択
1939 年 5 月 23 日	憲法改正（1939 年憲法案）	否決（全有権者の 45% の賛成を満たせず）
1953 年 5 月 28 日	憲法改正（1953 年憲法案）	採択
1953 年 5 月 28 日	選挙権年齢引下げ（25 歳→23 歳／21 歳）	23 歳採択
1961 年 5 月 30 日	選挙権年齢引下げ（23 歳→21 歳）	採択
1963 年 6 月 25 日	農地取得法案	否決
1963 年 6 月 25 日	国家小自作農法案	否決
1963 年 6 月 25 日	市町村土地先買権法案	否決
1963 年 6 月 25 日	自然保護法案	否決
1969 年 6 月 24 日	選挙権年齢引下げ（21 歳→18 歳）	否決（21 歳維持）
1971 年 9 月 21 日	選挙権年齢引下げ（21 歳→20 歳）	採択（20 歳に引下げ）
1972 年 10 月 2 日	EC 加盟条約批准	採択（1973 年 1 月 1 日加盟）
1978 年 9 月 19 日	選挙権年齢引下げ（20 歳→18 歳）	採択（18 歳に引下げ）
1986 年 2 月 27 日	EC パッケージ案（単一欧州議定書署名）	採択（1986 年 2 月 28 日単一欧州議定書署名）
1992 年 6 月 2 日	EU 条約（マーストリヒト条約）批准	否決
1993 年 5 月 18 日	EU 条約（マーストリヒト条約）・エディンバラ合意批准	採択
1998 年 5 月 28 日	EU のアムステルダム条約批准	採択
2000 年 9 月 28 日	共通通貨参加（ユーロ導入）	否決
2009 年 6 月 7 日	王位継承法改正（王位継承の男女平等）	採択（性別に関係なく第 1 子が継承）
2014 年 5 月 25 日	EU 統一特許裁判所協定批准	採択
2015 年 12 月 3 日	EU 司法内務協力への留保撤廃	否決

出典："Folkeafstemninnger", *Tal og Fakta*（København：Folketinget，20．november 2015）；"Folke-afstemning 3．december 2015"，*Befolkning og Valg*，2015：4（København：Danmarks Statistik，11．december 2015）．

行憲法が施行され，同憲法は国民投票制度を充実させた．その背景には，1953年憲法の導入により上院が廃止され，議会が二院制から一院制になったため，社会民主党よりも数で劣る保守勢力側が上院のようなチェック機能を国民投票に求めたことがある．

それまでの1915年憲法でも憲法改正について国民投票が義務化されていた（第93条，1920年の改正で第94条）．1953年憲法はそれを引き継ぐと同時に，新たな国民投票の実施を可能とした．具体的には，以下の6つのケースがある．①外交問題に関する国民投票（第19条，第42条第6項），②国際組織への主権委譲に関する国民投票（第20条），③選挙権年齢の変更に関する国民投票（第29条），④通常法案に関する国民投票（第42条第1項），⑤憲法改正に関する国民投票（第88条），⑥憲法規定に基づかない国民投票（規定なし）．

デンマークの場合，国民投票は極めて詳細に憲法に規定され，政策決定における位置づけが明確である．上記①〜⑤の憲法規定に基づいて実施される国民投票の結果には拘束力がある．また，内政から外交まで幅広く国民投票を実施できるが，財政法案，税法案など，国民投票の対象にならない事項も明確に憲法に規定されている．

●**実施状況**　これまで実施された22回の国民投票のうち，1953年憲法下で実施された17回を上記の6つのケースで分類すると，①1回，②6回，③4回，④4回，⑤1回（「王位継承法」は憲法に準ずる法律とされ，2009年の同法改正のための国民投票は憲法第88条の改正手続きが援用されたため，便宜的にこれに分類した），⑥1回となる．幅広いテーマに関して実際に国民投票が実施されたことがわかる．特に，EU（欧州連合）をめぐり国民投票が多く実施される傾向にある．1972年以来，合計8回になる．EU基本条約の改正などの重要問題では国民投票による承認が必要とされる場合が多い．これは，憲法第20条の規定する国際組織への主権委譲に関わるケースが多いためである．

●**特徴**　デンマークの国民投票制度の特徴として指摘できるのは，国民投票が憲法で広範かつ詳細に規定されていることである．まさに正式な政策決定の一翼を国民投票が担っている．実際に，制度として定着している．投票率も高く（通常70〜80%台），選挙キャンペーンでは真摯な議論が展開されている．

無論，1992，2000，2015年のEU問題をめぐる国民投票のように，政府の意向に反した結果が出て混乱を引き起こしたこともある．しかし，国民の高い関心のもとで国民投票前の国会審議や選挙キャンペーンでの政府，政党の地道な活動があり，事態の収拾が早々に図られた．それを可能にしたのは，国民投票という直接民主主義の手続き以前に，代表制民主主義が正常に機能している現実である．両者は相反するものではなく，補完的な存在であることをデンマークの事例は教えている．
［吉武信彦］

現代ノルウェーの政治

　ノルウェーは他の北欧諸国に比べて，自立志向性が強いといわれるが，それを象徴するものの1つに，1814年に制定されたアイッツヴォル憲法がある．1905年にスウェーデンから独立する100年近く前にすでに独自の憲法を所有し，当時ヨーロッパで最も進んでいるといわれたこの憲法を盾に，ノルウェーは北欧の中で最も早く責任内閣制度を敷き，議会制民主主義擁立の道を歩んできた．こうした歴史への国民の誇りは，この憲法制定日5月17日をナショナルデーとして街中で祝うというかたちで維持されている．

●EUへの非加盟　アイスランドを除く他の北欧3か国が加盟する中で，ノルウェーは1972年と1994年の国民投票で反対派が過半数を占め，現在までEUに加盟していない．これは1つにはノルウェーが北海油田・天然ガス田を所有しヨーロッパ統合に頼る必要のない自立した経済活動を営んでいるからであり，同時にノルウェーの自立心を表している．世論調査によるとノルウェーでEU加盟に反対する国民の数は70%に上り，すべての政党支持者において反対派が賛成派を上回っている（2015年4月）．

●他の北欧諸国との類似点　類似点は以下の2点である．第一に，第二次世界大戦後長い間に社会民主主義政党が政権を担い福祉国家を作り上げた時代を経て，現在は複数政党による連立政権が交代を繰り返す時期に入っている．第二に，従来の国有化を基盤とした福祉政策が，移民・難民の流入拡大と自由化要求の中で，改めてその意味を問われている．

●ノルウェー政党政治の変化　ノルウェーは立憲君主制の単一国家で，ストールティング（Storting）と呼ばれる議席数159（2015年現在）の議会をもつ．第二次世界大戦後は，社会民主主義を掲げる労働党（Arbeiderpartiet）が単独政権を担い，最古の政党である自由党（Venstre），それに対抗してきた右派政党の保守党（Høyre），キリスト教民主党（Kristelig Folkeparti），旧農民党の中央党（Senterpartiet）が野党となるかたちで，社会民主主義をベースにした福祉政策が行われてきた．しかし，国民が団結して復興を成し遂げた戦後期が終わり，経済的な余裕が生じると，国の中心であった労使団体と政府の間の協調体制が必ずしも国民の問題を解決できなくなり，福祉政策や国有化問題，対外政策，軍事問題に対して意見の相違が生じた．こうして既存政党の政治基盤がゆらぎ，左右両翼に新党も出現して，1970年代以降は少数派内閣による政権交代が繰り返された．

　2001～2005年にはキリスト教民主党党首ボンネヴィーク（Kjell Magne Bondevik）による第二次内閣が保守党，自由党との連立少数内閣として組織され，労働党以外の内閣の中で戦後最も長い期間政権を維持した．労働党は現在もなお第一党であり続けているが，支持率の減少は抗いがたく，2005～2013年の2期にわたり政権に就いたストルテンベルグ（Jens Stoltenberg）首相は労働党政権として初めて他党との連立を組み，社会主義左翼党（Sosialistisk Venstreparti），中央党とのこの連立政権は左翼と元農民党の連合として「赤緑政権」と呼ばれた．ストルテンベルグは党の穏健派として当時のイギリス労働党のブレア首相になぞらえられる存在で，自由化政策へのかじ取りを行い，旧来の左翼陣営とブルジョア陣営というブロック間の対立は実質的には消滅しつつあった．しかし2013年の総選挙では，福祉政策の見直しと自由化のさらなる進展を掲げる右派から中道右派までの4党が96議席を獲得し，多数を占め，保守党ソールベルグ（Erna Solberg）による進歩党との連立内閣が成立し，中道右派の自由党とキリスト教民主党は閣外協力を行うことになった．

●「ポピュリスト」政党と反移民の風潮　進歩党は大幅減税と自由化政策，移民の制限を掲げ，一部の大衆の人気を得てきた政党であり，その排外的な姿勢ゆえに他の政党からは距離を置かれていた．加えて2011年の銃乱射事件の犯人A.B.ブライヴィーク（ブレイヴィーク，A.B. Breivik）が一時同党員だったために支持率を急落させた時期もあった．しかし，その後急進的な主張を緩和させ，2013年9月の総選挙までに党勢を盛り返して初めて入閣を認められた．ソールベルグ内閣は進歩党に押されるかたちで，労働党政権の時代には考えられなかった政策にも着手し，2014年には地方自治体が独自に「物乞い禁止」を採択できる法令を可決し，それがロマ人排除の対策であるとして国内外の反発を大いに買った．「物乞い禁止令」は，進歩党以上に排外主義的な性格をもつデンマーク国民党を国会の議長に据えたデンマーク自由党（左翼党）内閣ですでに採択されたものであるが，ノルウェーでは議会でモラルをめぐる議論が高まり，2015年2月に同法の全国での施行は不可能となった．

●ノルウェーの援助政策・軍事政策　EU非加盟を決定して以降，ノルウェー政府は国際チャンネルの少なさを補うかのように，第三世界に対する対外援助や平和構築に努めている．ノルウェーの援助政策の特徴は，政府や関係官庁に限らず国際機構やNGOや個人の専門家とも広く連携して活動することであり，それによって小回りの利く対応が可能となっている．対露関係については，2010年にストルテンベルグ首相がバレンツ海で約40年間続いた境界問題でロシアとの間に合意を得て，石油開発などで協力関係が構築された．しかし，2014年のクリミア危機やウクライナへのロシアの干渉，ノルウェー国境付近へのロシア軍の兵器配備などで，ノルウェー政府はロシアとの軍事協力を中止し，関係は悪化している．

［大島美穂］

フィンランドの地方行政

●**地方行政の原理と組織**　フィンランドの地方行政の基盤は，クンタと呼ばれる自治体の自治である．自治の根拠である憲法 121 条は，①住民自治，②権限と事務の法定，③自主課税権を定める．ヨーロッパ自治体憲章 9 条に規定された自主財政権にも憲法的効力が認められている．スウェーデンに近い島嶼部であるオーランド地方の広範な自治と，先住民サーミの国の北部に位置する居住地における言語・文化に関する自治も憲法に根拠規定をもつ．

　地方政府の基本構造は，中間単位がなく国と自治体が対峙する単層式である．広大な疎住地域のゆえに重要な広域行政は，自治体の所管事務については自治体組合などの自治体間協力によって推進され，それ以外は国の置く全国 7 つの地域行政局（avi）と 15 の産業・交通・環境センター（ELY）が担う．自治体サービスの供給主体が民間を含め多様化する中で，自治体運営全般を定める自治体法（2015 年改正後）は，自治体が支配権をもつ事業体と自治体自身とを合わせて自治体コンツェルンと定義し，企業的運営手法を取り入れつつ純粋民営化とは異なった公的事業統制を試みている．

●**歴史**　スウェーデン統治前のフィンランドにあたる領域では，ティングと呼ばれる集会に自由民が集まり，政治的意思決定と慣習法による裁判を行っていた．スウェーデン統治下でキリスト教化が進むと，意思決定の場は教会主催の集会に移る．しかし大公国時代の 1865 年，政令によりクンタが世俗の事項に関する意思決定と執行を担い始め，自主課税権も確立する．1948 年の自治体法制定で，市，農村自治体，市場町に関する個別の根拠法令が統合され，1976 年には新法で自治の単位が自治体へ統一された．同時に，首長の権限および国の監督権限を縮小し，議員の地位向上や住民参加手段の改善が図られるとともに，自治体計画作成の義務化で運営手法が洗練された．1993 年の補助金改革では，実績ベースで支給されていた国庫支出金から，自治体の諸データと単位費用から算出された額が支給される包括補助金への変更で，使途決定権が自治体に付与され，国による監督や基準が緩和された．1995 年の自治体法全面改正では，国の介入権限が一層縮小され，自治の深化が図られている．

●**自治体の機関**　住民自治の原則に照らし，公選の議会が自治体の最高意思決定機関である．任期は 4 年で比例式の直接選挙による．定数は人口規模ごとの最低数（13〔5,000 人以下〕～79〔50 万人超〕）以上を自治体裁量で決定する．

　執行機関として議会の選出する参事会が置かれ，同様に議会が選出する任期付きの首長が参事会のもとで行政執行にあたる．

●**中央─地方関係（自治体の権能と事務）**　議会は自主立法権として自治体運営規則の制定権をもつが，手続的内容が中心である．規範定立における国の介入の歯止めは，自治を骨抜きにする法律制定は許されず，法律よりも下位の法形式による自治体事務の付加・廃止はできないと解される憲法 121 条の規定である．国による自治体への統制は，行政不服申立てに基づいて地域行政局が行う適法性審査のみであり，職権審査はできない．内務省も自治体の活動と財政に対し一般的監視を行うにとどまる．また，自治体に関する立法，重要かつ広範な自治体活動・財政・運営に関する国の措置，国─地方間の財政調整については政令で定める協議手続を要する．ただし個別行政分野における国の監視・相談・指導に関する規定は法律に数多く見られる．

　自治体事務には法定の個別事務と自治体の判断で実施される非法定の一般事務があり，前者には提供義務のある必要的事務と任意の裁量的事務がある．自治体の事務は，①福祉・医療，②教育・文化活動，③環境保護，④土地利用，⑤インフラ整備に大別でき，これらについては国が法律の制定と補助金支出を，自治体がサービス実施を担っている．

　自主財政権は，自治体の事務とその実現方法に関わる義務を規定する際には，自治体に義務を履行する現実の経済的条件が確保されていなければならないことを含意する．包括補助金制度は，すべての自治体が財政状況を含む個別事情の違いにかかわらず，合理的な公租公課水準で事務と義務を履行できることを目的とし，自主財政権を支える．2015 年の自治体収入に占める包括補助金の割合は平均 22% であり，自主財源比率は極めて高い．また，自治体が決定する所得税率の全国平均は 19.87% であった（2016 年）．もっとも，厳しい財政事情の中，財政赤字の 4 年以内の解消が 2015 年の自治体法改正で自治体に義務づけられた．

●**参加の多元化**　フィンランドはデモクラシーの深化を地方・国政の両レベルで常に追求してきたが，2015 年の自治体法改正では，新たな参加の経路が模索された．改正法では，①自治体の住民およびサービス利用者が自治体活動へ参加し影響力を行使する権利が明文化されるとともに，財政計画やサービスの形成過程への関与を含む多様な参加・影響力行使の手段が例示され，②サービス利用者および自治体内で活動する団体・企業への住民発案権の拡張，③住民投票発議権年齢の 18 歳から 15 歳への引下げ，④異なる住民集団の自治体活動への参加と影響力行使の平等を確保するため，既存の高齢者会議に加えてユース議会および障害者会議を設置することが盛り込まれている．　　　　　　　　　　［遠藤美奈］

スウェーデンの政党政治

2016年10月現在, スウェーデン議会には8つの政党がある. 無所属（1議席）を除いて議席数の多い順に, 社会民主党（Socialdemokraterna, 113議席）, 穏健連合党（Moderata samlingspartiet, 84議席）, スウェーデン民主党（Sverigedemokraterna, 48議席）, 環境党・緑（Miljöpartiet de gröna, 25議席）, 中央党（Centerpartiet, 22議席）, 左派党（Vänsterpartiet, 21議席）, 自由党（Liberalerna, 19議席）, キリスト教民主党（Kristdemokraterna, 16議席）である.

●**スウェーデンの選挙制度**　スウェーデンの選挙制度は比例代表制をとり, 議会の定数は349議席である. 議席配分は最初の除数を1.4とする修正サン・ラグ方式で算出され, また4%の阻止条項が存在する. 選挙は4年ごとの9月の第2日曜日に地方選挙を含めて行われ, 21ある県（län）を基本にして全国29区の選挙区が設けられている. 議会選挙の参政権は投票日までに18歳を迎え, スウェーデンに住民登録されている, もしくはされていたスウェーデン国籍者に付与されている. 地方選挙においてはさらに, EU加盟国の国籍者, ノルウェー国籍者, そしてアイスランド国籍者にも参政権が与えられており, その他の外国籍者は過去3年間住民登録されている必要がある. 投票用紙は政党ごとに複数用意されており, 有権者は投票したい政党名があらかじめ記載されている投票用紙を選択して投票する. 投票したい政党が別にあればその政党名を記名式の白紙の投票用紙に記入することも可能で, 白票を投じる場合にもこの投票用紙を用いる. 比例名簿に投票したい候補者がいれば, その候補者名の欄に×印を記入して投票することも認められている. 投票の際に投票用紙は所定の封筒に入れる.

●**2006年および2010年議会選挙と「福祉国家体制」**　2006年9月17日の議会選挙で10年ぶりに政権交代が起きた. 穏健連合党, 中央党, 国民党自由, キリスト教民主の4党は, 選挙前から「スウェーデンのための同盟（Allians för Sverige）」と呼ばれる連立構想を提示しており,「アリアンセン（Alliansen）」と呼ばれる連立政権を樹立した. 首相に就任したのは穏健連合党党首のフレードリック・ラインフェルト（Fredrik Reinfeldt）であった. アリアンセンの共通マニフェストでは長期的な経済発展とさらなる高福祉の実現を図るとうたわれ, 穏健連合党はそれまでの新自由主義路線を薄めて新たな労働者政党を標榜して「新しい穏健連合党」と称して選挙に臨んだ. アリアンセンは雇用政策を最重要課題に設定し, 企業減税で労働市場を活性化して雇用を増やすことで生じる利益をもとに高福祉を維持する政策展望を示した. この路線は, 社会民主党の伝統的な政策領域である福祉国家体制を引き継ぎながら独自の雇用政策を組み込むことで社会

民主党支持者の票を取り込もうとするものであった．このことからスウェーデンの社会民主主義が超党派で共有され，スウェーデン福祉国家体制が確立したとする指摘もある．ラインフェルトも，ヴェステルオース（Västerås）で開催された2009年の穏健連合党党大会で，スウェーデンの福祉国家体制を築き上げた社会民主党のターゲ・エランデル元首相に自身を重ね合わせながらアリアンセン政権を，23年続いたエランデル政権のような長期政権にしたいと表明した．なお，移民排斥を訴える極右政党のスウェーデン民主党が単一争点政党から脱却して2005年に「安心と伝統」という標語を掲げてスウェーデン人優先型の福祉国家モデルを提唱する基本綱領をまとめ，さらに2010年議会選挙では「修復された福祉」と題する独自の予算編成案を提示し，20議席を得て議会政党となった．

●**2014年議会選挙とスウェーデン民主党**　2014年9月14日に行われた選挙ではアリアンセンが下野し，8年ぶりに政権が交代した．しかしながら，いずれの政党，政治ブロックとも過半数を得ることができなかった．社会民主党党首のステーファン・ルヴェーン（Stefan Löfven）を首相とする環境党・緑との二党連立政権が成立したものの，新政権は過半数を割る少数政権である．そのためルヴェーン政権の最初の試練は予算案をいかに可決させるかであった．スウェーデンでは与党の予算案に反対する場合は，対案となる予算案を提出しなければならないため，野党であるアリアンセンとスウェーデン民主党はそれぞれ独自の予算案を提出した．穏健連合党とも社会民主党とも異なる社会福祉国家モデルを示すことで躍進したスウェーデン民主党は2014年議会選挙で49議席を獲得して第三党となり，予算案成立のキャスティング・ヴォートを握るまでになっている．スウェーデン民主党が自党の予算案に賛成すれば結果として票が分散されて与党の予算案が成立するが，もし自党の予算案を放棄して野党アリアンセンの予算案に投票すれば与党の予算案が否決されることになる．そうなればルヴェーン政権に残された道は，内閣総辞職もしくは再選挙を行って民意を問い直すか，あるいは補正予算案を提出するか，それとも野党アリアンセンの予算案を執行するかなどであり，いずれにしても難しい政権運営を迫られることは必定である．与党の予算が否決される事態は現代スウェーデン政治ではかつてないことであり，なおかつ再選挙は一院制に移行した1971年以降初のこととなる．最終的にスウェーデン民主党はアリアンセンの予算案に賛成して与党の予算案を廃案に追い込んだが，スウェーデン民主党の政治的影響力の拡大を懸念した与党とアリアンセンの6党間で2014年12月27日に2022年の選挙まで効力を有する「12月合意（Decemberöverenskommelsen）」が交わされ，与党の予算案が成立することとなった．これに伴いルヴェーン首相は再選挙を取り下げたが，この合意は民主主義や政党政治などの観点から疑問視もされている．穏健連合党内にはこの合意の破棄を望む意見も根強く存在し，いまだ予断を許さない状況にある．　　　［清水　謙］

スウェーデンはどこまで「中立」であり得たか

　スウェーデンの外交政策で長らく語られてきた特徴は「中立（neutralitet）」である．しかし近年では，はたしてスウェーデンがどこまで「中立」であったのかが問い直されている．

●「中立」へ向かうスウェーデン　かつて北欧の「大国」であったスウェーデンが「中立」に傾いていったのは，大北方戦争で「バルト海支配権（Östersjö-väldet）」（「バルト海帝国」とも呼ばれ，17世紀後半においては「本国ならびにその服従地域」とされた）を失い，さらに1809年の「フレードリックスハムン条約」でフィンランドをロシアに割譲したことなどで徐々に「小国意識」が芽生えていったことによる．スウェーデンに「中立」の概念が登場するのは1834年に「厳格で，非依存の中立のシステム」をうたったカール14世ヨーハンの中立宣言であった．しかし，「中立」は確固たる理念に支えられたものではなく，国際情勢に適応するかたちで便宜的に選択されたものにすぎない．

●2つの世界大戦と「中立」　第一次世界大戦が勃発するとスウェーデンは「中立」を宣言したが，ドイツ側の要求によって「中立」は常に脅かされた．1914年にはスウェーデン南部の灯台と灯浮標の消灯や，1915年には西ヨーロッパからスウェーデン経由でのロシアへの軍事物資の輸送禁止なども要求された．そして1916年には北海とバルト海を結ぶウーレスンド（ウーアソン［デンマーク語］）海峡の機雷封鎖も求められ，コーグルンスレンナン海域に機雷を敷設するなど「中立」は困難を伴った．

　第二次世界大戦中もスウェーデンの「中立」は主にドイツからの要求で試練に立たされた．1940年にはドイツ占領下のノルウェーから非武装のドイツ兵を，1941年の独ソ戦では約1万5,000人の歩兵師団（エンゲルブレクト師団）を，ノルウェー国境からスウェーデン領内を経由してフィンランドまでスウェーデン国鉄車両で輸送することを余儀なくされ（「夏至の危機（Midsommarkrisen）」），1943年まで延べ200万人規模のドイツ兵がスウェーデン領内を通過した．

　しかし，スウェーデンはフィンランドへの義勇兵の派遣，ノルウェー兵への軍事教練やノルウェー人難民の受入れなども行っており，ドイツに妥協ばかりしていたわけではない．スウェーデンを領空侵犯したドイツ軍機の強制着陸や撃墜などもしている．一方で，1944年2月22日未明にはストックホルムやその周辺都市がソ連軍に空爆される戦禍も被っている．そして国内では，第二次世界大戦中には共産主義を擁護する発言や，自国民，外国人を問わずスウェーデンの安全保障を脅かすおそれのある者やそのような言動をした者を国内14カ所に建設した

強制収容所に収容するなど緊張感が漂っていた．ちなみに，この強制収容所の最高責任者が戦後23年にわたって社会民主党政権で首相を務めることになるターゲ・エランデル（Tage Erlander）社会省国務次官（当時）であったことが近年の研究で明らかになっている．

●冷戦期の「中立」と西側との軍事協力　第二次世界大戦終結後，大戦中の対独譲歩により「厳正中立」を維持できなかったスウェーデンには懐疑的な目が向けられ，戦後のスウェーデン外交の課題は周辺国との関係改善にあった．1948年にウステン・ウンデーン（Östen Undén）外相は中立を前提とした「スカンディナヴィア防衛同盟」を提案したが，ノルウェーは西側からの軍事的保障がない限り受け入れられないとして交渉は頓挫した．翌年，デンマーク，ノルウェー，アイスランドは「北大西洋条約機構（NATO）」に加盟し，名実ともに西側諸国の一員となった．しかしスカンディナヴィア防衛同盟構想は実現しなかったものの，スカンディナヴィア三国の情報機関の連携は密となっていった．

「中立」を標榜しながらも冷戦が進行していく中で，スウェーデンは徐々に西寄りの立場をとっていく．スウェーデンはマーシャル・プランを受け入れたが，その決定はスウェーデンが西側に属することを示唆するものであった．さらに1949年にアメリカはスウェーデンに武器やレーダーなどを供与してもそれらが東側に流出しないことを保障させる必要があると考えたため，「対共産圏輸出統制委員会（CoCom）」の輸出統制をスウェーデンに適用することを検討した．それを受けてスウェーデンは1951年6月15日にCoComの輸出統制に従うことを取り決めた「ストックホルム合意」を交わし，ダーグ・ハンマルシュルド（Dag Hammarskjöld）無任所大臣（後の国連事務総長）が署名している．スウェーデンはNATOに正式加盟することはなかったが，この合意によって事実上西側の一員となったといえよう．1952年には「アメリカ安全保障会議文書121（NSC121）」に基づいて，スウェーデンはアメリカとの間で「相互防衛援助法（Mutual Defence Assistance Act：MDAA）」に参加することに合意し，武器・装備の購入も可能となった．これによってスウェーデンは冷戦期を通して「重武装中立」を前提にしながらも，戦略的重要性が増していったNATOの「北翼（Northern flank）」を担うことが期待されるまでになった．

スウェーデンの安全保障ドクトリンは，「戦時の中立を目指した，平時の非同盟（Alliansfrihet i fred, syftande till neutralitet i krig）」であったが，このドクトリンが確立したのは1950年代後半とされ，「中立を目指した」という弾力性のある文言が用いられた．そして，エランデル政権時代から形成されていったこうした水面下での西側との軍事協力関係はその後パルメ政権にも引き継がれていった．

[清水　謙]

スウェーデンの冷戦期の「積極的外交政策」をめぐる政治外交史

　スウェーデンでは外交政策の基本と主要原則について政党間でコンセンサスがあるが，冷戦期から今日までのスウェーデンの外交政策の最大の特徴として共有されているのは「積極的外交政策（den aktiva utrikespolitiken）」である．これまで積極的外交政策は，基本的人権の促進や「パルメ委員会」の別名で知られる国連の「軍縮と安全保障に関する委員会」をはじめとする軍縮問題への取組みなど，オーロフ・パルメ（Olof Palme）首相が展開した政策の代名詞として理解されてきた．しかし近年の研究によって，積極的外交政策はパルメ政権以前の冷戦初期から徐々に形成されてきたものであることが明らかとなっている．

　第二次世界大戦中の対独譲歩によりスウェーデンは周辺国から懐疑的に見られていた．そこで大戦直後のスウェーデンの外交課題は周辺国との信頼回復にあった．ターゲ・エランデル（Tage Erlander）政権で外務大臣を務めたウステン・ウンデーン（Östen Undén）は，国際法を重視しながら低姿勢的外交を行うことで米ソ間の緩衝国として仲介役たろうとした．1946年11月19日にスウェーデンは国連に加盟したが，低姿勢的外交から積極的外交政策へと転じていく舞台となったのが国連であった．

●**ヤルマション事件**　1959年に起きた「ヤルマション事件（Hjalmarson-affären）」は積極的外交政策に転換していく契機となった．ヤルマション事件とは，現在の穏健連合党（Moderata samlingspartiet）の前身である右派党（Högerpartiet）党首ヤール・ヤルマション（Jarl Hjalmarson）が，国連において社会民主党の方針と相いれない反ソ的な言動を繰り返したことから国連代表部を追われた事件を指す．この事件そのものが直接スウェーデンの外交政策を積極的外交政策に転換させたわけではなかったが，同事件がスウェーデン国内の保革間の外交論争を活発化させ，それまで低姿勢に徹していたスウェーデンの外交姿勢に転機をもたらしたと指摘されている．

●**アルジェリア戦争**　1959年はスウェーデンが積極的外交政策の中核である「第三世界」へのコミットを明確にした年でもあった．その大きな転換となったのが1954年に勃発した「アルジェリア戦争」であった．当初，スウェーデンは植民地問題に関してはフランスの内政問題としてフランスを支持する立場をとっていた．しかし，1958年頃からスウェーデンの立場に変化が見え始め，1959年には国連総会の場で西側諸国の中で唯一アルジェリア独立の承認に賛成票を投じて，「脱植民地化」を推進する外交方針を内外に示した．その要因には，①自国の安全保障，②自国の経済と福祉，③世論の支持，④イデオロギー価値の促進の4つ

があったとされる．スウェーデンは，アルジェリア戦争の余波がヨーロッパに拡大して NATO が介入することでソ連を刺激することは自国の安全保障を損なうものと認識していた．そして，スウェーデンの社会福祉政策にとって重要な外交案件であった，パリで開催されていた「欧州経済共同体（EEC）」との自由貿易交渉が頓挫したことで，フランスへの配慮が必要なくなったことも挙げられる．しかし最も重要なことは，アルジェリア戦争でフランス軍が行っていた非人道的行為がスウェーデンにも知れわたり始め，スウェーデン国内で人権問題への関心が高まったことであった．1960 年に社会民主党は，1944 年の党綱領に代わる新たな党綱領を採択したが，その中に植民地や発展途上国の貧困問題，さらに国連や軍縮問題が新たに加えられた．特に，社会民主党が加盟する社会主義インターナショナルで議論された，先進国が国内総生産（GDP）の 1% を発展途上国の援助にあてるという方針も盛り込まれた．この方針はスウェーデンの開発援助政策の要となっており，政権の保革を問わず現在でも国民総所得（GNI）の 1% という政策目標が引き継がれている．

●核開発と「積極的外交政策」　スウェーデンは水面下では西側との軍事協力を進めていたものの，「あらゆる方向に針毛を向けたハリネズミ」とたとえられる「重武装中立」を標榜していた．スウェーデンは自国の安全保障と「中立」を維持するために 1960 年代まで核開発を進めていた．戦術核の開発計画はスウェーデン軍最高司令官の提案によって 1950 年代から進められ，主にバルト海周辺地域の軍事目標に対して使用することが想定されていた．しかし，ウンデーン外相は有事の際にスウェーデンが第一撃を受ける危険性があるとの考えから核保有には否定的であり，さらに社会民主党の女性団体を中心に国内で強い反対運動が繰り広げられた．実際に模擬核実験を行う段階まで核開発は進んでいたが，最終的にスウェーデンは核開発計画を放棄した．ここで重要なのは，放棄したのは核開発であり，妥協案として核防衛研究は容認されたことである．この核防衛研究の蓄積とスウェーデン国内で展開された反核キャンペーンが国際的な軍縮交渉を主導する土台となり，先に挙げたパルメ委員会の成果や，反核を唱えていたアルヴァ・ミューダール（Alva Myrdal）やインガ・トーション（Inga Thorsson）らの世界的な活躍につながっていった．　　　　　　　　　　　　［清水　謙］

📖 参考文献

[1] Bjereld, U., 1997, *Hjalmarsonaffären. Ett politiskt drama i tre akter*, Stockholm : Nerenius & Santérus.

[2] Demker, M., 1996, *Sverige och Algeriets frigörelse 1954-1962. Kriget som förändrade svensk utrikespolitik.* Stockholm : Nerenius & Santérus.

スウェーデンの原子力政策

●**原発に関する国民投票まで**　戦時中立・平時非同盟の政策を掲げていたスウェーデンは，第二次世界大戦後，兵器の国産化を推進し，原子力の軍事および平和（民事）利用を目指していたが，軍事利用の方は，1972年の核不拡散条約への署名で完全に放棄され，平和利用に進んだ．

　戦後，社会民主党（以下，社民党）の発展の土台はたゆまない成長への信念であり，その成長にはエネルギーが必要であった．エネルギーが1970年代の主要な内政問題となり，原発は，環境問題の観点等より新たな発電余力に乏しい水力発電を補完するものとして，また，「環境に優しい」第一級のエネルギー源になると考えられていた．当初，全政党が原発の推進に合意していたが，1972年，オスカシュハムンで初の商業運転が始まると，共産党と中央党の不満が高まった．特に，中央党はノーベル物理学賞受賞のアルヴェーン博士に啓発されたハンブレーウス議員やフェルディーン党首の主導によって反原発の立場に変わった．1973年の選挙運動中から始まった中央党の反原発キャンペーンは，党の大躍進につながった．他方，1973年の石油危機を経て，国民はいかに石油に依存しているかを再認識した．石油価格の高騰とともに，石油の使用による環境問題への批判が起こり，代替エネルギーに関する議論が活発になった．同年，11基の原子炉の建設が認可されたが，放射性廃棄物の危険性については調査することとされた．

　1976年の総選挙が近づくにつれ，反原発勢力が力を増し，1936年の約3か月間を除いて44年間続いた社民党政権に代わって，中央党中心の三党連立政権が誕生した．この政権に課せられたのは，経済と原子力問題であった．フェルディーン首相は，選挙前にはバッシェベック2号機の運転を許可するような政権には協力できないと主張していたにもかかわらず，自らは条件をつけつつも，運転開始を許可した．条件の1つとして，放射性廃棄物を安全に処分する方法の確立を義務づける「原子力条件法」を策定し，1977年に施行した．しかし，同法はその後に完成した2基の原子炉の運転も阻止できなかった．この妥協に対し，中央党はマスコミの批判にさらされ，同首相の2年後の辞任につながった．

●**国民投票とその結果**　1979年3月，米国のスリーマイル島で原発事故が発生し，それまで国民投票の実施に反対していた社民党は，事故後，一転賛成に回った．同年12月，国会は国民投票を1980年3月に実施すると決定したが，当初，予定されていたのは，計画中の6基の建設を目指す原発容認（ライン1），または，計画中の6基を放棄し，稼働中の6基も10年で停止する脱原発（ライン3）という2つの選択肢である．その後，社民党を中心に追加されたライン2はライン

1とほぼ同様で，省エネの推進，政府主導による再生可能エネルギーの研究・開発，将来の原発を公的所有とすること等が追加されていた．得票率はライン1が18.9%，ライン2が39.1%およびライン3が38.7%となった．

●**国民投票後の動き**　投票結果は解釈の幅が広すぎたため，1980年6月，国会による解釈を確立し，すべての原子炉は2010年までに閉鎖するとしたが，稼働中，建設中，または計画中の12基は運転可能となり，1984年に「原子力関連法」はすべて「原子力活動法」に統合された．同法により，使用済み核燃料を再処理する選択肢は放棄され，最終処分場に貯蔵する放射性廃棄物管理システムの方向性が確立された．1986年4月のチェルノブイリ原発事故により数千kmにわたり拡散した放射性物質がスウェーデンにも飛来した．原発の危険が現実のものとなり，環境問題に対する関心が高まった．当時，12基の原子炉が総電力の約半分を賄っていたが，国民は脱原発への方向性を実現すべき時期と判断した．1988年春，国会は2基の原子炉を1995年と96年にそれぞれ閉鎖と決定した．しかし，産業界や原発関連労組の反対に遭い，1991年，社民党政府は自由党および中央党との間で原発閉鎖の延期に合意し，6月に国会で承認された．1996年，社民党政府は将来のエネルギー政策に関し左翼党および中央党との三党合意に達し，97年，政策案が国会で採択された．すなわち，2010年までの脱原発目標は取り消されたが，最も古いというわけではないのにコペンハーゲンから二十数kmの近さにあるバッシェベックの2基が閉鎖と決まり，1号機は1999年に，また，2号機は温暖化問題等の理由で引き延ばされたが，2005年に閉鎖された．

●**政権交代による状況変化**　2006年に成立した四党連立政権（Alliansen）は10年6月の政策案の国会採択により，原発維持へと方向転換した．すなわち，10基を維持し，老朽化した原子炉は既存のサイトにおいて，新しいものに取換え可能とした．福島原発事故後も変更はなかったが，2014年秋，社民党が反原発の環境党・緑と連立政権を組んで以降，原発への課税強化や安全措置の強化策，電気料金の低下等による採算悪化のため，20年までに4基の閉鎖が予定され，古い原子炉は徐々に排除されつつある．なお，高レベル廃棄物の最終処分場はウストハンマルに建設されることが09年に決定され，29年の稼働を予定している．

　他の北欧諸国で原発を有するのは，フィンランドのみである．ロシア産天然ガスに極力依存しないというエネルギー安全保障，増大する電力需要を賄う等の観点より，ロヴィーサ原発で初の原子炉が1977年に稼働し，2号機も80年に稼働した．さらに，オルキルオト島の原発では最初の1基が1979年に，また，2基目が82年に稼働したが，2013年に予定されていた3基目の稼働は遅れている．また，2010年には温暖化対策等の理由で，原発2基の新設が議会で可決された．なお，同島では高レベル廃棄物の処分場が建設中で，2020年代初めの処分開始を予定している．　　　　　　　　　　　　　　　　　　　　　　　[中嶋瑞枝]

スウェーデンの環境党・緑とは

●**環境党・緑の成立** 1970年代以降，スウェーデンではオルターナティヴ運動，反原発運動等「新しい」社会運動が展開されていた．1978年に起こった米国のスリーマイル島原発事故の影響もあり，1980年3月に原子力に関する国民投票が行われた．パール・ガットン自由党国会議員は，条件付き原発容認（ライン2）を推進する自党の政策に賛成できず，1979年に党を脱退し，新党の結成を模索していた．1980年10月，同志の

図1 環境党・緑のシンボルマーク

賛同が得られたので，ストックホルム郊外のソールナで集会を行い，明るさとたくましさを象徴するタンポポを党のシンボルに決めた（図1）．1981年9月，ウーレブロー市で党の結成大会が開催され，その後，全国的活動や，地方議会・国会での議席獲得に向けた運動が展開された．

●**党の特徴** 同党は設立当初から反既成政党的政党，草の根組織を出発点としたオルターナティヴ政党である．その思想的基盤は，ドイツの「緑の党」のイデオロギー的リーダー，ペトラ・ケリーの影響を受けており，緑の党の成功に触発されて，1985年，党名を「環境党・緑」とした．特定の支持母体をもたない政党で，唯一党の青少年団体が活動を支援している．スウェーデンでは小党分立に陥らないために設けられた4％条項が存在し，新党が国会で議席を得る障壁となっていたが，環境党・緑は1988年，自力で国会に進出し（20議席），スウェーデンで約70年間続いてきた政治状況に新たな変化をもたらした．その後，1991年の総選挙で議席を失い，1994年にカムバックした特異な政党である．また，その設立経緯からわかるとおり，「反原発」は党の理念（idé）であり，環境保護はもとより，地方分権，男女平等，特に女性の権利伸張などを主張し，政党の中では選挙名簿にクオータ制を採用した最初の政党である．また，参加平等の観点より男女2人代表（språkrör）制を採用し，当初，その任期は1年であったが，1990年代以降，再選可能となり，現在の任期は最長9年となっている．その他，平和，軍縮，人権を信奉し，社会の物質的成長より自然界とのバランスを重視する．公正な貿易を求め，反資本主義的で，中小企業を支援する．同党の支持層は高学歴で，都市に住む若者，特に女性が多いといわれている．また，当初は左右どのブロックにも属さず，前へ進む政党と称していた．

●**党の発展** 酸性雨による森林被害から始まり，1986年のチェルノブイリ原発事故によって原発の危険性や北極上のオゾンホールの存在が明らかになったこと等により，人々の環境に対する意識が大幅に変化した．さらに，選挙運動が始ま

る 1988 年の夏, 海の富栄養化やオットセイが死亡する事件があり, 環境問題が有権者の重要な関心事となって「緑」の風が吹き, 念願の国会進出を果たすことができた. しかし, 有権者の環境問題に対する関心は, 1990 年代の経済危機の陰で急速に低下し, 1991 年の選挙で議席を失った. このため, 党の再建を図る必要に迫られ, 1992 年頃から党の構造改革を行い, 結束力のある体制を作り上げた. 以前より党代表の個人的性格が強く出るようになり, また, 党代表の国会議員兼務が認められ, 国会と党の動きに整合性が保たれるようになったほか, 党員相互の意思疎通も改善された. また, 環境という単一争点主義の政党から脱却するため, EU からの脱退を求める反 EU 党を標榜したことが評価されたこともあり, 1994 年に国会に返り咲いた. 2002 年以降, 男女 2 人の代表の高い人気が党の躍進に大きく貢献し, 2010 年の総選挙後, 国会の第三党に躍り出た.

●政権参加への道　1998 年の総選挙後, 社会民主党（以下, 社民党）は左翼党と組んで政権を維持する権利を得たが, 過半数を確保しておらず, 他党の協力が必要であった. 環境党・緑は徐々に議会制度に適合するようになったが, 社民党内には環境党・緑に対する警戒心が強かった. しかし, 左翼党と協力できる政党は同党だけだったので, 三党代表による政策協議が行われた. 連立政権には至らなかったが, 次回選挙までの間, 協働（samarbete）を行うことで合意した. 協働は経済, 雇用, 公平な分配の 3 分野に環境および男女平等の 2 分野が追加され, 各党の代表者グループが結成された. 2002 年の総選挙後, 環境党・緑は前回にもまして強硬に閣僚ポストを要求したが, パーション首相の拒否に遭い, 前回同様の協力が継続された. その間, いくつかの省で政務顧問のポストを得て, 将来の政権参加に備えた経験を得ることができた. さらに, 存在が薄くなりがちな閣外協力政党でありながら, その立場を最大限に活用し, 環境関係の予算や法案作成面で党勢以上の力を発揮した.

　2006 年の総選挙で, 社民党が敗北し, 閣外協力も解消されたが, 次の目標は社民党との連立政権を実現することである. このため, 社民党とセミナー開催等による政策協議を行い, 意思の疎通を図るとともに, 協力の土台を広げた. また, 有権者にとって魅力を失いつつあった反 EU 政策は, 社民党から連立を組む障害の 1 つとして指摘されてきたこともあり, 2008 年, 反 EU の旗を下ろした. 2010 年の総選挙に備え, 協議を行った結果, 社民党および左翼党との「赤緑連立政権」を樹立することで合意したが, 結果は出せなかった. しかし, 2014 年の総選挙により, 社民党は政権樹立の権利を得て, 環境党・緑および左翼党と種々交渉した結果, 連立の相手として前者を選んだ. 23 の閣僚ポストのうち, 環境相をはじめ 6 ポストを獲得した環境党・緑は, ドイツの緑の党の 16 年後にして初めて政権参加を果たしたが, 政権内で自党の政策を実現するための戦いはすでに始まっている.　　　　　　　　　　　　　　　　　　　　　　　[中嶋瑞枝]

ノーベル賞——その誕生と文学賞

●**ノーベル賞の誕生**　ノーベル賞はスウェーデンの実業家，アルフレッド・ノーベル［ノベール］の遺言に基づき，その遺産を原資として1901年に始まった賞である．ノーベルは，爆薬のニトログリセリンの改良に成功し，これを「ダイナマイト」と名づけ，その後もより安全で扱いやすい爆薬の開発を続け，莫大な富を手にした．生涯，独身で子供もいなかったノーベルは，1896年12月10日，63歳で死去したが，自分の遺産の扱いについて頭を悩ませ，遺言（1895年11月27日付）を記していた．

同遺言は，親族や関係者にはわずかな額しか遺贈せず，遺産の大半を基金とし，安全な有価証券に投資し，その利子を「その前年に人類に最大の利益をもたらした人達に，賞のかたちで毎年分配されるものとする」と規定していた．さらに賞金が授与される5分野も具体的に明記していた．①物理学の分野で最も重要な発見または発明をした人物，②最も重要な化学上の発見または改良をなした人物，③生理学または医学の領域で最も重要な発見をした人物，④文学で理想主義的な傾向の最も優れた作品を創作した人物，⑤諸国家間の友好，常備軍の廃止または削減，平和会議の開催や推進のために最大もしくは最善の活動をした人物，である．ノーベルは受賞者の国籍についても特に言及し，スカンディナヴィア人であるかどうかは関係なく，国籍等をまったく考慮しないことを条件としていた．

当時，同種の国際的な賞は存在せず，画期的な提案であったため，賞の実現には時間がかかった．ようやく1900年にノーベルの遺産を管理するノーベル財団が設立され，ノーベル物理学賞，化学賞，生理学・医学賞，文学賞，平和賞の授与が翌年に始まった．

現在，「経済学賞」も存在するが，これは厳密にはノーベル賞ではない．1968年にスウェーデン中央銀行が創立300周年を記念して「経済学賞」の設置をノーベル財団に提案し，ノーベル賞に準ずる賞として設置されたものである（賞金は同銀行の基金から支出され，翌年から授与開始．正式名称は「アルフレッド・ノーベルを記念する，スウェーデン銀行経済学賞」）．

●**ノーベル文学賞**　文学賞は，スウェーデン・アカデミーが選考を担うことになった．スウェーデン・アカデミーは，スウェーデンにおける言語学，文学の研究を奨励する学界最高機関である．選考の中心的な作業は，アカデミー内のノーベル委員会（会員4〜5名により構成）によって進められる．ノーベル委員会はアカデミー例会に諮りつつ，候補を絞り込み，最終的に5月末に有力候補約5名の最終リストをまとめ，アカデミー例会に提示する．その後，アカデミー会員は

そのリストに載った候補の作品を読み進め，夏休み明けの9月以降，アカデミー例会で候補について議論を行い，最終的に10月のアカデミー例会で受賞者を投票で決定する．

　ノーベル文学賞の推薦資格は，①スウェーデン・アカデミー会員およびスウェーデン・アカデミーと同種の会員，目的を有する各国アカデミー，機関，団体の会員，②各国の文学，言語学の大学教授，③ノーベル文学賞の歴代受賞者，④各国の文学活動を代表する作家協会の会長，である．

●ノーベル文学賞受賞者の傾向　スウェーデン・アカデミーは，ノーベルの遺言どおり，その国籍に関係なく，「文学で理想主義的な傾向の最も優れた作品を創作した人物」に賞を授与してきた．第一次世界大戦，第二次世界大戦の影響を受けた年以外は，毎年，着実に受賞者を出してきた（2015年現在，112名．賞を辞退した1958年のパステルナーク（ソ連，当時），1964年のサルトル（フランス）を含む）．当初，「理想主義的な傾向」が重視されたため，世界的に著名な作家であっても，例えばイプセン（ノルウェー），トルストイ（ロシア），ゾラ（フランス）らは受賞していない．女性初の受賞者は1909年のラーゲルルーヴ（スウェーデン）であり，2015年現在，女性受賞者は14名になる．1990年までが6名，1991年以降が8名という事実を考えると，女性受賞者は近年急増している．

　文学賞受賞者の言語別人数をみると，賞創設以来，受賞者は欧米諸国の作家，詩人らが多い．北欧諸国の言語は別として，欧米諸国の言語において英語，フランス語，ドイツ語を利用する受賞者が多い．しかし，徐々にそれら以外の欧米言語の受賞者も増える傾向にある．1960年代以降，非欧米諸国の受賞者も多くなる．1966年のアグノン（イスラエル），1968年の川端康成の受賞は画期的な出来事であった．それぞれヘブライ語，日本語という非欧米諸国の言語で創作活動を行った受賞者であった．ノーベル文学賞において，非欧米諸国の作家は不利な立場におかれてきたことは否めない．すなわち，スウェーデン・アカデミーでの選考に際して，同会員は欧米諸国の言語で書かれた文学作品を言語的に問題なく読むことができ，さらにその文化的背景も理解しやすい．それに対して，非欧米諸国の文学作品については言語の壁，文化の壁が存在した．しかし，第二次世界大戦後，非欧米諸国の作品が欧米の言語に徐々に翻訳され，読者を獲得するようになり，翻訳書の蓄積のうえに非欧米諸国の文学作品もノーベル文学賞の選考対象となったのである．

　現在もスウェーデン・アカデミーは文学賞の「グローバル化」を推進し，世界中のさまざまな言語の文学作品にも意識的に目を配り，非欧米諸国の受賞者を積極的に出すようになっている．中国語，イーディッシュ語，アラビア語，トルコ語で著作活動を行う受賞者も出ている．日本人の受賞者も，前述の川端以外に1994年の大江健三郎がいる．　　　　　　　　　　　　　　　　　　［吉武信彦］

北欧の経済学

　北欧の経済学は，スウェーデンのストックホルム学派（Stockholm School）とノルウェーのオスロ学派（Oslo School）に大別される．両者を合わせて広い意味で北欧学派と呼ばれることもあるが，必ずしも経済学の統一的な潮流ではない．スウェーデンでは，経済学者は経済を理論面だけでなく，政治，社会，制度を視野に入れて研究し，現実の実践活動にも積極的な傾向がみられる．北欧では経済学と政策評価が密接に結びついており，労働市場の経済政策では市場原理の新古典派経済学と政府の財政政策の意義を認めるケインズ経済学の両者の長所を組み合わせる経済モデルを導入し，試行錯誤を通じて政策改善を継続しているので，特にスウェーデンは社会科学の実験国家とさえいわれることがある．

●**ストックホルム学派**　19世紀末にまずヴィクセル（Johan Gustaf Knut Wicksell）は貨幣資本理論を発展させただけでなく，飲酒癖，売春を非難し，人口問題では低所得者の産児制限を提唱するなどの社会的発言を行った．一方カッセル（Karl Gustav Cassel）は国際貿易論で購買力平価説（各国間の物価水準が同一になるように外国為替レートが決まる）を唱えたことで知られている．

　ミュルダール［ミールダール，Karl Gunnar Myrdal］は，多彩で優れた研究活動を行った．まず事前の予測と事後の結果の概念を用いて動態的な経済過程の研究を行い，ケインズ経済学が発足した1930年代にイギリスのケインズとほぼ似た理論を構築した．後に，ミュルダールは，制度派経済学の観点に立ち，米国の黒人問題の調査を行い，『アメリカのジレンマ』を著したことにより，黒人の共同体文化を社会病理ととらえた点に一部限界はあるものの，黒人の貧困改善，地位向上に貢献した．さらにインドなど南アジアの貧困の研究も行い，『アジアのドラマ』を著した．1974年に，貨幣論や経済，社会，政治の相互依存関係の研究により，ノーベル経済学賞を受賞した．

　ミュルダールは，実践面では1934年にスウェーデンの社会民主党の国会議員になり，その後商工大臣を務め，福祉国家論を推進した．なお，妻のアルヴァ（Alva Reimer Myrdal，外交官・政治家で軍縮活動によりノーベル平和賞を受賞）との1934年の共著『人口問題の危機』では，出生率向上のための社会改革を提唱したが，精神障碍者の断種を支持した点には，当時の世界的な優生学思想の影響がみられる．

　ヘクシャー［ヘクシェル，Eli Filip Heckscher］とオリーン（Bertil Gotthard Ohlin）は国際貿易のパターンを説明するヘクシャー=オリーン・モデルを構築した．オリーンは社会自由主義思想をもち1944〜1967年の長期間，自由党（Liberal People's Party）の党首であり，スウェーデンの国会議員，商工大臣を務めた．師のヘクシャーの死後，オリーンは先駆的な国際貿易論の構築により1977年にノーベル経済学賞を受賞した．なお1929年にオリーンはケインズとの論争で，第一次世界大戦のドイツに対する戦争賠償金は支払い可能と主張したのに対し，ケインズはドイツの戦争賠償金は過大であると指摘したが，同年11月から始まった大恐慌により世界経済は壊滅的な状態に突入しドイツの賠償金支払いは困難になった．

●**オスロ学派**　ノルウェーには3人のノーベル経済学賞の受賞者がいるが，学術的な理論面が中心である．フリッシュ（Ragnar Anton Kittil Frisch）はオスロ大学で計量経済学の先駆的研究を行い，経済学を2分類してマクロ経済学とミクロ経済学という用語を作った．1969年に第1回のノーベル経済学賞を受賞した．

　ホーヴェルモ（Trygve Magnus Haavelmo）は，フリッシュの後で計量経済学を確率基礎理論により発展させて，1989年にノーベル経済学賞を受賞した．

　キドランド（Finn Erling Kydland）は，米国での研究が長く，新古典派経済学における実物景気循環理論（貨幣や物価ではなく，技術変化や財政支出が景気を変動させる考え）や経済政策の時間的整合性を研究し，2004年にノーベル経済学賞を受賞した．

●**積極的労働市場政策**　スウェーデンの労働市場の経済政策では，1951年に全国労働組合連合の経済学者であったレーン（Gösta Rehn）とメイドネル（Rudolf Alfred Meidner）が提唱したレーン=メイドネル・モデル（Rehn-Meidner model）がある．充実した社会保障とゆるやかな解雇規制のもとで，産業間の賃金格差を小さくすることにより企業経営にとって労働力を生産性の低い産業から高い産業に移行しやすくなり，完全雇用を目指して，国家全体の経済の生産性を高める考え方である．低生産性の企業を政府が救済せず，賃金の上昇についてインフレを起こさない水準に労使で設定する方式である．失業者への積極的労働市場政策では，労働市場訓練，企業への雇用助成，就業体験がある．このスウェーデンモデルは，1950〜1960年代は成功したが，1970〜1980年代以降は国家財政の悪化，金融危機を背景にして，その効果に疑問が出され，2000年以降には，労働政策はジョブマッチングを強化し，職業訓練制度の改良が図られており，「福祉における就労重視」の考え方が取り入れられた．

　デンマークでは，1990年代に社会民主党の首相ラスムセン（Poul Nyrup Rasmussen）が柔軟性（flexibility）と安全（security）を組み合わせて，フレキシキュリティ（flexicurity）という造語を作り，積極的労働市場政策を打ち出した．衰退産業から成長産業へと労働者の移動を図り，労働者に社会保障を与え，失業者に権利と義務を課す狙いがある．EU委員会ではこのフレキシキュリティの考え方を各国で実情に合わせて取り入れることを勧めている．　　　　　　［新藤哲雄］

北欧の IT 産業

　厳しい気候と広大な土地に人口密度が低いという環境の北欧では，通信の必要性が高く，歴史的に見て早くから通信設備の導入が進んでいる．そのために IT 産業は，通信を中心に発展してきており，通信機器，通信技術標準，ネットワーク・サービス，ソフトウェアに世界的に優れた製品やサービスがある．

●**19 世紀の通信の歴史**　北欧の通信の歴史では，1796 年にストックホルムとオーランドの間で腕木通信（望遠鏡で棒の組合せを読み取りリレー式に伝達する通信方法）が開設されており，スウェーデンでは 1853 年に電信が始まった．米国で 1876 年にベルが電話を発明した後，1877 年にはストックホルムとヘルシンキの間で電話が開通し，19 世紀末には北欧では低価格料金政策により電話が普及した．なお，フィンランドは，他国の国営事業形態とは異なり，1882 年に最初の通信事業社が設立された後で，次々と地方で民間の独立系通信事業社が誕生してきた自由市場である．

●**通信機器メーカー**　北欧の通信機器メーカーには大手 2 社がある．スウェーデンのエーリックソン（エリクソン）は，1876 年にストックホルムで電信機の修理工場として設立された後に，北欧から全世界に市場を拡大し，アナログからデジタルに，固定回線から移動通信に，事業の発展を図り，通信機器の世界最大手メーカーに成長した．

　フィンランドのノキアは，1868 年に製紙会社として設立されたが，1970 年代以降に電子機器に事業転換を図り，21 世紀初頭には世界最大の携帯電話（端末）メーカーとなったが，スマートフォンの台頭による競争激化のために，携帯電話（端末）事業を 2014 年に米国マイクロソフトに売却し，事業の中心を通信設備機器事業（地上局インフラ）に戦略転換した．

●**通信技術標準**　1969 年にスウェーデンの通信事業社 Televerket（後に Telia-Sonera）が北欧共同の移動通信技術システムを提案し，1971 年に北欧移動通信技術（NMT：Nordic Mobile Telephone）が策定された．さらに 1987 年に NMT を母体として，欧州全体の移動通信技術標準として GSM（Global System for Mobile communications）が採用されて，第 2 世代携帯電話（デジタル方式）としては GSM 規格が日本などを除く世界各地で圧倒的に普及した．

　さらに近距離無線通信技術の規格としては，スウェーデン企業エーリックソンが 1990 年代に提唱した Bluetooth（ブルートゥース）があり，各種情報機器の接続方式として普及している．その名前は，デンマークとノルウェー南部をヴァイキング時代に統一したデンマーク王ハーラル青歯王の名（Harald "Bluetooth"

Gormsson）に由来している．

●ネットワーク・サービス　スカイプ（Skype）は，電話やビデオ通話などのネットワーク・サービスで，フリーミアム・ビジネスモデル（通常機能は無料で高機能は有料とする）を採用しており，世界的に普及している．エストニア人技術者によるPeer to Peer通信技術のソフト開発をベースに，スウェーデンとデンマークの創業者が2003年にSkypeを設立した．その後，2005年に米国企業eBayによる買収を経て2011年に米国マイクロソフトの子会社になっている．

　スポティファイ（Spotify）は，2006年にスウェーデンで設立されたSpotify ABが始めた音楽ストリーミングサービスで，フリーミアム・ビジネスモデルを採り，欧米を中心に世界各地で使われている．海賊版の撲滅を掲げているスポティファイに対して，音楽業界の一部では収入の低下を懸念して音楽の提供を控えているが，スポティファイは成長を遂げて一定の市場を獲得してきた．

●ソフトウェア　Linuxは，無料のオープンソースの基本ソフトウェア（OS，オペレーティングシステム）である．1990年代にフィンランドのヘルシンキ大学の学生リーヌス・トーヴァルズ（Linus Benedict Torvalds）が中心となり，世界各地のボランティア技術者の協力を得て開発したソフトウェアで，インターネット・サーバーの分野で広く使われている．その後「リーナス・トーバルズ」は米国西海岸に移り，2000年代に入ると，Linuxの新バージョンの開発においてIBM，HPなどの企業との連携も始まった．

　MySQLは，スウェーデン企業MySQL ABが開発した無料のオープンソース方式のデータベースソフトウェアであり，世界的に普及している．企業としての収入は，サポート，コンサルティング，教育が中心となる．MySQL ABは2008年米国企業Sun（後にOracle）に買収されている．

　近年北欧ではモバイルゲームソフトウェアの開発が活発である．フィンランドではRovio EntertainmentがAngry Birdsを，Supercell（2013年ソフトバンクが買収）がClash of Clansを，そして，スウェーデンではMojang AB（2014年米国マイクロソフトが買収）がMinecraftといった世界的なヒット作を出している．

●北欧のIT産業集積地　スウェーデンのストックホルムの北にあるシスタ（Kista）サイエンスシティは，エーリックソン，王立工科大学やストックホルム大学の研究機関等が進出し，産学連携を背景とした北欧最大級のIT産業の集積地である．

　フィンランドのヘルシンキの郊外にあるオタニエミ（Otaniemi）サイエンスパークは，旧ヘルシンキ工科大学，フィンランド国立技術研究センター（VTT）の研究機関やノキアなどの大企業，ベンチャー企業が集積している．

　北欧では，政府機関がIT産業を育成推進するために，フィンランド国立研究開発基金（Sitra），スウェーデン産業開発基金（Industrifonden）等がベンチャーキャピタルの機能を果たしている．

［新藤哲雄］

北欧諸国の雇用政策

　北欧諸国では，就労を重視するワーク・フェアの考え方を基本とし，職業訓練や就業支援を主体とする「積極的労働市場政策」が採用されている.

●**デンマークの成功例──「フレキシキュリティ」**　北欧各国の政策は，1990〜2000年代に欧州委員会やOECD（経済協力開発機構）などの分析により広く注目された. その代表例がデンマークのフレキシキュリティ・モデルで，雇用の維持のみにこだわらない柔軟性（フレキシビリティ）と，失業者に対する手厚い保障（セキュリティ）を組み合わせた概念である.

　同国の成果には目覚ましいものがあり，1994年以降の積極的労働市場政策の導入により，同国で1993年に10.9%台だった失業率は，2008年には3.5%にまで低下した. 一方，72.4%だった就業率は77.9%まで上昇し，息の長い改善がみられた.

●**先鞭をつけたスウェーデンと，各国への波及**　スウェーデンでは，1950年代の終わりまでに，労使の協調をベースに社会民主党の長期政権下で労働市場庁を通じた積極的労働市場政策が確立した. ノルウェーでは1992年の「結束した選択」，デンマークでは1994年の労働市場改革により，本格的に政策が機能していく.

　フィンランドでも，1990年代後半から2000年代前半にかけて失業給付制度改革（給付要件の厳格化）を行い，職業訓練プログラム等を導入して積極的労働市場政策にかじを切っている. 雇用政策は単独ではなく，他の政策と組み合わされて機能することが多い. 同国では1991〜1993年に3年連続で成長率がマイナスに陥り，経済危機への包括的な対応が講じられ，社会保障（年金など），規制および公的部門などの改革を同時並行的に実施している. また，研究開発と教育重視の政策が，ノキアなどIT産業の成功に結びついた. これらの政策が奏功し，1995年に17.0%だった失業率は2008年に6.4%にまで低下した.

　1990〜2000年代にかけては，スウェーデンでも失業率が低下した（1997年10.4%→2001年4.7%）. ノルウェーでは1995年に6.3%だったのが，1999年には3.2%に低下，その後2005年までは若干上昇するも，2007年および2008年には2.5%という低い水準になっている. 各国の失業率を追うだけでも，①1990年代の改革実施期の大幅な低下，②積極的労働市場政策が定着し改良が図られた2000年代中盤の低下基調と，2段階の動きが数字に現れている.

●**各国の主な特徴**　積極的労働市場政策を支えるのは就労重視の考え方であり，労働する人（すなわちactive）を増やす「アクティベーション」を進める. 具体

的には，職業訓練，準備的支援（求職活動を行うための支援）を軸とするとともに，失業者には積極的な求職活動を求め，失業給付の支給要件にも求職活動または職業訓練への参加を義務づける．加えて，長期失業者を雇った企業など雇用創出・維持に貢献した企業に労働コストの一部を助成する雇用助成金の仕組みが組み込まれる場合がある．

北欧諸国の積極的労働政策にかけるコストをみると（OECDによる2012年のデータ：GDPに占める労働市場政策への支出割合），デンマークが2.1%，スウェーデンが1.33%，フィンランドが1.03%，ノルウェーが0.54%と，日本の0.21%と大きく異なる．ノルウェーはGDPが相対的に高い（1人当たりGDPは，他3国の1.5倍以上）ため，実際の支出水準は高いと考えられる．

政策の設計・運用にあたっては，労働組合の関与も見逃せない．デンマーク，スウェーデン，フィンランドでは労働組合が失業保険制度の管理主体である「ゲント方式」を採っている．ゲント方式によらないノルウェーでも，政労使の協調によるネオ・コーポラティズムが機能してきた．

積極的労働市場政策と雇用慣行等が相まって，①労働移動の活発さ，②長期失業者の少なさ，③就業率の高さ（特に女性），④非正規労働者の割合が比較的少ない，などの特徴がみられる．このうち，活発な労働移動については，解雇法制と絡めて論じられることがあるが，OECDが2013年に公表した最新の雇用保護指標をみても，北欧各国は必ずしも「解雇しやすい」グループに属するとはいえない．

●リーマン・ショック後の状況

2014年の失業率は，デンマーク6.8%，フィンランド8.8%，スウェーデン8.1%，ノルウェー3.6%，アイスランド5.1%となっており，リーマン・ショック以降，総じて停滞している（図1）．ノルウェーの失業率の低さは，同国が原油産出国であ

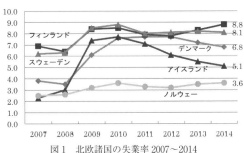

図1　北欧諸国の失業率 2007～2014

り財政が豊かであることが背景にある．アイスランドは2008年秋に金融危機の影響で債務不履行に陥るが，その後自国通貨安による輸出増で景気が回復し，失業率の改善につながっている．北欧各国では，リーマン・ショック後，2000年代に進められた失業給付の支給要件の厳格化や政策運用の最適化の流れを継承したうえで，きめ細かい雇用対策が採られた．仮に1990年代を雇用政策の「実施期」，2000年代を「定着期」と理解すると，リーマン・ショック以降，各国は新たな段階に入っているといえよう．

［吉田和央］

ノルウェーの社会構成——若者の政治参加

　ノルウェーでは，若者が「民主主義的市民権」を獲得し，政治過程に関与し，地域社会へ貢献することが求められている．そのため，子供・若者の人権を積極的に尊重すると同時に，民主主義という価値の内面化を促すための教育的措置として，若者が政治にアクセスできるよう手段の拡大・強化が図られてきた．

　政治行政が若者に意見表明の場を提供してきたこと，若者が相対的に市民社会の「希少資源」ととらえられるようになったことで，代表民主制への国民構成の反映を志向するノルウェー民主主義にとって取り込むべき有能かつ有益なリクルート対象となった．現代の若者は政治に無関心だとみなされがちであるが，他方で近年の政治的活動に熱心な若者はより積極性を増していると指摘され，子ども・平等・包含省は「若者内で資源とパワーの偏在が生じ民主主義がエリートによるプロジェクトとなることは避けられなければならない」との懸念も示している．

●**選挙権・被選挙権を通じた参加**　ノルウェーでは 1978 年に憲法および「選挙法」を改正し翌年の地方選挙から選挙権・被選挙権年齢を 18 歳とすることが決定されている．1997 年から 2009 年までの国政選挙における 20 代の投票率は他の年齢層に比べて低く，特に 18 歳から 21 歳の初めて選挙権を行使する有権者層の投票率は約 60% であり，全体平均より約 20% 低い傾向が続いていた．しかし，2013 年の国政選挙では 66% とその 4 年前より 10% 上昇し，22 歳から 25 歳の有権者についても 8% 上昇している．これには，2011 年 7 月 22 日に発生したテロ事件が一部影響していると見られる．同事件では労働党の青年組織がウトヤ島で行っていたキャンプが襲撃され 69 名が命を奪われたが，事件後にストルテンバルグ首相（当時）が「暴力への答えはさらなる民主主義と開放性」と呼びかけた演説が一般に好意的に受け入れられたように，若者の間でも政治参加への関心が高まるきっかけとなったと指摘されている．被選挙権に関しても，2013 年の国政選挙では 169 議席中 17 議席を 18 歳から 29 歳の議員が獲得することになった．1969 年の国会に議席を有していた 30 歳以下の議員はわずか 4 名であり，若者の政治的権力は強化されてきたともいえる．

●**地方自治体の若者評議会**（Ungdomsråd）　ノルウェーは 1990 年に子供の権利条約を批准したが，その 12 条は社会的集団としての子供・若者にも自らの意見を表明する権利を保障している．これを受けて若者が社会的決定に関われる体制を整えるために地方自治体での若者評議会の設置が進められ，現在では約 80%のコミューネ・県に設置されている．

　若者評議会は特定の政党や団体の利益から離れ，当該自治体に住む若者が重要

だと感じる課題を議論し政策決定者に見識を伝える，諮問的な役割を果たしている．議題は自治体の予算や公共交通，文化や環境政策など多岐にわたる．評議員の選出や運営の方法は自治体によって異なるが，直接選挙を実施する場合や学校・若者団体の代表が委員となる場合があり，おおむね 12〜13 歳から 18〜19 歳までの生徒，約 10 名によって構成され，月に 1 回程度の頻度で会議を行っている．地方議会に対して直接に意見を表明する機会が用意されたり，大規模な年次総会を開いたりと，自治体によってアウトプットの方法もさまざまである．

●**利益団体**　若者の政治チャネルとして，子供・若者による非政府組織約 100 団体の統括組織であるノルウェー子供・若者組織全国評議会（Landsrådet for Norges barne-og ungdomsorganisasjoner：LNU），高等学校約 400 校が加盟する生徒組合（Elevorganisasjonen）および青年政党組織が挙げられる．LNU は若者に関連する政策分野の委員会や審議会には常に名を連ねるなど，利益団体として強い影響力を誇ってきた．

　ノルウェーの主要政党は青年組織を有しており，8 つの青年組織が存在する．青年組織は若者が政治および政治家に対して影響力を行使するうえで有力なチャネルであり，特に地方政治において顕著な役割を果たすことが期待されてきた．全国に複数の支部をもち，支部，地区，全国とさまざまな単位でキャンプやセミナーなどの活動を行っているほか，特に若者に関係する政策については，政党に意見を述べ政策に組み込むよう働きかけるなどしている．

　2011 年の調査では，26 歳以下の青年組織所属者は 1 万 7,066 人であり，最大規模を誇る労働党の青年組織には 5,786 名，次いで大きい保守党の青年組織には 4,077 名，その他の青年組織については 1,000 名から 2,000 名程度が所属している．1998 年から 2011 年までの所属者合計の推移を見ると 2006 年までは 1 万 3,000 名程度で安定しており，その後増加したものの 2010 年には約 1 万 1,000 人と落ち込んだ．一転して 2010 年から 2011 年の間には約 6,000 人も登録者が増え，その半数以上が労働党の青年組織に加入しているが，これもテロ事件の影響を受けたものと指摘されている．

●**模擬投票**（Skolevalg）　1989 年以降，国政・地方選挙の実施に合わせて高等学校で模擬投票が行われており，毎回約 400 校から，主に 16 歳から 19 歳の生徒，12 万人から 13 万人ほどが参加してきた．2013 年の国政選挙に合わせて実施された模擬投票では 15 万人を超え，これまでで最多の参加者を得ている．模擬投票の前には，地元や近隣地域から各政党の青年政党組織の代表が投票会場となる高校に集まり，討論会が開かれることもある．かつては若者の権利推進に積極的な左派社会党など，政党の左右軸の端に位置する政党の得票率が高かったが，近年は各政党の模擬投票と実際の選挙での得票率が近づいてきており，若者は大人への「反対」より「調和」志向を強めているとの指摘もある．　　　　　　［中村友子］

ノルウェー経済事情

　ノルウェーは 1 人当たり名目 GDP が OECD 加盟国中第 2 位，失業率は 3% 台と 7% 台である OECD 平均を大きく下回り，幸福度でも第 2 位と，世界的にも最も高い生活水準を誇る高度に産業化された社会福祉国家といえる（順位はいずれも 2014 年）．19 世紀末には米国に多くの若い労働力を送り出す状況にあったノルウェー経済は，いかに現在の水準に至ったのか．同国の経済成長の過程では水力発電を利用して電力消費型の工業が成長した 1900 年から 1920 年まで，他国に遅れをとった 1920 年から 1970 年まで，石油・天然ガスの開発によって他国に追いつきリードするに至った 1970 年から今日までの 3 段階に分けられるが，以下では主に第 3 段階における天然資源の恩恵と政府の役割，信頼・平等の価値観といった観点から考えてみる．

●**天然資源と政府**　ノルウェーでは 1970 年代初めに北海の大陸棚で石油，続いて天然ガスの生産が始まり，以来石油・天然ガス産業は同国の経済財政において主要な役割を担ってきた．2014 年の名目 GDP 3 兆 1,514 億 8,300 NOK（ノルウェークローネ）中，約 20% が石油・ガス採掘およびそれらに関わるサービスによって生み出されており，国家歳入についても約 20% が石油関連活動収入による．ただし，石油生産の始まった 1970 年代以降も 1990 年代中頃までは天然資源の有無を除いて条件の近いスウェーデンと 1 人当たり GDP がほぼ同水準であり，経済成長は天然資源によってのみ果たされたわけではないことが指摘されている．非再生性天然資源の豊富な国では少ない国と比べて工業化や経済発展に遅れが生じるという「資源の呪い」をノルウェーが回避できたのは，多くの新興の資源国と異なり，資源が発見された時点で法制が整った民主主義国家であり，汚職が少なく信頼できる政府組織が産業の管理・監督を行ってきたためでもある．

　国は海底の石油鉱床の所有権と資源管理を排他的に行う権利をもち，天然資源は社会全体に資するべく管理がなされることが原則となっている．国会を最高意思決定機関として，包括的管理を担う石油エネルギー省，実務的な行政執行機関である石油監督局，収益の運営管理を行う財務省（運用はノルウェー中央銀行に委託）といった政府機関が，現在および将来の国民の利益のために石油・天然ガス事業の管理運営を行ってきた．また，同国の主要産業では政府が株主となっている企業が多く，1972 年に国営企業として設立された石油開発会社スタットオイル（Statoil）社は，2001 年に一部民営化されたが，産業の技術と安全性，雇用，広範な天然資源を保護し，本社と R & D の機能をノルウェー国内にとどめるために，現在も政府の持株比率は約 70% となっている．

天然資源の埋蔵量には限りがあり，2001年をピークに石油生産量は減少し，近年は天然ガスの生産増によって補われている状況である．また，原油価格の下落により，石油事業から派生する収入も減少している．石油・天然ガスによって得た収入を将来の国民の年金資金等として長期的に運用するために1990年に設立された政府年金基金グローバル（旧石油基金）は，2014年には市場規模が6兆4,310億NOKまで成長し，運用収益率は7.6%と非常に高くなっている．基金の財源は政府の石油事業から発生するキャッシュフロー，基金の運用収益，石油活動関連の金融取引の純益となっており，また基金資産は国会の承認に従って中央財政のみに使用され，かつ基金から政府予算への繰入れは仮想的収益率である4%以下とすることが定められている．基金はすべて海外で運用することも定められているが，これは運用収益による外貨収入の確保と同時に，国内市場の高騰を防ぐ目的がある．こうしたさまざまな規定により，健全な基金財産の保全が図られているのである．

●**政府への信頼と男女平等** OECDによれば多くの国では貧困層と富裕層の所得格差が過去30年間で増大している．格差の拡大は教育機会の平等を奪い，社会的流動性を低下させ，技術開発を妨げることから，経済成長にマイナスの影響を与えているという．可処分所得ジニ係数（0＝完全平等，1＝完全不平等）について，ノルウェーは1986年には23%，2011年には25%とOECD平均（1980年代半ばの29%から2011年の32%へ上昇）を下回っており，最も格差の小さい国の1つとなっている．また，政府に対する信頼は政策の遂行，投資，消費等あらゆる経済活動にとって重要であり，国民からの信頼を得るために，政府は適切な法制や開放性，誠実性，公平性，包括性といった要素を備えている必要があるが，同じくOECDの調査によれば，ノルウェーでは市民による中央政府と政府金融機関への信頼度がともに約70%と，OECD平均の約40%を大きく上回っており，近隣のスウェーデン，デンマーク，フィンランドよりも高い．

女性の労働市場への参入も経済成長の重要な要因といえる．1960年代初頭まではノルウェーでも専業主婦規範が強かったが，1972年に約45%だった女性の就業率（15歳から64歳）は2012年には約74%となっており，大きく上昇している．女性はノルウェー経済が労働力を必要とした際にその受け皿となり，またその時期は女性の教育水準の上昇とも一致していた．出生率も1970年代の約1.75から今日では約1.9に高まっているが，保育施設に預けられていた乳幼児の数も1970年の約1万3,000人から約28万人に増え，有給の育児休業の期間も30年前の約4倍の49週間に伸びており，出産に際する離職を防いでいる．女性労働者の納税によって福祉がまかなわれ，またこうした制度を維持するためにも女性は公的セクターでの重要な労働力になっており，ノルウェー経済の好循環を生んできたといえる．　　　　　　　　　　　　　　　　　　　　　　　[中村友子]

デンマーク社会の光と影——EU の取決めと高福祉社会のバランス

　1990 年代にイギリスで生まれた概念,「福祉ツーリズム」が近年, 政治の現場やメディアでも聞かれるようになった. 2004 年の EU 拡大に伴い新規加入したポーランド, ルーマニア, リトアニアといった一般に「より貧しい」とされる国の国民が, 福祉の恩恵にあずかろうと, イギリスやデンマークのような国に「ツーリスト」のように押しかけてくるという言説である. デンマークでも, 今や東ヨーロッパからの労働移民は 9 万人にも上り, その存在は無視できない. 福祉ショービニストはこうした「我々の高福祉社会を脅かす東ヨーロッパからの移民」という言説をあおるが, 実際にこの「福祉ツーリズム」が財政を逼迫するほどの課題になっているというデータはない. そればかりか, 実際に国家間を移動しているのは, 学歴の高い若い移民達であり, 彼らは自分の資格や学歴に不相応な仕事であっても嫌がることなく従事し, 実際には移住した先の国の GDP の向上に大きく貢献しているというデータがイギリスでもデンマークでも示されており,「福祉ツーリズム」は神話にすぎないと喝破され始めている.

　そうした「福祉ツーリズム」の言説が必ずしも根拠があるものではないと明確にしたうえで,「神話」が信憑性をもって語られる背景と実際の問題の所在について検討したい.

　EU では, 域内の市民の移動の自由を保障し, 労働流動性を高めることを目指すと同時に (「労働者の移動の自由」[EU の機能に関する条約第 45 条]), 国籍による仕事や賃金, 労働条件等における差別を禁じている. 欧州委員会からの指令や欧州裁判所からの決定は国内の都合とは関係なく効力をもつため, 決定が出されると否応なく従わざるを得ない.

　例えば, 2013 年の夏以来, 欧州委員会の決定によって, EU 市民はこれまで課されてきた要件を満たさなくても, デンマークで就業してすぐに満額の子供手当が受給できるようになった. 前政権を担った社会民主党は, デンマークで働き, 納税するのであれば, 他の EU 市民に対しても同じ権利を与えることをよしとしたが, 当時野党であった自由党などはこれに反対し, 就労年月実績に基づいて 2 年間かけて満額支給とする, 以前のモデルを保持することを主張している. また, デンマークに連れてこず, 母国に残してきた子供に対しても子供手当が支給されることを問題視する議論もある. しかしこれまでのところ, デンマーク国外に住む子供に対して支払われた子供手当は全体のおよそ 0.6% にすぎず (2012 年), こうした事例を取り上げて福祉手当狙いと非難するのは恣意的だと指摘され始めている.

この事情から指摘される問題は，このルールを濫用して母国の子供に子供手当を送金する東ヨーロッパ人側の倫理観ではない．問題視されるべきは，デンマークの一部の使用者である．国から与えられる「おいしい餌」で東ヨーロッパの人々を釣り，不当な低賃金で自分のところに雇い入れようとする労働ダンピングの問題である．例えば，ルーマニア人が福祉の恩恵を期待して，法令に則らない劣悪な労働条件・賃金が提示されたにもかかわらずデンマークでの下層の仕事を引き受ける．それによってデンマーク人失業者が就けたかもしれない低スキルの職が奪われてしまうというひずみも生じているとされる．

　EU市民のデンマーク国内での失業保険給付の受給権も，福祉社会の存続を巡って議論の的となる話題の1つである．例えば，ポーランドでの失業保険給付額はデンマークの1/10程度であり，デンマークでの高額の失業保険給付は東ヨーロッパのEU市民にとって魅力に映り得る．

　失業保険給付についてのEUからの決定が出されたばかりの2013年9月には労働組合系のシンクタンク「UgebrevetA4」でも，「外国人が見てはいけないグラフィック」と銘打って，この制度を悪用する意図があれば，いかに最小限の就労で福祉手当を受給できるかと危機感をあおっている．それによると，「①母国で，最低9か月間フルタイムで働く（失業保険が有効となる），②デンマークで失業保険基金に加入して，最低3か月間フルタイムで働く，③「PDU1」といわれる申請書に，母国で就労実績があり，そこで失業保険給付を受給する資格がある旨を記入する，④デンマークで最長2年間失業保険給付を受ける，⑤デンマークからの失業保険給付を受けつつ，母国へ戻る（母国で求職をする条件で，最長3か月まで滞在が可），⑥再びデンマークに戻る」というものである．

　デンマーク国民の場合には，過去3年間のうち連続52週間（1年間）の就労実績と失業保険基金の加入が受給条件となるが，EU市民は母国での就業期間を換算することで，デンマークでの就労がたった3か月で失業保険給付の受給権が得られることに，デンマーク国民党もそして左派の統一リスト党も難色を示している．しかし，2014年3月に出された調査では，実際にこうした母国での失業保険加入期間を含めてデンマーク失業保険を受給した例は十数件程度にすぎないとされ，実際に移住してくる人々は福祉の受給ではなく，就労とより良い生活を目的に来ていることがわかっている．

　あえていうならば，「光」は今も保障された高福祉であり，「影」はそれを覆う多様性を備えたEUの加盟国から負担を求められるプレッシャーである．不公平感を感じる部分があるため，それをあおる議論がでて，EUへの懐疑や反発もでてくる．不当な労働ダンピングなどをなくし，同時に，国内の福祉水準や受給要件に正当性をもたせつつ，多くの異なる事情を抱えた他のEU諸国とどのように連携をとっていくかのかじ取りが，今後も課題として立ちはだかる．　　[鈴木優美]

難民問題で人権意識と福祉給付のはざまに立たされるデンマーク

　シリア騒乱などを理由として，国を追われる難民の数は拡大する一方であり，国連難民高等弁務官事務所（UNHCR）によると2016年11月にはシリア難民はおよそ480万人まで膨らんでいる．2015年1年間でヨーロッパ諸国へやってきた難民・移民は100万人以上であった．中東や北アフリカからの安全性の確立されないボートでの渡航は，事故による多数の死者の発生や難民緊急受入れといった課題を生み，地中海に面したイタリアやギリシャはもとより，ヨーロッパの受入れ国においては年々増え続ける難民をどのように引き受け，支援していくのかが大きな悩みとなっている．

　2014年のデンマークでの難民認定申請者は前年の2倍近い1万4,000人を超え，うち6,000人以上に認定が下りた．前社会民主党政権は難民に関するルールを厳格化し，母国にいる家族呼び寄せは1年間待ってからでないとできないことにした．しかし，1年間では物事が大きく変わるわけはなく，入国したシリア難民が家族を呼び寄せることで，現在さらに難民家族の受入れの問題は拡大しており，受入れをする各自治体では対応に追われている．人道に根ざして困難にある難民を救おうという正義感と，引き受けた難民がいつまでデンマークに滞在し，母国に帰る見込みがあるのかという実際的な危惧で政治家も苦慮している．

　2015年6月にデンマークでは全国総選挙が行われたが，当時与党の社会民主党は，この難民受入れ問題に大きなキャンペーンを張り，「デンマークに来た以上，難民にも働いてもらう」とのポスターを掲げ，ただ外国人である難民を養うつもりはないことを有権者に向けて強調した．一方右派は，難民受入れそのものをできるだけ回避し，デンマークで難民認定申請をすることに魅力を感じられない政策を実行するように主張した．唯一，当時連立政権に入っていた急進左翼党だけが，「シリア難民が（国内の状況が落ち着いて）翌年に母国に帰れるようになる，などというシナリオはあり得ない．そのため，到着1日目からデンマーク社会統合のためのプログラムに参加させて，長期的な視野で手厚い支援をするべき」と主張したが，同党は選挙で大敗し，世論との乖離を実感させた．このように，選挙時のキャンペーンでは難民の受入れに関しては右派も左派もなく，懐疑的な態度というのが一般的であった．

　選挙では政権交代が実現し，ルケ・ラスムセンを首相とする自由党政権が発足した．この選挙では，移民排斥を長年訴えてきたデンマーク国民党が全体の21.1%，37議席を獲得し大躍進を遂げた．首相輩出の指名を受けた自由党は，省庁数を減らし単独政権を成立させることを選択したものの，議席数ではデンマー

ク国民党よりも少ない34議席しかとっておらず，同党の意見が今後の政策に強く反映されるであろうことは確実となった．今回改編された外国人・統合省の大臣職に就いたストイベアは，着任早々，難民がデンマーク国内に移り住む際に生活費として支給される統合手当を，2015年12月から半額程度に引き下げると発表した．この支給額の基準は，国内の学生に支給される奨学金と同じものであり，デンマーク人学生がこれで生活できて難民が生活できないわけがないという論理によるものである．しかし，学生は副業としてアルバイトをしても，かなりの額まで奨学金支給額に影響することはないが，難民の場合は就労するやすぐに支給額を差し引かれるなど条件に違いがあり，そもそも比較する前提が間違っているという批判が噴出している．難民認定された後は割り当てられた自治体が各難民に対して住まいを紹介する義務を負うが，生活費がそれだけ少ないと住居を斡旋することができないという問題もすでに浮上している．しかし，これに対しても統合大臣は，これまでの住居規制の緩和によりアパートだけではなく（より安い）仮設のバラックに住むこともできるようになったとし，こうした難民大量受入れという緊急事態の中では致し方ない，と支給額を増やす考えはない．

　統合プログラムの中で「デンマーク語2」という試験に合格した場合には，労働市場に統合される可能性が上昇するため，ボーナスとして毎月現金を支給することが決定され，統合大臣はこれを盾に経済支援が十分でないとの批判を抑えようとする．だが，最初にクラスの振分けをする際に，母国で非識字だったり，ヨーロッパのアルファベットを知らなかったりする場合には，最終試験が「デンマーク語1」という試験で終わる課程に入ることになり，そもそも「デンマーク語2」の試験に挑戦できない．このため，教育資源に恵まれない難民ほど経済的な締めつけを受けることになる．

　ヨーロッパの約半数の国が難民を受け入れ，その対応に苦慮する中，オーストラリアは近年特に非常に厳しい対応をしている．保守系の自由党党首のアボット首相（当時）が，海軍を使って難民船の上陸を拒み，問答無用で母国に送還したからである．「大人も子供も，教育を受けていようと技能労働者であろうと例外はなく，ヴィザをもたずに来る者にはオーストラリアはホームにはならない」と，軍服を着た中将が穏やかに，しかし毅然と語りかけるビデオは17か国語に翻訳された．こうした対応は人権団体からは批判を受ける一方，デンマーク国民党には大きなインスピレーションとなったようで，同党の外国人・統合スポークスマンのマーティン・ヘンリクセンは，デンマークも類似のキャンペーンビデオを作成し，難民を歓迎しない意思を明確に示すべきだと主張し始めた．人道的な視点からの援助と，終わりの見えない大量の難民，さらに呼び寄せ家族に大きな財源が求められる悩みは，他のヨーロッパ諸国とも共通しており，今後も政治の争点となることは間違いない．　　　　　　　　　　　　　　　　　　　[鈴木優美]

デンマークの医療制度——初期医療から，終末医療まで

　他の北欧諸国と同様，デンマークでは基本的に医療費自己負担はない．通称「黄色いカード」と呼ばれる健康保険カードが，住民に対する医療の保障となっている．このカードには，保持者本人の氏名・住所とともに，生年月日6桁とランダムに割り当てられる4桁の数字で構成される個人を特定する番号（中央個人登録番号，通称CPR番号）が記されている．

　デンマーク国内での出生，あるいは国内への転入によってCPR番号が与えられ，これをもって公共機関に関わる多くの手続きを始めることができる．さらにこのカードには，自分の住む自治体，その自治体が位置するリージョン（広域自治体）も併記されている．初期医療を担当するのは自治体内の総合診療医（GP）であり，高度医療は国内で5つに分けられたリージョンに所在する病院が担っている．

　初期医療において，特定のGPをかかりつけ医に選ぶ場合には「グループ1」と登録され，一方，場合に応じて異なる医師にかかり，一時的に費用を自己負担して後に補助金が還付される形式を選ぶ場合には「グループ2」と登録される．2008年の統計で「グループ2」登録者は人口のわずか0.7%である．つまりたいていの人の健康保険カードには，本人の氏名，住所，CPR番号，居住自治体とリージョンに加えて，「グループ1」と記載され，かかりつけ医の連絡先の住所・電話番号が記されていることになる．1人のGPは平均して約1,600人の（潜在的）患者を抱えているが，特に地方都市ではすでに患者数が最大に達していて，遠くのGPにかからなければならないケースや，離島では1人の医師が5,000人を超える患者を抱えるケースさえあるとされ，地域格差の問題も指摘される．

　医療機関へのかかり方としては，体調が悪く医師の診療を希望する場合，朝の8時から9時までに，健康保険カードに載っている，かかりつけ医の連絡先に電話して予約を入れる．予約を入れることができれば直接クリニックへ行き，カードをリーダーに通して待合室で診察の時間を待つ．診察が終われば，料金の支払いなどはなく，医師に挨拶して終了．薬が出される場合には，全国どこでも薬局に行き，健康保険証を提示すれば，薬剤師がサーバーにアップされた処方箋の情報を手に入れ，薬を本人に販売する．

　薬代や歯科医療，理学療法士，サイコロジストなどの診療などは有料となるが，一部は公的な補助金が出されるうえ，薬代は年間の合計額が大きければかなりの額が還付される．また民間保険に入っている場合には，その保険料に応じて別に補助金が還付される．このように，病気の際にも個人の財布事情はそれほど響か

ない制度になっているが，それでも「健康保険デンマーク」と呼ばれる共済型の保険に国民の 40% 以上が加入している事実は，特に高額となる成人の歯科医療費や眼鏡代を抑える，補完的な役割を担っていることを物語る.

このように，GP は初期医療を担当し，医療のゲートキーパーとしての役割を果たしている．症状が GP では手に負えない重篤な場合や，さらに病院での検査が必要とされる場合には，GP が紹介状をだし，病院へとつながれる．「紹介状」とはいえ実際には書面ではなく，薬局での処方箋と同様に，電子上で行われる．国全体の年間の医療費支出のうち，約 80% が病院での高度医療に，15% が GP の処置する初期医療に，そして 5% が医薬品補助金支出されている.

緊急の病気やけがの場合の救急医療に関しては，居住するリージョンの救急センターが受けつける．以前はそのまま救急センターに行くことができる代わりに，長時間順番を待つ必要があった．しかし 2014 年 1 月以降は，リージョン「首都圏」「ユトランド中央」「北ユトランド」に在住する場合には，まず緊急救急用電話番号「1813」に電話し，事前連絡して承諾を得てから救急センターに行くことになった．これによって，急を要さない患者を選別したり，別の適切な処置を指示することが可能となった．実施から 1 年以上が経過したが，すでに救急センターでの待ち時間を短縮することに一定の効果を上げている.

終末医療に関しては，どんな人も最後のときを安らかに迎えることができるように配慮される．患者本人の希望によるが，例えば入院によって治癒する見込みがない場合，施設に入って最期を迎えるよりも，在宅で訪問看護師や介護者による痛みの緩和医療を受けつつ，息を引き取ることを目指す方が望ましい場合もある．通常，患者の余命が 2 か月から 6 か月程度と診断された場合，処方薬の料金は全額補助され，自己負担額はなくなる．また，患者が最期を自宅で迎えたいと希望する場合には，その身のまわりの世話をする人は自治体から報酬を受けて，介護休暇を取得することができる．この介護者は，勤労者だけではなく，年金生活者や学生等でもよい．この背景には，患者が病院などの施設で最期を迎える際に必要となるのと同様のケアを介護者が担うわけだから，介護者が自宅で面倒を見ることで不要となった公費負担をそちらにまわすという考え方がある.

デンマーク人の平均余命は，男性が 77.9 歳，女性が 81.9 歳と，EU 諸国の中でも短いことで知られる．この不名誉を挽回すべく，特に健康に過ごせる老後が長くなるように目指して，近年は病気予防が政策的な重要課題となっている．具体的には，子供の頃から運動の習慣をつけ，肥満を予防し，また，社会的に疎外された層が健康的な生活からも疎外されないよう，医療アクセスの格差を解消させる施策をとっている．膨らみ続ける医療費を抑制しながら，国民 1 人ひとりが健康で人間らしい生活を送り，そして個人の意思を尊重した最期を迎えられることが，デンマークの医療の目標であり，今後の課題であるといえる．　　［鈴木優美］

子供の福祉と子育ち環境

　スウェーデン型包摂社会形成に至るまでには，国として明確なビジョンを掲げ，理想とする社会の構築に向けてさまざまな取組みが行われてきた．子供の福祉と子育ち環境の整備はその根幹の1つをなす．同国の社会思想家エッレン・ケイ（Ellen Key, 1849-1926）が，1900年に著書『児童の世紀』で提起した子供の権利の視点は具現化され，社会と家庭双方で子供を中心に据えるという理念は，時代とともに強化され，諸政策に反映されていった．1979年には世界で初めて子供に対する体罰を全面的に禁止し（「親子法」第6章第1条」），子供の権利を擁護するための国の機関として，1993年には「子供オンブズマン」を設置した．

●**子供の権利の視点からみる子育ち環境**　国連が1989年に採択した「子供の権利に関する条約」が提唱する「子供の最善の利益」という概念を，スウェーデンは世界に先駆け法制度において明文化していた．1916年施行の「婚姻法」（第6章第23条）で，両親が離婚に際し子供の扶養について合意できない場合，「子供の最善を最大限に考慮して」裁判所が決定を下すものとした．

　子供の福祉と子育ち環境の整備に早くから重点を置き，20世紀初頭より問題視されていた母子家庭の子供の貧困救済策として，別居の父親が本来支払うべき養育費を国が立て替えて支給する「養育費立替制度」を1937年に施行した（1997年「養育手当制度」に改正）．現在も子供の権利を擁護しニーズを満たすよう，子育ちをめぐる両親の協同性を重視している．両親の離別後も親との関係性を維持するのは子供の権利ととらえ，共同養育（共同親権に相当）が原則とされる．「新養育規定」（2006年）により，親自身の能力や子供との関係性，また親同士の対立等の問題が深刻であると判断された場合，いずれか一方の親を単独養育者とすることが可能となった．ただし子供の最善の利益に反しない限り，子供には別居親と面会交流する権利が認められている．

●**子育ち支援**　所得分配の公平性の原則に基づき，経済格差を是正するシステムを構築し，子供の貧困率は他の北欧諸国同様，相対的に低い．子供のいる家族への支援施策は，①現金給付，②経済的負担の軽減措置，③子供・子育て支援事業，の3領域からなる．親の視点からは仕事と子育ての両立を可能とする施策ととらえることができるが，子供の視点に立つと子育ち環境の質と機会の平等性を高める仕組みとなっている．世界で初めて父親にも適用した育児休業制度（1974年）や労働時間短縮制度（1978年）は，当初，男女平等の視点から女性の就労権利の向上を目指し導入されたが，1970年代終盤になると政策主眼は子供のニーズの重視へと転換した（図1）．家族政策の優先課題を「女性の権利」から「子供

の最善」へと移行させたといえる．2009年上半期にEU議長国を務めた際，先進諸国で重要な政策課題であるワーク・ライフ・バランスについて子供の視点に立ち議論する場を設けるなど，先駆的な取組みを行っている．

子供のいる家族への経済的支援は主に現金給付方式を採り，子供手当（1948年）は親の所得水準にかかわらず支給される．国の将来を担う子供に対し教育の機会を平等に提供することは，重要な支援施策の1つである．現行の「学校法」ですべてのコミューン（基礎自治体）は1歳から12歳の子供に対して就学前保育と学童保育を提供する義務を負う．公教育である公的保育を受けるのは子供の権利との考えから，就労中あるいは就学中の親をもつ子供だけでなく，親が失業中や年少の子の育児休業中である場合でも保育の場が提供される．通常7歳で基礎学校（小・中学校）へ入学するが，その1年前，つまり6歳時に「就学前クラス」に通う．同国では基礎学校から大学院までの学校教育に加え，就学前クラスと就学前保育の一部も公教育として無償化している．

図1　子供連れの父親同士スウェーデンの日常風景．

●**支援事業としての機関連携**　子供の権利を尊重しニーズを満たすうえで，両親双方が子育てに深く関わり，子供が自立した個人となるよう愛情を注ぎ育むものとされている．それを地域医療，福祉行政，保育所や学校等の関係機関による連携のもと支援している．子供と子育て期の親に対して包括的な支援を行うべく，地域ネットワークが構築されている．その一例が，子育ちに関わる対応窓口を一元化した「ファミリーセンター（familjecentral）」である．これは妊婦健診や父母教育を実施している地域の「妊産婦医療センター」と乳幼児の定期健診を行う「乳幼児医療センター」，子供が親と一緒に通える「オープン保育所」と福祉行政の子供家庭支援部門の相談業務，精神医療のカウンセリング業務等を1箇所に集約した施設で，全国に設置されている．地域の医療部門と福祉行政が連携して子育ちを支えることの重要性が議論され始めたのは1960年代で，1974年には大ストックホルムのフレミングスバリ（Flemingsberg）に最初のファミリーセンターが設置された．さらに，子供の権利の視点から，虐待を受けた，あるいはそのリスクのある子供を保護し，迅速に対応する拠点となる「子供の家（barnahus）」も全国規模で整備されている．これは，福祉行政，警察，検察，法医学局，小児医療，小児精神医療の連携により子供への対応窓口を一元化した取組みである．

問題の所在のいかんにかかわらず，子供やその家族に支援が必要な状況が生じた場合，関係各機関から専門家が参集し，問題に応じた最善策を探り，子供と家族に寄り添った対応を行うのが，スウェーデン方式であるといえる．　　［高橋美恵子］

スウェーデンの社会福祉

●**政治主導で福祉国家の基礎ができる**　スウェーデンは世界に冠たる福祉先進国だが，20世紀初頭までは北辺の貧しい国だった．19世紀半ばから70年間で約100万人が北アメリカに移民したため，若者が減り，高齢化社会（75歳以上の人口7%）が19世紀半ばに到来した．だが，高齢社会（同14%）への移行に82年かかったことで社会体制を整えられた．また，世界大戦を回避してきたため，第二次世界大戦後の復興需要に応え高度経済成長を遂げた．そして，優れた社民党党首が20世紀初頭から長期政権を引き継ぎ，経済成長に乗じて高福祉・高負担の福祉国家を牽引できた．初代党首，H. ブランディング（任期：1907-1925）は初の社会民主主義政権を作り，LO（スウェーデン労働組合全国連合）が政権を支え，SAF（スウェーデン経営者連盟）との労使協調路線が社会福祉の発展に貢献した．2代目党首P. A. ハーンソン（任期：1925-1946）は「国民の家」構想を説き，連帯，所得の平等，経済的に公正な政策路線を進める．3代目党首のT. エランデル（任期：1946-1969）の政権は23年間続き，「福祉国家黄金の1960年代」を築いた．1970年代から経済に陰りが出始め，穏健党の中道右派ブロックが政権を握る時期も何度か生まれると，社民党路線から逸脱しないまでも，福祉の民間委託が始まっている．

●**県，市，国の役割分担と税**　スウェーデンの医療・介護は基本的には税で公的に運営されてきた．所得の約10%が県税として徴収され，県予算の9割が医療関連の歳出である．所得の約20%が市税で，高齢者・障害者・児童と家族・教育（基礎教育，高校・成人教育）・生活全般等の公的サービスを担う．国税は国民の2割の高額所得者が20%または25%を払う．自主財源比率は高い．国の歳入は国税，消費税（25%），社会保険料，資産課税である．歳出は老齢年金，障害者年金，疾病手当，子供手当，失業手当等となり個人の家計に再分配される．さらに県と市に，税収の不均等を是正する一般補助金，助成金などが再分配される．

●**高齢者医療・福祉**　1970年代末まで，スウェーデンでは精神科病院や急性期病棟に高齢者がいて，病院の力が強かった．1980年代に社会的入院を解消する改革が始まり，地域の長期療養型施設が虚弱な高齢者を受け入れた．だが多床室での単調な生活が廃用症候群を生んだ．1979年，スウェーデン医療福祉計画合理化研究所（Spri）が「指針」を打ち出し，ケア概念が変わった．世界初のグループホームは1977年に誕生した．認知症の人が家庭的な環境で，できるだけ自立した生活を少人数の人間関係で送ることで症状が改善された．1982年，「社会

サービス法」が施行されると市の児童福祉，家族福祉，生活保護，障害者福祉，高齢者福祉の大改革が始まった．「保健・医療サービス法」(1983 年) とともに現在も通用する枠組み法である．1992 年のエーデル改革は，医療から福祉重視に社会の軸足を転換した．県の医療の一部が福祉に組み込まれ，看護師・理学療法士・作業療法士・准看護師のマンパワー（一部）が市の福祉に吸収された．市（福祉）が受入れ体制を整えられないと，「社会的入院支払い責任」として，市は県（医療）に入院費を払うようになった．長期療養型施設が「特別な住居」というキッチン付きのケア・アパートに建て替えられ（図1，2），短時間のホームヘルプを普及する改革が進んだ．医療の基礎を修めた介護スタッフであるアンダーナースが活躍する．

図1　特別な住居の台所

図2　部屋のコーナーにはめ込まれた台所

2004 年に「ケアの質と技術開発プロジェクト」，2006 年に「高齢者ケア 10 か年国家戦略」の実施，2010 年に『認知症の医療とケアの国家ガイドライン』が刊行され，順を追い予防型社会に対応する政策が生まれた．

●児童と家族サービス　地方自治の地方都市の歳出は，1 人当たりでみると障害者にいちばん手厚く，児童と家族が続き，高齢者は最も少ない．「児童と家族」の歳出は，基礎学校，保育園，学童保育，養護学校，精神の問題がある子供のケア，公開保育，里親家族ケア，難民児童ケア，カルチャースクール，青少年レクリエーション等の分野に，きめ細かく配分される．国からは社会保障給付として，「妊婦手当」「両親保険（育児休暇手当と病気の子供介護手当）」「児童手当」「障害児介護手当」「母子家庭への養育費補助」が子育て家計に払われる．

●障害者サービス　スウェーデンでは，障害を個人の特性とせず，置かれている環境の問題であると考える．法的には障害者の権利を守る独立した法律はなく，「建築法」「教育法」等に折り込まれている．一般国民に提供する範囲を超えたサービスに適用される法律として，1994 年に「Lss 法（新障害者権利法）」と「Lass 法（介護手当に関する法律）」が施行された．パーソナルアシスタント（個人秘書）や雇用へのアクセスが義務づけられている．1970 年代に施設が解体され，障害者は施設に住まず，ケア付きアパート（グループホーム），もしくは自宅で暮らしている．

[藤原瑠美]

交通事故死を倫理的に許容しない交通政策
——スウェーデンの Vision Zero 政策

●**はじめに** スウェーデンの自動車メーカーボルボ［ヴォルヴォ］は，1950年代に，3点固定式シートベルトを開発し，世界で初めてシートベルトを標準装備した．交通事故死がピークを迎えた1970年頃に，スウェーデンの児童心理学者スティーナ・サンデルス（Stina Sandels）は，子どもの認知能力について検討を行い，「就学前の子どもには，交通事故を避けるために必要な状況を判断する認知能力はない」とし，「子どもを事故から守るには，交通安全教育により子どもを交通状況に合わせさせるのではなく，子どもが事故に遭わずにすむ交通環境を作るしか道はない」と結論づけた．以後，スウェーデンでは，サンデルスが示した認識を基盤として，安全な交通環境作りに取り組んだ．このように，スウェーデンでは，長年にわたり，車と環境の両面から，人命を大切にする交通安全対策が取られてきた．

●**Vision Zero の理念と国会決議** 「道路輸送システム内の事故により人が亡くなったり，回復困難なけがをすることは，倫理的，社会的に決して許容されない」．これが1996年にスウェーデン交通局が打ち出した Vision Zero の理念である．交通の安全性と利便性を天秤にかけその均衡点を探す，従来の交通政策の考え方と決別したのである．Vision Zero 政策は，道路使用者が間違いを犯しても，死亡したり，取返しのつかない傷害を負わないですむことを目指している．なぜなら，道路交通で単純な間違いが，しばしば死をもって罰せられるという事態が起きているのは理不尽なことであるから．したがって，Vision Zero 政策では，「人間は間違える」という事実に基づき，安全の責任を，道路使用者だけに負わせるのではなく，道路安全システムのデザイナー（道路管理者，自動車メーカー，警察，政治家，行政等を含む）とも分かち合う．道路使用者は，もちろん道路安全法規に従わなければならないが，安全確保の主たる責任者を，道路デザイナーとしているのである．

　Vision Zero 政策はスウェーデン国会に提案され，1997年に法制化された．交通事故による死亡者や永続的な傷害を被る人をゼロにすることを目指すこととなり，交通事故死者数を2010年までに半減させることが，目標として掲げられた．

●**Vision Zero 政策の科学的根拠** Vision Zero 政策は，交通事故そのものをゼロにすることではなく，あくまで死亡や重症事故をゼロにすることを目指していることに注目する必要がある．交通事故による傷害は，事故による機械的な力が，人体の耐性を超えたときに起こる．たとえ事故が起きても，機械的な力が，人体の耐性を超えないレベルにとどまるような対策を取れば，重症交通傷害は防げるのだ．例えば，歩行者と車の衝突では時速 30 km 未満であればほとんどの人は

助かるが，50 km を超えると逆にほとんどの人は死亡してしまう．また，シートベルトを着用した自動車乗車者であれば，正面の衝撃であれば時速65〜70 km，側面衝突では時速45〜50 km までであれば命を失わずにすむことが，科学的データによりわかっている．また，Vision Zero 政策の導入に伴い，すべての交通死亡事故に対して，詳細調査が，同様事故の再発予防を目的として行われている．その結果，シートベルト不着用，飲酒運転等に加え，しばしば道路環境の欠陥が死亡事故の原因となっていることが判明した．以上のような根拠に基づき，Vision Zero 政策は進められている．

●**具体的な対策**　安全な道路環境の整備として，住宅地の制限速度は時速30 km とし，それができないところでは交通弱者と車の分離が行われた．交差点での重大事故を減らすため，車のスピードを低下させるラウンドアバウトの設置が進められた．郊外道路にはガードレールが設置され，道路脇の樹木など重大な傷害をまねく危険物の撤去や，車のスピードを監視する道路安全カメラの設置も進められている．自動車には，未着用を警告するシートベルトリマインダーの装備が進められている．また，アルコールインターロック（センサーがアルコールを感知するとエンジンがかからない）が，バスやトラックを中心に普及している．これは，このような安全対策を積極的に採用している運輸会社の優先的入札や，消費者による優先的選択により，支えられている．

●**交通事故傷害を減らす効果**　交通量は増加し続けたにもかかわらず，スウェーデンの交通事故死亡率は一貫して低下し続けた．1997 年には，541 人であった死亡者は，2010 年には266 人となり，政策導入時の目標はほぼ達成された．交通事故死亡率も人口10 万人当たりの3.0 と，世界で最も低いレベルに到達している（同じ年の日本では，人口10 万人当たり5.2）．

●**世界への波及効果**　WHO は，世界中で毎年140 万人が交通事故で死亡しており，今後も増加を続け，全死因の中で，3 番目か4 番目に多い死因となると予測し，交通事故対策を主要な公衆衛生政策の1 つとして位置づけた．Vision Zero 政策は，その WHO の政策にも影響を及ぼしている．EU も，Vision Zero を取り入れた交通安全政策により，2020 年までに交通事故死の半減を目指している．Vision Zero 政策は，世界の交通安全政策にまったく新しいパースペクティブを切り開いた．

[反町吉秀]

📖 **参考文献**

[1] 杉田聡，今井博之 1998『クルマ社会と子どもたち』岩波ブックレット No. 470.
[2] 反町吉秀，渡邊能行 2003「スウェーデンにおける子どもの交通事故予防対策について」『チャイルドヘルス』6：931-935.
[3] Swedish Transport Administration. Road Safety Vision Zero on the move. https://ec.europa.eu/transport/road_safety/sites/roadsafety/files/pdf/20151210_1_sweden.pdf
[4] Vision Zero Initiative. Traffic Safety by Sweden : http://www.visionzeroinitiative.com/

スウェーデン発の安全・安心なまちづくり
——セーフコミュニティ

●**安全・安心なまちづくりの黎明** 「事故によるけがは，運が悪いのではなく，科学的根拠のある対策により予防できる」という考えに基づく事故予防対策として，スウェーデン発の安全・安心なまちづくりは始まった．その発端は，ウップサーラ大学の小児科医バルフェンスタムが1940年代後半に主導した子どもの事故による傷害（けが）の予防研究であった．この取組みは，1960～1970年代にかけて，ルンド大学の多職種協働グループ（解剖学者，生理学者，公衆衛生学者，建築家，工学者等で構成）による階段事故に対する分析への取組みにつながった．階段からの転落事故による傷害を防ぐには，人体の構造や機能に関する医学的理解に基づく転落事故の分析と，傷害が起こりにくい階段の構造改善が必要であったので，このような多職種による協働が求められたのである．

●**地域での事故予防活動のプロセス** ルンド大学のグループは，1970年代南西部ファルシューピング（Falköping）市にて，まちづくりとしての事故予防に取り組んだ．この地域では，どの年代のどの種類の事故による傷害が，どんな環境で起こっているかを明確にすることから始まった．傷害のため医療機関を受診した患者データを使った分析が行われ，頻度が高く，重大ケースを含む事故について，優先的に事故予防プログラムが作られた．この中には，交通事故，子どもの家庭内事故，高齢者の転倒事故，労災事故等が含まれていた．

ここで，具体的な事故予防の取組み例を紹介する．自転車事故で致命傷となる頭部傷害を防ぐには，ヘルメット着用が極めて有効である．1人でも多くの子どもにヘルメットを着用してもらうために，業者とも連携し，保健センターでヘルメットの割引購入券が配布される等の対策が行われた．警察による法的規制や学校による安全教育だけでない，このような取組みは，子ども達のヘルメット着用率を飛躍的に高めた．地域に部門・職種横断的な協働体制を創ることは，あらゆる種類の事故予防を支えることができる体制でもある．それは，まちづくりのプロセスとしてとらえることもできる．表1に示す取組みのプロセスは，近年一般的となっているPDCAサイクルに基づく取組みとしても評価できる．

●**地域での事故予防活動の成果** ファルシューピング市ではわずか3年の取組みの結果，事故による傷害が，全体で23%，家庭内事故，労働災害，交通事故で27～28%，それぞれ減少した．他方，予防対策が行われなかった他の傷害では，0.8%しか減少しなかった．近隣のリードシューピング（Lidköping）市や南東部にあるモータラ（Motala）市でも1980年代に，子どもの事故，高齢者の転倒事故，交通事故等による傷害を，減少させることに成功した．また，傷害に関係す

る医療費等の社会的費用の削減が，明らかにされた．

●安全・安心なまちづくり活動＝セーフコミュニティ活動の国際展開　この事故による傷害予防のまちづくりは，その後，暴力や自殺も対象に含む幅広いものとなり，国内の自治体（コミューン）に広がった．さらに世界的な発展をみせ，セーフコミュニティ（safe community：SC）活動と呼ばれるようになった．

表1　ファルシューピング市における安全・安心なまちづくりのプロセス

1. 傷害の疫学的マッピング
2. リスクグループとリスク環境の選択
3. 部門・職種を超えた連携および作業グループの形成
4. 予防介入プログラムの作成
5. 予防介入プログラムの管理
6. プログラムの評価
7. プログラムの修正
8. 他の地域へのプログラムの適応

1989年にストックホルムで開催された第1回世界事故・傷害予防学会において，「すべての人々は健康と安全・安心に対して平等な権利を有する．そのためには，社会的差異に左右されないかたちで事故や傷害を減少させる必要があり，SCプログラムがその鍵である」とのストックホルムマニフェストが採択された．また，同じ1989年にカロリンスカ医科大学にWHOセーフコミュニティ協働センターが開設され，世界的なムーブメントしてSC認証活動が展開されている．

2000年，WHO（世界保健機関）は，「傷害（injury）は，21世紀の主要な公衆衛生課題の1つであり，予防可能である」と宣言し，暴力・傷害予防部門を創設し，世界各国に対して傷害予防への取組みの働きかけを開始した．世界傷害予防学会等の学会を共催するなどこの分野の研究および実践を支援している．

当初，北欧，オセアニア，北米等から始まったSC認証活動は，21世紀に入り，アジア，東欧，中南米等にも波及した．これまで，SCの認証を受けたコミュニティは，世界で300，日本で10を超えている（2016年12月末時点）．

このように，スウェーデン発の安全・安心なまちづくりは，日本で一般的なそれとは内実を異にするかたちで国際的な展開をみせた．　　　　　　　　［反町吉秀］

参考文献

[1] Svanström, L., 2012, It all started in Falköping, Sweden : Safe Communities—global thinking and local action for safety, *Internationl Journal of Injury Control and Safety Promotion*, 19 : 202-208.

[2] 反町吉秀 2015「WHO推奨セーフコミュニティ活動の国際的展開，評価と今後——効果的かつ持続可能な発展のために」『日本セーフティプロモーション学会誌』7（1）：11-19.

注）WHOセーフコミュニティ協働センターは2015年に廃止され，SC認証活動は「国際セーフコミュニティ認証センター」に引き継がれた．

スウェーデンと移民

　今日のヨーロッパをゆるがしている移民問題について，スウェーデンでの日常的な経験から説き起こしてみよう．日本で生まれ育った者がスウェーデンへ渡って生活を始めようとする際，最初に飛び込む環境は移民のためのスウェーデン語学校である．そこでスウェーデンに国籍をもたない者同士は意思疎通の唯一の手段としてスウェーデン語を学び，お互いを認め合う経験を果たす．この学校は，多民族・多宗派からなるスウェーデン社会への窓口である．そこにはスウェーデン社会への適応を目指して真摯にスウェーデン語を学ぶ者もあれば，受講料が無料であるばかりか生活保護まで支給される環境にあって故意に卒業を先延ばしする者もいる．スウェーデンへ渡った日本出身者は，この学校での経験のいかんによって移民への肯定的あるいは否定的な感情を得ることになろう．

　スウェーデン語を母語とする者から見れば，自らが負担する多額の税が移民の教育に充当される政策を巡って賛否両論がある．高負担・高福祉を特徴とするスウェーデン・モデルが財政面で立ち行かない情況は 20 世紀末には明らかとなり，歴代の政権は財政出動の機会を減らすべく公的サービスの削減を試みてきた．直近では 2006 年に成立した穏健党政権が教育や医療の民営化を推進した．スウェーデン語を母国語とする市民から見れば，自らが享受できるサービスが削減されたにもかかわらず，移民のためのスウェーデン語学校で学ぶ者への教育機会は保証されたままである．この種の移民保護に端を発する不満感は，2014 年 9 月の総選挙において移民政策に反対する民主党をスウェーデン第 3 の政党へと押し上げた．しかし，シリア難民の流入が問題となった 2015 年になってもなお，スウェーデンは移民に対して門戸を開いている．スウェーデンが移民に門戸を開き続ける背景はどのようなところに求められるのだろうか．

　今日，スウェーデンを含めヨーロッパ各国で排外主義の側に立つ者は，自国生まれの市民のリソースが移民によって消耗されることを批判し，生活不安の責任を移民に転嫁して自らの守るべき価値を主張する．移民は 21 世紀のヨーロッパをゆるがす問題として語られがちだが，現在に至るスウェーデンの歴史を振り返るならば，むしろマンパワーとして他国出身の移民を受け入れることは日常的な経験だったといえる．人道主義的な観点に立って祖国での戦乱や迫害を逃れた難民を保護することは，第二次世界大戦以降の新たな経験だが，それ以前よりスウェーデンには祖国とは異なる労働や生活を求めて到来する移民を受け入れ，彼らを自国民とすることで国力を発展させてきた歴史がある．

　そもそも国籍概念が定着する以前のヨーロッパにあって，自らの職能が評価さ

れる地へ移住することは一般的だった．これは社会の編成原理が現在とは異なり，職能別に編成された身分ごとに生存の権利が与えられる身分制に従っていたためである．王国の安寧に資する職能をもつと認められた者は出身地や宗派の違いを超えてスウェーデンへ移住し，nation と呼ばれる同族集団を構成した．彼らは，自らに認められた特権を梃子としながら異議申し立ての機会ももった．身分制という原理に基礎づけられたかつてのヨーロッパは，自己と他者の差異を前提としながら，自らの力量だけではなしがたい秩序の安寧を他者の力量によって補完する社会であり，この歴史こそがヨーロッパの「保守」思想の源流にある．

　しかしこうした社会の編成原理は，人間は生まれながらにして平等な権利をもつとする自然権思想の創造によって一変する．これは人種や信条などに関わらない普遍的な思想であったため，世界各地のどこでも同じような基準に従いながら民族や国民を単位とする社会編成が築かれた．自然権思想が人権思想や民主主義などを前進させたことは疑いない．しかしそれは平等を絶対的な前提としたため，言語や伝統，信仰などの観点から自己と同一視できない他者の存在を排除する矛盾をはらんだ思想だった．フランス革命を見れば明らかなように，他者の併存を認める身分制原理を覆そうとした市民革命は他者の排除を名目に恐怖政治を生む傾向をもち，その性格はその後に登場した国民国家へも継承された．

　今日の排外主義者が主張する「自らの価値」は実際には「保守」と呼べるものではない．それは，自然権思想に裏づけられた国民国家の編成原理によって創造されたものであり，200年余りの歴史しかない「革新」思想の産物である．これに対して歴史的ヨーロッパを育んだ「保守」思想は，他者との併存を前提としながら，その活力を自己に取り込みつつ社会の安寧を実現しようとするものだった．このように見れば，ヨーロッパ統合とは，国民国家を生み出した「革新」思想が行き着いた世界戦争という悲劇を踏まえ，歴史的ヨーロッパに懐胎した「保守」思想へ回帰する動きだったともいえる．

　今日のスウェーデンが移民を受け入れる背景には，行きすぎた「革新」思想が生んだ20世紀の悲劇に対するトラウマがある．とりわけ第二次世界大戦において，ナチス・ドイツの保護国となったデンマークやノルウェー，ソ連の軍事侵攻と戦ったフィンランドやそのフィンランドに占領されたエストニアと異なり，「対岸」にあって大量死の経験を共有できなかった記憶は，第二次世界大戦以降の歴史の中で強迫観念のようにスウェーデンにのしかかっている．高負担・高福祉のスウェーデン・モデルが限界を迎えた後にあってもなお移民へ門戸を開き続ける理由は，社会経済的な観点だけではなく，世界戦争へのトラウマに基づく道義的観点からも理解されねばならない．なぜならば，スウェーデンもまた歴史的ヨーロッパの一員として，他者との併存によって社会の安寧を図ろうとした「保守」思想の価値を知るものだからである．　　　　　　［古谷大輔・古谷能子］

フィンランドの女性と政治

●**男女平等が進む北欧社会**　世界経済フォーラムから，毎年発表される世界各国の男女格差に関するレポート「グローバル・ジェンダー・ギャップ・レポート（Global Gender Gap Report）」のジェンダー・ギャップ指数ランキング 2014 年で，男女格差が最も少ない国としてフィンランドはアイスランドに次いで 2 位につけた．3 位がノルウェー，4 位がスウェーデンでデンマークは 8 位に入っており，北欧諸国は男女平等が進んでいる地域とする裏づけがデータでなされている．なかでもフィンランドは，ヨーロッパで初めて女性に参政権を認めた国である．本項目ではフィンランドの女性と政治の関わりを概観する．

●**フィンランドの女性参政権と女性議員**　1906 年にフィンランドで女性参政権が成立した．これはヨーロッパで初めてであり，世界では 1893 年のイギリス領であったニュージーランド，1902 年のオーストラリアに次いで 3 番目であった．当時，フィンランドはまだ独立しておらず，ロシア帝国統治下にあったが一定の自治を有する「大公国」であり，フィンランド独自の議会も有していた．

　1906 年の「議会法」では身分制議会から一院制への移行がなされ，さらに普通・平等選挙が実施され，その中で女性参政権も認められた．「議会法」成立後初の選挙である 1906 年の選挙は 24 歳以上の男女によって，ドント方式による比例代表制で議員が選出された．また，女性は被選挙権も付与され，結果として男性議員 181 名と同時に 19 名の女性議員が誕生した．女性の被選挙権は世界で初めてであった．

　フィンランド初の女性大臣は，1926 年に社会政策副大臣に就任したミーナ・シッランパー（Miina Sillanpää, 1866-1952）である．シッランパーは 1907 年に社会民主党議員に選出されて以来，通算 38 年間議員を務めた人物であり，労働者の労働条件の改善や未婚の母とその子供の地位向上に向けて積極的な活動を行った政治家であった．

　しかし，シッランパー以降，女性大臣の誕生は第二次世界大戦後の 1948 年 5 月に，フィンランド人民民主主義連合（SKDL）のヘルッタ・クーシネン（Hertta Kuusinen, 1904-1974）が無任所大臣に就任するまで待たなければならなかった．それ以降，フィンランドでは女性が大臣に就任することは珍しいことではなくなった．1970 年代はおよそ各政権に平均 2 人の女性大臣が誕生し，1980 年代にその数は平均 3 人に増えた（1987 年は例外で 4 人の女性大臣が誕生した）．社会政策・保健大臣および教育大臣が「伝統的」な女性大臣職であったが，時代を経るにしたがって司法大臣や環境大臣など，「伝統的」な枠組みを超えた女性大臣

が誕生するようになった．2007年の選挙後の組閣人事では，20人の大臣のうち12人もの女性大臣が誕生し，初めて男女の比率が逆転した．

●**近年の女性政治家の活躍**　2000年にフィンランド初の女性大統領に就任したのは，タルヤ・ハロネン（Tarja Halonen, 1943-）である（図1）．ハロネンは弁護士として活躍した後，社会民主党から出馬し，1977年にヘルシンキ市議会議員に，1979年には国会議員に選出された．1990年には司法大臣に就任し，リッポネン内閣組閣時の1995年から2000年の間には外務大臣を務め，政治手腕を発揮した．2000年にフィンランド初の女性大統領に選出されてから，2012年まで大統領職を2期（12年間）務めた．

図1　フィンランド初の女性大統領（2000-2012）であったタルヤ・ハロネン

Copyright ©The Office of the President of the Republic of Finland

　ハロネンが大統領に就任中の2003年4月に，中央党のアンネリ・ヤーテンマキ（Annel Jäätenmäki, 1955-）がフィンランド初の女性首相に就任し，大統領，首相ともに女性ということで世界の注目を集めた．しかし，選挙期間中に敵対政党に対するネガティブキャンペーンを張る際に外交に関わる機密文書を用いた件が問題になり，さらに議会で虚偽の報告を行ったというスキャンダルに見舞われ，わずか2か月で辞任に追い込まれた．その後，ヤーテンマキは2004年にEU議会の議員として選出され，EU議会で活躍している（2016年9月現在）．

　ヤーテンマキの次に女性首相に就任したのはマリ・キヴィニエミ（Mari Kiviniemi, 1968-）である．キヴィニエミは1995年から中央党の国会議員として活躍し，2010年から2011年まで首相を務めた（2010年から2012年まで中央党の党首も務めた）．2014年にはOECDの事務次長に就任した．

　フィンランドはノルウェーなどで行われているようなクォータ制を選挙において実施していないが，女性議員数は順調に増え，OECDの統計によると，2007年に女性議員の比率が40%を超えるまでになった．現在，フィンランドにおいて少なくとも政治の世界では，政治家達の性別は問題になることはない．問われるのはその政治的手腕といえよう．　　　　　　　　　　　　［石野裕子］

デンマークの女性の社会進出と出生行動

　現代の北欧諸国は，女性の労働力率が高く，かつ女性が生涯に何人の子どもを産むかの指標とされている合計特殊出生率（Total Fertility Rate；以下，出生率）も高い社会として知られている．ここでは，今日までのデンマーク社会における女性の社会進出の過程と出生行動の変遷について紹介したい．

●**合計特殊出生率の推移**　産業化とそれがもたらす家族観の変化や，医療・衛生の向上によって，多くのヨーロッパ諸国と同様に，デンマークでも出生率は19世紀後半から急降下しており，それは1930年代まで続いた．第二次世界大戦中から戦後にかけて出生率は一時的に上昇するが，その後は1960年代中期まで2.5前後を維持していた．1966年に2.615を示して以降，デンマークの出生率は再び低下を続け1983年には1.38まで落ち込む．しかしながら，1980年代中期以降デンマークの出生率は一転上昇していく．1995年に1.81となった以降は，上昇と低下を繰り返しながら2008年には戦後最高水準の1.89となった（デンマーク統計局）．

●**女性の労働市場への進出**　デンマークにおいて，女性が本格的に労働市場へ参入するようになるのは，1960年代に入ってからである．第二次世界大戦中，デンマークは領土をドイツ軍に占領され，戦後は，荒れ果てた国内経済の復興が最大の課題であった．しばらくは経済的に厳しい時代が続いたが，北海油田の発見を経て，デンマークはよりいっそうの産業化を果たした．とはいえ人口550万人の小国デンマークにおいて，男性のみの労働力では，国際競争を勝ち抜くことはできない．そこでデンマーク政府は，女性の労働力に期待するようになる．折しも，1950年代から続いていた好景気による労働力不足で女性の働く場が拡大したことや，アメリカで始まった第二次フェミニズム運動がデンマークへ波及したこともあり，1960年代以降，女性の労働市場への参加が加速していく．

　女性に労働市場で働いてもらうためには，それまで女性が家庭で担ってきた育児や介護のようなケア（役）の役割を誰かが代わりに行わなくてはならない．1960年代後半から1980年代前半までの出生率の急速な低下は，これら対人ケアへの支援が当時はまだ不十分であったことから，労働市場へ出た女性たちが子どもを持つことを延期したり，子ども数をコントロールしたりしたことによって引き起こされたのである．

　「黄金の1960年代」から着手された現行の福祉国家体制のもと，高齢の親の扶養義務については国家の責任が明確に位置づけられ，また，育児は有給付出産・育児休暇制度，児童手当，保育サービスのいわゆる「三大育児支援政策」を中心に整備が進み，1980年代には，女性たちが仕事と育児を両立できるような社会

がつくり上げられていく．この頃には，伝統的な性別役割分業意識が薄れ，男性たちも少しずつ家事や育児に参加し始めたことや，仕事を優先した女性たちの駆込み出産が増えたこともあり，1980年代中期以降，出生率は上昇を続け，今日までの高水準とされる出生率の維持に至るのである．

●**育児支援政策と出生率上昇の関係 —デンマークの場合**　日本で少子化が議論されるとき，しばしばデンマークをはじめとする北欧諸国の状況が事例として出される．つまり1980年代から1990年代にかけて北欧諸国でみられた出生率の上昇は，政府が子育て支援に積極的に取り組んできた結果である，という解釈である．確かに，育児政策の進展と出生率の動きに注目すれば，「仕事と育児が両立できる環境を整えたから出生率も上昇した」と読み取ることもできる．しかしながら，少なくともデンマークに関していえば，デンマーク政府は出生率の上昇を目的として各種育児支援政策に取り組んできたわけではなく，女性に労働市場へ出てほしいがために仕事と育児の両立ができるような育児支援政策を推し進めていった結果，ある種偶発的に出生率も上昇した，というのが事実である．出生率上昇の裏にこのような社会的背景が潜んでいることを押さえておきたい．

●**現代デンマーク社会の子ども観**　世話を必要とする子どもがいても性別を問わず労働市場で働き続けることが社会から期待され，それでも出生率が日本よりもはるかに高い現代デンマーク社会において，出生行動やそれに付随する子ども観とはどのようなものなのだろうか．

　デンマークでは，1967年に経口避妊薬（ピル）が承認されて以降，ピルによる避妊が広く普及している．また，1973年には人工妊娠中絶が合法化された．これらは，人々が性と生殖を切り離して性生活を営むことができるようになったことを意味する．一方，女性たちは，自分の仕事をもち自身で収入を得ているため，稼ぎ手の役割を男性パートナーに期待する必要がない．したがって，現代のデンマーク社会では，子どもをもうけたり家族をつくったりすることは人々の任意によるものとされている．こうした状況を踏まえ人口学者L.B.クヌセンは，デンマークでは，結婚をするかしないか，子どもを持つか持たないか，いつのタイミングで何人の子どもを持つかということは，カップルによって入念に考え抜かれた決定（deliberate decisions）であると述べる．つまり，現代デンマーク社会において，子どもを持つという決定は，カップルの一致した意思決定であるとみなされており，だからこそ，子どもの実親としての義務と責任は，パートナー関係が婚姻によるものかそうではないかにかかわらず，また，たとえパートナー関係を解消したとしても，カップルが2人で果たさなくてはならないと考えられているのである．その代表的なものが，母親だけでなく父親にも育児への参加を奨励する政策であったり，カップル関係解消後に発生する，別居親の子どもへの扶養義務や定期的な面会であったりするのである．　　　　　　　　　［青木加奈子］

スウェーデンの特別教育——北欧各国との共通性と違い

　スウェーデンの特別教育の特徴は，第1に視覚障害，肢体不自由，病弱の特別学校を廃止していること，第2に聴覚障害特別学校や重複障害特別学校が存在すること，第3に基礎自治体立知的障害特別学校が維持されていること，第4には特別学級がないこと，第5に通常学校では必要に応じて特別グループ等を編成した指導を行うことである.

●特別学校　肢体不自由および病弱の特別学校は，1962年の9年制義務教育学校としての基礎学校設立の際に統合された. 1986年には統合をいっそう進めるため最後の国立視覚障害学校が閉校になった. 聴覚障害特別学校は手話を第一言語とする広域自治体立学校として全国に5校維持されている. 盲聾などの重複障害特別学校は国立として3校ある. 特別学校には全児童生徒数の0.05%（2013/2014年度）のみ就学している. 特別学校を原則廃止しているのはノルウェーである. ノルウェーでは1975年の「統合法」で通常学級を主体としたインクルージョンを提唱し，1990年代には国立特別学校はコンピテンスセンターや基礎自治体立学校に移行もしくは廃校になった. 重度重複障害児も特別学級で対応できる体制を整え，通常学校でのインクルーシブ教育を推進している. その結果，分離的教育形態で教育を受ける子どもは全児童生徒数の0.5%（2012年）にとどまっている.

　スウェーデンの知的障害特別学校は1996年に県立から基礎自治体立に移管した. また知的障害特別学校の多くは，通常学校と同じ敷地内に設置される「場の統合」の状態にある. これは1968年に重度知的障害も含めたすべての障害児の教育義務制が実施された際に，通常学校の空き教室を活用する方法で就学児童生徒数拡大に対応したためである. したがって，通常学校で支援が必要な場合は隣接する特別学校の資源を活用することと，通常学級は従来の学級の枠を取り払い，活動によって多様な学習集団を編成する「活動単位」制を導入していることから，障害種に応じた特別学級を設置していない. また知的障害特別学校就学児も通常学校における個別統合，集団統合，交流・共同学習等の「個の統合」を進めている. 関連して，デンマークは地方分権を進めて2007年に県を廃止したため，県が担っていた比較的障害の重い子どもの教育も基礎自治体が担当するための改革が進められている.

　スウェーデンの知的障害特別学校には，義務教育段階に比較的軽度の知的障害児が就学する基礎知的障害学校と比較的重度の知的障害児が就学する訓練学校の2種類の教育課程があり，後期中等教育段階に高等知的障害学校がある. 基礎知

的障害学校は教科を学び，訓練学校は芸術活動，コミュニケーション，運動，日常活動，現実理解の5領域を学ぶ．知的障害特別学校就学児の割合は全児童生徒数の1.2%（2013/2014年度）である．スウェーデンでは特別学級は設置しないが，地域性を反映させつつ特別学級や特別学校を活用するのはデンマークである．デンマークでは行動問題のある子どものための「AKT学級」や情緒障害特別学校，養育困難な家庭の親子が一緒に通う「家庭学級」，読字書字が困難な子どものための「読字リソースセンター」，ギフテッド教育等が保障されている．

●**通常学校**　2009年にスウェーデンではアスペルガー障害のある子どもは分離的教育措置ではなく通常学校で支援を行う方針が明示された．そのため他の発達障害児を含めて通常学級での学習が困難な子どもには，補習や加力等の補償教育，特別な学習集団編成や個別抽出も考慮する特別支援，資源を付加したリソース学校，読字・会話支援教員や特別教育家・特別教員等の専門家による支援，療育機関ハビリテーリングセンターとの連携が活用されている．2006/2007年度からは義務教育および後期中等教育段階において，すべての子どもに「個別発達計画」を作成することとなった．さらに個別の対応が必要な場合には校長の責任において対策プログラムを策定している．対策プログラム策定の原則も可能な限り分離せず，常に統合を志向しつつ教育を行うこととして，知的障害特別学校就学児数増加を抑制している．ところで，フィンランドも通常学校を主体とした特別教育体制を整備している．フィンランドでは特別教育対象児は全児童生徒数の約30%と多い．2010年にフィンランドは通常学校支援から特別学校支援までを3段階支援として位置づけ，第1段階支援である通常学校におけるチームティーチングの導入やリソースルームでの短時間の抽出指導等の早期対応を重視している．

●**特別ニーズ教育**　移民への対応は北欧各国で課題である．スウェーデンでは移民のためのスウェーデン語教育のみならず，母語教育の保障が制度として確立している．通常学級への移行支援である移民のための特別学級は北欧各国で必要に応じて設置される．スウェーデンでは少数民族サーミのために，6年制の国立サーミ学校がある．サーミ学校では通常学校の教育課程の他に，サーミの文化・言語を習得する．フィンランドやノルウェーでは，サーミ語で教育を受ける権利が保障される．フィンランドではフィンランド語とスウェーデン語が公用語であるため，約6%のスウェーデン語話者のためのスウェーデン語学校や学級，スウェーデン語特別学校がある．

●**特別教育の理念**　スウェーデンの特別教育の展開は，通常教育との関連が深い．ノーマライゼーション発祥の地である北欧では，1960年代のインテグレーション提唱のもとで個人の尊厳に基づいたインクルーシブ教育の実践を行ってきた．グローバリゼーション，多文化・多民族化が進行する中でも「すべての者の学校」を求める教育改革が進行中である．　　　　　　　　　　　[是永かな子]

デンマークの大学

　1479 年にコペンハーゲン大学が創立され，カトリシズムの影響下にあってラテン語が使用され，神学，法学，医学，哲学の4学部で構成されていた．町の中心部である聖母教会周辺の建物を基盤としており，1536 年の宗教改革後，大学の社会的な役割は大いに変わったにもかかわらず，組織的には中世的な要素を保持した．その後，幾多の法的な改革が行われてきたものの，1960 年代の「大学革命」を待ってようやく，いわゆる教授専制が撤去された．また，2003 年の「大学法」改正により創立以来の大学自治は廃止され，それまで互選によって決められていた総長の職も，すべて新たに設置された理事会が雇用する仕組に改められた．総長はさらに学部長を，学部長が研究所長を雇用する．

　大学の長い歴史上，数多の優れた研究者が育っている．例えば天文学者テュコ・ブラーア（1546-1601），光の速度を発見したオーレ・レーマ（1644-1710），哲学教授で文学者でもあったルズヴィ・ホルベア（1684-1754）などを輩出，さらに電磁気を発見した H. C. アアステズ（1777-1851）などが出るに至って，コペンハーゲン大学は世界的名声を高めることとなった．

　1877 年には，ニルシーネ・ニルセン（1850-1916）が大学史上最初の女子学生として医学部に入学し，1885 年に卒業，以後，女性の大学進学は徐々に浸透し，2010 年には女子学生が全学生数の過半数を占めるまでになっている．

　大学の発展に伴うように建物も旧市街の周辺に新築されるようになり，例えば1861 年には天文台が建てられ，それを囲むように植物園が 1874 年に完成した．

　神学部のみ設立当時から統合などされずに存続しているが，ほかの学部は時代の要求に応えて合併や独立を果たしてきている．法学部は，一時経済学，社会科学を包含して法・国家学部となったのだが，これを社会科学部と改称，後にまた法学部がそこから独立した．医学部は歯科大学を統合して健康学部と改称，さらに，獣医・農学校を生物学部，薬科大学を薬科学部として大学に編入した後，生物学部の獣医学関連部と薬科学部を健康学部と統合させた．そして，生物学部の残りの部分が自然科学部と統合し，新たに生物・自然科学部となった．そこにはまた体育学校も編入された．自然科学部はすでに 1850 年に哲学部から独立していたが，哲学部は 1970 年の改革の際に名称を改めることになり，1973 年以来，人文学部となっている．

　コペンハーゲン大学には商学部はなく，独立した商業大学であるコペンハーゲンビジネススクールがある．

　デンマークの大学機関はいずれも国立であるが，総合大学としてはコペンハー

ゲンのほかにオーフース大学，オーゼンセ市には南デンマーク大学，そしてオールボー大学がある．オーフース大学は人文，健康，科学・工学，商科・社会科学の各学部に分かれ，南デンマーク大学は人文，自然科学，社会科学，医学，工学各学部から編成，オールボー大学は人文，社会科学，工学・自然科学，健康の各学部により構成されている．なお，以前は単科大学であった教育大学はオーフース大学に編入されている．またロスキレ大学は人文，社会科学に重点が置かれた大学で，学部構成はとっておらず，文化，コミュニケーション，環境，社会，自然科学，心理学の各研究所から成り立っている．それ以外にも単科大学としてデンマーク工科大学，IT 大学があり，都合 8 つの国立大学がデンマークの最高教育機関として機能している．

　大学という呼称ではないが，大学相当の教育機関として，建築，デザイン，芸術，音楽の各分野でアカデミーが設立されていることも付け加えておかなければならない．音楽に関しては，アカデミーのほかに音楽科学科がコペンハーゲン大学人文学部に置かれている．

　コペンハーゲン大学は北欧随一の総合大学として定評があり，大学世界ランキングでも上位を占める名門大学である．国際的な大学間協定である IARU（International Alliance of Research Universities）に，オーストラリア国立，シンガポール国立，北京，東京，カリフォルニア（バークレイ），イェール，ケンブリッジ，オックスフォード，チューリッヒ工科大学とともに加盟している．

　ところが，近年の学生数増加に伴い，エリート大学が徐々にマス大学化する傾向に警告を発する声も聞かれるようになり，エリートかマスかの議論が行われている．

　デンマークの大学には入学試験がなく，進学希望者を高校の卒業成績で評価するのみで，高成績順に希望の学科に振り当てる仕組みになっている．また，原則として 3 年間で BA，さらに 2 年間で MA という変則的なシステムを導入し，学生は卒業時にはかなり専門的な知識・能力を取得して，職場ですぐに実践的な労働力として機能できるよう要求されている．そのため，大学生の資格がいわば社会的な訓練のための投資として理解され，国は大学生個々人に，ヨーロッパでは最高額の奨学金を毎月支払っている．これは返還する必要がない．

　グローバル時代に適応して，より多くの若者に大学教育をというスローガンのもとに大学への設備投資が積極的に実施され，これまでコペンハーゲン市内，市外に点在していた大学の諸設備が，新たに新築されつつある 3 つのキャンパスに集合されることになった．ところが，不況のあおりを受けて大学への予算は福祉事業一般への支出縮小と相まって削減の一途をたどるようになり，今や大学生数の制限を実施する傾向にある．

[長島要一]

デンマークのフォルケホイスコーレ

　1844 年の創設以来，フォルケホイスコーレ（Folkehøjskole. 以下，ホイスコーレ［デンマークで一般的な呼称］）は民主主義を基盤とするデンマーク社会の形成と発展に重要な役割を果たしてきた．2013 年に改正された法律では，ホイスコーレを「生のための啓蒙（livsoplysning），国民の社会的自覚（folkeoplysning），民主主義的な教育を主な目的としたコースでの授業や共同生活を提供する」場であり，「学校活動は各校が自ら選んだ価値基盤に基づいて行われる」と規定している．

●ホイスコーレ運動の起こりと変遷　いわゆるホイスコーレ運動は 19 世紀後半に起こり，3 人の人物が重要な役割を果たした．1800 年代のデンマークでは多くの農民は初等教育のみでそれ以上の教育を受けることがなく，大学やラテン語学校は富裕層が通うものであった．N. F. S. グロントヴィは 1830 年代，ラテン語やギリシャ語，中世の古典を偏重する当時のラテン語学校のエリート教育に異議を唱え，あらゆる階層の若者達に開かれたフォルケホイスコーレと呼ばれる教育の場を構想していた．授業は書物に書かれた文字ではなく，人々によって語られる「生きた言葉」を通して行われ，デンマーク語，歴史，キリスト教，北欧神話などを学ぶことで国民としての社会的な自覚を呼び起こすことを目指した．この構想は 1831 年に彼がケンブリッジ大学のトリニティー・カレッジを訪れた際，教師と学生の対話を重視する教育のあり方に出会って以来培われてきたものである．

　グロントヴィの構想は実現に至らなかったが 1844 年，キール大学教授のクレスチャン・フローアがドイツとの国境地域であるスリースヴィのレズィング（Rødding）に最初のホイスコーレを開校した．当時，北スリースヴィ地域では多数派だったデンマーク語を母語とする住民が「ドイツ的なもの」に対する「デンマーク的な」国民意識を高揚させようという動きが起こっていた．レズィングのホイスコーレは，北スリースヴィをデンマーク国土としたい住民達の政治的な闘争を背景に設立されたものであった．1851 年には，教師クレステン・コルがフューン島のリュスリンゲに土地を購入し，ホイスコーレを開校した．授業では，本来のグロントヴィ思想が実践された．農村の若者達は生徒として重要な対象者であり，19 世紀後半に起こった農業協同組合運動や農業改革に携わる人材がホイスコーレから育っていった．

　近年では，1968 年の「若者の蜂起」をきっかけとしてホイスコーレも民主的な変革を迫られた．教室での授業や講義形式がグループ学習やプロジェクト中心の学習に代わり，心理学，社会学，イデオロギー批判などにも焦点が当てられるよ

うになり，1970年代末までには今日あるようなホイスコーレの姿が形成された．

●**現代デンマーク社会におけるホイスコーレの意義**
21世紀に入り，減少する生徒数をめぐってホイスコーレの存在意義や社会における役割を問う議論が起こってきた．そこではホイスコーレが生き残るためには能力重視の労働市場や競争の激しい現代社会のニーズに応え，高等教育進学に必要な科目を導入して試験を実施し資格を与えるべきだという意見と，それでは伝統的なグロントヴィ思想に反するという意見が対立した．

図1　ホイスコーレ協会のカタログ「何よりも忘れられない数週間がある」

2013年にはデンマーク・フォルケホイスコーレ協会［以下，FFD.］が民間調査機関を通じてホイスコーレに滞在経験がある若者への聞取り調査を実施し，「教育に及ぼすホイスコーレの効果分析」としてまとめた．その結果，ホイスコーレでの滞在および教育がもたらした効果として，①若年者教育（特に専門職業教育）を中断した者の教育システムへの復帰を促進させる，②高等教育（大学の学士レベル教育課程）におけるドロップアウトの人数を減少させる，といったことがわかった．通常の教育制度からこぼれ落ちた者に新たな可能性を与えること，具体的には進路に関して悩む若者がいったん立

図2　キャンペーンのはがき

ち止まって自らを見直し，進路を明確にし，高等教育に必要な専門知識を補うなどの準備をするというニーズに応えることがホイスコーレの新たな役割となってきているのである．こうした背景から，2013年の法律改正に伴い，FFDでは「あなたの"得意"を見つけよう」と銘打ったキャンペーンを始めた（図2）．各校の独自性をアピールし，ホイスコーレ運動を推進するとともに学校間のコミュニケーション上の相乗効果を狙ったものである．また2015年5月2日を「ホイスコーレの日」と定め，外部からの見学や体験入学その他の行事や説明会が行われる広報活動日としている．2015年1〜2月には，夏に進学する者を対象とした教育機関説明会である「境界なき教育（Uddannelse Uden Grænser）」と呼ばれる全国規模のメッセに多数のホイスコーレが参加した．さらには，2020年までに現在21万人以上いる孤独と感じている国民の数を半減させる運動に参加するなど，以前とは異なる分野での役割も担い始めている．　　　　　［近藤千穂］

スウェーデンの大学事情

●**大学の発展と形態**　スウェーデン最古の大学は 1477 年設立のウップサーラ大学である．17 世紀，バルト海沿岸地域の大国だったスウェーデンは当時領土であったエストニアのタルトゥ，フィンランドのトゥルク（オーボ）に大学を設立し，その後 1666 年ルンド大学を設立した．ウップサーラとルンドには今も独特の伝統が息づいている．大都市ストックホルムやユーテボリの大学は 19 世紀の設立である．20 世紀半ば頃から社会の必要とともに大学も多様化しその数も増え，職業教育機関が大学の地位を獲得したのにも伴って，大学の幅も学生層も広がった．その後小規模大学の統合も相次いだ．約 50 ある高等教育機関のうちスウェーデンの大学卒業資格を発行する大学数は 48 で，うち 31 大学が国立である（2016 年 9 月現在）．

　スウェーデンの大学は教育研究省の管轄下に置かれている（スウェーデン農科大学は唯一産業省の管轄である）．財団法人などの運営する私立の大学は政府の認可を要する．大学にはフーグスコーラ（högskola）とウニヴァシテート（universitet）がある．基礎である学部から，研究機関まで整っているうえ，博士号授与権があるのがウニヴァシテートである．

●**大学の運営・管理**　大学に関する法律を定め，予算を決定するのは国会であり，政府は活動内容指針を発令し，学長と運営委員会役員を任命する．大学の使命，形式，教員や学生の義務・権利などは国会で制定された「高等教育法（Högskolelag）」や政府発令の「高等教育政令（Högskoleförordning)」に定められている．そのほか，具体的な規則は高等教育審議会（Universitets- och högskolerådet）の発行する法令集（UHRFS）に逐次追加されていく．学府への配当額は単位を取った学生数により左右されるようになっている．特に質が高いと認められた教育には特別配当金も出る．スウェーデン高等教育局（Universitetskanslersämbetet）は高等教育の質を管理するため大学を訪問・調査する．公開された結果によっては，コースの閉鎖を余儀なくされる場合もある．

●**国の義務・学生の権利**　国立大学は授業料ではなく主に国の出資でまかなわれている．学生は入学金も授業料も払わなくてよいが，在学中働けず収入がない者は，生活費や教材費として国から給付金（studiestöd）や貸与金（studielån）を受けることができる．留学生も 2011 年までは入学金・授業料とも無料であったが，現在は支払いが課されている（欧州経済地域およびスイス国民以外）．大学院も学部と同様，学費は無料である．博士課程在籍者は 4 年にあたる期間中，奨学金等でまかなう場合もあるが，大学に有給で雇用されることが基本とされてい

る．

　学生の権利は制度的にも保障されており，大学の判断に対し不満がある際に申し立てをするための機関も用意されている．学生組合への入会は2010年前期までは全学生に課せられていたが，現在は選択制である．学生組合は各学府で運営に参加し，国レベルでは全学生の代表として大学関連の政策決定に意思表明する．

●**入学・単位・資格**　入学選抜は高等教育審議会により中央で行われる．外国の中等，高等または職業教育を受けた者の成績は，ここでスウェーデン式に換算される．主に北欧やEU圏内で発達している公的な交換留学制度を統括するのも同審議会である．近年EU内での制度の統一が進み，単位，成績，資格などの交換が容易になるよう調整されてきた．試験は定期的に行われ，合格すればフルタイムのコースで1学期に30単位取得することとなる．

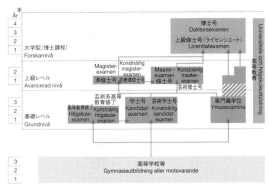

図1　スウェーデン高等教育制度（日本語は筆者訳，http://uka.se/fakta-om-hogskolan/vad-ar-en-hogskoleutbildning.html）

　高等教育は3ラウンドに区分され，学士号の取れる基礎レベル3年（grundnivå），修士課程を含む上級レベル2年（avancerad nivå），博士課程4年を含む大学院（Forskarnivå）がある（図1）．

　若者が高校卒業後すぐに大学に入学することは比較的少ないが，近年は増加傾向にある．一般に大学進学率は女性の方が高いがコースによって男女の比率が異なる．選抜を左右するのは基本的に高校の成績であるが，労働経験を合わせて申請することもできる．また，大学共通入学試験（högskoleprovet）の結果で入学の可能性を高める機会も与えられている．入学といっても，職業資格コースなど内容の定められた教育課程を選択したのでなければ，基本的にはコースを学期ごとに選択する．必須の一般教養科目はなく，選択した科目のみを履修する．フルタイムのコースのほかに，夕方などに行われるパートタイムのコースもある．最近ではインターネットを利用した通信制コースも増えている．職業資格プログラム（yrkesexamensprogram）では，卒業資格が国家試験合格証のようなもので，修了者は即戦力とみなされる．医師，看護師，エンジニア，法律家，ソーシャルワーカー，教師などがその数例である．　　　　　　　　　　　　［兼松麻紀子］

7. 北欧の生活デザインと建築

　北欧の人々がその地に"棲まうこと"へのいわば必然から，その周囲の環境に即した生活上のアイデア，そこにある素材を駆使しての工夫，そこに現れる日用品，住居，人々の集う教会に始まり市庁舎等に至るという公共の建物，そして福祉社会には欠かせない施設としての建築物等々に関心を払うとき，第6章までとは異なるきわめて現実的で，プラグマティックな"形が伴う"世界に私達はたどり着く．そこには「北欧」らしさを奏でるモノづくりに始まって，デザイナー・建築家として独特な北欧らしさを体現するアイデアを形とする人々がおり，彼ら自身の存在が，結果として，いわば「北欧そのもの」を体現していることに私たちは気づかざるを得ない．

　本章では，北欧の生活デザインと建築に焦点を当て，6章までの多少は観念的な北欧"像"を，徹底して形ある実態として見てみるのも，本書の構成としてはバランスがとれていて興味深い． 　　　　　　　　　　　　　　　　［村井誠人］

北欧デザイン史

●はじめに 「北欧」とは,ヨーロッパ北部に位置するスウェーデン,デンマーク,ノルウェー,フィンランド,アイスランドの5か国を指す.一口に北欧といっても,それぞれに,国家,民族,歴史,風土の違いがあり,各々が特質と多様性をもっているが,その底には北欧全体としての共通した流れを認めることができる.特にデザインの分野においてこの傾向は顕著である.

「北欧デザイン」という言葉が一般的になって久しいが,この名称は通常のインダストリアル・デザインとは性格を異にする特定のデザイン傾向を指している.北欧デザインに共通する特徴として,まずその「手工芸」的性格が挙げられる.ささやかな日用品とい

図1 スカンディナヴィア・デザイン展 (1954〜1957年)

えども,それらは伝統工芸と近代工業との見事な融合を示しており,マスプロダクションによって生み出された機械製品にはみられない繊細な人間味を感ずることができる.しかも,それらはいわゆる民芸品にみられる郷土名産的面白さを超えて,現代デザインとしての質の高さを誇っている.北欧デザインが人々を引きつけるのも,単に異国趣味的動機でなく,そこに伝統を否定することなく現代生活に生かしていく特有のヒューマニズムを感ずるからであろう.

しかし,この「北欧デザイン」は,一朝一夕に確立されたものでもなければ,少数のデザイナーだけによって作り出されたものでもない.19世紀の中葉から後期にかけて,中央ヨーロッパの産業主義が周辺諸国に伝播して以来,旧来の手工芸の伝統と工業生産とのギャップを埋め,生産品の質を上げる努力が北欧諸国でなされてきた.それとともに,生産者,消費者の双方に絶えざる啓蒙と教育が実践されてきた.これら不断の活動の結果としての社会的合意のうえに北欧デザインは成立しているのである.この点は,北欧と同様の長い手工芸の伝統をもちながら,それを工業製品に生かし得ず,両者の間に断絶をもたらしているわが国の場合とは対照的であるといえよう.

●北欧デザイン運動の始まり 現在のストックホルム美術工芸大学(Konstfackskolan)の前身であるストックホルム工芸学校(Slöjdskolan i Stockholm)が設

立されたのは 1844 年のことである．設立者マンデルグレーン（Nils Masson Mandelgren）は，翌 1845 年，工芸学校の援助機関として，スウェーデン工芸協会（Svenska Slöjdforeningen）を設立する．同協会は，世界で最も古いデザイン組織であるといわれている．マンデルグレーンは，ギルド制の廃止（1846 年）に伴い，スウェーデンの伝統的手工芸が衰退するであろうことを予測し，また，外国の劣悪な工場製品がスウェーデンに流入することを憂えて，この学校と協会を設立したのであった．彼はこの目的のために積極的にイニシアチブをとっていく．1845 年といえば，いまだイギリスにおいてウィリアム・モリス（William Morris）らのアーツ・アンド・クラフツ運動の起こる以前である．産業主義が流入する以前に，このような伝統的手工芸に対する施策（後に国家的施策となっていく）が行われたのは，特筆すべきことである．以後，スウェーデンのデザイン・工芸運動は，この 2 つの組織を中心に発展することになる．

　スウェーデンでは，これと並行して家庭手工芸（hemslöjd）の再興が叫ばれ，手工芸運動が 19 世紀末に向けて急速に高まり，1899 年にはスウェーデン・ヘムスロイド協会（Foreningen for Svensk Hemslöjd）が設立された．

　スウェーデンに続いて，他の北欧諸国でも次々に工芸協会が設立され，同様な活動が開始される．フィンランドにおいては 1875 年に工芸協会が設立され，続いて 1879 年にフィンランド手工芸協会が設立される．

　これらの工芸協会運動は，後に，国家と産業界のバックアップを得て，数々の新機軸を打ち出し，北欧デザインを世界的規模に広める重要な役割を担うこととなる．

●ナショナル・ロマンティシズムとカレリアニズム　19 世紀の終わり頃からナショナル・ロマンティシズムと呼ばれる様式が北欧諸国に生まれる．大陸のアール・ヌーヴォー様式の影響を受けつつも，その主眼とするところは，民族固有のアイデンティティを明白に打ち出そうとするものであった．この傾向は，特にフィンランドにおいて著しい．文学者，建築家，芸術家は自らのルーツを求めてカレリア地方に赴き，そこでの古いモティーフから新しいインスピレーションを得ようとした．この動きは民族叙事詩「カレワラ」と結びついて，「カレリアニズム」と呼ばれる運動となった．画家アクセリ・ガッレン＝カッレラ（Axeli Gallen-Kallela）はその代表者である．彼はスウェーデンの芸術家ルーイ・スパッレ（Lois Sparre）とともにカレリア地方を探索し，独自の画風を確立した．一方のスパッレは A. W. フィンチ（A. W. Finch）とともにポルヴォー（Porvoo）に有名なイリス（Iris）工房を 1897 年に設立し家具と陶器の製造を始めた．これをもってフィンランド・アール・ヌーヴォーは誕生したとする説もある．現在のヘルシンキ・デザイン・ミュージアムの時代別展示は，まずこのイリス工房の陶器の作品から始まっている．

フィンランド・ナショナル・ロマンティシズムの頂点は，1900 年のパリ万国博覧会に見ることができる．サーリネン，ゲゼーリウス［ゲセーリウス］，リンドグレーンによって設計されたパヴィリオンの内部はイリス工房の作品により装飾が施され，アクセリ・ガッレン＝カッレラ（1865-1931）の織物「炎」が掛けられていた．同作品はグランプリを獲得し，パヴィリオンはかつてない盛況を呈したといわれる．1900 年パリ万博への参加は，フィンランド・デザインの質の高さを世界に示す契機となり得たのである．

●**ストックホルム博覧会（1930 年）**　1930 年のストックホルム博覧会は，北欧に初めて機能主義（Functionalism）をもたらしたものとして知られる．総監督は当時のデザイン運動の指導者グレーゴル・ポールソン（Gregor Paulsson），主任建築家はエーリック・グンナル・アスプルンド（Erik Gunnar Asplund, 1885-1940）であった．「住宅・交通・家庭用品」をテーマとしたストックホルム博は，アスプルンドの建築自体が最大の展示物となり，その機能主義的デザインは，さまざまな論争を呼び起こすこととなる．ストックホルム博は，ヨーロッパ中央の近代デザイン思想（ル・コルビュジエやバウハウスの思想）を北欧にもたらし，様式的デザインに代わって，住宅の規格化，機能の重視，社会的要請による建設，適切な材料の使用等をデザインの基準とする礎を築いたのである．しかし，厳格な機能主義の考え方が北欧においてそのまま受容され永続したわけではなかった．機能一辺倒のデザインは，北欧の自然環境にそぐわず，また，工芸の伝統をもつ人々の感覚と合致するものではなかった．ここに，画一的機能主義は修正され，機能の意味が問い直されて，手工芸の伝統と近代デザインが融合した「スウィーディッシュ・モダン」と呼ばれる独自のデザインが生み出されることとなった．

●**スカンディナヴィア・デザイン展**　北欧諸国は小国であり，加えて人口も少ない．したがって製品のマーケットは必然的に海外に依存しなければならない．販路拡大のためさまざまな方策が講じられてきた．その主たるものが海外での展示会の開催であり，博覧会への積極的参加であった．アルヴァル（アルヴァー）・アールト（Alvar Aalto）は 1939 年のニューヨーク世界博のフィンランド館において，「うねる曲面」のインテリアを用いて異彩を放った．またアールトは，1933 年のミラノ・トリエンナーレにおいて家具部門で入賞し，パイミオ・チェアやサヴォイベースはモダン・クラシックスの地位を得たのである．アールトに限らず，タピオ・ヴィルッカラ（Tapio Wirkkala），ティモ・サルパネヴァ（Timo Sarpaneva），カイ・フランク（Kaj Frank），ビルゲル・カイピアイネン（Birger Kaipainen），ヴォッコ（Voukko）＆アンッティ・ヌルメスニエミ（Antti Nurmesniemi）ら著名デザイナー達のすべては，ミラノ・トリエンナーレをはじめとする国際展示会で広く知られるようになったのである．

北欧デザインの名声を，国際的に決定的なものにしたのが，1954年から1957年にかけてアメリカとカナダで開催された巡回展「スカンディナヴィア・デザイン展（Design in Scandinavia Exhibition）」であった（図1）．同展の入場者は65万人にのぼり，1,000万人がその模様をテレビで視聴したといわれる．この大々的なプロパガンダは北欧デザインの世界的規模への広がりを示すと同時に「スカンディナヴィア・デザイン」という固有名詞を一般的なものにしたのである．

　ここで「スカンディナヴィア」という呼称について説明しておこう．スカンディナヴィア・デザイン展以前，英国における一例を除いてこの呼称が「北欧デザイン」を示すことはなかった．元来「スカンディナヴィア」とは，スカンディナヴィア半島を構成するノルウェーとスウェーデンにデンマークを加えた3か国についての呼称であった．しかし，海外の英語圏諸国ではスカンディナヴィアという概念はフィンランドとアイスランド，さらにはグリーンランドまでを包含しているのである．こうして本来のノルデン（Norden）に代わって，北欧デザインをスカンディナヴィア・デザインと呼ぶ習慣が生まれたのである．デザインの分野では，これ以降ノルディック・デザインとは呼ばずスカンディナヴィア・デザインと呼ぶのが通例である．

　いずれにせよ，北欧諸国が大同団結したスカンディナヴィア・デザイン展は成功裏に終わり，北欧デザインの特質を知らしめるとともに，飛躍的にマーケットを拡大させることとなった．これは，北欧デザインのゴールデン・エイジと呼ばれる1950年代のブームに寄与することとなる．

●企業とデザイナー　北欧諸国，特にスウェーデンとフィンランドにおいて，企業とデザイナーは密接な関係を結んでいる．

　1920年前後にスウェーデン工芸協会は，「芸術家を産業へ」をスローガンに活発な啓蒙活動を行った．その意図するところは，芸術家を企業の生産現場へ送り込み，量産品の質の向上を促すところにあった．また，企業に属することになった芸術家は企業内での地位が保証されるとともに，作家としての個性的な創作も保証されたのである．こうして，ドイツ工作連盟に範をとったような企業内デザイナーが誕生したのである．この施策は，同協会の当時のスローガン「より良い生活用品を」を推し進めることとなった．

　同様の試みはフィンランドにおいてもみられる．その代表者はクット・エークホルム（Kurt Ekholm）である．元来陶芸家であった彼は，1932年から1948年までフィンランドのアラビア陶器会社の美術ディレクターを務めた．就任後，アラビア社の方向を決定づける数々の改革を断行し，アラビア社の新しいイメージを確立した．彼は，閉鎖的であったアラビア社を社会に開かれた組織に変え，才能ある若いデザイナーを登用し，工業生産と陶芸美術の調和を図った．

　彼の後を継いだのが有名なカイ・フランクである．カイ・フランクの作品の中

に，工場生産とデザイナーの創造性の見事な融合を見ることができる．

●ゴールデン・エイジ：1950 年代　1950 年代までは，いくつかの例外はあるものの，北欧デザインはいまだ真の国際的地位を確立できていなかったといってよいであろう．

1940 年代の第二次世界大戦後の混乱の後，1950 年代に入ると，きら星のごとく「北欧デザイナー」達が活動を始める．

フィン・ユール（Finn Juhl），バアウ・モーウンセン（ボーエ・モーエンセン，Børge Mogensen），コーオ・クリント（Kaare Klint），ポウル・ケアホルム（Poul Kjæholm），ハンス・ヴィーイナ（ハンス・ウェグナー，Hans J. Wegner），アーネ・ヤコプセン（アルネ・ヤコブセン，Uedel Arne Jacobsen），クリスチャン・ヴィーゼル（Kristian Vedel），ブリューノ（ブルーノ）・マットソン（Bruno Mathsson），スティーグ・リンドバリ（Stig Lindberg），カイ・フランク（Kaj Frank），アンッティ・ヌルメスニエミ（Antti Nurmesniemi），イーレク・マグヌセン（Erik Magnussen），ティモ・サルパネヴァ（Timo Sarpaneva），タピオ・ヴィルッカラ（Tapio Wirkkala），ヴォッコ・ヌルメスニエミ（Vokko Nurmesniemi），ポウル・ヘニングセン（Poul Henningsen），エーロ・アールニオ（Eero Aarnio）らが世界的名声を確立していく．スカンディナヴィア・デザインはこうして確固たる地位を占めるに至るのである．

現在，彼らの作品は「モダン・クラシック」とされ，また「ヴィンテージ」と呼ばれ，現代のイコンとして，なお市場をにぎわしている．一方で，今，戦後の北欧デザイン氾濫の現象を「神話」としてとらえる見方が出てきているのも事実である．

Scandinavian Design Beyond the Myth（神話）と題された本の出版やペッカ・コルヴェンマーによる著作の数々は，ともすれば「デザイナー列伝」として語られてきた北欧デザイン史を別の側面から，すなわちデザインを社会的次元からとらえようとする試みである．北欧デザインの黄金期への再評価と再検証はこれからの課題であるといえよう．

●現在の北欧デザイン　「家は人が住んで初めて家になる」という言葉がある．これをデザインに置き換えれば「デザインは人が使って初めてデザインになる」ということになろうか．美術館に収められた製品はどこか寂しい．

アルヴァル・アールトの代表作「スツール 60」が発表されたのは 1933 年である．以来 80 年余にわたってこの 3 本脚の椅子は製造販売されてきた．この椅子が梱包されているアルテック（Artek）社のパッケージには，大きく"One Chair is Enough"とプリントされている．「一生使える椅子」の意である．すぐ捨てられるモノに囲まれている私達の生活の中で，この標語は際立っている．現在，北欧デザインは一種のブームである．書店に平積みされたデザイン誌はこ

ぞって北欧デザイン特集を組み，私達を仮想現実の世界へ誘ってくれる．だがそこでは，1脚の椅子を一生使い続けるという時間的経過のもつ意味は捨象され，モノの消費的側面だけが強調されている．「使い続けること」「使い続けられること」は北欧デザインの最も優れた特質の1つである．「北欧デザイン史」は，そうした積み重ねのうえに築かれた歴史でもある．

図2 カンピ礼拝堂外観

●**カンピ礼拝堂** 最後に，ヘルシンキに建つカンピ礼拝堂（Kampi Chapel）についてふれておきたい（図2）．市内の最もにぎわう場所ナンリッカ広場の隅に建つこの小さな礼拝堂は2012年に完成した．設計は，キンモ・リントゥラ，ニコ・シロラ，ミッコ・スンマネンの3人．目的は人々に「静寂」を感じさせるためのものだという．したがって，ここではミサ，洗礼，結婚式などの教会行事はいっさい行われず，ただ静寂だけが空間を支配する．

すり鉢状の外観をもったシンプル

図3 カンピ礼拝堂内部

で革新的な木造建築であり，外壁はさまざまな直径に曲げられたモミノキを積み上げた形状である．ホール内のシンプルな椅子はトネリコの白木が用いられ，礼拝堂であることを示すのは祭壇の上の小さな十字架のみである（図3）．

窓はなく，天井からの間接光のみが空間を明るく満たしている．ここを訪れた人は皆が沈黙する．沈黙は強いられるものではなく，内在的なものであることを実感する．まるで胎内にいるかのような安心感に浸ることができる．北欧デザインのエッセンスの結晶を見るとともに，このような建物をあえて喧騒の街中に建てるという行為に，北欧の文化と社会のありようを感ずることができる．

［塚田耕一］

北欧のクラフト

　北欧のデザインを論ずるときに，「クラフト」を独立したものとして語るのは，適当でないという意見の人々も多い．産業革命以後の工業化によって国力の充実を図ったイギリス，ドイツ，フランス等のヨーロッパの大国と異なり，「ヨーロッパの屋根」といわれた北欧5か国はいずれも小国であり，天然資源にも恵まれず自給的な家庭用日用品の生産が，手工芸と素朴な単機能機械によって行われ，ヨーロッパの大国に比べて工業化は20世紀に至るまで進行していなかった．

　20世紀に入ってからの北欧の工業化はゆるやかなスピードで行われてきたために，家具，照明器具，陶器，ガラス器，金属食器などの「生活デザイン」の分野でも，また自動車，コンピュータ，そして建築の分野でも，北欧のそれらのすべての源には，「クラフト・手造り」の生活デザインの心と技が存在しているといえよう．20世紀後半からの「北欧デザイン」が他国のデザインと異なる，温かみや，優しい和やかな風合いを特長としている基盤は，クラフト的人間臭さにあるといえるだろう．その意味合いから，本項目の冒頭に述べたように，デザインの分野をインダストリアル・デザイン，インテリア，クラフト，グラフィックなどに細分化して考える思考法は，北欧的とはいえないものとなっている．事実北欧のデザイナーの多くが，細分化されたデザイン分野を，自由に横断的に手がけて，それぞれ優れたデザインを発表している．

　北欧デザインが世界に評価される秘密の一端はこのへんにあるかもしれない．

　1978年に開かれた「スカンディナヴィアの工芸展」において，ノルウェーのウルフ・ホード・アフ・セーゲシュタードはスカンディナヴィアの工芸品の生産形態を5つに分けて説明している．四半世紀前の記述であるが，北欧の生活デザインの本質をつき，今日なお理解の助けとなる内容を含むので，以下に掲げる．

①「手工芸品（Handicrafts）は，本来手による生産形態を指し，特に，それが職業として行われている場合にこの用語が用いられる．」

　　日常生活に必要なものを自らの手で身近な材料を使って作り，用いるのは，原始の時代から近代まで，世界中変わりはなかった．農業，漁業が，天候不良や夜間等で働けなかった時間の「裏作」として，自己使用のために作り始めた．器用，不器用の差があったため，器用な人のものを分けてほしいという需要から，職業としての手工芸が確立されてくるのも理にかなったものであった．

②「家内工芸（Cottage Industry）あるいは手工芸（Slöjd［スウェーデン語］）は，特に農山村部で副収入を得るための副業として行われる手工芸品生産を指す．これはスカンディナヴィアでは19世紀末に組織化された．」

①の手工芸品の裏作が職業化した個人規模のものを組織化する活動によって，規模も販路も拡大されていく.

③「アート・ハンディクラフツ（Art Handicrafts）は，日用品や装飾品のうち，特に意識して美的であることを目的とした工芸品を指す. このタイプの製品と家内産業による製品，あるいはこのタイプの製品と美術品との間に区別を設けることが難しいことは容易に認められることだろう.」

日本でいう民芸の原点は，日常生活用具であり，無名の工人によって，用のみをひたすら求めて，数多く作られていたものに対して，柳宗悦が美を見出したものとされている. 時代が変わって，工人（職人）の意識も変わり，作家性を求めて美術，芸術品を求める者もあり，境界を設けることは難しい. また装飾品やいわゆる「おみやげ品」もまた，この範疇に入るものであろう. 北欧では量産化する前の，テスト的試作品としての意味もかねて，活発にアート・ハンディクラフトは作られ，今日高い評価を得るものが多い.

④「アート・インダストリー（Art Industry）. 主として家庭向けの（他の用途ももちろん含まれる）日常の工芸品，装飾的な工芸品のうち，多かれ少なかれ高度に工業化された生産形態によって生産されたものを指す.」

高度に工業化された，という形態がどの程度の内容と規模を指すものか明確ではないが，北欧のその時代の内容と，今日の日本，中国等のものとは比較にならないであろう.

⑤「インダストリアル・デザイン（Industrial Design）は，非常に簡単にいってしまえば工業製品全般に対して，望ましいかたちを与えることを目的としたデザイン活動といえる. インダストリアル・デザインの中で特別なタイプがアート・インダストリーに入ることになる.」

ここでいう工業製品とは，広い意味での機械生産を指し，手仕事，手加工というものは皆無に近いと考えてよいであろう. しかし，作業プロセスにおいては人間の手は直接的に関わらなくとも，北欧も日本も，その機械を操作するのは人間で，その人間の感性と心をどれだけものに反映させるかにかかってくるのであろう. 北欧と日本に何かその面での共通性が感じられる.

1920年代にバウハウスが「インダストリアル・デザイン」（工業デザイン）という新しい分野を提唱し，その後アメリカの1930～1940年代の工業力の支えをもつ「ニュー・バウハウス」によって確立し，世界を席巻した. しかし，工業力に劣る北欧諸国は，独自性を深めて存在性を示そうとした. それは，デンマークに顕著にみられることで，質素な生活感覚と相まって，職人の技術を軸にした「モダン・ハンディクラフト」の方向を模索して，活路を見出した.

同じ国内でも地域的に交流の少なくない個々の地域で長年作り続けられてきた，文字どおり手造りのハンディクラフトの活動を，より高度な技術の情報の伝

達，教育と，製品の販路拡張をも念頭に，北欧4か国の各々の国の事情もあるが，19世紀の中頃から各国に全国的なクラフト協会が設立された．

　1845年　スウェーデン・インダストリアル・デザイン協会
　1875年　フィンランド・クラフト・デザイン協会（Koustflitföreningen）
　1907年　デンマーク工芸協会（Landsforeningen Dansk Kunsthåndværk）
　1918年　ノルウェー工芸協会（Landsforbundet Norsk Bruks Konet）

　北欧4か国のうち，国力が豊かで，平地面積が大きく，地域間の交流が芽生えてきたスウェーデンは，イギリスのアーツ・アンド・クラフツ運動とほぼ同時代に協会が作られた．ヘムスロイド（Hemslöjden）と呼ばれる家庭内手工芸とその社会への活動は，スウェーデンの福祉国家造りの下支えになっているともいえる．

　簡素で豊かな生活を支えてきたフィンランドは，1917年に独立する以前の1875年，当時はロシアの大公国であった時代に，地域別のクラフト・デザイン活動の全国組織化を実現した．その背景には，フィンランド自らのアイデンティティの確立と，独自の文化を求める国民主義の気風が芽生えていたことがあった．

　デンマークは農業と酪農立国の国であったが，力の弱い農民が手を携えて協力し合えば大きな力となるという共同組合組織の思想をもっていた．クラフトや生活資財のものづくりの分野での，技術，素材，デザイン販売のあらゆる面での協力団体として，工芸協会が設立された．

　ノルウェーは北欧ではいちばん遅れて協会が設立された．狭い農地と切り立ったフィヨルドに区分された国土では，地域間の交流は少なく，全国組織の交流手段（交通，通信，集会）の充実を待たなくてはならなかった．

　北欧のデザインは，クラフトの技と心と無縁のものではなく，極めて工業化された，インダストリアル・デザインの分野の活動においてもクラフトの技と心がハイブリッドのかたちで融け込んでいる．

　それはすなわち5つのカテゴリーの中の③の「アート・ハンディクラフツ」と⑤の「インダストリアル・デザイン」である．

　今日の北欧諸国の経済活動は，各国500万前後の人口マーケットで独立性を保つことは難しく，世界のマーケットに対応する生産と品質を要求されるのは当然である．その意味ではアメリカ，日本のインダストリアル・デザインの手法と同じであるが，企業の規模は小さく，仕事の手法と哲学に，今日の国際化の時代といえども，若干違いをもっている．企業の目的に事業の拡大，できれば世界一に，という考えをもつ風土はなく，No.1を目指さず，Only One（特質をもった，世界で唯一の）を目指す企業と人々が多い．

　21世紀に入ってからの時代の変化，変貌は大きく，19世紀，20世紀に創られた各国の工芸協会やデザイン団体のほとんどは，発足当時の活動の目的の根拠を

失い，今日では十分な活動をしているものは少ない．

　家具デザイナーのバアウ・モーウンセン（ボーエ・モーエンセン）の属した FDB という共同組合連合（デンマーク）は，酪農，農業，水産業等の業界組合の連合であり，その組合員に良い家具を供給するのを主目的として，ターム椅子製作会社を作り，名作をデザインした．1970 年代の社会構造と，交通，物流の変化によって，組合組織で組合員に生活デザイン資材を限定して供給することもなくなり，以前より並行して行っていた一般に市販している形態だけになった．

　国内各地に散在し，各地域で個人あるいは小規模の工房でクラフト作品または商品を製作している人の作品を集めた常設の展示を行い，販売するということを，各国の工芸協会は行っていた．

　その中でもすばらしい活動を重ねた組織はデンマークのデン・パーマネンテ（Den Parmanente）であった．

　1931 年に，当時のフレゼリク王太子を名誉顧問として，新聞社主，共同組合連合の会社，大手ガラス工場の社主をはじめ，各界の実力者も積極的に参加し，陶器，ガラス器，家具，金属食器，ジュエリーの作家，工房，工場も加わった組織が生まれた．新聞，共同組合の関係者は，一般の国民に，デンマークの良質のクラフト製品を暮らしの中で使う喜びと方法を伝える努力（社会教育）を進めていった．大手の企業の経営者は，経営に協力し，海外への輸出にも努力をした．デン・パーマネンテは，デンマークのクラフト推進のすべての面での働きを開始し，第二次世界大戦後のデンマーク・デザインのイメージの確立のみならず，ビジネスのうえでも大きな推進役となった．1958 年に，デザインの進歩と普及への功績として与えられる，いわばデザイン・ビジネス界のノーベル賞ともいうべき「ラ・リナシエンテ・コンパソ・ドーロ賞」を受賞している．

　しかし，1970 年代後半になるとクラフト作家の性格も変わってきて，実力のある者は独自の販路と展示会を開き，デン・パーマネンテに依存するクラフト作家の質は低下し，1981 年に輝ける 50 年の歴史を閉じることとなった．

　今日，EU の共同体となったヨーロッパでは，労働市場も，居住も，教育も，経済もすべて EU 化，国際化の流動性の中に置かれてきたため，各国のローカリティは希薄なものとなり，各国の人々の暮らしも均一化の道をたどっている．

　近年，北欧では，北欧デザインの黄金時代といわれる 1940～1960 年代のクラフトを基盤とした生活デザイン——家具，照明器具，ガラス陶器，金属等の食器類，プリント地，織物——に熱い関心が向けられ，レトロの気風も生まれ，ミッドセンチュリーのデザインの再生産，発掘も盛んになっている．

　その中で「アート・ハンディクラフト」と「インダストリアル・デザイン」の今日的な共存，コラボレーションの方向への動きが活発に行われ始めている．

[島崎　信]

生活用品

　北欧のデザインに注目する理由はいくつかあるが，その中の重要な1つとして，彼らのものづくり思想の基盤に，今日の私達が手本とすべき真の意味での合理主義が根ざしているということを改めて強調したい．北欧のデザイナーは，「デザイン」という言葉から私達が想起しがちな「新奇性」や「流行」といったその表層的な側面よりも，産業と自然の間を取り持つ知恵（＝エコロジー），技術や資源の恩恵の平等な分配（＝ユニバーサルデザイン），物質的尺度ではかれない生活の精神的な豊かさ（＝スローライフ）といった，デザインの道義的価値を重視する視点，すなわち私達の社会が近年になってやっと目覚めた価値観を，早い段階からすでにさりげなく備えていたのだ．寒冷な気候と天然資源の乏少という地勢的宿命を負ったこの土地で，それゆえに人々が身につけたお互いを思いやる優しさと堅実な気風こそが，北欧デザインの本質といえるだろう．本項目では，このことを軸に北欧の生活用品のデザインを紹介していきたい．

●**木材への愛着**　北欧で例外的に豊富な素材が木材だ．ブナ，シラカバ類や各種針葉樹の明るい色調の白木材は，北欧製品を象徴する素材といっていいだろう．これを用いたデザインとしては，ウェグナー［ヴィーナ］，マットソン，アールトといった巨匠達の名作家具が真っ先に思い当たるが，生活用品のカテゴリー

図1　木製置物"Bird"（Architectmade社，デザイン：クリスチャン・ヴィーゼル［Kristian Vedel］，デンマーク，1959年）
頭部と胴体は独立していて自由に動かせる．胴体の上下端の凹みに好みの角度で頭部を置くことで，さまざまな表情を見せる

図2　木製ゲーム板（Aarikka社，フィンランド，1950年代）

図3　木製立体パズル（デザイン：児島宏嘉，日本・フィンランド）
8分割された小径のシラカバ材を中心の金属球と磁石でまとめる構造．間伐材の存在意義からユニバーサルデザイン（視覚障害者も遊べる）までを考えさせ，自作させるための素材として考えられている．児島は1969年からフィンランドで活動する工業デザイナーで，1981年からはデザイン教育にも携わる

図4　木製指輪（デザイン：ルディ・メルツ［Rudi Merz］，スイス・フィンランド，2005年）

でも，遊具や室内装飾品，装身具などに好例が多くみられる（図1〜4）．これらのデザインに共通するのは，素材の質感や特性を最大限に生かし，使い方や形の解釈に対する幅広い可能性を許容し，時を経ても古びることのない，シンプルな抽象的形態表現を目指す姿勢である．ともすれば具象の記号性に傾きがちな装飾や遊びのデザインに対してさえもそのような思想を貫くストイックさに，北欧デザインの1つの典型的態度が表れている．

ところで，木製品の量産のための技術としてデザインの歴史上大きな影響を残したものに，合板技術がある．これはもともと，強度や均一性の向上，素材の節約といった機能上，経済上の要求に応えるために生み出されたテクノロジーであったが，北欧のデザイナーには，その積層パターン，特にそれを滑らかな曲面で削り出すときに現れる微妙な縞模様の中に「美」を見出す傾向が顕著である．これは北欧独自の，あるいは少なくとも北欧に起源をもつ美意識といっていいのではないだろうか．タピオ・ヴィルッカラが1951年にデザインした皿（図5）は，その究極の結晶ともいえる傑作である．この美意識は，北欧モダニズムの萌芽期から最新の若手デザイナーの活動に至るまで，脈々と受け継がれている．ここでは後者の一例として，ピータ・ヨハンセンの壁掛けフックを紹介しておく（図6）．

図5 合板の皿（デザイン：タピオ・ヴィルッカラ[Tapio Wirkkala]，フィンランド，1951年）

●ろうそく文化　北欧の人々はろうそくが好きだとはよくいわれることである．1人当たりのろうそく消費量ランキング上位5か国のうち，3か国を北欧の国（デンマーク，スウェーデン，フィンランド）が占めているという[*1]．夕食などに招かれると，部屋の入口付近の床や出窓，テーブルなどに，さりげなく小粋に置かれているのをよく見かける．暗く厳しい冬を楽しく快適に過ごすために，北欧の人々が昔から受け継いできた知恵の1つなのだろう．ろうそくの存在は北欧文化を語るうえでそれほどに大きな位置を占めており，デザイナー達にとっても，キャンドルホルダーは，挑戦心をかき立てられる特別なデザイン対象であるようだ．それを反映してか，興味深いデザインの例を数多く見つけることができる（図7〜10）．

●「村の鍛冶屋さん」の存在　ヨーロッパの童話には「鍛冶屋さん」がしばしば登場するが，これはそれが人々に親しまれる身近な職業であったことの表れだろう．金属という素人

図6 成形合板の壁掛けフック（Normann Copenhagen社，デザイン：ピータ・ヨハンセン[Peter Johansen]，デンマーク）
ヨハンセンはノルウェー人とスウェーデン人の間に生まれ，デンマークでデザイン教育を受け活動するデザイナー

[*1] Centre for the Promotion of Imports from developing countries（オランダ外務省の委託機関），*The market for candles in Scandinavia*, 2010.

図7 キャンドルホルダー"Kivi"(Iittala社,デザイン:ヘイッキ・オルヴォラ[Heikki Orvola],フィンランド,1988年)安定感のあるプロポーション,ガラスという素材の魅力を引き出す絶妙な厚さのバランスなど,ティーライトタイプのろうそく用ホルダーの「原形」ともいうべきデザイン.豊富なカラーヴァリエーションがある

図8 キャンドルホルダー"Ballo"(Iittala社,デザイン:アンナレーナ・ハカティエ[Annaleena Hakatie],フィンランド,1997年)球を半分に割っただけの形だが,曲面部分のレンズ効果でテーブル上に光のリングが現れる

図9 キャンドルホルダー"Fire"(Iittala社,デザイン:ナタリー・ラハデンマキ[Nathalie Lahdenmäki],フィンランド,2002年)2パーツに分かれていて,シェードにあたる部分は海綿に泥漿(磁器の原料)を含ませたものを焼成して作る.焼き物としては意外な柔らかい透過光が楽しめる

図10 キャンドルホルダー"Nordic Light"(Design House Stockholm社,デザイン:ヨーナス・グルンデル[Jonas Grundell],スウェーデン)7本の木製パーツをスチール製の軸を中心に回転する構造で,使用時はさまざまな姿が楽しめ,使わないときはコンパクトに収納できる.素朴だが堅実なアイデア.

には扱いにくい素材を使って,日々の暮らしに必要な機能と十分な耐久性をもつ道具を作ってくれる彼らは,「生活すること」と「モノを作ること」の結びつき(これは「デザイン」という言葉の最も素朴な定義ともいえる)をごく自然なかたちで示す存在として,人々の心の中で特別な位置を占めてきたものと考えられる.北欧の地域共同体の中には,今でもこういった「鍛冶屋さん」が,最先端のテクノロジーを享受する街並みの中に生き続けている(図11).彼らの存在と活動は,北欧の歴史を通して,人々のデザイン意識に大きな影響を与えてきたはずだ.いわゆる「普通の人々」がデザインという概念を正しくとらえている「デザインの民主主義」とでも称すべきこの体制は,北欧のデザインを読み解くうえで見逃すことのできない鍵の1つであるように思える.

●フィンランドの先鋭的合理主義デザイン 「北欧諸国」とひとくくりにされることが多いが,イギリス人(アングロ・サクソン)やドイツ人などと同じゲルマン系民族の一派であるヴァイキングの末裔達が建てた3王国,スウェーデン,デンマーク,ノルウェーの人々に対し,インド・ヨーロッパ語族に属さない言語を話すフィンランド人は,歴史的,民族的な独自性をもっている.民族の生物学的性格

図11 フィンランド南部ラハティ市近郊の町ヴァークシュにある金属工芸家カリ・ホンカ(Kari Honka)の工房

(気質）の違いについて憶測をめぐらすことは控えるが，フィンランド人が歴史上一度も自民族の王室を戴かず，そのためヨーロッパ的貴族文化の影響を比較的少なくしか受けなかったことが，そのデザインの独自性に影響を与えている可能性については指摘されてよいだろう．そろって北欧モダニズムを築き上げてきた北欧諸国の中にあって，フィンランドのデザインは，合理性の実現というコンセプトに対して先鋭的ともいえる誠実さをより強く見せる．別の言い方をすれば，フィンランドのデザイナーは，理念をストレートに表現することを，一般的な（歴史的な）意味での外見の洗練よりも優先することに対して，潔い「割り切り」をもっているようだ．アールトが量産椅子のデザインの際に部品接合のためのネジの頭を露出したままにしたことなどは，この「割り切り」の典型的な例といえよう．

図12 ティーカップ（Magisso社，デザイン：ラウラ・バグダノス[Laura Bougdanos] + ヴェサ・ヤースコ[Vesa Jääskö]，フィンランド）
底部が斜めにカットされており，傾いた2通りのポジションでテーブルに置ける．茶こし部が低くなるポジションで湯を注ぎ，飲みながら必要に応じてもう1つのポジションに変えることで，茶の濃さを調節できる

最近のデザインでは，2008年の創業以来斬新な製品を作り続ける日用品メーカー，マギッソ（Magisso）社のプラスチック製ティーカップ（図12）にその傾向を強く感じる．

●レトロ×エコロジー　近年の北欧の若者達の一部では，1970～1980年代あたりの少し野暮ったいファッションが「カッコイイ」ととらえられているようだ．アキ・カウリスマキ（Aki Kaurismäki）監督の映画が根強い支持を得ていることや，ソ連時代のロシアの風俗にインスピレーションを受けたパオラ・スホネン（Paola Suhonen）のファッションブランド，イヴァナ・ヘルシンキ（Ivana Helsinki）の人気にも，それが表れている．レトロすなわち懐古趣味という現象は世界中で周期的に繰り返されてきたことであり，昨今の流行も北欧に限ったことではないが，2003年にセイヤ・ルッカラ（Seija Lukkala）が起業したアパレル・雑貨メーカー，グローブ・ホープ（Globe Hope）は，そのトレンドにエコロジー（リサイクル）という普遍的合理性を結びつけたという意味で，北欧デザイン文化の正統的コンセプトを引き継ぎながら商業的要求にも応える，「今日の北欧デザイン」を象徴する存在といえるだろう（図13, 14）．　　　[梅田弘樹]

図13　バッグ（Globe Hope社，フィンランド）
「さえない中年男風」コーデュロイズボンと「おばあちゃん風」花柄クッションの生地の組み合わせで表現されたオシャレ感

図14　ハンドバッグ（Globe Hope社，フィンランド）
持ち手に使われている数珠状のひもは，ふた昔前にタクシー運転手などが愛用していた，自動車の座席に敷くマッサージ用具のリサイクル

北欧のテーブルウェアデザイン

　イギリスで始まった産業革命による大量生産時代を，北欧は他のヨーロッパ諸国より遅れて迎えた．そのために大量生産のひずみの是正に対して，客観的に冷静に対処できたのではないだろうか．イギリスのウィリアム・モリスによる製品の良質化運動であるアーツ・アンド・クラフツの思想や，ドイツのバウハウスによるデザイン運動の思想の影響を強く受けながらも，そこに自然素材を十分に生かした，手工芸のものづくりの感性を，うまく融合しているのが北欧のデザインの特徴となっている．1930年代には，パリやアメリカでの世界博覧会で，北欧のデザインが注目を浴びるようになる．1950年から1960年頃になると世界各地で展示会が催され，スカンディナヴィアモダンとして一世を風靡することになる．この頃東京の大きなデパートが，こぞって北欧デザイン展を開催している．1970年代に入るとオイルショックの影響が徐々に出始め，ヨーロッパ経済の停滞もあり，多くの食器製造会社は吸収，合併を繰り返し，大きく様変わりすることになる．

図1　ブルーフルーテッドメガ　　図2　ダンスクのアイスバケツ　　図3　ステルトンのジャグ

●デンマーク　最も有名なブランドはロイヤルコペンハーゲンである．1775年に王室用の陶器工場として設立され，このときにデザインされたブルーフルーテッドがこの会社の顔になっている．2000年に225年を経たこの伝統的な図柄を拡大して，新たにデザインしたものは，とても新鮮で印象深いものである．ブルーフルーテッドメガと名づけられ，デザイナーは当時学生だったカーアン・ケアゴー=ラーセンである（図1）．オーレ・イェンセンは陶磁器独特の製法である鋳込み成形を生かした，独創的なフォルムをデザインしている．老舗のブランドを守りながら，若い人の新しいデザインを取り入れている．1853年に設立されたビング・オ・グランデールは，ロイヤルコペンハーゲンのライバルとして，とても質の高い磁器を製造していたが，1987年にロイヤルコペンハーゲンに買収

されることとなる．金属食器メーカーはジョージ・ジェンセン［ギーオウ・イェンセン］が1904年に設立し，その名前がブランド名になっている．ヘニング・コペルやマリア・バーントセン［マリーア・ベアントセン］など外部の多くのデザイナーと協力し，確かな技術を駆使してジュエリーやシルバーウェア，ステーショナリー，テーブルウェアの素晴らしい製品を作っている．木工製品ではダンスクのイェンス・クヴィストゴーが，チーク材を生かした食卓用品をデザインしており，ほかにもホーローや磁器，ガラス，カトラリーなど総合的な製品が開発されている（図2）．カイ・ボイセンの木製の動物達は有名であるが，彼は食器も手がけている．現在はローゼンダール［ローセンデール］社がその製造を引き継いでいる．ガラスのブランドでは，1825年に設立されたホルムガードが質の高い製品を作り，最近ではセシリエ・マンツなど多くのデザイナーと新しい製品を発表している．1960年設立のステルトンは，アーネ・ヤコブセンやエリック・マグヌッセン［イーレク・マグヌセン］のデザインによるステンレスのメーカーであり，シンプルモダンの素晴らしい製品を作っている（図3）．

図4　グスタヴスバリのベルソー　　図5　オレフォスのスカイライン　　図6　ボダノバのコネクト

●**スウェーデン**　1845年，北欧諸国の中で最も早く，スウェーデン工芸工業デザイン協会が設立されており，工業製品の良質化への意識は高い．1917年，ホームエキジビション展をきっかけに，官民一体となったアーティストの積極的な製造業への参加が推進される．グスタヴスバリ製陶所にはアートディレクターとして，画家のヴィルヘルム・コーゲが招かれ，多くのモダンで機能的なテーブルウェアを製品化している（図4）．1942年に会社内に個人の工房を作り自由制作を認め，製品デザインの独自性を高める体制を確立する．他の国の製陶所にも多くの影響を与え，デザイナーにとって，新しいモノを作っていくための理想的な環境を整えたことはとても意義のあることであった．その後スティーグ・リンドバリがアートディレクターとなり，多くの製品が開発されるようになる．1954年から加わったリーサ・ラーションは多くの動物をデザインして，現在も生産され

ている．日本でも人気は高く世界中に愛好者がたくさんいる．衛生陶器部門もある大きな会社だったが，1970年代に入り経営が悪化し他の企業に吸収合併され，現在はわずかな生産部門だけが存続している．1726年に設立されたロールストランド製陶所において，1930年代にルイーセ・アデルボリーがデザインしたスウィーディッシュ・グレースは，機能的でシンプルな形に細かなレリーフが施され，エレガントな製品になっている．現在はハックマングループのイーッタラのサブブランドになっている．1886年設立のウプサラエケビーは，普及品の陶器を作っていたが1977年工場閉鎖となる．1909年に設立されたホガナスケラミックは，陶器や半磁器の土味のある日常食器を作っているメーカーである．ガラス工場はスウェーデン南部のスモーランドに10社以上ある．なかでも有名なコスタボダ社は，数人のアーティストを抱え，食器とともにアートピースに魅力的な作品を作っている．そのライバルであるオレフォス社も，アーティストとともに多くの作品や製品を作っていたが，2014年に100年以上続いた工場を閉鎖したようである（図5）．1897年創立のスクルフは，1981年にデザイナーのインゲヤード・ローマンを迎え，透明ガラスによるシンプルで使いやすい製品を作り出している．ボダノバは1971年に設立され，シグネ・パーション・メリンなどのデザイナーと個性的な製品を作っている（図6）．1992年設立のデザインハウスストックホルムや，1994年設立のサガフォルムは多くの若いデザイナー達が製品開発に参加している．

図7　イーッタラのティーマ　　図8　イーッタラのブルーマグピー　　図9　イーッタラのジャグ＆グラス

●フィンランド　イーッタラは1881年設立のガラス器メーカーである（図7〜9）．1936年に発表された，アルヴァル（アルヴァー）・アールトデザインの花器サヴォイは，現在も製造されている歴史的名作である．1950年にカイ・フランクがデザインしたカルティオは，シンプルモダンの手本のような名品である．タピオ・ウィルカラ［ヴィルッカラ］や，ティモ・サルパネーヴァによるデザインも魅力的な製品である．1793年設立のガラス器メーカーのヌータヤルヴィは，1987年にイーッタラに合併されるが，多くの熟練した職人の技を生かし，オイヴァ・トイッカのデザインによる鳥のシリーズが種類を増やしている．

1873年設立のアラビアは陶磁器メーカーで，スウェーデンのロールストランドの子会社だったが，1946年にカイ・フランクがアートディレクターになり，数々の名品を世に送り出している．シンプルモダンの食器ティーマは，1953年にデザインされ改良を加え現在に至っている．ウラ・プロコペやビリエル・カイピアイネンなど多くのデザイナーが個人工房を構えているが，2004年にイータラグループに属することになる．ハックマンは1790年に設立されたキッチンウェアのメーカーで，多くのデザイナーを起用して，素晴らしい調理器具，カトラリー類の金属製品を作っている．1910年設立のガラスメーカーのリイヒメキは，1995年に工場閉鎖され，その後国立ガラス美術館となっている．小規模ながらユニークなデザインをするトンフィスクは，1999年に設立された新しい食器メーカーである．

●**ノルウェー** 1885年に設立された製陶所ポシュグルンは，ティアス・エックホフのデザインのシリーズが，1957年にミラノ・トリエンナーレで金賞を受賞している．ノルウェー南端に位置する陶磁器の町，サンドネス市には大小いくつかの工房がある．フィッギオは1941年に設立され，外部デザイナーと多くの製品を開発している．1949年設立のスタヴァンゲルフリントは，フィッギオに1979年合併されることになる．他にグラベレン，エーゲルスンなどの製陶所がある．ガラス器メーカーのハデランドの設立は古く1762年である．1950年代に熟練した職人の技術を生かした製品で，ミラノ・トリエンナーレでたびたび金賞を受賞している．ガラス器メーカーのマグノールは1986年に設立され，自国の多くのデザイナーと製品を開発している．1955年設立のランズフォードは，1997年ハデランドに吸収される．エマロックス社は1956年頃発表したビョルン・エンゴがデザインした，アルマイト製の食器のメーカーである．1907年創業のエナメル（ホーロー）メーカーのキャサリンホルムは，グレーテ・プリッツ・キッテルセンがデザインした食器類が特に人気で1972年まで製造された．

●**アイスランド** 多くの火山が存在し，温泉も多く，噴火の災害も多いが，独特な自然環境に囲まれた国である．長い間ノルウェーやデンマークの支配下にあって，ようやく1994年に共和国として独立を果たした．

産業としては海に囲まれているので漁業が盛んである．文化的には暗く寒く長い冬の間は，材料資源の不足から工芸品の制作よりも，文学や詩に親しむことが多いといわれている．このような状況から製造業は少なく，食器を作る企業はない．しかし近年，何人ものアイスランド出身の音楽アーティストが，世界で活躍しているように，あらゆる文化活動は盛んになってきている．1998年にデザイン・応用美術館設立，2001年に国立アイスランド芸術大学が開校，2008年にアイスランド・デザインセンターが設立された．あらゆる分野で若いデザイナーが，積極的に作品を発表するようになってきている．約70の個人陶房があり，日常生活用品の面白いテーブルウェアを作っているようである． ［小松 誠］

ロイヤル・コペンハーゲンと北欧工芸

　今日の華麗な北欧の工芸（装飾美術）の発展の礎には，18世紀のヨーロッパで勢力を競い合った専制君主達の影が見える．ザクセン選帝侯のフリードリヒ・アウグスト1世（強力王）は，リトアニア・ポーランド王の地位を渇望し，王位につく（アウグスト2世）．その野望は大北方戦争を招き，スウェーデン・バルト帝国の没落とともにロシア帝国の膨張のきっかけを与えたが，覇権を夢見，そして失墜したこのアウグスト強力王は，芸術面ではヨーロッパに大きく貢献している．諸国から芸術家を招き，芸術を育成，建築と芸術・文化で首都ドレスデンを美しい都に作り上げた．その副産物がマイセン磁器であり，硬質磁器技術が各国に伝播し，宮廷文化を盛り立て19〜20世紀の北欧デザインの隆盛までに発展を遂げたのである．

●**18世紀：勢力均衡政策下の磁器製造**　マイセン磁器の開発者J. H. ベットガーはプロイセン王フリードリヒ1世のもと錬金術の化学的研究（金の合成）に取り組んでいたが，王の執拗な要求と拘束を恐れ，1701年隣国ザクセンに逃れた．そこで東洋磁器と同質の硬質磁器開発と独占製造のため巨額の援助を申し出たのが，東洋磁器の大収集家で，国富増大を狙ったアウグスト強力王であった．硬質磁器はカオリン（白磁土）を産出する遠い中国・日本からの高価な輸入品であり，専制君主達はその膨大な収集品で宮殿の室内を埋め尽くし，国力を誇示した．

　ベットガーは王の監視下，10年近くかけてマイセン磁器を完成させ，1713年ライプツィヒの見本市で，華々しく公開した．しかし，幽閉生活で酒浸りとなった彼のもとから，技師達がプロイセン，オーストリア，フランスなど各地に逃亡し，新技術は皮肉にもヨーロッパ各地に流失してしまう．

　半世紀後の1760〜1766年，コペンハーゲンではまだ磁器製造は行われておらず，フランス人のルイ・アントワーヌ・フルニエが軟質磁器を製作し成功していた．クリスチャン7世の侍医ストルーエンセによる政治の混乱と失脚直後の1775年になって，化学者のフランス・ハインリイ・ミュラ（Frantz Heinrich Müller, 1732-1820）がデンマーク領のボーンホルム島からのカオリンを使用して硬質磁器の製造に成功，デンマーク王室は王室御用達窯として国威をかけて支援を行い，今日のブランド「ロイヤル・コペンハーゲン」を創業，1779年に王室が全株式を得て，王立デンマーク磁器製陶所となった．

　ミュラは，デンマークの磁器製造の遅れを取り戻すべく，ドイツから熟練の原型製作者1名と画工3名を招いたが，そのほかの陶工，画工はデンマーク人とし，当初はマイセンの青い下釉彩の影響を示したものの，次第にデンマークの独自性

を強めていった．絵つけを重視し，質の高い日用品を製作する一方，贈答用の高級品の製作を行った．テーブルセット「フローラ・ダーニカ」（1790-1803）は，植物百科図鑑『デンマーク王国の花』の1,260種の植物の挿絵を描くためにデンマークに招かれたドイツ人画家ヨハン・クリストフ・バイヤ（Johann Christoph Bayer, 1738-1812）に，別途その原画に基づいた絵つけの依頼をしたもので，1790年より12年間，1,802点の絵つけを続け，根を詰めたバイヤが視力を失ったほどの渾身の力作となり，国内外でロイヤル・コペンハーゲンの名声を高めた．

この豪華な「フローラ・ダーニカ」製作の意図は，1769年デンマークが敵対するスウェーデンを牽制するために同盟を結んで以来友好関係にあるロシアの，芸術の擁護者，収集家として著名な女帝エカチェリーナ2世への贈答であり，1790年以前に摂政フレゼリク王太子（後のフレゼリク6世）が考案したと推察されている．しかし完成前の1796年に女帝が亡くなり，贈答案が消え，100人分のオリジナルのセットは1803年のクリスチャン7世の誕生日祝宴以来，王室と外国要人の行事の公式晩餐に使用され，デンマーク王室の権威を高め，現在はローセンボー宮殿等に収蔵されている．

それらは装飾美術史上でも大規模で画期的な業績といえる．図案化した植物文様ではなく，器1枚ごとにラテン語の学名が付された植物の精緻な絵柄は，根まで忠実に写実する科学的観察に基づく理性をもって表現され，18世紀啓蒙思想の世界観が壮大な規模で視覚化された作品群として特筆に値する．

ローセンボー宮殿所蔵の「フローラ・ダーニカ」のオリジナルの1,802点は，現在公式晩餐会で使われている一方で，現在もそのリプロダクションが限定生産されており，食器の種類の豊富さと美しさで「世界一優美で贅沢なディナーサービス」と称賛されている（図1）．絵つけに最新の植物学を利用したスウェーデンの植物分類学者リンネ［リネー］の業績に対抗する意図があったとも推察されている．「フローラ・ダーニカ」は，17～18世紀の西欧と北欧2国（スウェーデン）の宮廷内で国威をかけ激しく競われた，文化の洗練，美術品の技術革新と高度な美意識が生んだ，宮廷文化と勢力均衡政策の遺産といえる．その歴史が，現代にまでデンマークに国際競争力を残存させているのである．

●**19世紀：アイデンティティ再興**　ナポレオン戦争のさなか，イギリス側への参戦を躊躇したデンマークは，1807年上陸したイギリス軍の砲撃により，首都にあったロイヤル・コペンハーゲンの工場が破壊され，職人も殺傷された．さらに1813年のデンマークの国庫破産，1814年のノルウェーの分離による木材入手の困難などで同社は衰退したが，1828年より1857年まで工場の芸術監督を務めた美術アカデミー教授のドイツ人建築家グスタフ・フリードリヒ・ヘッチュ（Gustav Friedrich Hetsch, 1788-1864）によるセーブル磁器を模範とする古典主義美学と，トーヴァルセンの小彫刻の複製製造の採用によって経営が立て直さ

れ，1851年ロンドンの第1回万国博覧会に出品して成功し，1885〜1916年には建築家・画家のアーノル・クローウ（Arnold Krog, 1856-1931）が，アール・ヌーヴォーとジャポニスムの時代に，透明な釉薬のうえに日本美術の影響と北欧の自然の写生をもとにしたデザインを開発する一方で，「ブルー・フルーテッド」などの名作を作成し，国際的評価を確かなものとした．

1864年のプロイセン・オーストリアとの戦争での敗北と北部スリースヴィの喪失により高まった国民のアイデンティティ再興の機運が，産業の改革と国際的な視野に導いたが，1888年夏，コペンハーゲンで開催された北欧博覧会（北欧工業・農業美術展覧会）は，北欧の装飾美術（工芸）におけるデンマークの先駆的位置とスカンディナヴィア地域全土に及ぶ芸術のグローバル化を促進した．博覧会でロイヤル・コペンハーゲンと磁器部門で入賞を競ったのがピエトロ・クローン（Pietro Krohn, 1840-1905）がデザインを指導したビング＆グランデール

図1 ロイヤル・コペンハーゲン《フローラ・ダーニカ》のうち一式（リプロダクション．（図版提供：株式会社創美）

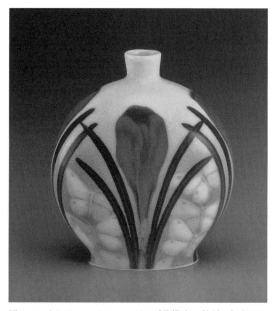

図2 ロイヤル・コペンハーゲン《花蝶文一輪挿し》（1898-1922，三菱一号館美術館，デイヴィー・コレクション）

（Bing & Grøndahl）社である．この博覧会以降，パリを中心としたアール・ヌーヴォーの影響による運動，スクンヴィアケ（skønvirke）が起き，20世紀の北欧デザインの隆盛の源泉となった．

●**20世紀：機能主義とグローバル化**　クローンの指導を受けたジョージ・ジェンセン［ギーオウ・イェンセン（デンマーク語），Georg Jensen］は磁器から1901年に銀器製造に転身し，1904年にコペンハーゲンで開店し，隆盛する．国際様式となった近代装飾美術のデザイン優先の潮流に乗ったことが発展につながった．スウェーデンではパリで学んだオーケ・ストゥルムダール（Åke Strömdahl, 1913-1974）などがジュエリーの分野で名声を馳せ，ノルウェーでは1925年以降，機能主義のインテリアデザインが発展した．

　第二次世界大戦の終結で北欧各国は，敗戦（フィンランド），占領からの解放（デンマーク，ノルウェー）など少なからず戦乱のダメージを受けたが，不思議なことに終戦直後，20世紀半ば（ミッドセンチュリー）の北欧のデザイン界は，急速に発展し，世界的に知られるようになり，北欧デザインは世界に飛躍し，北欧の価値観が世界に広まり，グローバル化することになった．

　戦後間もなく，ヤコプセンやアールトをはじめ，世界的評価を得た数多くの建築家が活躍したが，彼ら20世紀の北欧の建築家の特徴は，建物を取り巻く周囲の都市環境，集合住宅，コミュニティの設計から，椅子や室内のインテリアの細かなデザインに至るまで，総合的にデザインした点であった．そうした環境全体のデザイン志向が，優れた北欧工芸を生み出す背景にあったといえよう．

［岡部昌幸］

カイ・フランク

●**プロフィール** カイ・フランク (Kaj Frank, 1911–1989) はフィンランドの陶器, ガラス類, テキスタイル等, 生活デザインのデザイナーである.

第二次世界大戦後の北欧の生活デザインの黄金時代を創り, リードしてきたデザイナーで, その優れたデザインと人柄によって, 「フィンランド・デザインの良心」と称せられ, 今日なお世界のデザイナーから尊敬を集めている. そのデザインは時代を超えた哲学に支えられて, 常にその時代の生活にあるべき形態と機能と質から目をそらさずに, デザイナーの個性を表に出すことを戒めていた.

これみよがしな突出したデザインではなく, 一見無名性の, 自然の内に生まれ育ってきたようなさりげない健康的な造形が, 永続性のある生活デザインとして, 今日なお生産され世界的な販路で販売され 60 年を超えるロングセラーとなっている.

●**経歴** カイ・フランクは 1911 年, 現在はロシア領となっているフィンランドの東部の豊かな穀倉地帯の中心都市ヴィープリ (Viipri) に生まれた.

スウェーデン語系のフィンランドの中流家庭に生まれ, 母方の祖父 Jac. Ahrenberg は Arabia 社が 1897 年に発表したテーブルサービス用の N ラインのデザインをしているという血筋を受けている.

1929 年現在のアールト大学の工業デザイン学科, 当時のヘルシンキ美術学校 (通称アテネウム) の家具デザイン科に入学し, 1932 年に卒業した.

当時のアテネウムの教育では, 家具デザイン科といえども, 家具だけでなく, 陶器からテキスタイル・デザイン等幅広い分野のデザインを習得させていた.

卒業後, 照明器具, 木製玩具およびカーテン布地のデザインをはじめ, ウィンドウデザイン等のデザインを手がけていた. そのかたわら陶器やガラス器のデザインに関心をもち, 試作品を作るなど, 活発な造形活動を行っていた.

1945 年, Arabia の芸術監督である Kurt Ekholm の誘いで, Arabia 製陶所のデザイナーとなり, Arabia の伝統的なデザインを今日的な生活に合うように修正するデザインを手がけた.

1946 年の iittala 社のデザインコンペで 2 等, 3 等の入賞をし, 1 等の Tapio Wirkkala とともに, その後 Ittala のガラスデザインチームに参加, Fupa シリーズをヒットさせ, このシリーズは 1954 年まで生産されていた.

1950 年, iittala と Arabia の親会社同士がライバル関係となったため, 彼は iittala を去り, Arabia の親会社 Wärtsilä 傘下のガラスメーカー Nuutajärvi のデザインをすることとなる (1976 年まで). Nuutajärvi において, 美しい色彩の

数々のガラス器シリーズの名作をデザインし，なかでも Kartio シリーズは今日なお生産されている．

1968 年，Arabia の芸術監督 Kurt Ekholm の後任として就任し，Arabia のデザインの黄金時代をリードした（1973 年まで）．その間 Arabia の芸術工房にはサラ・ホッペア，カリーナ・アホ・カイピアイネンなど後世に名を残す数多くのデザイナーが活発な活動をする素地を作り上げた．

彼はこの時期に，次世代のデザイナーの育成の必要性を強く感じて，1960 年母校の工業デザイン大学の教育に深く関わり，学部長を 1968 年まで，Arabia と Nuutajärvi のデザイナーとしての実務と並行して務めた．

1973 年，政府から芸術的 Professor の称号を授与された．

●**デザイン・陶器** カイ・フランクの人生とデザイン活動には，学業を終えた 1932 年の後に迎えた 1939 年から 1945 年までの第二次世界大戦と，その後に続いた対ロシアとの戦争の体験と，その間に学んだ日常生活の大切さの「生活者の目」がその根底を貫いている．1930 年代のスウェーデンのグレーゴル・ポールソンの主唱した北欧の生活デザインの哲学，「美しい日用品を」の思想はカイ・フランクに色濃く反映されていたといえよう．概念的な機能主義ではなく，あえていえば「生活機能主義」の具現者であった．使う人にとって，洗いやすい食器，戸棚に収納し取り出しやすい陶器，オーブンで調理したグラタンをそのまま食卓に持ってゆける深皿など，当時の狭小住宅，台所と調理をする人の労力の軽減と使う人のささやかな美しさへの喜びを創造してきた．

1953 年に発売された Kilta（キルタ）シリーズ（図 1）は，今日の世界中の日常食器の 1 つのスタンダードとして確固たる位置づけを得ている．直線，円，三角という幾何的形態をベースに，角ばらない柔らかな手触りの細部の仕上げによって，造る側と使う側双方の利点を求めている．ティーカップは当時の牛乳瓶の容量 180 ml を入れられるサイズとし，その皿は旧来

図 1　Kilta シリーズ

のカップ受けの凹みをなくすことによって，普通の小皿として使いまわしができるようにという配慮もされていた．柄物の模様を排することで，多様な状態にも適合するが，白，黒，緑，黄，茶などの食事に彩りを与えながらも，料理を引き立てる色使いとして，圧倒的なマーケットの支持を得ることができた．Kilta のシリーズは，およそ日常の食器として求められる種類のすべてを網羅していた．小さな塩，コショウのセットから，大きなサラダボウル，ミルクピッチャー，ティーポット，コーヒーポット，そしてその各々に 4〜5 色のカラーバリエーションが用意されていた．コルクの栓のついたクリーマーが，1953 年の当時のフィンランドの一般家庭の生活に配慮したサイズにデザインをされていたのは面白

い．冬期寒冷な北欧では，建物自体断熱を考え，外壁は厚く，窓は壁の外側に1枚，室内側に 10〜15 cm の間をとったガラス窓が施されて二重になっていた．各家庭に冷蔵庫などが普及していない当時，冬期の室内は 20℃ 程度であり，腐敗しやすい肉や牛乳の保存に生活の知恵を働かせる必要があった．すなわち，窓辺の二重窓の間の 10〜15 cm の空間は冬期の外気の低温によって，簡易冷蔵庫として利用されていた．彼がその生活を熟知していたのは当然であったろう．コルク栓のクリーマーの直径は二重窓の間隔に容易に置かれる寸法となるように配慮されていたという．

それまでオーブンの高温にも耐えられる陶器というテーマを掲げていたが，1970 年代に入って，アメリカを中心に家庭で使用中に割れるなどのトラブルが続出するようになった．それは若者の利用者が乱雑に扱ったためということではなく，高圧高温水を放水するディッシュウォッシャー（食洗器）と，マイクロウェーブによる電子レンジの一般化が原因だった．

Kilta の旧来の陶器による食器は，高温に耐えられる品質強度をもっていなかった．新しい陶土と釉薬の開発に迫られ，マーケットに愛され，フィンランドの家庭には必ず1セットはあるといわれた Kilta は 1974 年いったん製造中止が告げられた．

Kilta の製造中止の報を受けて，フィンランドの各地で小規模ながら抗議のデモが行われたほど，国民に愛された Kilta であった．

1973 年長らくカイ・フランクのもとで助手を務めていた Heikki Onvola が彼の後継者として Arabia の芸術監督につき，Kilta の「生活機能主義」の思想と基本的な造形ラインを受け継ぎながら，1981 年に新たに Teewa シリーズとして，Kilta の後継ラインを発表した．

Teewa は時代の変化に対応すべく，3つの点で Kilta を改良している．その1つは品質を陶器から Vitro Porcelain（ガラス質が多い磁器）に変更し，成形法も釉薬も高温高圧対応としたことである．Teewa の底には "Oven to Table, Dishwasher Microwaved Freezer Safe" と記され，高温低温対応がうたわれている．第2に食生活の向上と変化に合わせて，カップや皿，ボウルの基本寸法の見直しが行われ，品種によってはサイズが若干大きめとなっている．第3にマーケットのテイストを考え，Kilta の基本色の多くを残しつつも，グレイやライトブラウン等のパステルカラーも導入している．

Teewa の基本は Kilta であるとして，カイ・フランクのデザインは世界市場に確固たるマーケットを保持している．

●デザイン・ガラス器　iittala のコンペを機に iittala のデザイナーとして，いくつかの秀作を残したカイ・フランクであるが，彼の本領を発揮して，ガラスの名作を多く残したのは，1950 年以降の Nuutajärvi でのデザイン群であった．

ガラス器は大別すると，マウス・ブロー（口吹きガラス）とプレスグラス（型押しガラス）の製法がある．プレスグラスは量産の場合，高価な金型を必要とするため，一般的にはマウス・ブローガラスが多い．マウス・ブローは高度な職人技を必要とし，製作にはマスターのもとに数人の助手を必要とするチーム構成となっている．彼は，Nuutajärvi の数人のマスターの得意技を熟知するだけでなく，各チームの助手すべての名前と誕生日，家族にも気を配って，人間関係を密にすることが良い品質と新しい技術の裏づけのあるデザインの原点であると考えていた．このようなマスター・チームの協力を得ながら，どこのガラス工場でも出すことのできなかった「ガラスの色彩」を実現した．スモーク調の美しい色調のグラスとピッチャーの Kartio シリーズは 1954 年より 1967 年までロングセラーとして生産され，一時中断したが 1996 年より再生産されている秀作である．

カイ・フランクは数多くのマウス・ブローと並行して，プレスグラスの量産製の日常ガラス食器のデザインをするかたわら，日用品と美術品の融合した試作的なトライアル・デザインをいくつも発表し，そのいくつかは少量ながら市販品として生産された．その中でも，Rooster Bottles（雄鶏ボトル）といわれるデキャンターは，マウス・ブローの華麗な雄鶏を乗せたコルク栓の美しいフォルムで，1957 年のミラノ・トリエンナーレでコンパソ・ドーロを受賞した．

1955 年はカイ・フランクにとって大きな転機となり，将来につながる 2 つの受賞が重なった．その 1 つは次世代のデザイナーを育てる教育に深い関心をもつカイ・フランクに，フルブライト奨学金が授与され，アメリカ各地のデザイン教育を研究する機会を与えられた．

第 2 は「北欧デザイン界のノーベル賞」ともいわれるルンニング賞を授与されたことである．ルンニング賞は，1951 年にアメリカの北欧生活デザインのプロモーターであるアルフレッド・ルンニングが創設した北欧 4 か国の若手デザイナーへの賞で，その賞金をもって，必ず海外に研修に行くことが義務づけられていた．そのとき彼は 45 歳だった．1956 年，アメリカの教育事情を研究した後，サンフランシスコから客船で日本の横浜に着いたカイ・フランクは，精力的に日本の陶芸家や窯場を巡り，日本の自然の風景とその中の人々の暮らしや民具に強い関心をもち，多くの写真を撮り続けた．国際文化会館での講演には日本の多くの教育者，デザイナーが集まり，彼の思想と人柄に感銘を受けた．それ以後，日本の伝統的造形文化およびその関係者との交流はその後 2 回の訪日を含めて終生深まりをもっていた．訪日の後の彼のデザインの中に日本の民芸と重なり合うスピリッツを散見できるのは多くの人の認めるところである．

そしてその年 1989 年の 9 月，大好きな水泳をするためにギリシャの小島 Santorini 島に友人達と訪れ，美しい夕日を楽しむ休暇を送り，海辺でその見事な人生の幕を閉じた． 　　　　　　　　　　　　　　　　　　　　　　　　　［島崎 信］

北欧のテキスタイル

　寒く，暗く，長い北欧の冬の暮らしにとって，人々の心を豊かにするための生活デザインは非常に重要な要素である．なかでも色や素材の味をもつテキスタイルは，心に安らぎと楽しさをもたらす柔らかな生活用具である．日常生活に欠かすことのできない必需品といってもよい．

　北欧各国でそれぞれ特徴はあるが，相対的にいえることは，北欧のテキスタイルは生活と密着したアートであるということだ．

　現代では種々の技法を駆使した織物や染物のテキスタイルが存在するが，歴史的には壁の隙間からの冷気による寒さを防ぐ必需品として発展してきた．昔は主にゴブラン織の手法を用いた壁飾りであったり，使い古したシーツの布を染めて引き裂いて織ったトラスマットと呼ばれる敷物や，刺繍のクッションなどで暖を得たりしていた．また，中央アジアから発展したペルシャ絨毯と同じく糸を結びつける手法を用いながら，ペルシャ絨毯よりラフな密度で毛足の長い Rya（リヤ）と呼ばれる織物は，フィンランドのデザインのものが歴史的には有名である．スカンディナヴィア最古の Rya は 15 世紀にまでさかのぼるが，最も盛んに織られていたのは 18〜19 世紀で，寒さをしのぐための貴重な財産でもあった．フィンランドの Rya は自然をテーマにした深く輝きのある色彩で空間を温める実用が伴った芸術品であった．スウェーデン南部のスコーネ地方では，ゴブラン織が独特な色やパターンとともにフレミッシュ織として発展した（図 1）．北欧では結婚のときに刺繍入りのシーツ，枕カバー，織りのテーブルクロスなどを持参するため，花嫁は自ら制作することで喜びをかみしめていたようだ．同時にそれらを収納する棚や箱も，嫁入り道具として北欧独特の美しい絵柄とともに北欧各国の博物館で見ることができる．

　わが国のテキスタイルは，長い歴史の中で身につける着尺として発展してきたが，北欧は暮らしのための道具として発展してきたという違いがある．そういった歴史的背景からも，北欧の人々の日常生活から布すなわちテキスタイルを切り離して考えることは難しい．

　北欧のデザインが全盛期であった 1950 年代から 1960 年代半ばまでは，インテリア関連のテキスタイルも充実し，当時のデザインは今なお多くの人達に愛され続けている．私が初めて北欧のデザインにふれたのは，1958 年頃に東京の銀座の百貨店で北欧展が開

図 1　スウェーデンのスコーネ地方の木枠を使って織るフレミッシュ織

7. 北欧の生活デザインと建築　ほくおうのてきすたいる　427

かれたときである．そこでは家具，ガラス，陶器，照明，テキスタイルといった，インテリアを構成する大事なエレメントなどが展示された．本を通してではなく，初めて実物を目にすることができたことに感無量であったことを思い出す．その展覧会で私の印象に残っているテキスタイルは，スウェーデンの陶芸家スティーグ・リンドバリ（Stig Lindberg, 1916-1982）のビロード地にプリントされた独特の模様や，建築家スヴェン・マルケーリウス（Sven Markelius, 1889-1972）の美しい配色の「ピタゴラス」と呼ばれるハンドプリントは強烈な印象と刺激に満ちていた（図2，5）．当時は建築家が自分の建物のためにテキスタイルをデザインするのは珍しいことではなく，フィンランドの建築家アルヴァル（アルヴァー）・アールト（Alvar Aalto, 1898-1976）の 14/14 長方形パターン，また，デンマークの家具デザインで日本でもよく知られている建築家のアーネ・ヤコプセン（アルネ・ヤコブセン，Arne Jacobsen, 1902-1971）やウィーンからスウェーデンに帰化した建築家ヨーセフ・フランク（Josef Frank, 1885-1967）の美しい色彩と柄は，インテリアのみならずバッグや小物など現代の若者達にも人気を博している（図4）．なぜその時代のリンドバリやアールトの貴重なデザインが現在も人々に愛され続けることができるのか？　それは 1940 年にエーリック・ユングバリ（Erik Ljungberg, 1907-1983）によってハンドプリント工房がスウェーデンに設立され，幾多の困難を乗り越えて今も受け継がれ製産され続けているからである．1950 年代のプリントテキスタイルが，現代においても健在で世界で愛されている理由である．

加えて，1936 年よりストックホルムの NK 百貨店のデザインスタジオでテキ

図2　スウェーデンの建築家スヴェン・マルケーリウスのプリントデザイン「ピタゴラス」

図3　85歳の今も現役で制作を続けているハンス・クロンダール（Hans Krondahl）の手法を駆使したタピストリー

図4　建築家ヨーセフ・フランクのプリント地をブリューノ（ブルーノ）・マットソン（Bruno Mathsson）の椅子に張った例

図5　陶芸家スティーグ・リンドバリのトランプのパターン，同じようなパターンがプリントにも見られる

スタイルデザイナーとして，またプロデューサー的立場で北欧諸国の建築家やアーティストのデザイン開発に携わり，インテリア空間にとってテキスタイルを重要な素材として位置づけたアストリッド・サンペ（Astrid Sampe, 1909-2002）の功績は大きい（図6）．ユングバリのハンドプリント工房との協働で，1954年に前述の建築家や陶芸家，デザイナー12人により開発されたテキスタイルに，当時としては意表をついたサイン入りテキスタイル展を行い，テキスタイルの重要性を説いている．その12人の1人でノーベル化学賞受賞者のテーオドル・スヴェードバリ（Theodor (The) Svedberg, 1884-1971）は，染色体をモチーフにしたデザインで当時人々の興味を集めた．

図6 アストリッド・サンペの当時としてはインテリアを意識したシンプルなデザイン

1951年にフィンランドで設立されたマリメッコは，今や一般人も周知のテキスタイルメーカーである．大胆なパターンと華やかで美しい色彩のデザインのみならず，繊細な日本的デザインも多く見られる（図7）．マリメッコの場合は，当初はインテリア・テキスタイルより洋服に人気があった．木綿地で仕事着のようなサイズにこだわらない動きやすいデザインは，アメリカのケネディ大統領夫人ジャクリーヌが愛用したことでマリメッコの名前を一躍世界に知らしめたといわれている．

ちょうど私がスウェーデンに留学中の頃に好んで着ていたが，細かい柄の白黒の洋服は，日本の小紋柄の着物を洋服にしていると思われたことがあったほど日本的なデザインセンスを感じることがある．

図7 マリメッコのマイヤ・イソラ（Maija Isola）の1964年のデザインKaivoを現代のiPhoneカバーに

北欧にはプリントデザイン以上に，公共空間に必要不可欠のテキスタイルアートが存在する．いわゆるタピストリーあるいはファイバーアートと呼ばれ，自由な手法で創られるメッセージ性をもった壁面の飾りであるといってもよい．既成概念にとらわれず自由な発想の素材や手法，織りにとどまらず刺繍や編みの技術を駆使したタピストリーは，日常生活と結びついた北欧ならではのアートである．その中のよい例として，スウェーデンの国会議事堂の議場真正面には大きなタピストリーがある（図8）．案内してくれた議員の説明では，議論が白熱したときに自然をテーマにした織物を見ることで議員達の気持ちを鎮める役目を果たしているという．

しかし，このようなアーティスティックなテキスタイルばかりではない．デン

図8 スウェーデン国会議事堂タピストリー（Foto：Fotografens namn/Riksdagsförvaltningen）

図9 サマーハウスでの食卓，自然をテーマにしたプリントのクロス

マークのテキスタイルの先駆者リス・アールマン（Lis Ahlmann, 1894-1979）は，家具デザイナー，バアウ・モーウンセン（ボーエ・モーエンセン，Børge Mogensen, 1914-1972）のために椅子張り地をデザインし，テキスタイルと家具を一体化させた素晴らしい業績は現代に生き続けている．

　北欧にこのような日常生活に結びついたテキスタイルが存在するのは，幼少の頃からの教育あるいは生活環境によるところが大であろう．テーブルセッティングでよく思い出すことがある．北欧では夏は外で食事をすることが多いのだが，日本人である筆者は外なので紙ナプキンで準備をしていると，その家の5歳の女の子が洗い立ての布ナプキンを持ってきて，「お客さんと一緒のときは布ナプキンよ」と言われてしまったことがある（図9）．また，学生時代には大きなテーブルクロスを織り上げたクラスメートが，「これを敷いてコーヒータイムにしましょう」と言うや否や，教室が一瞬にして素敵な空間になったことを思い出す．筆者は内心折角の作品がコーヒーで汚れたら，などと心配だったが，北欧の人達には良い物は使ってこそその価値を発揮するという信念がある．毎日の生活の中でテーブルクロス，ランチョンマット，ナプキンの類は，色や柄をその日の雰囲気で選び楽しむ素敵な暮らし方は学ぶ点が多い．　　　　　　　　　　［川上玲子］

北欧の家具

　家具や生活デザインを考察するうえで，どこの国にもみられることであるが，とりわけ北欧の場合，その地理的条件や気候，風土とその歴史的な背景が極めて密接な関係にあることは際立っている．

　厳しい寒さと暗く長い冬，そして突然訪れる短い輝ける春，そして束の間の白夜の夏は決して不愉快なものではない．南欧の屋外での生活に対して，北欧では住まいは単なる暮しのうつわとしてだけではなく，人々との交際，交流，思索など，住民を守るシェルターだけでない生活の舞台となっている．このことが，室内で日常使われる家具や生活デザインの各々に対する人々の関心と愛着の基盤となって，北欧の家具のデザイン，品質が高水準であることの支えとなっている．

　多くの共通性をもちながらはっきりした個別性をもっている北欧各国の家具のデザインとその背景をみてみよう．

●**デンマークの家具**　デンマークは全国土が平坦で最高地点が173 m の，いわゆる山のない国である．過去150年間の植林政策によって，国産材として，オーク，ブナ，カバなどを産する．海運と農業，酪農が主産業であった20世紀の初頭まで，デンマーク家具はヨーロッパの中での大衆家具として，いわゆる安物家具であった．わずかに，国内の貴族，富裕層の需要を満たす家具が，イギリス，フランスなどの様式家具の製造を習得した職人によって作られていた．その意味では1920年代まで，デンマーク特有の家具デザインの伝統はなかったともいえよう．

　1910年から1920年にかけて，ポーランド，リトアニアなどの大量生産・安価な大衆家具の出現によって，デンマーク家具の存立が危ぶまれるようになった．デンマーク政府の政策として，デンマーク家具の新たな方向性の模索を36歳の若い建築家コーオ・クリント（Kaare Klint, 1888-1954）に委ねた．コーオ・クリントは多彩な分野での才能をもつ優れた建築家イェンセン・クリントを父にもち，王立芸術アカデミーの建築科で学び，イギリスの様式家具の研究のかたわら，父の助手を務めていた．王立芸術アカデミーの建築科に家具コースが新設され，コーオ・クリントが教師に就任し，後に教授となり，今日のデンマーク家具デザインの基盤となる3つの手法を確立した．

　①エジプト以来の，とりわけイギリスの古典家具を研究し，それを今日の生活と生産形態と感性に融合すべく，リ・デザインをする手法を確立した．

　②今日の人々の生活の実態を把握するため，標準的な4人家族の持ち物の調査——衣類，食器数その他の生活用品の各々の寸法から所有量，その収納容積などの調査とデータの蓄積が，戸棚引出し等の収納家具デザインの原点となる——と

いう手法を確立した．加えて人間の各部位の寸法と座るときの動作の研究等，後世にヒューマンエンジニアリング，人間工学といわれる研究を椅子のデザインの基盤とする手法を確立した．

③建築家・デザイナーの造形的，機能的発想によるデザインと，家具職人の積年の間に蓄積した技術との融合，コラボレーションの仕組みを創り上げた．デンマークの家具職人ギルドと協力関係を築き，1927年からギルドの展示会で優れたデザインが発表され，とりわけ1950～1960年までの北欧のデザインの黄金時代にデンマーク家具の大輪の花が咲き乱れた．1966年にその展示会は終焉を迎えたが，その展示会から生まれたデンマーク家具の秀作と，その思想が今日のデンマーク家具の基幹となっている．

コーオ・クリントの確立した思想と手法によって優れたデンマークのデザイナーが生まれ，その作品の多くは，50年以上を経た今日なお世界の名作として生産され販売されている．デンマーク近代家具デザインの数多くのデザイナーの中から，アーネ・ヤコプセンとその他のデザイナーにふれてみる．

アーネ・ヤコプセン（アルネ・ヤコブセン，Arne Jacobsen, 1902-1971）はコペンハーゲンのユダヤ系の裕福な家庭に生まれた．幼少の頃より絵に親しみ，画家になることを望んだが王立芸術アカデミーの建築科を卒業．学生時代にパリ万博（1925年）に出展した椅子が銀賞をとるなど才能をみせていた．

学生時代にドイツ・バウハウス思想が北欧にも伝えられ，ヤコプセンは共感し北欧モダニズムの旗手として，多くの抵抗と戦いながら，終生貫き通した．アーネ・ヤコプセンのモダニズムには，デンマークならではのクラフト的な素材を生かし，細部の仕上げへの細やかな配慮神経を含んでいるため，今日なお建築，家具，生活デザインの数々が今日のデザインとして高く評価されている．

新しい素材と技術に対する関心と挑戦の姿勢を終生もち続け家具のデザインにおいては，成形合板のアント・チェア（図1）やセブン・チェア（図2）を生み，発泡ウレタンによるエッグ（図3），スワン・チェア（図4）などの歴史に残る名作椅子を生み出している．

図1　アント・チェア　　図2　セブン・チェア　　図3　エッグ　　図4　スワン・チェア

ヤコプセンの建築は，住宅，商業施設，公共建築においても，単なるシェルター，構造物としてデザインするのではなく，その空間と人間の関係，インテリアから家具，照明器具および生活デザインのすべてについて考察をめぐらせ，デザインを行っている．1958年に完成した，コペンハーゲンにひときわ高くそびえる近代建築であるSASロイヤルホテルの設計に際して，狭く人の動きの多いロビーで，客が談笑する空間を保つために，ハイバックのエッグ・チェアを開発デザインするなど，ホテル全体で使用する家具，照明器具，レストランで使用するグラス類からナイフ・フォークの食器類まで，一貫した目をもってデザインしている．完成後57年を経て，それらの生活デザインの品々は，今日の生活デザイン商品として生産販売されている．サスティナブル商品としての本質を備えている秀作といえよう．

　ハンス・ウェグナー［ハンス・ヴィーイナ，Hans J. Wegner, 1914-2007］は今日，世界の近代椅子デザインの最高峰として尊敬を集めている．秀作の数も多く，その大部分が今日も製造販売されている．独立前には，アーネ・ヤコプセンの事務所に勤務し，オーフースの市役所の家具の大部分をデザインしている．

　フィン・ユール（Finn Juhl, 1912-1989）は建築家で，他の多くの家具デザイナーに共通する木工職人としての実務経験をもっていない．アルプの彫刻やアフリカ原住民の武具のフォルムに関心をもち，木製椅子の分野に彫刻的フォルムを導入した．アメリカで活躍し，国連本部の信託委員会大会議場のインテリアと家具もデザインしている．

　ボーエ・モーエンセン［バアウ・モーウンセン，Børge Mogensen, 1914-1972］は，コーオ・クリントの王立芸術アカデミーの直弟子として，クリントのデザイン手法を忠実に実務の世界で展開した．戦時中の1942年，デンマーク協同組合連合会（FDB）の家具製造部門（ターム家具製造会社）の開発担当となり，美しく，丈夫で，座りやすく，適正価格の庶民用の椅子をデザインした．アメリカのシェーカー教徒の椅子をリ・デザインしたJ39（シェーカー・チェア，図5）は，今日なおデンマークの国民的椅子として愛用され，世界的に販売されている．

　ポウル・ケアホルム（Poul Kjærholm, 1929-1980）は木製家具が主流を占めていた1950年代に，ミース・ファン・デル・ローエに私淑して，高品質のスチールと自然素材を高度なクラフトマンの技術をもって，革命的なデザインを創り出した．彼を王立芸術アカデミーの家具科

図5　J39

の教授にコーオ・クリント，オーレ・ヴァンシアに次いで，3代目の教授に指名したアカデミーの教授選定委員会の慧眼に驚く．

ルーズ・テューイェセン（Rud Thygesen, 1932-）＋ジョニ・サアアンセン（Jonny Sørensen, 1944-）は発想と技術を分担するチームとして，次世代のデンマーク家具デザイナーとして，主に成形合板をシンプルなフォルムの中で自由に展開して新たな境地を拓いていった．MO8002（マグナス・オルセン社，カフ・チェア，図6）はトーネットの曲木椅子に次ぐ，「木製家具製造に関わる2番目の世界特許」をもつ椅子として有名である．

図6　MO8002　　　　　　　　　図7　MO8007

● スウェーデンの家具　スウェーデンは北欧各国の中で鉄鉱，石炭等の地下資源も多く，人口も多く，また第一次，第二次世界大戦中に永世中立を守った国として，国力の豊かな国である．1920年代後半にドイツのバウハウスの思想が伝わったとき，北欧はそれらヨーロッパの大国（ドイツ，フランス，イギリス）のような工業力をもたないため，独自の方向を打ち立てた．思想家グレーゴル・ポールソン（Gregor Poulson, 1889-1980）のデザイン運動の「美しい日用品を」「芸術家を職人とともに」のリーダーシップのもとに，今日の北欧デザインの基礎作りがスタートした．

1929年の世界大恐慌を機に大国の消費社会から健全な生活社会へと，グンナル・アスプルンド（Erik Gunnar Asplund, 1885-1940）をリーダーにすえて，1930年ストックホルム住宅展を開催し，その具体的方向を確立した．

ヨーセフ・フランク（Josef Frank, 1885-1967）はオーストリア生まれ．ウィーンの工芸大学を卒業後，ウィーン工房とその運動に参加し，ヨーセフ・ホフマンらとともに活動し，工芸学校の教員を勤め，後進の指導にもあたった．

1933年ユダヤ系の出自であったためか，スウェーデンへ移住の機会を得て，スウェーデンにウィーン工房の思想を伝えた．活動範囲は建築，家具，食器，テ

キスタイルデザイン，インテリア，著作と幅広く，ウィーンとスウェーデン・デザインの融合を試みた．

カール・マルムステン(Carl Malmsten, 1885-1972)は「スウェーデン家具デザインの父」ともいわれ，デザインのみならず，教育に注力し，ストックホルムに家具学校(1930年)を，バルト海の島ウーランド(Öland)島にカペラ・ゴーデンという総合的生活デザインを学ぶ私塾を作った(1958年)．これらは今日も運営されている．

1916年ストックホルム市庁舎の家具コンペで金賞をとった「市庁舎のアームチェア」(図8)はスウェーデンの民族的クラフトの造形の近代的表現の名作として，マルムステンのデザイナーとしての地位を確固たるものとした．

ブルーノ［ブリューノ］・マットソン(Bruno Mathsson, 1907-1988)はスウェーデン南部のヴェルナモの家具工場の経営者の家に生まれ，若くして職人の技術を習得し，成形合板による美しい造形と人間工学的な視点による座り良さの追求によって，

図8　市庁舎のアームチェア

国際的に高い評価を受けた．日本にもたびたび訪れ，天童木工より日本の住まいに合った，マットソン・シリーズとして，畳ずりのついたソファ・シリーズを発表し，今日も生産されている．

オーケ・アクセルソン(Ake Axelsson, 1932-)は今日のスウェーデンの基準となる椅子デザインを一貫して追求して，多くの秀作を生み出しているデザイナーである．

インテリア・デザイナーとしても活躍し，スウェーデン王室の指名デザイナーとして活躍している．若くしてドイツで木工を学び，幅広い視野と歴史上の椅子の研究とそのリ・デザインでも秀作を生み出している．

●**フィンランドの家具**　フィンランドは北欧4か国の中では民族的，言語学的にも異文化をもっているが，地勢的にスカンディナヴィア3か国と近隣であり，スウェーデン領であったことから，生活と思考文化に共有する点が多い．

人口の数より多いといわれる湖沼と寒冷な気候のためか各家族，オフィスに設けられる「サウナ」の習慣とともに，シラカバを中心とする木への愛着の強い民族とされ，その木のデザインと文化の奥行は深いものをもっている．

先住民族である極北の民，サーメの生活文化の影響を多く受けながら，フィンランドの家具デザイナーは地産のバーチ材(カバ)の使用に匠の技術を注ぎ込んでいる．

エリエル・サーリネン(Eliel Saarinen, 1873-1950)は，フィンランドのみな

らず北欧およびアメリカの近代デザインに大きな足跡を残した建築家であり、家具デザイナーだった。

今日なお使われているヘルシンキ中央駅の建築デザインは、20世紀初頭のフィンランド・ナショナル・ロマン主義の象徴的デザインである。建築家2人とともに居住し、ともに設計室をもったヴィトレスクの建築とインテリア・家具は、時代のパイオニアの名に恥じない質を見せている。シカゴ・トリビューン社屋のデザイン・コンペに入賞した機会にシカゴに移住し、クランブルック・アカデミーを創立し、チャールズ・イームズやフローレンス・ノル、息子のエーロ・サーネリンらアメリカ近代家具デザインに大きな影響を与えた。

アルヴァー[アルヴァル]・アールト(Alvar Aalto, 1898-1976)は、建築、家具、ガラス器、照明等の幅の広い分野でのまさに巨人の名をいただく偉大な存在で、フィンランドにおける作曲家シベリウスと並んで国民的英雄としての尊敬を集めている。

フィンランドに自生するバーチ材を加工するために先住民のサーミ人の木工技術を参考にした「アールトレッグ」(図9)といわれる「挽き曲げ」の技術を開発した。この技術で作られたヴィープリ図書館(1933年)の3本脚のスツール No.60(1932年、図10)とそのヴァリエーションの数々の椅子は、今日なお生産販売されている。建築の設計で偉大な業績を残し、その空間で使われる家具をデザインするだけでなく、成形合板の優れた技術者オットー・コルホーネンとともに成形合板家具の製作会社を設立する。加えてアルテックという販売会社を設立することで、家具のデザイン、製造販売という経済活動の仕組みをも作った、偉大なパイオニアであった。ニューヨーク万博(1939年)のフィンランド館の設計、ディスプレイで高い評価を得るなど数多くの優れた建築(フィンランディア・ホールほか)を残している。他にイーッタラ社から発売されているアールト・ヴァース(花瓶)などのガラス器は、1937年のパリ万博のためのコンペ入

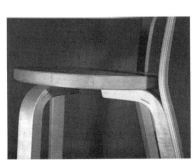

図9 アールトレッグ

図10 No.60

選以来，今日までロングセラーとなっている．

　イルマリ・タピオヴァーラ（Ilmari Tapiovaara, 1914-1999）はフィンランドのクラフト的感性と，ウィンザー・チェアのアノニマスな造形などを背景とした，フィンランドの椅子デザインの巨匠ともいわれている．フランスでル・コルビュジエ，ドイツでミース・ファン・デル・ローエ，アメリカでレイモンド・ローウィの各事務所で仕事をした体験と視点から，まさに国際的な実力派といえよう．各国の大学での客員教授として，またフィンランドの芸術大学における後進への指導により，優れた家具デザイナー，ユルヨ・クッカプロやシモ・ヘイケラを育てた．

　ユルヨ・クッカプロ（Yrjo Kukkapuro, 1933-）はイルマリ・タピオヴァーラの教育を通して，彼の国際感覚と，時代感覚を学習したという．機能主義とともに金属，プラスティック，および時代の色彩感覚にも目を向けていた．

　1965年に，UFOにも似た，コンクリートのシェル構造の巨大なワンルームの自邸を建設．その中にトイレ，浴室の独立ユニットやキッチン，寝室のユニットを散在させる住宅プランを作成した．工業デザイン大学の教授，学長として教育に携わるだけでなく，ポストモダニズムの時流にも加わって，大学の食堂椅子（ユニヴァーシティ・チェア）なども手がけている．

　FRPのシェルに，良質な革張りのクッションを組み合わせた回転ラウンジチェア，カルセリ（1964〜1965年，図11）は，各部に座り心地に対応する可動性の機能をもたせるなど，現代のメカニカルな工夫が加えられた名作といわれている．

●ノルウェーの家具　ノルウェーはアーツ・アンド・クラフツの思想と，アール・ヌーヴォーのドイツ版，ユーゲント・シュティールの造形の影響から脱しきれなかったため，近代化への道のりは北欧4か国の中でいちばん遅い国だった．クラフト的な技法とその精

図11　カルセリ

神と，外来の小規模な工業化から前述のアート・インダストリーの道を歩んで，ノルウェー応用美術協会（Foreningen Brugskunst）が1918年に設立された．

　地域的に交流の少ない各地の生産者の造形活動と，その生産販売の全国的協力との結合を求めるためにできた応用美術協会は，まさに北欧デザインの特質を物語っている．

　「応用美術（Brukskunst）」という表現は，「実用性のある美しいもの」とも理解され，このノルウェー語による造語は，他の北欧各国でも共有される言葉と意味合いとして使われた．さしずめ英語でいえばApplied Artsかもしれない．

ノルウェー各地の地勢，国土の違いは生活様式にも地域的な違いを生み出し，いわゆる山小屋風で各部材が太めの家具や，スタイルだけアール・ヌーヴォー的な装飾の多いもの，そして地域の人々の手造り家具にも似たデザイン等さまざまである．

イングマル・レッリング（Ingmar Relling, 1920-2002）は故郷のシッキルヴェン（Sykkylven）で木彫などの仕事をして，23歳でオスロの工科大学に学ぶ．第二次世界大戦直後のノルウェーは，家具産業の近代化の転換期だった．椅子のデザインは異なるフォルムの追求だけでなく，生産管理の合理化と，配送のためのノックダウンの構造を求められていた．レッリングは二次元カーブの成形合板の最小限数のパーツで，シンプルな美しさと技能をもつシエスタ（図12）をデザインした．最高水準のアニリン革のクッションと，メーカー，リボ社の細かな技術により世界的に評価され今日までロングセラーとなっている．レッリングはシエスタ以外に，金属椅子，折りたたみ椅子でも良いデザインを作っている．

ペーテル・オプスヴィーク（Peter Opsvik, 1939-）の子供の成長に合わせて座高を変えられる椅子トリップ・トラップ（図13）は，日本市場でも子供用椅子として，確固たる地位を占めている．子供の動きと心理をつぶさに研究したオプスヴィークは，子供の目の高さを大人の目の高さに近づけることと，子供の脚がバタつかぬよう，より広い足置きを適確な高さに合わせることを探って，現実化した．

今までに世界中で700万脚を超えるビッグ・ロングセラーとなっている．オプスヴィークは，椅子に座るという行為を椅子に固定化した静体でとらえるのではなく，座りながらデスクワーク等をする動体として考え，それに適合する椅子は常に揺れともとに戻る，そのバランスのある体の動きを支えるものという「第3の座り方」を考えた．そのためのバランスチェアの数々のシリーズを生み，今日なお市場の一角を占める新しい椅子の世界を作っている．　　　　　［島崎 信］

図12　シエスタ

図13　トリップ・トラップ

ブルーノ［ブリューノ］・マットソン

図1 ブルーノ［ブリューノ］・マットソン

ブルーノ［ブリューノ］・マットソン（Bruno Mathsson, 1907-1988）は20世紀のスウェーデンにおいて最も成功した家具デザイナーである．

家具職人として，さらにデザイナーとしてまったく新しい「軽く，使いやすく，柔らかなフォルム」，そして量産に徹した画期的な家具デザインを創り上げ，スウィーディッシュ・モダンのパイオニアとして世界にアピールした．

1845年スウェーデンは世界の中で最も早く工芸協会（Svenska Slöjdförningen）を設立していたが，「児童の世紀」などで国際的に著名な婦人運動家のエッレン・ケイ（Ellen Key, 1849-1926）は1899年「すべてを美しく！（Skönhet för alla）」なる呼びかけ，1919年，デザイン協会のグレーゴル・ポールソンは「日常生活をより美しく」「芸術家よ工場に入れ」なるスローガンでさらに生活デザインの上質化を促した．1925年のパリ国際展ではこれらの運動が成功を収め，「快適，エレガント，そして気品がある」点が評価され「スウィーディッシュ・グレイス」と賛美された．この頃ドイツでは1914年のドイツ工作連盟での芸術論議を内在しながら，1919年バウハウスの設立を契機に機能主義デザインが国際的な運動になっており，新材料，新技術に目が向けられ新世紀のモダニズム到来を告げていた．

この状況を背景に1907年，ブルーノ・マットソンはスウェーデン南部の伝統的な工芸技術を継承するスモーランド地方の家具メーカーの家に生まれた．父カール・マットソンは5代目であった．16歳で学校を卒業したが，父親の跡を継ぐことは自然なことであり，若い年代から確かな木材の特性に対する技術的知識と，その巧みな発展的感性の熟練的習得を受けていた．彼は卒業後も通信教育

図2 最初の古典的椅子

図3 モダン椅子グレスポッパン

図4 ミマート

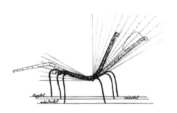

図5 椅子機能3タイプ

を受けながらの勉学も続けていたが，建築家，彫刻家を夢見て自宅の庭先に建てた 4 m×4 m の小屋で絵画，彫刻の修業にも励んでいた．さらに彼は高い技術と品質が機能的な家具を創り上げるというデザインへの挑戦にも魅了されていた．

1929 年彼はユーテボリのリョスカ工芸美術館の主事グスタヴ・ムンテとつながりをもつことができ，資料を借り出し，詳細にわたる勉学に励んだ．

1930 年，ヴェルナモ市が開いた工芸展覧会に，カール・マットソン工房はブルーノ・マットソン製作の伝統的なバロック様式の椅子を出品した（図 2）．この椅子ははからずも奨学金の獲得と，この年開かれていたストックホルム展覧会訪問の機会をもたらした．スウェーデン機能主義デザインの船出となったこの展覧会から，彼は独学で蓄えた知識によって，伝統からモダンへの大きな流れを感知した．この年にヴェルナモ病院のための新しい椅子のデザインを依頼され，早速この成果を試すときがやってきた．彼のアイディアは伝統的なスプリングを使わない珍しい方法による快適な椅子のデザインである．「グレスポッパン（grä-shoppan）」と渾名されたこの椅子は，ソリッドのシラカバ材でできたアームと脚で支えられた曲面をもつフレームに，麻の平帯で編んだカバーを使っていた（図 3）．

この椅子は，マットソンが有名になるまで病院のスタッフにより隠されていたが，1931 年マットソン 24 歳最初のデザインとして記念すべき椅子である．

1932 年彼は同じく直材のシラカバ材を使い，座面に麻の平帯で編んだシンプルで気品のあるミマート（mimat）と名づけた椅子をデザインしている（図 4）．これを契機に彼の旺盛な意欲は，快適で柔らかな椅子の形を求めて「座ることのメカニックス・椅子の機能」の研究に没頭することになった．完全な座のカーブを求めるために，雪の吹きだまりに座り，身体の作り出す押し型を求めたりした．

1933 年から 1936 年の間に，この作業は 3 つの基本的な椅子として成果を得た．仕事，休息，そしてラウンジチェアである．これらの椅子はウェービングでカバーされた 1 つのフレームを使ってデザインされ，分離した曲げ積層成型の脚に支持されている（図 5）．ここから生涯の原点となる仕事椅子エーヴァ（Eva）が 1934 年のデザインとして誕生している（図 6）．

1936 年グスタヴ・ムンテによりリョスカ工芸美術館で最初のワンマンショー

図 6　仕事椅子エーヴァ　　図 7　休息椅子パーニラ 2　　図 8　寝椅子パーニラ 3 にくつろぐマットソン

が独創的な拡張テーブルとともに開催され大成功をおさめ，ニューデザインのリーダーとしてマットソンの名は一躍有名になった．

1937年のパリ万博ではベッド「パリ」を出品，シンプルで優雅なデザインでグランプリを獲得，彼の名は世界的に知られることになった．

ニューヨーク近代美術館のマネージャー，エドガー・カウフマン・ジュニアは早速2年後の美術館拡張のためにエーヴァをオーダーしている．

1939年のニューヨーク万博では主役として出品され，一連のスウェーデン・デザインに対して「スウィーディッシュ・モダン，それは日常用具のための良質を意味し，近代技術の研究を行い，自然な形と素直な素材の利用を意味している」という大きな賛辞を得る原動力となった．1940年代彼は建築の勉強に熱中し，ブルーノ・タウトの『日本の家屋と生活』も読んでいたという，1943年カーリン・スヴェドと結婚，この前後数年間に精力的にデザインのアイテムを整えている．1944年の休息椅子のパーニラ2（pernilla2，図7），ラウンジチェアのパーニラ3（図7），エーヴァの前脚と座を一体化し後脚を分けて取り付けるニュータイプのミナ（mina），その休息椅子のミランダ（Miranda，図9）である．さらにクラフト的なY字形の脚をもつテーブル類，オープン感覚の間仕切り棚等がある．

1948～1949年マットソンは妻カーリンを伴ってアメリカへ旅行．カウフマン・ジュニアを通じて最も影響力のある建築家，デザイナー達を紹介され，彼らとの交流の中から軽量，廉価，そしてガラスはめ込みパネルのプレハブ住宅の構想を得た．1950年最初に完成したのはヴァールナモの彼自身のショールームであった．1面はレンガの壁で，3面は「ブルーノパネ」と呼ばれる彼のパテントになる窒素を封入し空気を遮断した3層ガラスでできており，床には電気ヒーティングが施され，自然に包まれた内と外の雰囲気を保ち，彼の信条である軽量，機能性にも富んでいた．この建物は大きな反響を呼び50を超える建設を数えたが，建設許可申請に官僚の抵抗に遭い疲れが重なり，結局十数年ほどで自身の住宅とサマーハウス（図10）を最後に中止し，再び家具の開発に集中し始めた．

この頃デンマークの数学者兼詩人のピート・ハイン（Piet Hain）との出会いから超楕円（super ellips）形の甲板をもち，着脱容易のバヨネット式のスティー

図9　ミランダ

図10　サマーハウスのインテリア

図11　着脱可能の脚をもつ超楕円テーブル

ル脚のテーブルシリーズを開発．ストックホルムのロータリーにも採用された緩やかな数学的曲線の美しいデザインは，現在も「フリッツ・ハンセン」社で製造されている(図 11)．この 1964 年からマットソンはスティールを使った軽量で機能的，そして弾力的で時代を超えた椅子のデザインに集中し，ユニークで美しい数々のシリーズを発表している．1966 年宇宙時代の幕開けに触発され未来的な外観をもったデザインを発表．ジェットソン(Jetson)と名づけられ，ダックス社が生産したが，近年新素材のシートが張られて Jetson66 として商品化されている(図 12)．

　1974 年，天童木工はマットソンを日本に招聘，日本人の生活に適応したデザインの開発を依頼した．当時のスウェーデンセンターで開かれたマットソンの全貌紹介の展覧会の後，セミナーでは会場の日本人をモデルに休息姿勢を模造紙に原寸でとり，デザインの実際を示していたのは印象的であった．開発の実際は筆者も参加したが，工場側も音を上げるほどの集中作業で，プロトタイプは旅館の畳の上で検討する熱心さであった．世界的に著名でありながら，柔らかく親しみにあふれたその人柄に関係者は一様に畏敬の念を抱いていた．開発デザインは 1978 年から生産が始まり今日までロングセラーを続けている(図 13, 14)．1980 年代にはコンピュータ対応のテーブルシリーズの開発に取り組み，ここでも機能とエレガンスを兼ね備えたユニークな歯形のデザイン，クッゲン(Kuggen)を発表している．

　1984 年カーリンおよびブルーノ・マットソン・ファンドを設立．毎年功績のあったデザイナーを選出し奨学金を贈っており，今日なお権威のある賞となっている．マットソンの最後のデザインは 1986 年のスティールパイプによる休息回転椅子ミニスター（minister，図 15）である．

　彼は生涯の中で，名誉ある多くの賞を得ている．1955 年グレーゴル・ポールソン賞，1965 年プリンス・オイシン金賞，1967 年スウェーデン王室ヴァーサ勲章，1978 年ロンドン王室芸術協会賞，1981 年スウェーデン政府よりプロフェッサーの称号を受けている．ヴァールナモ(Värnamo)の広場にはブロンズの 2 脚のエーヴァがある．

　1942 年彼は椅子に関して次のような哲学めいた言葉を残している．

　「快適な座り心地は 1 つの芸術であるが，そうあるべきではない．その代わり椅子の製作には，座ることに何の芸術も必要としない芸術性がこめられていなければならない」．

[川上信二]

図 12　ジェットソン 66

図 13　天童木工の寝椅子

図 14　天童木工の休息シリーズ

図 15　ミニスター

フィン・ユール

　フィン・ユール（Finn Juhl, 1912-1989）は1912年，コペンハーゲン近郊のフレズレクスベア（Frederiksberg）に生まれた．父親は織物の卸売業を営み，経済的に恵まれた環境の中で育った．若い頃は美術史家を夢見ていたが，結果的に王立アカデミーの建築科に進むことになり，カイ・フィスカ（Kay Fisker）の指導を受けることになった．在学中，21歳のときに母親からの遺産を相続し，自立した暮らしを始め，この頃からデンマークの同世代のアーティストの絵画や彫刻作品を収集していた．一方，世界的な彫刻家，ヘンリー・ムーアやジャン・アルプらの作品にも影響を受けており，そうした芸術作品にインスパイアされたデザインが，フィン・ユール作品の特徴となり，オリジナリティとなっていったのである．こうした背景が，フィン・ユールを「家具の彫刻家」といわしめているのだ．

　フィン・ユールは王立芸術アカデミー在学中，1934年，建築家ヴィルヘルム・ラウリトセン（ラオリッツェン）の事務所で仕事をする機会を得た．そのためアカデミーの卒業を断念したが，ラウリトセン事務所に勤めた11年間に，カストロプ空港ビルの設計コンペティションで優勝，そしてコペンハーゲン・ラジオビルディングの設計に携わり，建築設計のみならず設備設計・家具デザインなども手がけ，後のフィン・ユールの作家としての礎はこの時代に築かれたと考えられる．

　ユールの家具はそれまでの過去のどの作品にも似ていないといわれるが，そのオリジナリティあふれる構造や造形の根底にあるものは，芸術作品や，ヴィルヘルム・ラウリトセン，スウェーデンの建築家エーリック・グンナル・アスプルンドなどの影響が感じられるものの，それはフォルムやディテールなど表層的なものではなく，あくまでもユールの感性を形成する源となったということであろう．

　フィン・ユールが公の場に家具デザインを発表したのは1937年，「コペンハーゲン・キャビネットメーカーズ・ギルド展」である．デンマークでは一般的に家具デザイナーは，家具を自作することができる．それは，家具職人マイスターの資格を修得した者だけが，家具デザイナーへの道に進むことができるからである．そのため，デンマークの家具デザイナーは，素材，構造，木工加工のための技術や知識を有している．ゆえに，極めて信頼性の高い機能性と審美性を備えたものづくりに長けているといえよう．

　しかし，フィン・ユールは建築家であったため，家具に対する技術や知識をもちあわせていなかったため，アカデミーの校長から特例として認められ家具デザイナーとして歩むことができたのである．このことにより，家具に対する既成概念にとらわれることなく，自由な発想でデザインに取り組むことができたのであ

る.このため,当時アカデミー家具コースの責任者であり「デンマーク近代家具デザインの父」といわれたコーオ・クリント(Kaare Klint)の門下生達の保守的な考え方や,デザインアプローチからは受け入れられず,孤立した存在であった.

そうした状況に技術面から協力したのがニルス・ヴォザ(Niels Vodder)であった.ヴォザは当時の家具職人の中でも野心家で挑戦的なスネカー・マイスター(家具職人の頭領)であった.保守的で伝統的なギルドのメンバー達がフィン・ユールのデザインに対して手を貸すことはなかったため,ヴォザとのコラボレーションが始まったのである.ユールがギルド展に出展したのは 1937～1965年までで,そのうちニルス・ヴォザとの共同出展は 1961 年までの 22 回であった.1962 年から 1965 年まではルズヴィ・ポントピダンとの 2 回のみであった.後年,ニルス・ヴォザはフィン・ユールの作品製作にあたり,「最も腐心したのが,強度の担保であった」と述べているように,ユールの家具,特に椅子の構造は,まるで"木でサーカスを行う"ようなもので,当時のクリント派と称される家具デザイナー達からは"構造音痴"と揶揄されたほどであった.

フィン・ユールの家具デザインは大別すると,前・中・後期に分類できる.前期は 1937～1944 年頃までにみられる作品群で,その特徴はヘンリー・ムーアやジャン・アルプの彫刻作品を連想させる.有機的なフォルムをもつシートは,アートオブジェを布で包んだようであり,そのシートに素気ないともいえる丸棒の脚を取り付けたようなデザインだ.この前期の代表的な作品として,「ペリカン」チェアや「ポエト」ソファがある(図 1).

中期は 1945～1950 年代後半頃までの作品群である.1945年は第二次世界大戦終結の年である.それまでのナチスに占領されていたときのエネルギーを一気に爆発させたかのように,デンマークの家具業界にも変化が起きた.1945 年に発表されたイージーチェア,モデル No.45 番の椅子は,それまでにない構造とディテールの美しさに満ちたものであった(図 2).その特徴は,一体になった背と座がフレームから切り離されたかのような緊張感のある微妙なバランスのうえに構成されている.細く,斜めに入れられた貫は強度の担保というよりも造形的な美しさを感じさせる.また,三次元曲面のペーパーナイフを思わせる肘のデザインは,思わず指でなぞってしまうほどの造形であり,「世界で最も美しい肘をもつ椅子」ともいわれる.その彫刻的な美しさは,前期の"シートのオブジェ化"から"フレームの彫刻化"へと大きく移行したのである.

このほか,1949 年には彼の代表作の 1 つ「チーフティン

図 1 前期の代表作ペリカンチェア

図 2 シートとフレームを分離させた最初のモデル No.45

チェア」が発表された（図3）．発表当時は，肘の下地が鉄板であったため，ギルドの幹部から非難され，肘の形状から"空飛ぶオムレツ"など揶揄された．しかし，ギルド展初日，フレゼリク9世国王がこの椅子に掛けられ，高い評価を下された．この椅子には三角構造が取り入れられているが，この構造は古代エジプトのツタンカーメン王の玉座にもみられる．

この中期の作品群は機能と無縁ともいえる"あそびごころ"を表現したディテールが多くみられる．それらは"無用の用"ともいえるものであるが，それがあることで作品に"華"を生み出している．このような美しいディテールの集合体こそがフィン・ユール作品の特徴であろう．クリント派のデザイナー達は決して取り入れないデザイン手法であった．

図3 威厳・風格を備えたユールの代表作チーフティンチェア

こうした美しいディテールは，簡単に機械加工でできるものではなく，そのほとんどが熟練工達の高度な技術により，多くの時間を費やして初めて可能となるものであった．そのためユールの作品の多くは大量生産には向かず，多くのスネカー・マイスター達は彼の作品を引き受けることはなく，ニルス・ヴォザと2～3人のマイスター達によって細々と製作されたのであった．ユールの作品が認められ始め，その需要に供給が追いつかなくなった頃，参入したのがボーヴィアケ社であった．ヴォザ工房と似たモデルの構造や加工の難易度を少し下げたものが割り当てられた．しかし，フィン・ユールらしさはまったく損なわれることなく，これら2つのメーカーの作品は，今日，その希少性も手伝い，毎年その評価が高まっている．

後期は1950年代後半から1970年代初め頃までである．フィン・ユールの作品は世界的に評価を高め，そうした評価は需要を高め，その対応として工業的な加工とデザインが導入された．そこに参入したのがフランス＆サン社であった．同社ではユールのみならず，オーレ・ヴァンシャ，グレーテ・ヤルクらの作品も生産し，当時の北欧デザインブームの中で，その売上げを伸ばしていった．しかし，工業的に家具を生産することで，かつてのハンディクラフト的な意味が損なわれてゆくことにもなった．また，ユール自身も過去の自作品を超えるようなものを生み出せなくなっており，直線的なデザインが多くみられるようになり，次第にフィン・ユールの家具から顧客は離れ，やがて市場からユールの作品は姿を消してしまったのである．しかし，近年，フィン・ユール作品が見直され，彼の主要な作品の多くがデンマークのワンコレクション社で復刻されている．

フィン・ユールといえば，今日では家具デザイナーとして知られているが，実際には，インテリアデザインや展示会場の設計等の仕事が最も多かった．インテリアデザインでの彼の代表作となったのが，1952年ニューヨーク国連ビルの信託統治理事会・会議場の設計であろう．当時国連ビルでは3つの国際会議場の設

計計画があり，それらの設計者は北欧からの建築家が担当することになった．そこで，当時 68 歳のアーネスティン・アルネバルグ（ノルウェー）が安全保障理事会フロアを，そして，61 歳のスヴェン・マルケーリウス（スウェーデン）が経済社会理事会フロアを担当することになった．しかし驚いたことに，信託統治理事会フロアは 39 歳のフィン・ユールに決定したのだ．39 歳のユールには建築の実績はほとんどなく，インテリアの仕事としてもコペンハーゲンのビング＆グリュンダール製陶会社のショールームの設計のほかにあまり主だったものはなかったのである．このプロジェクトにユールが選ばれた点として考えられるのが，エドガー・カウフマンの存在である．このカウフマンという，アメリカデザイン界の実力者の推薦があったと考えると納得がいく．エドガー・カウフマンはニューヨーク近代美術館の理事も務め，世界で最も美しい住宅の 1 つに数えられる，フランク・ロイド・ライト設計の「落水荘」のオーナーでもあった．美術史家であったカウフマンは優れた審美眼をもち，ユールの才能をいち早く見抜きアメリカに紹介した人物でもあった．その結果，ユールの国連のプロジェクトは結果的に高い評価を得，フィン・ユールの名はアメリカのみならず，世界に知られる存在となったのである．以後ノルウェー，トロンハイムの北フィヨルド美術館での「インテリア 52」（1952 年）では，ウィリアム・モリス，アンリ・ヴァン・ド・ヴェルデに次ぐ 3 番目の永久展示室となった．このほかにも，スカンジナビア航空の世界 33 か所のチケットオフィスや，ジョージ・ジェンセン［ギーオウ・イェンセン］の店舗デザインなど数多くのインテリアデザインを手がけた．

また，ユールは数多くの国際巡回展をはじめ，重要な展覧会に関する設計を行っている．展覧会というものは，その会場ごとの設備や広さなど，条件が異なるものであり，さらに展示物を展覧させるための什器や壁面など，仮設的な要素も多く，会場単位での設計作業となり，他のインテリアデザインとはまったく異質な難易度の高いものである．残念なことに，それらのほとんどは現存せず，当時の記録からのみ，想像するしかない．

フィン・ユールの建築作品としては 1942 年，30 歳で建てた自邸が現存する唯一のものではないかと思われる．このほか 3〜4 件の住宅を手がけているが，それらはすでに存在しないと考えられる．現在ユールの自邸はオアドロプゴー（オードロップゴー，Ordrupgaard）美術館の所有となっており，見学も可能である．

そして，プロダクトデザインの分野でも名作を残しているが，なかでも，カイ・ボイセン（Kay Bojesen）の工房から発表したチークのボウルシリーズは 20 世紀の代表的な美しい日用品の 1 つといえよう（図 4）．このほかに数年前から，ユールのプロダクトデザインのいくつかがデンマークのアーキテクトメイド社から復刻生産されている． ［織田憲嗣］

図 4 チークの塊を削り出した美しいボウル

ハンス・ウェグナー［ヴィーイナ］

●**プロフィール** ハンス・ウェグナー［ヴィーイナ，Hans J. Wegner, 1914-2007］はデンマークの家具デザイナー．20世紀の家具デザイナーとして，扱う素材は木材とプラスティック，金属の違いはあるが，アメリカのチャールズ・イームズとともに2人の巨人と称せられ，近代椅子デザインの歴史に大きな足跡を残している．

家具職人の技術知識に裏づけされた優れた家具デザインは生涯に300点を超え，うち50点を超えるデザインが，今日なお現代の家具デザインとして製造され，世界中の市場で販売されている．

優れたデザインと木を知りつくした構造に，デンマークのクラフトマンシップの魂を秘め，今日的な機械技術をたくみに導入したデザインは世界に大きな影響を残している．とりわけ日本の木工家具の製作とデザインを志向する木工作家には，近親感と尊敬の眼で受け止められ，その影響は長く，深く，多大なものを今日なお残している．

●**経歴** デンマークの西，ヨーロッパ大陸ドイツと接するユトランド［ユラン］半島の南，国境に近いトゥナ（Tønder）に生まれる．父親は町会議員を兼務する靴づくりの職人，マイスターだった．ものづくりの環境に育ち，幼少の頃から手作業を好み，近所の木工職人から分けてもらった木片を削って作った女性像も現存している．彫刻家を志したが，田舎のこと，13歳のとき近所の木工のマイスターに弟子入りして，木工職人の道を歩む．17歳で木工職人のマイスターの資格を得た後，3年間，親方スタルベアの工房でさらに技術を磨いていた．

デザイナーとしての目が開ける契機となったのは，20歳の時の徴兵で首都コペンハーゲンを訪れたときに，それまでに田舎町トゥナでは見たことのない，新しい家具デザインの数々に困惑と憧れを抱くようになった．木工職人の技術をもっての，家具デザイナーの道のあることを知って，除隊後，コペンハーゲンの工業高校の家具技術コースで学び，さらに美術工芸学校の家具科で正式に家具デザインを学び始めたのは23歳という年齢になってからという遅いスタートだった．工芸学校で同じユトランド半島出身の同年齢のバアウ・モーウンセン（ボーエ・モーエンセン，Børge Mogensen, 1914-1972）と知り合ったことが運命的な出会いとなり，終生の親友として，またデザイナー同士として刺激し合う仲となった．

1939年デンマーク第2の都市オーフースのイーレク・ムラ（Erik Moller）建築事務所に家具デザイナーとして勤務．1941年イーレク・ムラがアーネ・ヤコ

プセンと共同事務所を設立するのに従い，オーフースの市役所の新設に携わり，庁舎の家具を設計．

29歳の1943年にオーフースで独立，自らのデザイン事務所を設立し，後に，コペンハーゲンの北西，ゲントフテの自宅の新築時にデザイン事務所を併設，終生自宅1階のリンゴの木の見える設計室から世界的な名作200点余りのデザインを生み出した．

●**デザイン** 独立して，自らのデザイン事務所をもつ2年前の1941年から，コペンハーゲンの家具職人ギルドの年次展示会にデザインを，アーネ・ヤコブセン（アルネ・ヤコブセン）事務所に勤務するかたわら出品していた．しかし，そのデザインは自らも納得のゆくものではなく，その一方親友のバアウ・モーウンセンは王立芸術アカデミーのコーオ・クリント教授の薫陶を受けて，自らのスタイルを作りつつあった．そんな折に，後の王立芸術アカデミーの家具科の教授になった，優れた家具デザイナーであり，椅子の歴史研究家でもあるオーレ・ヴァンシャの著作の中の，一葉の写真にウェグナーの目は釘付けとなった．

その写真は中国明代の椅子，圏椅（クワン・イ）という，硬木の唐木・紫檀製の，両脚から背へと馬蹄形にゆるやかな曲線を描くラウンド・チェアであった．

1943年独立と同時に，その圏椅の優雅な曲線を今日的な生活の場に生かした椅子を有力家具メーカー，フリッツ・ハンセン［フレト・ハンセン］社から，その名も「チャイニーズ・チェア」（図1）として発表した．

そのデザインは驚きをもって迎えられ，賛否相半ばする世間の反応であったが，ハンス・ウェグナーの終生のデザインコンセプトの基礎となり，そのチャイニーズ・チェアは1943年から今日なお同じフレト・ハンセン社から途切れることなく生産され販売されている．

ウェグナーの数多くの椅子は，1つひとつに個性と優れた存在感をもったものでありながら，すべてを並べてみると，明らかに明代椅子圏椅からのチャイニーズ・チェアのコンセプトを感じさせる，一貫した作風が感じられる，巧みな造形力を見せている．

数多いデザインの中で，特筆すべき2脚のデザインにふれておきたい．

図1　チャイニーズ・チェア

その1脚は，1950年ウェグナー36歳のときに発表したラウンド・チェアである．ヨハネス・ハンセン社で製作した，その名のとおりアームから背へ，円弧を描

くような柔らかな曲線を描く椅子で,座は籐で編まれた温かみのある椅子である.

この椅子は市場では反応も悪かったが,アメリカの展示会に誘われて出展をしたところ,アメリカのインテリア雑誌に大きく取り上げられ,多量の注文がくることとなった.1960年のケネディとニクソンの史上初めての大統領選挙のテレビ討論会で使われ,後に椅子のデザインの世界では,「椅子の中の椅子」として,定冠詞をつけて「ザ・チェア」(図2)という通称で呼ばれて,今日なお市販される現役のデザインである.

2脚目は,同じ1950年にカール・ハンセン社から発表された当初は「ウィッシュボーン・チェア(鳥の胸の鎖骨の形に似た)」と呼ばれ,後年に「Yチェア」(図3)と呼ばれている.座がペーパーコード編みの小椅子である.

ウェグナーは家具を造る技術を身につけた職人であるだけでなく,デザイナーとしてもある意味での職人であった.その時代の人々の好み以上の,時代を超えた使用者の満足度を推し量る感覚をもっていた.それだけでなく,デザインの依頼を受けた工場の生産技術の得意技を見抜く目をもち,それに合わせるデザインをする職人技をもっていた.

カール・ハンセン社はザ・チェアを作ったヨハネス・ハンセン工房のような高い水準のハンディクラフト的な手業をもっていなかった.当時の木工機械4種を駆使して,量産性の高い,美しく,丈夫な椅子のデザインを生み出している.

Yチェアは1960年代の後半から日本で販売され,今日なお数多く販売されている.

日本人の好みに合う椅子の筆頭に挙げられるほどの位置を占め,とりわけ多くの建築家も好んで取り上げている.おそらく,日本製のどのような椅子より,長

図2 ザ・チェア

図3 Yチェア

い年月，日本で売り続けられて今日に至り，その間に売られた数は他の日本の木製の椅子を上回っているだろう．

●**北欧デザインの黄金時代**　ハンス・ウェグナーが数多くの優れたデザインを発表した時代は，第二次世界大戦が終結した 1945 年から 1965 年頃までの約 20 年の間であった．

この 20 年間は，「近代デザインの黄金時代」といわれ，後の好事家達には「ミッドセンチュリー（mid century）」として，北欧のみならずアメリカ，ドイツ，イギリス，イタリアなどの国で優れたデザインが生まれた，歴史的な期間とみなされている．

とりわけデンマークを中心に北欧諸国では，第二次世界大戦の終結と同時に，平和な時代の人間的な日常生活のための家具や陶器，ガラス器，金属食器，そして照明器具やカーペット，カーテンなど，多様な分野で注目すべきデザインが生み出され，世界中のマーケットに受け入れられた．

その中でもウェグナーの家具はその造形性と機能性，品質の良さで特筆すべき地位を確立した．

それは 14 歳から各職人のもとで実務に就き，マイスターの技術を習得した体験もさることながら，ウェグナー自身が「木材」に対する理解と愛着，そして，その可能性への夢をもち続けていたことも要因となっていると思われる．国産の樹種を，その目的に合うようにその特性を生かして使用するだけでなく，外国産の木材も積極的に活用した．また，デンマークのハンディクラフトの伝統を熟知しながら，必要に応じて機械を導入することをためらわなかった．「ハンディクラフトの手工具の延長として機械を使う」「機械に使われるのではなく，マイスターの心と技で機械を使う」，そして，「より良い品質で，より早く，より美しくできるのなら，もっと機械を使うべきだ」ということを自らの仕事の中で示した．

●**業績の顕彰**　今日なお，北欧のデザインの黄金時代の製品が作られ，売り続けられていることは喜ぶべきことである．

1994 年，ウェグナーの故郷トゥナに，南ユトランドの美術館を設立すると同時に，隣接して建てられていた 1902 年建築の給水塔の内部を改造して，ハンス・ウェグナーの作品の椅子 25 脚余りを展示したウェグナー博物館が開館した．まさに故郷に錦を飾ることとなり，ウェグナー自身「無上の光栄」と筆者に語っていた．2015 年，ウェグナー生誕 100 年を機に，トゥナのウェグナー博物館は給水塔を含めて拡張されると同時に，ウェグナー財団がデンマークの家具の振興，とりわけウェグナーのデザインの研究普及に貢献した世界の個人，団体に授与する「ウェグナー財団賞」を創設した．

その第 1 回受賞者に，東海大学名誉教授である織田憲嗣先生が選ばれたことは，日本にとって光栄なことで，うれしいかぎりである．　　　　　　　　［島崎 信］

北欧の照明デザイン・照明器具

●**北欧における"あかり"の重要性**　北欧諸国では夏は夜中まで薄明るい一方，冬には午前10時にようやく日が昇り，午後3時には暮れてしまい，日中はどんよりとした曇り空で1日のほとんどが暗く寒い．夏と冬で性格が変わってしまうほど，日の光に支配されている北欧の人達にとって，緯度の高さゆえに常に横方向から差し込む太陽光をいかにうまく建物に取り込むか，また長い夜に"あかり"を使ってどう快適に過ごすかは重要な課題だ．

特に建築家はいつの時代も，トップライトや窓の形状をうまく工夫し，まぶしくなくて効率よく，また建築空間に対して効果的に太陽光を建物の中に取り入れることを上手に行っている．さらに，日が沈んでしまった後の暗い空間に，照明器具からどのような光が放たれて建物を彩るのか，その照明器具自体が空間の中でどう見えるべきかを考える．建築家自らが器具をデザインするところから照明器具が生まれ，「ルイスポールセン［ルイ・ポウルセン］」社を代表とする北欧メーカーの照明器具は今や世界中の建物で受け入れられている．

一般の人もインテリアに対する関心が高く，特に暗い冬の間は家で過ごす時間が長いため，照明器具やキャンドルを駆使し，あかりを楽しむ．パーティーのときは玄関の外に大きな屋外用ろうそくを灯し，室内では照明を消して，たくさんのキャンドルで室内を柔らかな炎の光で満たす．キャンドルは夏の薄明るい夜を彩るのにも欠かせない．特にサマーハウスでは電源を必要としない手軽なあかりとして，ティーキャンドルを中心にブロック状，棒状，水に浮かべるものなどさまざまなものを使う．

スウェーデンでは11月1日にお墓に長時間灯せる屋外用キャンドルを置く風習があり，墓地を華やかにする．

フィンランドでは独立記念日に水色のろうそくを灯し，クリスマスにはろうそく型の照明を各部屋の出窓に置く．カーテンを使わない家が多く，集合住宅などではそれぞれの家が独自の照明を置いている風景が，外から建物を見た場合にライトアップのような効果を生み出す．スウェーデンではこの時期は星形の照明を窓に下げる家が多い．また，冬の鬱病防止に朝に白く強い光を浴びることが推奨され，日本の蛍光灯直付器具のような照明スタンドやブラケットが開発された．

●**街の光**　都市計画における照明のマスタープランは，設備設計事務所や照明デザイナーなどとともに町の都市計画担当者が中心となり，長い時間をかけて計画される．

幹線道路はポール灯によって照らされる場合が多いが，街路照明については，

7. 北欧の生活デザインと建築　ほくおうのしょうめいでざいん・しょうめいきぐ

図1　建築化照明として機能しつつ，デザイン的にも美しいナショナル・ロマンティシズムの照明器具（トゥルク墓地の復活礼拝堂：エーリック・ブリューグマン設計）

図2　アールトはトップライトの形状の工夫や，建築化照明の機能をもつ意匠的な器具の設計をさまざまな建物で行っている．光に方向をもたせる窓と壁方向に光を出すペンダント照明（イマトラの3つの十字架教会：アルヴァル（アルヴァー）・アールト設計）

図3　外光でも人工光でも同じように建築を照らす（カンピ礼拝堂）

図4　色を使った光の演出も多い（フィンランド自然史博物館）

図5　出窓のろうそく型照明の光はライトアップしたような効果をもたらす

建物から直接電源ケーブルを引いて空中に照明器具を吊る手法，建物に直接ブラケット型の街路灯で取る場合も多い．光源は効率の良さから，長らく高圧ナトリウムのオレンジ色の光を使うことが主流であったが，市街中心地の街路灯については放電灯の技術向上に伴い，電球色，白色などで演色性の良い光源を使う場合が多くなっている．新しく建設されるところは LED を使用しているが，日本ほど既存の建物の LED 化は進んでいない．

ライトアップは，主要な歴史的建造物などのみを照らし出し，街の中のシンボルとして浮かび上がらせる場合が多い．また，冬の間に屋外での照明イベントや恒久的なインスタレーションが各国で多く催されており，寒いにもかかわらず冬の夜長を楽しむために大勢の人が訪れ，観光客の誘致にも一役買っている．ユヴァスキュラ（フィンランド）は"City of Light"として街中で 80 か所以上の恒久的な光のインスタレーションを行っている．EU から Light in the City プロ

図 6 最近は昼と夜の見え方の違いを意識して素材をうまく見せる景観照明も増えている

図 7 左：演色性の良い放電灯を使用した間接光の街路灯
右：街中で光のアート作品にふれられる機会が多い

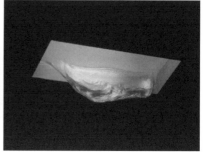

図 8 昼光照明も厳密に計算し照明計画された KIASMA では，随所の照明器具のデザインにも趣向が凝らされている

ジェクトとして補助金を受け，ライトアップ期間中に照明計画のシンポジウムを行う等，他の街と連携して市民や観光客のための環境照明デザインの普及を目指している．1月の"HELSINKILUX"（フィンランド）では光をテーマとしたイベントをコンペによって募り，アーティスト，照明デザイナー，炎のサーカス団，映像作家などによるさまざまなプログラムが催される．9月の"Lights in Alingsås"（スウェーデン）は照明デザイナーを世界各国から招致し，街のエレメントをワークショップ形式でライトアップする．

●**建物の光**　一般的に大きな建物については，建築家と設備設計者が相談して計画する．大きな設備設計会社の電気部門内には照明計画の専門部署があり，日本のように照明メーカーが照明計画の全体を設計提案することはあまりない．

●**照明器具**　太陽光が南の国ほど強くない北欧では，照明器具のグレア（まぶしさ）を嫌う傾向がある．そのため，テクニカルな器具では光源が直接見えにくいグレアレスの器具や，ルーバー付きの器具が好まれる．意匠ものの器具でも直接光源が見えない工夫や，半透明のセードで囲って光を和らげるものが多い．1950年代のミラノ・トリエンナーレで金賞を次々とさらった北欧の照明器具．今も照明メーカーは高い製造技術と光学的配慮の行き届いた造形的にも美しい器具をつくる会社が多いが，会社自体の数としてはあまりない．各国の代表的な照明器具の会社はフィンランドは Secto, Artek, Orno, Idman, スウェーデンは Fagerfult, Atelje Lyktan, Zero, ノルウェーは LUXO, Glamox, デンマークは Louis Poulsen, Le Klint, Riegens, などである．　　　　　　　　　　　　　　　［梅田かおり］

図9　シラカバのベニヤを高い技術で加工した Secto の器具．光源を直接見せない工夫がしてある

図10　オフィスでは電球色のアッパーダウンペンダントがよく使われる

ポウル・ヘニングセン

図1　ポウル・ヘニングセン（Louis Poulsen A/S）

デンマークのポウル（ポール）・ヘニングセン（Poul Henningsen, 1894-1967）は，良質な光を生む照明器具デザインを生涯にわたり追求したことで知られるが，彼の活動は照明だけにとどまらず，建築や家具デザインと批評，社会評論などの文筆活動，映画製作など多岐にわたった（図1）．特にヘニングセンの辛口な批評は有名で，無視することができないラディカルな論客として，当時のデンマーク社会に強い影響力を放ったパーソナリティであったが，ここでは彼の照明分野における功績に絞って紹介する．ヘニングセンの探求は，照明器具の外観デザインの美しさと同等に，というよりもむしろそれ以上に，その照明器具によって周囲の物や空間はどのように照らされるべきかに重点を置いており，デザインすべてにおいて光学的アプローチを行った．また，照明器具であれ建築であれ，合理的理由のないデザインはいっさい採用すべきではない，という彼の信念は特筆すべきものである．ヘニングセンは家庭用の照明だけを考えたのではなく，彼の仕事はオフィス，公共施設，工場，医療施設，街路など，人工照明が必要なすべての領域に及んだ．また，照明器具メーカー，「ルイスポールセン［ルイ・ポウルセン］」社との1924年に始まった協力関係は彼の亡くなる1967年まで続き，「ルイスポールセン」社はヘニングセンがデザインした照明器具を今でも20種類以上製造している．

●光の質の探求　電気による照明が普及し始めてまもない1920年代は，照明器具デザインも揺籃期にあり，良い照明の原理やデザインのガイドラインは何も確立されていない時代であった．ヘニングセンは照明と光のさまざまな実験，観察を通して，良質の光を発する照明器具をつくりだそうと試みた．彼の主要課題は，①照明器具からグレア（まぶしさ）を除去すること，②光が必要とされる方向に反射光を向けること，③そのためのシェードの合理的形状，④照らされるものを自然に見せる影の重要性，⑤明暗間の段階的なグラデーション，⑥生活に理想的な色温度の光，などであった．つまり，美しいと同時に人間の目の生理にかない，かつ効率的でエコノミカルな照明の実現がヘニングセンの目的であった．特にグレア（まぶしさ）は，良い照明にとって最大の障害であると問題視した．

●3枚シェードのPHランプ——基本形の誕生
(1925年)　ヘニングセンは，複数のシェードが組み合わさって独自の形状をした照明器具をたくさんデザインしたが，それらは彼のイニシャルをとって"PHランプ"と呼ばれている．複数シェードを使った最初のデザインの1つに，1925年にパリのアール・デコ博で賞を得た「パリ・ランプ」がある．これは，博覧会に参加するデンマーク・パヴィリオンのために前年に催された照明デザインコンペで選ばれたもので，6枚の洋銀製のシェードを組み合わせている．博覧会でも賞を得たものの，ヘニングセンはこのランプに満足しなかった．理由は，シェード

図2　3枚シェードのPHランプ
(Louis Poulsen A/S)

の枚数が多すぎて光のロスが大きく，おまけに鏡面に磨かれたシェードの内側で光源が強く反射し，グレア（まぶしさ）を発したからである．彼は研究を続け，シェードを3枚に集約し，効率良く光を反射・拡散すると同時に，グレアを完全に取り除く基本形を生み出した．これが3枚シェードの，いわゆるPHランプである（図2）．このランプが初めて使用されたのは1926年，コペンハーゲンのフォーロム展示場で開催された自動車ショーの高天井空間である．3種類の大きさのペンダントランプが作られ，最大のものは直径85cmであった．以降，3枚シェードを使った基本形デザインはさまざまなサイズと素材を用いて，ペンダント，テーブル，フロア，ウォールランプのシステムに発展した．

●対数螺旋という曲線　ヘニングセンは放物線や楕円曲線など，さまざまな曲線をランプシェードの形状として検討した結果，照明器具として最適な光の反射効果をもたせる目的で，対数螺旋という曲線を用いた．その理由は，次のように考えると理解しやすい．乳白色の板ガラスの平面に対して直角に光が当たると，ガラス面で反射されはね返ってくる光よりも，ガラスを透過してしまう光の方が多い．しかし，ガラス面に対して斜めの角度で光が当たると，透過する光よりも反射する光の割合が増す．そのため彼は，電球（当時の電球は透明ガラスの中心にあるフィラメント1点だけが発光した，いわゆる"点光源"の白熱電球）のフィラメントが発する光が，シェードのどの部分にも同じ角度で斜めに当たる対数螺旋曲線を採用した．3枚シェードの基本形PHランプには同一の対数螺旋が用いられ，螺旋の起点に電球のフィラメントが置かれる．そうすることで，3枚のシェード内側のすべての面積が斜めの同一の角度から光を受け，光が必要とされている方向に反射光を向けると同時に，まぶしいフィラメントは外からまったく見えなくなる，という設計である．PHランプのデザインの核心は，シェード形状に対数螺旋を採用して組み合わせたことにある，といわれる．

●デンマークでの普及　今でこそヘニングセンのPHランプは住宅用の照明として受け入れられているが，このランプが発表された当初は，その時代最新のデザインの照明として家庭よりもオフィスや公共施設で多く使用された．当時，一般家庭ではシャンデリアのように複数の灯具を組み合わせた照明がポピュラーで，PHランプをもっと家庭で普及させる目的もあって，ガラス製の3枚シェードのPHランプを3〜6灯，多い場合は18灯用などに組み合わせてシャンデリアのように見せるものが1930年代には多数発売された（ヘニングセンはこういったバリエーションには実際はあまり乗り気ではなかったと伝えられるが，当時のこれらの製品は，今ではアンティークショップで高値取引されるアイテムになっている）．

●さまざまな用途の照明器具　ヘニングセンの照明は3枚シェードのPHランプのバリエーションだけではなかった．自らも建築家として契約していたティヴォリ（チボリ）公園用には，回転する装飾的な庭園灯や，第二次世界大戦中公園で使用された灯火管制用屋外照明，手術室用の無影灯や歯科治療用の照明，道路交通用の照明システムなど，多くの用途の照明を光学的に研究し開発した．街路灯などは早くも1921年の時点でコペンハーゲン市のためにデザインし，その後何度も改良を加えている．

●代表作「PH 5」と「PHアーティチョーク」　これら2つは1958年の発表以来今も「ルイスポールセン」社による製造が続き，世界中で使用されている．それまでのPHランプは，透明電球の中心にあるフィラメント1点を3枚のシェードが遮ってグレアをカットしていたが，「PH 5」では，4枚のシェードと2枚の小さな反射板が電球すべてを隠している（図3）．当時，電球全体がまぶしく発光するフロスト電球がポピュラーになったからである．PH 5は光色についても独自の視点でデザインされている．白熱電球の光のうち，人の目の感度が高い黄と緑の色域の光を弱め，感度が低くなる赤と青の光を強調する意図で，ランプ内部と下面カバーなどの部分が赤と青に彩色された．この彩色はまた，夕刻の薄明かりの時間帯にふさわしい照明（PH 5は食卓用の照明として考案された）として，「暖かみと爽やか

図3　PH 5（Louis Poulsen A/S）

図4　PHアーティチョーク（Louis Poulsen A/S）

さをあわせもつトーンの光」をつくりだそうとしたヘニングセンの意図である．彼自身，PH5についてユーモアと皮肉を交え，こう記している．「私の考えでは，現代の白熱光のすべてのクオリティがこのようにして抽出される．つまり，それは光を精製することで，ブランデーやブルゴーニュをつくるプロセスに似ている．1本のアクアヴィットをつくるには大量のジャガイモが，1本のシャンベルタンにはたくさんのぶどうが必要だ．誰だってジャガイモやぶどうを生のまま食べることはできるし，同様に天井から裸電球をぶら下げることもできる．そうすればカロリーや光量は余分に得られるだろうが，それで満足するならあなたはかなり鈍感な人だ」．PH5はまずデンマーク国内で圧倒的支持を得て，海外で知られる最初のデンマーク製品の1つとなった．また2016年，PH5の独特なシェードの形状は，日本の特許庁に立体商標として登録された．一方，72枚の羽根（シェード）をもつ「PHアーティチョーク」は，コペンハーゲンに建築されたランゲリニェ・パヴィリオンのレストランのため，ヘニングセンが1931年の7枚ガラスのペンダント「セプティマ」をもとに1958年にデザインしたものである（図4）．すべての羽根の内側に光源の光が正確に当たり，器具全体が間接光で照らされる．その彫刻的なフォルムと光の美しさで，今日では名作照明器具としての評価が与えられている．

●ヘニングセンの照明の考え方の，現代における意味　白熱電球，蛍光灯，LEDと，光源の技術は変遷しても人間の目の生理は変わらない．グレア（まぶしさ）の有害性，物を自然に見せる影の重要性，明暗間の段階的グラデーションの大切さ．明るい光が簡単に得られる現代でも，このような基本事項に関するヘニングセンの考察は，大きな意味をもつ．ヘニングセンが亡くなって50年近くたった今，良質な照明が世界に行き渡っているかというと，そうではないからである．例えば，光の制御なくまぶしさだけをまき散らす街路灯の氾濫は，夜間の街並みをくっきりと見せていないし，住宅では，ただシンプルだからという理由で今でもまぶしい裸電球をそのまま吊り下げる住宅も少なからず存在する．部屋中を均質に明るくしてしまう住まい方も，一考を要する．照明はエアコンではない．"Future is inevitable, progress is not."（未来は必ずやってくるが，進歩はそうではない）とは，ポウル・ヘニングセンの有名な言葉である．　　[荒谷真司]

福祉施設のインテリアデザイン

●**日本と北欧との比較から**　北欧の高齢者や障がい者など福祉施設のインテリアデザインを考えるにあたり，まず，そもそもの日本での一般的な状況を確認しておきたい．その理解を深めるためにも，日本と北欧の状況を対比的にとらえておく．

　日本でもこの 20 年，利用者の暮らしの場として意識した福祉施設の計画や環境づくりは大きなテーマになっている．制度的にも高齢者介護施設では大部屋・雑居部屋中心だった居室の個室化が進み，収容施設的で集団一括処遇的な考えのもとでの施設づくりから，暮らしと個別的な生活支援に焦点を当てた支援と場・環境づくりに移行してきている．しかしなお，北欧の福祉施設環境と比較して「豊かさ」を感じさせない．その理由はどこにあるのか．

●**他人事のインテリア（日本）**　最も身近にある家具，照明，色彩などのインテリア要素を意識し，そこに目を向けることが欠けている点にその理由の一端があると考える．少なくとも福祉施設では，まだまだインテリアに対する意識や取り組みは十分ではない．手や目にじかに触れる，利用者の最も近くにある要素に対する意識とそのデザインのあり方である．

　もちろん日本人が，暮らしの環境のインテリアやしつらえに無関心かといえば必ずしもそうではない．書店に行けば，インテリアや家具の雑誌，暮らしの環境づくりの雑誌があふれている．「自分達」の生活空間や環境に対しては，豊かな環境づくりへの関心は低くない．

　しかし，「福祉施設」の生活空間・環境に目を向けるとどうだろうか．無造作にパイプ椅子が使われたり，普通の暮らしでは決して目にすることがない「施設的」で「特別」な介護用家具が使われたりする．家具，照明やカーテン等により温かみのある，心地のよい雰囲気をつくり出そうという配慮がほとんど感じられない事例もある．家具や照明，室内装飾などいわゆるインテリアは，施設計画上，後回しになることも多く，結果的にはさまざまなしわ寄せを受ける．保育園かと見間違えそうなデコレーションがされ，普通の暮らしの場とは異なるしつらえが平然とされる．「施設」の空間になると，とたんに「他人事」になってしまう（図1〜4）．福祉施設の環境や空間を，自分が暮らすわけではない，まったく別の世界としてとらえ，特別な何かが必要であると思い込んでしつらえてしまう結果である．

●**「家」と「施設」のギャップを埋めるインテリア（北欧）**　北欧の状況に目を移してみよう．建物は古い建物の再利用だったり，派手さのないシンプルなつくり

だったりすることが多い。
あくまで施設において建物
は器であり、大切なのは、
そこを使う人々、そこで暮
らす人々、そこで働く人々
が直接触れて、見て、感じ
る部分を整えることである
と考えられている。またそ
の中で、普通の暮らし（家）
との環境的なギャップを少
なくしていこうという努力
がされる。日本のように
「施設」が「家」とは別の
世界として位置づけられて
いるのではない。「家」の
延長線上に「施設」もあり、
人の暮らしが連続的につな
がることが大切であるとい
う意識である（図5～8）。

だからこそ、インテリア
のデザインやしつらえには
気を遣う。高齢者や障がい
者の福祉施設では、1人ひ
とりが暮らす部屋の照明器
具は各自が持ち込む。日本
であればどの部屋にも同じ
照明器具が設置されてい
て、そこに個性など出しよ
うがない。北欧ではそれ自
体が暮らしをつくり、個性
を生み出す大切な要素とな

図1 殺風景な廊下（日本）

図2 日常からかけ離れた生活空間（日本）

図3 介護用家具のみの生活空間（日本）

図4 与えられただけの居室（日本）

図5 家と施設の暮らしの連続性（フィンランド）

図6 「普通」であることの追求（フィンランド）

図7 暮らしを支える家具（フィンランド）

図8 住まいにする工夫（フィンランド）

る。リビングや食堂の家具や照明は家庭で使われるものと同じようなものが使われ、室内も家庭同様に飾りつけられる。生活空間をつくる施設のスタッフや入居者の家族が、その場所が暮らしの場所であるという意識を共有しながら、また自分自身が関わる生活空間として認識しながら環境をしつらえる。

また，日本では管理上から自身の「持ち込み家具」が制限されているところもあるが，対照的に自身での家具，照明やラグ，カーテン，食器や装飾品などの持ち込みは重要なことだと意識されているし，積極的に本人や家族に働きかけ，またその人に合ったかたちでしつらえる．自らの空間，住まいを形成するうえでは慣れ親しんだ家具やモノ，自身の好みに合ったインテリアをしつらえることこそが，単なる器であるその空間を「その人」の場所にする欠かせない手段なのである（図9）．

図9　住まいとして創り込んだ居室（フィンランド）

　寒く，暗く，厳しい季節が長い北欧．いかに室内（インテリア）を快適に整え，暮らしの基盤をつくるかということに意識が向かうのは必然でもある．私達が考える以上に重要なことであり，また直接的に暮らしに影響することとして1人ひとりが実感し，また意識している．

●ユニバーサルデザインとしてのインテリア　もう1つ，北欧デザインがもつ根本理念が，それを可能にさせている面もある．福祉施設等におけるインテリアデザインの具体や特徴をみるうえでも，北欧におけるデザインの意味や考え方についてもおさえておきたい．

　家具や照明，日常生活用品などに流れるデザインの思想は，機能的で合理的，変わることのない普遍的で本質的なデザイン，人々の日常の暮らしを豊かにするデザイン，余計なもの（装飾）を取り除く中で現れるそのものがもつ真の価値を表現するデザイン……，このようにいいまとめることができるのではないだろうか．鑑賞するための精緻に施された装飾ではなく，日々使い，使う中で豊かさを感じさせるデザインであり，誰もが時代を超えて手に入れることができ，また時代や文化を超えて美しいと感じさせる何かを秘めたデザインである．その素材や色，モチーフや形態が，人の心に訴えかけ，また寄り添うデザインが強く意識されている．

　これらは，装飾的な「足し算のデザイン」と対比したとき，一見すると質素で簡素なデザインとなるが，使い込んでも飽きがこなくて，生活の中に自然になじむもの，そしてデザインされているということすら忘れさせるくらいデザインに昇華されたもの，いってみれば「引き算のデザイン」という思想が北欧のデザイン全般に当てはまる．

　さて，そのような思想のもとでのインテリアデザインであるから，それは時も場所も人も選ばない．住宅から各種の公共施設まで，子供から大人まで，高齢者や障がいを抱える人まで，すべての人が享受できる成熟したものである（図10,11）．ある意味ではユニバーサルなデザインそのものなのである．

●暮らしをつなぎ支えるインテリアデザイン　「施設的」で「特別」なものはつ

くらないが，機能性とデザインに配慮したものはさまざまにデザイン・開発され，福祉施設でも使われている．例えば，シャワー・トイレユニットの計画においては，利用者の動作や介護者の動作，動線に配慮しながらも，十分な機能と高いデザイン性を兼ね備えた製品開発が行われている．手すりや便器の位置，洗面台の角度や形状，ユニットの寸法など綿密に調査・分析されたうえで機能的な質を高めると同時に，シンプルで美しいデザインも追求している（図12）．高齢者向けの家具デザインにおいても清潔・衛生面，安全性に配慮をしながらも美しく，また素材感にも配慮して心地よく過ごせるための製品が，暮らしを豊かにするための家具という大きな位置づけの中でデザインされている．デザインが主張することなく，しかしながらデザインを大切にして機能の中に溶け込ませている．

フィンランドの建築家・アルヴァー［アルヴァル］・アールト（1898-1976）は，1939年にサナトリウム（結核療養所）を設計した．病院としての機能はもちろんだが，療養環境としての豊かな環境づくりにも大きなエネルギーを注いだ．色彩計画，家具や照明のデザイン，患者の暮らしを豊かにするための設計とデザインを行った．療養施設だからこそ快適な環境とデザインを，という姿勢と思想である．だからこそ80年たった現在でもそのデザインは色あせることなく，建物も現役で使い続けられている．北欧においては，福祉や

図10 高齢者センターの様子（フィンランド）

図11 保育園の様子（フィンランド）

図12 デザインと機能の両立を目指したトイレユニット（フィンランド）

療養の環境においてのインテリアとそのデザインの重要性への意識は，時間をかけて醸成され，そして時代を超えて実践され続けているといえよう．

結論からいうと，北欧には「福祉施設のための」という特別なインテリアデザインはない．特別なニーズに応えるためであっても，あえて特別に「見せない」，「感じさせない」デザインを追求する．そこには，特別に意識させることのないデザイン，誰が，どこで暮らしても連続する生活環境の質を保証するツールとしての北欧デザインの本質がある．時も場所も選ばず，誰にでも受け入れられるデザインであるからこそ，「家」と「福祉施設」とが差異なく連続する豊かな生活環境，さらには地域生活の環境が実現できるのである． ［石井 敏］

フィンランドのグラフィックデザイン

　フィンランド・デザインと聞くと分野を問わず，シンプル，静けさ，自然のモチーフなどというイメージが浮かぶ人が多いだろう．フィンランドのグラフィックデザインもまた，そういった「静」の中に宿る表現の強さを得意としている．

●**光とデザイン**　フィンランドのデザイン感覚の根底に何があるか．数多くの論があるだろうが，日本からフィンランドへ拠点を移した筆者の個人的経験からいえば，それは高緯度地域の太陽がもたらす光の変化にあるように感じられる．白夜の夏はぐるっと北まで，冬は南の地表すれすれに顔を出す太陽．それは常に視界の中に飛び込む光源として「低空」でゆっくりと巡り，風景に横から光を当てて長めの影を落とす（図1，2）．大気への入射角の影響で光は暖かい色味を帯び，空は抜けるように青い．こうした光と時間の移ろいの感覚が，フィンランドのデザイナー達によって視覚表現やフォルムへ定着されているように思えてならない．

●**フィンランド・デザインの源流**　中世以降隣国のスウェーデンとロシアに繰り返し支配されたフィンランドは，華やかな王制や帝政の中心から地理的に離れ，豪華な装飾や建物のための資金や物資から縁遠かった．中央ヨーロッパの装飾文化とは異なる質素な日常が，地域の自然環境の影響と相まって素朴な紋様やスタイルを生んでいった．

　19世紀以降，民族意識を高めるナショナル・ロマン主義運動が起き独立の気運が高まり，芸術家や工芸家達はフィンランドらしさとは何かを追求し，そのスタイルの源流を作った．それはヨーロッパの産業発展の影響を受けながら，1917年のフィンランド独立前後に向けて大きく花開く．美術工芸デザイン領域では，フィンランドの民族的ルーツの探求がユーゲン

図1　低い太陽に照らされる草花

図2　フィンランド中西部，冬の正午に撮影した自分の影

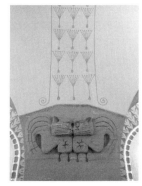

図3　ユーゲント・シュティールの内装装飾

ト・シュティールやアール・ヌーヴォーといった流行スタイルと混じり合い，世界の中のフィンランドを表現する方法が模索された（図3）．

●**芸術家達によるグラフィックデザインの誕生**
他地域同様，フィンランドでも近代グラフィックデザインの誕生期には，伝統的手法を身につけた画家や工芸家達が大きな役割を果たした．なかでも国民的叙事詩カレワラを題材とした絵画で有名な画家アクセリ・ガッレン=カッレラ（1865-1931）は，絵画のほか装飾デザインも数多く残した．炎を自然の草木のように表現した1900年パリ万博のための装飾ラグや，国民叙事詩カレワラの世界を当時の最先端技術「自動車」と組み合わせたポスターデザインは，フィンランド独立前の国際化・近代化の中で生まれた作品として有名だ（図4）．同時代の画家でガッレン=カッレラの弟子でもあったヒューゴ・シンベリ「フーゴ・シムバリ」が，森林企業キュンメネ社のためにデザインしたグリフォンのマークは，現在でも使われている商標としてはフィンランド最古のものである（図5）．

●**戦後工業デザインの発展とグラフィックデザイン**　第二次世界大戦でフィンランドは敗戦国となり，対ソビエトの戦後賠償に追われる苦しい時代を経たが，1952年のヘルシンキ・オリンピックの頃を境に，1960～1970年代には優れた工業製品とデザインが世界で広く認められるようになった．シンプルで力強い工業デザインは，グラフィックデザインとも相互作用を生み，広告やパッケージ，ポスターなどに明快で美しいグラフィック作品を多く生み出した．ガラスデザイナーのサーラ・ホペアとカイ・フランクが共作したヌータヤルヴィのガラスコップのパッケージデザインはそのよい例だ（図6）．グラフィックデザインと親和性の高いテキスタイルや食器デザインも，マリメッコ，イータラといった世界的なデザインブランドが牽引役となり，シンプルで力強い表現を生み出した．現在でも，優れた工業デザインのため

図4　ガッレン=カッレラによるポスター（Akseli Gallén-Kallela : Bil aktiebol, 1907. Photo : Tiina Rekola/Lahti Poster Museum.）

図5　UPMキュンメネ社ロゴ
左：ヒューゴ・シンベリによるオリジナルロゴ（1899年）
右：現在のロゴ（Image : UPM）

図6　サーラ・ホペアとカイ・フランクによるヌータヤルヴィ社のパッケージデザイン（1954年）（Photo : Junichi Kabusaki）

に制作されたグラフィック作品は質の高いものが多い．

このほかフィンランドという国のブランドを強く印象づけたデザインの例としては，1960年代後半にキュオスティ・ヴァリスによって刷新されたフィンランド航空のビジュアルアイデンティティを挙げることができるだろう（図7）．

● **ポスターデザイン** フィンランドはポスターデザインの世界では有名で，ラハティ市では，ワルシャワ，ブルノ，メキシコ，富山と並ぶ世界有数のポスターコンペ「ラハティ・ポスター・ビエンナーレ／トリエンナーレ（2014年よりトリエンナーレとなる）」となった．同市立美術館併設のポスター美術館もあり，世界の名作ポスターがコレクションされている．

90歳を迎えてなお精力的に活躍するエーリック・ブルーン（1926-）は，緻密な動物イラストから幾何学的表現までをこなすフィンランドを代表するデザイナーでポスターの名作が多い（図8）．1980年代以降は，タパニ・アールトマー，カリ・ピッポ，ペッカ・ロイリなど，シンプルで力強い表現のポスターが高く評価され，フィンランドのグラフィックデザイン・スタイルの確立へとつながった（図9）．

● **ノルディックモチーフ・デザイン** クマ，フクロウ，トナカイなどの動物，マツ，シラカバなどの森，野の草花，キノコといった北欧の自然のモチーフ．これらを線画や切り絵風にシンプルに表現したイラストデザインは，北欧テイストのイメージとして定着している．特に日本では「かわいい北欧」のイメージで新作も人気が高い（図10）．

図7　キュオスティ・ヴァリスによるフィンランド航空旧ロゴマーク（1968年）（Image : Finnair）

図8　エリック・ブルーンによるポスター「JAFFA」（Erik Bruun : Jaffa, 1959. Photo : Tiina Rekola/Lahti Poster Museum.）

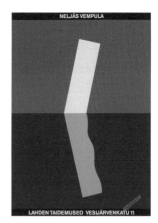

図9　タパニ・アールトマーによるポスター（Tapani Aartomaa : Neljäs Vempula, 1988. Photo : Tiina Rekola/Lahti Poster Museum.）

●ウェブ＆デジタルメディア時代のデザイン　近年のデジタルメディアの台頭は，従来のプリントメディア市場を縮小させ，もともと人口・市場規模が小さく，出版印刷制作コストが高かったフィンランドでは，この傾向は特に顕著だ．紙メディアはネットやモバイルへ，街角のポスターは次々とデジタルサイネージへと姿を変え，新しい表現方法の模索が広がっている．

変化の中で，デジタルメディアとプリントメディア，映像，イベント，タイポグラフィ，サウンドなどを総合的に組み合わせた新しい表現も増え，それらにトータルに対応できる優秀な中小規模のデザインエージェンシーが多く生まれている．Tsto が 2011 年に手がけた音楽イベント FLOW FESTIVAL のビジュアルアイデンティティは，会場，街，印刷物からネット空間までをシームレスにつなぐ表現で，これからのグラフィックデザインの方向性を示した好例であろう（図 11）．フィンランドには IT 技術に長けた人材が豊富で，新しいメディア表現の発展への期待も高い．

●世界へ　近年フィンランドから飛び出し外国へ活動範囲を広げるデザイナー，デザインエージェンシーが増えている．Kokoro & Moi 創業者の 1 人テーム・スヴィアラは，ニューヨークの Wolff Olins と Collins を経て Facebook のクリエイティブディレクターに就任（図 12）．前述の Tsto もヘルシンキとニューヨークにスタジオを構える．パリを拠点に活動する Ahonen & Lamberg は現地のみならず高い国際的評価を受けている．　　　　［遠藤悦郎］

図 10　カウニステ Sunnuntai マッティ・ピックヤムサによる（Image：Kauniste）

図 11　FLOW FESTIVAL 2011（Image：Tsto）

図 12　テーム・スヴィアラによるフィンランドデザインショップ TRE のための T シャツデザイン（Image：TRE）

インダストリアルデザイン

●ヘルシンキ市の新低床路面電車（ARTIC） 2003年，ヘルシンキ市は他の都市でも使われている汎用の低床路面電車を導入した．しかし床下スペースに余裕のない低床トラムは，冬の厳しい自然条件のため問題が多発し，半数以上が運行できない状況に陥った．そのため，ヘルシンキ交通局は当地の気候と条件に合った新しいトラムの研究を2007年に始めた．その要件とは，低床トラムかつ真冬の-35℃以下や雪や氷にも耐えること，そしてすべての車輪は駆動輪により凍てついた滑りやすい坂道や，ぬれた落ち葉にも適応できること，また18世紀に敷かれた，急カーブのあるトラムシステムに対応し，ゴムの緩衝装置を内包する車輪が良い乗り心地を保証すること．さらに車体に対して回転する台車の左右の車輪は連結されていることで，車輪とレールの磨耗を減らせることなどである．その要件を提示したコンペを経て，トランステック社がヘルシンキ市の仕様に基づくトラムを開発し，2014年よりテスト導入を始めた（図1）．最新のトラムデザインが1930年代にアメリカで開発され，第二次世界大戦後，トラムデザインのお手本となったPCCトラムに基づくことが興味深い．これは低床トラムでは初めて実現されたものである．

図1　ARTIC 外観

図2　ARTIC インテリア

最大限の人達に移動の自由をもたらすことが公共交通の目的であり，低床トラムでは，お年寄りや体の不自由な人達への配慮が必要になる（図2）．開発中には1/1のモックアップを作り，シートや手すりの位置のテストを何度も繰り返した．隣と5cmほど前後にずらされたシートは，乗客同士の肩が当たることを減らす工夫である．車椅子，盲人やリウマチの人の意見を何度も聞き要望を取り入れることも行われた．ドライバーのすぐ後ろに設けられた盲人用スペースには，盲導犬の足が他の乗客から踏まれることのないように大きめのスペースが取られたことがその一例である．靴についた雪や氷を溶かすため，床暖房の入ったフロアは耐久性があり落書きも落とすことのできる黒い天然ゴム製で，溶けた水を流す溝が彫ってあり滑りにくい．シートの柄は路線図をパターン化したもので，リサイクルレザー製の座面はぬれや汚れが一目でわかる．伝統の黄色と緑色のトラムはヘルシンキ市の景観の一部であり，市民の要望で変えることができない．ド

ア部分が大きく黄色に縁取られているため，視覚が不自由な市民にも，冬の間の暗い時期でも，ドアの位置が明確になっている．ヘルシンキ市では年間に400件ものトラムが関わる交通事故が起きる．そのため外装パネルの換装は15分でできるよう，ネジで止めてある．アヒルのクチバシのような低く突き出したバンパーは，歩行者がぶつかったときに下に巻き込まれないための形状である．直立した円柱形にカーブしたフロントウィンドウは，近代的でありながら都市の景観の一部として調和している．

　寡占化されたヨーロッパの鉄道製造会社は，共通化した列車を大量生産することを目的にしている．そうした傾向の中，ヘルシンキという比較的小さな都市のトラムがデザインされ，少量生産されることはまれな例である．その結果，静かな，滑らかな乗り心地の，真冬でも信頼性が高く，ランニングコストの低いトラムがデザインされたのである．これから少なくとも30年の間，市民に愛されるトラムとして活躍するであろう．

●ボルボトラック（Volvo Tracks）「トラックドライバーにとって，トラックとはウェイ・オブ・ライフである」．1日に8時間，週5日間の運転と，仮眠を含めるとそれ以上の時間をドライバーはキャビンの中で過ごすのである（EUでは運転時間が厳しく規制されている）．トラックの運転は単調で長時間に及ぶ．「ボルボトラック」では開発期間中に，ドライバーの意見を聞くため，キャビンに乗り込む高さ，外の見晴らし，ダッシュボードのデザインとレイアウトなどのクリニックが行われる．「シートのデザインに自由度をもたせ，運転中にいろいろな座り方ができること，ハンドルは上部と下部にそれぞれスポークをもち，いろいろな持ち方で握れること，ドライビングポジションをなるべく変えられることが運転の疲労を減らすことにつながる」とボルボトラックのチーフデザイナーであるリカルド・オーレイは語る．オーレイがスペインからスウェーデンまでトラックの運転を実際に経験することで発見し，デザインに取り入れられたことの一例である．これは，スポーツカーなどのデザインとは正反対のアプローチである．

図3　ボルボFHインテリア

　ボルボの最新の長距離トラックFHシリーズのインテリアは，機能的なだけでなく広々としたエレガントでシンプルな空間である（図3）．煩雑になりやすい計器や操作ボタンをまとめ，ドライバーの気が散らないようにすることは安全のためにも大事である．流れるような曲線と直線で構成されるダッシュボードはまるで北欧の家

図4　ボルボFH外観

具のようである．高速道路において見晴らしが良く，居心地の良い FH の運転席より快適な場所はないであろう．

　サイズの制約が厳しいトラックは箱型のキャブデザインに陥りやすいが，斜めに貫くラインを効果的に繰り返すことで，効率的かつ躍動感のある印象を与える（図4）．V字型のデイタイムドライビングライトは遠くからでも一目でわかるボルボの特徴である．必要な後方視界を確保しつつ，側面の死角を最小限にするため，サイドミラーのホルダーが細く削られているのは安全を重視するボルボの哲学の一端である．

　機能やコストが重要になるトラックの分野でも，北欧的な人間中心のデザインは常に大切にされる．使用者の環境に配慮しシンプルかつ機能的であることは，ボルボのデザインの大切な理念となっている．

●**ストックホルムの地下鉄**　ハンス・ザッカウのデザインである C20 型地下鉄車両は，ストックホルム交通局のコンペの結果，1999 年に選ばれた．ストックホルム市は，新しく魅力的な地下鉄を導入することで人々を自動車から公共交通に促し，渋滞や排気ガス少ない街を目指している．そのためカーデザイナーでもあるザッカウは，市民にとって，乗り物としても魅力ある地下鉄車両を提案した．地下鉄としては珍しい流線型の先頭車両は，洗練と効率を表現するデザインである．車体とドアは一体に青く塗られ，混み合った駅でも，明確に乗降口を見つけることができる．照明は均一に明るく安心感を与え，黄色い手すりと青いシート生地はスウェーデンの国旗の色と同じである．シート生地の模様は，漫画家でもあるラッセ・オーバリが，ストックホルムに実在する市庁舎などの建物のイラストをパターン化したものである．フルサイズの模型を作り，快適なシート形状や，スムースに人の乗り降りができるドア付近の空間を目指して，何度もテストが繰り返された．20 年たった今でも色あせないデザインであるが，これからさらに 30 年使われる可能性もあるという．

●**ボルボカーズ**　ボルボ自動車にとって，最も大事な理念が安全であることはいうまでもない．ボルボの安全に対する考え方は，ボルボに特有なものではなく，スウェーデンの国民性からくるものである．スウェーデンの広い国土に散在する人口と厳しい冬の自然環境により，小さな事故や故障でも命に関わる重大事にしてしまう．「安全は差別化や市場の競争の結果ではなく，スウェーデンの文化の一部であり，ボルボ自動車が大切にするのも当然である」．

　北欧的な機能主義とは，人の体の形態を感じさせる形や触ったときの柔らかさや見た目の快適さを感じる，人にとって快適な道具を目指すものであろう．2014年に発表された XC90 のインテリアは，シンプルで機能的でありながらも機械的な洗練だけではない，優しい形態をしている（図5）．インテリアに使われる木目は自然の風合いを残し，触感にも木を感じることができる．快適な形態をもつ

シートは，頑強なフレームが，柔らかくも芯のあるクッションをもち，長距離ドライブの多いスウェーデンの環境から生まれたボルボの伝統を受け継いでいる．現代的なデザインであっても，同時にアットホームなリラックスできる空間でもある．

　一目でボルボとわかるエクステリアデザインは，鉄板の厚みを感じさせる丸みを帯びた伝統のショルダーラインが強固な車体を感じさせ，守られている安心感を乗員に与える（図6）．視認性の高い縦型に伸びるリアライトは20年以上の間変わらないデザインであり，LEDを使って現代の技術で再構成されている．流行を追いかけることなく，ユーザーにとって長く信頼し愛される道具であることを大事にしてデザインされている．耐久性はボルボの伝統であり，北欧諸国では未だにボルボ240といったモデルを見ることは普通のことである．奇をてらい，派手なデザインの車を見かけることの多い路上で，ボルボは静かに上品な個性を放っている．

●フィスカースの鋏，園芸用品　フィンランド人の多くは，湖のほとりのコテージで長い夏休みを過ごす．その間，園芸や森仕事，サウナ，暖房用の薪を割る作業に，フィスカースの道具はなくてはならないものである（図7）．その

図5　XC90インテリア

図6　XC90外観

図7　フィスカースの剪定鋏

製品は機能的で，むだがなく，新しい機構や技術も使用者の立場でテストされながら出来上がったものである．使ってみると，驚くほど軽く，効率的であり，丈夫で長く使える安心感がある．デザイナーのオラビ・リンデンは，たくさんの木製のプロトタイプを作る中で，生産性の向上や使いやすさにつながるアイデアが生まれると強調する．コンピュータはデザインに欠かせない道具ではあるが，手で触りナイフで削ってモックアップを作ることで，温かみのあるシンプルで美しく機能的な道具ができるのである．

　フィスカースは17世紀から続く刃物，金属，鉄工業の会社である．現在は，鋏や斧，園芸用品の製造で知られる．オレンジ色のプラスチックの柄と金属の刃を一緒に成形した鋏を1967年に発明した．黒や赤，緑色のプロトタイプを作るつもりであったが，工場では成形機に偶然入っていたオレンジ色のプラスチック

のものも作ってみることにした．結果，社内でいちばん人気のあったオレンジ色が採用され，フィスカースといえば，オレンジ色ということになった．その後，世界中でコピー製品が出回るようになり，オリジナルがフィンランドで生まれたことを知る人も少ないのではないか．

●**プラスチック一体成形の斧**　従来の斧は，木製のハンドルを差し込む穴の向きが刃の鍛造方向と直角なため製造が難しい．木のハンドルを斧に差し込み，鉄の杭で固定するが，使っているうちに緩み，斧の先が飛んでいってしまうおそれもある．

　それに対して，鉄の刃をインサート成形される斧は，刃には穴を開けず，プラスチックの柄が刃を包み込むかたちで固定される．その構造は石器時代の斧と同じで先祖がえりしたデザインなのが面白い．プラスチック製のハンドルは軽く，重心バランスも良く，緩んで刃が飛んでいってしまうことはない．

●**剪定鋏**　剪定用枝切り鋏の柄をプラスチック製に変えるには，短くすることで素材のもつたわみを減らすことが必要であった．しかしそのままでは枝を切るのに今まで以上の力が必要となってしまう．柄の力を平行リンクと歯車を使うことで，長い柄の鋏以上に力を刃に伝えることができる．直径4 cmほどの枝でも驚くほど簡単に切れてしまう．短いことは重心を使用者に近づけ，長時間の作業でも疲労を抑える利点もある．軽量なグラスファイバー強化ナイロン製の柄は，歯車，刃，ヒンジ部がインサート成形され，ナイロン素材のもつ自己潤滑作用によって，油をささずにいつまでも滑らかに動かすことができる．素材を置き換えるだけではなく，工夫を凝らすことで，素材のもつ特徴を生かし使いやすい道具にできた好例である．

●**Nokia N9のスマートフォン**　ノキア社のN9は，スワイピングというユニークなインターフェースをもつスマートフォンである．正面には液晶画面だけでボタンはない．プラスチックの楕円の筒状の筐体と，曲面に磨かれたガラスが滑らかなデザインを構成する．画面と筐体との間には段差がなく，画面の両端から指を快適にスライド（スワイピング）することができる．背面には，ステンレスのカメラベゼルがはめ込まれ，ノキアのロゴがそこにエッチング加工されている．プラスチックの筐体のディテールは成形したものではなく，切削機械によって正確でシャープな穴が開けられ，スピーカーやボタン等の穴になる．また，成形からくる必要不可避なパーティングラインは研磨され，滑らかなデザインが保たれる．内部に隠されているマグネシウム製の骨格が，ねじりや曲がり強度を確保している．

　プラスチックの成形にはさまざまな制約があるが，N9のデザインにはこれまでにあったプラスチックを超えた品質がある．鮮やかなピンクやブルーも含むプラスチックの色は塗装色ではなく，プラスチックの生地の色を調色してできたも

ので，多少の傷がついても色がはげることがない．

●**Suunto Ambit シリーズ** オイルコンパスを発明し，軍用コンパス製造から始まったスーント社は，ダイビングウォッチで世界シェア1位であり，GPS スポーツウォッチもトライアスロンやマラソンの愛好家に支持を得ている．

図8 スーントアンビット3

マーケティングとイメージ先行の腕時計界において，スーント社の時計はあくまでランニングやトライアスロン，登山等で実質的な機能を果たすためのものである．多少大ぶりだがシンプルで洗練されたデザインのため，ビジネスや日常生活にも使える（図8）．スーント社の従業員の多くは実際にスポーツ愛好家であり，なかにはフィンランドのチャンピオン経験者もいる．そのため，製品はあくまで競技者が満足できることが大事にされ，テストが繰り返され，信頼のできるものとなる．走りながらでも読みやすくデザインされたシンプルな表示や，特別にデザインされたフォントもその一例である．大きな円形の液晶画面とリング状ベゼルが特徴で，ベゼルの東西南北を指すコンパスを模した刻みは，同社の歴史とアドベンチャーの精神を表している．ステンレス製のベゼルとプラスチックのボディーは正面の4本のネジで固定され，耐水性を保つ重要な役割をもっている．装飾を排し機能を追求したデザインである．

●**Electrolux 掃除機** Electrolux（「エレクトロラックス［エレクトロリュックス］」）は100年以上の間，掃除機を作ってきた会社である．

常に消費者の暮らしの中から，問題を見つけ出しそれを改善する製品を作ることを大事にしている．同社の製品エルゴラピードは消費者の生活を観察し，意見を聞くことで生まれたアイデアを製品化したものである．

例えば，朝食の後，テーブルの上のトースターの周りに落ちたパンくずを拾うときや，子供が食べた後に床に散らかった食べくず，玄関で靴から落ちた砂利など，ちょっとした掃除が必要なことが日々ある．しかし，そのようなときにはクローゼットから掃除機を出すのは面倒であり，箒やちりとりを使ってすませるのが普通だ．掃除機とは使わないときはしまっておくものであり，多くの家庭では掃除機を出して掃除をするのは週に1回，20分ほどという調査結果だった．

しかしエルゴラピードは，部屋の隅に置いておき，必要であればすぐに使うための掃除機である．20分から30分ほど使用できるバッテリーを搭載し，電源コードから解放されたことにより自由な操作性をもたらす．身のまわりにあるため，汚れたら素早く床を掃除することが苦にならない．食卓やキッチンカウンターの上は，ハンディー部分を取り外し掃除する．エルゴラピードは今までの掃除機を置き換えるのではなく，新しい使い方をする2台目の掃除機であり，使わないときの置かれ方も提案しているのである．

［江口俊二郎］

スウェーデンデザインの流れ

●背景　スウェーデンは元来，資源に乏しく貧しい農業国だったため，貧富の差があり，王族や貴族はバロックスタイルなどの南ヨーロッパからの文化に影響され，独自のスタイルの創出は難しかった．王宮や貴族のお城でも本物の大理石は使えず，漆喰や木造の壁や柱に大理石を模したペイントをしていたのである．スウェーデンのスタイルが知れ渡ったのは20世紀になってからである．19世紀後半，画家カーリンおよびカール・ラーション夫妻がさまざまな様式（アール・ヌーヴォーやジャポニズム）をパリから持ち帰り，ダーラナ地方に移住し，同時にイギリスのアーツ・アンド・クラフツなどの影響も受け理想の家を築いたことで，初めてスウェーデン・スタイルが世に知れ渡った．

　1919年，イェテボリ博覧会冊子に，芸術歴史家でもあり当時デザイン界に貢献していたグレーゴル・ポールソンが「日常品を美しく」をタイトルに寄稿し，工場で大量生産される日常品に対して，「芸術家は日常品の品質を向上させるために工場で働くべきだ．そうすれば熟考し設計，生産される」とデザイナーの必要性を指摘したのである．その後もアール・デコ中心の1925年に開かれたパリ万国博覧会でも，手工芸品は高い評価を得た（図1）．この時期の北欧機能主義と18世紀のクラシックなスタイルの融合は，後にスウィーディッシュ・グレイスと評されることになる．

　1930年にはバウハウスの影響を大きく受け，E. G. アスプルンドが主任建築家を任され，スウェーデン手工芸協会が当時の国内，アメリカ，ヨーロッパの手工芸品やデザインの紹介を目的にストックホルム万博を開催（図2）．そして1954年にはデンマーク，フィンランド，ノルウェー，スウェーデンが共同で2年間かけてアメリカ24箇所を巡回する「デザイン・イン・スカンディナヴィア展」を行い高い評価を得た．そして「建築，住宅，デザイン，芸術産業」をテーマにしたヘルシンボリ国際博覧会「H55」が開かれ，1955年はスウェーデンの黄金年といえる（図3）．国際展示会で作品を見せ評価してもらい，デザイナー達がお互いに交流し，万人のために美しいものを提供する，それがスウェーデンの基本

Robert Bonfils, 1925

S. Lewerentz / Svensk Form

Svensk Form

（左）図1　パリ万国博覧会ポスター（1925年）
（中）図2　ストックホルム博覧会（1930年）
（右）図3　FORM誌表紙，ヘルシンボリ国際博覧会（1955年）

精神なのである．
●世界のためのデザイン　1960年代から続く発展途上国を援助する目的でデザイン活動を継続しているアフロ・アートは，1967年にラテンアメリカ，アジア，アフリカのその土地の技術や文化を取り入れた工芸品を普及させる目的で始まったプロジェクトである．2002年には6人のテキスタイルデザイナー，カタリーナ・チント，マヤ・エークマルク，ボーディル・カールソン，エンマ・ラーボル，グニッラ・ルンドバリ，マリー・パーションが引き継ぎ世代交代し，現在世界で100以上の小売販売と路面店3店舗とウェブショップに展開している（図4）．スウェーデンでデザインし，アフリカ，南米，東南アジア28か国のクラフトマン達が生産し，生産国外での販売の流れを作り出し還元しているのである．

　近年，同様にトール・パルムとマティーアス・ラスクからなるデザイン・デュオ，「グリンプ」が，2010年にリンシューピング大学カール・マルムステン・ファニチャー・スタディース科の卒業制作プロジェクトにおいて，南アフリカで現地のクラフトマンと商品開発を行ったのである．その照明「禁断の果樹」は国内外で話題となり，2か国目のカンボジアでは海藻を紙紐で巻いて椅子やスツールを製作，その「スーパーヒーロース（Supper Heros）」はイタリアの家具メーカー，カッペリーニ社で発表された（図5）．2014年の最新作はペルーで木工を行っている．また，A new layer「スウェーデン人の視点で見た台湾の漆工芸」は国内で成功している若手デザイナー，M. クレネル，S. ルーヴグレーン，C.S. アンデション，G. グスタフソン，M. ストールボムが現地職人と漆を塗った現代のオブジェクトを製作し，2014年に発表している（図6）．漆文化のないスウェーデンのデザイナーにとってそれは新鮮で，新しい使い方の発見や機能が提案されたのである．2015年2月には無垢の木材に彫刻を施すボスニアの家具メーカー，ザナート社とM. フシュテル，H. コスキネン，G. ヴィーンゴード，S. ヘルデルがコレクションを発表した．デザイナー側には新たなアイデアや発想が，生産者側には販路が開かれ，同様のプロジェクトは増加すると思われる．

●デザイン賞　デザインSはSvensk Form「スウェーデン・デザイン協会」が運営し，1983年から2002年まで続いたデザイン賞「エクセレント・スウィーディッシュ・デザイン」は，2005年よりスウェーデン・コミュニケーション機関，

（左）図4　アフロ・アート店舗
（中）図5　Super Heros/Cappellini design：Glimpt
（右）図6　A new layerの作品の一部

SVID（スウェーデン工業デザイン財団協会）とともに新たな国立のデザイン賞，Design S を始めた．2 年に一度，応募作品の中から審査している．五度目の開催で，新たに 7 分野別（クラフト，工業デザイン，デジタルデザイン，ファッションとテキスタイル，建築，グラフィック，家具とインテリア）にし，海外から著名審査員（Li Edelkoort, Alice Rawsthorn, Giulio Cappellini, Ross Lovegrove）を招き審査を行うことになった．他にも，タレンティブな若者の育成と発掘を目的とした，UNG SVENSK FORMがある．1998 年から続く学生と 36 歳以下が対象のデザイン賞で，Svensk form（スウェーデン・デザイン協会）が主催しており，国内デザイン学生（国外留学生も含む）に国内外での展示や奨学金の機会を設けている．その他にもトレンドを引っ張るデザイン誌はもちろんのこと，デザイン企業もタレント発掘には積極的で，デンマークの muuto（2009 年～），HAY（2014 年～）が学生を対象にタレント・アワードを開催している．

●北欧デザインにカラーを　ここ数年，北欧デザインに変化が起きている．スカンディナヴィアン・デザインの主流は白をベースに木材や金属の素材感を生かしたものが多かったが，ペールトーンの色を多く使ったものが増えてきた．デンマークのホームブランドHAY が，2011 年に 10 周年を記念してヘイ・マーケット・コレクションを発表した際に，ストックホルムをベースに活動するクラーラ・フォン・スヴェイグバル

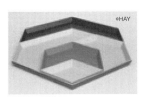

図7　Kaleido /Hay design：クラーラ・フォン・スヴェイグバルグ

グとシェーン・シュネックが AD を務め，「北欧デザインをもっと国際的なものに」とスカンディナヴィアン・デザイン＋色で国際的に広められるように提案した（図7）．商品だけでなくカタログ写真にも背景に色を多く配置し，世界中のマーケットの心をつかんだ．このコレクション発表後，多くのデザイン企業が商品に色をつけて販売を始めたのは記憶に新しい．この 2 人は 2016 年度ブリューノ・マットソン賞を受賞した．消費者，メディアの目にも新鮮に映り，受け入れられた．そして，HAY は北欧デザインのリーダー的ブランドになった．その後，色のトーンを変えながら続いており，2016 年はダークグリーンなどの落ち着いた暗いトーン色が，ストックホルム国際家具フェア会場では多く見られたのである．

●ノスタルジー　スウェーデンは地震がなく，200 年以上戦争をしていないため，16～17 世紀の建物も多く残り，当たり前のように人々が住み大切に使われている．景観はどの都市も美しく保たれているが，歴史的価値があるとみなされた建物は法律により建て替えや改装が自由にできない．さらに高さも制限されているため，慢性的な住宅不足から，住宅困窮者はストックホルムではここ 5 年で約 6 万 8,000 人（2015 年 6 月の数値），ここ 30 年では 140 万人（1984～2014 年）も増加している．北欧のどの国の首都も人口が都市部に集中しているため集合住宅

の建設ラッシュで，ストックホルムは 10 年間で 70 万戸の建設を目指している．主要都市の中心部は，1900 年前後から 1960 年代の集合住宅に住む人々が多数を占める．何世代も家主が替わり，そのたびに各年代の流行で改装され，多時代入り混じった内装となっているが，大抵の住人は建造年を把握しており，タイル，金具，トイレ，洗面台，水道の蛇口，照明器具に至るまで，オリジナルの年代のスタイルに戻す住人が増えている．当時を知らない世代が，古いスタイルを新鮮に受け入れているのがその理由だ．アンティークショップや蚤の市に行ってオリジナルを探す人も多いが，年代，様式別に新しく生産販売している会社がある．ビグファブリーケン（Byggfabriken）は 1997 年に南部のマルメで創業し，現在では国内に 5 店舗を展開している（図 8）．気軽にドアノブや，窓の金具交換や，ペイントや壁紙張りをこなす人は多い．郊外型のプロ志向の大型 DIY ショップがしのぎを削る中，小さな街のショップがインテリアや建築に興味をもつ一般の人々に支持されている．ヴィンテージ品の人気も沸騰中で，これまではミッドセンチュリー品は祖父母などからの遺品として受け継ぎ所有する人々が多かったが，タイムレスで長く使え，当時の家具は直しが利くうえに，価値が落ちないので投資の対象にもなっている．オークションハウスはインターネット上で簡単に入札でき，世界中で参加できるシステムを作り上げた．オークション＝骨董や美術品というイメージを壊し，もっと広い分野のアイテムを扱い，客層を広げている．

　また，当時の家具や小物がそのまま新しい技術により再生産されるケースも増えている．1949 年に建築家ニルス・ストリンニングによりデザインされた棚のシステムは，1950～1960 年代にかけて爆発的に売れ，近年，再び注目を浴びている（図 9）．カーペットでも当時人気だったプラスチック製のラグの人気が再沸騰している．もとは 150 年前から使われるようになった古布を編み込んで作っていた裂き織りマットを，1948 年にプラスチックリボンで織る技術がスウェーデンで開発され，ダーラナ地方で 1950 年代から 1980 年代まで生産されていたものである．パッペリーナ（Pappelina）社が 1999 年に当時の機械を使い新技術も取り入れ，同じ工場で再生産を始めた（図 10）．古着と違いはっきりした色とパターンが作れ，インテリアのアクセントとして色や柄を取り入れるのがトレンドとなったことにより，ここ数年国内外で人気を伸ばしている． 　　　［机　宏典］

(左) 図 8　Byggfabriken 店舗
(中) 図 9　String 広告（1953 年，*FORM* 誌掲載，右上がデザイナーの Nisse Strinning
(右) 図 10　Pappelina 社のカーペット Rex

北欧のデザイン教育

　1950 年代の北欧の人々は，戦争体験を通して人間の価値，人生の喜び，自国文化などをもう一度見つめ，福祉国家の思想にふさわしい概念"平等の教育"にたどり着いた．国民は年齢，貧富などに関係なく高い教育や訓練を平等に受けられ，それは生涯保障される権利であるといった，社会における教育の重要性と平等の尊さを唱えた．

　北欧各国では，教育は基本的にすべて無料であり，社会人になっても勉強を続けられる環境が高等学校，大学に整えられ，それを援助する奨学金，学生ローン等の公共システムも充実している．義務教育は 7 歳より始まり一般的に修得主義で個性を尊重する．特に 10 代の学校生活においては本人の学習能力を判断し，それに合った授業，補修コースまたはカウンセリングを行う．生徒の優れた能力を伸ばしながら，劣っている部分を補う考え方である．

　失読症（Dyslexia）の生徒のサポートも低学年より始まり，テストを受ける際にも考慮されるなど，幅広い能力を柔軟に受け入れようとする努力が随所にみられる．

　経済協力開発機構（Organisation for Economic Cooperation and Developmen）の学習到達度調査結果（Programme for International Student Assessment）を見る限り北欧の教育スタイルについてはさまざまな議論があるが，個人の実力と創造性を最大限に尊重するこの教育方針は，現在のデザイン教育を底辺より支えており，北欧デザイン芸術文化の一端を担っている．

　北欧には大学，ポリテクニックなど合わせると，20 以上のデザイン学科がある．スウェーデン以外の国は平均して 500 万人ほどの人口であるが，どこの学科を訪ねても，その行き届いた設備，充実したカリキュラム，講師陣の層の厚さに驚かされる．

　基本的に EU 圏内と他のヨーロッパの地域の大学では，統一された学習単位ETCS（European Credit Transfer and Accumulation System）システムを用いる．1 単位（1 study point）は 27 時間の勉強で，年間 60 単位取得しなければならない．学士課程 3 年で 180 単位，修士課程 2 年で 120 単位となり，大学院修了には 300 単位が必要である．

　交換留学も盛んに行われ，半年から 1 年間ほど修士課程の間に留学する学生が多い．北欧，ヨーロッパ圏内にはエラスムス留学システム（Erasmus Student Network）や，北欧議会（Nordic Council）が運営するノードプラス（Nordplus）などがあり，各大学と連携して交換留学や共同研究プロジェクトを援助する．交

換留学先で得た単位はETCSにより自国に戻っても承認され学位取得に活用できる．整備された教育環境，画一化された単位システム，また国際留学をサポートするさまざまな機関などが，北欧のデザイン学科が国際的に対応できる大きな要因の1つである．

2007年以降，北欧各国では大学教育システムの改革が行われ，新しい大学や学科，研究機関などが設立されている．特にデンマーク，フィンランドではデザイン産業は国際社会の中での自国の文化発信，経済の活性化を促進する重要な分野の1つで，デザイン教育はその核といってよく，大学だけではなく，専門学校，高校での授業なども含めさまざまな試みが行われている．

●デンマーク　1952年にデザインされたアント・チェア（Ant chair）や，デンマーク国立銀行の建築などで知られるアーネ・ヤコブセン（アルネ・ヤコブセン，Arne Emil Jacobsen, 1902-1971）や，精巧な木工技術と洗練された家具デザインで多くのデザイナーに影響を与えたハンス・ウェグナー［ヴィーナ］（Hans Jørgensen Wegner, 1914-2007）を輩出したデンマークは，近年は食器類や家具にとどまらず，時計，オーディオ，ファッションなど多岐にわたるデザイン産業が活発な国である．

義務教育は7歳から16歳までのフォルケスコーレ（Folkeskole）で，16歳からの3年間はギムナシウム（Gymnasium）で一般課程の勉強を続けるか，専門学校で技術やビジネスなどの勉強に取り組む．ギムナシウムの中にはグラフィックデザインや家具デザインを教えるところもあり，クラフトマンやデザイナーとしての基礎を学び始める．教師陣は専任の先生からプロのデザイナーまでと幅広い．

デンマークのデザイン教育の特徴の一部として70校を超える成人教育機関，フォルケホイスコーレ（Folkehøjskole）が運営するデザイン，芸術分野が挙げられる．

この機関はニコライ・フレズレク・スヴェリン・グロントヴィ（Nikolaj Frederik Severin Grundtvig, 1783-1872）が提唱した理念"生活のため，生きるための学校"に基づき実践的な教育を行っている．大学とは違い学位は取得できないが，充実したカリキュラムはデザイン，建築，アート，映像，教育学など多岐にわたり，現在のデンマークのデザイン芸術文化の裾野の役割を担っている．

デンマーク王立芸術アカデミー，建築＆デザイン学

図1　女子学生

図2　ガラス作品

部（Det Kongelige Danske Kunstakademis Skoler for Arkitektur, Design og Konservering）は古くは 1754 年のアカデミーの発足，1875 年のデザイン学校設立以来，北欧のデザイン文化に大きく影響を与えている．2011 年に王立デザイン，建築，芸術保存（コンサベーション）学校が統合された際にそれぞれ学科となり，アカデミーの一部となった．デザイン学科では工業デザイン，ガラス＆陶芸，家具デザイン，ゲーム，プロダクト，テキスタイルなど，修士号 12，学士 8 のプログラムがあり，近年では博士号での研究活動にも積極的に取り組んでいる．

　変化し続ける国際デザイン社会の中での革新的なクリエイターとして，またデンマーク文化へ貢献する人材育成を教育理念として，多くの官民一体のプロジェクトや他の大学との共同研究を行っている．学生は，個人の発想能力や技術的知識はもちろんのこと，高いコミュニケーション能力が求められる．交換留学も含め学生は世界中から来ており，修士課程の授業では課題に対して計画，討論，グループ作業などが行われ，若い世代が国籍や文化の違いを乗り越え，新しい考えや価値観を作り出すのである．製作の場では，デジタル化された機材が主流になる中，それと並行して手で磨き作り込み，感触を確かめ，また形を確認するなど，素材と人間の五感を大切にしたスタイルが印象的であり，ハンス・ウェグナーの家具デザインプロセスを思い起こさせる．博士号プログラムの研究活動ではインノチェインプロジェクト（INNOCHAIN PROJECT）がある．これは，デジタル技術がどのように建築文化の進歩を持続的に発展させるのか，新しい素材，デザインプロセス，問題解決方法などを研究する共有のネットワークである．

　またガラスデザインとクラフトの研究（Maria Sparre-Petersen, Sustainable Innovation of Glass Design and Craft）では，新しいアート素材として，ガラスの新しい技術はどのようにアートの分野の発展に寄与するのかを調べている．

●フィンランド　普段の生活になじむ機能性，温もりを感じる素材選び，そしてどの時代の変化の中にあっても，どこか普遍的で洗練されたデザインは，他のヨーロッパのデザインとは違った特徴である．一見質素にも見えるデザインでも，使っているうちに魅了されてしまうのである．1960 年代にデザインされた，ガラス食器などがフィンランド国内で今でも生産され，世界中のデザイナーより支持されている．

　デザイン教育は 16 歳の専修学校（ammattioppilaitos）から本格的に始まる．全国に 631 校あり，ビジネス，コンピュータエンジニアリングなど多岐にわたり，デザインの分野としては，グラフィックデザイン，ジュエリー，木工などがある．それぞれの専門課程は一般課程の授業と並行して行われ，分野によっては卒業時にはポリテクニック学士課程と大学学士課程に進学することができる．ヘルシンキビジュアルアート高校（Helsingin kuvataidelukio）のように高校の一般課程

に加え，ビジュアルやマルチメディアに力を入れる学校もある．

　フィンランドでは応用大学と大学があり，両方にデザイン学科がある．ハメ応用大学（Hämeen ammattikorkeakoulu），ラハティ応用科学大学（Lahden ammattikorkeakoulu）のデザイン学科は実践技術教育機関として実績を誇る．課題で出されるデザインプロセスの中にも手作業を多く取り入れ，プロダクトデザインでも素材の質感や表面の仕上げ，家具デザインではドアの作動音にまでこだわるのは，まさに北欧の工芸的アプローチである．

　地方都市特有の広大な森や湖群が校舎の近くにあり，ゆったりとした環境の中でデザインの作業に集中できる．多くの若い学生は情報社会の中で，世界の最先端のデザインの傾向を分析する．しかし，時にはそれとは無縁の森の奥深くを散策し，自分自身のデザインとは何かを模索するのである．彼らの多くがデザインに関して口にする「私らしさ，フィンランドらしさ」には，フィンランド人特有の自然に対する思いや，素材への造詣などがこめられている．

　アールト大学（Aalto Yliopisto）は，ヘルシンキ芸術デザイン大学，ヘルシンキ工科大学，ヘルシンキ経済大学が統合され 2010 年に設立された総合大学で，各分野の博士号課程，研究プロジェクトに力を入れている．またデザインと経済のように，いくつかの関連した分野を同時に教える複合教育（cross-disciplinary）によって，新しいアイデアや思考方法を模索する教育モデルを試みている．その中でも芸術デザイン建築学部（Aalto-yliopiston taiteiden ja suunnittelun korkeakoulu）デザイン学科（Muotoilun laitos）は数多くの著名なデザイナーを輩出し，フィンランドデザイン文化の中心的役割を果たしている．生徒数は850 名を超え，ヨーロッパ圏の一般芸術大学の全体学生数が 900 名前後のことを考えると，当学科の規模の大きさがうかがえる．学士課程（Taiteen kandidaatin tutkintoon）はデザイン，ファッション，インテリア＆建築の 3 つの専攻に分かれており，修士課程（Taiteen maisterin tutkintoon）ではプロダクト＆スペシャルデザイン，工業デザイン＆ビジネスマネジメントなど 5 つの専攻がある．アールト大学の特色の 1 つとして，企業との共同プロジェクトが挙げられ，プロダクトコンセプトを立案する過程を課題とする授業から，技術提供を受けて，実際に新しい製品を試作するワークショップまで活動は幅広い．

　プロダクト＆スペシャルデザイン専攻は，イタリアのミラノサローネ等での学生の作品も多く発表し，デンマーク王立芸術アカデミーやスウェーデンのリネー（リンネ）大学（Linnéuniversitetet）と，世界でも珍しいガラスデザインの共同修士課程（Nordic master program, Glass desing）を実験的に始めるなど，革新的な活動を続けている．　　　　　　　　　　　　　　　　　　　[中田一志]

北欧建築史

●初めに：「教会建築」と「住まい」からのアプローチ

　北欧建築の全体像を長い時間軸に沿って語りつくすのは，あまりにも大きなテーマである．ここでは古い歴史の部分を重視して，主に近代化以前の時期の北欧に絞ろう．そうすることで有効になってくるのが，北欧が「ヨーロッパ性」といかなる距離を取ってきたか，そして特徴ある「風土性」にいかに向き合ってきたかという視点である．北欧建築は歴史的文化遺産であるとともに，厳しくも豊かな自然条件の産物でもある．

　また，北欧に限らず建築の歴史を語るということは，そこに関わってきた人間の営みを語ることにつながっている．今回は，それを"祈る"と"住まう"の2つの行為に代表させて，「教会建築」の系譜と「住まい」の伝統を扱うことにする．つまり，「ヨーロッパ性」と「風土性」を縦軸に，「教会建築」と「住まい」を横軸にとって，これらを組み合わせて北欧建築史の全体像を浮かび上がらせる試みである．

　以下では，まず北欧の代表的な古い教会建築をいくつか取り上げて，ヨーロッパの様式建築との関係から特徴を示す．その一方で，小さな村々に建つ無名の教会についても目を向けて，風土との関係から描き出す．次いで，王侯貴族の夢の生活の跡ともいえそうな宮殿建築や地方領主の邸館を追う．そして最後に，一般庶民の生活の場となってきた各地域の住居や町並みの温かみにも触れてゆく．個々の具体的な建築例については他の項目でも取り上げられるので，ここではそれぞれの魅力を詳しく語るよりも，建築史として全体的な俯瞰を心がけるつもりである．

●中世大聖堂：ヨーロッパから導入された外来文化として

　北欧の古代，つまりヴァイキング期の建築遺構は残っていない．中世になって北欧にもキリスト教が伝播し，ちょうど同じ頃スウェーデン・デンマーク・ノルウェーが王国の形をなし始めて，各国の主要都市に大きな大聖堂が建った．中世にはまだ建築家がおらず，正確な設計図面もなかったため，大聖堂は建設職人を束ねる工匠が陣頭指揮をして作り上げたものだった．着任した司教とのつながりでヨーロッパ各地からやってきた工匠達は，それぞれ地元の大聖堂の様式を携えてきた．そのため，北欧の大聖堂はヨーロッパのさまざまな国の大聖堂の姿を彷彿させる点に特徴がある．北欧の教会建築は，まず仰ぎ見るような外来文化として成立したのである．そして，宗教施設であるとともに時の王権の意向に添い，

宗教儀礼が国家統制の道具としても利用された．

[ドイツから来た大聖堂]

- ルンド大聖堂（1180〜1145 年頃，スウェーデン，図 1）…12 世紀初頭に北欧管区がドイツからの分離を果たし，当時はデンマーク領だったルンドに北欧初の大司教座が置かれた．今も残る大聖堂は，後世の修復も一部あるが，北欧には少ない本格的なロマネスク様式である．ドイツ風の外観は砂岩を積み上げた重厚な姿で，窓が少なく薄暗い内部には 14 世紀からの天文時計が動き続け，地下聖堂（クリプト）もよく残っている．

図 1　ルンド大聖堂

- ロスキレ大聖堂（1170 頃〜1280 年頃，デンマーク，図 2）…デンマーク王家ゆかりの地であるロスキレには，近隣の港町コペンハーゲンが発展する前からこの一帯の司教座があった．デンマークで建設材としてレンガが利用され始めたのが 1170 年頃からとされ，大聖堂はその最初期に建設された．階段状破風をもつ姿は北ドイツによく見られるゴシック様式に近いが，一部平面構成にはフランスの影響も感じられる．近世ルネサンス期になって増築された付属礼拝堂の内部も美しい．

図 2　ロスキレ大聖堂

[フランスから来た大聖堂]

- ウップサーラ大聖堂（1270 頃〜1435 年，スウェーデン，図 3）…ウップサーラは異教時代からのスウェーデンの中心地であった．王国の成立後にここが大司教座となり，大聖堂も建設された．現在のものは初代が焼失後に，場所を移転して再建されたもので，パリから工匠 E. ドゥ・ボンヌイユが招かれたことが知られている．外観は高さ 118 m の 2 つの大塔が周囲を圧していて，内部には本格的な周歩廊や放射状祭室があり，大きなバラ窓のステンドグラスが輝く．北欧で最大規模のフランス・ゴシック様式の中世大聖堂である．

図 3　ウップサーラ大聖堂

[イギリスから来た大聖堂]

- トロンハイム大聖堂（12 世紀後半〜13 世紀，ノルウェー，図 4）…ノルウェー西海岸はヴァイキング期以来，北海を渡る航路でイギリスと深い関係をもっている．古都トロンハイム（旧ニーダロス）にノルウェーの大司教座が置かれることになり，大聖堂への拡張が行われたが，それを請け

図 4　トロンハイム大聖堂

負ったのもイギリスの大聖堂の地リンカーンからやってきた建設職人達であった．西側正面はスクリーン型で，13世紀後半の聖像彫刻で埋めつくされていて圧巻である．内部東端部の八角堂や大胆な形の内陣障壁にも，初期イギリス・ゴシック様式の香りがあふれている．

[来歴不明の大聖堂]

・カロンボー大聖堂（13世紀前半？，デンマーク，図5）
…やや変わり種とでもいえそうなのが，デンマーク・シェラン島西部カロンボーに造られた大聖堂である．レンガ造主体だが一部に花崗岩も使用され，いわゆるギリシャ十字型と呼ばれる4本の同長の腕が伸びる集中形式の平面で，中央部と腕の上に計5つの大きな塔が載った印象的な姿をもつ．地方レベルの大聖堂ゆえ資料が少なく，建設年代も確定はできない．来歴はさらに曖昧模糊としており，様式面からビザンティン様式のギリシャ，施工面から北イタリア・ロンバルディア地方，構造技術面からフランスやベルギーとのつながりなどが推測されている．こんな大聖堂も中世の北欧に届いていたのである．

図5　カロンボー大聖堂

● 村の教会：地域のランドスケープと一体化した存在

同じキリスト教会でも，大聖堂と異なったタイプのものもある．地元で得られる建設材を使い，土着の構法で建設され，地方の風土の中に溶け込むようにして建っている小さな教会群である．都市の大聖堂のような大建築ではなく，王権と一体化した国家的儀式の場にもならないが，それぞれの村で日々暮らす人々の心のよりどころのような存在であることが多い．北欧には，こうした面で役割を果たしている教会も多いのである．

[フィヨルド地帯の厳しい自然とともに]

・スターヴ教会（ノルウェー，図6）…ノルウェーのソグネ・フィヨルドを中心とした内陸部の一帯に，特異な価値をもつ建築遺産がある．約30の例が現存している中世初期の木造建築のスターヴ教会である．ログハウスとは異なった構法・屋根架構，随所のドラゴン飾りや組紐文様などは，キリスト教以前のヴァイキング達の建設・造船技術あるいは装飾感覚から受け継いだ要素が強く感じられる．険しいフィヨルド地形の中に，タールをかぶった黒々とした姿でヴァイキングの小墳墓などとともに並び建っているスターヴ教会は，

図6　スターヴ教会の例
　　（ホッペルスタッドの教会）

北欧文化すべての原点のような強い印象を残す．それと同時に，フィヨルドの奥深い村々に北欧のどの地域にも先駆けてキリスト教という外来文化をもち込んだ，ヴァイキングの末裔達の"国際感覚"にも驚かされるのである．

[一面に広がる麦畑の向こうに]
・階段状破風をもつ教会（デンマーク，図7）
…北欧の国々としては比較的珍しく，デンマークの特にシェラン島やフューン島には，よく人の手の入った豊かな田園が広がっている．そうした中に，小さな教会が静かに建っているのを目にすることがある．オランダや北ドイツの地方都市などで見る階段状の破風を立てたレンガ造の商家がもとになっている

図7　階段状破風の教会の例（キナートフテの教会）

が，デンマークの農村ではそれが例外なくスタッコ（化粧漆喰）で白く塗られて，村の教会としての役割を与えられているのである．デンマークでしか見られない心休まるようなランドスケープともいえよう．

[大地を支える岩盤とともに]
・素朴な花崗岩の教会（スウェーデン・フィンランド，図8）…中央スウェーデンから南フィンランドのバルト海沿岸一帯は，地質学ではバルト楯状地と呼ばれる花崗岩の岩盤から成り立っている．中世にはこの固い石をきれいな切石とする技術が広まっていなかったこともあって，石を単純に割って積み上げて大きな切妻屋根をかけただけの地方教会が作

図8　花崗岩の中世教会の例（テュルヴァーの教会）

られた．しかし，その素朴な姿こそが大きな空の下で印象的なシルエットを作り，存在感ある教会として地域のシンボルとなっているのである．

[森と湖の風景の中に見え隠れしつつ]
・近世のログ構法の木造教会（フィンランドなど，図9）…近世以降のフィンランドなどでは，花崗岩よりも豊富に使える木材を生かして，地域ごとに活動していた棟梁達によって多くの教会建築が作り上げられていった．棟梁達の技術水準は高く，ログハウスの構法を使いながら比較的大規模な教会も実現できる"箱柱構法"という技術を生み出しもした．それらは森に埋もれるように，あるいは水辺

図9　木造の近世教会の例（ピヒラヤヴェシの教会）

にたたずむようにして建ち，人々は乗り合いの教会ボートで毎週礼拝に通った．自然と一体化した当時の潤いある生活の様子が目に浮かぶようである．

● **近世宮殿や邸館：ヨーロッパ標準を目指して**

　遅ればせながら北欧にも，ヨーロッパ的な近世文化が到達し定着した．まず 17 世紀初頭には北欧の中心国デンマークにルネサンス文化がもたらされ，18 世紀頃には次に強国になったスウェーデンを中心にバロック文化も花開いた．王侯貴族達は，それまで砦のようだった自らの住まいを都市型宮殿に改装するにとどまらず，さらに広大な庭園が併設された豪華な郊外型宮殿に憧れ，それを着々と実現させていった．同じ頃，北欧にも建築家達が登場する．ただし当初は，ヨーロッパ各国出身の建築家が王などに招聘されてやってきたものであった．北欧生まれの建築家が登場するのは，近世末になる頃からである．

　一方で北欧の地方には，こうした中央の動きはまだあまり伝わらず，乏しい情報の中でヨーロッパへの憧れだけを募らせた結果，ヨーロッパ性と土着性の融合の美を秘めた独特の建築が生まれるような例も見られた．

[オランダからの建築家の招聘]

・フレズレクスボー宮殿（増改築 1602〜1620 年）とローセンボー宮殿（1606〜1624 年，デンマーク，図 10）…デンマークで重商主義を起こし，軍の整備にも熱心でスウェーデンとの戦いに明け暮れた国王クリスチャン 4 世は，同時にこの国にルネサンスをもたらし，多くの宮殿建設や都市計画も実践した"建築王"であった．レンガ色の壁面とそこに水平に走る白い石材のベルト，さらに緑青色になった銅板屋根，という色彩のコントラストが美しいデンマーク・ルネサンス様式の建築は，この王の力によってもたらされたといえる．

図 10　ローセンボー宮殿

フレズレクスボーは古い宮殿をもとに，王の命でオランダ人建築家シューテーンヴィンケルらの手で増改築された．ローセンボーは同じ建築家のアドバイスを得ながら，国王自身が設計を行ったとされる．

[自国出身の建築家の登場]

・ドロットニングホルム宮殿（1662〜1700 年，図 11）とストックホルム王宮（1687〜1753 年，スウェーデン）…建築家テシーン父子は，北欧人で初の本格的建築家とされ，彼らが手がけた大作がスウェーデン王家のための 2 つ

図 11　ドロットニングホルム宮殿

のバロック宮殿であった．ドロットニングホルムは，幾何学式庭園と風景式庭園，庭園内の宮廷劇場や中国パヴィリオンなど付属建築からなる本格的な郊外型宮殿である．ストックホルム旧市街そばの王宮は，完成当時ヨーロッパ最大の都市型宮殿として喧伝された．なお王宮近くには，"スウェーデンで最も美しい様式建築"とも評されるリッダールフュセット（貴族会館，1652〜1665年）があり，これはフランスから移住して王室建築家となったドゥ・ラ・ヴァレー父子の手になる．

[土着性との融合]
・イースコウ城（1554年，デンマーク，図12）…デンマーク・フューン島の田園地帯に作られた地方領主の城館．本館の周囲には小規模ながら幾何学式と風景式の庭園もあって大宮殿にも似た構成をもち，それに加えて果樹園や農場施設群も併設されていて，当時のマナーハウスでの生活の様子が伝わってくる．本館は中世以来の土着の力強さを残しつつルネサンス様式の洗練も一部に取り入れ，当時の北欧の地方へのヨーロッパ文化の浸透のあり方を教えてくれる．水上に浮かんだような本館の姿は，"北欧で最も美しい城館"といわれることもある．

図12 イースコウ城

● 庶民の住まい：地域の風土の中でのあり方
　程度の差こそあれ，ヨーロッパへの憧れを追求する余裕をもてた王侯貴族や地方領主の生活と比べれば，住まいに余計な出費はかけられない一般庶民達は，当然もっと質素で飾らない直截的な生活の場を求めた．産業革命以前の社会では大量生産された安価な建設材を大量輸送手段で運ぶことなどあり得ず，地元材を現地調達し，伝統的構法を生かしてそれを組み上げる方法がどこでも当たり前だった．しかし結果的には，それが地方の風土に適合して，気候に即した住まいと地方色豊かな町並みを実現させたともいえよう．

[丸太材利用の合理性]
・ログ構法の農家や町並み（スウェーデン・ノルウェー・フィンランド，図13）…最も古いヴァイキング期の住まいは現存しないが，柱と梁で組み上げる構法で壁が薄く，寒くて過ごしにくいものであったと想像される．その後の北欧で，丸太材を横たえて厚い壁を作って寒気の侵入を防ぐログハウスの構法が

図13 ログ構法の農家の例（ダーラナ地方の農村）

広く普及したのは，当然の成り行きだったといえるだろう．北欧でログ構法への信頼は厚く，近代化の進んだ20世紀に入っても，大都市の一部でさえログ構法で住宅が作られることがあった．中世の当初から，ログハウスは丸太をむき出しにした素朴な姿（タールを被せることもあった）で続いてきたが，近世以降は丸太材の表面に板貼りを施して着彩することも行われるようになった．スウェーデン・ダーラナ地方ファールンの銅鉱山から出た廃棄物を塗料に生かして壁を赤茶色に塗り，出入口や窓など開口部だけ白く際立たせる方法は北欧の広い地域に浸透し，"赤と白の北欧農家"のイメージとして定着した．

[北欧には少ない構法ながら]

・ハーフティンバー構法の農家や町並み（デンマーク，図14）…デンマークは北欧でありながら，ログ構法を発展させた他国とは事情が大きく異なっていた．丸太材の資源に恵まれず，その代わり寒さの程度はずっと穏やかであった．結果的にこの国（旧デンマーク領だったスウェーデン・スコーネ地方周辺を含む）は，オランダ，ドイツ，北フランス，イギリスなどと共通するハーフティンバー構法の家を定着させたのである．骨組みだけ木材で作り，隙間を適宜レンガで埋めて白や他色の漆喰で塗るハーフティンバー構法の家は美しく，中央ヨーロッパの農村風景や地方都市の町並みの豊かなイメージにつながっている．実際のデンマークでは，ログ構法の家などと併存していることも多いが，確かに他の北欧各国では見られないヨーロッパらしさが生み出されている．

図14　ハーフティンバー構法の町家の例（リーベの町並み）

[特異な条件が作り上げた住まい]

・石垣と芝土の家（アイスランド，図15）…アイスランドの歴史は，10世紀頃の無人島への移民から始まった．この国ではもとより森林資源が少なく，建国当初から住まいの確保が大きな問題だった．少しでも建設材を得ようと，ノルウェー方面からの流木を海岸で拾い集めて利用するなどしたという．そうした条件下で生まれたのが，石垣と芝土の家である．住宅の側面部は不足している丸太の代わりに石垣を積んで壁とし，屋根には木瓦でなく芝土を載せた．側面部に窓が取れず妻面のみからの採光なので暗いうえ，大地に密着した湿度の高い室内であったかもしれない．近代以降はこうした家はもちろん少なくなり，都市内ではヨーロッパ並みの姿の住宅も作

図15　石垣と芝土の家の例（アウルバイル民家博物館）

られるようになった．しかしそれらも，壁面仕上げに多くの板材が用いられず，代わって主にイギリスから輸入された波板トタンが貼られたのである．北欧のうちでも，特異な歴史を重ねてきた国だといえよう．

●**終わりに：「ヨーロッパ性」と「風土性」からとらえる北欧の建築と社会**

　まとめてみるなら，古い北欧の教会は，ヨーロッパの建築様式を映した文化遺産として理解できるタイプが残されている一方で，地域の風土の中に建って人々の日々の生活を支える役割をもつものも多かった．住まいの方については，これこそ地域のあり方に密着しているのが当然だといえるものの，上層階級の宮殿や邸館まで目を向ければここにもヨーロッパ文化への憧れがこめられているのを発見することができた．

　教会にせよ住まいにせよ，ヨーロッパ文化と独特の距離感を保ち，一方で風土とのつながりを常に無視できないのが，近代以前の北欧の建築なのだといえよう．そうした事情をわかりやすいかたちで伝えてくれている北欧の建築遺産は，北欧の社会全般のあり方を写す鏡なのだといえるかもしれない．　　　　［伊藤大介］

北欧の民家

●**民家**　民家とは武家住宅や貴族の邸宅などではなく，一般庶民の住まいである．建設材料の加工が機械化される以前，人々は住まいを，その地域に大量に存在し加工しやすい素材で造ってきた．さらに，民家は他の地域や国の影響を受け変化してきた．それゆえ民家には国や地域によってさまざまな特徴がみられる．よって民家を理解するためには，それが建つ地域の自然環境や植生等を知る必要がある．

●**背景**　北欧の自然環境を理解するうえでは，多分野にわたる北欧人研究者が提唱する"3つの地域"で見ていくとわかりやすい．北緯66度33分以北の「北極圏」，それ以南北緯60度近辺までの「冬の北欧」地域，さらに南部の「夏の北欧」地域である．フィンランド，スウェーデン，ノルウェーの北部は「北極圏」に属する．それらの国の大半の地域とアイスランドは「冬の北欧」地域に属し，三国の首都，ヘルシンキ，ストックホルム，オスロは，それぞれほぼ北緯60度近辺に位置している．それら首都の南部の地域とデンマークは「夏の北欧」に属するといわれる．「北極圏」と「冬の北欧」地域の北部は，夏，"白夜"の時期が最も長い．春と秋は極めて短く，"夏と冬の間に潜り込んだ季節"とも表現される．「冬の北欧」地域を"最も北欧らしい北欧"というのに対し，「夏の北欧」地域は"北欧らしくない北欧"ともいわれる．

　それぞれの地域の植生は，「北極圏」では低灌木と地衣類であり，森の面積は国土の1%といわれるアイスランドを除き，「冬の北欧」地域は，フィンランドを"森と湖の国"というように，それぞれ国土の60%前後を針葉樹の森が占めている．主な樹種は松，トウヒとシラカバである．「夏の北欧」地域になると，針葉樹は減退し広葉樹が主となる．「冬の北欧」地域の三国は巨大な岩盤の上に薄い土の層が乗ったような地相である．これは，ヘルシンキのテンペリアウッキオ教会や「世界一長い美術館」とも表現されるストックホルムの地下鉄の空掘りの構内，ノルウェーの世界一長い自動車トンネル，ラルダールトンネル等を思い浮かべるだけでもわかる．多く存在するこの岩盤は，道具の乏しい時期には容易に加工できる代物ではなかった．そこに存在したのが，痩せた土地でも育ちやすい松等の針葉樹の森である．栽培農業に適する土地はデンマークとスウェーデンの一部であり，他は牧畜や林業と漁業が主な生業であった．標高はデンマークがいちばん低く，ノルウェーが最も高く，その西部はフィヨルドが内陸奥深く入り組み，陸路の移動は極めて困難な地域であった．

●**構法**　北欧の民家には，大別して2種類の建物の建て方・構法が存在した．「冬の北欧」地域の"丸太組積構法"と「夏の北欧」地域の"軸組構法"である．前

述したように「冬の北欧」地域には大量の針葉樹の森が存在した．これらの地域の，フィンランド，スウェーデン，ノルウェーの民家は，そのまっすぐに伸びた松を伐り倒し，四辺形を構成するように地面に寝かせて，根元の太い方の元口と先端の細い方の末口とを交互に組み，積み重ねることで上端の水平を保ちつつ壁を構成する"丸太組積構法"（ログハウス）で造られていた．それは，一家の主を中心にした家族総出の素人集団でも建設可能であった．重なりが密になるように加工した丸太同士の間には，さらに苔などを詰め気密性をより高めにしていた．この構法の建物の屋根型は，納屋等の一部を除きすべて切妻屋根である．その屋根には，細い丸太を並べた上に防水材としてシラカバの樹皮を葺き，その上に土を載せ，流れ落ちるのを防ぐために草を植える．仕上げ材が半割丸太や板になっても，その下に防水材としてシラカバの樹皮を葺くことは変わらない．

まっすぐな木の得にくいスウェーデン南部の一部とデンマークでは広葉樹を生かした"軸組構法"となる．柱，梁などの間には日干し煉瓦や石等がはめられ，壁を構成する．軸組レンガ造である．この地域の民家の屋根も切妻型であるが，仕上げ材にはワラ等が用いられる．「北極圏」の遊牧民サーミには，さらに別な独特な住まいの造りが見られる（「サーミの各種構築物の合理的架構」参照）.

●**建物配置**　民家は，人々の生活拠点の主屋，倉，納屋，家畜小屋，鍛冶小屋，便所，サウナ小屋，等々さまざまな用途の建物によって構成されている．それらの建物の配置の仕方に，丸太組積構法と軸組構法とで大きな違いがみられる．

「冬の北欧」地域の丸太組積構法の民家は，それぞれの建物が個々に独立して建てられる分棟型であり，分散型配置である．厳密には地域や国によって違いはあるが，おおむね主屋の入口側に広場的な空間を残して配置される．ノルウェーでは主屋入口前の広場を Tun と呼び，クリスマスや結婚式などの際に人々が集う，外部の居間のような存在になっている．鍛冶小屋やサウナ小屋のような火を使う建物は，火災を恐れ，それらの群れのいちばん外側に配置される．

「夏の北欧」地域のデンマークやスウェーデン南部の一部地域の軸組構法の民家は，各種用途の建物がコの字型やロの字型に配され，しかも棟続きに連続して建てられる連棟型が現れる．連続した建物の壁に囲まれた中庭は，井戸を設けるなどした家事・農作業などの作業空間である．

以下は「冬の北欧」地域の丸太組積構法民家について三国の特徴を記す．

図1　丸太組積構法分散型配置　　　図2　軸組構法民家と連棟型配置

●**主屋平面プラン** フィンランド, スウェーデン, ノルウェーともに, 独立して建てられる主屋の原型は, 土間床の中央に平炉が設けられた1室住居である. 屋根は切妻型で, 妻側に入口が設けられていた. 入口前に丸太を立てかけた程度の風除けが設けられていたのが, 後に風除室でもある入口ホールとして建築化され2室ないしその奥に物置を設けた3室となり, このタイプの基本型が誕生する. このとき, 建物入口はホールの平側となり, 炉は主室入口側の左右どちらかの壁際に設けた竪型となる. 炉が主室奥に設けられることはない. これは, 入口から入る冷気を炉の熱で和らげ, 奥まで入り込むのを防ぐ工夫である. その後, 世代交代とともに老人室等の必要性が生じると, 入口ホールを挟んで主室の反対側, 建設の容易な妻側に増築する. 平側への増築はなく直列型平面である. この多室住居の段階に至ると各国平面プランにそれぞれの特徴が表れる.

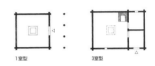

1室型　　3室型

●**平面プランの特徴** フィンランドのカレリア地方 Murtovaara に, 18世紀に建てられ現地保存された民家には, 増築して多室住居とする方法が, 立面にも極めてよく表れている. 丸太組積造の2棟の間の入口ホール部分は, 屋根は両側より一段低く壁も柱の間に板をはめ込んだ簡単な構造で, 2棟のつなぎの空間であることが表れている. その後, 平面構成の内容は変わりないが, 入口ホールも両側同様, 丸太組積造で統一され, 屋根も一体化される. フィンランドには多室住居の基本型民家がよく残されている（図3）.

スウェーデンには, 多室住居の基本型の中に, この国独特の平面プランが登場する. 入口ホールを挟んで主室の反対側に設けられた同規模の部屋で, この空間は, 結婚式やクリスマス会等の晴れの日にだけ使われ, 日常的には閉ざされた特別室となっている. この特別室の存在は他国の民家には見られない（図4）.

入口ホールを挟んで主室の反対側に他室を設けると前述したが, ノルウェーにはその多室住居の基本型を破る平面プランが現れる. 主室の平側にポーチを設け, そこから主室に入るプランであり, 他国には見られない（図5）. 傾斜地の多いノルウェーでは主室の反対側に部屋を増築する土地がなく, やむを得ずホー

図3　フィンランドの民家　　図4　スウェーデンの民家　　図5　ノルウェーの民家

ルを老人室にし，前庭側にポーチを設け，直接主室に入ることにしたのである．

●**領域と境界の象徴**　これら民家の主室は，一辺5～6mの正方形平面で，家族の日常生活のほとんどすべての行為が行われるオープンな1室であるが，それぞれの国ごとに，その中にいくつかの定まった"領域"が存在し，その境界に"象徴としてのモノ"の存在が見られる．フィンランドではカレリア地方中心に，主室の1/4近くの面積を占める炉の角から部屋の2方の壁に向かって棚板が設けられている．物を載せる棚であれば壁際の方がたわまなくてよいのだが，頭の高さすれすれの中空に棚が走っている．部屋の家具などとの関係性を調べると，部屋を4つの領域に使い分け，その境界に棚が存在しているのが見えてきた．つまりこの棚板は，部屋をその"機能"ごとに4つの領域に使い分け，その"境界の象徴"として存在しているのがわかる．スウェーデンを調査すると，主室入口奥へ50～60cm入った頭上に入口に平行に角材が渡され，さらに炉の角から平行に壁に向かってもう1本角材が伸びている．部屋奥の大テーブルの上には竜の彫り物で飾られたバーが吊り下げられている．聞けば他人は最初の角材まで，友人は炉の角の角材の手前までは入ることが許されることを示しているという．奥のバーの下は家族の領域を示している．別な家ではもっとあからさまに，炉の角から入口に平行に，床から1m40cm前後の高さに曲がりくねった梁が渡されており，頭を屈めなくては奥へ進めない．許しを得ない者は入れないのだ．入口側の梁にはプアーマンズビーム，奥のバーにはクラウンバー等の名前がついている．ここには"他者に対する防御の姿勢"が見て取れる．ノルウェーには建築的な表現はないが，家具が他者との関係を表現している．主室入口脇の長さ60cmほどのベンチは，物乞いに何か見繕う間座っていてもらう座だという．別な例では，主室大テーブルの手前のベンチの背が回転する．来客に対して，背が大テーブル側にある時は，今日は食事は出せません，背が反対側にあるときは，一緒に食事をしましょう，ということを無言で表現している．いずれも他者をむげに追い払うことのない，いわば"歓待"の表現といってよかろう．それぞれ国民性の表れともいえるだろう．

[長谷川清之]

📖 **参考文献**

長谷川清之『フィンランドの木造民家』1987, 『スウェーデンの木造民家』2006, 『ノルウェーの木造民家』2010, 井上書院．

図6　フィンランド：機能

図7　スウェーデン：防御

図8　ノルウェー：歓待

北欧の民家園──歴史と思想

●**民家園の歴史**　民家を移築保存する野外博物館（通称民家園）の起源は 1891 年設立のスウェーデン，ストックホルムのスカンセンである．

アットゥル・ハセーリウス（Artur Hazelius）による発案で，言語学者であり，教師であった彼は 1873 年，失われていく伝統的な民家や生活に危機感を抱いたことをきっかけとして，スカンディナヴィア・エスノグラフィック・コレクション（現北方民族博物館）をストックホルムに設立した．その後スウェーデン各地の伝統的な暮らしを，実物の民家を移築することで展示する博物館としてスカンセンが企画された．

1867 年のパリ万博，1873 年のウィーン万博の頃から万国博覧会の展示で民族衣装を着た人形や民家のインテリアの再現，あるいは実際の民家などの展示が流行し，ハセーリウスはそれらから多くの影響を受けているといわれている．これらは自国の文化の展示だけでなく，植民地主義的な発想による差別的な展示も多かったようだが，この展示方法はこれまでにない画期的なものであり，これを常設の博物館で初めて実現したのがスカンセンともいえる．スカンセンという名称はその敷地に由来し，「城塞，要塞」という意味をもつが，各地で民家園の代名詞のように使われており，東欧の民家園では正式名称とは別に俗称でスカンセンと呼ばれることが多い．それほどスカンセンの存在は大きく，ほとんどの民家園がその影響を受けているといっても過言ではない．

スカンセンのオープンの翌年，1892 年にはイェーオリ・カーリンによって，スウェーデン南部のルンドでクルトゥーレン文化史博物館が設立されている．以後，ノルウェー，フィンランドなど北欧から東欧へと広がり，次々と民家園が開園されていく．第二次世界大戦の空白を経て，戦後はドイツ，オーストリアでの開園が多くなる．また東西冷戦時代である 1960 年代の旧ソヴィエトで大規模な民家園が登場しているのも興味深い．この時期にはその国の全域の民家を集めるのではなく，特定の地方を対象とする民家園も増加していく．

●**保存する対象の拡大**　当初は民家の移築保存を中心とし，民具や民族衣装のコレクションが大きなテーマだったが，後に伝統的な技術の保存と展示が加わるようになる．さらに移築前の周辺環境の再現にも力を入れるようになってくる．民家は現物を移築できるが，環境は切り取って持ってこられるわけではなく，また博物館の敷地の関係で規模を縮小しなくてはならない．周辺の地形，樹木から農地，農家の作業庭，付属建物の配置など，オリジナルとまったく同じではないが，それらしく見えるような景観を作ることに力を注ぐようになる．そこには高度な

ランドスケープデザインが要求されている．またかつて栽培されていた農作物を作ったり，かつて飼育されていた家畜を飼ったり，さまざまな分野での伝統的生活の保存と展示を目指すようになる．この農業や牧畜業に関わる景観の導入によって民家園を民家の展示場所から生き生きとした環境に変化させた．

●再現する時代の拡大　民家はどこの国でも，同じ土地にある宗教建築ほど遺構の年代がさかのぼらない．民家園に移築保存される民家は古くても15〜16世紀で，18〜19世紀のものが多い．新しいものがどこまで保存対象になるかは民家園の考え方によってかなり異なるが，近過去の建築をコレクションに入れる民家園も増えてきている．ノルウェーのマイハウゲンでは1980年に住宅メーカーが建てた家が，1995年に移築されている．またそれぞれの民家が建った当時の様子を再現するのではなく，全体をある特定の時代に設定して構成する手法が増え，同じ場所に並ぶものの時代考証が求められるようになる．その結果タイムスリップしたかのような楽しみ方ができるようになり，それまでの場所性の表現に時間軸の表現が加わることになる．考古学，建築史的な視点から見た建築はオリジナルの状態が最も尊く，建った当時の状態に復元するのが最も正しいとする傾向がある．確かに建った当時の状態を調査することは基本であるが，民俗学的な視点からすれば，その建築がどう使われてきたか，時代とともにどう改変され，継承されてきたかという調査も重要である．民家園には建築博物館と民俗博物館との両方の機能が求められている．ノルウェー民俗博物館にある1999年に市内から移築された3階建てのアパートでは，建った当初の19世紀末から1965年のティーンエージャーの部屋，2002年のパキスタン人移民の部屋などさまざまな時代のインテリアが再現されている．生活環境の変遷を見せるという主旨で，今後この手法は増加すると思われる．

　以下，代表的な北欧の民家園を紹介する．

●スカンセン（ストックホルム・スウェーデン）（図1〜3）　1891年に設立され

図1　南部スコーネ地方の民家

図2　スカンセン開園時に移築された18世紀初期の民家

図3　スウェーデンの教会特有の木造鐘楼

た世界で最も古い野外博物館であり，各国の野外博物館のお手本になっている．ハセーリウスは，1891年春にスカンセンの丘に土地を買い，その年の秋にはすでにオープンしている．敷地は約30 haで徐々に建物が増え，現在150棟に達する．ほとんどの建物は移築されてから100年以上たっていることになる．スウェーデン全域からの移築によるが，丘の上にノルウェーのロフトが1棟あり，初期にはスカンディナヴィア全域を対象にしようとしていたことがわかる．敷地は丘状に起伏があり，周囲の眺望が良い．ガラス工場などがある市街地部分と農村部分からなり，動物園，コンサート会場など他のエンターテインメント施設が併設され，市民の公園としても機能している．

●**ノルウェー民俗博物館（オスロ・ノルウェー）**（図4～6）　スカンセンの3年後，1894年にハンス・オールによって企画された古い民家園で，1898年，オスロ郊外でオープン．敷地面積14 ha．高低差がある敷地にノルウェー全域から155棟が移築されている．街のゾーンは1624年の大火から1924年まで，オスロがクリスティアニアと呼ばれていた頃の街並みが再現されている．農村のゾーンは地方ごとに分かれていて，ロフトと呼ばれる校倉の蔵が並ぶ．丘の上には1200年代前半に建てられた教会，ゴールスターヴ教会が移築されている．屋内展示は民族衣装や民具などのコレクションが充実している．

図4　1797年に建てられたロフト

図5　ゴールスターヴ教会

図6　1700年代のセッテスダールの民家

●**マイハウゲン（リレハンメル・ノルウェー）**（図7, 8）　オスロの北にある，冬季オリンピックが開催された町リレハンメルにある．マイハウゲンとは「5月の丘」という意味で，その丘の上にある約200棟の建物を有するノルウェー最大の野外博物館．歯科医アンネシュ・サンヴィークが民家をコレクションとして自宅の庭に移築していたものが母体となり，1887年に企画がスタートし，1904年に博物館としてオープンした．屋内展示は1959年のオープンで，膨大な写真のアーカイブ

図7　湖畔のランドスケープ

図8　中部オップラン地方の小屋

をもち，職人の作業部屋の再現など，内容も豊富で充実している．特にランドスケープデザインが秀逸で，池をうまく取り入れた配置や，風景と建物の関係，順路などがよく考えられていて，絵になる風景が多数用意されている．全体は3つのゾーンに分けられていて，農村のゾーンでは1700〜1850年に焦点を当てている．街のゾーンは19世紀初頭から1920年まで，住宅のゾーンには20世紀の戸建て住宅と，時代の設定がはっきりしている．

●セウラサーリ（ヘルシンキ・フィンランド）（図9，10）　ヘルシンキの郊外，市が所有する博物館島，セウラサーリ島にあり，島全体が公園になっている．面積は約46 ha，ゲート状の橋でアプローチする．島の約1/3がフィンランドを代表する野外博物館になっている．スウェーデンのスカンセンをモデルとして1909年に企画がスタートし，1913年にオープンした．セウラサーリ財団が運営している．多くは17〜19世紀の建物で，フィンランド全域からの移築によって構成されている．87棟の建物ほとんどが校倉造で，1686年築の教会が最も古く，チャーチボートのための舟小屋，樹上にあるサーミ人の倉庫などフィンランド特有の珍しい建築が並ぶ．

図9　北部の少数民族サーミ人の食料庫　　図10　チャーチボートのための舟小屋

●フリランスムセーズ（コペンハーゲン・デンマーク）（図11，12）　名称は単に「野外博物館」という意味で，コペンハーゲン市街の北約15 kmにあり，1897年に企画が始まり1901年にオープンした．広さ約36 ha．1650〜1950年の建物100棟以上からなる国立博物館．フェーロー諸島を含むデンマーク全域，および旧デンマーク領だった南スウェーデンと北ドイツの一部からも移築されている．民家はハーフティンバーに草葺き屋根という組み合わせが多く，中庭を囲む配置が多い．レスー島の屋根が海草で葺かれた民家が珍しい．民家以外にも工場や風車などが移築されている．敷地はほぼ平坦で，野外ステージ，ピクニックエリアなどが用意されている．各建物の保存状態は良く，ガイドブック，図面集なども充実している．

図11　屋根が海草で葺かれたレスー島の民家　　図12　南部の民家はドイツ北部と似ている

[岸本　章]

ノルウェーのスターヴ教会

●**特別なかつての日常** 「スターヴ教会はノルウェーの中でも傑出した建築である」．以前，この言葉をオスロ建築大学にてたびたび耳にし，ノルウェーの現代建築家にとっても特別な存在となっていることを改めて感じた．

多くの歴史的建造物と同じように，スターヴ教会もかつては日常的に使用され触れることのできる建築であった．いくつかの説があるが，最も多いときでノルウェー全土に800〜1,000棟が存在していたといわれている[1]．主に11世紀から14世紀初頭にかけての建造であることから，当時の人口を考えれば多くの人々にとって身近な存在であったことが想像できる．

スターヴとは垂直に立った「支柱」を意味している．その構造は丸形の木支柱や厚板を，天井に渡されたかすがい梁と土台の間に釘や金物を使用せず垂直にはめ込む工法による（図1（a））．基礎部分には，石の上に方形に組んだ木造の土台をしつらえている（図1（b））．

スターヴ教会はこれまでノルウェーにおいて多くの研究者や建築家によって分析されてきた．なかでも最も古く，また広く知られている著書の1つが建築理論家クリスティアン・ノールバルグ＝シュルツ（Christian Norberg-Schulz）による *STAV OG LAFT*（1969）であろう（図2）．クリスティアン・ノールバルグ＝シュルツの論考においては，スターヴ教会とノルウェーのランドスケープとの関係を理解することが重要なテーマになっている．シュルツの研究は「場の精神」と生活とを関係づけることに焦点を合わせており，そしてまた森や雪の季節など，自然の姿を理論の中に詩的に記述している[5]．

(a)

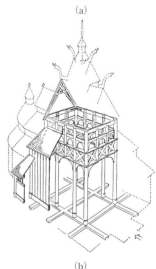

(b)

図1 (a) ボルグン・スターヴ教会の断面図[2]．(b) 立体図[3]

また1953年のアンネシュ・ブッゲによる著書 *Norwegian Stav Kirker* も挙げられる．この中ではスターヴ教会の構造システムを，「ウルネス・タイプ」「ボルグンド・タイプ」「トルポ・タイプ」と3つのカテゴリーに分けている．これらのカテゴリーは建てられた年代によるものでなく，風力など耐候性能力による違いから生じていると分析されている[6]．

その他興味深い例として，グンナル・ブッゲ（Gunnar Bugge）らによる著書では，日本の歴史的木造建築である五重塔との構造的類似性が挙げられている[7]．多くの日本人がスターヴ教会にある親密な感情を抱くのと同じく，ノルウェーの研究者によっても建築構造においては日本との関係が理論的に論じられている（図3）．

●建築家なしの建築　建築理論家バーナード・ルドフスキーによる『建築家なしの建築』（1964）では，土地の気候風土に適合し，地形に溶け込んだ建築家不明の集落の例が語られている．スターヴ教会においても一種のアノニマス性に魅了される．

スターヴ構造の源泉については議論が分かれている．イギリスの教会が見本だという説，または，より独自の古代ノース人の伝統技術によるものという説もある．さらにさまざまな装飾や，柱・梁に施された木彫においても諸説あり，初期スターヴ教会の動物をモチーフにした装飾はキリスト教伝来以前に根づくものとされている．

建築の生まれた背景には，9～12世紀のヴァイキングの活動をなし得た造船技術の存在を忘れてはならない．屋根を支えるかすがいや梁組など，構造システムはヴァイキング船の船底の造りと類似している（図4）．

装飾について，各教会によって細かな様相は異なるが，主な共通する特徴を挙げてみる．教会堂の屋根は一面こけら板で覆われている．主な樹種

図2　*STAV OG LAFT*[4]

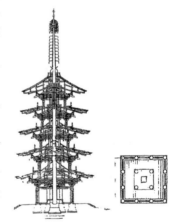

図3　日本の木造建築を代表する五重塔はスターヴ教会の建築法と類似点がある[7]

図4　ヴァイキング船の船底の図．スターヴ教会の屋根を支える梁の構造と類似点がある[7]

はヒノキであることが多い．屋根の両端には彫像が施されている．彫像はヴァイキング船の船首にあったものと同じく魔よけを意味しているとされる．彫像は，壁・柱に多く見られ龍や蛇，架空の動物の形態となっている[8]．

初期のスターヴ教会は正方形に近い平面形状であったが，次第に奥行が増し，ゴシック教会堂のような2列の独立支柱の間を身廊とし両側に側廊を設ける形となっていった（図5）．教会の大きさによって身廊の支柱の数は異なる．外壁や屋根の表面には腐食を防ぐために松脂が塗られている．現在でも保存のために定期的にタールが塗られるなどのメンテナンスが施されている（図6, 7）．

● **風景としての建築** 日本の伝統建築の特徴の1つでは空間的浸透性が重んじられ，外部の自然と建築内部が一体的空間をつくりだしている．障子やすだれ，蔀戸などの開口部は内と外を水平につなぎ連続性を演出している．それに対しスターヴ教会では，同じ木造建築とはいえ外部空間から隔絶し，より内部での祈りのための瞑想世界をつくるため，明かり取りの窓などは最小限にとどめられている．

現存するものの中で最古の1つハルトダーレン（Haltdalen）・スターヴ教会は1170年の建造時のまま保存されている（図8）．簡素にして精緻なデザインは現代の建築デザインにも通じるものである．出入口以外の開口部は見当たらず，扉を閉めた状態においての外観は，屋外に置か

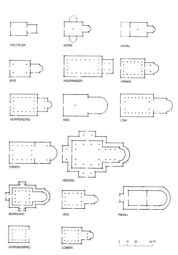

図5 さまざまなスターヴ教会の形状.進化の過程や大きさによって支柱の数が異なるのがわかる[7]

図6 レインリ・スターヴ教会

図7 レインリ・スターヴ教会のディテール

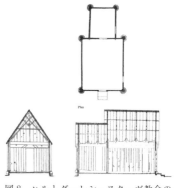

図8 ハルトダーレン・スターヴ教会の断面図[7]

れた芸術作品と映る．

　スターヴ教会の魅力をここですべて表すのは容易ではない．数えきれない多くの木彫装飾，秘められた文字のメッセージ，祈りのための内部空間，そして1つの傑出した芸術作品としての外観の様相．あえていえばスターヴ教会のもつ魅力は，その建ち方，いわば「たたずまい」にあると考えている．建造当時の様子を詳細に把握してはいないが，歴史的な日本の寺社建築やヨーロッパ諸国の多くの石造教会の特徴とは異なり，アプローチのための長い参道や石階段などをもたず，多くが湖を眺めることのできる丘の中腹に建っている（図9, 10）．そこには建築物としての「存在感」とは別次元の「たたずまい」についての配慮が隠されているように思えてくる．スターヴ教会は合理的かつ神秘的でありながらも，「風景としての建築」であり優しい存在なのだと考えている．　　　［山田　良］

図9　ウルネス・スターヴ教会

図10　カウパンゲル・スターヴ教会[9]

参考文献

[1] Anker, L. and Havran, J., 2005, *The Norwegian Stav Churches*, ARFO, pp. 14-15.
[2] Bugge, A., 1953, *Norwegian Stav Churches*, DREYERSFORLAG.
[3] Bugge, G. and Norberg-Schulz, C., 1990, *STAV OG LAFT*, p. 163.
[4] 文献［3］の pp. 31-35.
[5] クリスチャン・ノルベルグ＝シュルツ著，加藤邦男，田崎裕生訳 1979『ゲニウス・ロキ』住まいの図書館出版局．
[6] 文献［1］の pp. 29-31.
[7] Bugge, G. and Mezzanotte, B., 1994, *STAVKIRKER*, Grøndahl Dreyer.
[8] 文献［1］の pp. 61-63.
[9] 文献［1］の p. 124.
[10] 特集「ノルウェーのスターヴ教会」，http://norwayyumenet.noor.jp/site/norwaydiary/myhomepage/stavkirke.htm（2016年7月）．
[11] 島崎 信 2007『ノルウェーのデザイン』誠文堂新光社．

フィンランドの箱柱式教会

　フィンランドでは 17〜18 世紀に美しい木造教会が多く建てられていたが，日本ではあまり知られていない．

　例えば，ヘルシンキ工科大学の N.E. ヴィクバリ教授は著書『フィンランドの建築芸術』の中で次のように著している．「フィンランドの西海岸，ボスニア湾地域には 1600 年代，大変美しい木造教会の建設が盛んであった．礼拝堂の屋根は急勾配で，付属する塔は鋭く聳え，全体にほどよく調和している．其の姿からは，ゴシック建築を彷彿させるものが有る．この木造教会の技術は，世界の丸太組積造の中でも非常にユニークな存在である．そして，歴史的な遺産としても芸術性が高く，其の建築には豊かなアイデアが満ちている」[1]と．この構法は日本語で箱柱式教会[2]と訳されているが，以下その技術と歴史を明らかにしよう．

●木造建築の歴史　森と湖の国といわれるフィンランドは針葉樹林帯に位置し，地形が平坦なため，建築材料に適した真っすぐな松材に恵まれている．古来建物は丸太組積造（丸太を井桁状に組み合わせて造る構法．日本では構成材の断面形状が異なるが，校倉造はこの構法である．以下この呼称で記す）で一般の農家等が造られていた．フィンランドでは，この構法はすでにヴァイキング時代，焼畑農業とともに定着していた．

　こうした丸太組積造の一例が，ヘルシンキのセウラサーリ野外博物館に見られる（図 1 [3]）．図のように躯体は校木（あぜき：通常は松材で，丸太の両面を斧で削ぎ落とした壁の構成材．以下この呼称で記す）を井桁状に積み上げ，屋根は両妻壁に母屋材を渡し，その上に屋根板を葺いた簡単な手法であった．主な道具は斧と錐と鉋で，鋸は未だ生まれていなかった．さらに，作業はすべて手仕事であったから，校木の長さはおのずと，数人の工匠達の作業が可能な長さに限定された．図 1 を見ても，この構法は住まいには適するが，長い壁や，高い天井を必要とする建物には不向きであった．

●キリスト教の普及　さて，スウェーデンの統治下にあったフィンランドでは，次第にキリスト教が浸透していった．「14, 15 世紀のフィンランドの歴史発展の重要な特徴は，トゥルクの司教座と教会組織全体がその地位を確立し，精神的にも物質的にも繁栄をした点にうかがわれる．……石造の教会がフィンランドのおよそ人の住むあらゆる地域に建てられていった」[4]とマッティ・クリンゲは著している．その数は 100 以上を数え，その多くが現在も

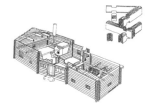

図 1　丸太組積造の農家の例[3]

残っている．グスタヴ・ヴァーサ王（在位1523-1560）の時代になると，国防上，城の必要性が増し，その建設が急がれた．そのため，16世紀に入ると，石工職人は築城のために集められ，教会建築は次第に木造へと移行していった[5]．

当初の木造教会の例として，ピュハマー教会（1640年代建設）を挙げよう（図2）．その構法は，図1の農家の手法と同様であった．東西の長い部屋が礼拝堂で，それを挟んで付属室を外部側に設け，この部分で長い壁面の校木を接続し，延長している．屋根は妻壁とそれに代わる三角形の壁を躯体の上に載せ，母屋をつなぎ，屋根を葺いたことがわかる．このように丸太組積造では，校木を接続すると壁面が脆弱となり，これ以上に大規模な礼拝堂を建設することは難しかった．

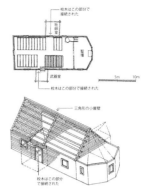

図2 ピュハマー教会平面図，俯瞰図（平面図はフィンランド文化財局資料を引用，俯瞰は筆者作図）

●**箱柱式教会の出現** キリスト教の発展と人口の増加により，さらに大きな教会の需要が増した．そして，さらなる高い技術が必要となった．そこで，生まれたのが箱柱式教会の技術であった．図3（左図）の特徴を見ると，長い壁を構成するうえで重要なアイデアがある．平側方向（長手方向）の壁の要所に，校木を積み上げた空の箱状の柱が配され（以下，箱柱と呼称する），その中で校木を接続，延長している．このことで短い校木でも箱柱を経由することで，長い壁を可能にした．さらに，箱柱の頂部は妻側方向（短手方向），平側方向へ校木の2段重ね，ないし，3段重ねの繋梁で結ばれた（図3中の右図）．こうして強固な躯体を作り上げ，その上に大きなA型の屋根架構（後出図7中の右下図）を載せることに成功したのである．この屋根架構の内側に沿って天井板を張ることで，石造教会と同様に，より広く，天井の高い礼拝堂が生まれた（後出図8）．

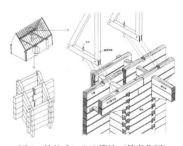

図3 箱柱式による構法（筆者作図）

図4 箱柱が見られる船小屋（筆者撮影）

さて，この箱柱のアイデアはどこから生まれたのであろうか？ フィンランドには古い主要道路には木造の橋が架かっていた．丸太で構成された箱柱を介して橋桁を接続し，長い橋が造られていた．また，湖水地帯では，人々は長いボートを相乗りして教会へ出かけた．そのため，教会（多くの教会は湖畔に位置していた）の敷地には木造の舟小屋が建てられていた（図4）．ここにも箱柱が応用されていたのである．さらに，西海岸の港からは，木造船でタールをヨーロッパへ輸出していた．そのため，木造の造船技術も高い水準だった．以上のごとく，この地域独特の技術が複合されて，教会建築の中へ応用され，進化していったのだろう[6]．

図5 箱柱式教会の分布（筆者作図）．○印は現存せず，●印は現在を示す．

それでは，箱柱式教会はいつ頃から，どのくらい建設されたのであろうか？ 16～18世紀を通してその建設数は，分布図（図5）のごとく，西海岸を中心に105棟を数えた．ただし，18世紀の戦争で，現在では12棟（うち1棟はスウェーデン）が残っているのみだ[7]．

現存する，最古の箱柱式教会はヴョユリ教会（1627年建設）であるが，1777年に十字形に増築された．トルニオ教会（1686年建設）は当初の姿を残している最古の1つだ（図6）．ここでは，クリスティーナンカウプンキ教会（1700年建設）を図で見よう（図7）．礼拝堂（座席数250）は東西に長く，西側に塔がそびえる．南側には武器室（風除室である．当時は護身のため武器を持参し，この部屋に置いたためこの名がある），北側には牧師室（法衣室）が配される．平側の壁には二対の箱柱が存在し，その中で校木が接続，延長されている．箱柱と繋梁で構成された強固な躯体の上には，背の高い屋根架構が載り，その内側に沿って，高い天井が張られている（図8）．まさに，丸太組積造の技術を駆使して，石造教会の空間を見

図6 トルニオ教会の外観（左に見えるのは鐘塔）（筆者撮影）

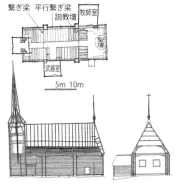

図7 クリスティーナンカウプンキ教会平面図，断面図（各図はフィンランド文化財局資料を引用，平面図のみ筆者実測の上加筆）

事に再現した秀作である（図9）．

●**箱柱式教会のその後**　その後，18世紀も中頃になり，スウェーデンから十字形教会が伝わると，箱柱式教会は次第にすたれていった．この構法では規模を大きくすると，勢い長細い礼拝堂となり，会衆席は説教壇から遠のいた．十字形だと十字の交差部に説教壇を配せば，その欠点が解消できた．このように機能的な理由からも，十字形が主流となった．ただし，箱柱式教会はすたれても，繋梁によって躯体を強固にする技術は，十字形の中にも応用された．そして，18世紀の後半には，十字形教会は1,000人以上をも収容する大規模な木造教会へと進化した．礼拝堂は丸太組積造の壁だけで構成された大空間であった．つまり，箱柱式教会の存在は，その後の木造技術の発展に，大きな影響を与えたのであった．ちなみに，この構法は他の北欧諸国では，スウェーデンの北，フィンランドとの国境周辺（図5）にわずかに見られるだけである．

図8　クリスティーナンカウプンキ教会の礼拝堂（筆者撮影）

図9　クリスティーナンカウプンキ教会（筆者撮影）

　箱柱式教会を見ると，当時の職人が，ヨーロッパの成熟した教会建築に憧れ，頑固一徹に独自の技術を追い求めたエネルギーを感じるのである．そこに見られるのは，ヨーロッパから遠く離れた北国の素朴で温かな木の文化である．

［竹内　皓］

📖 参考文献

[1] Wickberg, N. E., 1959, *SUOMEN RAKENNUSTAIDETTA*, OTAVA, p. 15,「　」本文は筆者訳による．
[2] 竹内　皓　2006「ボスニア地域における箱柱式教会の特質について」日本建築学会論文集 No. 606：191-198で初めてこの呼称で取り上げられた．
[3] Valonen, N., 1994, *SUOMEN KANSANRAKENNUKSET*, MUSEOVIRASTO, p. 97から引用．
[4] Klinge, M., 1994, *A Brief History of Finland*, OTAVA,（百瀬宏訳）フィンランド大使館，p. 18.
[5] Hiekkanen, M., 2003, *SUOMEN KIVIKIRKOT KESKIAJALLA*, OTAVA, pp. 16-17.
[6] 竹内　皓　2010『フィンランドの木造教会——17, 18世紀における箱柱式教会の構法と歴史』リトン，pp. 95-109.
[7] 文献［2］のp. 193.

現代に生きる教会とチャペル空間

　北欧の諸国において，それぞれの国の現人口のほぼ8割を占めるキリスト教ルーテル派信者に向けた教会やチャペルが，今もなお数多く建設されている．特にフィンランドにおいては，その今日的な意味や社会的な活動を含めた位置づけが幅広く論議，模索され，北欧の固有な環境風土に添う清新な形質をもつ聖空間が，第二次世界大戦後から20世紀末までにも200を超えて造られてきた．

●**歴史的経緯**　フィンランドの教会建築は，12世紀中期のスウェーデン支配によるキリスト教化が進む中での，ヨーロッパ中央の様式に基づくカトリック教会にその始まりをもつ．以後16世紀にかけて自国産の花崗岩を用いた石造の聖堂が数多く建設されるが，その後この石材資源は周辺諸国との戦争に対しての要塞や城砦の築造に向けざるを得なくなり，一方，キリスト教が次第に地方の村々へ浸透する中で，その信仰の場の様式を土着の文化と融合させながら，この国本来の豊富な木材資源を活用する木造の会堂建設へと移行していく．

図1　トゥルク大聖堂

　特に17世紀初頭にルター派が国教化されて以降，18世紀にかけて各地に木造の教会が数多く建設される．その多くは各々の土地の棟梁達によって取り組まれ，地区の集まりに添う独自な会堂の構成や村の修景の形成に向かうとともに，これらの建設を通して試行され工夫された取組みが，フィンランドの木造建築技術の発展にも大きく寄与することになった．

図2　ペタヤヴェシの教会

　この教会のありようは，20世紀を迎える時期に改めてその存在の意味や働きが問い返され，教会の存在がもつ権威や象徴性よりも，心を癒やし日々の生活を支える親しみのある場所としてのかたちを期待する方向に向かう．特に第二次世界大戦後の都市域郊外の発展により，その新興の生活区に身近な都市型の教会が必要とされ，信仰の場を軸にして多様な日常活動に向けた住民コミュニティの核としての役割を担う場所ともなった．

　今日のフィンランドにおいて，他の公共施設と同様に，この種の施設計画も一般に公開された設計競技によって構想が選ばれる．そのオープンなシステムを通して民意が機敏に反映されると同時に，建築的なデザイン面においても折々の時代の精神や感性を鋭敏に映し出す場ともなり，教会という枠組みを越えてフィンランド現代建築を代表する秀作を多く生んでいる．

●**その特色と事例**　こうした歴史や状況を背景として，現代に生きる教会やチャ

ペル空間には，北欧固有の風土やその根にある自然観を反映し，また人々の日常生活に添う施設としての機能を柔軟かつ複合的にもついくつかの特色が見受けられる．

1. 現代教会の基盤「復活のチャペル」（Resurrection Chapel，1941年）

フィンランドの現代教会においてその筆頭に挙げられるのは，旧首都トゥルクの市営墓地に建つ復活のチャペルである（図3）．本チャペルは第二次世界大戦のさなかに計画され，主に葬送のセレモニーを執り行う場として建設された．

図3 復活のチャペル

伝統的な教会堂建築の形式がもつ堅固な左右対称性は，ここでは光や影また空間高低の対比的なヴォリュームのバランスに置き換えられ，植物のはい上る祭壇の後背壁が南からの陽光を受けて明るく浮き立つ．美しく詩性漂わせるこの空間は，フィンランド現代建築の代表作の1つとしても評価が高く，その後建設される同種施設のさまざまな点での基盤をなすものとなった．

2. 自然の感覚の重視

自然界を人間と対立的に存在するものとしてとらえる西欧の思考傾向に対して，北欧，特にフィンランドには一種のアニミズムとも連なる自然崇敬の精神がある．自然の中に霊魂や精霊などの霊的な存在を感受し，身のまわりの諸現象をその意思や働きによるものと見る心的基盤は，この国のキリスト教信仰の背景としても少なからぬ影響をもち，そうした自然への感覚が教会堂の場所や空間のありようにも特色ある形質を与えている．

・例1　オタニエミのチャペル（1957年）

オタニエミの大学内に建つチャペルは，構内一画の樹林帯を森と見立ててこれを建築が誘導する人々の視界の正面に置き，森を背景とする祭壇の野外に十字架を据えている（図4）．季節の移ろいの中に立つこの白い十字は，キリストのシンボルであるとともに，自然界の深淵に向けた想像的な結晶とも感じられる．

図4 オタニエミのチャペル

・例2　テンペリアウキオ教会（1969年）

ヘルシンキ市の中央部に建つこの教会は，岩盤の大地を深く掘削して荒々しい岩をそのまま内部に露出させた空間とし，この国の厳しい自然の一面を露わにする中に祈りの環境を置いている．その岩盤を切り裂いて囲む空間の形質は，教義以前の信仰心を背景に強い力をもち，十字架はこの力を結晶させるように小さく祭壇上に据えられている．この空間を多数のリブ材で支えられた円盤状の屋根架構が覆い，リブ列を抜ける天空からの光が礼拝の場全体に降り

図5 テンペリアウキオ教会

注ぐ（図5）．

3. 光への憧憬と，その空間への昇華

多くの期間を乏しい陽光の中で過ごす北欧の人達にとって，自然の光は日々の大切な支えであり希求の対象である．この光への憧憬が，祈りの場所や空間を構成する中により純化されたかたちで織り込まれ，教会やチャペルの内部を美しく特色づけている．

図6　イマトラの教会

・例1　イマトラの教会（1958年）

20世紀のフィンランドを代表する建築家アルヴァー[アルヴァル]・アールトの設計によるこの教会は，トップライトから射し込む外光を束ねて祭壇を明るく浮き立たせ，独特な有機的なフォルムで構成された白一色の内部空間全体を柔らかな光で満たしている（図6）．最大時800人を収容するこの礼拝空間は，使用の場面に応じて3つに区分することができ，宗教的行事以外の地区住民の日常的な集会等にも対応する柔軟な構成を特色としている．

図7　ミュールマキ教会

・例2　ミュールマキ教会（1984年）

この教会は，林立する森の木立のように垂直な壁面を幾層にも重ねて建て，裏面を薄く彩色されたその壁列の間を抜けてかすかな色合いを映す外光が内部に注ぎ込む（図7）．季節や天候によって光はさまざまに表情を変え，イマトラ教会の会衆を包むような光に対して，幾何学的に織りなす光のシンフォニーのような姿を見せている．

4. セレモニーに向ける場の構成の重視

チャペルは個々に訪れる私的な祈りの場であるとともに，婚礼や葬儀を行う場としてのセレモニーの進行に添う場の構成が重視される．人々の参集，式典の場への移動，礼拝と儀式，退出時の道筋等，礼拝の空間を核にしながら一連の行事の流れを深く人々の心の経験に結ぶよう配慮された構成が，多くの施設のつくりに見受けられる．

・例1　カウニアイネン教会（1998年）

市街地の公園に隣接し外見からはおよそ教会とは見えないこの施設は，囲まれた壁の内に小広場をもち，明るい導入部のホールから光を抑えた斜路を下って静寂な礼拝の空間に至る（図8）．その一連の場の流れは，市街の喧騒から暫時人々の心を鎮める働きをもち，またセレモニーの多様な展開と心の経験に添う構成となっている．

5. 現代的な素材や建築技術の駆使

フィンランドの教会建築にみられるもう1つの特色は，

図8　カウニアイネン教会

それが旧来の伝統的形式に依拠するよりもむしろその空間や場がいかに時代の精神を受け止め，現代的な空間構築の方法に添うものであるかの追求の対象でもあることである．1950年代において，そうした試みがヴァティアラチャペル（1958年，図9）やヒヴィンカー教会（1958年）等に明らかに見受けられ，新たに開拓されたコンクリートのシェル構造や折れ板構造等のストレートな架構技術の表現に現れる．

図9 ヴァティアラチャペル

また現在においても，資源活用のうえで木材を合成した集成材を構造架構や内装構成材に積極的に使用するなど（図10），時代の要請に積極的に添う取組みがこの教会建築の中にも多く見られる．これらの背景には，この国の他のデザインにも共通する虚飾を排し素材の性質や架構の合理に努めて正直に向かおうとする姿勢がある．

図10 ラーヤサロ教会

・例1 聖十字チャペル（1969年）

トゥルクの市営墓地に建つ聖十字チャペルは，コンクリートという今日的な素材のみに徹した空間的形質をもつ（図11）．かつての木造教会がいっさいを1つの素材（木）による中に簡素で斉一な空間性を漂わせていたことと，この創作上の感性と思考はつながるところがある．その素材と骨格をもととして，施設内に多様な採光のかたちがアレンジされ，礼拝の場に静謐な空気を漂わせる．

図11 聖十字チャペル

・例2 カレヴァ教会（1966年）

タンペレ市の中心部に建つカレヴァ教会は，多数の折れ板状のコンクリート壁を林立させ，垂直に高く伸びる壁の間から射し込む光が，現代的なゴシック建築とも呼べる壮大な空間を浮き立たせる（図12）．内部に露出するコンクリート壁は，その表面を布目のような柔らかな肌合いに仕立てられ，構造の素材そのものを覆い隠すことなく教会堂空間の形質に生かされている．

図12 カレヴァ教会

●さらなる展開へ　これらの事例の多くに見受けられるように，現代フィンランドの教会やチャペル空間は，強い宗教的形式性に依拠するのでなく，人々の心の安らぎをもととした神聖に対する柔軟な想像力を通して，今もなお新たな取組みが続けられている．最新の例としてはヘルシンキ市街の中心部に据えられた黙想の場，カンピチャペル（図13）などが挙げられる．

図13 カンピチャペル（左：外観，右：内部）

［益子義弘］

北欧の市庁舎建築

●ヨーロッパ中世と近代の市庁舎,それぞれの重要性　ヨーロッパの市庁舎建築には歴史の中での栄枯盛衰がある.古くは中世の頃,市庁舎は都市の中心となる重要な存在だった.大きな中世都市にはカトリックの宗教権力のシンボルだった大聖堂があり,一方で町の有力商人達が経済力を結集して都市自治のシンボルとして作り上げた市庁舎の建築がそれに対抗していた.市庁舎前広場の活気は,都市の随所にある市場のにぎわいとともに,都市の繁栄をそのまま示していた.

その後,近世を通じて王侯貴族の権力が伸長し,贅を尽くした宮殿建築が作られるようになって,市庁舎建築は影が薄くなる.次に再び市庁舎が脚光を浴びたのは,市民革命を経て市民中心の都市社会が繁栄する近代となってからであった.

●ナショナル・ロマンティシズム期に北欧で実現した多くの市庁舎建築　20世紀を迎える頃,やや遅れて北欧にも市庁舎建設の時代がやってくる.しかも,ストックホルム市庁舎に代表されるような,まさに世界中の注目を集めるような市庁舎が北欧の主要都市に相次いで登場したのである.特にその背景として,北欧の場合は「ナショナル・ロマンティシズム」の思潮があった.これは自らの民族や社会のアイデンティティを確立しようと目指すもので,社会や都市の繁栄を享受しつつも,単なるヨーロッパらしい生活環境に満足するのではなく,より北欧らしいあり方を追求した.その主張を示すシンボルをもちたいとする考えの現れが,市庁舎の建設であったといえよう.

この時期に建設された北欧の市庁舎としては,コペンハーゲン市庁舎(マーティン・ニューロプ設計,1892〜1905年,図1),ストックホルム市庁舎(ラグナル・エストバリ設計,1901〜1923年,図2),オスロ市庁舎(A.アルネバルグ＋M.ポールソン設計,1916〜1931/1950年,図3)などがある.これらに共通し

図1　コペンハーゲン市庁舎

図2　ストックホルム市庁舎

図3　オスロ市庁舎

ている建設過程の特徴として，市民代表も含む選考委員による設計競技が実施された点が挙げられよう．設計競技制度が北欧に登場したのはヨーロッパではそれほど早くはないが，この頃を境として北欧では公共建築は原則として必ず設計競技に付されるようになる．市民達の合意によって自らの社会を築き上げてゆこうとする強い意志が感じられよう．市庁舎建築の場合，設計競技後も10年以上の年月をかけて，じっくりと完成を目指す姿勢も際立っている．建設に対して，経済活動としての論理とは別の意識が働いているかのようである．その後のモダニズム期になっても，北欧には例えばオーフース市庁舎（アーネ・ヤコプセン（アルネ・ヤコブセン）設計，1937〜1942年）のような市庁舎建築の傑作が多く作られている．

●**ストックホルム市庁舎の陰影の深い姿**　北欧に数ある名建築の中でも，一度目にすれば忘れられない印象を残すのがストックホルム市庁舎であろう．塔を目立たせた姿を水面に映すたたずまいや，季節や天候・時刻の移ろいとともにレンガの壁が表情を変えてゆく様は，特に日本人の心に響く力をもっているようである．完成当時から大きな評判となり，シベリア鉄道を乗り継いでヨーロッパに向かった日本人建築家達の多くがここに立ち寄り，「世界の名建築はパンテオンとこれだなというくらいです」（村野藤吾[*1]），あるいは「われわれはこの建築を，建築が芸術的方向において最高の質に到達した，ひとつの記念碑として永久に尊重せねばならない」（吉田鉄郎[*2]）といった評を残しているのである．

●**都市を象徴する「ホール」をもつ建築として**　外観とはまた別に，この建築を有名にしているのは毎年12月10日に開催されるノーベル賞（平和賞以外）の受賞晩餐会であろう．1階中央の青の間（大ホール）を舞台に，スウェーデン王室の人々や，その年の受賞者家族をメインゲストとして，多くの招待客とともに繰り広げられる華やかさは，生中継で各国へ放映もされている．深夜に晩餐会が終わったあとは，2階の黄金の間に場を移してさらにダンスパーティーが明け方まで続くのである．

　ノーベル賞の選考と授与という，自らの都市が担った役割を誇りをもって毎年世界に発信する場が市庁舎であり，その中心が内部に用意された「ホール」なのだといえよう．「市庁舎」は「シティー・ホール」の訳語である．単なる行政オフィスである「市役所」とは異なった大きな役割を担っていることが，この名称からもわかろう．その市庁舎というもののあるべき姿を最高の形で示しているのが，このストックホルム市庁舎なのである．　　　　　　　　　　　　［伊藤大介］

[*1] 佐々木宏編 1977『近代建築の目撃者』（新建築社）所載の本人へのインタビューより．
[*2] 吉田鉄郎 1957『スウェーデンの建築家』（彰国社）より．

フィンランドの都市計画

●**フィンランドの国民性と都市**　フィンランドの首都ヘルシンキは「バルト海の白い乙女」の別名をもち，世界一美しい都市といわれているが，これは19世紀初頭に行われた都市計画のおかげである．

歴史的にみても大きな集落をつくらなかったフィンランド人は，おそらくは都市の原型すらもつくらなかったようだ．集落に人が多くなると，だんだんと出ていってしまうのだという．

そこで現代のフィンランド人の理想的なライフスタイルを聞いてみた．彼らがいうにはこうだ．「まず，自宅から勤務先まで，できれば歩いて，あるいは自転車で通える範囲内ならば理想的だ．そして自分の住居の窓から自分のヨットを眺めたい．サマーコテージは休日にリラックスするための必需品で，理想的な場所は住居から車で1時間程度，美しい湖のほとりで隣のコテージからある程度離れていること．ある程度？　まあ2〜3kmかな．電気もガスも水道もいらない（そんなものがあったらリラックスできない！）が，サウナは絶対に必要」．500万人を超える人口に対して，サウナは300万以上もあるという．

フィンランドの都市や都市計画を見ていく場合，このような国民性を無視しては語れない．これは都市に限ったことではなく，あらゆる文化的な活動に対しても，また経済的な面においても同様だ．

●**フィンランドの都市計画小史**　フィンランドに中世の都市らしいものができたのはトゥルクが最初である．1229年に置かれたキリスト教の司教座から始まり，その後もいくつかの街がつくられたが，ヘルシンキは1550年につくられ，交易の町として発展してきた．

木造建築で構築された市街地は1808年の大火で1/3が消失．その直後に立案されたヘルシンキ再生計画は，大火前の街並みを復元するような案であったが，スウェーデン出身のヨーハン・アルブレクト・エーレンストゥルムが主導した案

(左) 図1　白夜の夜中，市の中心部を俯瞰
(右) 図2　小さな島に建てられたサマーコテージ．サウナは別棟で，海岸近くに建てられていた

は，整然としたグリッドパターンの街路構成であった．

そして翌 1809 年，フィンランドはスウェーデンからロシアに割譲され，1812 年に首都がトゥルクからヘルシンキに移転されたが，エーレンストゥルムの計画案の基本的な構成はその後も継承されてヘルシンキ都市計画の基本となり，その後任として招聘されたドイツ人のカール・ルートヴィッヒ・エンゲルには，都市全体の美的総括から個々の主要建物の設計に至るまでのすべてが委ねられた．だからこそ統一感のあるヘルシンキの都市景観が生まれ，それが今日までも保たれている．

●**都市計画の基本的ルール**　今日のフィンランドにおいては，すべての都市開発は都市計画から始まる．その都市計画は，フィンランドの建築法に準拠して，企画・設計から実現まで，一貫して地方行政の統制のもとに行われる．それぞれの地方行政は都市計画を作成する義務を負っており，最終的には国の環境省によって認可され，実施の運びとなる．したがって，都市計画図がないところでは建物の建設は許可されない．つまり，都市計画に関わる全権を地方自治体が管掌しているため，無計画で投機的なデベロッパーによるアーバンスプロールなどは起こり得ないことになる．

都市計画には地域計画，基本計画，地区詳細計画，インフラストラクチャー計画，周辺環境整備要綱がある．地区詳細計画には地価計画まで含まれているのがフィンランドの特徴であろう．さらに特筆すべきは，これらの計画が詳細を極めていることで，それぞれの建物のデザインを互いに調和させ，建物や周辺の公共空間の詳細を指定することを目的としている．容積率や建設範囲等の一般的な事項だけではなく，建物の素材や色彩，凸凹具合，敷石の配置やパターン，樹木や草花の種類，ごみ小屋等の配置やデザイン，ごみ収集車の運行コース等の細かい事柄まで規定されている．

●**都市景観を守る**　ヘルシンキでは景観に対しても多大な努力が続けられている．最もわかりやすい例が海からの眺め．バルト海をクルーズしてヘルシンキの港に近づくと，2 つの塔が迎えてくれる．正面にひときわ明るく輝くのがヘルシンキ大聖堂．その右手に控えているレンガ色の塔がロシア正教会．色といいデザインといい，印象的なコントラストがヘルシンキのスカイラインを描いている．

図 3　ヘルシンキ湾から街を見ると白い大聖堂とレンガ色のロシア正教会が出迎えてくれる．ヘルシンキ市の都市計画局はこの風景を守ってきたが，ヘルシンキとストックホルムを結ぶシリアラインとヴァイキングラインの巨大なフェリーが思わぬ伏兵となって，今では日中停泊している巨船の隙間からのぞき見なければならなくなってしまった

この2つの塔が見えなくなってはいけないとして，市都市計画局は，ヘルシンキ湾に面する一帯には厳しい高さ規制をかけてきた．ここ数年，ヘルシンキ湾周辺で文化施設などの計画が進んでいる．はたして21世紀中にはどのような都市景観が生まれるのか，これからも見守っていきたい．

●**地下空間の活用**　ヘルシンキをはじめフィンランドのほとんどは硬く安定した花崗岩の岩盤の上にあるため，岩盤切削技術は世界でもトップクラスで，地下空間の開発と利用が大いに進んでいる．地下空間においても都市計画と同様に地下空間配置計画が策定され，地上の計画と緊密にリンクさせて，土地利用を立体的に進める二重構造となっている．

地下の用途は地下鉄，通路，駐車場などの交通インフラから始まり，アスレティッククラブや水泳プール，ショッピングセンターなどの日常的な施設までも含まれており，冬期の利便性を高めている．一方，国際緊張への配慮として，国民1人当たり$0.6\,m^2$の防空シェルターが義務づけられており，これらの地下空間すべては非常時に避難できるような設備の確保，食糧などの備蓄が義務づけられている．

一方，ヘルシンキ中央駅から歩いて10分もかからないところ，国会議事堂の裏手に小高い丘がある．ここには，半地下の教会（テンペリアウキオ教会）があり，日常礼拝とともにコンサートや各種イベントにも用いられ，観光客も多い．

●**自然と共存する住宅政策**　ヘルシンキ市の西に隣接するエスポー市に「森の神の郷」の意味をもつ，タピオラ地区がある．加速し続けるヘルシンキ市の人口増加に対応するため，副都心としての開発計画が1945年に始まった．

中央部には業務地区があり，オフィスビルやホテル，文化施設などが用意され，その周囲には学校などの公共施設，さらにその周辺には居住地域が広がっている．

業務地区はバルト海に続く入江に面しており，一部には無機質な高層建築はあるものの，白を基本とした明るい色調で統一されている．背後に広がる居住地区は，もともと低層住宅のみで構成されたが，将来的には高層ブロックの挿入が予定されており，現在すでに一部が実現している．低層住宅はテラスハウスや一戸建てで，住宅が木々の間に散在して，まるで別荘地のようである．

この開発計画に重要な方向性を与えたのは，開発主体となったアスントサー

（左）図4　ヘルシンキの東部に位置するイタケスクの地下空間にはプールが設けられて市民に開放されている

（右）図5　ヘルシンキ中心部にある半地下の教会．花崗岩の硬い岩盤を掘り下げて設けられた

ティオ（住宅基金）初代の総裁で，彼は社会的，生物学的な環境との調和に深い関心をもった人物であった．その結果，タピオラはフィンランド人が理想とする，自然と密着した暮らしを描き出している．

その後も多くの住宅団地が建設されており，現在ではヘルシンキ市内および近郊の工場跡地や余剰となった鉄道敷地などが住宅地として開発が進められている．なかには超高層建築も計画されているが，あくまでも都心部の一部の地区に限られている．

●**豊かな自然環境**　フィンランドの森林面積が国土に占める率は先進諸国の中では世界一を誇る73%，湖の面積約10%とともに自然に恵まれた国である．都市の中に確保されたグリーンベルトは，途切れることなく豊かな自然へと連続している．この都市構造を維持し，継続し，自然とともに暮らすためにフィンランドの都市計画がある．

さらにウォーターフロント再開発計画，交通計画，エネルギー計画など，その他，触れなければならない項目は多岐にわたるが，紙面の関係で割愛させていただく．

[中谷正人]

📖 **参考文献**
[1] 岡部憲明ほか著　1997『ヘルシンキ／森と生きる都市』市ヶ谷出版社．

（上）図6　タピオラ中心部の俯瞰．アスントサーティオではすでに過密なので新しい敷地を探しているという
（下）図7　夏の業務地区中心部の広場

（上）図8　ヘルシンキ市中央部から5kmほど離れた住宅地カピュラ．1920年代に応急住宅として建設されたが，現在では伝統建築群に指定されて保護されている
（下）図9　市内のバス停

フィンランドの入浴文化「サウナ」

　入浴の歴史は，発汗風呂から始まったといわれている．発汗風呂とは，石や岩を熱し，水を掛けて蒸気を起こし，汗を出して体を清潔にすると同時に心身の安らぎを得るというものである．原始社会や浴槽に湯を張る技術のなかった時代には，この簡単な構造が入浴に適しており，世界中に多くの発汗風呂があった．イスラムの国々にはハマム，ロシアにはバーニャ，日本のものは，蒸し風呂とか釜風呂と呼ばれていた．サウナは，フィンランド固有の発汗形式の風呂で，スウェーデンなど他の北欧の国々にバストゥ（Bastu）という名称で広まった．

●サウナとは　サウナ（sauna）は，入浴のための部屋か建物を指すフィンランド語である．内部に炉かストーブがあり，上に載せた石を熱し，石に水を掛けて蒸気を発生させ，汗をかいたり，体を洗ったりする．内部の温度は100℃にもなる高温低湿度で発汗作用を引き起こし，体を清潔にし気分をリラックスさせる．

●サウナの起源と発達　サウナの起源については，フィンランド国内でも多くの研究がなされているが，いまだに決定的な起源はわかっていない．多くの定説では，2000年ぐらい前に始まったのではといわれている．初期の頃のサウナは，地面に穴を掘っただけのもので「地中のサウナ（マーサウナ）」と呼ばれていた．次に登場したのが丸太小屋の「スモークサウナ（サブサウナ）」である．サウナ内部で薪を焚き，石を熱し，煙を一定時間内部に溜め，その後，煙を外に排出し石に水を掛け入浴するというものである．スモークサウナは，柔らかな熱や丸太の隙間からの良好な換気，煙による独特の香りやミステリアスな雰囲気などサウナの要素を理想的な形で備えていると，現代でも愛好者達に人気がある．その後，煙突で煙を屋外に排出する薪ストーブが登場し，湖畔のサマーハウスなどのサウナで使用されている．今日，最も多く使われているのは電気式サウナストーブで，その簡便性が人々の忙しい日常生活と合致し，ストーブの主流となっている．

　電気式サウナストーブの出現は，サウナを温めることの煩雑さゆえサウナの入

図1　スモークサウナ

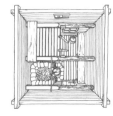
図2　スモークサウナ図

図3　湖畔のサウナ

浴から離れていた人々をまたサウナに呼び戻し，都市の高層住宅内でのサウナの設置を技術的に可能にし，世界中にフィンランドサウナを広める大きな要因にもなった．

●**フィンランドのサウナ文化** サウナの形態や入浴法は技術の発達とともに変化してきたが，サウナの本質は依然として変わらない．その本質とはサウナは神聖な場所だということ

図4　サウナの様子

である．昔からいくつかの禁止事項や規則がサウナでの行動を律し，正しい振舞いが強いられてきた．フィンランドの諺に「サウナでは教会で振る舞うように」というものがある．また，サウナは「生命と死」を意味するという．つい最近までフィンランド人の生活は，誕生から死までサウナを中心にして行われてきた．病院が普及していない時代，ほとんどの人はサウナで生まれた．サウナが最も衛生的で出産に適していたからである．また，サウナは食品の保存や麻やリネンの乾燥場としても利用され，入浴以外にも多くの意味をもっていた．

　フィンランドのサウナをすべて合計すると，その数は約280万個であるという．人口が約550万人なので2人に1個のサウナがあることになる．約30万個は国中に広がる湖のほとりに建つサマーハウスのサウナである．住宅はもちろん，オフィス，学校，工場など，人の集まるところならどこにでもサウナがある．サウナに友人を招くのは最大のもてなしである．ビジネスマンはサウナで商談をまとめ，政治家はサウナで国政を論じるといわれている．家庭では，土曜日がサウナの入浴日という習慣があったが，この伝統も失われつつある．

●**サウナの入浴法** 入浴法といっても，サウナ自体が単純な構造なので難しいことではない．入浴方法は十人十色，各自が自分流の方法でサウナを楽しむことが理想だといわれている．入浴は，まずシャワーを浴び，サウナベンチに座り汗をかく，汗が十分に出て，体が熱くなったら水を浴び（湖畔のサウナでは湖に飛び込む）体を冷ます．この行程を2～3回繰り返し，最後に屋外のベンチなどに座り，体を冷まし，飲み物などで水分を補給するというのが，一般的な入浴方法である．サウナでは，ヴィヒタと呼ばれるシラカバの小枝の束で体をたたく習慣がある．昔は，悪魔を追い払い，幸せを願うなど精神的な意味があったが，実利的には発汗作用を活発にする効果がある．入浴で最も重要なのは，熱く熱した石に水を掛けることで，これをフィンランド語で「ロウリュ」という．石に水を掛けて蒸気を発生させ「熱の波」を肌で感じることがサウナの醍醐味である．

［沼尻　良］

📖 **参考文献**

[1]　沼尻　良　1992『サウナをつくろう——設計と入浴法のすべて』建築資料研究社．

住環境と住まい

●**北欧のライフスタイル**　北欧は高緯度がもたらす暗く長い冬と，それと対照的な明るく短い夏とに大きく分かれ，春と秋は極端に短い．そのため冬は自宅に友人・知人を招いてのパーティーが週末の楽しみであり，北欧らしい夜をローソクの灯りで演出して過ごす．また，街では演奏会や観劇，ダンスなどがこの時期の娯楽であるとともに，スケートやスラロームスキーが室内スポーツとともに盛んである．長い冬から解放された夏は，都市の郊外にあるサマーハウスに出かけ，屋外の環境に積極的にふれる生活を楽しみ，個人の趣味や家族とともに過ごす時間を大切にする．それは北欧の人々にとって自然と共生するために欠かせない存在となっている（図1）．また，北欧は水辺の環境が多いこともあってボートやヨットの愛好家が数多く，春からは船のペンキ塗りなどメンテナンスに時間をかけ，仲間と一緒に水辺の景観とふれ合いながら楽しい時を過ごしている（図2）．

夏には冬の日照不足を補うため，広場・公園・自宅バルコニーなど場所を選ばずに日光浴をする．また，ランニング・サイクリング・テニスその他のスポーツで体を鍛えるがそれは，やがて訪れる長い冬を乗り切るため健康を維持するうえで大切な日課でもある．住まいの近くには小さく仕切られた菜園や小屋付きの農園もあり，花や野菜づくりでガーデンライフを楽しむ人も多い（図3）．

図1　森の中のサマーハウス　　図2　ヨット仲間が集まる港　　図3　休憩小屋付きの農園

●**住まいの種類**　北欧の住環境を形成する住まいは多くの種類があるが，その中で主要なものは戸建住宅と共同住宅である．戸建住宅は住まいの原点で，木造のログハウスやデンマークに多いブロック造の民家にその原点を見ることができる．

「戸建住宅」は一戸建てのため個人の要望が多く満たされるうえ，庭付きの住まいであることから子育て世代や高齢者の住まいとして今でも人気が高い．また，戸建住宅は切妻屋根が多く，その小屋裏に小窓を設け寝室・趣味の部屋・収納スペースとし利用し，個性の表現の場としてインテリアを楽しんでいる（図4）．

「共同住宅」は1～2階の低層集合住宅から5～6階の一般的な中層住宅，さら

に高層の住宅まで幅広い集合の形式がある．中層の共同住宅は建設戸数がいちばん多いため，その計画においては，多様性を含めて慎重に計画される（図5）．「サマーハウス」は北欧の人々が長い冬から解放され自然の中で生活を謳歌するために必要な夏の住まいである．また，そこにはスローライフを楽しみながらの自分で作る住まいづくりの伝統も受け継がれており，古い民家や倉庫などを自己流に改修して楽しむ習慣が今でも根づいている．それは同時に自分の好みで時間をかけて作る個性の表現の場でもあり，楽しみを満たしてくれる時間でもある．

「コレクティブハウス」はデンマークとスウェーデンで始まったといわれており，個人の住戸の他に共同使用の食堂や子供室・洗濯室・工作室・趣味の部屋などの共用空間をできるだけ多く設けることで，施設の共有使用を喚起し，他者との交流によって生まれる楽しみや時間的余裕をメリットとしている．

「障がい者の住まい」は個人の健康状態に応じた住宅や介護・医療が受けられるが，それはノーマライゼーションの考え方で支えられる福祉施設であり，安心して生活できる配慮の行き届いた住空間となっている．また，高齢者の住まいはシニアハウスとしての住戸の他に，健康状態に応じて介護や医療を必要とする場合に入居する施設が多く存在する．昔の高齢者の住環境は郊外の静かな場所に建設されたが，最近では，利便性の高い市街地のにぎやかな位置に計画されることの方が多い（図6）．

図4　L型の戸建住宅　　　図5　中層の共同住宅　　　図6　高齢者の住環境

●**住まいの特色**　長い冬を快適に過ごすため，北欧には家具・照明・テキスタイルなど日用的な「インテリア」に優れた製品を創り出す風土があり，それが北欧の文化となっている．住まいには厳しい寒さから生活を守る「高い断熱性能」が必要であり，各住戸の性能には厳密な基準が適応されている．外壁は高い断熱仕様を有し，室内換気も熱損失を最小減にするため，熱交換をしながら新鮮な空気を取り入れる工夫がなされている．また，開口部は「三重のガラス窓」で守られ，白夜の際にはその内部に設けられたブラインドでライトコントロールができる仕掛けがある．どこの玄関にも「風除室」が設置され，冬の冷気遮断と急激な温度差から身を守る措置がされている．中心市街地以外の住戸にはバルコニーがあり，夏の日光浴や長い夕暮れの時間を過ごすのに不可欠なスペースとなっている．

●**都市計画と住環境**　北欧の都市は高緯度のためその多くは南部に位置し，なかでも主要な都市は北海とバルト海に面している．8世紀末〜11世紀半のヴァイキングの時代から栄えた港が発展して水辺の都市を形成してきた．産業革命の影響を受け都市への人口集中があったが，北欧圏としての都市基盤の成立はヨーロッパ諸国と比べると遅れて始まり，都市計画の発端は北ヨーロッパの影響を受けたといわれている．各国ともにその時代の社会状況を背景として都市計画が策定されたが，社会の変化に応じて修正され今日に至っている．都市計画は国によって多少の違いがあるが，ストックホルムでは1940年に最初の計画案が示され，その後，1947年に制定された内容は総合計画と詳細開発計画とで構成されたものとなっており，開発に対する事項は詳細な内容までもが定められている．

　住環境についてはその設計にあたり立地条件に応じて十分な時間をかけて検討がなされ，建築工事については工事区分を設け，段階的に数年の歳月をかけて建設される．全体配置のうえで特徴的なのは，計画人口に応じて公共建築・福祉施設などを優先的に配置し，その他の生活関連施設を含めて建設される点である．大規模な計画ではその時代背景に応じた職住接近・エコロジー・コミュニティなどが計画の主要なテーマとなることが多い．

●**住環境の現況**　北欧諸国の住環境は，旧市街地の都市再開発に伴う環境改善と都市郊外で新規に計画される開発とに区分される．新しい住戸も中層の住宅が多数を占めるが，最近は高層の住戸も多くなりコンパクトに住む傾向にある．戸建住宅はインフラの増大と維持費を招くため建設戸数は減少傾向にある．

　「フィンランド」の首都ヘルシンキでは1950年頃からタピオラで，計画人口2万人の樹木の多い緑豊かな住環境がガーデンシティとして作られた（図7）．その後ヘルシンキ郊外では既存の樹木を最大限に残し，低層や中層の質の高い住環境が各所に作られ，今後は湾岸での計画が予定されている．

　「スウェーデン」の首都ストックホルムでは1952年頃からバーリングビーで，職住接近の住環境づくりが始まり，1966年からはミリオンプログラムと呼ばれる年間100万戸の住戸を10年近く作り続けたこともあった．1994年から始まったハンマルビーシュースタッドは計画人口3万人で，計画地内のごみや生活廃棄物を火力発電で焼却して電気エネルギーに還元し，住戸からの生ごみや汚水を下水処理場でバイオガスにして住戸に還元するシステムを作り上げた．さらに太陽光パネルや雨水の利用などでエネルギー自給率を50%ほどに近づけるなど，オイルショック以降，低炭素社会を背景に持続可能な住環境を建設しほぼ完成した．この取組みは「ハンマルビーモデル」と呼ばれ，世界各国から注目され，その後の住環境づくりのモデルとなっている（図8）．

　現在はストックホルム駅北西3kmの水辺でロイヤルシーポートの計画が進められており，2030年には計画人口3万人，就業人口1万人の商業・業務を中心

とし，歴史的な建造物を生かした緑豊かな住環境が完成する予定である．
　「ノルウェー」の首都オスロでは湾に沿ったフィヨルドシティが2000年に策定され，3つのブロックに分かれて開発が進められている．そこでは住環境は業務・商業施設などが混在し，オペラシティの完成で劇場や美術館などが加わり文化的な都市環境が形成され，多くの観光客によって経済的にも影響力が増している．「デンマーク」の首都コペンハーゲンでは1947年より右手の平の指をイメージしたフィンガープランに沿って都市づくりが進められている．また，1991年頃からはコペンハーゲン空港近くのアアスタズ地域で大規模な計画が進められており，大学・研究所やIT関連の企業・医療機関とその関連施設などで6万人の雇用を創出するとともに，居住人口2万人の生活環境となっている．そうした中でデンマークの建築家ビーイの活躍が話題となり，多くの計画案が注目を浴びてきたが，この事務所が設計した巨大な8字型の集合住宅の完成が，その斬新なデザインから多数の関心を集め，2009年の世界ベスト住宅建築賞を受賞した（図9）．

図7　タピオラの集合住宅（撮影：平山達）　　図8　ハンマルビーの住環境　　図9　アアスタズの集合住宅

●**住環境の未来**　都市と住環境の未来を予測することが難しい一方で，現在我々が住んでいる都市環境にはさまざまな未解決の問題が存在するのも事実である．コンパクトシティ・低炭素社会でのエネルギーの自立・持続可能な都市開発など近い将来，その実現が求められる重要課題である．これらは困難を極める問題であり，相互に絡み合い複雑な様相を呈している．これらの課題は，各国ともにその国の実情に応じた取組みが進んでいるが，その取組みのプログラムが都市と住環境の未来像を示すこととなり，その成果が住環境の未来に大きく反映されるので，市民からは大きな関心が寄せられている．経済の活性化と自然との共生を目指した持続可能な都市づくりが当面の目標となってくる．この状況の中で，各国とも自国の地域特性を重視し過去の遺産を生かし，より魅力的で多くの人が集まる都市環境を求めている．それは，より戦略的に計画を進めることで描ける都市と住環境の理想像であり，未来に対するチャレンジでもある．　　　　［筒井英雄］

スウェーデンの高齢者住宅

●**沿革**　かつて農業国であったスウェーデンは，19世紀末遅れて入ってきた産業革命により工業国へと移行していく．労働人口は都市へと流れ，女性の社会進出があり，それまで女性が担ってきた高齢者ケアを国が行う必要に迫られた．こうして多くの公的老人ホームが造られたが，それらは大部屋に多人数が入居するという，今日の高齢者住宅のような快適なものではなかった．

●**高齢者住宅の基本理念**　冬が長く寒冷地ゆえ農作物はあまり収穫できず貧困のため，国民の1/4がアメリカへ移住したといわれている．貧困という困難な時期を経て，個人の富より皆で助け合う福祉の理念が生まれた．スウェーデンにおける住宅政策は，福祉政策の中で重要な位置を占めており，高齢者，障害者にとって住みやすい住環境が最優先される．「人は，ゆりかごから墓場まで人間としての尊厳が尊重されるべきである」という理念が高齢者住宅にも備わっている．高齢者の日常生活の自立にとって住環境が果たす役割は大きく，高齢者ケアの基本は住宅である，と考えられている．各コミューン（市町村）には，必要とする高齢者住宅が建てられている．

●**タイプ別高齢者住宅**　入居者の健康状態によりいくつかのタイプがある．

・シニア住宅：介護を必要としない元気な高齢者が住む住宅
・サービスハウス：自立した生活ができ，ケア付きだがあまり介護を必要としない高齢者が住む住宅
・グループホーム：認知症の高齢者が少人数で介護者とともに暮らす住宅
・ナーシングホーム：医療を必要とする高齢者の住まい（日本の老人保健施設に近い）

　いずれのタイプも立地の良い，街中の便利な所に建てられている．社会や地域との関わりを失わないよう，ノーマライゼーション（子供，老人，障害者など弱い立場の人が普通の人と同じように生活できる状態）の理念が基本となっている．暗く長い冬のためインテリアは重要で，建設費の何%かはコミューンのデザイナーの作品を使うことが法律で定められている．

　スウェーデンでも日本と同様，年を追うごとに年金受給者が増え，福祉財政を圧迫している．この財政難から高齢者住宅も新設ではなく既存建物の改装や転用を進め，運営面もこれまでの公的運営から民営へと移っている．スウェーデンの福祉は伝統的に公的サービスであり，住宅や施設の設置や運営は公的機関が担い，職員は公務員であった．しかし近年は公設民営が大きな流れになっている．しかも参入する事業者は，国内の事業者に限らない．

図1 シクレノ・ストランド住戸内キッチン
流し台の下に車椅子が入り，ボタンを押せば食器棚が下りる．

図2 シクレノ・ストランド高齢者住宅配置図
①サービスハウス（6階建て），②デイサービスセンター
50台駐車可能．

図3 シクレノ・ストランド高齢者住宅（単身居住用平面図 48.7 m^2）
居間バルコニーはガラス窓入りヒーター付きで冬も寒くなく，外の眺めは素晴らしい．

●**セラーフェン高齢者住宅** ストックホルム中央駅の近くにあるグループホームとナーシングホームからなる高齢者の住まいで，7階建て176室ある居室はすべて個室である．もとは古い老人ホームであったものを大規模改修し，現在の複合施設に転用した公設民営のものである．ストックホルム市のプレゼンテーションコンペで選ばれたデンマークの民間事業者が運営している．

●**シクレノ・ストランド高齢者住宅** ストックホルムから車で約15分，ダンデリードに1993年開設されたもので，1916年に建てられた大型ヴィラを改修しデイサービスセンターとして中央に置き，その周囲に4棟の6階建てサービスハウスを設けている．97戸の住戸からなり，デイサービスセンターには食堂，談話室，図書室，足の治療室，看護師室，美容室があり，地階に工作室，体育室，サウナを設けている．南に湖があり，どの住戸からも水と森の景色が見える．近くに郵便局，銀行，生活必需品を売る店舗，医療機関があり，55歳になると入居できる公設民営のものである．

●**ハーガゴーデン高齢者住宅** ストックホルムから車で約30分，ハーニングにあり，シニア住宅，グループホーム，デイサービスセンターからなる高齢者複合施設である．グループホームは1950年代に建てられた5階建て老人ホームの居室のすべてを1995年に個室に改装したもので，敷地内の建物は，グループホームを中心に配置されている．最も弱い立場である認知症の高齢者をみんなで温かく見守るという配慮からである．デイサービスセンターは，近隣の高齢者も通所利用している．

●**自宅が「ついの住み家」** 近年は自宅を改修して「ついの住み家」とする人も増えている．病気で外出が困難なときはホームドクターがいつでも往診してくれるので安心して暮らしていけるのである． ［木下靖子］

スウェーデンにおける高齢者の生活と環境

　スウェーデンでは，1998年6月に高齢者施策に関わる，国の行動計画が議会で承認され，次のように提案された．①高齢者が活動的な生活を送り日常生活において社会的に活躍できるようにする．②高齢者に対して敬意をもって社会生活が送れるようにする．③高齢者が質の良いケアを受けられるようにする．以上の点を検討する前提として，現在における問題点の見直しを行った．

●**エーデル改革**　1990年12月に可決されて，1991年1月より施行された高齢者福祉政策は「脱医療」あるいは「医療資源の縮小」をはかったもので，個人のニーズに総合的に応える医療と福祉の総合をはかるという改革であった．改革を審議した委員会「エルドゥレ・デレガトゥショーン（Äldre-Delegation）高齢者委員会」の頭文字をとって「エーデル改革（Ädel-Reformen）」と命名した．

　エーデル改革は，高齢者に対する医療および生活など，ケアの責任を，ランスティング（Landsting　地方自治体，県など）から，コミューン（Kommun　市，町村に相当する自治体）に移行して，個人個人により充実した対応ができるようにした．その内容は以下のとおりである．①高齢者の長期療養施設でのケアをする．②医療ケアが終了したと判断された場合，高齢者の居住場所を確保する．③長期医療と在宅医療に関する看護責任者の充実を義務づける．④自立した生活が困難な高齢者のための，ナーシングホームなどの施設を充実させる．⑤認知症の高齢者のためにグループホームを設置，住居環境の改善を福祉施設の一環として進める．⑥高齢者のためのリハビリテーションの充実，看護師による保健・医療のサービスの提供，補助器具サービスの実施にコミューンが責任をもつ．⑦デイケアの事業の実施と拡充をコミューンに義務づける．

　これらの改革を行ったことで，ランスティングとコミューンの責任が明確になり，サービスやケアが市民の身近な地域で提供できるようになった．さらに住宅，医療に関する行政責任が統一されたことにより，高齢者をケアする資源調達計画および資源の有効利用が容易になった．また職員の弾力的活用に加えて事業展開が容易になり，高齢者のニーズの変化に応じたサービスやケアを行いやすくなった．

●**高齢者の居住環境**　高齢者の居住環境は各人の需要に応じて決められる．

　サービスハウス，老人ホーム，グループホーム，ナーシングホームなどの居住形態が一般的であるが，コミューンなどが，自宅での生活が困難な高齢者に提供する施設サービスである．民間事業者が運営している施設もある．高齢者の施設は，時によってさまざまな対応を行ってきている．その変化の状況を整理すると

7. 北欧の生活デザインと建築　　すうぇーでんにおける　　523
　　　　　　　　　　　　　　　こうれいしゃの
　　　　　　　　　　　　　　　せいかつとかんきょう

図1　玄関

図2　テラスのいこいの場

図3　広間で社交ダンスを楽しむ入居者達

以下のようになっている.

　入居者が比較的健康で，心身機能の低下が顕著な高齢者は，老人ホーム，またはデイケアセンターが付設されている年金住宅に入居している．1970年代半ばから後半にかけては，主として，ストックホルム，マルムー（マルメ），ユーテボリ（ヨーテボリ）等の主要都市の郊外のニュータウンの中心に，サービスハウスが計画されている．心身機能が低下している高齢者を対象とした，介護度の高い住居棟を併設したサービスハウスも計画された．

●サービスハウス　「社会サービス法」が成立し，名称が「サービスハウス」と統一された1982年以降に建設されたサービスハウスとして定着している．この時期のサービスハウスの特徴は，高齢者のケアに関して，コミューンと，ランスティングの協力関係が成立し始めて，住宅・福祉と医療の重複領域の仕事としてサービスハウスの新しい形を模索してきた．通常のサービスハウスの1階に，ケア施設であるナーシングホームを位置づけた計画，そして在宅医療の基地であるヘルスセンターとサービスハウスを同一敷地に計画した例もある．サービスハウスの変遷の中で，指摘できる傾向としては，小規模にして，なじみの地域から離れることなく，住居から移り住んでも，ソーシャルコンタクトが継続していけるような配慮が必要とされていることである．

●コレクティブハウス　1930年代初期に「コレクティブ・ハウジング（共同生活型住居）」という用語が用いられ，スヴェン・マルケーリウスが集合住宅形態で，ヨーン・エーリックソン通りに計画した．その時代，社会的に働く女性が増加し，時代の要請もあり，開かれた居住形態として注目された．現在でも機能している．その後，同様な動きは若干あったが，1986年の南駅再開発計画の一部，スーデルマルム地区に，1993年に，40歳以上を対象にしたシニアコレクティブ・ハウス「フェルドクネッペン」が建設されて，高齢者になっても住み続けられる居住環境を創っている．　　　　　　　　　　　　　　　　　　　　［小川信子］

📖 参考文献
[1] 岡沢憲芙，中間真一編　2006『スウェーデン――自律社会を生きる人びと』早稲田大学出版部．

スウェーデンの子どもの施設

　北欧諸国は，20世紀初頭から，高福祉国家として歩み続けている．男女同権，同一労働を基礎として，次の世代の養育においても，社会がサポートし，子どもから高齢者まで，自立を援助する社会の仕組みを構築してきた．スウェーデンにおいても，高福祉，高負担で子どもから高齢者までの生活を支えている．

　スウェーデンにおける学齢前教育政策についてみてみよう．学齢前教育の果たす役割は，生涯教育の一環として児童保育と学校とを統合する目的のために，1997年7月に保育サービス行政の担当を社会省から教育省に移行した．1998年1月1日，中央の内閣や議会から独立して保育行政を監視する中央行政庁も社会庁から学校庁へと移行して，その所管法も1997年より「社会サービス法」から「学校法」に変更した．法の改定が行われた背景には時代とともに変化した動きがあった．

●**政府の起案書**　①教育学的グループ活動を通して，子どもに継続的に知的発達の機会を提供し，社会人としてより良い成長を促す条件を保障するように整えた．②心身の発達において，特に配慮を必要とする子ども達に対して，十分なケアを提供する．③就労あるいは就学している親に対して，子どもの養育に支障がないように援助する．④親が希望する保育形態の選択の可能性を考慮する，また保育事業への参加を可能にする．⑤保育事業運営の経済的な効率をはかるために，援助を行い，さらに法的規定を具体的に定める．

●**出産・育児施設の理念**　①高度に発達した社会においては，少子高齢化の進行は避けられないので，社会の宝である子どもを生み育てることが必要とされる．子どもの養育を，一部の家庭に負担させるのではなく，社会全体の資産とする考え方で，社会的公平の喚起施策として「育児の社会化」を実現する．②社会の変化，成長の中で労働力不足を補い，男女がともに働く社会が必要とされ，女性の社会進出が行われる．③女性の社会進出によって，少子化が憂慮される．子どもを産み育てる両親に対して，手厚い出産，育児施策を行うことで，子育ての負担の一部を社会一般が援助することが不可欠である．

●**両親保険制度**　子育てを援助する方法に，両親保険制度がある．①保険制度は，妊婦手当と両親手当が中心となっていて，出産前2か月間のうち最大50日まで失った収入の80%を，休業補償として支給する．②児童手当を支給する．③住宅手当制度は重要な育児施策の1つである．

●**子どもの権利**　①子どもの権利条約に基づいて，第一番には「子どもにとって最善であること」が原則として明記される．②コミューンにおける，子どもの権

図1 湖に面した外観　　図2 グループ遊び　　図3 部屋のコーナーの遊び場

利条約を遂行するために児童，青少年に対する社会サービスの大部分は，コミューンによって運営される．したがって，子どもの権利条約の達成状況はコミューンにおける，児童・青少年事業の内容に大きく関わってくる．

●**保育所のシステム**　公共の保育施設の整備は，1960年の高福祉高負担路線のもとで急速に進み，学童保育を含む保育体系は，1976年の「学童保護法」，1980年の「社会サービス法」によって確立した．1995年の「社会サービス法」の改正により，保育サービスの責任を負うコミューンに対して，両親が就労または就学している1～12歳までの児童に対して要請があれば，必ず保育の場を保障することを義務づけた．また1996年7月には，生涯教育政策の一環とし，保育行政所管を社会省から教育省に移し，さらに1998年1月から，前記のごとく中央の内閣から独立して保育行政を監視する官庁を変更した．①保育所：6歳以下で1グループ17人の児童と，保育者が2人と準保育者1人という一般的な構成である．②家庭保育：12歳以下の児童を対象に保育担当者が自宅で保育し，6～10人くらいを対象とする．③開放型就学前保育：在宅の親または育児従事者およびその児童を対象に，社会的・教育的活動を行う．④短期間グループ活動：狭義の就学前学校として，4～6歳児を対象とした教育的観点の強いグループ活動を行う．⑤学童保育所（余暇センター）：両親が就労または就学している12歳以下の学童を対象に，学校の始業前や放課後，休暇中に教育活動と保育を実施している．

●**一貫して流れる共通の問題**　①個人の自立を重視する拠点を確保する．②施設での生活における保育内容をより良く充実させるために，生活行為別に空間を整備する．③個人から集団での行動まで広がりのある空間計画をする．④地域社会とつながりをもった施設づくりをする．⑤教育・保育の環境計画については，標準的な施設計画が基本にあるが柔軟に考えられている．既存建築の改造，例えば，工場であった建物の改造，集合住宅の室内の改造など，有効に転用している．

[小川信子]

📖 **参考文献**
[1] 小川信子 2004『子どもの生活と保育施設』彰国社.
[2] 藤井威 2002～2003『スウェーデン・スペシャル (1) ～ (3)』新評論.

フィンランドの環境教育と学校づくり

　国の教育システムは基本的に6・3・3・4制で，初めの9年は義務教育，高校は普通高校と専門高校に分かれており，現在では60%以上が普通高校に進むという．普通高校を選ぶのは大学への進学が前提となっているようだ．
　日本と比べて教育制度自体にはそれほど変わりはないように見えるが，教育方針と内容は大きく隔たっている．その一端を具体的な例によって紹介したい．
●**アルッキ幼稚園の環境教育**　ヘルシンキ市の北，ヘルシンキ国際空港のあるヴァンター市にアルッキ幼稚園がある．1980年代から環境教育を実験的に始めた幼稚園である．もともと私立の幼稚園で，子供達の感性を育てるための特殊教育を行っていた．施設はレンガ造りの古い工場を改装した建物の一部を転用したもので，他にも企業の事務所などが入っており，アプローチ側の外観からは幼稚園が中にあるとはとても思えない（図1）．

図1　アルッキ幼稚園の外観．古い工場の改築で，正面の木製のドアが入口

　内部はまるで町を再現するように改修されていた．「大通り」（図2）があり，「広場」があり，「家」がある，という設定だ．
　天井が高く，広い多目的室は「広場」に見立てられ，ここではさまざまなイベントが繰り広げられる．音楽会や演劇会，またバザールが開かれたりするのだが，参加するのは幼稚園の子供達だけではなく，時には近隣の小学生や大人達が主役ともなる．町で行われるようなさまざまなイベントが，この「広場」でも繰り広げられる．

図2　エントランスホールは町の大通り．右手ガラスの間仕切りの向こうが広場（多目的室）となっている

　この廊下の広場とは反対側に子供達の保育室がある．言い換えれば「大通り」を挟んだ「広場」の反対側の保育室は一部屋一部屋が「家」に見立てられ，入口の扉は玄関ドアになる．
　「家」の玄関ドアを開けると玄関ホールで，天井は低いがその先に続く保育室（作業スペース）の天井は高く，外に面したガラス窓も大きい（図3）．玄関の天井が低かったところは，上部がロフトのようになっていて，子供達の昼寝の場所であり，遊戯のためのスペースでもある（図4）．

図3　天井の高い保育室には昼寝や遊びのためのロフトも設けられている

7. 北欧の生活デザインと建築　ふぃんらんどのかんきょうきょういくとがっこうづくり

ここでの教育について，以下は園長の話の要約．

フィンランドには水の状態を表現する言葉が30以上あるという．その中に，霜を指すフッレ（Hurre）という言葉があり，そのフッレの王様が夏の妖精を虜にする物語がある．この物語を子供達に聞かせながら，フッレをスケッチすることから始まる．

外で取ってきたフッレを室内でスケッチするのだから，次第に溶けてくる．フッレが目の前で水に戻るのだ．そして，溶けた水がどのような役に立つのかを話して聞かせる．まず，地面に染み込んだ水は，樹木を育ててくれる．では樹木はどのような役に立っているのかと質問する．子供達からはさまざまな答えが返ってくる．「丸太でログハウスを造る」「花が咲くときれい」などから始まり，なかでも「森に住む小鳥や小動物のための三ツ星のホテルになる」，という答えなどはおそらく大人の予想を超えているだろう．観察力を養うとともに想像力をも刺激している．

図4　保育室のロフトにはおもちゃ（木製）のキッチンセットが設けられており，窓からは「大通り」を見下ろすこともできて，まるで自分の家の2階のベッドルームにいるような空間演出

さらに水は川に流れ込み，川に住むマスや昆虫，水草を育て，海に注がれてからもサーモンやニシンなどを育てる．太陽に熱せられた水は水蒸気になって，雲になって，雨になって，また地上に戻ってくる．こん

図5　遊戯室の1つには円形の舞台と天蓋が設けられ，背後には衣装棚が用意されている．子供達は自分で衣装を選び，演劇に参加する

な大きなサイクルの中に君達がいる．だから水を汚してはいけないんだよ，と話して聞かせる．

まだこれでは終わらない．彼らが描いたフッレやさまざまなスケッチをOHPで壁に映し出し，自分が描いた映像の前に子供を立たせて，君が王様だったらどうやって夏の妖精を虜にするの，という質問を投げかける．ここでも子供達の想像力はとどまるところを知らない．

この幼稚園にはさまざまな子供の衣装が用意されていて，子供達はその中からストーリーに合った衣装を自分で選び出し，それを身につけて皆の前で演じる．こうして想像力や創造力を高めている（図5）．

そして，彼らが演じるための舞台装置も自分達で作る．材料は先生方がリサイクルセンターから仕入れてきた廃材である．例えばカップ入りプリンの蓋代わりに使われているアルミのフィルムがある．これをきれいに伸ばすと裏側は銀色に輝く丸い円盤ができる．表側はメーカーや内容によってさまざまに違う色や文字がデザインされていて，それもいい材料となる．これを使ってお城や家，塔など，さまざまな大道具が作られる（図6）．

リサイクルセンターは公共の施設で，一般家庭からさまざまな不用品が集積され，欲しいものは誰でも無料で持ち帰れるようになっている．

　日用品から出てくる廃材を使えることがわかると，子供達が自分達で集めるようになってくる．だからプレイルームは廃材の山だが，透明な収納箱が用意されていて，子供達はどこに戻せばいいか一目瞭然でわかるため，いつもきれいに片付いている（図7）．

　以上は3歳児のための指導の一例である．

　年長組は小さなレンガを使って積み木遊びをしていた．レゴブロックではない．あるレンガ製造会社が実験のために製作した縮小サイズのもので，小さいながらも実物と同じ素材でつくられており，実験終了後に廃材として処分されたものだった．それをリサイクルセンターで先生が見つけて引き取り，教材として転用したものである（図8）．

　レゴにはつなぐための凹凸があり，強く押せば固定できる．ところがレンガは注意深く積まなければ崩れてしまうから，子供達にとっては注意力の養成になり，指先を器用に動かす訓練ともなる．

　木の積み木も使っているが，本物と同じレンガの手触りを，肌で記憶することも大事なこと．なぜならば，大人になってから，自分でレンガを積んだり，丸太を使ってログハウスをつくったりする人々はたくさんいるのだから，という答えだった．

　この幼稚園には時間割がない．1つのテーマから子供達が興味の範囲を広げるに従って，さまざまに変化しながら展開していく．そして飽きるまで続けるのだ．その過程で対応しながら指導していく．

　これでは先生も大変だろうという質問に対して，園長の答えは「このような教え方に賛同できなければ，ここでは先生として受け入れません」ときっぱり．

　公立の幼稚園とは異なり，このように特殊な教育方法をとっている私立の幼稚園は他にもあって，それぞれ特色をもっている．そして当然のことながら月謝も高かった．

　1990年代初頭に制定された法律により，幼稚園へ行きたいと子供が希望すれば，自治体はその子供を受け入れる義務が生じた．そのために公立の幼稚園だけ

図6　リサイクルセンターや自宅から持ってきた廃品を使ってつくった舞台装置が廊下に，所狭しとばかりに置かれている

図7　プレイルームには種々雑多な遊ぶための材料が集められている．収納容器もリサイクル品

図8　実験用につくられたレンガのミニチュアなどの遊び道具

では希望者を収容することができず，私立の幼稚園に補助金を出して，より多くの子供達を受け入れるようなシステムがつくられたのである．

●**コスケラ小学校の教育**　ヘルシンキ市の北西に開発された住宅地の中心部にあるこの小学校は2階建ての比較的規模の小さな校舎で，訪れたときには1年生から4年生まで，全部で7クラスだった（図9）．

図9　コスケラ小学校の校庭で遊ぶ子供達

日常的な授業の中で，先生によるアイディアが自由に生かされている．例えば社会科の授業で，町の歴史を教えるとしよう．教科書を中心に教えるのは普通だが，先生によっては時代ごとの町の模型を子供達につくらせる．そしてそれらを比較して，昔の暮らしは車もなく，電気もなかった．しかし，自然の中に住み，自然の恩恵を受けながら暮らしてきた．そのうちに機械が発明されて生活は便利になってきたが，人口密度が高くなってきた．現在では生活に不便することはない．病院や福祉施設も完備している．しかし，自然が遠くなり，酸性雨などの公害が発生するようになった，といったことを話す（図10）．

図10　コスケラ小学校の教室風景．数人が机を寄せ合ってグループをつくっている．授業方法や内容は，すべて先生方や専門家集団が協力者となってプログラムづくりに参加している

このように説明しながら，生活の変化と，それによるメリットやデメリットを考えさせるのである．同時に，町の風景にまで踏み込んで，地球環境から生活環境までを，身近な問題として一体的に考えさせるのである．

学校から一歩出ると周囲には森林が広がっている．そこも屋外授業の重要な教材であり，さまざまな活動の舞台ともなっている（図11）．

●**学校建築のつくり方**　学校施設をつくるプロセスを，ヘルシンキ市を例として見てみよう．ここにも教育において大切な一面が隠されている．

まず，新校舎建設プロジェクトに向けて，学校建設協議会が設置される．その中心となるのは新しい学校を運営する校長で，教育委員会が作成した校長志望者のリストから市当局が選抜する．校長志望者達は約1年かけたセミナーに参加し，教育方針を固めてから新しい校舎についての価値観を設定し，どのような学校にするのかレポートを作成する．

図11　学校から一歩出ると，そこには自然の森林が広がっている．あるプログラムではそこに全校の子供達が自分達だけでクラスごとに1週間がかりで舞台をつくった．素材は森の中から採ってきたものや自分達で染色した布など．同じ原作のストーリーから，クラスごとに自由に脚色した台本により演劇の公演が行われ，父母達に好評を博した

このようなプログラムは，校長を教育する意味合いも含まれている．またそこには，それまでの学校建築は時代を反映しておらず，画一的だったという反省がこめられている．

市当局からは，教育局のリーディングアーキテクトという肩書きをもち，フィンランド建築家協会の正規の会員でもあるカイサ・ヌイッキネンが参画する．彼女は学校施設に関するエキスパートという立場から，設計に対して技術的なチェック機能を果たすとともに，規模や機能，設備などの内容についての指示を与える役割をも担う（図12）．

図12 ヘルシンキ市教育局のリーディングアーキテクト，カイサ・ヌイッキネンの机の上には，常に図面や書類が広がっている

さらに，外部のコンサルタントが協働する．コンサルタントといっても，実質的には毎年1回行われるコンペによって選ばれた上位4〜5人の建築家であり，全員がその年の学校建設に参加できるチャンスをもっている．

このようなメンバーを基本として構成される協議会には，その後，校長の教育理念に賛同する先生達がメンバーとして参加してくる．学校の先生は，勤務先を自分で選ぶことができるのである．そして，協議会ではそれこそありとあらゆる検討が重ねられる．教育方針の検討および決定から学校の運営方法，家具・什器・備品の選択からチェック，本来とは異なった使われ方を想定した場合の運営管理のシステムからコスト試算まで，さまざまなシミュレーションが繰り返されて，設計内容が詰められてゆく．

ようやくスケッチができた段階で，使用者会議が開催される．ここに参加するのは将来のPTA，言い換えれば地域住民である．

目標とされるのはオープンなコラボレーション．市当局内部では，関連する各部局と共同作業を行うことが前提となる．また，学校に関わる人々の作業環境を良好なものとしながら，職種間の格差をなくすためには，どのような設計としなければならないかが検討される．さらに，施設の夜間開放，体育館や図書館，集会室の地域開放などをテーマとして，地域住民とのワークショップが行われ，住民にも使える建築形態やシステムが検討される．

この学校で教育に携わる先生の選択までが，この協議会に一任されている．そして選ばれた先生達の意見も，設計に反映される．

ユーザー・オリエンテッドという立場からは，学校建築としていかにハイクオリティでハイレベルなものにできるか，そしてそれが住民にとって誇りとなるような建物になり得るか，学校ごとの特色を生かした空間のプログラムづくり，子供達にとって校舎が環境教育の教材となるようにと，これまた協議会において多様な検討が加えられる．

●学校建築を統括するリーディングアーキテクト　リーディングアーキテクトが

担当する建築は、小・中学校から高校、職業大学まで、公立の教育施設全般に及ぶ。いずれも、校長、コンサルタントおよび実質的な設計担当の建築家とともに、ハードからソフトまで、さらにはファイナンスまで含めて広い視野からプロジェクトを進めてゆく。

最近のテーマは、生涯教育や課外教育への配慮である。社会の変化にいかに対応するかということであり、それは室内空間の可変性とともに、増築の可能性への配慮となって現れる。

さまざまに検討が重ねられた結果が、具体的に設計に反映されなければならない。そのために、教育者と建築家とのコミュニケーションを促し、言葉を形へと移し替えるための仲立ちをするのが、教育局の役割でもある。

1990年代に完成した「トルッパリンマキ総合学校およびユース・センター」がその一例である。小・中学校と地域活動センターが一体となった複合施設で、複合化させることによって設備を共有化し、コストやスペースの負担を軽減している（図13, 14）。

図13　教育関係者と近隣住民と、そして建築家とが一緒になり、5年がかりでオープンにこぎつけたトルッパリンマキ総合学校の外観

図14　校舎の中央部に設けられたホールは、教室はもちろん、地域の集会場や図書館など、全体の機能を結ぶ重要な空間であるとともに、演劇やコンサートなどにも対応できるように、照明や音響設備も設けられている

「大切なものは内容です。必要な機能について十分な検討を重ねると、さらに多くの機能が発見されます。それをまた建築化しなければなりません。建物自体はからなんです。機能を支援する建物をつくるというのが私達の基本的な姿勢です。だからといって、建物がどうでもよいわけではなく、建築として質が高く、国際的にも評価されるようなものをつくりたいと思っています」とヌイッキネンは話す。

かなり時間のかかる作業の連続である。いったい1つの学校をつくるのに、どのくらいの時間がかかるのか、との質問に「普通で5年くらいですね。学校建設協議会が組織されてから、校舎の竣工までがおよそ3年。それから、実際にできた校舎を使って、どのように教育するか、初めに考えたプログラムでスムーズに運営できるのかどうか、先生にとって使い勝手はどうか、さまざまなシミュレーションを2年ほど繰り返して、やっと開校にこぎつけるのです」。

ヘルシンキでは、これだけのエネルギーをかけて学校がつくられているのだ。

なお、教育プログラムによっては、外部の多くの個人や集団が協力していることを付記しておく。アルッキ幼稚園では若手の建築家グループが、コスケラ小学校では演劇集団などがその一例である。　　　　　　　　　　　　　　　　　　　　　　　　　　　　　　　　　　　　［中谷正人］

北欧の建築教育

　北欧という言葉がもつイメージがある．それはおとぎ話のようにかわいらしく美しい街並み，インテリアをはじめとするシンプルなデザイン，雪の森などの自然などであろうか．しかし時として一くくりにまとめられてしまう北欧4か国の中でも，ことモノづくりに関してはそれぞれの民族性，得意分野，それゆえの葛藤がある．現地では昔から「フィンランド人にデザインさせて，デンマーク人に作らせ，スウェーデン人に売らせて，ノルウェー人に運ばせる」といわれている．それは各国の歴史的，文化的背景のもとに醸成された，それぞれの国民性やその得手，不得手をとてもよくとらえている言葉だと思われる．針葉樹の森が広がり，陽光を目にすることができない冬には厳寒の日々が続き，夏には白夜を享受するこの北欧の建築教育の，地域がゆえの共通点と各国の特徴を紹介しよう．

　もともと北欧の土着の建築は木造であり，北海という外海に面したデンマークやノルウェーのヴァイキング船の造船技術などは木造の高い技術を誇っていた．デンマーク，スウェーデンは中世には大きな勢力を誇った王国となり，盛んな交易，王族同士の交流を経て，フランスやドイツなどの中央ヨーロッパの大国から北欧諸国の中にもいち早く石造技術が伝わっている．時を同じくしてフィンランドでは棟梁の大工集団が噂に聞く中央ヨーロッパの様式を模し，時には石造であるはずの様式を木造で再現している．この大工集団は日本でいうところの宮大工に似ており，当時，村の中心的な施設であった教会を建てては次の村に移動しており，棟梁のもとに育った弟子達が引き継ぎ，もしくは分家していった．建築家が育つ土壌として，中央ヨーロッパからの様式に則ったいわゆるアカデミックな流れと，そして土着の建築に根をもつ大工からの流れとがあったのは明らかだ．しかし建物を建て，都市を作っていくという人材を育てるための建築教育において後々にもそれらの流れが特別に乖離することなく，この土壌において絡み合い，ますます醸成されていったのはこの地域の国民性であり，大きな財産である．

　はたして建築は工学であるのか，それとも芸術であるのかという問いに対しては，もちろんその両方であるといわざるを得ず，白黒つけることはできないのかもしれない．しかしこの問題は北欧諸国において現れては消え，そしてまた形を変えて再燃を繰り返してきたように思う．そのたびに建築教育のどこに重点を置くのか，さまざまな議論がなされ，そして学校の名称が変わったり，独立したり，統合したりという再編成が行われてきている．これは建築という概念に教育界が真摯に向き合い，そして意見を戦わせてきた結果であろう．もともとアカデミックな建築教育というのは，工学系の学科としてとらえられていたようである．ス

ウェーデンではストックホルムの王立工科大学をはじめとして，建築教育は工科大学内に設けられていることが多く，フィンランドでも工科大学の流れが強い．しかしながらオスロの独立した建築デザイン大学やコペンハーゲンの王立アカデミーのように，建築を独立した学問ととらえ，総合芸術として位置づける流れもある．学校の名前や校舎の場所だけでなく，その実態もプロダクトデザインやインテリアデザインに歩み寄っているのも特徴であろう．教育が国家のものであり，日本とは比べものにならないほどに国立機関としての社会性を帯びている北欧各国において，社会に求められる人材を育てていくことは国家戦略であり，それゆえに時代の流れを反映しているのかもしれない．

　北欧の建築教育のプログラムで一人前の建築家としての資格の意味をもつ修士号を得るには，多かれ少なかれ職業研修が必須である．スウェーデンでは6か月という長期にわたる建築設計事務所での職業経験が必要であるし，フィンランドでは期間こそ最低6週間ずつだが建築設計事務所と工事現場での実習がある．そしてどこの大学も伝統的に手を動かすことを，特に重視しているように思われる．それはスケッチや絵を描くといったことから，実際にコンクリートを打ってものづくりをしてみたり，木工所や鉄工所を併設してその材質の特徴や質感などを学んだりするのである．そういった手作業から高学年になるにつれて，学内コンペを開催して実際に何らかの施設を建てるといった，実際の建築業界の縮図のようなプログラムへと変わっていくのである．とてもリアリティのある教育であり，業界と教育界が寄り添ったかたちで連携しているからこそなし得ることである．

　建築は歴史の流れの中でその時代の文化や生活習慣，社会的理念などを常に反映する．北欧各国の建築教育もその時代に必要な人材を供給できるように，その時代の流れに乗って，変化し続けている．工学的な技術発展が重視された時代，人口増加に伴って広がりゆく都市の整備とそこでの理想的な生活を追求した時代を経て，都市機能としての建物は複雑化していき，建築教育は建物のみでなく都市計画，ランドスケープ，プロダクトデザインなどにも及び，IT化の流れの中でその範囲はますます広がってゆく．ヘルシンキ工科大学建築学部長であった建築家シモ・パービライネン教授の言葉が1つのキーワードになるかもしれない．｢建築教育というのは大きな視点を育てることである｣と．例えばドアの取っ手や教会の燭台といった建築に含まれた部分をデザインする際にもその空間，部屋，建物，地域，都市といったスケールを縦横無尽に考えることのできる視点だ．そしてある都市計画の教授は，｢都市というものが時代の流れの中で移りゆく社会を包括的に映し出すもの｣だとして，｢高度なマネジメント能力と社会の変遷を見る目を育てる｣という．過去から未来へ刻々と刻まれる時間軸の中の今現在という時代，この地球の，この国の，この場所という空間軸，それらを見る視点を育てることが，実用性の高い北欧の建築教育ではないだろうか．　　　　　　　　　　　　［大久保　慈］

北欧の現代木造建築構法

●**丸太組構法（ログハウス）** 20世紀初頭まで，ヨーロッパから伝承された形式の異なる手作りの丸太組構法の建物が各地に建設され，北欧の伝統的建築構法となった．現代の丸太組構法は製材技術の進歩によって，マシンカットと呼ばれる機械加工のプレカット部材を用いたものが主流となっている．プレカット部材は，1958年頃に長方形断面の角ログ，1962年頃に丸形ログがフィンランドで製造され，各国独自に発展してきた丸太組構法は技術的に平準化され，積み上げた部材の乾燥収縮による沈下現象（セトリング）を改善するため，人工乾燥材や積層製材（ラミネート材）を用いて隙間が生じない精度の高い建築構法になっている．

●**柱・梁構法（フレーム工法）の登場** 12～13世紀に，ヨーロッパを南下したヴァイキングによって持ち込まれた教会建築やヴァイキング船の造船技術，17世紀中期までデンマーク領内で建てられていた，ドイツの構造技術ハーフティンバー構造に影響を受けて，1920年代に厚板と筋交いによる柱・梁構法（フレーム工法）が，1950年代には，バルーンフレーム構法とプラットフォーム構法（枠組壁工法）が生まれ，現在の北欧木造建築構法の主流として発展している．これらの構法の登場は，産業の近代化によって熟練労働者に頼る伝統的な建築構法の重要性が失われたことによるものであるが，各国の異なる環境と伝統技術を踏襲しながら，地域の特性に応じたデザイン形態が厳然と維持されている．

●**プレファブ構法の導入** 労務費の高騰，職人不足を背景に，壁，床，屋根に窓や建具，断熱材を組み入れたパネルを，工場生産して現場に搬入して組み立てるプレファブ構法が急速に発展している．北欧のプレファブ産業の歴史は古く，1920年代には伝統的な小屋裏利用の1.5階建て住宅がノルウェーで開発され，1930年に開催されたストックホルム博覧会では，民家住宅が発表され

図1　ヴァイキング時代の軸組

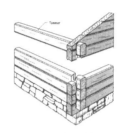

図2　丸太組構法（角ログ）

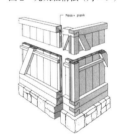

図3　厚板と筋交いの軸組構法

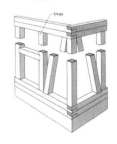

図4　軸組構法

ている．開発を加速化したのには，ヨーロッパ各地に渡った著名な建築家達が大きく関わっているといわれている．1970年代には，オスロ郊外の住宅地にモジュラー化（ボックス型）された都市型住宅が建設されている．現代では，工場生産によるユニットを横方向に連結させた長屋住宅や，縦方向に積み上げた中層集合住宅を建築する施工技術が確立し，天候や建設期間に制約されることなく建設できることから需要が拡大している．

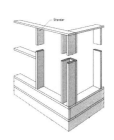

図5　枠組壁構法

●**大架構と高層木造建築構法**　木材の工業化は大架構を可能にする構造用集成材の開発を進展させ，革新的な木造建築構法が1919年にドイツから導入され，スウェーデン中部の工場がⅠ型アーチ梁架構システムで建設された．その後デンマーク，ノルウェーの駅舎や工場を中心にこの構法で用いられ，現在，教育施設，商業施設，スポーツ施設等の大架構建築物が全域で建設され，集成材建築として一般化している．

図6　モジュラー構法
　　　（Stora Enso）

さらに，製材板を繊維方向が直交するように積層したクロスラミネート材（CLT）の製品化，1990年，高層木造建築を可能にする「建築基準法」の改正，木造建築物の火災安全性を確保するための火災設計技術 Nordic Wood Project-Fire safe wooden building の体系化によって，4～5階建て木造建築構法が開発されている．1999年，設計図書 *Brandsäkra Trähus*（木造建築物の火災安全）の出版によって最高階数制限が撤廃され，スウェーデン国内に8階建ての高層住宅が建設されるなど，北欧の高層木造建築構法は先進的環境建築として世界的な評価が高まっている．　　　　　　　［雨宮陸男］

図7　大架構建築構法

図8　中層木造建築構法

📖 参考文献

[1] Håndbok 38, TREHUS-BYGGFORSK Norges byggforskningsinstitutt, NBI.
[2] 雨宮陸男「現代ノルウェーの家づくり」New House 60.
[3] 北米・北欧に見る木造建築物の高層化技術，林産試だより．
[4] Urbanization and CO_2 reduction-Mult-stries wood building in Sweden as part of the solution. Anders Baudin professor Växjö university.

ノルウェーのナショナル・ツーリスト・ルート

　ナショナル・ツーリスト・ルート（ノルウェー語で Nasjonale turistveger）とは，辺境の風光明媚な土地に世界中から観光客を呼び寄せることに成功した仕組みである．ノルウェー公共道路管理局は 1994 年に観光用の道路整備計画に着手し，2012 年に全長 1,991 km に及ぶ 18 本の観光ルートを作り上げた．現在も工事は進行し，最終的な完成は 2023 年を予定している．太く主要な幹線道路ではなく，そこから分岐する細い古道をベースにルートを作ったのは，ノルウェーの各地に観光客の足を向けることを目的としているからだ．それぞれの道は海岸線を巡り，山中の曲がりくねった道を抜け，滝や急流を横断し，極北に到達する．1 車線しかない道や，羊の横断を待たざるを得ない道，切り立った山の斜面を蛇行するルートや，フィヨルドを船で横断して続くルートでは，必然的に多様な自然環境が目に入る．メインの目的地にたどり着くことよりも，数時間のドライブそのものが目的になり得る．寄り道をノルウェー語で Omveg（オムヴァイ）という．2007 年から 2012 年にこの取組みを紹介する展覧会がヨーロッパ，アメリカ，上海万博を巡回した．この展覧会のタイトルが英語で寄り道を意味する Detour（デトゥアー）だったことから，現在もナショナル・ツーリスト・ルートは「寄り道プロジェクト」として親しまれている．

　それぞれのルートは 100 km 前後の長さであるが，フィヨルド特有の高低差や，フェリーで対岸に渡る必要性があるので，走破するには数時間以上を要する．時には永遠にたどり着かないのではないかと思うほど長い距離を走った後に，ようやく看板が現れて目的地が近いことがわかる．ナショナル・ツーリスト・ルートのマークは，茶色い地に白抜きで組紐のようなパターンがデザインされている．

　各施設はノルウェーの大自然と対峙しながら，そこに魅力的な空間を作り出している．その表現は多様性に富む．切り立った山を背景に深いフィヨルドを見下ろす絶景の展望台もあれば，何気ない港の船の発着所や，道路の脇に建てられた現代的だが簡素なトイレもある．施設ごとの造りの落差に驚くが，主役は大自然である．

　ノルウェー道路公団は設計競技やインタビューを繰り返して世界中から設計者を選定した．設計条件は自然に溶け込むことと堅牢な建物であることだけだったという．ほとんどの施設で茶褐色にさびた鉄が見られるのは，多くの設計者が先の条件に沿って耐候性鋼をデザインに組み入れたからだろう．こうしてパーキングとトイレ，ベンチやテーブルが備えつけられた．基本的には無人で，レストランやインフォメーション，お土産売場が併設されているのはまれだ．地元の人の働き口となる日本の道の駅とは対照的である．

7. 北欧の生活デザインと建築　　のるうぇーのなしょなる　　537
　　　　　　　　　　　　　　　・つーりすと・るーと

　ノルウェーでは道の途中に，雨風をしのげる空間と上下水道の完備されたトイレさえあれば，人が自然と集まってくる．ナショナル・ツーリスト・ルートの各施設では，自家用車やレンタカーでたどり着いた観光客に交じって，地元の若者や老人達がベンチで休憩したりおしゃべりに興じたりしている姿が印象的だ．人為的な建築を作ることで，改めて大自然は人間を取り巻く環境として際立つ．壮大な山の尾根とフィヨルドの湖面の境に点在する，三角屋根と赤や黄色の壁の家並みは，昔から続くノルウェーの風景そのものだ．
　そしてモダンな建築やアーティスティックなストリートファニチャーが，日常的な風景に非日常のアクセントを加える．各施設からは，そこを起点とするトレッキングの小道が用意されていることもあれば，絶景を見渡せる展望台が整備されていることもある．虹を湛えたせせらぎが待っていることもあれば，ありふれたコンクリート造りのトイレがぽつんとたたずんでいるだけのこともある．アトラクションの当たり外れが大きいので，面白い景勝地を求めて地図を広げ，いくつものルートをたどるうちに，ノルウェーの大自然の懐に飛び込むことになる．
　全部のルートを走破するには，長い時間を車で走る覚悟と，いくつものカーフェリーを乗り継いで各地を泊まり歩く金銭的余裕のみならず，フレキシブルな日程に耐えうる時間的余裕が求められるだろう．冬の寒さや，夏の日差し，大きな空は共通だが，土地ごとの高低差と，木や石や土の種類は多様性に富む．切り立った崖をうねうねと蛇行するヘアピンカーブが続いたかと思えば，岩がごろごろと転がる平野が延々と続く．急に視界が広がると，豊かな水を湛えた鏡のような青い湖面と，その向こうに切り立った山々が見える．やがて首都オスロに戻ってくると，誰もが大自然との対比に驚くはずだ．それまでは木々や羊や山や岩ばかり目にしていたのに，都市はやはり建築と人と車で埋めつくされているからだ．ナショナル・ツーリスト・ルートとは，現代を生きる私達に，自然に回帰する重要性と，ノルウェーの豊かさを体験させる道筋なのだ．

図1　Trollstigen（2012年）Reiulf Ramstad建築事務所は，複合中心施設と曲がりくねった遊歩道，急な山腹から突き出る展望プラットフォームを設計した．

図2　The Juvet Landscape Hotel（2008年）Jensen & Skodvin建築事務所は，Gudbrandsjuvetにシラカバの森の中に溶け込むように点在する9つのユニークなコテージを設計した．

図3　Stegastein（2006年）建築家Todd SaundersとTommie Wilhelmsenは，眼下に広がるフィヨルドに向かって飛び降りるような形状の展望デッキを設計した．

以下に 18 のルートを北から順に紹介する.

1 Varanger 道路 E75/Fv341

北極海沿岸のルート. Varangerbotn から Hamningberg まで全長 160 km, 最大海抜 123 m. Vardø の, かつてこの地で起きた魔女裁判の犠牲者の記念館 (2011 年) をスイスの建築家ピーター・ズントーとアーティストのルイーズ・ブルジョワが手がけた. Gornitak には建築家 Margrete Friis による休憩施設 (2006 年), 建築事務所 Biotope による北極圏の野鳥観察小屋 (2014 年) などがある.

2 Havøysund 道路 Fv 889

最北端のルート. Kokelv から Havøysund まで全長 67 km, 最大海抜 233 m. Selvika に Reiulf Ramstad 建築事務所によるコンクリートの曲面壁が印象的なパーキングおよび休憩施設 (2011 年), lillefjord に PUSHAK 建築事務所によるユニークな形状の遊歩橋と一体化した休憩所 (2006 年), そしてハイキングの散策路 (2006 年) がある.

3 Senja 道路 Fv 86/862

センジャ島の北側のルート. 本土から橋かフェリーで行く. Gryllefjord から Botnhamn まで全長 102 km, 最大海抜 287 m. Tungeneset の海岸線に下る道をデザインしたオーシャンビューの休憩エリア (2008 年) と, Bergsbotn の海に突き出た展望休憩エリア (2010 年) は建築家 Marte Danbolt (Code arkitektur) が設計した.

4 Andøya 道路 Fv 974/976/82

アンドーヤ島を走るルート. Bjørnskinn から Andenes まで全長 58 km, 最大海抜 65 m. Andenes には 1859 年以来ランドマークとなっている灯台がある. Kleivodden には地元の黒花崗岩をブロック状に加工して配置したストリートファニチャーがある. 海を見晴らすこの景観ポイントと休憩施設 (2013 年) は建築家 Inge Dahlman (Landskapsfabrikken AS) が手がけた.

5 Lofoten 道路 E10

ノルウェー西側のフィヨルドをくねくねと蛇行するルート. 南端の Å から北東の Raftsundet (Euroroute 10) まで, Nusfjord (Road 807), Vikten (Road 811), Utakleiv (Road 825), Unstad (Road992), Eggum (Road994), Henningsvær (Road 807) を通る全長 230 km, 最大海抜 59 m. Akkarvikodden に建築家 manthey kula によるトイレ (2009 年), Eggum に Snøhetta AS による古代の円形劇場のような休憩施設 (2007 年) などがある.

6 Helgelandskysten 道路 Fv17

6 つのフェリーを乗り継ぐルート. Holm から全長 433 km, 最大海抜 346 m を走る. Godøystraumen (Road 17) から Torghatten (Roads 76 と 54) までの距離は 18 のルートの中で最長である. ルート中間の Jektvik から Kilboghamn にかけて北緯 66° の北極線があり, ここから北は北極圏に突入する. エンガブレーエン氷河を臨む Braset の休憩施設は海抜わずか 100 m だ. 半透明の繊維ガラスで覆われた Jektvik のフェリー待合所 (2010 年) は建築家 Carl-Viggo Hølmebakk の設計であり, そして Hellåga の海辺の休憩施設 (2006 年) は建築家 Arild Waage (Nordplan AS) と Inge Dahlman (Landskapsfabrikken AS) の設計だ.

7 Atlanterhavsvegen 道路 Fv64/242/663/238/235

小島をつなぐ 7 つの橋を渡るルート. Kårvåg から Bud まで全長 36 km, 最大海抜は 30 m だ. 建築家 Manthey Kula による Myrbærholmbrua の Myrbærholm 橋に沿うように配置されたフィッシングのための遊歩道 (2010 年) や, 建築家 Jakob

Røssvik による Kjeksa の海沿いの休憩ベンチ (2005 年) と大西洋に飛び出すように設置された Askevågen の展望台 (2005 年), そして Eldhusøya に Ghilardi + Hellsten 建築事務所による地面から少し持ち上げられたハイキング遊歩道とカフェ (2014 年) などがある.

8 Geiranger-Trollstigen 道路 Fv63

有名な観光地を含む人気のルート. Langevatn から Sogge Bru まで全長 104 km, 最大海抜 1,038 m. 中間地点の Eidsdal から Linge まではフェリーでフィヨルドを横断する. 大型バスが乗りつける目玉のアトラクションとして, Trollstigen が筆頭に挙げられる. Reiulf Ramstad 建築事務所はこの大きな複合施設 (2012 年) を設計した. レストラン・カフェ・インフィメーションセンターからなる中心施設と, そこから曲がりくねった遊歩道, 急な山腹から突き出る展望プラットフォームが見ものだ. Valldøla 渓流を望むように配置された Gudbrandsjuvet の展望休憩施設とカフェ (2010 年) と, その先のユベットランドスケープホテル (The Juvet Landscape Hotel, 2008 年) は Jensen & Skodvin 建築事務所が担当した. シラカバの森の中に溶け込むように点在する 9 つのユニークなコテージには予約がひきもきらない. Linge ferjekai には Knut Hjeltnes 建築事務所による大きな開口部が特徴的なフェリー待合室 (2010 年) がある. Ørnesvingen の滝を建築に取り込んだ展望休憩施設 (2006 年) と Flydalsjuvet の山小屋風のトイレ休憩施設 (2006 年) は建築家 Sixten Rahlff (3RW) の設計による.

9 Gamle Strynefjellsvegen 道路 Fv258

19 世紀末に手作業で開通したルート. Grotli から Videsæte まで全長 27 km, 最大海抜 1,139 m. Jensen & Skodvin 建築事務所による, Videfossen の滝に張り出した展望橋 (1997 年) は水しぶきに虹が光る. また Øvstefoss 滝に近づける展望歩行者ルート (2010 年) などがある.

10 Rondane 道路 Fv27/219

2,000 m 級の山並みを見ながら走る山間のルート. Folldal と Muen を結ぶルートに Sollia Church から Enden までの区間を合わせた全長 75 km, 最大海抜 1,060 m. Sohlbergplassen には松の木立を縫うようにコンクリート打放しの遊歩道がカーブする展望デッキ (2006 年), Strømbu には国立公園のハイキングの拠点となる休憩施設 (2008 年) があり, いずれも建築家 Carl-Viggo Hølmebakk が設計した.

11 Sognefjellet 道路 Fv55

Lom から Gaupne までの全長 108 km, 最大海抜 1434 m を走るルート. 沿線施設としては, Mefjellet にアーティスト Knut Wold による石の彫刻, Nedre Oscarshaug に建築家 Carl-Viggo Hølmebakk によるガラスのテレスコープのオブジェ (1997). Liasanden の松の森の中の休憩施設 (1997 年) と 18 ルート最高の海抜 1,400 m に位置する Sognefjellshytta ロッジ (2014 年) は Jensen & Skodvin 建築事務所が設計した.

12 Valdresflye 道路 Fv51

Garli から Hindsæter の区間から Gjende に寄り道する全長 49 km, 最大海抜 1,389 m を走るルート. 沿線施設としては, Steinplassen にアーティスト eter Fischli/David Weiss による 2 つの岩が積み重なったオブジェ (2012 年). Rjupa の湖と山を望む絶景の駐車場 (2006 年) と Vargebakkane のハイキングの発着点となる駐車場 (2006 年) が Knut Hjeltnes 設計事務所によって設計された.

13 Gaularfjellet 道路 Fv 55/13/610

Balestrand から Moskog の区間と Sande から Eldalsosen の区

7. 北欧の生活デザインと建築　　のるうぇーのなしょなる・つーりすと・るーと　　539

間を合わせた全長 114 km，最大海抜 784 m を走るルート．沿線施設としては，建築家 Arild Waage (Nordplan AS) による Likholefossen 滝の激流すれすれを渡る橋 (2006 年) と Gaula 川に沿って 14 の滝と 7 つの湖を抜ける 21 km のハイキングコースなどがある．

14 Aurlandsfjellet　道路 Fv243
Aurlandsvangen から Lærdalsøyri までの全長 47 km，最大海抜 1,306 m を走るルート．このルートをトンネルで結ぶ全長 24.5 km の世界最長の Lærdal トンネルを利用する往復ルートも面白い．沿線施設としては，ルートの頂上に位置する Flotane に建築家 Lars Berge (LJB AS) による休憩施設 (2010 年)，Stegastein に建築家 Todd Saunders と Tommie Wilhelmsen による眼下に広がるフィヨルドに向かって飛び降りるような形状の展望デッキ (2006 年)，建築家 Lars Berge (LJB AS) とアーティスト Mark Dion による山腹に埋め込まれたアートワークに導く緩やかなカーブを描くペデストリアンデッキ (2012 年) などがある．

15 Hardanger　道路 Fv7/49/550/13
consists of four stretches : Granvin から Steinsdalsfossen まで (Road 7)，Norheimsund から Tørvikbygd まで (Road 49)，Jondal から Utne まで (Road 550)，Kinsarvik から Låtefoss まで (Road 13) の 4 つの区間をフェリーで結ぶ全長 158 km，最大海抜 275 m を走るルート．沿線施設としては，Hereiane に建築家 Susanne Puchberger (3RW) による自然石スレートの外壁と黄色のドアと基壇の組み合わせがユニークなトイレ (2008 年) や Kvanndal に建築家 Tordis Hoem による休憩施設 (2009 年) などがある．

16 Hardangervidda　道路 Fv7
Eidfjord から Haugastøl までの全長 67 km，最大海抜 1,250 m を走るルート．沿線施設としては，Vøringsfossen の滝の周辺に建築家 Carl-Viggo Hølmebakk による 2020 年完成予定の橋や遊歩道や休憩施設の計画がある．

17 Ryfylke　道路 Fv13, 46/520
ノルウェー南西部のリーセフィヨルド Lysefjorden を Oanes から Hordalia までつなぐ全長 183 km，最大海抜 972 m のルート．3 箇所フェリーで渡る必要がある．沿線施設としては，Ropeid に Jensen & Skodvin 建築事務所によるフェリー待合所 (2004 年)，Allmannajuvet の亜鉛鉱山工場跡地に建築家ピーター・ズントーによる 2016 年完成予定ミュージアム，Sand に Rintala Eggertsson 建築事務所による箱状の橋 (2013 年)，Svandalsfossen 滝には Haga & Grov 設計事務所による耐候性鋼のさび色が鮮やかな 540 段のアプローチ (2006 年) がある．

18 Jæren　道路 Fv44/507
Ogna から Bore までの全長 41 km，最高海抜 35 m を走るルート．ノルウェー最長の砂浜 Orrestranda ビーチや Jæren 海岸沿いの多くの灯台の 1 つである Kvassheim 灯台など寄り道したくなるルート．

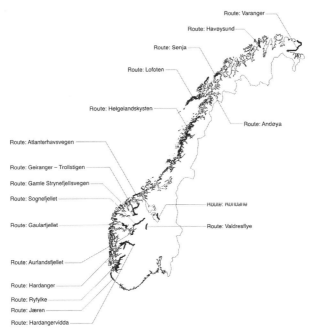

図 4　ナショナル・ツーリスト・ルートの全体の地図

［鈴木敏彦］

エーリック・グンナル・アスプルンド

　エーリック・グンナル・アスプルンド（Erik Gunnar Asplund, 1885-1940）は，20世紀のスウェーデンを代表する建築家である．アルヴァル（アルヴァー）・アールト，アーネ・ヤコブセン（アルネ・ヤコブセン）ら北欧の建築家に多大な影響を与えた．しかし，享年55歳と早世であったこと，作品がほぼスウェーデン国内に限られること，また近代建築の典型的な表現とは距離を置く作品が多かったこともあって，長年にわたりその評価は北欧のローカルな文脈に限定されていた．ようやく1980年代以降に再評価が進み，卓越した設計能力とコンセプトの先進性が今日では世界的に高く評価されている．

　ストックホルムに生まれたアスプルンドは，少年時代に画家を志したが美術教師や父親の反対により夢を断念し，王立工科大学で建築を学んだ．卒業後，王立芸術大学へ進学するもののボザール流の教育方針に失望して中退．仲間とともに建築学校クラーラ・スクールを設立した．指導者には，自国の文化的伝統と自然環境への思慕に立脚する建築思潮ナショナル・ロマンティシズムを主導する建築家達を招き，薫陶を受けた．1913〜1914年にはイタリアなど南欧へ見学旅行に出かけ，憧れの古典建築を訪問．帰国後，友人のシーグルド・レヴェレンツと共同で，ストックホルム郊外の森を敷地とする新しい墓地の国際コンペに応募した．若い彼らの提案は，森の自然に手をつけず，建物の存在感を抑えて墓標を木々の間にひっそりと点在させたのが特徴であり，森に精神的な故郷を見るスウェーデン人の心情を見事に表現して1等を受賞する．後に「森の墓地」と呼ばれるこの作品に，アスプルンドは生涯を通して関わった．彼らは共同でその後の設計に取り組んだが，主要施設である「森の火葬場」（1940年）は最終的にアスプルンド1人に依頼され，実質的に彼の最後の作品となった．「森の墓地」全体は，20世紀の建築作品としては最も早くユネスコの世界遺産に登録されている．

　アスプルンドの作品は，時代ごとの潮流の変化を受けて様式的な特徴も変化し

図1　ユーテボリ裁判所増築

図2　夏の家

図3　森の火葬場

た.「森の礼拝堂」(1920年)は,古典主義を基調としながらも簡素な木造を採用.森の木々よりも屋根を低く抑え,形式張らない素朴なたたずまいを見せる. ほかにもイタリア旅行での野外映画の思い出を再現した映画館スカンディア・シネマ(1923年)やストックホルム市立図書館(1928年)など,1920年代の作品は北欧新古典主義の潮流を反映する. 一転して,主任建築家を務めた1930年のストックホルム博覧会では,プロデューサーの強い要求に応えるかたちで,鉄とガラスによる軽快で開放的な近代建築(北欧ではFunctionalismと呼ばれた)の表現を導入. これを機に北欧諸国が一気に近代建築の時代を迎えた. アスプルンドはこの新しいデザインの可能性を,初挑戦とは思えないほど自在に引き出している. 1931年には王立工科大学教授に就任. 就任講演において自身の建築観を語り,日本建築の空間の可変性や開放性に新時代の建築の可能性を求めた. 1937年のユーテボリ(イェーテボリ)裁判所増築は17世紀の古典主義建築への増築であるが,既存建物の古典主義にならう原案を何度も構想しながら破棄,最終的にあえて増築棟を時代のリアリティに基づく近代建築で表現した. しかし,増築棟の窓は既存建物の側へ寄り添い,古い建物への敬意と愛情を告白する.「夏の家」(1937年)はアスプルンド自身の別荘であり,スウェーデンの伝統的な農家をモチーフにしながら近代的な解釈を加えたものである. このように,彼は近代建築を教条主義的に採用することがなく,時代のリアリティを見極めながら作品ごとにあるべき姿を原点に立ち返って思考する姿勢を一生貫いた.

代表作である「森の火葬場」では,火葬場建物へのアプローチを,墓地のエントランスからまっすぐ森に向かう1本の道として表現し,いつかは森へと還っていく人間の運命を直感的に悟らせる. 同時に,死を森に眠る永遠の時間へと昇華することにより,自らの運命を知らされた人への救済すら用意する. ナショナル・ロマンティシズムから学んだ価値観が,見事にアスプルンド流の近代建築として結実している. 設計時のスケッチは,最初に古代神殿風の建物を発想しながらも,諸条件に合わせて建物を調整しつつ徐々に様式に由来する装飾をはぎ取り,最終的に独自の表現へと到達する建築家の思考過程の痕跡を伝えている. 様式建築の否定から出発するのが当たり前であった初期の近代建築運動の態度とは一線を画し,様式建築から近代建築への変化を断絶のない連続した1本の流れととらえる彼の様式観は,当時も今も極めて独創的である. さらに人間よりも自然の優位性を素直に認めるアスプルンドの建築観は,20世紀的な価値観の有限性を悟り,自然環境の優位性に目を向ける,21世紀の私達にこそ求められる新しい知性のあり方を示してはいないだろうか. [川島洋一]

アルヴァー［アルヴァル］・アールト

アルヴァー［アルヴァル］・アールト（Alvar Aalto, 1898-1976）はフィンランドが生んだ20世紀を代表する世界的建築家であり，都市計画・家具・照明器具・ガラス器のデザイン・絵画など幅広いジャンルで活躍し才能を発揮した．

●**略歴と主な作品** 1898年フィンランド中部セイナヨキの東50 kmにあるクオルタネ村で，測量技師の父ヨーハン・ヘンリック・アールトと，母セルマ・ハクステッドの長男として生まれた．1903年両親は子供達の教育環境を配慮しユヴァスキュラに家族で移り住んだ．1916～1921年ヘルシンキ工科大学（現アールト大学）で建築を学び，卒業後まもなく1924年大学の先輩アイノ・マルシオと結婚，新婚旅行先のイタリアへの想いは生涯を通じて彼の作品に表れている．1925年古典的なデザインでの労働者会館を，1929年パイミオのサナトリウムと1933年ヴィープリの図書館のコンペを勝ち取ることによって，アールトの名が世界に知られることとなった．モダニズム建築の主張である現代の素材としての鉄・ガラス・コンクリートの使用，インターナショナル・スタイルという概念をアールトは自家薬籠中のものとしたかに見えたが，伝統的なフィンランドの素材「木」をヴィープリの図書館の天井や1939年のマイレア邸で取り入れ，モダニズムからの離脱をはかり独自の道を歩み始めた．1946～1948年マサチューセッツ工科大学に客員教授として招聘され，MIT学生寄宿舎を設計している．1949年妻アイノ死去，1952年建築家エリッサ・マキニエミと再婚．1950～1960年代前半はアールトにとって最も輝かしい時代といえ，代表作を列挙すれば1952年サユナツサロの村役場，1953年アールト夏の家，1956年厚生年金会館，1958年文化の家，1953～1957年ユヴァスキュラ教育大学，1949～1966年ヘルシンキ工科大学，1956年アトリエアールト，1958年ヴォクセニスカの教会，1959年カレ邸，1963年ヴォルフスブルクの文化センターなどが挙げられる．1963～1968年フィンランドアカデミー会長を務めた．以後の作品として1969年アカデミア書店，1971年フィンランディアホール，没後エリッサの手によって完成した建物には1979年ラハティの教会，1988年エッセンのオペラハウスなどがある．

図1　パイミオのサナトリウム　　図2　マイレア邸　　図3　ヘルシンキ工科大学　　図4　フィンランディアホール

●**建築的特色** 「建築，その真の姿はその中に立って，初めて理解されるものである」というアールトの有名な言葉にあるように，その中に身を置いたとき，深い沈黙に誘われたり，空間とともに己が存在する幸せを味わえる建物に出会えることは希有である．アールトの空間の特質と魅力とをいくつか挙げてみたい．
●**使う人の気持ちに寄り添ったデザイン**　パイミオのサナトリウムの病室では，夜中に水はねの音がしない洗面シンクや，ベッドに横たわったときにまぶしさを感じない天井照明などを，ヴィープリの図書館では読んでいる書物に柔らかな光が注ぎ影ができないよう，無数のスカイライトを配置したように使う人々のための配慮がなされている．「デザインするな，解決しろ」というアールトの言葉がある．
●**囲まれた空間**　ほどよいスケールで囲まれた空間は人々に安心感を与える．外部空間の例としてサユナツサロの村役場，アールト夏の家，マイレア邸の中庭，内部空間の例として厚生年金会館，セイナヨキ，ヴォルフスブルクの閲覧室．吹抜けのある回廊で囲まれたラウタタロ，アカデミア書店，電力会社ビルなど．アールトの設計する囲まれた閉鎖空間には必ず「抜け」があり，安心感と同時に開放感を与えるように配慮されていることが，心理的な充足感をもたらしている．
●**巧みな光の扱い**　朝9時頃日が出て午後3時頃には日没，という日照時間の極端に短い冬，わずかな光をいかに使うかは北欧の建物にとって重要なテーマだった．大きな開口部から大量の光を取り込む手法は近代建築がすでに成し遂げてきていた．アールトは北欧の美しい微弱な光の移りゆくさまをも感じ取れる空間を，ヴォクセニスカの教会などの教会建築，ユヴァスキュラ教育大学の階段室，ヘルシンキ工科大学の大講義室など数多くの建物で実現させている．「巧みな光の扱い」はアールトの空間に魅せられる大きな要因である．
●**見えない面**　アールトの空間には複雑にレベルの異なった天井が存在する．実はその出隅のラインの下には「見えない面」が巧みに仕掛けられている．カレ邸のリビングルーム，セイナヨキの劇場や文化の家のカフェ周り，現／アールト大学大講堂のクローク周りなどに見られるように，「見えない面」は居る場所，通る場所，並ぶ場所，立ち働く場所，窓際の場所，といった場所のもつ機能と密接に関わっており，人々は「見えない面」が作り出している空間に誘い込まれ，ほぼ無意識のうちに「的確な場所に身を置いている」という安心感を得るのである．

[平山　達]

図5　ヴィープリの図書館

図6　厚生年金会館

図7　ヴォクセニスカの教会

図8　カレ邸

アーネ・ヤコプセンのトータルデザイン

　アーネ・ヤコプセン（アルネ・ヤコブセン，Arne Emil Jacobsen, 1902-1971）
は，20世紀のデンマーク・モダニズムを代表する建築家である．建築ではデン
マークの国立銀行と4つの市庁舎をはじめとして，住宅，集合住宅，学校，図書
館，ホテル，銀行，大使館，ガソリンスタンド，スポーツ施設，工場等を設計し，
そのプロジェクト数は優に100を超える．プロダクトデザインにおいては，家
具，照明器具はもちろんのこと，カトラリーやコーヒーポット等のテーブルウェ
ア，時計，ドアハンドル，さらには浴室の水栓金具に至るまでデザインし，シリー
ズ展開を含めるとその数は300を超える．これらは自ら設計した建築のインテリ
アとして置くためにデザインし，その後製品化されたものである．そして現在に
おいても，そのほとんどが北欧デザインを代表するプロダクトとして，確固たる
商品価値を維持している．ヤコプセンにとって建築とはインテリアエレメントを
含む総体であり，「暮らしの場を創出すること」を意味した．暮らしに必要なす
べてのものをデザインすることは，彼にとって当然の帰結であった．

　1902年，デンマーク，コペンハーゲンに生まれる．画家を目指したが父の反
対にあい，絵の才能を生かすため建築家になることを決意する．1920年にドイ
ツに行きミース・ファン・デル・ローエ（1886-1969）の展覧会を見て，1921年
にはニューヨークに向かい，摩天楼やブルックリン橋をその眼とフィルムに焼き
つけた．ヤコプセンは同年代のヨーロッパの建築家の誰よりも早く，青年期に新
世紀の建築の洗礼を受けたのである．1924年に22歳でデンマーク王立芸術アカ
デミーに入学し建築の道に進む．家具科の初代講師のコーオ・クリント（Kaare
Klint, 1888-1954）に，機能と形のプロセスを見直してより洗練した形に仕上げ
ていく「リ・デザイン」の手法を学ぶ．後にヤコプセンの作品にまつわる類似性
への批判は，往々にしてこの手法に起因する．卒業設計はアカデミーのゴールド
メダルに輝き，1927年に卒業．

　1929年にフレミング・ラセンと共同で応募した「未来の家」で優勝し一躍有
名になる．独立して事務所を開設し，1931年，コペンハーゲン郊外のクランペ
ンボー地区のリゾート開発のコンペに優勝．ベルビュービーチ沿いに一連の白い
建築群（1938年）を完成させる．この頃のヤコプセンは機能主義の建築家（フ
ンキス）と呼ばれていた．ル・コルビュジエやミースに続き，当時のトレンドで
あった，フラットルーフの白い箱を思わせる機能主義は，装飾をいっさい省いた
スタイルだったからである．しかし，スウェーデンのグンナル・アスプルンドが
徐々に機能主義から脱して独自の北欧スタイルを築き上げていったように，彼を

師匠として慕ったヤコプセンも，日本建築の空間の流動性，可変性，そして北欧の自然素材とクラフトマンシップにこれからの北欧の建築の方向性を見出していく．

1937年，デンマーク第2の都市であるオーフース市庁舎（1942年）のコンペに勝利した．1943年，ユダヤ人のヤコプセンは，ナチスの迫害を恐れスウェーデンに亡命する．そこでは主にファブリックや壁紙等のテキスタイルデザインに専念した．ヤコプセンが草花の水彩画を描き，妻のヨナがシルクスクリーンでプリントした．彼らのテキスタイルデザインはスウェーデンのデパートで販売され，ナショナル・ギャラリーにも買い取られた．この亡命期間中にヤコプセンはスウェーデンの植生を徹底的に研究し，後の建築に生かしていく．

1946年に帰国すると，クランペンボー地区にスーホルムⅠ（1950年）を設計し，そこに自宅兼オフィスを構える．1952年に，世界で初めて背と座を一体化して三次元成形したプライウッド・チェアの開発に成功する．かの有名なアントチェアの誕生である．1955年には改良版としてセブンチェアを発表した．これらの商業的な大成功はヤコプセンのプロダクトデザイナーとしての信頼性を高め，以後の製品開発と量産に拍車がかかった．1956年，母校の王立芸術アカデミーの教授に就任．1960年，デンマーク初の高層建築となったSASロイヤルホテルを竣工．エッグチェア（1958年），スワンチェア（1958年），AJランプ（1957年），AJカトラリー（1957年）等は，すべてこの建築のためにデザインしたものである．1959年，モンケゴー小学校（1957年）の成功が評価され，イギリスのオックスフォード大学のセント・キャサリンズ・カレッジ（1964年）の正式な設計者となる．そして1971年，コペンハーゲン中心部のデンマーク国立銀行（1978年）の完成を見ぬままに自宅にて心臓発作で急逝．享年69歳だった．

建築の直線的な構成と，プロダクトデザインのオーガニックな形状の対比が，ヤコプセンのトータルデザインの特徴だ．彼は建築という不変のプロポーションに永遠性を託し，プロダクトデザインという再生産される製品に色あせない未来を託した．21世紀となった今も，ヤコプセンの作品は現代的なデザインのアイコンとして人々に愛されている． ［鈴木敏彦］

図1　SASロイヤルホテル（1960年）

図2　エッグチェアがロビーに居場所をつくる

図3　当時のままのルーム606

ノルウェーの名匠スヴェレ［スヴァッレ］・フェーン——自然と対話する建築

　スヴェレ・フェーン（Sverre Fehn, 1924-2009）は，ノルウェー・コングスバルグ出身．オスロ建築大学で学位取得後，CIAM 北欧建築国際会議ノルウェー支部建築グループに参加した．

　1953～1955 年，パリのジャン・プルーヴェのもとで働く．1971～1995 年，母校の教授就任，並行してオスロのスタジオで建築設計に従事．

　代表作に，ブリュッセル万博のノルウェー館（1958 年），ベネチア・ビエンナーレのスカンディナヴィア館（1962 年），ヘドマルク大司教博物館（1979 年），ヴィラ・ブスク（1990 年），氷河博物館（1991 年），アウクルスト博物館（1995 年），ノルウェー建築博物館（2007 年）などがある．

　北欧といえば，フィンランドのアルヴァル（アルヴァー）・アールト，デンマークのアーネ・ヤコプセンを生んだ建築・デザイン先進地域である．ノルウェーには，1997 年にプリツカー賞を受賞し，ノルウェーの建築設計界を長らく牽引してきたスヴェレ・フェーンがいる．

　フェーンは北欧・ヨーロッパの巨匠達との人脈が広く，その接点から多大な影響を受けている．フランスの奨学金を得て，ジャン・プルーヴェのオフィスで働くと，特にディテールのアイデアにかきたてられることとなった．ル・コルビュジエとも親しくしていたという．エーリック・グンナル・アスプルンドについては最も尊敬しており，また建築と家具の結びつきの重要さを学んだと語っ

図1　ヘドマルク大司教博物館
（The Hedmark Cathedral Museum, Hamar, Norwey）
13 世紀の納屋をそのまま生かし，コンクリート，ガラスを用いて改築．

図2　当時の道具を陳列したスタンドディスプレイ

図3　フィヨルランド・フィヨルドに位置する氷河博物館

図4　氷河博物館入口側

ている．アールトとは年齢的にも近く，基本的には良い関係であったようであり，理解を示している．

ベネチア・ビエンナーレのスカンディナヴィア館設計の際に，カルロ・スカルパに会い，その後親しい間柄であった．建築およびディテールのこだわりもスカルパを彷彿させるところがある．プリッカー賞の主な受賞対象といわれているヘドマルク大司教博物館は，中世の要塞跡・納屋跡を新たな構築物となし，その内部の陳列スタンドのデザインにもスカルパと重なる手法が見て取れる．

その他多くの建築家とのめぐり合いを大事にし，刺激し合ったようである．

しかしながら，フェーンの本質的思想・哲学は，ノルウェーのフィヨルドによる入り組んだ地形がもたらす孤立性から成り立っている．資源も豊富で自立した国民性も他の3か国とは異にし，また気候風土の厳しさが根底にあるといわれる．

それは自然と文化の対話であり，「自然に対してあまりにもセンチメンタルになりすぎると負けてしまう．ある程度の粗暴さをもって対峙したときに初めて成立する．しかしその意識が過剰になると，無骨になりかねない」と自ら語っている．

作品の多くは地場産の木材と石を用い，過酷な気候風土を味方につけ，自然と調和し，景観との均衡を保たせている．フェーンの自然に対する敬意の念がうかがわれ，本質が読み取れる．

1990年後半になり，ノルウェー建築設計界も若手が台頭し，風土に根ざした建築家もいれば，国内にとどまらず，国際的に活躍する設計集団も出現して活況を呈している．フェーンが土台をつくりあげたといってよい． ［寺原芳彦］

図5 ノルウェーの人気アニメ作家アウクルストの博物館入口側

図6 アウクルスト博物館北側

図7 岩盤の上に建つ名住宅ヴィラ・ブスク

図8 岩盤に建つヴィラ・ブスク居間側

アルヴァー［アルヴァル］・アールト以後のフィンランド建築界

　フィンランドが生んだ巨匠アルヴァー・アールトは1976年に亡くなったが，今なおフィンランドの建築家達は世界から熱い注目を集め続けている．
　アルヴァー・アールトについてどう思うか，こう尋ねるとき彼らは戸惑ったような表情を浮かべる．アールトは彼らの侵すことのできない聖域であり，彼らのキャリアの中でも避けて通れない通過点であるに違いない．
　かつてポスト・アールトの旗手といわれた建築家クリスチャン・グリクセン(1932-)は，アールト設計による傑作マイレア邸のクライアント，マイレ・グリクセンの息子であり，マイレア邸で幼少期を過ごすという希有な体験の持ち主でもある．ところが1970〜1980年代にかけて，アンチ・アールトともいえるラディカリズムがフィンランドを覆ったとき，彼は皮肉にもその急先鋒に立つことになる．当時の建築家達が皆そうであったように，彼もまたアールトを否定することでしか自らのスタンスを獲得することができなかったに違いない．同様に，ポスト・アールトの代表的建築家であるユハ・レイヴィスカ(1936-)もまた，過去のインタビューに答えてこう語っている．「私は彼のもとで働くにはあまりに彼を尊敬しすぎていた．彼から距離を保たないと自らのアイデンティティまで失いかねなかった」．

図1　ミュールマキ教会（1984年，ユハ・レイヴィスカ）

図2　ヘウレカ・科学体験館（1988年，ヘイッキネン＆コモネン）

　ところが1980年代も後半になると，フィンランドにもようやく新しい時代の風が吹くようになる．その筆頭が建築家グループ，ヘイッキネン＆コモネンらを中心とした世代である．彼らのスタンスはそれまでのアールトを中心とした価値軸とは大きく異なる．設計のフィールドを広く海外に広げ，スチールのフレーム

にガラスのファサードなど，それまで気候的な理由からフィンランドでは不可能とされていた建築が，テクノロジーの進歩の追い風とともにやがて1990年代以降のフィンランドを席巻し，そのランドスケープを大きく変えてゆくこととなる．

2000年代に近づくとさらに新世代の建築家達が登場する．その筆頭となるマッティ・サナクセンアホ（1966-）はこう語る．「アールトは父ではなく祖父のようなものだ．もはや反抗する対象ではない」．彼の造形には自由な曲線や，木をふんだんに使った内装など，かつてのアールトを連想させるような造形も見え隠れする．

「アールトの空間の魅力は，ヒューマンスケールだ」，そう語るヴィッレ・ハラ（1974-）はAvanto Architectsを主宰し，在学中に設計したKUPLA物見の塔で話題をさらった．彼はフィンランド現代建築シーンを担う1人となり，今なお注目を浴びる話題作を作り続けている．また現在最も活躍する若手建築家グループの1つであるK2Sの主宰メンバーの1人，ミッコ・スンマネン（1971-）もこう語る．「僕らがいちばん戒めている言葉は"トレンディ（流行）"だ．建築は長い時間の中で考えられなくてはいけない．アールトの人柄は知らないけれど，彼の空間の思想なら理解できる．そこには時代に流されない，とても人間的な温かさがある」．

図3　KUPLA 物見の塔（2002年，ヴィッレ・ハラ）

図4　VIIKKI CHURCH（2005年，JKMM）

図5　KAMPPI CHAPEL（2012年，K2S）

彼らのアールトに対する距離感は大変興味深い．彼らは確実に還るべき原点としてアールトをとらえている．またアールトとはまったく建築表現の異なる現代的な彼らの口から，空間の「スケール」や「温かさ」といったアールトへの回帰を示唆するようなキーワードが出てくるのも意外でもある．

ほどよいスケールと温かい空間．アールト以後の建築家達もまた，建築をよりシンプルにとらえ，そして空間をつくりだしている．それこそがアールトの教えであり，今もフィンランドの建築家達の中に生き続けているものかもしれない．

［関本竜太］

デンマーク建築の現在

　長くデンマーク人建築家だけに偏っていたデンマークの建築界であったが，2000年代に入ってザハ・ハディド設計のオアドロプゴー美術館（2005年），ジャン・ヌーヴェルのDRラジオのコンサートハウス（2009年）など，英国やオランダの著名な建築家が設計した建物もできた．2016年4月には，新しいアンデルセン博物館の設計競技で，隈研吾とデンマークの設計事務所が共同で設計した案が選ばれた．2020年に博物館が予定どおり開館すれば，デンマークで初めて日本人の建築家が設計した建物になる．

　この10年ほどBIG[*1]，COBE[*2]，JDS[*3]など若手の個性的な設計事務所が著しく台頭してきた．現在注目されているプロジェクトの1つに，COBEがマスタープランを担当しているノアハウン（Norhaven）地区の再開発がある．サイロが改修されてアパートになるなど，海沿いにこぎれいなアパートが数多く建設されている．周辺に古い建物が残っているので，アアステズ（Ørsted）の開発地より殺伐した感じはない．2018年に地下鉄駅が開通するので，アパートの価格は高く，人気がある（図1）．

　既存の建物を修復して，新しい建物に再生することがよく行われている．例えば2014年4月に修理が終わったコペンハーゲンのナアアポート駅（Nørreport station）と，ヘルシングウーア（Helsingør）にある造船所のドックを利用した海運博物館がある．

　ナアアポート駅は地下に作られている．S-電車や郊外線，地下鉄が乗り入れており，利用者はデンマークでいちばん多く1日約5万人である．COBEの設計で，3年間かけて駅の改修工事が行われた．改修の目的は，駅の出入口の混雑の緩和と構内の空気の浄化，照明の改善であった．ホームは電車による空気汚染がひどく，暗かっ

図1　ノアハウンのポートランドタワー

図2　ナアアポアト駅

[*1] BIG：Bjarke Ingels Groupの頭文字を取った名前．2005年からBjarke Ingels（1974-）が代表を務める設計事務所．

[*2] COBE：2005年からDan Stubbergaard（1974-）とドイツ人のVanessa Mariam Carlow（1975-）が主宰する設計事務所．COBEのCOはCopenhagenの最初の2文字，BEはBerlinのBeを取ったもの．コペンハーゲンとベルリンに事務所がある．

[*3] JDS：ベルギー人のJulien De Smedt（1975-）が代表を務める設計事務所．彼は2001年から2006年までBjarke Ingels, Dan StubbergaardとPLOTという設計事務所で活動していた．

た．工事の後，天井が高くなり，空調と照明が改善された．出入口は，白い雲のような有機的な形の広い屋根に覆われて，上から見ると雲が浮いているようだ．駅周辺の自転車置き場や歩行者道路が広くなり，すっきりした（図2）．

ヘルシングウーアで2013年に開館したBIG設計の海運博物館（M/S Museet for Søfart）は，クロンボー城に配慮して，建物は地下にある．造船所で使われたドックのコンクリートの壁を建物の中庭として使用している．

図3　クロンボー城と海運博物館

コンクリートの壁に，抽象絵画のように塗料，さびや水の跡が残り，長い造船所の歴史を感じさせる．建物は海の近くにあるので，地盤を強化するために461本の杭を地下42mの深さの岩盤まで打っている（図3）．ドックをくり抜いた，展示室がある壁の層にも600本の杭が打たれている．中庭には，規則正しく打ち込んだ杭の部分が並んでいる．展示にも創意工夫がみられる．壁を大スクリーンに見たて，航海をしている映像を映すと，音響効果も重なって乗船しているような感覚を味わえる．BIGの建物は，8tallet のアパートのように大規模な建築物が多いが，この博物館は，比較的中規模の大きさで，コンクリート仕上げの細部まで神経が行き届いた建物だ（図4）．

図4　海運博物館の中庭に打ち込まれた杭

リアルダニア（Realdania）は，建築に関する活動を積極的に行う建築投資会社である．傘下にリアルダニアビュグ（Realdania byg）がある．アーネ・ヤコプセンなど著名な建築家の自邸や，彼らが1920年代から1960年代に設計した住宅と歴史的に価値のある古い建物を合計50件ほど所有している．リアルダニアビュグの方針は，購入した建物を修理した後，その建物を一般に貸して，管理してもらうことである．

図5　カイ・フィスカの別荘
コペンハーゲンの豪商のために設計した．

2014年に，カイ・フィスカ（Kay Fisker, 1893-1965）が1916年に設計した別荘がリストに入った．この別荘は彼が王立アカデミーに在学中に，アスプルンドの事務所から戻った直後，最初に設計した建物だ．修復の際，100年の間に所有者が替わるたびに間取りなどが損なわれたので，できるだけ建築された当時の形に戻された．古い家を修理するとき，建物が文化財保護指定を受けている場合，どこまで復元するかバランスが問題になる．今回は屋根を葺き替え，天井裏や床下に断熱材を入れて，21世紀の省エネに対応した住まいにした．部屋の熱効率が良いので，窓はオリジナルの一重ガラスのままだ．またスマートフォンやコンピュータにより，家の暖房や電気を自動調節できる最新の管理設備に変えた（図5）．

［小野寺綾子］

ノルウェーの現代建築界

●**風景に近づくためのしつらえ** ノルウェーの建築家らはプロジェクトに際しどのような空間の美学をもっているのか。現代建築界を代表する Jensen & Skodvin 建築設計事務所の仕事を例に紹介したい。National Tourist Rootes; Detour プロジェクトの1つ，グブランシューヴェ展望所（2007年）は，首都オスロから車で6時間ほどの北西に位置するガイランゲル・フィヨルドに近い谷に計画された。近くには最も有名な景勝地の1つ，トロールスティゲンがあり，外国からも多くの観光客が訪れる。

Jensen & Skodvin 建築設計事務所の代表ヤン・オーラヴ・イェンセンは当施設を「滝の水に接するほど近づくことのできる空間」「山の稜線を強調する窓」といった，いわば風景に近づき，風景へ焦点を集めようという主旨からデザインを進めていた。クライアントも「美しい風景を多くの人に楽しんでもらう方法を考える」という建築家と共通認識をもっていた（図1）。Detour のプロジェクトの多くが計画に際して上記の思想をもち，その共通する美学が各プロジェクトを支える魅力になっている。

●**オペラの大衆化** 2011年新しいオペラ座がオスロフィヨルドに突き出すかたちで竣工した（図2）。設計はノルウェーの現代建築界で最も注目を集めるオフィスの1つ Snøhetta による。設計担当の1人サイモンによれば，「オペラとは元来大衆の娯楽であり，特定の人々だけでなく，皆に開かれるべきである」という。シアター内部に華美な装飾を施さないなど，現代にオペラを大衆化させようという試みを建築デザインで実現している。この大衆化への意図は平面計画にもつながっている。1つ例をあげれば，各演目のための舞台装置をつくる工房をガラス張りで表通りに面するよう配置している。通りの車や歩く人は次の公演の舞台美術建造の

図1 Gudbrandsjuvet Proposal
著者による吊り橋の提案

図2 Opera House（設計：Snøhetta，撮影：山田良）

図3 筆者の担当したオスロ建築デザイン大学（上）とサマースタジオの様子（下）

図4 オスロの建築デザイン大学木工房の制作組立スペース

様子を公道から眺めることができる．

●**建築教育** オスロ建築デザイン大学（Arkitektur og designhøgskolen I Oslo：AHO）は，建築，ランドスケープデザイン，プロダクトデザインの専門大学である．オスロの中心部に位置し，工房活動を重視したデザイン教育を行っている（図3）．AHO の開校は 1960 年代，初代学長は建築家スヴェレ［スヴァッレ］・フェーンであった．現在に至る AHO の礎はフェーンによってつくられたといえる．フェーンは大学教育に携わる間，実施設計をほとんど行わず，教鞭と大学の基礎形成に従事した．

在籍している学生達は，ノルウェーはもとよりスウェーデン，フィンランド，アイスランドと北欧諸国から集まり，また広範囲の交換留学制度により

図5 オスロ中心街のストリートファニチャー設営の様子

ヨーロッパ諸国，カナダからの学生達も多く見受けられ，建築デザイン（ランドスケープ含む）・プロダクトデザイン両学科合わせて約 400 人の学生が学んでいる．

木材，金属，プラスチック類の工房が個別に設けられ，プロダクト作品制作や小規模建築に必要と思われる機械類は高いレベルのものがそろっている．スタジオコース（演習授業）の中で，これらの制作環境を活用する仮設のインスタレーション作品，実験作品を作る課題が頻繁に課せられている（図5）． ［山田 良］

付　　録

【付録1】　北欧5か国とバルト三国の基本データ・略史

【付録2】　北欧5か国とバルト三国の世界遺産

【付録3】　北欧・世界および日本年表

【付録4】　北欧3か国の王家系図

【付録5】　北欧神話の登場人物

【付録6】　北欧神話を知るための読書案内

【付録7】　『カレワラ』登場人物一覧

【付録8】　北欧，バルト三国の主な美術館・博物館

【付録9】　北欧，バルト三国の主な劇場

【付録 1】 北欧 5 か国とバルト三国の基本データ・略史

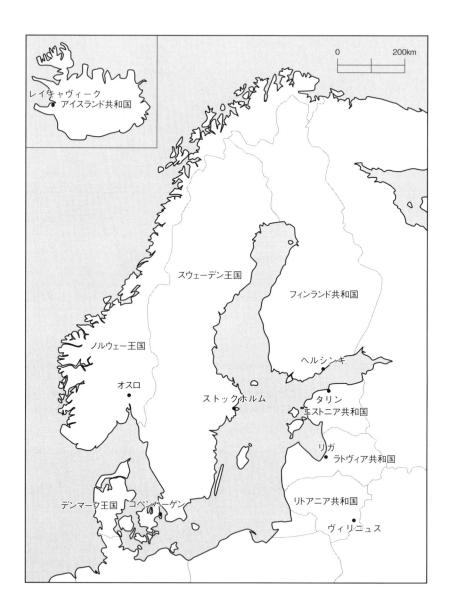

デンマーク

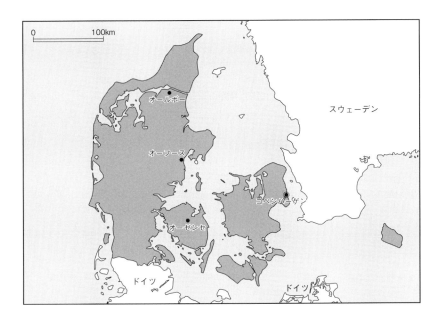

■デンマークの基礎データ

正式名称：デンマーク王国　Kongeriget Danmark（Kingdom of Denmark）
面積：約 4.3 万 km^2（フェーロー諸島およびグリーンランドを除く．九州とほぼ同じ）
人口：約 570 万人（2016 年，デンマーク統計局）
首都：コペンハーゲン
政体：立憲君主制
議会：一院制
宗教：福音ルーテル派（国教）
言語：デンマーク語
通貨：デンマーク・クローネ（DKK）
主要産業：流通・運輸，製造，不動産，ビジネスサービス

■デンマーク略史

1397 年　マルグレーテ 1 世の下，北欧三国によるカルマル連合成立（〜1523 年）
1660 年　絶対王制
1849 年　憲法発布，二院制議会の設置
1864 年　第二次スリースヴィ戦争で敗北

1945 年　第二次世界大戦終了によりドイツの占領から解放
1949 年　NATO 加盟（原加盟国）
1953 年　憲法改正，一院制議会へ
1973 年　EC 加盟
1992 年　国民投票でマーストリヒト条約批准を否決
1993 年　再国民投票でマーストリヒト条約批准を可決
2000 年　国民投票でユーロ参加を否決
2015 年　国民投票で EU 司法・内務協力分野の留保撤廃を否決

■デンマークの自治領

［カラーリット・ヌナート／グリーンランド］
面積　217 万 km^2
人口　55,847 人（2016 年）
言語　グリーンランド語（公用語），デンマーク語
首都　ヌーク
宗教　福音ルーテル派
自治政府議会　一院制

［フェーロー諸島］
面積　1,398 km^2
人口　48,704 人（2015 年）
言語　フェーロー語（公用語），デンマーク語
首都　トーシュハウン
宗教　福音ルーテル派
自治政府議会　一院制

（外務省ホームページを参照）

ノルウェー

■ノルウェーの基礎データ
正式名称：ノルウェー王国　Kongeriket Norge（ブークモール），Kongeriket Noreg（ニーノシュク）（Kingdom of Norway）
面積：38.6万 km^2（日本とほぼ同じ）
人口：521万 3,985人（2015年12月31日，ノルウェー中央統計局）
首都：オスロ
政体：立憲君主制
議会：一院制
宗教：福音ルーテル派が大多数を占める
言語：ノルウェー語
通貨：ノルウェー・クローネ（NOK）
主要産業：石油・ガス生産業，電力多消費産業（アルミニウム，シリコン，化学肥料等加工産業），水産業

■ノルウェー略史
1380年～1814年　デンマークと同君連合形成（1397年～1523年，北欧三か国によるカル

マル連合形成）

1814 年　デンマークがノルウェーをスウェーデンに割譲．憲法制定

1905 年　スウェーデンとの同君連合を解消し独立

1945 年　第二次世界大戦後，ナチス・ドイツの占領より解放される

1949 年　NATO（北大西洋条約機構）加盟

1960 年　EFTA（欧州自由貿易連合）加盟

1972 年　EC（欧州共同体）加盟を国民投票で否決

1992 年　EEA（欧州経済領域）協定批准（1994 年発効）

1994 年　EU（欧州連合）加盟を国民投票で否決

（外務省ホームページを参照）

スウェーデン

■スウェーデンの基礎データ

正式名称：スウェーデン王国　Konungariket Sverige（Kingdom of Sweden）
面積：約 45 万 km^2（日本の約 1.2 倍）
人口：約 1,000 万人（2017 年 1 月，スウェーデン統計庁）
首都：ストックホルム
政体：立憲君主制
議会：一院制
宗教：福音ルーテル派が多数
言語：スウェーデン語
通貨：スウェーデン・クローナ（SEK）
主要産業：機械工業（含：自動車），化学工業，林業，IT

■スウェーデン略史

800-1050 年頃　ヴァイキング時代
1397 年　カルマル連合によりデンマーク王がスウェーデン王として即位
1523 年　グスタヴ 1 世（グスタヴ・ヴァーサ）即位．デンマークより独立．

1630〜1648年　グスタヴ2世アードルフ，ドイツ30年戦争に介入．ウェストファリア条約で大国としての地位確保．

1814年　ナポレオン戦争後，キール平和条約締結．以降非同盟・中立政策．

1818年　フランスから迎えられたカール14世ヨーハンが国王に即位（現在のバーナドット王家始まる）．

1868年　「大日本国瑞典国条約書」締結，外交関係開始．

1946年　国連加盟

1995年　欧州連合（EU）加盟

（外務省ホームページを参照）

フィンランド

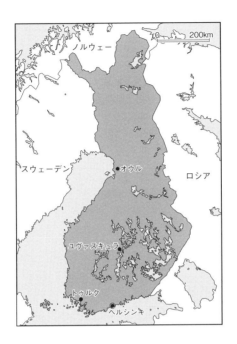

■フィンランドの基礎データ

正式名称：フィンランド共和国　Suomen tasavalta（フィンランド語），Republiken Finland（スウェーデン語）（Republic of Finland）

面積：33.8 万 km^2（日本よりやや小さい）

人口：約 550 万人（2017 年 1 月末時点）

首都：ヘルシンキ

政体：共和制

議会：一院制

宗教：福音ルーテル派，正教会

言語：フィンランド語，スウェーデン語（全人口の約 5.4%）

通貨：ユーロ（EUR）

主要産業：紙・パルプ等木材関連，金属・機械，および情報通信，電気・電子機器

■フィンランド略史

1 世紀頃　フィンランド人の定住

11 世紀～12 世紀　キリスト教が伝来，東西キリスト教の角逐

1323 年	スウェーデン・ロシア間の国境確定.フィンランドは,スウェーデンの一部となる
1809 年	スウェーデン,フィンランドをロシアへ割譲（フィンランド大公国）
1917 年	ロシアより独立.
1939 年	対ソ戦争（冬戦争）
1941 年〜1944 年	対ソ戦争（継続戦争）
1944 年〜1945 年	対独戦争（ラップランド戦争）
1948 年	フィンランド・ソ連友好協力相互援助条約締結
1955 年	国連加盟
1975 年	CSCE（欧州安全保障協力会議）開催（於ヘルシンキ）
1986 年	EFTA（欧州自由貿易連合）正式加盟
1995 年	EU（欧州連合）加盟
1999 年	EMU（欧州通貨同盟）加盟
2002 年	ユーロ導入
2017 年	フィンランド独立 100 周年

（外務省ホームページを参照）

アイスランド

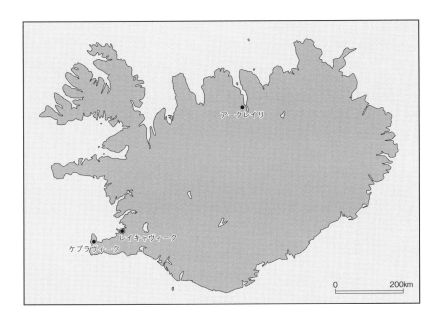

■アイスランドの基礎データ
正式名称：アイスランド共和国　Lýðveldið Ísland（Republic of Iceland）
面積：10.3万 km^2（北海道よりやや大きい）
人口：33万7,610人（2016年9月，アイスランド統計局）
首都：レイキャヴィーク
政体：共和制
議会：一院制
宗教：人口の約8割が福音ルーテル派（国教）
言語：アイスランド語
通貨：アイスランドクローナ（ISK）
主要産業：観光業，水産業，水産加工業，金属（アルミニウム精錬）

■アイスランド略史
870〜930年頃　ヴァイキング，アイスランド植民．
930年　アルシンギ（立法・司法機関）設立
1262年　ノルウェーの統治下に入る
1397年　デンマーク王の統治下に入る

1918 年　独立（デンマークとの同君連合）
1940 年　デンマークがナチス・ドイツに占領される状況の下，英軍に占領される．
1944 年　アイスランド共和国成立
1949 年　NATO 加盟
1994 年　欧州経済領域（EEA）発効

(外務省ホームページを参照)

エストニア

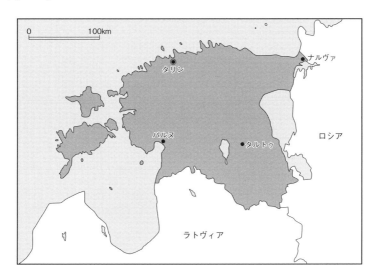

■エストニアの基礎データ

正式名称：エストニア共和国　Eesti Vabariik（Republic of Estonia）
面積：4.5 万 km^2（日本の約 9 分の 1）
人口：約 131 万人（2016 年 1 月）
首都：タリン
政体：共和制
議会：一院制
宗教：国勢調査（2011 年）によれば国民の半数以上が無宗教，ロシア正教，プロテスタント（ルーテル派）等．
言語：エストニア語（フィン・ウゴール語派）
通貨：ユーロ（EUR）
主要産業：製造業，卸売・小売，不動産，運輸，建設等

■エストニア略史

1219 年　デンマーク人が進出し，タリン市を築く．
1346 年　ドイツ騎士団が進出し，領有．
1629 年　スウェーデン領となる．
1721 年　北方戦争の結果ロシア領となる．
1918 年　独立を宣言．
1920 年　ソ連と平和条約を締結．

1940 年　ソ連に併合.
1991 年 8 月 20 日　エストニア最高会議が独立回復に関する決定を採択.
1991 年 9 月 6 日　ソ連国家評議会がバルト三共和国の国家独立に関する決定を採択.
2004 年 3 月　NATO 加盟
2004 年 5 月　EU 加盟
2010 年 12 月　OECD 加盟
2011 年 1 月　ユーロ導入

（外務省ホームページを参照）

ラトヴィア

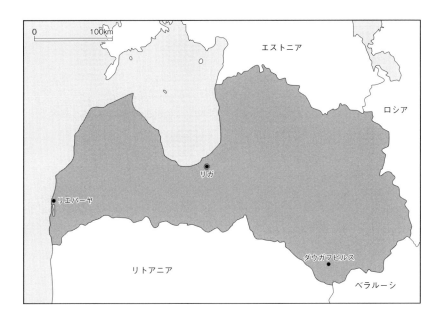

■ラトヴィアの基礎データ

正式名称：ラトヴィア共和国　Latvijas Republika（Republic of Latvia）
面積：6.5万 km^2（日本のおよそ6分の1）
人口：214万人（2016年7月現在，ラトヴィア内務省）
首都：リガ
政体：共和制
議会：一院制
宗教：プロテスタント（ルーテル派），カトリック，ロシア正教
言語：ラトヴィア語
通貨：ユーロ（EUR）
主要産業：農業，化学，物流，木材加工

■ラトヴィア略史

13世紀初より　ドイツ騎士団が進出し，領有
1282年　リガがハンザ同盟に加盟
1583年　リヴォニア戦争の結果，リトアニア・ポーランド領となる
1629年　スウェーデン・ポーランド戦争の結果，一部分がスウェーデン領となる

1721 年　北方戦争の結果，大部分がロシア領，残りはポーランド領となる
1795 年　第三次ポーランド分割により全土がロシア領となる
1918 年 11 月 18 日　独立を宣言
1920 年 8 月　ロシア社会主義連邦ソヴィエト共和国との間に平和条約締結
1940 年　ソ連に編入
1990 年 3 月　共和国最高会議選挙
1990 年 5 月　独立回復宣言
1991 年 8 月　共和国の地位に関する基本法採択
1991 年 9 月 6 日　ソ連国家評議会バルト三共和国の国家独立に関する決定を採択
2004 年 3 月 29 日　NATO 加盟
2004 年 5 月 1 日　EU 加盟
2014 年 1 月 1 日　ユーロ導入
2015 年上半期　EU 議長国
2016 年 7 月 1 日　OECD 加盟

（外務省ホームページを参照）

リトアニア

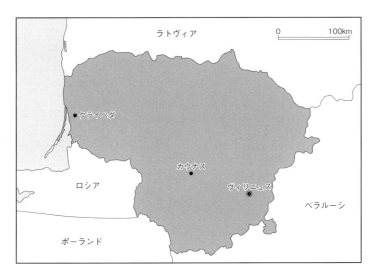

■リトアニアの基礎データ

正式名称：リトアニア共和国　Lietuvos Respublika（Republic of Lithuania）
面積：6.5万 km^2
人口：284.9万人（2017年1月，リトアニア統計局）
首都：ヴィリニュス
政体：共和制
議会：一院制
宗教：主にカトリック
主要言語：リトアニア語
通貨：ユーロ（EUR）
主要産業：石油精製業，食品加工業，木材加工・家具製造業，販売小売業，物流・倉庫業

■リトアニア略史

1253年　ミンダウガス大公がリトアニア国王となる．
1386年　ヨガイラ王，ポーランド王を兼ねる．（リトアニア・ポーランド同君連合）
1569年　ポーランドと連合国家（二民族一共和国）
1795年　第三次三国分割により大部分がロシア領となる．
1918年　独立を宣言．
1920年　ソ連より独立．
1940年　ソ連に併合．

1990 年 2 月　共和国最高会議選挙.
1990 年 3 月　独立回復宣言.
1991 年 9 月 6 日　ソ連国家評議会バルト三共和国の国家独立に関する決定を採択.
2001 年 5 月　WTO 加盟.
2004 年 3 月　NATO 加盟.
2004 年 5 月　EU 加盟.

（外務省ホームページを参照）

【付録2】　北欧5か国とバルト三国の世界遺産

■デンマークの世界遺産（遺産種別／登録年）

イェリング墳墓群，ルーン文字石碑群と教会（文化遺産／ 1994）

ロスキレ大聖堂（文化遺産／ 1995）

クロンボー城（文化遺産／ 2000）

イルリサット・アイスフィヨルド（自然遺産／ 2004）

ワッデン海（自然遺産／ 2009，2014）

スティーブンス・クリント（自然遺産／ 2014）

モラヴィア教会の入植地　クリスチャンフェルド（文化遺産／ 2015）

シェラン島北部のパル・フォルス式狩猟景観（文化遺産／ 2015）

■ノルウェーの世界遺産（遺産種別／登録年）

ウルネスの木造教会（文化遺産／ 1979）

ブリッゲン（文化遺産／ 1979）

レーロース鉱山都市とその周辺（文化遺産／ 1980，2010）

アルタのロック・アート（文化遺産／ 1985）

ヴェガオヤン-ヴェガ群島（文化遺産／ 2004）

西ノルウェーフィヨルド群-ガイランゲルフィヨルドとネーロイフィヨルド（自然遺産／ 2005）

シュトゥルーヴェの三角点アーチ観測地点群（文化遺産／ 2005）

リューカンとノトデンの産業遺産群（文化遺産／ 20015）

■スウェーデンの世界遺産（遺産種別／登録年）

ドロットニングホルムの王領地（文化遺産／ 1991）

ビルカとホーヴゴーデン（文化遺産／ 1993）

エンゲルスバリの製鉄所（文化遺産／ 1993）

タヌムの線刻画群（文化遺産／ 1994）

スクーグシュルゴーデン（文化遺産／ 1994）

ハンザ同盟都市ヴィスビュー（文化遺産／ 1995）

ラポニアン・エリア（複合遺産／ 1996）

ルーレオーのガンメルスタードの教会街（文化遺産／ 1996）

カールスクローナの軍港（文化遺産／ 1998）

ウーランド島南部の農業景観（文化遺産／ 2000）

ハイ・コースト／クヴァルケン群島（自然遺産／ 2000，2006）

ファールンの大銅山地域（文化遺産／ 2001）

グリメトン・ラジオ無線局，ヴァールバリ（文化遺産／ 2004）

シュトゥルーヴェの三角点アーチ観測地点群（文化遺産／ 2005）

ヘルシングランドの装飾農場家屋群（文化遺産／2012）

■**フィンランドの世界遺産（遺産種別／登録年）**
ラウマ旧市街（文化遺産／1991）
スオメンリンナの要塞群（文化遺産／1991）
ペタヤヴェシの古い教会（文化遺産／1994）
ヴェルラ砕木・板紙工場（文化遺産／1996）
サンマルラハデンマキの青銅器時代の石塚墳（文化遺産／1999）
ハイ・コースト／クヴァルケン群島（自然遺産／2000，2006）
シュトゥルーヴェの三角点アーチ観測地点群（文化遺産／2005）

■**アイスランドの世界遺産（遺産種別／登録年）**
シングヴェトリル国立公園（文化遺産／2004）
スルツエイ（自然遺産／2008）

■**エストニアの世界遺産（遺産種別／登録年）**
タリン歴史地区（旧市街）（文化遺産／1997）
シュトゥルーヴェの測地弧（文化遺産／2005）

■**ラトヴィアの世界遺産（遺産種別／登録年）**
リガ歴史地区（文化遺産／1997）
シュトゥルーヴェの測地弧（文化遺産／2005）

■**リトアニアの世界遺産（遺産種別／登録年）**
ヴィリニュス歴史地区（文化遺産／1994）
クルシュー砂州（文化遺産／2000）
ケルナヴェの考古遺跡（ケルナヴェ文化保護区）（文化遺産／2004）
シュトゥルーヴェの測地弧（文化遺産／2005）

［編集部作成］

【付録3】 北欧・世界および日本年表

略号　D＝デンマーク，F＝フィンランド，Fe＝フェーロー諸島，G＝グリーンランド，I＝アイスランド，N＝ノルウェー，S＝スウェーデン，Sa＝サーミ

年	国	北欧	世界および日本
793		最初のヴァイキング活動の記録，リンディスファーン島修道院掠奪． 8世紀末～11世紀半ば「ヴァイキング時代」	794　日本　平安京遷都
820・850年代	D, S	アンスガルの二度にわたるデンマーク，スウェーデンへの伝道活動	
860頃	I	北欧人によるアイスランドの発見	
870頃	I, N	ノルウェー人によるアイスランドの植民開始	843　フランク王国　3分割
885頃	N	ハーラル美髪王，ノルウェー沿岸部統一	
930頃	I	全島集会（アルシング）設置．全島的な法的共同体の形成	
933-959頃	N	ホーコン善王の治世．ノルウェー諸州に法を定め，海軍役の制度を定めたと伝わる．ノルウェーでの初めてのキリスト教徒王	
960頃	D	ハーラル青歯王，洗礼を受け，デンマークでの初めてのキリスト教徒王となる	962　神聖ローマ帝国成立
982	G, I	アイスランド人「赤毛の」エイリーク（エイリークル），グリーンランドを発見．植民を指揮	
995頃	S	スヴェーアランドとユータランドの両地域に支配が及んだスウェーデン最初の王，ウーロヴ・シュートコヌング王即位	
995頃	N	オーラヴ・トリュッグヴァソン王，ノルウェーを統一．キリスト教化を強行	
1000頃	S	ウーロヴ・シュートコヌング王，キリスト教に改宗	
1000頃	G	「赤毛の」エイリークの息子レイヴ（レイヴル），北米大陸を探索	
1018	D	クヌーズ，イングランド王（1016），デンマーク王となり，「北海帝国」を樹立	
1028	D, N	クヌーズ大王，ノルウェー王位も獲得	
1035	Fe, N	フェーロー諸島，ノルウェー王に臣従する	

1042	D, N	ハーデクヌーズ王死去し「北海帝国」解体. ノルウェーのマグヌス善王, デンマーク王にも就く	
1047	D, N	スヴェン2世, デンマーク王となり, デンマークとノルウェーの同君連合解体	
1100頃	N	ノルウェー最古の成文法が成立	1096　第1回十字軍 (〜99)
1103/04	D, N, S	ルンド大司教座設置（北欧系住民全体を管轄）	
1120頃	I	アリ・ソルギルスソン『アイスランド人の書』	
1120頃	D	ニルス王, 甥のクヌーズをスリースヴィの公に任命. クヌーズは「王」を名乗り, 神聖ローマ皇帝の封建的臣下となる	
1134	N	ノルウェー王位をめぐる内戦の開始（〜1240）	
1155頃	F	フィンランドへの最初の十字軍遠征	
1157	D	ヴァルデマ1世即位, デンマークの内乱時代終息	
1167	D	司教アブサロン, 要塞建設（のちのコペンハーゲンのもととなる）	
1219	D	ヴァルデマ2世, エストニア征服	
1240	N	ホーコン4世, ノルウェー統一	
1262	I	この年に一部が, 64年に全土がノルウェー王に臣従する（「古の誓約」）	
1274	N	マグヌス法改正王の「全国法」制定	
1282	D	「王の誓約」により貴族の特権と各地方の法的自立が承認され, 「廷臣会議（ダーネホフ）」が始まる	
1319	N, S	マグヌス・エーリックソン, ノルウェー, スウェーデンの王となり両国は同君連合となる	
1323	S, F	ネーテボリ（パハキナサーリ）条約. カレリアが二分され, 初めてスウェーデンとノヴゴロド（ロシア）の国境画定	1339　英仏百年戦争 (〜1453)
1333	D, S	マグヌス・エーリックソン王, ホルシュタイン伯よりスコーネ地方買収. シェラン島各地も買収	
1349	N	黒死病, ベルゲンに上陸. ノルウェーで人口の半数が, また北欧全体では3分の1が, 失われたとされる	
1350頃	S	スウェーデンで最初の全国法「マグヌス・エーリックソンの全国法」成立	

【付録3】 北欧・世界および日本年表

1375		D	ヴァルデマ4世（再興王）が死去し，その娘マルグレーテの息子オーロフが5歳で即位．オーロフ3世王となる．マルグレーテの実質支配開始	
1380		D, N	オーロフ3世，ノルウェー王に即位（オーラヴ4世ホーコンソン）．デンマークとノルウェーは同君連合となる（～1814）	
1380		Fe, I	アイスランド，フェーロー諸島，実質的にデンマークに帰属	
1397	7/20	D, N, S	エーリク・ア・ポンメルン，3王国連合王として戴冠．カルマル連合成立（～1523）	
1412	10/28	D, N, S	マルグレーテ1世死去．エーリクの親政始まる．	
1426		D	エーリク，ハンザ同盟との対立	
1429		D	エーリク，ウーアソン（ウーレスンド）海峡の通行税「海峡税」を開始	
1434		S	鉱業経営者エンゲルブレクト反乱．スウェーデン独立戦争のきっかけになる	
1435		S	アールボーガ会議．スウェーデン身分制議会の始まりともいわれる	
1448		D, N, S	連合王クリストファ急死．デンマーク，ノルウェーではクリスチャン1世が即位（オレンボー朝を開く），スウェーデンはカール・クヌットソンを王とする	1453　ビザンツ帝国滅亡
1471		S	（大）ステーン・ステューレ，ブルンケバリの戦いでデンマーク軍を破り，「王国統治者」となる	
1477		S	ウップサーラ大学創設	
1479		D	コペンハーゲン大学創設	
1520	7/10	D, S	クリスチャン2世，スウェーデン王即位．「ストックホルムの血浴」，ストックホルムで戴冠を祝う最終日，反連合派の有力者を大量処刑．	1517　ルターの宗教改革始まる
1523		S	グスタヴ・ヴァーサ，スウェーデン王即位．カルマル連合を離脱	
1527	6/－	S	グスタヴ・ヴァーサ，ルター派を国教とする	
1536	10/15	D	クリスチャン3世，ルター派宗教改革を行う	
1536	10/30	N, D	ノルウェー，デンマークの4つ目の州となる	
1548		F	ミーカエル・アグリコラが新約聖書のフィンランド語版を出版	

1555		S	オラーウス・マグヌス『北方民族誌』, ローマで刊行	1558　英, エリザベス1世即位
1563	7/31	D, N, S	フレゼリク2世がスウェーデン王位獲得のため, スウェーデン領内に侵攻,「北方七年戦争」始まる	
1570		D, S	シュテティーン条約を結び, 北方七年戦争終結	
1573		D	テュコ・ブラーエ, 論文「新星論」発表	
1581		S, F	スウェーデン王ヨーハン3世, フィンランドを大公領とする	1589　仏, ブルボン朝成立
1611	4/-	D, N, S	スウェーデンによるバルト海封鎖をめぐり, カルマル戦争始まる (〜13)	1600　英, 東インド会社設立
1616		D	クリスチャン4世, 東インド会社を設立	1618　三十年戦争 (〜48)
1617	3/27	S, F	ストルボヴァ条約により, ロシアからカレリアの一部およびイングリア獲得	
1624		N, D	オスロの大火. クリスチャン4世, 街を再建し, クリスティアニアに改名	
1625	12/9	D	クリスチャン4世, 領土拡大を目指し, ドイツに侵入, 三十年戦争に参戦	
1629	5/22	D	デンマーク不利となり, リューベックの講和を結ぶ. 以降, 三十年戦争への不介入を約束	
1630	7/6	S	グスタヴ2世アードルフ, バルト海支配維持のため, ドイツに進軍, 三十年戦争に参戦	
1632	11/2	S	戦況は有利であったが, グスタヴ2世リュッツェンで戦死	
1634		S	「政体法」制定	
1635	9/12	S	フランス (カトリック勢力) と同盟後, 三十年戦争休戦	
1640		F	大学 (オーボ王立アカデミー) 設立	
1643	9/-	D, S	両国間でトシュテンソン戦争 (デンマーク戦争) 開始	1642　英, 清教徒革命
1645	8/13	D, N, S	トシュテンソン戦争終結. ブルムセブローで条約を結び, デンマークはノルウェーの2地域, ゴットランド島などをスウェーデンに譲渡. デンマークは北欧やバルト海における覇権を失う	
1648	10/24	S	ウェストファリア条約で北ドイツ諸領 (西ポンメルン, リューゲン, ヴィスマル市, ブレーメン司教領) などを獲得	1648　ウェストファリア条約締結

【付録3】 北欧・世界および日本年表 579

1658	2/26	D, S	第一次カール・グスタヴ戦争後, ロスキレ条約により, スコーネ, ハッランドなどデンマークからスウェーデンに割譲	
1660	5/3	S	オリヴァ条約により, ポーランドからリヴォニアを獲得, 半世紀にわたる「バルト海帝国」の完成	
1661	1/10	D, N	「絶対世襲政府文書」公布, フレゼリク3世, 絶対王政を確立	
1662		I, D	デンマーク絶対王政に対する誓約を行う	
1665	11/14	D, N	絶対王政を法的に規定した「国王法」成立	
1666		S	ルンド大学設立	
1680	10/-	S	カール11世, 絶対王権の確立	
1683	6/23	D	クリスチャン5世, デンマーク王国における統一された法律「デンマーク法」制定	
1687		N	クリスチャン5世, 「ノルウェー法」制定	1688　英, 名誉革命
1697		F	2年にわたる飢饉で15万人が死亡	
1700	8/4	S, D, 他	大北方戦争開始. デンマーク, ロシア, ポーランド, ザクセンが同盟を結び, スウェーデンとの戦争となる	1701　スペイン継承戦争 (〜48)
1720		S	「新政体法」制定. 王権が制限され, 貴族部会に権力が集中する「自由の時代」(1719〜1772年) へ	
1721	8/-	S	大北方戦争終結. ニースタッド条約によりバルト海南東岸の領土を失い, 「バルト海帝国」が崩壊	
1721		D, G	ハンス・イーイゼ (エゲデ), 来島. デンマークの植民地支配始まる	
1722	9/28	D	ホルベアの喜劇初公演	
1731		S	東インド会社, 設立	
1732		D	ホルベア『デンマーク王国史』	
1733	2/4	D	敬虔主義のクリスチャン6世のもと, 土地緊縛制導入	
1735		S	リネー (リンネ)『自然の体系』	
1743	8/18	S, F	スウェーデン, 対ロシア戦争「ハット党戦争」終結により, キュミ川以東のフィンランド東南部をロシアへ割譲	1740　オーストリア継承戦争 (〜48)

1746		D	フレゼリク5世即位. モルトケ, ベアンストーフ等のドイツ系官僚のもと, 「官僚絶対主義」が行われる. 中立主義を貫く	
1747		S	オーロフ・ダリーン『スヴェーア王国の歴史』	
1760		N	王立ノルウェー学術協会の前身, トロンハイムで設立. 国内の学術の中心に	
1771		D	ドイツ人医師ストルーエンセがクリスチャン7世の信任により政治的実権掌握. 以降, 16か月間に出版の自由, 検閲制度の廃止, 行政改革, 非嫡出子の同権など600もの法令を公布, 啓蒙主義的改革を断行	
1771		N	シューニング『ノルウェー王国史』出版, ノルウェー人のアイデンティティを呼び覚ます	
1772	4/28	D	ストルーエンセ, 王妃との密通発覚により処刑	
1772	8/16	S	グスタヴ3世のクーデタ. 議会を抑え, 王権を強化, 啓蒙主義的改革を実施	
1773	6/1	D	ロシアとの間に永世同盟成立	1776 アメリカ独立宣言
1780	7/4	D, S	ロシア, オランダとともに第一次武装中立同盟を結ぶ	
1784		D	フレゼリク王太子（後の6世）摂政となり, 本格的な啓蒙政治始まる	
1786	8/-	D	領主・農民間の権利や義務を法的に規定する「大農民委員会」設置	
1788	6/20	D	「土地緊縛制」の段階的廃止（農民解放）を決定	
1788	7/6	S, F	ロシア・スウェーデン戦争開始. 多大な人命の犠牲と財政破綻状態へ.	
1788		S, F	アンヤラでフィンランドのスウェーデン人将校の一部が反乱を起こし, ロシアにフィンランド独立を支援するよう求める「アンヤラ盟約」事件が勃発するが, 失敗に終わる	
1790	8/14	S	ヴァララ条約により, ロシア・スウェーデン戦争終結	1789 フランス革命勃発
1792	3/29	S	貴族の一団の陰謀により, 仮面舞踏会でグスタヴ3世暗殺	
1800	12/16	D, S	ロシア, プロイセンとともに第二次武装中立同盟を結び, 協調体制をとる.	

【付録3】 北欧・世界および日本年表

1801	4/2	D	「碇泊地の戦い」．イギリス艦隊が第二次武装中立同盟に加わったデンマークを攻撃．デンマーク艦隊は大打撃を受ける	
1802	12/-	D	ウーレンスレーヤ，デンマーク初のロマン主義詩『黄金の角』発表．北欧の「神々」を詠う	
1805	8/9	S	第3回対仏大同盟に参加．フランスに宣戦（07年スウェーデン軍撤退）	1804 ナポレオン，フランス皇帝即位
1807	秋	D, N	9月2～7日，デンマーク艦隊指揮権の委譲を要求し，イギリス陸軍がコペンハーゲンを攻撃，同市炎上．10月21日，イギリス軍がほぼ全デンマーク艦隊を没収	1806 神聖ローマ帝国解体．ナポレオンの大陸封鎖令
1807	10/31	D	フォンテンブロー条約により，フランスと同盟，参戦	
1808	2/21	F	ロシア軍が侵入．年末までにフィンランド全土がロシアの制圧下となる	
1809		F	3月にボルゴー（ポルヴォー）身分制議会を召集し，ロシア皇帝アレクサンドル1世がフィンランド大公国設立を宣言．大公国評議会を設置	
1809	6/6	S	新憲法制定．カール13世即位．初の内閣制度導入・人権保護の盛り込みと後世の立憲体制の基礎となる	
1810	8/21	S	ナポレオン配下の将軍ベルナドット，王位継承者として承認される．カール・ヨーハンに改名	
1811		N	クリスティアニア（オスロ）大学創立	
1812		F	ロシアより「古フィンランド」返還	
1812		F	大公国の首都がオーボ（トゥルク）からヘルシンキになる	
1812		S	カール・ヨーハン，ナポレオンに反旗を翻し，ロシアおよびイギリスと同盟	1812 ナポレオン，モスクワ遠征
1813	1/5	D	国家財政の破産宣言	
1814	1/14	D	キール条約により，スウェーデンにノルウェーを譲渡	1814 ナポレオン，退位
1814		D	「学校法」成立，義務教育開始	
1814	5/17	N	キール条約に反発し，独立を宣言．アイッツヴォル憲法制定．一院制議会，国王の拒否権制限，貴族制度の廃止など群を抜いた急進的な憲法であったが，他国からは独立を承認されず．	1814 ウィーン会議（～1815）

1814	8/14	S, N	カール・ヨーハン，ノルウェーに派兵し，ノルウェーはスウェーデンと同君連合となる（1815年　連合法制定）	
1827		F	トゥルク（オーボ）の大火を契機に，オーボ王立アカデミーがヘルシンキに移転し，アレクサンドル帝政大学と改称	
1829		D	ウーレンスレーヤ，ルンドでテグネールより「北欧の詩王」の月桂冠を受ける	
1830	11/15	D	ローンセン，『シュレースヴィヒ・ホルシュタインにおける憲法作成について』発表，逮捕される	1830　フランス7月革命
1835	2/28	F	エリーアス・ルンロート編集の民族叙事詩『カレワラ』出版	
1835	4/-	D	アンデルセン，『即興詩人』発表	
1840 年代			この頃から北欧からアメリカ大陸への移民が本格化	
1842	5/28	D	「ナショナルリベラル」のオーラ・リーマン，「アイダ川までデンマーク」(アイダ政策）と演説	
1842	11/11	D	ヨート・ロランセン，スリースヴィ地方議会で「デンマーク語を語り続ける事件」を起こす	
1842		S	国民学校法（各教区による男女普通義務小学校の設立決定）	
1843		D	スリースヴィのデンマーク系住民の第1回民族祭典「スカムリングの丘」集会開催	
1844	12/-	D	最初の国民高等学校（フォルケホイスコーレ），フローアによってスリースヴィのレズィングで設立	
1844		F	スネルマン，フィンランド語の『農民の友』紙，およびスウェーデン語の『サイマ』紙刊行	
1845	6/-	D	コペンハーゲンで「スカンディナヴィア学生祭典」が開かれ，リーマンが北欧の団結を訴え，「義兄弟の契り」結ばれる	
1845		I, D	アルシングをアイスランド議会として復活	
1846	5/5	D	「農民の友協会」結成	
1846		S	ギルド制廃止（営業の自由は1864年に導入）	
1847		S	救貧法制定（1853年と1871年にも制定，1918年改定）	

【付録3】 北欧・世界および日本年表

1848	3/21	D	コペンハーゲン市民の王宮への大行進. 直ちにフレゼリク7世は「カシーノ集会宣言」を承認. 側近を解任し, 絶対王政が終焉. 翌日モルトケを首班にし, 組閣	1848　仏, 二月革命
1848	4/9	D	シュレースヴィヒ=ホルシュタイン主義者とデンマーク軍のボウでの会戦で三年戦争（第一次スリースヴィ戦争）開始	
1848		F	リューネバリ『旗手ストールの物語』発表開始	
1849	5/5	N	マルクス・トラーネ, 北欧初の労働者協会新聞発行	
1849	6/5	D	自由主義憲法「六月憲法」制定. 二院制議会, 経済的に独立した30歳以上男性の普通選挙権, 言論出版・宗教の自由など	
1849		F	ルンロート『カレワラ（新版）』発表	
1849		D	キアケゴー（キルケゴール）『死に至る病』	
1850	7/2	D	デンマーク, プロイセンと講和. 7月25日, イステズの戦いでデンマーク軍勝利. 三年戦争終結.	
1851	7/-	I	アイスランド議会, 独自憲法を求める決議を行う	
1852	5/8	D	ロンドン議定書調印. 列強とヒールスタト体制（王国及びスリースヴィ・ホルシュタイン公爵領の同君連合国家）維持を約束し, グリュクスボー家クリスチャンを次の王とすることを決定	1853　クリミア戦争勃発（～1856）
1855	11/21	S, N	クリミア戦争に対し, 仏英と「十一月条約」締結	
1857		D	「海峡税」の廃止	1859　ダーウィン『種の起源』
1857		D	ギルド制が廃止され, 職業選択の自由が確立, 未婚女性の相続上の差別撤廃	
1862		S	地方自治体改革	
1863	3/30	D	アイダ政策に準じた「三月特許状」の公布. 11月には新憲法「十一月憲法」共通議会にて可決するが, 11月15日フレゼリク7世署名しないまま急逝	
1863	11/16	D	クリスチャン9世即位（グリュクスボー朝）. 18日, 十一月憲法に署名	

1863	7/30	F	「言語令」により，スウェーデン語とともにフィンランド語を公用語として対等化．ただし 20 年間の猶予期間が置かれる	
1863	9/15	F	アレクサンドル 2 世，半世紀ぶりに身分制議会の召集	
1863		N	救貧法，制定	
1864	2/1	D	プロイセン・オーストリアによる十一月憲法の撤回の求めに応じず．制裁猶予期限が切れたとして，プロイセン・オーストリア軍がアイダ川を越えて進軍．第二次スリースヴィ戦争開始	
1864	7/20	D	デンマーク降伏．10 月，ウィーン条約を結び，3 公爵領を失う．	
1865	12/7	S	新議会法制定（4 身分制議会の廃止，二院制議会へ）	
1866	7/28	D	修正憲法制定．下院の権限縮小	
1866	3/28	D	デンマーク・ヒース協会設立	
1867	1/12	D	日本デンマーク修好通商航海条約締結	1866　普墺戦争
1867		S	ノーベル（ノベッル），ダイナマイトを発明	
1868		F	ウノ・シグネーウスの貢献により，初等教育制度確立	1868　日本，明治維新
1868		S, N	日本・スウェーデン=ノルウェー修好通商航海条約締結	
1869		N	急進派スヴェルドルップと，ヨーベクら農民勢力との連携成立	
1870	6/30	D	農民の友協会を基礎とした「連合左翼党」結成	1870　普仏戦争（～71）
1870		F	アレクシス・キヴィによるフィンランド語初の小説『七人の兄弟』	
1871		D, I	アイスランド地位法．不分離ながら，特別な地域として規定される	
1871	7/21	D	ルイ・ピーオらインターナショナル・デンマーク支部を創設し，『社会主義者』発行．74 年には『ソシアルデモクラーテン（社会民主主義者）』発行	1871　ドイツ帝国成立
1871	11/3	D	実証主義の影響を受けたギーオウ・ブランデス「19 世紀文学主潮」講演．北欧の文学者を感化	
1871		D	「デンマーク女性協会」設立	
1872		D	左翼党に対抗する形でナショナルリベラル・保守派合同の「右翼党」結成	

1874		I	1871 年のアイスランド地位法に反発し，アイスランド議会が立法権とともに，初の憲法獲得	
1876		N	イプセン『ペール・ギュント』初演	
1878		D	ピーオらにより社会民主主義政党である「社会民主主義者同盟」誕生	
1878		N	イプセン『人形の家』	
1879	5/-	S	スンスヴァルの争議．7,000 人の労働者のストライキ	
1879		S	ストリンドバリ『赤い部屋』	
1882		D	イェズィングに最初の酪農協同組合ができる．1890 年までに全国で 700 を超える	
1884	6/26	N	スヴェルドルップ首相となり「左翼党」政権成立．事実上の議院内閣制開始	
1885		S	パルム，最初の社会主義紙『ソシアルデモクラーテン（人民の意志)』紙発行	
1885		N	方言を基礎とする書き言葉「ランスモール」，既存の書き言葉と同等な公用語となる	
1885		D	「女性労働者連盟」設立	
1887		N	「ノルウェー労働党」結成（国会議員の選出は 1903 年)	
1888		S	保護貿易政策を採用	
1889	4/19	S	ブランティングを中心に「スウェーデン社会民主労働者党」結成	
1891		D	高齢者扶助法，救貧法制定，翌年には疾病金庫法とエストロプ内閣において福祉国家の基本が作られる	
1891		S	ラーゲルルーヴ（ラーゲルレーヴ)『イェスタ・ベルリング物語』	
1891		D	カ―ル・ニルセン，交響曲を作り始める	
1893	7/21	N	ナンセン，フラム号で北極探検出発	
1893		N	エドヴァルド・ムンク『叫び』	1894　日清戦争（～95)
1898		N	男性普通選挙制度制定	
1899	2/15	F	ロシアのニコライ 2 世，本格的ロシア化政策の「二月宣言」発布．以降，「言語宣言（ロシア語も公用語に追加)」，フィンランドの郵便制度をロシアの郵便制度に統合，フィンランド軍の廃止など次々と具体的な政策が出される	
1899		F	フィンランド労働者党結成	

【付録3】 北欧・世界および日本年表

1900		F	シベーリウス，交響詩『フィンランディア』初演	
1901	7/24	D	ドインツァ左翼党政権．「体制変化」により，下院の議会主義が達成される	
1901	12/10	S, N	ノーベル賞第1回授与式	
1903		I	総督廃止，アイスランドの自治拡大	
1904		I, D	ハンネス・ハフステイン，初代アイスランド首相としてデンマーク王より任命	1904 日露戦争（～05）
1904	6/-	F	総督ボブリコフ暗殺される	
1905		N	ノルウェー，日本と外交関係樹立	
1905	5/20	D	サーレら，急進左翼党結成．国防ニヒリズムの中立主義路線を綱領とする	1905 露，「血の日曜日」事件
1905	6/7	N, S	ノルウェー議会，スウェーデンとの同君連合解消を決議	
1905	10/25	N, S	オスカル2世が連合を解消する「カールスタード協定」に調印，ノルウェー王退位．11月，デンマークのカール王子，ノルウェー王ホーコン7世として即位	
1905	10/30	F	大ストライキ発生．これを受けて11月15日，ニコライ2世，「二月宣言」撤回	
1906		D	アナセン・ネクスーのプロレタリア小説『勝利者ペレ』	
1906		F	一院制議会誕生	
1907	3/-	F	第1回男女普通選挙．ヨーロッパで初めて女性の選挙権及び被選挙権が認められる	
1909		S	男性普通選挙制度制定	
1910		F	ロシア帝国議会，ロシア帝国の法律がフィンランドにも適用される法案成立	
1911		S	第二次スターヴ自由連合党内閣成立，議院内閣制開始	1912 中華民国成立
1911		I	アイスランド大学創立	
1911	12/-	N	アムンセン，南極点到達	
1913		N	女性参政権確立	
1914	12/18	D, N, S	第一次世界大戦に対し，マルムーで北欧3国王の中立共同宣言	1914 第一次世界大戦勃発
1915	6/5	D	憲法改正により，女性と「下男」の参政権確立	
1915		I	憲法改正により，女性参政権（40歳以上）確立	

1916		D, N, S	ドイツ,中立規定を徐々に無視,3国は政治的,軍事的に厳しい状況となる	
1917	12/6	F	ロシア臨時政府がフィンランドの国会解散を決定(7月)の後,保守派内閣,フィンランドの独立を宣言	1917 ロシア革命
1918	1/27	F	保守派スヴィンフッヴド政権が率いる白衛隊と社会民主党革命側が率いる赤衛隊の間で内戦勃発.5月に白衛隊が勝利宣言を行い,内戦終結	1918 ドイツ革命
1918	12/1	I, D	デンマーク王権と協定を結び,主権を獲得,デンマークと同君連合のアイスランド王国となる	1918 第一次世界大戦終結
1919	4/6	F	フィンランドが共和国宣言.6月,大統領制を設置した新「政体法(統治章典)」可決	1919 ヴェルサイユ条約
1919		F	日本,フィンランドの独立を承認し,外交関係樹立	
1920		F	エストニアのタルトゥでソヴィエト・ロシアとフィンランドが講和条約を締結	
1920		D, F, N, S	国際連盟加盟	1920 国際連盟成立
1920	2/10	D	北部スリースヴィにおける住民投票実施.6月15日,第1投票区がデンマークに復帰	
1920		N, 他	スヴァールバル条約.ノルウェーのスヴァールバル諸島領有権認められる	
1920		N	8時間労働と週48時間労働制確立	
1920		I	憲法改正,最高裁判所創設	
1921	5/26	S	女性参政権確立	
1921		F	オーランド諸島,フィンランドへの帰属が決定	
1922		D	ニルス・ボーア,原子構造とその放射の研究により,ノーベル物理学賞受賞	1922 ソヴィエト社会主義共和国連邦成立
1922		D	失業者が労働者の3分の1に達す	
1922		N	ナンセン,ノーベル平和賞受賞	
1924		D	スタウニングを首相とする初の社会民主党政権成立	
1925		N	首都名クリスティアニアをオスロに変更	
1926		D	デンマーク陸軍飛行士ボトヴィズ,コペンハーゲン―所沢間の往復飛行に成功,世界記録を樹立	
1930		F	反共産主義運動のラプア運動が発生.共産主義取締令が成立し,フィンランド社会労働者党が公の活動停止	

1931		D, N	東グリーンランド問題発生. ノルウェー漁労民による東グリーンランド占領	1931　満州事変
1932	7/-	F	ソ連と不可侵条約を締結	
1932		S	社会民主党政権,「国民の家」を標語に福祉諸施策を開始	
1933		D	スタウニング首相の「カンスラゲーゼの合意」により, 社会緊張の緩和と社会改革推進. 大規模公共事業による経済再興を図る	1929　世界恐慌 1933　独, ナチスの一党独裁始まる
1933		N	クヴィスリング,「国民連合」結成	
1935		N	労働党政権, 労働者保護法の成立, 社会的平等の観念を浸透させる	
1937		D	ブリクセン『アフリカの日々』	
1938	5/27	D, F, N, S	ストックホルムで北欧4か国が中立表明	
1939	6/24	D	ドイツと不可侵条約締結	1939　独ソ不可侵条約
1939	11/30	F	ソ連がフィンランドに侵攻, 冬戦争始まる	1939　第二次世界大戦勃発
1939	12/1	F	ソ連領カレリア内テリヨキにクーシネンらによるフィンランド人民政府が成立, 翌日「フィンランド民主共和国」を宣言し, ソ連と相互援助条約締結	
1939		F	シッランパー, フィンランド初のノーベル文学賞受賞	
1940	3/12	F	ソ連, 休戦に応じ, 冬戦争終結, フィンランドはカレリア地峡を失う	1940　フランス降伏
1940	4/9	D	ドイツ軍, デンマークに侵攻, 同日, スタウニング内閣は降伏,「保護占領」となる	
1940	4/9	N	ドイツ軍, ノルウェーに侵攻, 4月30日ホーコン7世と政府閣僚, ロンドンへ亡命	
1940	4/-	I	イギリスにより占領. 翌年, アメリカ軍の駐留開始	
1941	4/10	D	駐米公使カウフマンが単独でアメリカ政府と協定を結び, グリーンランドにアメリカ軍駐留	1941　独ソ戦争
1941	6/25	S	中立政策を採るが, ドイツ軍領内通過を承認. 一方でデンマーク, ノルウェーに援助を行う	
1941	6/25	F	ソ連と再び戦争勃発（「継続戦争」）. 12月にはイギリスがフィンランドに宣戦布告	
1941	7/7	I	前年のイギリスによる占領に代わり, アメリカ軍が駐留開始	1941　太平洋戦争

1943	8/30	D	ドイツ軍当局が国家緊急事態宣言，内閣総辞職，警察が解体され，軍政がしかれ，レジスタンス活動が本格化する	1943	イタリア降伏
1944	6/17	I	5月の国民投票を経て，デンマークとの1918年の協定を破棄，アイスランド共和国として正式に独立	1944	パリ解放
1944	9/19	F	継続戦争休戦．ソ連への全土の10分の1の割譲および3億ドル分の賠償，ドイツ軍のフィンランド領からの追放など厳しい休戦協定が課せられる		
1945	5/4	D	ドイツ軍降伏，デンマーク解放される	1945	ドイツ，日本降伏
1945	5/7	N	ドイツ軍降伏．6月7日にホーコン7世帰国		
1945	10/24	D, N	国際連合加盟	1945	国際連合発足
1945	11/-	F	休戦協定に基づく戦争責任裁判で，戦時中の大統領リュティら指導者8人に有罪判決		
1945		D	ハル・コク，『民主主義とは何か』		
1945		F	トーヴェ・ヤーンソン，ムーミンシリーズの第1作『小さなトロールと大きな洪水』発表		
1945		S	リンドグレーン，『長くつしたのピッピ』		
1946		D, N, S	スカンジナビア航空（SAS）設立		
1947	6/-	D, N, S, I	マーシャルプランへの参加決定	1947	英領インド独立
1947		S	リンドグレーン，『やかまし村の子どもたち』		
1948	1/-	S	児童手当制度導入		
1948	4/6	F	ソ連との友好・協力・相互援助条約締結		
1948		D, Fe	フェーロー諸島，広範な自治権を獲得		
1949	4/4	D, N, I	北大西洋条約機構（NATO）に原加盟国として参加	1949	中華人民共和国成立
1951		S	『バラバ』などの作家，ラーゲルクヴィスト，ノーベル文学賞受賞	1950	朝鮮戦争（～53）
1952	7/12	D, F, N, S	3か月内の滞在における「パスポート不要越境協定」		
1952	7/19	F	国際オリンピック夏季大会ヘルシンキで開催		
1952	8/-	F	対ソ連賠償支払いを完了		
1953	2/13	D, N, S, I	第1回北欧会議（フィンランドは1956年から参加）		

【付録3】 北欧・世界および日本年表

1953	6/5	D	憲法改正により，一院制議会への移行，参政権の年齢引き下げ，女性王位継承権，グリーンランド，本土の一地方と地位同格化など制定	
1953		Sa	第1回北欧サーミ会議	
1954		D, F, N, S	北欧旅券同盟により，北欧市民の旅券携帯および居住許可申請義務の免除（アイスランドは1955年から加盟）	
1955		F	10月北欧会議加盟申請，12月国際連合加盟，ポルッカラ海軍基地，ソ連より返却決定	1955　ヴェトナム戦争（〜75）
1955		全	共同労働市場の設立	
1955		I	アイスランド語で書いた作家，ラックスネス，アイスランド人で初のノーベル賞受賞	
1956	8/18	Sa	北欧サーミ評議会設立．サーミ人の一体化，共通問題解決を目指す	1956　スエズ動乱
1956		I	日本と外交関係樹立	
1957		D	和歌山県沖の沈没船乗組員救助中，クヌセン機関長亡くなる	
1958	5/1	D, F, N, S	北欧域内のパスポート・コントロール廃止（アイスランドは65年に参加）	1958　EEC正式発足
1958	9/1	I	イギリスとの間の第一次タラ戦争	
1958	9/15	F	「霜夜事件」．ソ連がフィンランドの組閣及び内政に干渉	
1959		S	高齢化社会に対応するための，国民付加年金法可決	
1960	5/3	D, F, N, S	欧州自由貿易連合（EFTA）加盟（フィンランドは61年，アイスランドは70年加盟）	1961　ベルリンの壁建設開始
1960	10/21	D	第1回反核キャンペーンの行進	
1960		N	非核武装の署名運動，22万3,000人．翌年，2万人のデモ．	
1961	9/18	S	国連事務総長ハンマルシュルド事故死．同年，ノーベル平和賞受賞	
1961	11/-	F	「覚書危機」．ソ連が友好・協力・相互援助条約に基づく協議を要求．	
1962		D	付加価値税導入	
1963	5/-	F	ケッコネン，北欧非核兵器地帯構想を提案する演説	1962　キューバ・ミサイル危機
1965		S	100万戸住宅建設10年計画開始	

1967		N	国民年金制度発足	1967　EC 発足
1968	1/21	D, G	グリーンランド・チューレでの B52 爆撃機墜落事故により住民被曝	
1968		D	コペンハーゲン大学の学生運動．若者の蜂起	
1968		S	ストックホルムを中心とする学生の反乱	
1968		N, Sa	カウトケイノ・アルタ・ダム事件	
1969	5/-	D	ポルノグラフィ解禁	
1970		D	女性解放グループ「赤い靴下」結成	
1971	8/28	D	ロスキレ・フェスティバル，初の開催	
1971		S	夫婦別課税制度導入	
1971	9/26	D	若者らの占拠により，「自由都市クリスチェーニャ（クリスチャニア）」，始まる	
1972		全	修正ヘルシンキ協定により，「北欧閣僚会議」設置	
1972		N	国営石油企業スタトオイル設立．石油・天然ガスの開発本格化	
1972		N	国民投票で欧州共同体（EC）加盟否決	
1973		D	EC 加盟	1973　OPEC 石油禁輸決議「オイルショック」
1973		D	「地滑り」総選挙．10 政党が国会に議席を持つという小党乱立状態となり，国民の多様な価値観を表す	
1973		D	豪・シドニーにウトゥソン設計のオペラハウス開館	
1974		S	両親を対象とした育児休暇制度導入．雇用保障法制定	1975　ヴェトナム戦争終結
1976	6/1	I	3 度にわたるイギリスとの経済水域問題「タラ戦争」終結	
1978		N	公務員の男女比にクォータ制を盛り込んだ男女平等法施行	
1979		D, F, N, S	新冷戦によるソ連の軍事戦略の影響を受け，北欧各地で核兵器廃絶を求める市民団体の署名運動が起きる	1979　ソ連，アフガニスタン侵攻
1979	5/1	G, D	グリーンランド自治政府成立	
1980	3/23	S	原子力発電に関する国民投票．2010 年までの全廃炉を決定	

1981	10/27	S	ソ連潜水艦がスウェーデン領海内に侵入・座礁した「ウイスキー・オン・ザ・ロック事件」発生	
1981		N	ブルントラン，初の女性首相となる	
1983	6/8	D	外国人法導入．欧州で最も寛大な難民法の1つといわれる	
1985	2/1	G	グリーンランド，EC から離脱	
1986		F	欧州自由貿易連合（EFTA）に正式加盟（61年に準加盟）	
1986	2/28	S	パルメ首相暗殺	
1888	9/-	S	環境党「緑」，初めて国会に議席獲得	
1989	10/1	D	同性の結婚許可法施行	1989　ベルリンの壁崩壊，東欧の社会主義体制崩れる
1991		F, Sa	サーミ語の公用語化	1990　ドイツ再統一 1990 中東湾岸戦争（～91）
1991	7/1	S	EC 加盟申請	1991　ソ連邦消滅
1991		F	対ソ連貿易の激減により，戦後最悪の不況となり，失業率は 20% に．フィンランド銀行がマルッカの平価切下げを断行	
1992		F, N	EC 加盟申請	1992　ユーゴ内戦続く
1992		F	1948 年の旧ソ連との条約に代わる一連の政治協定および経済協定を締結	
1992		D, F, N, S	バルト三国・露・独等とともに，環バルト海諸国評議会（CBSS）発足（95 年，アイスランド参加）	
1992	5/5	D, F, N, S	北欧諸国外相会議．安全保障政策における協力体制の確認	
1992	6/2	D	国民投票でマーストリヒト条約の批准否決（デンマーク・ショック）．エディンバラ合意で一部適用除外が認められ，93 年再国民投票，欧州連合（EU）加盟	
1992		Sa, N	ノルウェー，サーミ言語法制定	
1993		F, N, S	ロシアとともに環バレンツ海協力評議会設置	
1993	1/14	D	「タミル問題（タミル人難民の家族へのビザを違法に遅らせたことを隠蔽）」により，スリュタ首相辞任	1993　EU 発足
1994		N	欧州経済領域（EEA），発足メンバーとなる	
1994	6/7	S	同性の結婚許可法案成立	

【付録3】 北欧・世界および日本年表

1994		F	初の大統領直接選挙でマルッティ・アハティサーリが大統領に選出		
1995	1/1	F, S	EU 加盟		
1995		F, Sa	サーミ・シング法. サーミ文化および言語に関する自治を認める		
1996		全	北極評議会設立		
1999	1/1	F	欧州統一通貨ユーロに参加		
2000	3/-	F	新憲法施行		
2000		F	タルヤ・ハロネン, フィンランド初の女性大統領に選出		
2000	7/1	D, S	両国間をつなぐウーアソン橋開通	2001	NY 同時多発テロ
2002		D	アナス・フォウ・ラスムセン首相の下, 外国人管理法, 改定. 以降, 移民・難民に対する厳格化路線が採られる	2003	イラク戦争開始
2006		D	ユランス・ポステン紙によるムハンマド風刺画掲載に端を発し (2005 年), イスラム圏各地でデンマークに対する大々的な抗議デモ, 不買運動などが起きる		
2007		D	日本とのワーキングホリデー制度導入		
2008		I	世界金融危機の影響を受け, 経済破綻状態に陥る		
2008		F	マルッティ・アハティサーリ元大統領にノーベル平和賞		
2009		D	グリーンランド, 立法権, 警察権, 資源利用権を持つ自治領となる		
2010		N	バレンツ海におけるロシアとの境界問題を「折半」で解決		
2011	7/22	N	オスロ官庁地区およびウトオイヤ島でブライヴィークによる爆破・乱射事件	2011	シリア内戦開始
2011	6/-	D	フレゼリク王太子, 東日本大震災の車松島市訪問		
2011	10/-	D	ヘレ・トーニング=スミト, デンマーク初の女性首相に選出		
2013		N	日本とのワーキングホリデー制度導入		
2015	2/-	D	コペンハーゲンにおいてムハンマド風刺画画家の討論会およびシナゴークで銃撃事件		
2015		S	欧州難民危機により, 約 16 万 3 千人の難民受入れ		

2015		D	消費電力の半分弱が風力発電となる	
2016	6/30	D	「難民パッケージ」適用．財産の没収など移民・難民への更なる厳格化	
2016		D, S	難民危機により，ウーアソン橋での入国審査再導入	

［佐藤睦朗，石野裕子，大溪太郎，オールセン八千代］

【付録4】　北欧3か国の王家系図

■ノルウェー王家系図
　　　　（百瀬宏，熊野聰，村井誠人編『新版 世界各国史21　北欧史』山川出版社，1998 より引用）

ヴァイキング時代の王・支配者
885 ? -931 ?　　ハーラル美髪王　Harald hårfagre（ノルウェー南東部小王，ユングリング家出身）
931 ? -933 ?　　エイリーク血斧王　Eirik blodøks（ハーラル美髪王の嫡子）
933 ? -959 ?　　ホーコン善王　Håkon den gode（ハーラル美髪王の庶子）
959 ? -974 ?　　ハーラル灰色マント王　Harald gråfell とその兄弟（エイリーク血斧王の息子たち）
974 ? -994 ?　　ヤール・ホーコン　Håkon Sigurdsson Ladejarl（北ノルウェー豪族ラーデのヤール家出身，デンマーク王ハーラル青歯王の宗主権下で代官としてノルウェーを統治）
994 ? -999 ?　　オーラヴ1世　Olav I Tryggvason（南東部小王の息子，ハーラル美髪王4代の子孫と伝承）
999 ? -1015　　ヤール・エイリーク　Eirik Håkonsson Ladejarl（ヤール・ホーコンの息子たち，デンマーク王）
　　　　　　　　ヤール・スヴェイン　Svein Håkonsson Ladejarl（スウェーデン王の宗主権下にノルウェー統治）
1015-28　　オーラヴ2世　Olav II Haraldsson（聖オーラヴ．南東部小王の息子，ハーラル美髪王5代の子孫と伝承）
1028-35　　クヌーズ大王　Knud den Store Svendsson
1035-47　　マグヌス1世善王　Magnus den gode Olavsson（オーラヴ2世の庶子）
1046-66　　ハーラル苛烈王　Harald Hardråde Sigurdsson（オーラヴ2世の異父弟，父は東部の小王でハーラル美髪王4代の子孫．はじめの1年は甥にあたるマグヌス善王と並立）
注：10世紀の年号は誤差あり．

共同統治から内乱へ

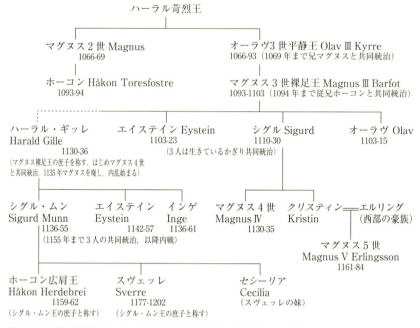

【付録4】 北欧3か国の王家系図

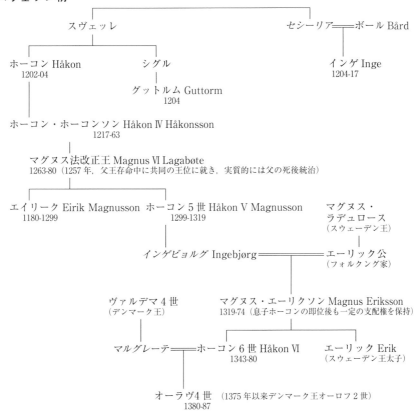

注：13世紀半ばまでは内乱が絶えず，各党派は王を擁したが，省略する．

カルマル連合時代から現代

オーラヴ4世の死後，その母マルグレーテが支配者となり，以後ノルウェーの王は1814年まで，大体において，カルマル連合の名のもとに，デンマーク王によってかねられる．1814年から1905年まで，キール条約およびモス条約によって，ノルウェーはスウェーデンと同君連合関係にはいり，スウェーデン王がノルウェー王をかねる．1905年ノルウェーのスウェーデンからの分離独立にともない，デンマーク王太子（のちのフレゼリク8世）の次男カール，請われてノルウェー王ホーコン7世となる．

■デンマーク王家系図
(百瀬宏, 熊野聰, 村井誠人編『新版 世界各国史21 北欧史』山川出版社, 1998 より引用)

ヴァイキング時代～内乱の時代

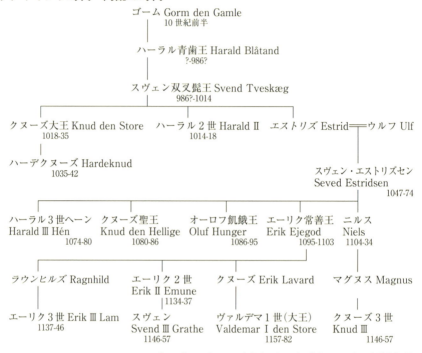

(1146年に2人, 1154年以来3人の王が並立. 1157年以降単独支配)

【付録4】 北欧3か国の王家系図

ヴァルデマ時代

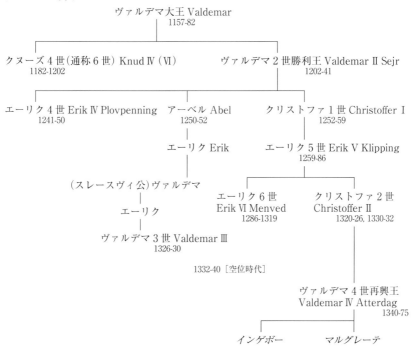

カルマル連合時代

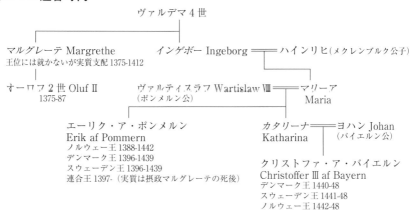

【付録4】 北欧3か国の王家系図

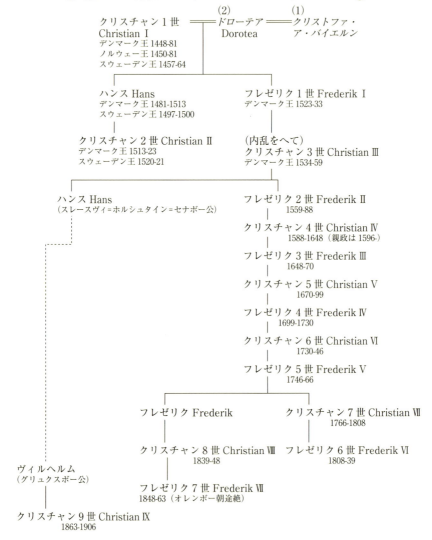

グリュクスボー朝

クリスチャン 9 世 Christian IX
1863-1906

フレゼリク 8 世 Frederik VIII
1906-12

クリスチャン 10 世 Christian X
1912-47

フレゼリク 9 世 Frederik IX
1947-72

マルグレーテ(2 世) Margrethe
1972-

■スウェーデン王家系図
(百瀬宏，熊野聰，村井誠人編『新版 世界各国史21 北欧史』山川出版社，1998 より引用)

ユングリング朝

10 世紀後半	エームンド・エーリックソン Emund Eriksson
10 世紀後半	エーリック勝利王 Erik Segersäll
10 世紀末-1021/22?	ウーロヴ・シュートコヌング Olov Skötkonung
?-1050?	アーヌンド=ヤーコブ Anund-Jakob
1050?-60?	エームンド Emund（ユングリング朝途絶）

ステンキル朝

1060?-66　ステンキル Stenkil

1066-?　インゲ1世 Inge den äldre　　ハルステン Halsten
(キリスト教と異教の攻防期．内乱，一時これら兄弟王がウップサーラを追われたことあり)

?-1120 年代　　インゲ2世 Inge den yngre　　フィリップ Filip
(フィリップ存命中は兄弟共同統治．インゲの死をもってステンキル朝途絶)

内乱の時代

注：最初のスヴェルケルとエーリックの子孫は王位をめぐって闘争を繰り返し，多くが対立者との戦闘で倒れるか，暗殺された．エーリック・エーリックソンの死をもって両系とも途絶．

フォルクング朝

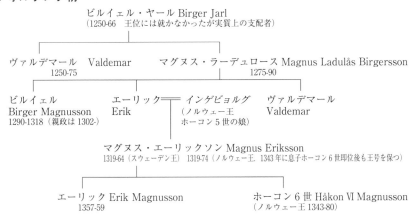

注：カルマル連合時代，スウェーデンに独自の王擁立の時期があるが省略する．

ヴァーサ朝

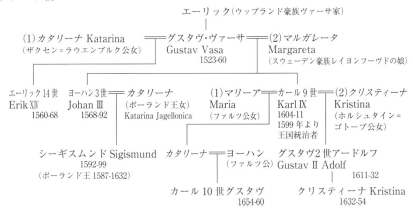

ファルツ朝

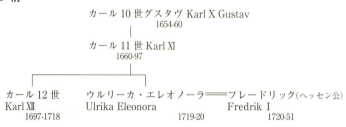

ホルシュタイン=ゴトープ朝

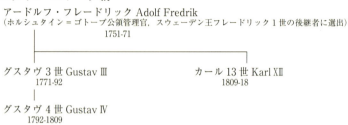

バーナドット家

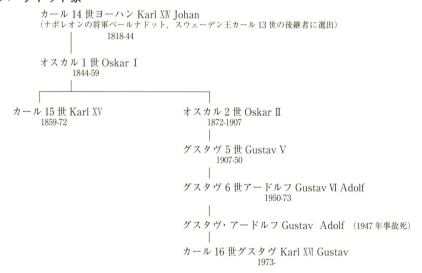

【付録5】　北欧神話の登場人物

■男神たち

原語	日本語訳	説明
Óðinn (英語 Odin)	オージン， オーディン	北欧神話の最高神．最年長でもある．天の玉座から全世界を見渡している．片眼をミーミルの泉に捧げて知恵を得たため隻眼．槍グングニルを持ち，フギン（思考）とムニン（記憶）という名の2羽の鴉，ゲリとフレキという2匹の狼を従えている．8本足の馬スレイプニルに騎乗．「戦死者の父」とも呼ばれ，来たるべき終末の戦いのために，配下のヴァルキュリアたちに命じ，地上で勇敢な戦死を遂げた英雄たちを自らの館ヴァルホッル（Valhǫll, 英語：ヴァルハラ Valhalla）に集めている．終末の戦いではフェンリル狼に呑み込まれる．
Þórr (英語 Thor)	ソール，トール	雷神．オージンと大地の女神ヨルズの息子．神々と人間のうちで最強とされ，ミョルニルというハンマーをふるって多くの巨人と戦う．力が2倍になる帯と鉄の手袋をもつ．2匹の山羊の引く車に乗る．終末の戦いでは世界を取り巻く蛇ミズガルズオルムと相討ちになる．
Baldr	バルドル	オージンと妻フリッグとの息子．光を放つほど美しい容貌と優れた性質をもち，彼を讃えない者はないといわれる．しかしバルドルはロキの奸計により，宿り木に射抜かれて死んでしまう．光の神バルドルの死は，世界の終末を導く戦い，ラグナロクへの序曲となる．
Njǫrðr	ニョルズル	ヴァン神族出身の神．世界の草創期におこなわれたアース神族とヴァン神族との戦のあと，人質交換によってアースのもとにやって来た．風を支配し海や火を鎮めることから，航海や漁業の守り神とされる．豊饒神フレイルと愛の女神フレイヤの父．
Freyr (英語 Frey)	フレイル，フレイ	ニョルズルの息子で豊饒と平和の神．雨と太陽の光を支配する．光妖精の国アールヴヘイムルの主人でもある．ひとりでに戦う名剣をもっていたが，巨人の娘ゲルズルを妻にするため，従者のスキールニルに剣を与えてしまう．そのため終末の戦いでは剣なしで戦うことになり，炎の巨人スルトルに敗北する．その後スルトルが投げた炎が全世界を焼き尽くし，世界は滅亡する．
Týr	テュール	賢く勇敢な戦士の神．神々がフェンリル狼をだまして魔法の紐グレイプニルで束縛しようとした際，嘘をつかないことの保証にテュールは狼の口に右手を入れた．しかしグレイプニルの縛めは決してちぎれず，怒ったフェンリルが右手を嚙みちぎったため，テュールは片手を失った．
Bragi	ブラギ	詩の神．知恵と雄弁さをもつ．最初のスカルド詩人・老ブラギの神格化ともいわれる．

Heimdallr	ヘイムダッル	神々の世界の番人. 9人の姉妹から生まれたとされる. 神々の世界アースガルズルと人間界ミズガルズルとを結ぶ虹の橋ビフロストの近くに住み, 橋を巨人たちから守っている. 巨人が攻めてくるときには角笛ギャッラルホルンを吹き鳴らし, 世界の隅々まで危機を知らせる. 終末の戦いではロキと相討ち, すべての人間の祖先という伝承もある.
Hǫðr	ホズル	オージンの息子. 盲目の神. ロキにそそのかされ, 宿り木を投げて兄弟のバルドルを殺してしまう. ヴァーリによって復讐のため殺害されるが, 終末の戦いのあと, 世界が再生した際にはバルドルとともに死の国から帰還する.
Víðarr	ヴィーザル	オージンと女巨人グリーズルとの息子. 無口. オージンが終末の戦いでフェンリル狼に呑み込まれたあと, 狼を倒し復讐を果たす. 狼の顎を踏みつけるため, 厚い靴を履いている. この靴は人間たちが靴を作るときに余った皮でできているので, アース神たちに協力したいと思う者は端皮を捨てるべきだとの伝承がある.
Váli	ヴァーリ	オージンとリンドルとの子. 名射手. 生まれてから一夜で, ホズルを殺害しバルドルの復讐を果たす.
Ullr	ウッル	ソールの妻シフの連れ子で美貌の戦士. 弓矢とスキーの名手.
Forseti	フォルセティ	バルドルと妻ナンナの息子. 争いを裁き, 和解を導く神.
Loki	ロキ	アース神の中傷者, 狡知に長けたトリックスター. 父は巨人ファールバウティ, 母はラウフェイもしくはナリ. 容姿は美しいが性質がひねくれており, しばしば悪戯や悪巧みで神々を窮地に陥れる. その一方で, 知略をもって神々を困難な状況から救い出すこともある. 妻シギュンとの間に2人の息子がいるが, 巨人アングルボザともフェンリル狼, 世界蛇ミズガルズオルム, 死の女神ヘルをもうけた. 自らが牝馬に変身し, 8本足の馬スレイプニルを産んだこともある. 盲目のホズルをそそのかしバルドルを殺させるが, その報いを受け神々によって岩に縛り付けられ, 頭上におかれた毒蛇の毒を浴びつづける罰を受ける. 終末の戦いにおいて縛めから解かれ, 怪物の子どもたちや巨人族を率いて神々に敵対する.

■女神たち

原語	日本語訳	説明
Frigg	フリッグ	オージンの妻. 人間の運命をすべて知る優れた女神. 息子バルドルが不吉な夢を見た際に, 世界中のあらゆるものにバルドルを傷つけないよう誓約させた. しかし唯一, 若すぎるとして誓約を免除した宿り木によって, バルドルは命を落とす. その後もバルドルを取り戻すため, 女神ヘルの支配する死の国へ使者を送るなど手を尽くすが, ロキによる妨害のため目的を果たせずに終わる.
Freyja	フレイヤ	ニョルズルの娘. 美と愛の女神. 最も美しい女神であり, 多くの巨人が彼女を奪おうとする. 旅に出た夫オーズルを探して世界中を巡ったため, 多くの名前をもっている. 2匹の猫の引く車に乗り, ブリーシンガメンという首飾り, 鷹に変身できる羽衣をもつ. 戦死者の半分をオージンと分けるともいわれる.
Iðunn	イズン	ブラギの妻. 神々の若さを保つ効果のある林檎を管理している. 林檎を狙う巨人に誘拐されたこともある.
Sigyn	シギュン	ロキの妻. ロキが毒を浴びる罰を受けた際, シギュンは桶で毒の滴を受け, 毒がロキにかからないようにしていた. 桶が一杯になると, 中身を捨てるためシギュンが夫のもとを離れるので, 毒がかかってロキが暴れる. これが地震の原因だという伝承がある.
Rindr	リンドル	ヴァーリの母. オージンは予言によって, 息子バルドル殺害の復讐を果たせるのはリンドルとの子だけだと知る. そのため, 拒絶するリンドルを欺き息子ヴァーリを産ませた.
Skaði	スカジ	巨人シャツィの娘. スキーと弓矢が得意. アース神たちに殺害された父親の復讐のため, 武装して神々の国に乗り込む. 神々は和解を申し入れ, スカジに神々の1人を夫として与えることを約束. ただし婿選びは足だけを見ておこなうこととなった. スカジは最も美しい足をバルドルと考え選ぶが, 実際にはニョルズルだった. 海辺を好むニョルズルと山を好むスカジは気が合わず, 離婚.
Gerðr	ゲルズル	巨人ギュミルの娘. フレイルに見初められ, フレイルの従者スキールニルの訪問を受ける. 最初は断るが, スキールニルにさまざまな呪いをかけると脅されて, フレイの求婚を受けいれる.

■英雄伝説の人物

原語	日本語訳	説明
Sigmundr	シグムンドル	「ヴォルスンガ・サガ」に語られる英雄．オージンの血を引くフン族の王，ヴォルスングルの長男として生まれる．双子の妹シグニューと9人の弟がいた．妹とゴート族の王シッゲイルとの婚姻の宴の際，片眼の老人の姿をしたオージンが現れ，広間の中央に立つ大樹に剣を突き刺し，引き抜けた者にこの剣を贈ると言い残し去っていった．誰もが抜けない中，シグムンドルは苦もなく剣を抜く．それを見たシッゲイル王は3倍の重さの黄金で剣を買おうとするが，シグムンドルは断る．それを恨んだシッゲイル王によってヴォルスングル族はだまし討ちに遭い，シグムンドルとシグニュー以外は全滅．シグニューの機転で逃亡に成功したシグムンドルは，のちにシグニューとの間の息子シンフィヨトリとともにシッゲイル王に復讐を果たす．その後，最初の妃との間にヘルギ，2番目の妃との間にシグルズルという英雄をもうける．シグムンドルは長く国を治め異教時代最大の英雄と呼ばれたが，最期はオージン自身が戦場に現れ，かつて自らが与えた剣を折り，シグムンドルから勝利と命を取り上げた．死後，息子たちとともにヴァルハラに迎えられたとされる．
Signý	シグニュー	シグムンドルの双子の妹．ゴート族の王シッゲイルに嫁ぐが，夫によって一族を滅ぼされる．その復讐のため，一族の血を濃く継ぐ息子を得ようと，シグニューは女魔法使いと姿を替え別人の振りをして兄シグムンドルと交わり，息子シンフィヨトリをもうける．一族の復讐が果たされた後，シグニューは復讐のためにシッゲイル王との子供たちを犠牲にし，近親相姦まで犯したと自らの罪を兄と息子に告白し，燃えさかる館に入り夫シッゲイルとともに死ぬことを選ぶ．
Sinfjǫtli	シンフィヨトリ	シグムンドルとシグニューの息子．ヴォルスングル族の血を濃く引くため非常に勇敢であり，10歳にして肌着を皮膚に縫い付けられても泣かず，大蛇のまざった粉を捏ねてパンを焼いてしまうほど．父とともに一族の復讐を果たし，その後は多くの掠奪遠征におもむき名声を得た．しかしあるとき，父の妃ボルグヒルドルの弟と同じ女性に求婚したことから戦になり，彼を殺してしまう．このことを恨んだボルグヒルドルによって毒殺される．
Helgi Hundingsbani	フンディングル殺しのヘルギ	ヴォルスングル族の王シグムンドルと最初の妃ボルグヒルドルとの息子．生まれたときに運命の女神たちの訪問を受け，すべての王の中で最も名高い王になるだろうと予言される．15歳で強大なフンディングル王を倒し名声を得る．ヴァルキュリアのシグルーンを妻にするが，妻の弟に一族の復讐のため殺害される．

Sigrún	シグルーン	ヘルギの恋人．空を駆けるヴァルキュリア．一族の期待する結婚を拒絶し，ヘルギのもとへ去ったために戦が起こり，シグルーンの一族は弟1人を残して滅亡する．シグルーンはヘルギと結婚し幸福を得るが，やがてオージンの力を借りた弟によって，一族の復讐のため夫を殺される．ヘルギの死後，墓塚に夫が出現すると聞いて会いにゆき，墓の中で夫と一晩を過ごす．しかしヴァルハラへ迎えられたヘルギはその後二度と地上に戻ることはなく，シグルーンは悲しみのあまり短命だった．ヘルギとシグルーンは来世においても英雄とヴァルキュリアとして転生したといわれている．
Sigurðr fáfnis-bani	竜殺しのシグルズル	ゲルマン語圏で最も有名な英雄．ドイツの叙事詩『ニーベルンゲンの歌』のジークフリートに相当するが，北欧版では先祖の物語や前半生に重点がおかれている．ヴォルスングル族のシグムンドルと2番目の妃ヒヨルディースとの息子．かつてオージンがシグムンドルに与えた剣をもとに作られた名剣グラムを帯び，スレイプニルの末裔である名馬グラニに乗る．竜に変身して宝を守るファーフニルを殺害し，莫大な財宝と名声を手に入れる．その後，炎に囲まれた山に眠る元ヴァルキュリアのブリュンヒルドルを目覚めさせ，愛を誓う．しかしギューキ一族の元で魔法の酒によって記憶を奪われ，ギューキの娘グズルーンと結婚．裏切られたブリュンヒルドルの復讐によって命を落とす．
Brynhildr	ブリュンヒルドル	オージンに仕えるヴァルキュリアの1人だったが，オージンの命に逆らい，罰として眠りについた．オージンは眠りから最初に目覚めさせた男と結婚するようにと命じたが，ブリュンヒルドルが「恐れを知る者とは結婚しない」と誓いを立てたため，炎に囲まれた山に眠っている．燃えさかる炎を越える勇気をもつ者だけが，彼女を目覚めさせることができる．やがてシグルズルが訪れ，互いに愛を誓った．その後ギューキ一族の策略によってシグルズルと引き離され，ギューキの息子グンナルと結婚．グンナルは求婚の際，魔法で姿を変えたシグルズルに身代わりを頼み，炎の山を越えさせていた．のちにこの欺きが露見し，シグルズルの妻グズルーンにそのことで侮辱されたブリュンヒルドルは憎悪を募らせ，夫のグンナルとその兄弟をたきつけてシグルズルを殺害させる．その後，ギューキ一族の未来についての予言を残し，シグルズルに付き添って自害．

| Guðrún | グズルーン | ギューキ一族の美しい王女．ブリュンヒルドルの記憶を失ったシグルズルに見初められ，結婚する．シグルズルの死後，ブリュンヒルドルの兄アトリと結婚．アトリはギューキ一族がシグルズルから奪った財宝を狙い，グンナルたちを自国に招いてだまし討ちにする．グズルーンは兄弟たちを守ろうとするが果たせず，殺された一族の復讐のため，アトリ王が寝入ったところを刺し殺し，館に火をかけアトリの一族を滅亡に追い込む．その後海に身を投げるが，ヨーナクル王の国へ流れ着き，王と再婚．しかし悲劇は続き，シグルズルとの娘スヴァンヒルドルは嫁ぎ先で策略によって惨殺され，その復讐のために旅立ったヨーナクル王との息子たちもみな戦死する．数々の不幸を振り返り，グズルーンは3人の夫に嫁いだが，シグルズルこそ最も優れた夫だった．今こそあの世から迎えに来てほしいと嘆きの言葉を残す． |

注）　神々について詳しくは伊藤盡編「北欧神話の神々事典（特集　北欧神話の世界）」『ユリイカ』第39巻第12号（2007），pp. 214-20を参照．

［松本　涼］

【付録6】 北欧神話を知るための読書案内

■原資料

・サクソ・グラマティクス（谷口幸男訳）『デンマーク人の事績』東海大学出版会, 1993 年.
　　デンマーク王家の初期の歴史. 王家の祖先の話として, 英雄化された神々についても語られる.

・菅原邦城訳『ゲルマン北欧の英雄伝説――ヴォルスンガ・サガ』東海大学出版会, 1979 年.
　　英雄伝説の代表格である「ヴォルスンガ・サガ」の訳.『アイスランド サガ』所収の谷口幸男訳もある.

・谷口幸男訳『エッダ――古代北欧歌謡集』新潮社, 1973 年.
　　北欧神話の中心的資料である『詩エッダ』, ならびに『散文エッダ』中の「ギュルヴィたぶらかし」の訳.

・谷口幸男訳『アイスランド サガ』新潮社, 1979 年.
　　有名なサガの翻訳集.「ヴォルスンガ・サガ」のほか, 異教時代のアイスランドを舞台としたサガでも神々への言及がみられる.

・谷口幸男訳「スノリ『エッダ』「詩語法」訳注」『広島大学文学部紀要 特輯号』第 43 巻第 3 号, 1983 年.
　　『散文エッダ』中の「詩語法」の訳. 詩語に反映された神々の性質や,「ギュルヴィたぶらかし」では語られないエピソードを解説している.

・谷口幸男訳『ヘイムスクリングラ――北欧王朝史（1〜4）』北欧通信社, 2008-10 年.
　　ノルウェー王家の初期の歴史. とくに最初の「ユングリンガ・サガ」は, 王家の祖先である神々についての物語.

・S. ノルダル『巫女の予言 エッダ詩校訂本』東海大学出版会, 1993 年.
　　『詩エッダ』の冒頭におかれ, 世界の誕生から終末までの運命を詠う「巫女の予言」の原文対訳.

■物語の再話・紹介

・池上良太『図解　北欧神話』新紀元社, 2007 年.
　　専門知識をベースにしつつ, 図も多くわかりやすい解説本.

・K. クロスリイ-ホランド『北欧神話物語』（新版）青土社, 1991 年.
　　語り口調による再話.『エッダ』の内容に近い. 索引が簡単な神話事典になっている.

・パードリック・コラム『北欧神話』（岩波少年文庫 550）岩波書店, 2001 年.
　　子ども向けの読みやすい再話.

・菅原邦城『北欧神話』東京書籍, 1984 年.
　　原典からの引用が多く研究入門に最適.

・谷口幸男『エッダとサガ：北欧古典への案内』新潮社, 1976 年.
　　古いが類書のない, エッダとサガの全般的な紹介. 原典を適切に反映している.

- ライナー・テッツナー『ゲルマン神話（上・下）』青土社，1998 年.
  上巻は「エッダ」神話，下巻は『ニーベルンゲンの歌』など主にドイツの英雄伝説の再話.
- E. デープラー（画），W. ラーニシュ（文）『【図説】北欧神話の世界』八坂書房，2014 年.
  原著は 1900 年刊行.19 世紀ドイツにおけるロマン主義的北欧神話観がよくわかる図説.絵が美しい.
- 山室静『サガとエッダの世界——アイスランドの歴史と文化』社会思想社，1994 年.
  著者は北欧文学の紹介者として草分け的存在.アイスランドの歴史と文学を読みやすい語り口調で紹介する.

■評論・入門的研究書
- ステブリン=カーメンスキイ『神話学入門』東海大学出版会，1980 年.
  人間にとって神話とは何かをエッダ神話を通じて考察.付録に「詩語法」抜粋がついている.
- イヴ・コア『ヴァイキング——海の王とその神話』創元社，1993 年.
  ヴァイキングについての解説だが神話への言及も多い.図が多く読みやすい.
- H. R. エリス・デイヴィッドソン『北欧神話』青土社，1992 年.
  神話の解釈についての全般的な解説.
- ヘルマン・パウルソン『オージンのいる風景——オージン教とエッダ』東海大学出版会，1994 年.
  「巫女の予言」に関する来日講演原稿を中心に書き下ろされた解説書.
- ヴァルター・ハンゼン『アスガルドの秘密——北欧神話冒険紀行』東海大学出版会，2004 年.
  アイスランドへ神話の舞台を探しに行く旅行記.
- 水野知昭『生と死の北欧神話』松柏社，2002 年.
  日本を代表する北欧神話学者による比較神話研究.
- 「特集 北欧神話の世界」『ユリイカ』第 39 巻第 12 号，2007 年 10 月号.
  作家のエッセイから神話学者の論文まで読める特集記事.「北欧神話事典」付き.
- Christopher Abram. *Myths of the Pagan North : The Gods of the Norsemen.* Continuum, 2011.
  イギリスの教科書.北欧社会の変化から神話を読み解く.
- Rudolf Simek. *A Dictionary of Northern Mythology.* Boydell & Brewer, 2008.
  英語で読める基本的な神話事典.

■北欧の歴史
- 熊野聰著，小澤実（解説・文献解題）『ヴァイキングの歴史』創元社，2017 年.
  1983 年刊『北の農民ヴァイキング——実力と友情の社会』の増補改訂版.掠奪者とみなされがちなヴァイキングの農民としての暮らしや価値観を描き出す.
- K. ハストロプ編『北欧社会の基層と構造』（1〜3）東海大学出版会，1996 年.

時間・空間・海・権力などの個別テーマごとの北欧社会の分析.

・百瀬宏・熊野聰・村井誠人編『北欧史』(新版 世界各国史 21), 山川出版社, 1998 年.
　　日本語では一番詳しい北欧諸国の通史.

［松本　涼］

【付録7】 『カレワラ』登場人物一覧

原語	日本語訳	説明
Ilmatar	イルマタル	水の母であり，大気の乙女．彼女の膝に小鴨が卵を産み，そこから天地が創造される．そこにヴァイナモイネンが誕生する．
Väinämöinen	ヴァイナモイネン	『カレワラ』の中心人物．不滅の詩人であり，賢人．フィンランド民族楽器カンテレの名手でもある．最後に乙女マリヤッタが産んだ男の子がカレリアの王として洗礼を受けたのに立腹し，カンテレと歌を残してカレリアを去る．
Joukahainen	ヨウカハイネン	ヴァイナモイネンの名声に嫉妬するラップの若者．ヴァイナモイネンと呪術比べを挑むが負け，妹アイノを差し出す約束をする．その後，ヴァイナモイネンを殺そうと弓で射るが失敗する．
Aino	アイノ	ヨウカハイネンの妹．ヴァイナモイネンを拒絶し，湖に入水，魚になる．
Kyllikki	キュッリッキ	サーリの乙女．レンミンカイネンによって力づくで奪われる．
Lemminkäinen	レンミンカイネン	むら気のある若者．ポホヨラの盲目の老人マルカハットゥによって殺され，バラバラにされて黄泉の国トゥオネラの川に捨てられるが，母が呪文で体をつなぎ合わせて復活する．
Ilmarinen	イルマリネン	サンポを鋳造する鍛冶屋．クッレルヴォに妻を殺された後，黄金の花嫁を鋳造するが，捨てる．
Louhi	ロウヒ	ポホヨラの女主人．サンポを巡ってヴァイナモイネンと対立．
Antero Vipunen	アンテロ・ヴィプネン	巨人．呪文を得ようとしたヴァイナモイネンを飲み込む．しかし，中で暴れたヴァイナモイネンに最後に呪文を与える．
Kullervo	クッレルヴォ	悲劇の主人公．ウンタモに一族を殺された身重の女性から誕生．奴隷とされ，ウンタモに何度も殺されかけるが，生き残る．売り飛ばされ，鍛冶屋イルマリネンの奴隷となるが，逃亡．森で生き残った両親と出会う．一夜を過ごした女性が生き別れた妹と発覚し，妹は自殺．ウンタモ一族に復讐を果たした後，妹を恥辱した場所で自殺．
Marjatta	マリヤッタ	コケモモを食べて妊娠する乙女．カレリアの王となる子供を出産．

[石野裕子]

【付録8】 北欧, バルト三国の主な美術館・博物館

■デンマーク
◎コペンハーゲン　København
・オアドロプゴー美術館　Ordrupgaard
　所在地：Vilvordevej 110 2920 Charlottenlund
　URL：ordrupgaard.dk
・国立博物館　Nationalmuseet
　所在地：Ny Vestergade 10
　URL：natmus.dk
・国立美術館　Statens Museum for Kunst
　所在地：Sølvgade 48-50
　URL：www.smk.dk
・市立博物館　Københavns Museum
　所在地：Vesterbrogade 59
　URL：cphmuseum.kk.dk
・デザイン博物館デンマーク　Designmuseum Danmark
　所在地：Bredgade 68
　URL：designmuseum.dk
・トーヴァルセン美術館　Thorvaldsens Museum
　所在地：Bertel Thorvaldsens Plads 2
　URL：www.thorvaldsensmuseum.dk
・ニュ・カールスベア・グリュプトテーク美術館　Ny Carlsberg Glyptotek
　所在地：Dantes Plads 7
　URL：www.glyptoteket.dk
・ヒアシュプロング美術館　Den Hirschsprungske Samling
　所在地：Stockholmsgade 20
　URL：www.hirschsprung.dk
・フリランスムセース　Frilandsmuseet
　所在地：Kongevejen 100 2800 Kongens Lyngby
　URL：natmus.dk/museerne/frilandsmuseet/
・ルイシアナ近代美術館　Louisiana Museum of Modern Art
　所在地：Gl.Strandvej 13 3050 Humlebæk
　URL：www.louisiana.dk

○オーゼンセ　Odense
・アンデルセン博物館　H. C. Andersens Hus

所在地：Bangs Boder 29

URL：museum.odense.dk

・**カール・ニルセン博物館**　Carl Nielsen Museet

所在地：Claus Bergs Gade 11

URL：museum.odense.dk

・**フューン野外博物館**　Den Fynske Landsby

所在地：Sejerskovvej 20

URL：museum.odense.dk

○**オーフース**　**Aarhus**

・**アロス・オーフース美術館**　ARos Aarhus Kunstmuseum

所在地：Aros Allé 2

URL：www.aros.dk

・**デン・ガムレ・ビュー**　Den Gamle By

所在地：Viborgvej 2

URL：www.dengamleby.dk

○**オールボー**　**Aalborg**

・**オールボー近代美術館**　Kunsten Museum of Modern Art Aalborg

所在地：Kong Christians Allé 50

URL：www.kunsten.dk

・**オールボー歴史博物館**　Aalborg Historiske Museum

所在地：Algade 48

URL：www.nordmus.dk

○**ビロン**　**Billund**

・**レゴランド**　**LEGOLAND**

所在地：Nordmarksvej

URL：www.legoland.dk

○**リーベ**　**Ribe**

・**リーベ・ヴァイキング博物館**　Museet Ribes Vikinger

所在地：Odins Plads 1

URL：www.ribesvikinger.dk

・**リーベ美術館**　Ribe Kunstmuseum

所在地：Sct. Nicolaj Gade 10

URL：www.ribekunstmuseum.dk

【付録8】 北欧，バルト三国の主な美術館・博物館　　617

○ロスキレ　Roskilde
・ヴァイキング船博物館　Vikingeskibsmuseet
　　所在地：Vindeboder 12
　　URL：www.vikingeskibsmuseet.dk

■ノルウェー
◎オスロ　Oslo
・アストルップ・ファーンリー美術館　Astrup Fearnley Museet
　　所在地：Strandpromenaden 2
　　URL：afmuseet.no
・イプセン博物館　Ibsenmuseet
　　所在地：Henrik Ibsensgate 26
　　URL：norskfolkemuseum.no/no/Tilknyttede-Enheter/Ibsenmuseet
・異文化博物館　Interkulturelt Museum
　　所在地：Tøyenbekken 5,
　　URL：www.oslomuseum.no
・ヴァイキング船博物館　Vikingskipshuset
　　所在地：Huk aveny 35
　　URL：www.khm.uio.no
・ヴィーゲラン美術館　Vigeland-museet
　　所在地：Nobels gate 32
　　URL：www.vigeland.museum.no
・オスロ市立博物館　Bymuseet
　　所在地：Frognerveien 67
　　URL：www.oslomuseum.no
・現代美術館　Museet for samtidskunst
　　所在地：Bankplassen 4
　　URL：nasjonalmuseet.no
・国立建築博物館　Nasjonalmuseet-Arkitektur
　　所在地：Bankplassen 3
　　URL：nasjonalmuseet.no
・国立美術館　Nasjonalgalleriet
　　所在地：Universitetsgata 13
　　URL：nasjonalmuseet.no
・コンチキ号博物館　Kon-Tiki Museet
　　所在地：Bygdøynesveien 36
　　URL：www.kon-tiki.no
・ノーベル平和センター　Nobels Fredssenter
　　所在地：Brynjulf Bulls Plass 1

URL：www.nobelpeacecenter.org
- ・ノルウェー海洋博物館　Norsk Maritimt Museum
  所在地：Bygdøynesveien 37
  URL：www.marmuseum.no
- ・ノルウェー・デザイン，建築センター（DogA）　Design og Arkitektur Norge：DogA
  所在地：Hausmanns gate 16
  URL：doga.no
- ・ノルウェー民俗博物館　Norsk Folkemuseum
  所在地：Museumsveien 10
  URL：norskfolkemuseum.no
- ・舞台美術館　Teatermuseet
  所在地：Frognerveien 67,
  URL：www.oslomuseum.no
- ・ムンク美術館　Munchmuseet
  所在地：Tøyengata 53
  URL：munchmuseet.no
- ・歴史博物館　Historisk museum
  所在地：Frederiks gate 2
  URL：www.khm.uio.no
- ・労働博物館　Arbeidermuseet
  所在地：Sagveien 28
  URL：www.oslomuseum.no

○カラショーク　Kárášjohka-Karasjok
- ・サーミ博物館　Sámiid Vuorka-Dávvirat
  所在地：Mari Boine geaidnu 17
  URL：www.laplandinteractive.com/samiid-vuorka-davvirat-folk-museum

○トロンハイム　Trondheim
- ・屋外民俗博物館　Sverresborg Trøndelag Folkemuseum
  所在地：Sverresborg Alle 13
  URL：sverresborg.no

○ベルゲン　Bergen
- ・エドヴァルド・グリーグ博物館　Edvard Grieg Museum
  所在地：Troldhaugvegen 65
  URL：griegmuseum.no
- ・ハンザ博物館　Hanseatiske Museum
  所在地：Finnegården 1A

URL：hanseatiskemuseum.museumvest.no
- ブリッゲン博物館　Bryggens Museum
  所在地：Dreggsallmenningen 3
  URL：www.bymuseet.no/vaare-museer/bryggens-museum
- ベルゲン博物館　Bergen Museum
  所在地：Harald Hårfagresgt. 1
  URL：www.uib.no/en/universitymuseum
- ベルゲン美術館　Kunstmuseene i Bergen：KODE
  所在地：Rasmus Meyers allé 9
  URL：kodebergen.no

■スウェーデン
◎ストックホルム　Stockholm
- アッバ博物館　ABBA The Museum
  所在地：Djurgårdsvägen 68
  URL：www.abbathemuseum.com
- ヴァーサ号博物館　Vasamuseet
  所在地：Galärvarvsvägen 14
  URL：www.vasamuseet.se
- 現代美術館　Moderna Museet
  所在地：Skeppsholmen
  URL：www.modernamuseet.se
- 国立美術館　Nationalmuseum
  所在地：Södra Blasieholmshamnen
  URL：www.nationalmuseum.se
- スカンセン　Skansen
  所在地：Djurgårdsslätten 49-51
  URL：www.skansen.se
- 東洋博物館　Östasiatiska museet
  所在地：Tyghusplan, Skeppsholmen
  URL：www.varldskulturmuseerna.se
- ノーベル博物館　Nobelmuseet
  所在地：Stortorget 2
  URL：www.nobelmuseum.se
- 北方民俗博物館　Nordiska museet
  所在地：Djurgårdsvägen 6-16
  URL：www.nordiskamuseet.se
- 歴史博物館　Historiska museet
  所在地：Narvavägen 13-17

URL：historiska.se

○ウプサーラ　Uppsala
・グスタヴィアヌム　Gustavianum
　所在地：Akademigatan 3
　URL：www.gustavianum.uu.se
・リンネ博物館　Linnémuseet
　所在地：Svartbäcksgatan 27
　URL：www.linnaeus.se

○カルマル　Kalmar
・カルマル郡博物館　Kalmar läns museum
　所在地：Skeppsbrogatan 51
　URL：www.kalmarlansmuseum.se
・カルマル美術館　Kalmar konstmuseum
　所在地：Stadsparken
　URL：www.kalmarkonstmuseum.se

○マルムー　Malmö
・現代美術館　Moderna Museet
　所在地：Ola Billgrens plats 2-4
　URL：www.modernamuseet.se
・造形デザインセンター　Form/Design Center
　所在地：Lilla Torg 9
　URL：www.formdesigncenter.com

○ユーテボリ　Göteborg
・ボルボ博物館　Volvo Museum
　所在地：Arendal Skans
　URL：www.volvomuseum.com
・ユーテボリ市立博物館　Göteborgs stadsmuseum
　所在地：Norra Hamngatan 12
　URL：goteborgsstadsmuseum.se
・ユーテボリ美術館　Göteborgs konstmuseum
　所在地：Götaplatsen 412
　URL：goteborgskonstmuseum.se
・ルスカ博物館　Röhsska museet
　所在地：Vasagatan 37-39
　URL：rohsska.se

【付録8】 北欧，バルト三国の主な美術館・博物館　　621

■フィンランド
◎ヘルシンキ　Helsinki
・アテネウム美術館　Ateneumin taidemuseo
　所在地：Kaivokatu 2
　URL：www.ateneum.fi
・アールト自邸　The Aalto House
　所在地：Riihitie 20
　URL：www.alvaraalto.fi
・ガッレン=カッレラ美術館　Gallen-Kallelan Museo
　所在地：Gallen-Kallelan tie 27
　URL：www.gallen-kallela.fi
・建築博物館　Arkkitehtuurimuseo
　所在地：Kasarmikatu 24
　URL：www.mfa.fi
・国立現代美術館キアスマ　Nykytaiteen museo Kiasma
　所在地：Mannerheiminaukio 2
　URL：www.kiasma.fi
・国立博物館　Kansallismuseo
　所在地：Mannerheimintie 34
　URL：www.kansallismuseo.fi
・スタジオ・アールト　Studio Aalto
　所在地：Tiilimäki 20
　URL：www.alvaraalto.fi
・セウラサーリ野外博物館　Seurasaaren ulkomuseo
　所在地：Seurasaari
　URL：www.kansallismuseo.fi
・デザイン博物館　Designmuseo
　所在地：Korkeavuorenkatu 23
　URL：www.designmuseum.fi
・ヘルンンキ美術館（HAM）　Helsingin taidemuseo
　所在地：Eteläinen Rautatiekatu 8
　URL：www.hamhelsinki.fi

○タンペレ　Tampere
・タンペレ市立美術館ムーミン谷博物館　Tampereen taidemuseon Muumilaakso
　所在地：Puutarhakatu 34
　URL：muumilaakso.tampere.fi

○トゥルク　**Turku**
・ヴァイノ・アールトネン美術館　Wäinö Aaltonen museo
　　所在地：Itäinen Rantakatu 38
　　URL：www.turku.fi
・シベリウス博物館　Sibelius-museo
　　所在地：Piispankatu 17
　　URL：www.sibeliusmuseum.fi
・トゥルク美術館　Turun taidemuseo
　　所在地：Aurakatu 26
　　URL：www.turuntaidemuseo.fi
・ルオスタリンマキ野外博物館　Luostarinmäen käsityöläismuseo
　　所在地：Vartiovuorenkatu 2
　　URL：www.turku.fi

○ナーンタリ　**Naantali**
・ムーミンワールド　Muumimaailma
　　所在地：Kaivokatu 5
　　URL：www.muumimaailma.fi

○ユヴァスキュラ　**Jyväskylä**
・アルヴァル・アールト博物館　The Alvar Aalto Museum
　　所在地：Alvar Aallon katu 7
　　URL：www.alvaraalto.fi

○ロヴァニエミ　**Rovaniemi**
・アルクティクム　Arktikum
　　所在地：Pohjoisranta 4
　　URL：www.arktikum.fi

■アイスランド
◎レイキャヴィーク　**Reykjavík**
・アイスランド芸術センター　Kynningarmiðstöð íslenskrar myndlistar
　　所在地：Lækjargata 3
　　URL：icelandicartcenter.is
・アイスランド国立博物館　Þjóðminjasffn Íslands
　　所在地：Suðurgata 41
　　URL：www.thjodminjasafn.is
・アゥスムンドゥル・スヴェイソン彫刻美術館　Ásmundarsafn
　　所在地：Sigtúni

URL：artmuseum.is
- **アゥルバイル野外民俗博物館**　Árbæjasafn
  所在地：Kistuhyl
  URL：borgarsogusafn.is/is/arbaejarsafn
- **カルチャーハウス**　Safnahúsið
  所在地：Hverfisgata 15
  URL：www.safnahusid.is
- **キャルファルスタジィル美術館**　Kjarvalsstaðir
  所在地：Flókagata 24
  URL：artmuseum.is
- **国立美術館**　Listasafn Íslands
  所在地：Fríkirkjuvegi 7
  URL：www.listasafn.is
- **サガ・ミュージアム**　Saga Museum
  所在地：Grandagardi 2
  URL：www.sagamuseum.is
- **生活芸術美術館**　Nýlistasafnið
  所在地：Völvufell 13-21
  URL：www.nylo.is
- **ハーバーハウス**　Hafnarhús
  所在地：Tryggvagata 17
  URL：artmuseum.is
- **レイキャヴィーク海洋博物館**　Sjóminjasafnið í Reykjavík
  所在地：Grandagarði 8
  URL：borgarsogusafn.is/is/sjominjasafnid-i-reykjavik
- **レイキャヴィーク写真美術館**　Ljósmyndasafn Reykjavíkur
  所在地：Grófarhús, Tryggvagata 15
  URL：borgarsogusafn.is/is/ljosmyndasafn-reykjavikur

○**アークレイリ**　Akureyri
- **アークレイリ美術館**　Listasafnið á Akureyri
  所在地：Kaupvangsstræti 12
  URL：www.listasafn.akureyri.is

○**ハプナルフィヨルズル**　Hafnarfjörður
- **ハプナルボルグ**　Hafnarborg
  所在地：Strandgata 34
  URL：hafnarborg.is

○レイキャネスバイル　Reykjanesbær
・ヴァイキングワールド　Vikingaheimar
　　所在地：Vikingabraut 1
　　URL：www.vikingworld.is

■エストニア
◎タリン　Tallinn
・アダムソン・エリック博物館　Adamson-Ericu muuseum
　　所在地：Lühike jalg 3
　　URL：adamson-eric.ekm.ee
・エストニア海洋博物館　Eesti Meremuuseum
　　所在地：Pikk 70
　　URL：meremuuseum.ee
・エストニア現代美術館　Eesti Kaasaegse Kunsti Muuseum
　　所在地：Põhja pst 35
　　URL：www.ekkm.ee
・エストニア建築博物館　Eesti Arhitektuurimuuseum
　　所在地：Ahtri 2
　　URL：www.arhitektuurimuuseum.ee
・エストニア野外博物館　Eesti Vabaõhumuuseum
　　所在地：Vabaõhumuuseumi tee 12
　　URL：evm.ee
・カドリオルグ美術館　Kadrioru Kunstimuuseum
　　所在地：Weizenbergi 37
　　URL：kadriorumuuseum.ekm.ee
・クム美術館　Kumu kunstimuuseum
　　所在地：Weizenbergi 34
　　URL：kumu.ekm.ee
・タリン・アートホール　Tallinna Kunstihoone
　　所在地：Vabaduse väljak 6
　　URL：www.kunstihoone.ee
・タリン市博物館　Linnamuuseum
　　所在地：Vene tn. 17
　　URL：linnamuuseum.ee
・ニグリステ博物館　Niguliste muuseum
　　所在地：Niguliste 3
　　URL：nigulistemuuseum.ekm.ee
・ミッケル美術館　Mikkeli museum
　　所在地：Weizenbergi 28

URL：mikkelimuuseum.ekm.ee

○タルトゥ　Tartu
・AHHAA サイエンスセンター　Teaduskeskus AHHAA
　所在地：Sadama 1
　URL：www.ahhaa.ee

○パルヌ　Pärnu
・パルヌ博物館　Pärnu Muuseum
　所在地：Aida 3
　URL：www.parnumuuseum.ee

■ラトヴィア
◎リガ　Rīga
・アーセナル展示場　Izstāžu zāle Arsenāls
　所在地：Torņa iela 1
　URL：www.lnmm.lv
・装飾芸術・デザイン美術館　Dekoratīvās mākslas un dizaina muzejs
　所在地：Skārņu iela 10/20
　URL：www.lnmm.lv
・トゥライダ博物館　Turaidas muzejrezervāts
　所在地：Turaidas iela 10
　URL：www.turaida-muzejs.lv
・ユーゲントシュティル博物館　Rīgas Jūgendstila muzejs
　所在地：Alberta iela 12
　URL：www.jugendstils.riga.lv
・ラトヴィア国立美術館　Latvijas Nacionālais mākslas muzejs
　所在地：Jaņa Rozentāla laukums 1
　URL：www.lnmm.lv
・ラトヴィア野外民俗博物館　Iepazīsti Latvijas Etnogrāfisko brīvdabas muzeju
　所在地：Brīvdabas iela 21
　URL：brivdabasmuzejs.lv
・リガ証券取引所美術館　Mākslas muzejs RĪGAS BIRŽA
　所在地：Doma laukums 6
　URL：www.lnmm.lv
・リガの歴史と海運の博物館　Rīgas vēstures un kuģniecības muzeja
　所在地：Palasta iela 4
　URL：www.rigamuz.lv
・ロマンス・スタとアレクサンドラ・ベルツォヴァ美術館　Romana Sutas un Aleksand-

ras Beļcovas muzejs
所在地：Elizabetes iela 57a, dz. 26（ieeja caur pagalmu, 5. stāvs）
URL：www.lnmm.lv

○ヴェンツピルス　**Ventspils**
・ヴェンツピルス博物館　Ventspils muzejs
所在地：Jāņa ielā 17
URL：muzejs.ventspils.lv

○ダウガフピルス　**Daugavpils**
・ダウガフピルス・マーク・ロスコ芸術センター　Daugavpils Marka Rotko mākslas
centrs
所在地：Mihaila street 3
URL：www.rothkocenter.com

■リトアニア
◎ヴィリニュス　**Vilnius**
・国立アートギャラリー　Nacionalinė dailės galerija
所在地：Konstitucijos pr. 22
URL：www.ndg.lt
・国立博物館・リトアニア大公国宮殿　Nacionalinis muziejus Lietuvos Didžiosios Kuni-
gaikštystės valdovų rūmai
所在地：Katedros a. 4
URL：www.valdovurumai.lt
・リトアニア演劇・音楽・映画博物館　Lietuvos teatro, muzikos ir kino muziejus
所在地：Vilniaus g. 41
URL：www.ltmkm.lt/
・リトアニア国立博物館　Lietuvos nacionalinis muziejus
所在地：Arsenalo g. 1
URL：www.lnm.lt
・リトアニア国立美術館　Nacionalinė kultūros įstaiga Lietuvos dailės muziejus
所在地：Didžioji g. 4
URL：www.ldm.lt

○カウナス　**Kaunas**
・国立チュルリョーニス美術館　Nacionalinis M. K. Čiurlionio dailės muziejus
所在地：V. Putvinskio g. 55
URL：www.ciurlionis.lt
・杉原記念館　Sugiharos Namai

所在地：Vaižganto 30
URL：ww.sugiharahouse.com
・第9要塞博物館　Kauno IX Forto muziejus
所在地：Žemaičių plentas 73
URL：www.9fortomuziejus.lt
・マイロニス・リトアニア文学博物館　Maironio lietuvių literatūros muziejus
所在地：Rotušės a. 13
URL：maironiomuziejus.lt

○クライペダ　Klaipėda
・リトアニア海洋博物館　Lietuvos jūrų muziejus
所在地：Smiltynės g. 3
URL：muziejus.lt

○パランガ　Palanga
・パランガ琥珀美術館　Palangos gintaro muziejus
所在地：Vytauto g. 17
URL：www.pgm.lt

○モレタイ　Molėtų
・リトアニア民族宇宙博物館　Lietuvos Etnokosmologijos muziejus
所在地：Kulionių k., Žvaigždžių g. 10, Čiulėnų sen.
URL：www.etnokosmomuziejus.lt

○ルムシシュケス　Rumšiškės
・リトアニア野外博物館　Lietuvos liaudies buities muziejus
所在地：L. Lekavičiaus g. 2
URL：www.llbm.lt

［編集部作成］

【付録9】 北欧，バルト三国の主な劇場

■デンマーク
◎コペンハーゲン　København
・オペラハウス　Operaen
　　所在地：Ekvipagemestervej 10
　　URL：kglteater.dk
・旧王立劇場　Det Kongelige Teater
　　所在地：Kongens Nytorv
　　URL：kglteater.dk
・新劇場　Det Ny Teater
　　所在地：Gammel Kongevej 29
　　URL：www.detnyteater.dk
・チボリ・コンサート・ホール　Tivoli Koncertsal
　　所在地：Vesterbrogade 3
　　URL：www.tivoli.dk/da/haven/spillesteder/koncertsalen
・デンマーク王立劇場　Skuespilhuset
　　所在地：Sankt Annæ Plads 36
　　URL：kglteater.dk

■ノルウェー
◎オスロ　Oslo
・オスロ・コンサートホール　Oslo Konserthus
　　所在地：Munkedamsveien 14
　　URL：www.oslokonserthus.no
・オペラハウス　Operahuset
　　所在地：Kirsten Flagstads plass 1
　　URL：operaen.no
・国立劇場　Nationaitheatret
　　所在地：Johanne Dybwads plass 1
　　URL：www.nationaltheatret.no

■スウェーデン
◎ストックホルム　Stockholm
・王立歌劇場　Kungliga Operan
　　所在地：Kungliga Operan AB
　　URL：www.operan.se
・ストックホルム・コンサートホール　Konserthuset

所在地：Hötorget 8
URL：www.konserthuset.se

○マルムー　**Malmö**
・**マルムー歌劇場**　MALMÖ OPERA
所在地：Ö Rönneholmsv 20
URL：www.malmoopera.se

○ユーテボリ　**Göteborg**
・**オペラハウス**　GöteborgsOperan
所在地：Christina Nilssons Gata
URL：en.opera.se

○ローヴン島　**Lovön**
・**ドロットニングホルム宮廷劇場**　Drottningholms Slottsteater
所在地：178 02 Drottningholm
URL：dtm.se

■**フィンランド**
◎ヘルシンキ　**Helsinki**
・**国立歌劇場**　Suomen Kansallisoopperan
所在地：Helsinginkatu 58
URL：oopperabaletti.fi
・**国立劇場**　Suomen Kansallisteatteri
所在地：Läntinen teatterikuja 1
URL：www.kansallisteatteri.fi
・**フィンランディアホール**　Finlandia-talo
所在地：Mannerheimintie 13 e
URL：www.finlandiatalo.fi
・**ヘルシンキ・ミュージックセンター**　Musiikkitalo
所在地：Mannerheimintie 13 A
URL：www.musiikkitalo.fi

■**アイスランド**
◎レイキャヴィーク　**Reykjavík**
・**国立劇場**　Harpa
所在地：Austurbakki 2
URL：en.harpa.is

■エストニア
◎タリン　Tallinn
・**国立歌劇場**　Rahvusooper Estonia
　所在地：Estonia puiestee 4
　URL：www.opera.ee

■ラトヴィア
◎リガ　Rīga
・**国立歌劇場**　Latvijas Nacionālā opera un balets
　所在地：Aspazijas bulvārī 3
　URL：www.opera.lv

■リトアニア
◎ヴィリニュス　Vilnius
・**国立歌劇場**　Lietuvos nacionalinis operos ir baleto teatras
　所在地：A. Vienuolio 1
　URL：www.opera.lt

［編集部作成］

事項索引

■ 英数

12 月合意　349
1809 年憲法　250
1809 年統治法典　336
1974 年憲法　337
1974 年統治法典（憲法）　337

ABBA　330
Avanto Architects　549

Bluetooth　362

CBSS　12
CPR 番号　374

EU　10,19,91,343,344

HAY　474
HELCOM　12

K2S　549
KUPLA　549

Linux　363

muuto　474

NATO　16
Northern Europe　2

PH ランプ　455

S-tog　26
stød　48
Svensk Form　473

SVID　474

UNG SVENSK FORM　474

Venstre　153

■ あ

アーツ・アンド・クラフツ　414
アールト大学　479
アイスランド映画　323
アイッツヴォル　214
アイデンティティ　64
アウクルスト博物館　546
アウトロー　225
アウラガブレッティル　106
アカデミー・コラロッシ　318
アカデミー・マティス　320
アカデミー・モデルン　321
秋休み　156
アジア欧州会合（ASEM）　44
アビ　118
『アフリカ農場』　276
アフロ・アート　473
アリアンセン　348
アンデルセンの童話　268
アントチェア　545
アンフォルメル　321

イーッタラ　416
イエズス会　87
イェリング　160,162
イステズのライオン　96
一般ランド法　336
イヌイット　100,101
移民のためのスウェーデン語学校　384

イルクーツク 118
イルリサット宣言 68

ヴァーサ君主 190,191
ヴァーサ君主国 193
ヴァイキング 164,166,170,172
ヴァイキング時代 166
ヴァイキングメタル 331
ウィーン条約 8
ヴィヒタ 515
ヴィラ・ブスク 546
ウーアソン海峡 120,184
ウーアソン海峡通行台帳 120,185
ウーレブロー 356
ウェブ＆デジタルメディア時代のデザイン 465
ヴェルサイユ体制 14
ヴォクセニスカの教会 542
ヴォルヴォ→ボルボ
動く博物館としての路面電車線 29
ウストハンマル 355
ウップサーラ大学 247
ウップランド地方 286
馬 105
右翼党 217

エーリックソン 362
『エーリック年代記』 246
エコール・ド・パリ 320
エコロジー 413
エストニア人 87
エッグチェア 545
エッダ 106,172,256
絵本 284
絵本作家 284
エリクソン→エーリックソン
エレクトロラックス掃除機 471
エンクロージャー 210
エンゲルスバリ製鉄場 31
円錐図法 100
円筒図法 100

往復リアリズム 15
オーボ・アカデミー 304

大晦日 156
オーランド運動 60
オーランド自治法 61
オーランド諸島 40,60
オーランド・ランスティング 61
オーロラ 20
オスカシュハムン 354
オスロ 24
オスロ学派 360
オスロ市地下鉄道局 25
オラヴィ城 304
オルキルオト 355
オルデンブルク伯 208
オレンボー王家 249
オレンボー君主 191
オレンボー朝 208
穏健党 384
温泉 105

■ か

カーリング 144
カールスバーグ 132
海外移民 220
解放記念日 245
カウパング 162
架橋外交 18
核開発計画 353
隠された人々 106
学術交流 42
学生の権利 397
核防衛研究 353
過去分詞 51
火山 104
鍛冶屋 411
カストロプ空港ビル 442
学校建築 529
カッペリーニ社 473
ガムラスタン（旧市街） 182
ガムレシーン（旧劇場） 298
カルチャーナイト 156
カルマル連合 8,161,174,188,250
『カレヴァラ』→『カレワラ』

カレリアニズム　401
『カレワラ』　115,258,260,262,304
環境党・緑　356
カンテレ　260
環バルト海諸国評議会　12
完了分詞　51

キアスマ　305
議会オンブズマン　335,338
議会法　338
気候変動　68,73
貴賤婚姻　209
機能主義　544
逆説　225
キャンドルホルダー　411
休暇　123
境界の象徴　491
共産党　354
行政監察官（国会オンブズマン）　337
行政裁判所　335
強制収容所　351
共鳴弦　287
極夜　104
キリスト教　64,100,223,224
キリスト教正教　101,225
銀貨　167
近代建築　541
近代合理性　225

クオッカラ　92
グスタフスバリ製陶所　415
グラーヴァッド・ラックス　126
クリスチェーニャ　140
クリスチャニア→クリスチェーニャ
クリスマス　156
グリュクスボー王朝　248
クルトゥーレン　492
グローバル化　64
クンタ　346

敬虔主義　203
芸術家達によるグラフィックデザインの誕生
　463

継続戦争　240
啓蒙思想　204
夏至祭　154
夏至の危機　350
『夏至の徹夜祭』　297
月曜グループ　297
言語　58
健康　102
健康保険カード　374
言語ナショナリズム　91
原罪　225
原子力活動法　355
原子力条件法　354
堅信礼　153
現代への突破　138
建築家　484

語アクセント　50
交換留学　42
公共交通　122
公共放送　283
口琴　288
合計特殊出生率　388
工匠　480
交渉代表者　72
高等教育　396,397
合板　411
公用語　58
高齢者住宅　520
高齢者住宅の基本理念　520
コーヒー　131
国際結婚　113
国際鳥学会議　117
国際連盟　8,40,61
国内構成員　72
国民投票　342
国民の家　125
国連ビル　444
子育ち環境　376
ゴットランド島　176
古典的古代　100
子供　103,284
子ども観　389

子供手当 370
子供の権利 282,376
子供の最善の利益 376
子供の福祉 376
コブラ 321
コペンハーゲン 26,140,226
コペンハーゲン・キャビネットメーカーズ・ギルド展 442
コペンハーゲン大学 224
コペンハーゲン=ボン宣言 97
コペンハーゲン・ラジオビルディング 442

■ さ

サーミ 101
サーミ語 74
サーミ人 74
サーミの構築物 84
サーミの住居 85
サーミのテント 84
サーミの民族衣装 77
サーラ銀山 181
『債鬼』 274
在瑞典日瑞協会 40
再選挙 349
サウナ 514
サガ 106,256
サッカー 144
ザナート社 473
サユナッサロの村役場 542
左翼党 217,355,357
サルトシューバーデン 319
三王冠（トレー・クローノル） 182
参事会 346
三十年戦争 8,186

シータ 77
自営農民 215
シェップスブローン 181
シェトランド諸島 119
シグテューナ 163
資源開発 71,73
自然 102

自然享受権 115
自然権思想 385
自然と共存する住宅政策 512
自治 73
自治権 70,73
自治政府 70,73
自治法 72
自治領 71,72
失業給付 365
失業保険給付 371
失業率 364
実存 225
児童 240
児童文化 282
児童文学 282
シャーマニズム 118
社会主義リアリズム 93
社会民主党 336,337,354,357
ジャズフェスティバル 295
自由 225
住環境 518
自由記念碑 212
宗教改革 90
宗教性B 225
自由共和国 170
十字形教会 503
十字軍 90
シューシュトゥルンミング 126
重商主義 203,206
自由デンマーク 243
自由党 336,337,355
重武装中立 353
シュールレアリスム 321
呪詛 224
出生行動 388
出生率 388
『シュルフィデン』 298
シュレースヴィヒ=ホルシュタイン 228
シュレースヴィヒ公 208
小学校の教育 529
照明 454
照明器具 454
秤量貨幣経済 167

職業由来の姓　150
女性の社会進出　388
神学　224
新古典主義　306
新ノルウェー語　341
人民芸術家　93
新冷戦　18

スヴァールバル　66
スヴァールバル危機　67
スヴァールバル条約　66
スウィーディッシュ・グレイス　438,472
スウィーディッシュ・モダン　402,440
スヴェーア　124
スウェーデン・アカデミー　358,359
スウェーデン王国法典　334
スウェーデン音楽インフォメーションセンター
　297
スウェーデン語　58
スウェーデン航海法　185
スウェーデン工芸協会　401
スウェーデン国有鉄道会社　23
スウェーデン手工芸協会　472
スウェーデン・スポーツ連盟　147
スウェーデン体操　146
スウェーデン体操スポーツ全国連盟　147
スウェーデンのための同盟　348
スーント　471
スオミ会　113
スカルド　256
スカンジナビア航空　21
スカンセン　29,30,492
スカンディナヴィア　3,4
スカンディナヴィア主義　218
スカンディナヴィア・デザイン展　403
スカンディナヴィア防衛同盟　351
スコーネ地方　173
スターヴ教会　496
スタッド・アンド・チューブ　142
ストールティング　215,216,219,344
ストックホルム　22,173,186,356
ストックホルム学派　360
ストックホルム合意　351

ストックホルム市庁舎　509
ストックホルム地下鉄　468
ストックホルムの虐殺　182,188
ストックホルムの血浴　175
ストックホルム博覧会　402
ストックホルム万博　472
スナップス　132
スプリンガル　289
スポーツ運動　147
住まい　102,516
スムールゴスボード　127,131
スモークサウナ　514
スモーランド　416
スリースヴィ　205
スリースヴィ公爵領　228
スリーマイル島　354,356

生活　122,123
聖クロイース島　207
政権交代　71
精神史　100
声門せばめ音　48,50
セウラサーリ　495
セウラサーリ野外博物館　500
世界遺産　540
世界福祉構想　45
積極的外交政策　352
積極的労働市場政策　361,364
設計競技制度　509
絶対王制　202,205
セディング村　224
セリエフルート　288
全欧安保協力会議　17
選挙　153
選挙王国　336
選挙制度　348
戦時の中立を目指した，平時の非同盟　351
セント・アイヴズ　318

疎開　240

■ た

ダーラナ　188, 286
大学　396
戴冠文書　175
大規模プロジェクトに伴う建設従事者に関する法　71
大ストックホルム地域交通営団　23
第二次スリースヴィ戦争　138
第二次世界大戦　88
タイプ別高齢者住宅　520
大北方戦争　86, 202
ダゲレオタイプ　326
ダダイズム　321
多様性　283
単独者　225

チーフティンチェア　443
チェルノブイリ　355, 356
地下空間の活用　512
地形由来の姓　150
『父』　274
血の復讐　101, 225
チボリ→ティヴォリ
中央党　354
中立　350
中立外交　18
超楕円　440
地理的近接性　68, 69

通常裁判所　335
罪　225
『罪また罪』　274
『強き者』　274

ティヴォリ　138
デイサービスセンター　521
ディルハム銀貨　167
ティング　336, 346
デール・オブ・ノルウェー　110
デザインS　473
哲学　224
板鉄　180

電気式サウナストーブ　514
伝統料理　130
デンマーク映画　322
王位継承法　343
デンマーク王立芸術アカデミー，建築＆デザイン学部　477
憲法　343
デンマーク国鉄　25
デンマーク国立銀行　545
デンマーク社会民主党　153
デンマーク自由評議会　243
デンマーク体操　145
デンマーク農家招聘　34
デンマーク＝ノルウェー同君連合　70
デンマーク・フォルケホイスコーレ協会　395

ドイツ・ハンザ商人　173
同君連合　3
東西冷戦　16
統治章典　338
統治組織法　334
棟梁　483
トーレコヴの妥協　251
特別学校　390
特別教育　390
特別裁判所　335
特別ニーズ教育　391
都市計画の基本的ルール　511
土地緊縛制　212
土地緊縛制廃止　212
土地緊縛法　211
土地整理　210
ドルパト　86
奴隷貿易　207
ドレーヴィア村　148
『ドロットニングホルムの音楽』　296
トロンハイム　163

■ な

ナショーン　124
ナショナリズム　65, 217, 218
ナショナル・アイデンティティ　215

ナショナル・ツーリスト・ルート　536
ナショナル・ロマンティシズム　305,401,508,
　540
ナットゥショーン→ナショーン
『七つのゴシック物語』　276

ニーノシュク　54,341
二重母音　50
ニシン　121
日・北欧援助政策協議　44
日・北欧航空当局間協議　44
日・北欧国連関連協議　44
日・北欧首脳会談　44
入学選抜　397
『ニルスのふしぎな旅』　270

農業革命　210
農民大行進　251
ノーベル財団　358
ノーベル賞　358,509
ノーベル文学賞　358,359
ノーマライゼーション　520
ノキア　362
ノルウェー映画　323
ノルウェー国鉄会社　24
ノルウェー国歌　290
ノルウェー民俗博物館　493
ノルディック・セーター　110
ノルディックモチーフ・デザイン　464
ノルド語　50,53

■ は

ハーディングフェーレ　291
バードウォッチャー　116
バーネトーゲ　253
ハーフティンバー構法　486
パイミオのサナトリウム　542
バイリンガル　59
バウハウス　414
博物学　200
箱柱式教会　500
働き方　103

ハダンゲルフィヨルド　108
バッシェベック　354
パッペリーナ社　475
ハメ応用大学　479
バリスマン　181,188
バリスラーゲン　180,188
パリ万国博覧会　232,472
ハリング　289
ハルダンゲル・フィドル　288
バルト海　176
バルト海洋環境保護委員会　12
バルト諸国　86
バルト・ドイツ人　86,91
ハルムステッド・グループ　321
バレエ・スエドワ（1920-1925）　321
パレスチナ国家　17
バレンツ・ユーロ・アークティック理事会　44
ハンザ　176,178,180,182,188
ハンドボール　144

『火あそび』　274
ヒーゼビュー　160,162
ビーダーマイヤー文化　278
ビール　132
ビエールボー家　192
ビエールボー朝　192
ビグファブリーケン　475
白夜　104
ヒュヴィンカー　318
ヒュゲ　134
氷河　104
氷河博物館　546
氷床　5
ビルカ　162
ビルケバイネル　148
ビルケバイネル・クロスカントリースキー大会
　149
ビロン　142

ファールン銅山　181,189
ファステラウン　156
フィルキンゲン　297
フィン・ウゴール語　3

フィンエアー　21
『フィンランディア』　114,236
フィンランド映画　323
フィンランド憲法　338
フィンランド語　58
フィンランド国有鉄道　27
フィンランドの都市計画　510
ブークモール　54
フェーボード線　7
フェーロー諸島　64,119
フォルク　124,222
フォルケヴィーセ　267
フォルケホイスコーレ　222,266,394
福祉国家　340
福祉ツーリズム　370
父称由来の姓　150
舞台芸術　282
復活祭　152,154
冬戦争　15,240
フュルギャ　106
ブラックメタル　331
ブリヤート共和国　118
ブリューク　181
ブリューノ・マットソン賞　474
フリランスムセーズ　495
ブルンケバリの戦い　175
フレイヤ　132
フレキシキュリティ　361,364
フレンスブルク（フレンスボー）　96
プロジェクト・ジャパン　44
『プロセルピナ』　296
プロテスタンティズム　225
文化史　100

ヘイッキネン＆コモネン　548
ヘヴジー　107
ペール・ギュント　291
ヘドマルク大司教博物館　546
ペナーティ　92
ベネチア・ビエンナーレのスカンディナヴィア館
　546
『ヘム島の人々』　274
ベリー　131

ベリマンニ　261
ベルギー象徴派　317
ベルゲン　173,290
ヘルシンキ　28
ヘルシンキ工科大学　542
ヘルシンキ市トラム　466
ヘルシンキビジュアルアート高校　478
ヘルシンボリ国際博覧会　472
ペルナウ　86

ホイスコーレ　394
包括補助金　346
法の宣言者　246
法務総裁　338
亡命政府　244
ホームエキジビション展　415
ポーランド＝リトアニア　87
北欧会議　9,10
北欧会議文学賞　11
北欧閣僚会議　11
北欧機能主義　472
北欧協力　219,341
北欧新古典主義　541
北欧神話　222
北欧通信　41
北欧デザイン　21
北欧デモクラシー　341
北欧の住環境　516
北欧の人々の名字　150
北欧メタル　330
北欧歴史家会議　247
北欧ロマン主義　222
母語　58
母称由来の姓　151
ボスニア海域商業強制　182
保存食　130
北極海会議　68,69
ボルボ　380
ボルボカーズ　468
ボルボトラック　467
ホルメンコッレン・スキー大会　149

■ ま

マイノリティ 58
マイハウゲン 494
マイレア邸 542
丸太組積構法 488
丸太組積造 500

湖 114
ミラノ・トリエンナーレ 417
民家 488
民主党 384
民族楽器 260

『ムーミン』 280
ムーミンワールド 20

メーラレン湖 182
メロディック・デスメタル 331

モーラ 189
モダニズム 276,277,320
モデルNo.45 443
森 114
森の民 114
森のフィン人 125
森の墓地 540
モルボー 279

■ や

ヤーンソンの誘惑 127
野鳥観察 116
ヤルマション事件 352

ユータ 124
ユータ協会 146,193
ユーテボリ 121
『幽霊ソナタ』 274
雪 115
ユダヤ人 215
ユダヤ人問題 245
ユトランド半島 133,135,142,164

ユニバーサルデザイン 410
ユラン半島→ユトランド半島

ヨイク 80
溶岩原 105
幼稚園の環境教育 526

■ ら

ラディカリズム 548
ラトヴィア人 87
ラハティ応用科学大学 479
ラハティ・ポスター・ビエンナーレ／トリエン
　ナーレ 464
ランゲレイク 288
ランスモール 54

リーベ 162
リーベ条約 191
リーマン・ショック 365
リームル 257
リクスモール 54
リッデルレンネ 149
留学 42
リューベック 176,178
両親の協同性 376
リンシューピング大学カール・マルムステン・
　ファニチャー・スタディース科 473

ルイスポールセン社 454
ルーテル教会 112
ルーン文字 100,168
ルター派 87,101,224
ルノラウル 261
ルンド大学 247

『令嬢ジュリー』 274
礫岩のような国家 190,191
レゴ 142
レジスタンス 244
レトロ 413
連合文書 175

ロイヤル・コペンハーゲン　418

ロヴァニエミ　4

ロヴィーサ　355

労働ダンピング　371

ロウリュ　515

ローセンデール社　415

ロードイア島　148

ロードイマン　148

ログ構法　486

ロスキレ　163

ロスキレ・フェスティバル　154,295

ロマン主義　277

ロマン派　225

■ わ

「若き人々」のグループ　320

和協派　14

ワロン人　181,183

人名索引

■ あ

アアステズ，H. C.　392
　Ørsted, Hans Christian　(1777-1851)

アームンセン，ローアル　149
　Amundsen, Roald　(1872-1928)

アールト，アルヴァー→アールト，アルヴァル

アールト，アルヴァル　402, 416, 427, 435, 461,
　506, 540, 542, 546, 548
　Aalto, Alvar　(1898-1976)

アールト，ヨーハン・ヘンリック　542
　Aalto, Johan Henrik　(1869-1940)

アールニオ，エーロ　404
　Aarnio, Eero　(1932-)

アーレンストラール，ダーヴィド・クロッケル
　301
　Ehrenstråhle, David Klöcker　(1628-1698)

アウエル，グリーゴル　315
　Auer, Grigor　(1882-1967)

アウリーン，T.　297
　Aulin, Tor　(1866-1914)

秋月左都夫　40
　(1858-1945)

アクセルソン，オーケ　434
　Axelsson, Ake　(1932-)

アグノン　359
　Agnon, Shamuel Yosef　(1888-1970)

アグリッコラ，ミーカエル　56, 262
　Agricola, Mikael　(ca. 1510-1557)

アスビョルンセン，クリスチャン　272
　Asbjørnsen, Christian　(1812-1885)

アスプルンド，エーリック・グンナル　402, 433,
　442, 472, 540, 544, 546
　Asplund, Erik Gunnar　(1885-1940)

アッテルバリ，K.　297
　Atterberg, Kurt　(1887-1974)

アナセン→アンデルセン，ハンス・クリスチャン

アナセン，ベニ　266, 279
　Andersen, Benny　(1929-)

アナ・ソフィーイ（王妃）　209
　Anna Sofie　(1693-1743)

アナルドゥル・インドリザソン　63
　Arnaldur Indriðason　(1961-)

アハティサーリ　9
　Ahtisaari, Martti Oiva Kalevi　(1937-)

アハティラ，エイヤ=リーサ　305
　Ahtila, Eija-Liisa　(1959-)

安倍晋太郎　44
　(1924-1991)

アホ，ユハニ　114, 263
　Aho, Juhani　(1861-1921)

アルヴェーン　354
　Alfvén, Hannes　(1908-1995)

アルヴェーン，フーゴ　297, 321
　Alfvén, Hugo　(1872-1960)

アルストロブ，マス　326
　Alstrup, Mads　(1810-1877)

アルネバルグ，アーネスティン　445, 508
　Arneberg, Arnstein　(1882-1961)

アルプ，ジャン　442
　Arp, Jean　(Hans)　(1886-1966)

アルブレクト　174
　Albrecht af Mecklenburg　(1338-1412)

アレクサンドル 2 世　237
　Aleksandr II　(1818-1881)

アンデルセン，ハンス・クリスチャン　33, 226,
　267, 268, 291
　Andersen, Hans Christian　(1805-1875)

アンドレー，E.　296
　Andrée, Elfrida　(1841-1929)

イーレク 7 世　120

Erik VII （1381/1382-1459）

イェイイェル，エーリック・グスタヴ　247,272
Geijer, Erik Gustaf　（1783-1847）

イェールデン，シーグリッド　320
Hjertén, Sigrid　（1885-1948）

イェンセーニウス　279
Jensenius, Herluf　（1888-1966）

イェンセン，ギーオウ　415,445
Jensen, Georg　（1866-1935）

イェンセン，ヨハネス・ヴィー　133
Jenesen, Johannes V.　（1873-1950）

石井菊次郎　61
（1866-1945）

石井筆子　33
（1861-1944）

イプセン，タンクレッド　323
Ibsen, Tancred　（1893-1978）

イプセン，ヘンリック　2,54,219,270,272,291,
359
Ibsen, Henrik Johan　（1828-1906）

イルヴェス，トーマス・ヘンドリク　89
Ilves, Toomas Hendrik　（1953-）

イルステズ，ピーダ　316
Ilsted, Peter　（1861-1933）

イングリ・アレクサンドラ王女　253
Ingrid Alexandra　（2004-）

インゲビョルグ　174
Ingebjørg　（1301-1361）

インゲボー　174
Ingeborg　（1347-1370）

インゲマン　267,269,278
Ingemann, Bernhard Severin　（1789-1862）

ヴァーレン，ファッティン　291
Valen, Fartein　（1887-1952）

ヴァシリエフ，ミトローファン　234
Vasiliev, Mitrofan　（1880-?）

ヴァルケアパー，ニルス=アスラック　82
Välkeapää, Nils-Aslak　（1943-2001）

ヴァルデマ4世　174
Valdemar IV　（ca. 1320-1375）

ヴァルデマ王子　33
Valdemar　（1858-1939）

ヴァンシャ，オーレ　444
Wanscher, Ole　（1903-1985）

ヴァン・ド・ヴェルデ，アンリ　445
Van de Velde, Henry Clemens　（1863-1957）

ヴィーイナ，ハンス　404,432,446,477
Wegner, Hans Jørgensen　（1914-2007）

ヴィークマンソン，J.　296
Wikmanson, Johan　（1753-1800）

ヴィークラント，イロン　89
Wikland, Ilon　（1930-）

ヴィーゲラン，グスタヴ　303
Vigeland, Gustav　（1869-1943）

ヴィーゼル，クリスチャン　404,410
Vedel, Kristian　（1923-2003）

ヴィクセル　360
Wicksell, Johan Gustaf Kunt　（1851-1926）

ヴィグディス・フィンボガドッティル　63
Vigdís Finnbogadóttir　（1930-）

ヴィクトリア王太子　251
Victoria　（1977-）

ヴィクバリ，N. E.　500
Wickberg, Nils Erik　（1909-2002）

ヴィデルバリ，ボー　323
Widerberg, Bo　（1930-1997）

ウィルカラ，タピオ→ヴィルッカラ，タピオ

ヴィルッカラ，タピオ　402,404,411,416
Wirkkala, Tapio　（1915-1985）

ヴィレーン，D.　297
Wirén, Dag　（1905-1986）

ヴィンクヴィスト，ロルフ　328
Winqvist, Rolf　（1910-1968）

ヴィンタ　278
Winther, Christian　（1796-1876）

ヴィンタ，ハンス・トゥーヤ　327
Winther, Hans Thøger　（1786-1851）

ウーレンスレーヤ，エーダム　222,267,272
Oehlenschläger, Adam　（1779-1850）

ヴェイブル，マッティン　247
Weibull, Martin　（1835-1902）

ヴェイブル，ラウリッツ　247
Weibull, Lauritz　（1873-1960）

ウェグナー，ハンス→ヴィーイナ，ハンス

ヴェゲーリウス，マルティン　234

Wegelius, Martin （1846-1906）

内村鑑三　229
（1861-1930）

宇都宮仙太郎　34
（1866-1940）

ウルリーカ・エレオノーラ　187
Ulrika Eleonora （1656-1693）

エーデルフェルト，アルバット　232,305
Edelfelt, Albert （1854-1905）

エーリク　174
Erik af Pommern （ca. 1382-1459）

エーリック　174
Erik Magnusson （ca. 1282-1318）

エーリック勝利王　250
Erik Sagelsäll （ca. 945-995）

エーリック，ラファエル・F.　61
Erich, Rafael F. （1879-1946）

エーレンストゥルム，ヨーハン・アルブレクト
510
Ehrenström, Johan Albrecht （1762-1847）

エカスベア，クリストファ　301
Eckersberg, Christoffer （1783-1853）

エークホルム，クット　403
Ekholm, Kurt （1907-1975）

エクマン，R. W.　305
Ekman, Robert Wilhelm （1808-1873）

エストバリ，ラグナル　508
Östberg, Ragnar （1866-1945）

エランデル，ターゲ　349
Erlander, Tage （1901-1985）

エリサベト（王妃）　209
Elisabeth （1515-26）

エリセーエフ，セルゲイ・グリゴリエヴィッチ
41
Eliseev, Sergei Grigorievich （1889-1975）

エル・グレコ　319
El Greco （1541-1614）

エングストゥルム，レアンデル　320
Engström, Leander （1886-1927）

エンゲル，カール・ルートヴィッヒ　511
Engel, Carl Ludvig （1778-1840）

オウティネン，カティ　324
Outinen, Kati （1961-）

オーヴィック　17
Ørvik, Nils （1918-2005）

大江健三郎　359
（1935-）

オーセン，イーヴァル・アンドレアス　54
Aasen, Ivar Andreas （1813-1896）

オーマンディ，ユージン　235
Ormandy, Engene （1899-1985）

オーラヴ1世　252
Olav I Tryggvasor （ca. 963-1000）

オーラヴ2世　252
Olav II Haraldsson （ca. 993-1030）

オーラヴ4世　174,252
Olav IV Håkonsson （1370-1387）

オーラヴ5世　252
Olav V （1903-1991）

オールセン，イブ・スパング　279
Olsen, Ib Spang （1921-2012）

オールセン，オーレ　322
Olsen, Ole （1863-1943）

オールセン，モーセス　70
Oksen, Moses （1939-2008）

オールセン，モーテン　144
Olsen, Morten Per （1949-）

オール，ハンス　494
Aall, Hans Jacob （1869-1946）

オーレセン，ケル　141
Olesen, Kjeld （1932-）

オーロフ3世　174
Oluf III （1347-1370）

オクサネン，ソフィ　263
Oksanen, Sofi （1977-）

オクセンシャーナ，アクセル　181,183,184,336
Oxenstierna, Axel Gustafsson （1583-1654）

オスカル1世　216,250
Oscar I （1799-1859）

オスカル2世　217,250
Oscar II （1829-1907）

オプスヴィーク，ペーテル　437
Opsvik, Peter （1939-）

小渕恵三　45

（1937-2000）

オラーウス・マグヌス　168
　Olaus Magnus　（1490-1557）

オリーン　360
　Ohlin, Bertil Gotthard　（1899-1979）

オルヴォラ，ヘイッキ　412
　Orvola, Heikki　（1943-）

オルスヴィ，サラ　71
　Olsrig, Sara　（1978-）

オルソン，アクセル　321
　Olson, Axel　（1899-1986）

オルソン，エーリック　321
　Olson, Erik　（1901-1986）

オルデンバーグ，クレース　303
　Oldenburg, Claes　（1929-）

オンガマン　279
　Ungermann, Arne　（1902-1981）

■ か

カーク・ヴァーンド　300
　Kirk Varnede　（1946-2003）

カーステンセン，ギーオウ　138
　Carstensen, Georg　（1812-1857）

カーリン，イェーオリ　492
　Karlin, Georg J：son　（1859-1939）

カール5世　209
　Karl V　（1500-58）

カール10世　120
　Karl X Gustav　（1622-1660）

カール11世　186
　Karl XI　（1655-1697）

カール12世　183,187
　Karl XII　（1682-1718）

カール13世　216,250
　Karl XIII　（1748-1818）

カール14世ヨーハン　216,250
　Karl XIV Johan　（1763-1844）

カール15世　219,250
　Karl XV　（1820-1872）

カール16世グスタヴ　250
　Carl XVI Gustaf　（1946-）

カール・クニュートソン　175

Karl Knutsson　（1408/09-1470）

カール・フィリップ王子　251
　Carl Philip　（1979-）

カイパイアイネン，ビルゲル　402
　Kaipainen, Birger　（1915-1988）

カウフマン，エドガー　445
　Kaufmann Jr., Edgar　（1910-1989）

カウリスマキ，アキ　323,324,413
　Kaurismäki, Aki　（1957-）

カウリスマキ，ミカ　324
　Kaurismäki, Mika　（1955-）

賀川豊彦　33
　（1888-1960）

ガットン，パール　356
　Gahrton, Per　（1943-）

ガッレン＝カッレラ，アクセリ　232,259,302,
　305,401,463
　Gallén-Kallela, Akseli Valdemar　（1865-1931）

ガド，フィン　73
　Gad, Finn　（1911-1986）

カヤヌス　232
　Kajanus, Robert　（1856-1933）

ガルボ，グレータ　323
　Garbo, Greta　（1905-1990）

ガルボルグ，アルネ　55
　Galborg, Arne　（1851-1921）

ガルボルグ，フルダ　55
　Galborg, Hulda　（1862-1934）

カロリーネ・マティルデ（王妃）　208
　Caroline Mathilde　（1751-72）

川端康成　359
　（1899-1972）

カンペ　278
　Campe, Joachim Heinrich　（1746-1818）

キアケゴー　279
　Kirkegaard, Ole Lund　（1940-1979）

キアケゴー→キルケゴール

キヴィ，アレクシス　262
　Kivi, Aleksis　（1834-1872）

キヴィニエミ，マリ　387
　Kiviniemi, Mari　（1968-）

キドランド　361

Kydland, Finn Erling （1943-）
キルケゴール　224,226
　　Kierkegaard, Søren Aabye （1813-1855）

クヴィスリング　244
　　Quisling, Vidkun （1887-1945）
クーシネン，ヘルッタ　15,386
　　Kuusinen, Hertta Elina （1904-1974）
クーセヴィツキー，セルゲイ　235
　　Koussevitzky, Serge （1874-1951）
グスタヴ1世ヴァーサ　175,182,186,188,250,
　　304,501
　　Gustav I, Gustav Eriksson Vasa （1496-1560）
グスタヴ2世アードルフ　8,86,181,183,188,336
　　Gustav II Adolf （1594-1632）
グスタヴ3世　296,336
　　Gustav III （1746-1792）
グスタヴ4世　336
　　Gustav IV Adolf （1778-1837）
グスタヴ5世　251
　　Gustaf V （1858-1950）
グスタヴ6世　251
　　Gustaf VI Adolf （1882-1973）
クッカプロ，ユルヨ　436
　　Kukkapuro, Yrjo （1933-）
クヌーズ王子　248
　　Knud （1900-76）
クヌーセン，クヌート　327
　　Knudsen, Knud （1832-1915）
クヌーツェン，クヌート　54
　　Knutsen, Knut （1812-1895）
クヌート大王　165
　　Knud den Store （995-1035）
クプケ，クレステン　302
　　Købke, Christen （1810-1848）
クライスト，クーピック　71
　　Kleist, Kuupik （1958-）
クラウス，J. M.　296
　　Kraus, Joseph Martin （1756-1792）
クラウセン，ヘンリク・ニコライ　223
　　Clausen, Henrik Nicolai （1793-1877）
グリーグ，アレクサンデル　290
　　Grieg, Alexander （1806-1875）

グリーグ，エドヴァルド・ハーゲルプ　289,290
　　Grieg, Edvard Hagerup （1843-1907）
グリーグ，ゲシーネ・ユディーテ・ハーゲルプ
　　290
　　Grieg, Gesine Judithe Hagerup （1814-1875）
グリーグ，ニーナ・ハーゲルプ　290
　　Grieg, Nina Hagerup （1845-1935）
グリクセン，クリスチャン　548
　　Gullichsen, Kristian （1932-）
グリクセン，マイレ　548
　　Gullichsen, Maire （1907-1990）
クリスチーネ（王妃）　208
　　Christine （1461-1521）
クリスチャン1世　175,208
　　Christian I （1426-1481）
クリスチャン2世　54,175,182,188,209
　　Christian II （1481-1559）
クリスチャン4世　209,484
　　Christian IV （1577-1648）
クリスチャン5世　54,202
　　Christian V （1646-1699）
クリスチャン6世　203
　　Christian VI （1699-1746）
クリスチャン7世　204,208
　　Christian VII （1749-1808）
クリスチャン8世　205,209,214,223
　　Christian VIII （1786-1848）
クリスチャンセン，オーレ・キアク　142
　　Christiansen, Ole Kirk （1891-1958）
クリスチャンセン，ゴズフレズ・キアク　142
　　Christiansen, Godfred Kirk （1920-1995）
クリスチャン・フレゼリク→クリスチャン8世
クリスティーナ女王　183,180
　　Drottning Kristina （1626-1689）
クリストファ・ア・バイエルン　174
　　Christoffer III af Bayern （1416-1448）
グリューネヴァルド，イーサック　320
　　Grünewald, Isaac （1889-1946）
クリンゲ，マッティ　500
　　Klinge, Matti （1936-）
クリント，コーオ　404,430,544
　　Klint, Kaare （1888-1954）
グルンデル，ヨーナス　412

Grundell, Jonas （1963-）

クレブス 33
Krebs, Otto （1838-1913）

クレルケル，イェーオリ・アフ 323
Klercker, Georg af （1877-1951）

クロイア，ビーザ・スヴェリーン 302,316
Krøyer, Peder Severin （1851-1909）

クローウ，アーノル 420
Krog, Arnold （1856-1931）

クローグ，クリスティアン 302,320
Krogh, Christian （1852-1925）

クローグ，ペール 320
Krogh, Per （1889-1965）

クローン，ピエトロ 420
Krohn, Pietro （1840-1905）

クローン，レーナ 263
Krohn, Leena （1947-）

黒澤酉蔵 34
（1885-1982）

グロンダール，アガーテ・バッケル 291
Grøndahl, Agathe Backer （1847-1907）

グロントヴィ，ニコライ・フレズレク・スヴェリン 222,267,340,394,477
Grundtvig, Nikolai Frederik Severin （1783-1872）

郡司智麿 93
（1884-1949）

ケアホルム，ポウル 404,432
Kjærholm, Poul （1929-1980）

ケイ，エッレン 271,376,438
Key, Ellen （1849-1926）

ゲーゼ，ニルス 292
Gade, Niels （1817-1890）

ケッコネン，ウルホ 9,16,18
Kekkonen, Urho Kalera （1900-1986）

ゲネツ，エミール 237
Genetz, Emil （1852-1930）

ケリー，ペトラ 356
Kelly, Petra （1947-1992）

コイヴィスト，マウノ 18
Koivisto, Mauno （1923-）

コーゲ，ヴィルエルム 415
Kage, Wilhelm （1889-1960）

コーネリンス，ヴィクト 139
Cornelins, Victor （1898-1985）

ゴーリキー，マクシム 92
Gorky, Maxim （1868-1936）

児島宏嘉 410
（1939-）

コッペル，トーマス 299
Koppel, Thomas （1944-2006）

小松宮 33
（1846-1903）

コリーン，イズヴァド 226
Collin, Edvard （1776-1861）

コリーン，ヨーナス 268
Collin, Jonas （1776-1861）

ゴルトマルク，カール 234
Goldmark, Karl （1830-1915）

ゴルバチョフ，ミハイル 17,19
Gorbachev, Mikhail Sergeevich （1931-）

コレット，カミッラ 272
Collett, Camilla （1813-1895）

■ さ

サアアンセン，ジョニ 433
Sorensen, Jonny （1944-）

サークリソン，カルロス 111
Zachrison, Carlos （1970-）

サーリ，ヴィンメ 83
Saari, Vimme （1959-）

サーリネン，エリエル 92,232,434
Saarinen, Gottlieb Eliel （1873-1950）

サールストゥルム，エーリック 287
Sahlström, Eric （1912-1986）

斎藤正躬 41
（1911-1967）

サティ，エリック 321
Satie, Erik （1866-1925）

サナクセンアホ，マッティ 549
Sanaksen-Aho, Matti （1966-）

サラマ，ハンヌ 263
Salama, Hannu （1936-）

サルゲル，ヨーハン・トビーアス 301
Sergel, Johan Tobias （1740-1814）
サルトル 359
Sartre, Jean-Paul （1905-1980）
サルパネヴァ，ティモ 402,404
Sarpaneva, Timo （1926-2006）
サルミネン，パウル 261
Salminen, Paul （1887-1949）
サンヴィーク，アンネシュ 494
Sandvig, Anders （1862-1950）
サンデル，コーラ 273
Sandel, Cora （1880-1974）

シーブリト 209
Sigbrit Villemssoon （生没年不明）
シェイクスピア 268
Shakespeare, William （1564-1616）
シェリング，フリードリヒ・ヴィルヘルム・ヨー
ゼフ・フォン 222
Schelling, Friedrich Wilhelm Joseph von
（1775-1854）
シェルルフ，ハルフダン 289
Kjerulf, Halfdan （1815-1868）
ジェンセン，ジョージ→イェンセン，ギーオウ
シク 32
Sick, Julius Frederik （1815-1884）
シグフース・エイムンドソン 327
Sigfús Eymundsson （1837-1911）
ジグムント3世 88
Zygmunt III （1566-1632）
ジダーノフ 15
Zhdanov, Andre Aleksandrovch （1896-1948）
シッキ→シク
シッランパー，フランス・E. 263
Sillanpää, Frans Eemil （1888-1964）
シッランパー，ミーナ 386
Sillanpää, Miina （1866-1952）
シベーリウス→シベリウス，ジャン
シベリウス，ジャン 92,114,232,234,236,259,
261
Sibelius, Jean （1865-1957）
シムバリ，フーゴ 305,463
Simberg, Hugo （1873-1917）

シャヴァンヌ，ピエール・ピュヴィ・ド 316
Chavannes, Pierre Puvis de （1824-1898）
シャリャーピン 92
Chaliapin, Fyodor Ivanovich （1873-1938）
シャルヴベック，ヘレーン 305,318
Schjerfbeck, Helene （1862-1946）
シャルフベック，ヘレン→シャルヴベック，ヘ
レーン
シャロテ・フレゼリケ 209
Charlotte Frederikke （1784-1848）
シューグレン，E. 296
Sjögren, Emil （1853-1918）
シューストゥルム，ヴィクトル 323
Sjöström, Victor （1879-1960）
シューストランド，C. E. 305
Sjöstrand, Carl Eneas （1828-1906）
シューバリ，アルフ 323
Sjöberg, Alf （1903-1980）
シューリン，ヒルダ 327
Sjölin, Hilda （1835-1915）
シュレーゲル，フリードリヒ 222
Schlegel, Karl Wilhelm Friedrich von （1772-
1829）
ジョージ3世 208
George III （1738-1820）
シルヴィア王妃 251
Silvia （1943-）
シルシェブー，シセル 291
Kyrkjebø, Sissel （1969-）
シンベリ，ヒューゴ→シムバリ，フーゴ

出納陽一 34
（1867-1976）
スヴァーンバリ，マックス 303
Svanberg, Max （1912-1994）
スヴァット，ペーデル 189
Swart, Peder （? -1562）
スヴァルドルプ，ヨハン 55
Sverdrup, Johan （1816-1892）
スヴェーデンボリ，エマヌエル 181
Swedenborg, Emanuel （1688-1772）
スヴェードバリ，テーオドル 428
Svedberg, Theodor（The） （1884-1971）

スヴェンセン，ヨーハン 289,290
Svendsen, Johan （1840-1911）
スヴェン（双叉髭王） 165
Sven Tveskaeg （960-1014）
スエンソン 32
Suenson, Edouard （1842-1921）
スカヴェーニウス 242
Scavenius, Erik （1877-1962）
スカルパ，カルロ 547
Scarpa, Calro （1906-1978）
スクラム，アマーリエ 273
Skram, Amalie （1846-1905）
スコウゴー=ピータセン 33
Skovgaard-Petersen, Carl （1866-1955）
スターヴ，カール 336
Staaff, Karl Albert （1860-1915）
スターリン 14,15,91,93
Stalin, Iosif Vissarionovich （1878-1953）
スタイン，サラ 320
Stein, Sarah （1870-1953）
スタウニング 242
Stauning, Thorvald （1873-1942）
スティッレル，マウリッツ 323
Stiller, Mauritz （1883-1928）
スティリング，H.C. 138
Stilling, Horald Conrad （1815-1891）
ステーエ 279
Stage, Mads （1922-2004）
ステーン・ステューレ 175
Sten Sture den äldre （1496-1560）
ステーンハンマル，W. 297
Stenhammar, Wilhelm （1871-1927）
ステフェンス，ヘンリク 222,272
Steffens, Henrik （1773-1845）
ステブリン=カメンスキイ 105
Steblin-Kamenskii, Mikhail Ivanovich
（1903-）
ストイベア 373
Stojberg, Inger （1973-）
ストゥルムダール，オーケ 421
Strömdahl, Åke （1913-1974）
ストールダール，アーリング 149
Stordahl, Erling （1923-1994）

ストコフスキー，レオポルド 235
Stokowski, Leopold （1882-1977）
ストリンドバリ，アウグスト 270,273,274
Strindberg, August （1849-1912）
ストリンドベリ→ストリンドバリ，アウグスト
ストリンドベリ→ストリンドバリ，アウグスト
ストリンニング，ニルス 475
Strinning, Nils （1917-2006）
ストルーエンセ 208
Struensee, Johan F. （1737-72）
ストルテンベルグ 345
Stoltenberg, Jens （1959-）
スノッリ・ストゥルルソン 256
Snorri Sturluson （1179-1241）
スパッレ，ルーイ 401
Sparre, Lois （1863-1964）
スパングベア 32
Spangberg, Morten el. Martin （ca. 1696-
1761）
スホネン，パオラ 413
Suhonen, Paola （1974-）
スンドブロム，ユーリウス 60
Sundblom, Julius （1865-1945）
スンマネン，ミッコ 549
Summanen, Mikko （1971-）

セーヴェルー，ハーラル・シグール・ヨハン
291
Sæverud, Harald Sigurd Johan （1897-1992）
セザンヌ 318
Cézanne, Paul （1839-1906）
セルメル，マルクス 327
Selmer, Marcus （1819-1900）

ソールベルグ 345
Solberg, Erna （1961-）
ソーレンセン，ヘンリク 320
Sørensen, Henrik （1882-1962）
ソーン，アンデシュ 302
Zorn, Anders （1860-1920）
ソフィーイ（王妃） 208
Sofie （1498-1525）
ソラ，ヴァイノ 237

Sola, Wäino （1883-1962）

ゾラ，エミール　273, 359
Zola, Émile Édouard Charles Antoine （1840-1902）

ソンステビー，グンナル　244
Sønsteby, Gunnar （1918-2012）

■ た

ダーヴィッド・オッドソン　45
Davíð Oddsson （1948-）

ダール，ヴィーキング　321
Dahl, Viking （1895-1945）

ダール，ミーカエル　301
Dahl, Michael （1659-1743）

ダール，ヨーハン・クリスティアン　313
Dahl, Johan Christian （1788-1857）

ダーレ，クヌート・ヨハンネセン　291
Dahle, Knut Johannesen （1834-1821）

大ニコデームス・テーシン　183
Nicodemus Tessin den äldre （1615-1681）

ダウスゴー，トーマス　294
Dausgaard, Thomas （1963-）

ダナ女伯（ルイーセ）　209
Grevinde Danner, Louise Rasmussen （1815-74）

タピオヴァーラ，イルマリ　436
Tapiovaara, Ilmari （1914-1999）

タピオヴァーラ，ニルキ　323
Tapiovaara, Nyrki （1911-1940）

田淵安一　321
（1921-2009）

ダルガス，エンリコ　229
Dalgas, Enrico （1828-94）

ダルケット，シーリ　30
Derkert, Siri （1888-1973）

ダルデル，ニルス・フォン　320
Dardel, Nils von （1888-1943）

ディーネセン，イサク　276
Dinesen, Isak （1885-1962）

ディーネセン，インゲボー　276
Dinesen, Ingeborg （1856-1939）

ディーネセン，ヴィルヘルム　276
Dinesen, Wilhelm （1845-1895）

テグネール，エサイアス　264, 272
Tegnér, Esaias （1782-1846）

テシーン父子　484
Tessin, Nicodemus the elder （1615-1681）

テューイェセン，ルーズ　433
Thygesen, Rud （1932-）

トヴァイト，ガイル　291
Teitt, Geirr （1908-1981）

トゥニエス，ハインリイ　326
Tønnies, Heinrich （1825-1903）

ドゥ・フルンメリ，G.　297
de Frumerie, Gunnar （1908-1987）

ドゥ・マレー，ロルフ　321
de Maré, Rolf （1888-1964）

ドゥ・ラ・ヴァレー父子　485
De la Vallée, Simon （?-1642）

トゥリ，ヨーハン　80
Turi, Johan （1854-1936）

トーヴァルズ，リーヌス　363
Torvalds, Linus Benedict （1969-）

トーヴァルセン，ベルテル　269, 306
Thorvardsen, Bertel （1768/1770-1844）

ド・ヤール，ルイ　181
de Geer, Louis （1587-1652）

ドライア，カール・Th　322
Dreyer, Carl Th. （1889-1968）

ドライヤー→ドライア，カール・Th.

ドラクマン　267
Drachmann, Holger （1846-1908）

トランストルンメル，トーマス　265
Tranströmer, Tomas （1931-2015）

フォン・トリーア，ラース　322
von Trier, Lars （1956-）

トルストイ　359
Tolstoi, Lev Nikolaevich （1828-1910）

トロオルス＝ロン　224
Troels-Lund, Troels Frederik （1840-1921）

ドロテーア（王妃）　208
Dorothea （1431-95）

■ な

永井松三　41
（1877-1957）
中曽根康弘　17, 44
（1918-）
夏目漱石　2
（1867-1916）
ナンセン，フリチョフ　66, 149, 219
　Nansen, Fridtjof Wedel-Jarlsberg（1861-1930）

ニールセン→ニルセン，カール
ニコライ2世　236
　Nikolai II（1865-1918）
ニッカリ，エスコ　325
　Nikkari, Esko（1938-2006）
新渡戸稲造　40
（1862-1933）
ニューロプ，マーティン　508
　Nyrop, Martin（1849-1921）
ニルセン，アスタ　322
　Nielsen, Asta（1881-1972）
ニルセン，カール　294
　Nielsen, Carl（1865-1931）
ニルセン，ニルシーネ　392
　Nielsen, Nielsine（1850-1916）
ニルセン，ホルガ　144
　Nielsen, Holger Louis（1866-1955）

ヌーヴェル，ジャン　295
　Nouvel, Jean（1945-）
ヌルメスニエミ，アンッティ　404
　Nurmesniemi, Antti（1927-2003）
ヌルメスニエミ，ヴォッコ　404
　Nurmesniemi, Vokko（1953-）

ネリオルデ，アルネ　111
　Neriordet, Arne（1963-）

ノーデンクランツ，アンデシュ　121
　Nordencrantz, Anders（1697-1772）
ノーベル，アルフレッド　180, 188, 264, 358

Nobel, Alfred Bernhard（1833-96）
ノールハイム，ソンドレ　149
　Norheim, Sondre（1825-1897）
ノールバルグ=シュルツ，クリスティアン　496
　Norberg-Schulz, Christian（1926-2000）
ノールマン，L.　296
　Norman, Ludvig（1831-1885）
野口英世　33
（1876-1928）
ノベッル→ノーベル，アルフレッド
ノルデ，エミール　314
　Nolde, Emil（1867-1956）
ノルデンシュルド，A. E.　112
　Nordenskiöld, Adolf Erik（1832-1901）
ノルドマン，ナターリア・ボリソーヴナ　92
　Nordman, Natalia Borisovna（1863-1914）
ノルドローク，リッカルド　290
　Nordraak, Rikard（1842-1866）

■ は

パーシキヴィ　14
　Paasikivi, Juho Kusti（1870-1956）
パーション　357
　Persson, Göran（1949-）
ハーパサロ，クレータ　261
　Haapasalo, Kreeta（1813-1893）
ハーラル1世（美髪王）　252
　Harald I Hårforge（ca. 856-921/932）
ハーラル5世　252
　Harald V（1937-）
ハーラル青歯王　362
　Harald "Bluetooth" Gormsson（ca.910-ca.985/986）
ハイバルグ，ジャン　320
　Heiberg, Jean（1884-1976）
バイヤ，ヨハン・クリストフ　419
　Bayer, Johann Christoph（1738-1812）
ハカティエ，アンナレーナ　412
　Hakatie, Annaleena（1965-）
ハクヴィーニス，アルゴー　321
　Haquinius, Algot（1886-1966）
ハクステッド，セルマ　542

Hackstedt, Selma （1867-1906）

バゲセン　269
Baggesen, Jens （1764-1826）

橋本龍太郎　44
（1937-2006）

パステルナーク　359
Pasternak, Boris Leonidovich （1890-1960）

ハセーリウス，アットゥル　30,492
Hazelius, Artur Immanuel （1833-1901）

ハマスホイ，ヴィルヘルム　316,320
Hammershøi, Vilhelm （1864-1916）

ハマルステン=ヤーンソン，シグネ　280
Hammarsten-Jansson, Signe （1882-197）

ハムスン，クヌート　273
Hansum, Knut （1859-1952）

ハラ，ヴィッレ　549
Hara, Ville （1974-）

ハラ，ベント　279
Haller, Bent （1946-）

ハラルセン，ソニア　253
Haraldsen, Sonja （1937-）

バリマン，イングマル→ベルイマン，イングマール

ハルヴォシェン，ヨーハン　289,291
Halvorsen, Johan （1864-1935）

バルク，ヴィクトル　147
Balck, Viktor Gustaf （1844-1928）

ハルストゥルム，グンナル　321
Hallström, Gunnar （1875-1943）

バレンツ，ウィレム　66
Barentsz, Willem （ca. 1550-1597）

ハロネン，タルヤ　387
Halonen, Tarja （1943-）

ハロネン，ペッカ　305
Halonen, Pekka （1865-1933）

バング，ヘアマン　139
Bang, Herman （1857-1912）

ハンス　208
Hans （1455-1513）

ハンセン，ギーオウ・イミール　326
Hansen, Georg Emil （1833-1891）

ハンセン，コンスタンティーン　301
Hansen, Constantin （1804-1880）

ハンブレーウス　354
Hambraeus, Birgitta （1930-）

ハンマースホイ→ハマスホイ，ヴィルヘルム

ピエティラ，トゥーリッキ　281
Pietilä, Tuulikki （1917-2009）

日置益　40
（1861-1926）

ピカソ　319
Picasso, Pablo （1881-1973）

ピカビア，フランシス　321
Picabia, Francis （1879-1953）

ビッドル　32
Biddle, James （1783-1848）

ヒトラー　91
Hitler, Adolf （1889-1945）

ヒュベ，ニコライ　299
Hübbe, Nikolaj （1967-）

ビュルクマン，カール　60
Björkman, Carl （1873-1948）

ビョルンソン，ビョルンスティエルネ　219,272
Bjørnson, Bjørnstjerne （1832-1910）

ビリエル　174
Birger Magnusson （1280-1321）

ビリエル・ヤール　180,182
Birger Jarl （ca. 1200-1266）

ピルッティヤルヴィ，ウッラ　83
Pirttijärvi, Ulla （1971-）

ヒルテン=カヴァリウス，グンナル・オーロフ
272
Hyltén-Cavallius, Gunnar Olof （1818-1889）

ビレ　32
Bille, Steen A. （1797-1883）

ファーゲルホルム　16
Fagerholm, Karl-August （1901-1984）

ブアノンヴィレ，アウゴスト　298
Bournonville, August （1805-1879）

ファリーン，ニルス　265
Ferlin, Nils （1898-1961）

ファルベ，クリスチャン・トゥクセン　326
Christian Tuxen Falbe （1791-1849）

フィエルグレン，ヨーン=ヘンリック　83

Fjällgren, Jon-Henrik （1987-）

フィスカ，カイ　442,551
Fisker, Kay　（1893-1965）

フィンチ，A. W.　401
Finch, A. W.　（1854-1930）

フェーバ，ピータ　326
Faber, Peter　（1810-1877）

フェーン，スヴァッレ　546,553
Fehn, Sverre　（1924-2009）

フェーン，スヴェレ→フェーン，スヴァッレ

フェルディーン　354
Fälldin, Thorbjörn　（1926-）

フェルハイム，フローデ　83
FJellheim, Frode　（1959-）

フェルメール　316
Vermeer, Johannes　（1632-ca. 1675）

フェンガ，イミール　35
Fenger, Emil　（1894-ca. 1983）

フォーキン，ミハイル　321
Fokine, Michel　（1880-1942）

フォルカセン，N. H.　138
Volkersen, Niels Henrik　（1820-1893）

フォン・クラフト，ダーヴィッド　301
von Krafft, David　（1655-1724）

フォン・ベッケル，アードルフ　318
von Becker, Adolf　（1831-1909）

ブク，ニルス　33,145
Bukh, Niels　（1880-1950）

藤田嗣治（レオナール・フジタ）　321
Foujita, Léonard　（1886-1968）

フックス，ロベルト　234
Fuchs, Robert　（1847-1927）

ブック→ブク，ニルス

ブッシュ，ジョージ　19
Bush, George Herbert Walker　（1924-）

ブトカ→ボトカー

ブラーア，テュコ　269,392
Brahe, Tycho　（1546-1601）

ブラックスターディウス，J. Z.　305
Blackstadius, Johan Zacharias　（1816-1898）

フランク，カイ　402,404,422
Frank, Kaj　（1911-1989）

フランク，ヨーセフ　427,433

Frank, Josef　（1885-1967）

ブランデス，ギーオウ　272
Brandes, Georg　（1842-1927）

フリードリヒ，カスパー・ダーヴィト　310,312
Friedrich, Caspar David　（1774-1840）

ブリクセン，カーアン　276
Blixen, Karen　（1885-1962）

ブリクセン，ブロール　276
Blixen, Bror　（1886-1946）

フリズリク・ソウル・フリズリクソン　323
Friðrik Þór Friðriksson　（1954-）

フリッシュ　361
Frisch, Ragnar Anton Kittil　（1895-1973）

フリント，フレミング　299
Flindt, Flemming　（1936-2009）

プルーヴェ，ジャン　546
Prouvé, Jean　（1901-1984）

ブルーン，エリック　464
Bruun, Erik　（1926-）

ブル，オーレ　289,290
Bull, Ole　（1810-1880）

フルシチョフ　16
Khrushchev, Nikita Sergeyevich　（1894-1971）

プルマン，ハンス　320
Purmann, Hans　（1880-1966）

フレゼリク1世　208
Frederik I　（1471-1533）

フレゼリク3世　202
Frederik III　（1609-1670）

フレゼリク4世　202,209
Frederik IV　（1671-1730）

フレゼリク5世　203
Frederik V　（1723-66）

フレゼリク6世　204
Frederik VI　（1768-1839）

フレゼリク7世　205,209
Frederik VII　（1808-63）

フレゼリク9世　248
Frederik IX　（1899-1972）

ブロアソン　267
Brorson, Hans Adolph　（1694-1764）

ブロツキー，イサーク　93
Brodsky, Isaak Izrailevich　（1884-1939）

ブロテールス，エレーナ　305
　　Brotherus, Elena　（1972-）
ブロムダール，K-B.　297
　　Blomdahl, Karl-Birger　（1916-1968）
フンス，オーラフ　322
　　Fønss, Olaf　（1882-1949）

ベーリング　32
　　Bering, Vitus Jonassen　（1681-1741）
ベールヴァルド，F.　296
　　Berwald, Franz　（1796-1868）
ヘクシェル→ヘクシャー
ヘクシャー　360
　　Heckscher, Eli Filip　（1879-1952）
ベスコヴ，エルサ　282
　　Beskow, Elsa　（1874-1953）
ヘッチュ，グスタフ・フリードリヒ　419
　　Hetsch, Gustav Friedrich　（1788-1864）
ペッテション=バリエル，W.　297
　　Peterson-Berger, Wilhelm　（1867-1942）
ペッロンパー，マッティ　325
　　Pellonpää, Matti　（1951-1995）
ヘニングセン，ポウル　404,454
　　Henningsen, Poul　（1894-1967）
ヘニングセン，ポール→ヘニングセン，ポウル
ベリア　15
　　Berïa, Lavrentii Parrovich　（1899-1953）
ベルイマン，イングマール　323
　　Bergman, Ingmar　（1918-2007）
ヘルシング，レンナット　283
　　Hellsing, Lennart　（1919-2015）
ペルトラ，マルック　325
　　Peltola, Markku　（1956-2007）
ヘルマ=ピータセン，ケル　328
　　Helmer-Petersen, Keld　（1920-2013）
ベルマン，カール・ミーカエル　264
　　Bellman, Carl Michael　（1740-1795）
ヘンリクセン，マーティン　373
　　Henriksen, Martin　（1980-）

ボイ，ヴィッレム　301
　　Boy, Willem　（1520-1592）
ボイエ，カーリン　265

Boye, Karin　（1900-1941）
ボイセン，カイ　445
　　Bojesen, Kay　（1886-1958）
ホイッスラー，ジェームス・マクニール　317,
318
　　Whistler, James Abott McNeill　（1834-1903）
ボイネ，マリ　83
　　Boine, Mari　（1956-）
ホイビー，メッテ・マーリット・テュッセム
253
　　Høiby, Mette-Marit Tjessem　（1973-）
ポウルセン，クリスチャン　96
　　Paulsen, Christian　（1798-1854）
ホーヴェルモ　361
　　Haavelmo, Trygve Magnus　（1911-1999）
ホーコン3世　148
　　Håkon III Sverresson　（1182-1204）
ホーコン4世　148,252
　　Håkon IV Håkonsson　（1204-1263）
ホーコン5世　174
　　Håkon V Magnusson　（1270-1319）
ホーコン6世　174,252
　　Håkon VI Magnusson　（1340-1380）
ホーコン7世　217,244,252
　　Haakon VII　（1872-1957）
ホーコン王太子　253
　　Haakon　（1973-）
ボーモン夫人　278
　　Beaumont, Jeanne-Marie Leprince de　（1711-
1780）
ポールソン，M.　508
　　Poulsson, Magnus　（1881-1958）
ポールソン，グレーゴル　402,423,433,438,472
　　Paulsson, Gregor　（1889-1977）
ポールヘム，クリストッフェル　181
　　Polhem, Christopfer　（1661-1751）
ポケラ，マルッティ　260
　　Pokela, Martti Eliel　（1924-2007）
ボトヴィズ　33
　　Botved, A. P.　（1895-1964）
ボトカー　279
　　Bødker, Cecil　（1927-）
ホフマン　278

Hoffmann, Heinrich （1809-1894）
ボリーン，アウグスト　287
Bohlin, August　（1877-1949）
ホルベア，ルズヴィ　55,392
Holberg, Ludvig　（1684-1754）
ホルム，アストリズ　320
Holm, Astrid　（1876-1937）
ホルムバリ，ヴェルネル　305
Holmberg, Werner　（1830-60）
ボルラン，ジャン　321
Börlin, Jean　（1893-1930）
ホルンベリ，ニーラス　83
Holmberg, Niillas　（1990）
ホンカ，オラヴィ　16
Honka, Oravi Carl Gustaf Möller　（1894-1988）

■ ま

マイスリング　268
Meisling, Simon　（1787-1856）
マキニエミ，エリッサ　542
Mäkiniemi, Elissa　（1922-1994）
マグヌス・エーリックソン王　174,336
Magnus Eriksson　（1316-1374）
マグヌス，オラーウス　121
Magnus, Olaus　（1490-1557）
マグヌス・フス　195
Magnus Huss （Vild-Hussen）　（1755-1797）
マグヌセン，イーレク　404,415
Magnussen, Erik　（1940-）
マグヌソン，チャールス　322
Magnusson, Charles　（1878-1948）
マグヌッセン，エリック→マグヌセン，イーレク
マッカートニー，ポール　295
McCartney, Paul　（1942-）
マッツ・イースラエルソン　198
Mats Israelsson （Fet-Mats）　（？ -1677）
マッティンソン，ハッリ　265
Martinson, Harry　（1904-1978）
マットソン，ブリューノ　404,434,438
Mathsson, Bruno　（1907-1988）
マットソン，ブルーノ→マットソン，ブリューノ
マティーセン　279

Mathiesen, Egon　（1907-1976）
マティス，アンリ　320
Matisse, Henri　（1869-1954）
マデトヤ，レーヴィ　261
Madetoja, Leevi Antti　（1887-1947）
マドレーン王女　251
Madeleine　（1982-）
マネ，エドゥアール　318
Manet, Eduard　（1832-1883）
マリーア　174
Maria af Mecklenburg　（ca. 1365-ca. 1402）
マルグレーテ　174
Margrethe　（1353-1412）
マルグレーテ 2 世　248
Margrethe II　（1940-）
マルケーリウス，スヴェン　427,445,523
Markelius, Sven　（1889-1972）
マルシオ，アイノ　542
Marsio, Aino　（1894-1949）
マルバリ，ハンス　328
Malmberg, Hans　（1927-1977）
マルムステン，カール　434
Malmsten, Carl　（1885-1972）
マレンコフ　15
Malenkov, Georgy Maximyianuvich　（1902-1988）
マンネルヘイム　14
Mannerheim, Carl Gustaf Emil　（1867-1951）

ミース・ファン・デル・ローエ　544
Mies van derRohe, Ludwig　（1886-1969）
ミールダール→ミュルダール
ミケルセン　217
Michelsen, Christian　（1857-1925）
ミッレス，カール　303
Milles, Carl　（1875-1955）
ミュラ，フランス・ハインリイ　418
Müller, Frantz Heinrich　（1732-1820）
ミュルダール　360
Myrdal, Karl Gunnar　（1898-1987）
ミュンター→ムンタ

ムーア，ヘンリー　442

Moore, Henry （1898-1986）
ムーネル，ステッラン　321
Mörner, Stellan （1896-1979）
武者小路公共　41
（1882-1962）
ムラ，クヴィスト　279
Møller, Flemming Quist （1942-）
村山富市　44
（1924-）
ムンク，エドヴァルド　303,318,320
Munch, Edvard （1863-1944）
ムンタ　33
Münter, Balthasar （1837-1932）

メイドネル　361
Meidner, Rudolf Alfred （1914-2005）
メケリン　232
Mechelin, Leo （1839-1914）
メリカント，オスカル　261
Merikanto, Oskar （1868-1924）
メルツ，ルディ　410
Merz, Rudi （1948-）

モーウンセン，バアウ　404,429,432,446
Mogensen, Børge （1914-1972）
モーエンセン，ボーエ→モーウンセン，バアウ
モーテンセン，ロルフ　328
Mortensen, Rolf （1899-1975）
モーバリ，ヴィルヘルム　180
Moberg, Vilhelm （1898-1973）
モー，ヨルゲン　272
Moe, Jørgen （1813-1882）
モッツフェルト，ヨーセフ　72
Motzfeldt, Josef （1941-）
モッツフェルト，ヨナツァン　70
Motzfeldr, Jonathan （1938-2010）
モランデル，グスタヴ　323
Molander, Gustaf （1888-1973）
モリス，ウィリアム　401,445
Morris, William （1834-1896）

■　や

ヤーテンマキ，アンネリ　387
Jäätenmäki, Annel （1955-）
ヤーネフェルト，アイノ　234
Järnefelt, Aino （1871-1969）
ヤーネフェルト，エーロ　233,305
Järnefelt, Eero Erik Nikolai （1863-1937）
ヤーンソン，ヴィクトル　280
Jansson, Viktor （1886-1958）
ヤーンソン，トーヴェ→ヤンソン，トーベ
ヤコブセン，アーネ　404,415,427,431,447,477,
509,540,544,546
Jacobsen, Arne Emil （1902-1971）
ヤコブセン，アルネ→ヤコブセン，アーネ
ヤヌッセン，ヤーコブ　73
Janussen, Jakob （1941-）
山階芳麿　117
ヤルク，グレーテ　444
Jalk, Grete （1920-2006）
ヤンソン，トーベ　263,280
Jansson, Tove Marika （1914-2001）

ユール，イェンス　310
Juel, Jens Jørgensen （1745-1802）
ユール，フィン　404,432,442
Juhl, Finn （1912-1989）
ユングバリ，エーリック　427
Ljungberg, Erik （1907-1983）
ユンニラ　16
Junnile, Tuure Jaakko Kalervo （1910-1999）

ヨウハンナ・シーグルザルドゥッテイル　63
Jóhanna Sigurðardóttir （1942-）
ヨウン・シーグルズソン　171,327
Jón Sigurðsson （1811-1879）
ヨウン・ステファンソン　320
Jón Stefánsson （1881-1962）
ヨーハンソン，スヴェン=ユスタ　328
Johansson, Sven-Gösta （1927-）
ヨーン，アスガ　321
Jorn, Asger （1914-1973）
ヨハンセン，ラース=イミール　70

Johansen, Lars-Emil （1946-）
ヨハンネス・ブレーウス 168
Johannes Bureus （1568-1652）
ヨハンネス・マグヌス 168
Johannes Magnus （1488-1544）
ヨリーン，エイナル 320
Jolin, Einar （1890-1976）

■ ら

ラーゲルクヴィスト，パール 264，321
Lagerkvist, Pär （1891-1974）
ラーゲルルーヴ，セルマ 270，273，323，359
Lagerlöf, Selma Ottilia Lovisa （1858-1940）
ラーション，L.-E. 297
Larsson, Lars-Erik （1908-1986）
ラーション，カーリン 472
Larsson, Karin （1859-1928）
ラーション，カール 302，320，472
Larsson, Carl （1853-1919）
ラーション，リーサ 415
Larson, Lisa （1931-）
ラーセン，キム 266
Larsen, Kim （1945-）
ラーセン，トゥーヤ 267
Larsen, Thøger （1875-1928）
ライト，フランク・ロイド 445
Wright, Frank Lloyd （1867-1959）
ラインフェルト，フレードリック 348
Reinfeldt, Fredrik （1965-）
ラウリトセン，ヴィルヘルム 442
Lauritzen, Vilhelm （1894-1984）
ラオリッツェン，ヴィルヘルム→ラウリトセン，
ヴィルヘルム
ラグヴァルズソン，ニルス 192
Ragvaldssow, Nils （ca. 1380-1448）
ラクール，ウォルター 16
Laqueur, Walter （1921-）
ラクスマン，アダム 112
Laxman, Adam （1766-1806）
ラクスマン，エリック 112
Laxman, Eric （1737-1796）
ラスムセン 361

Rasmussen, Poul Nyrup （1943-）
ラスムセン，アナス・フォウ 140
Rasmussen, Anders Fogh （1953-）
ラスムセン，ハルフダン 279
Rasmussen, Halfdan （1915-2002）
ラスムセン，ルケ 372
Rasmussen, Lars Løkke （1964-）
ラセン，フレミング 544
Lassen, Flemming （1902-1984）
ラハデンマキ，ナタリー 412
Lahdenmäki, Nathalie （1974-）
ラングゴー，ルーズ 294
Langgaard, Rued（døbt Rud） （1893-1952）
ランダ，ハーラル 299
Lander, Harald （1905-1971）

リーマン，オーラ 96
Lehmann, Orla （1810-1870）
リスエーヤ，クヌズオー 299
Riisager, Knudaage （1897-1974）
リスト，フランツ 290
Liszt, Franz （1811-1886）
リドホルム，I. 297
Lidholm, Ingvar （1921-）
リネー→リンネ，カール・フォン
リュードベック，オーロフ 193
Rudbeck den äldre, Olf （1630-1702）
リルケ，ライナー・マリア 316
Rilke, Rainer Maria （1875-1926）
リング，パール 146
Ling, Pehr Henrink （1766-1839）
リンダール，アクセル 327
Lindahl, Axel （1841-1906）
リンデマン，ルドヴィク・マティアス 290
Lindeman, Ludvig Mathias （1812-1887）
リンデンバウム，ビーア 284
Lindenbaum, Pija （1955-）
リンドグレーン 232
Lindgren, Armas （1874-1929）
リンドグレーン，アストリッド 89，188，282，284
Lindgren, Astrid （1907-2002）
リンドグレーン，バールブロー 284
Lindgren, Barbro （1937-）

リンドバリ，スティーグ　404,415,427
Lindberg, Stig　（1916-1982）
リンドブラード，A. F.　296
Lindblad, Adolf Fredrik　（1801-1878）
リンナ，ヴァイノ　263
Linna, Väinö Valtteri　（1920-1992）
リンネ，カール・フォン　181,200
Linné, Carl von　（1707-1778）

ルヴェーン，ステーファン　349
Löfven, Stefan　（1957-）
ルーネバリ　232
Runeberg, Robert　（1846-1919）
ルーネバリ，ヨーハン・L.　262
Runeberg, Johan Ludvig　（1804-1877）
ル・コルビュジエ　546
Le Corbusier　（1887-1965）
ルンロート，エリーアス　258,260,304
Lönnrot, Elias　（1802-1884）

レイヴィスカ，ユハ　548
Leiviskä, Juha　（1936-）
レイランデル，O. G.　327
Rejlander, O. G.　（1813-1875）
レヴェレンツ，シーグルド　540
Lewerentz, Sigurd　（1885-1975）
レーガン，ロナルド　17
Reagan, Ronald Wilson　（1911-2004）
レーピナ，ヴェラ　93
Repina, Vera　（1872-1948）
レーピン，イリヤ・エフィーモビチ　92
Repin, Ilya Yefimovich　（1844-1930）

レーマ，オーレ　392
Rømer, Ole　（1644-1710）
レーン　361
Rehn, Gösta　（1913-1996）
レジェ，フェルナン　321
Léger, Fernand　（1881-1955）
レッリング，イングマル　437
Relling, Ingmar　（1920-2002）
レンルート→ルンロート，エリーアス

ロイタ，ビャーネ　279
Reuter, Bjarne　（1950-）
ロイテル，エイナル　319
Reuter, Einar　（1881-1968）
ロース，カール=グスタヴ　328
Roos, Karl-Gustav　（1937-1976）
ロースルフ　33
Raasløff, Waldemar　（1815-1883）
ローゼ　267
Rode, Helge　（1870-1937）
ローセンバリ，H.　297
Rosenberg, Hilding　（1892-1985）
ローマン，J. H.　296
Roman, Johan Helmich　（1694-1758）
ロッシュ　32
Roches, Léon　（1809-1901）
ロリケ，クレスチャン　299
Lollike, Christian　（1973-）
ロングイヤー，ジョン　66
Longyear, John M.　（1850-1922）
ロンビュー，H. C.　138
Lambye, Hans Christian　（1810-1874）

北欧文化事典

平成 29 年 10 月 25 日　発　行

編　者　　北 欧 文 化 協 会
　　　　　バルト=スカンディナヴィア研究会
　　　　　北欧建築・デザイン協会

発 行 者　　池　田　和　博

発 行 所　　丸善出版株式会社

〒101-0051　東京都千代田区神田神保町二丁目17番
編集：電話 (03) 3512-3264／FAX (03) 3512-3272
営業：電話 (03) 3512-3256／FAX (03) 3512-3270
http://pub.maruzen.co.jp/

© The Nordic Cultural Society of Japan, The Association for Balto-
Scandinavian Studies, The Scandinavian Architecture and
Design Institute of Japan, 2017

組版印刷・三美印刷株式会社／製本・株式会社 星共社

ISBN 978-4-621-30171-5　C 0522　　　　　Printed in Japan

JCOPY　〈(社)出版者著作権管理機構　委託出版物〉
本書の無断複写は著作権法上での例外を除き禁じられています．複写
される場合は，そのつど事前に，(社)出版者著作権管理機構（電話
03-3513-6969，FAX 03-3513-6979，e-mail：info@jcopy.or.jp）の許
諾を得てください．